에듀윌과 함께 시작하면,
당신도 합격할 수 있습니다!

대학 졸업을 앞두고 취업을 위해 바쁜 시간을 쪼개서
한국사능력검정시험을 준비하는 취준생

어렸을 때부터 꿈꾸었던 교사나 공무원이 되기 위해
한국사능력검정시험을 준비하는 수험생

부끄럽지 않은 대한민국 국민이 되기 위해 어린아이와 함께
한국사능력검정시험을 준비하는 학부모

누구나 합격할 수 있습니다.
해내겠다는 '열정' 하나면 충분합니다.

마지막 페이지를 덮으면,

**에듀윌과 함께
한국사능력검정시험 합격이 시작됩니다.**

한국사능력검정시험 교육 1위

한능검 원패스 단기합격은
에듀윌 한국사 유튜브와 함께

한능검 물불가리기
"이제, 다음 시험 준비해야지?"

지피지기면 백전백승! 난이도를 예측해 줄게요.

한능검 오예! 모음집
"한능검 공부 시작해 보자"

5분 동안 최빈출만 짧고 굵게 예언해 줄게요.

전범위 싹! 훑기
"늦지 않았어, 한번에 정리하자!"

한 달 동안 공부할 분량을 한방에 정리해 드려요.

D-2 마무리 적중예언
"우리만 믿어~ 다 찍어 줄게!"

시험에 반드시 나오는 것만 쏙쏙 골라 드려요.

에듀윌
한국사
유튜브

최신판

에듀윌 한국사능력검정시험
2주끝장 기본(4·5·6급)
흐름판서 + 판서강의

시험 직전 합격 필살KEY

2주끝장
엔드노트

eduwill

최신판

에듀윌 한국사능력검정시험
2주끝장 기본(4·5·6급)
흐름판서 + 판서강의

최신판

에듀윌 한국사능력검정시험
2주끝장 기본(4·5·6급)
흐름판서 + 판서강의

시험 직전 합격 필살KEY
2주끝장
엔드노트

빈출패턴 01 구석기·신석기·청동기 시대

최신 12회분 출제문항 수: **12문항**

구석기·신석기·청동기 시대에 대한 자료를 주고, 생활 모습을 묻는 문제가 주로 출제!

대표발문 Q. 밑줄 그은 '이 시대' or (가) 시대의 생활 모습으로 옳은 것은?

+ 키워드 파헤치기

기출자료 1 이 유물은 **돌을 깨뜨려 만든** 것으로, **이 시대** 사람들이 처음으로 제작하였습니다. 사냥을 하거나 동물의 가죽을 벗기는 용도 등으로 사용되었습니다.

위 밑줄 그은 이 시대는? → ☐☐ 시대

> 뗀석기, 주먹도끼, 찍개, 사냥, 채집, 동굴이나 바위 그늘·막집 거주, 경기 연천 전곡리 유적, 충남 공주 석장리 유적

기출자료 2 우리가 만들고 있는 것은 **(가)** 시대 사람들이 처음으로 사용했던 **빗살무늬 토기**예요. 이 토기로 당시 사람들은 식량을 저장하거나 조리하였지요.

위 (가)에 들어갈 시대는? → ☐☐ 시대

> 간석기, 갈판과 갈돌, 가락바퀴, 빗살무늬 토기, 농경과 목축 시작, 움집, 서울 암사동 유적

기출자료 3 이 영상은 **(가)** 시대의 대표적 무덤인 **고인돌**의 축조 과정을 재현한 것입니다. 이처럼 축조에 많은 노동력이 동원되어야 한다는 점을 통해 당시에 권력을 가진 **지배자가 있었음**을 알 수 있습니다.

위 (가)에 들어갈 시대는? → ☐☐ 시대

> 청동기, 비파형 동검, 거친무늬 거울, 반달 돌칼, 민무늬 토기, 고인돌

기출자료 4 남해군 당항리에서 비파형 동검 출토

경상남도 남해군 당항리 **고인돌** 발굴 조사 과정에서 **이 시대**의 대표적 유물인 **비파형 동검**이 출토되었다. 발굴 관계자는 "고인돌의 구조와 비파형 동검 등 부장품을 통해 볼 때 이 지역에 유력한 **지배자가 존재**했던 것으로 추측된다."라고 밝혔다.

위 밑줄 그은 이 시대는? → ☐☐ 시대

> 고인돌, 비파형 동검, 지배자 존재, 사유 재산과 계급 분화

선지패턴 A. 구석기, 신석기, 청동기가 돌아가며 정답!

+ 기출선지 더 보기

빈출선지 1 주로 **동굴이나 막집**에서 살았다. → ☐☐ 시대

빈출선지 2 **가락바퀴**를 이용하여 실을 뽑았다. → ☐☐ 시대

빈출선지 3 **반달 돌칼**을 사용하여 곡식을 수확하였다. → ☐☐ 시대

빈출선지 4 거푸집을 사용하여 **비파형 동검**을 제작하였다. → ☐☐ 시대

> [구석기] 뗀석기를 사용하여 짐승을 사냥하였다.
>
> [신석기] 빗살무늬 토기에 식량을 저장하였다.
>
> [청동기] 거친무늬 거울을 사용하였다.
>
> [청동기] 지배층의 무덤으로 고인돌을 축조하였다.

정답 | 자료1 구석기 자료2 신석기 자료3 청동기 자료4 청동기 선지1 구석기 선지2 신석기 선지3 청동기 선지4 청동기

한눈에 정리하는 **빈출이론**

한능검 **빈출이론**만 빠르게 파악하세요!

1. 구석기 시대

시기	한반도에서 약 70만 년 전부터 시작
도구	• 뗀석기: 주먹도끼, 찍개, 슴베찌르개 • 뼈 도구
경제	사냥, 채집
생활	• 가족 단위로 이동 생활 • 동굴·바위 그늘·막집 거주
사회	평등 사회
유적지	경기 연천 전곡리, 충남 공주 석장리, 충북 청주 두루봉 동굴

2. 신석기 시대

시기	한반도에서 기원전 8000년경부터 시작
도구	• 간석기: 갈판과 갈돌, 돌괭이, 돌삽 • 옷, 그물 제작: 가락바퀴, 뼈바늘 • 토기: 빗살무늬 토기
경제	농경과 목축 시작
생활	• 정착 생활, 강가나 바닷가에 움집을 짓고 거주 • 집터: 원형이나 모서리가 둥근 사각형
사회	평등 사회, 부족 사회
유적지	서울 암사동, 황해 봉산 지탑리

▲ 주먹도끼

▲ 슴베찌르개

▲ 흥수 아이

▲ 갈판과 갈돌

▲ 가락바퀴와 뼈바늘

▲ 빗살무늬 토기

3. 청동기 시대

시기	기원전 2000년~기원전 1500년경 한반도에 청동기 보급
도구	• 청동기: 비파형 동검, 거친무늬 거울, 거푸집 제작 • 석기: 반달 돌칼 • 토기: 민무늬 토기, 미송리식 토기
경제	벼농사 시작, 빈부 격차 발생, 정복 활동
생활	• 정착 생활, 배산임수 지형에 거주 • 집터: 바닥이 직사각형이나 원형
사회	• 계급 사회: 군장 등장, 고인돌 만듦 • 국가 등장: 우리 역사상 최초의 국가인 고조선이 세워짐

4. 철기 시대

시기	기원전 5세기경 한반도에 철기 보급

도구	• 철기
	  - 철제 농기구 사용 → 농업 생산량 증가
	  - 철제 무기 사용 → 부족 간 전쟁 활발
	• 청동기: 한반도에 독자적인 청동기 문화 발달(세형동검, 잔무늬 거울)
	• 토기: 민무늬 토기, 덧띠 토기

중국과 교류	• 중국 화폐 출토: 명도전, 반량전, 오수전 • 한자 사용 짐작: 경남 창원 다호리에서 붓 출토

▲ 비파형 동검

▲ 반달 돌칼

▲ 고인돌

▲ 세형동검

▲ 명도전

▲ 경남 창원 다호리 유적 출토 붓

기출선지로 보는 **핵심암기**

올바른 용어를 찾아 **기출선지**를 완성하세요!

01 [구석기] 주로 동굴이나 (**막집**, 움집)에서 거주하였다.
02 [구석기] (**뗀석기**, 간석기)를 사용하여 짐승을 사냥하였다.
03 구석기 시대의 생활상을 보여 주는 (**석장리**, 암사동) 유적
04 [신석기] (**빗살무늬**, 민무늬) 토기에 식량을 저장하였다.
05 [신석기] (**가락바퀴**, 반달 돌칼)을/를 이용하여 실을 뽑았다.
06 사유 재산과 계급이 발생한 (신석기, **청동기**) 시대
07 [청동기] (**반달 돌칼**, 비파형 동검)을 사용하여 곡식을 수확하였다.
08 [청동기] 지배층의 무덤으로 (독무덤, **고인돌**)을 축조하였다.
09 [철기] (청동, **철제**) 농기구를 제작하여 사용하였다.
10 [철기] (**명도전**, 청동 거울)을 사용하여 중국과 교류하였다.

정답 | 01 막집 02 뗀석기 03 석장리 04 빗살무늬 05 가락바퀴 06 청동기 07 반달 돌칼 08 고인돌 09 철제 10 명도전

빈출패턴 02 고조선과 여러 나라의 성장

최신 12회분 출제문항 수: **14문항**

고조선과 여러 나라에 대한 자료를 주고 특징을 묻는 문제가 주로 출제!

대표발문 Q. 밑줄 그은 '이 나라' or 공통으로 이야기하고 있는 나라에 대한 설명으로 옳은 것은?

+ 키워드 파헤치기

기출자료 1 환웅과 웅녀 사이에서 태어난 **단군왕검**이 **아사달**에 도읍을 정하고 <u>이 나라</u>를 세웠다고 전해져요.

위 밑줄 그은 이 나라는? → ☐☐

단군왕검, 아사달, 청동기 문화, 8조법(범금 8조)

기출자료 2
- 인물1: **마가, 우가, 저가, 구가** 등이 별도로 **사출도**를 다스렸어.
- 인물2: **12월**에 **영고**라는 제천 행사를 열었어.

위와 관련된 나라는? → ☐☐

마가·우가·저가·구가, 사출도, 12월 영고, 순장, 1책 12법, 우제점법

기출자료 3 <u>이 나라</u>의 혼인하는 풍속에서는 여자 나이 10세가 되면 혼인을 허락하고, **신랑 집에서는 여자를 맞이하여 장성하도록 키워 며느리로 삼는다**. 여자가 성인이 되면 친정으로 돌아가게 한다. …… 돈이 지불되면 신랑 집으로 돌아온다.

위 밑줄 그은 이 나라는? → ☐☐

읍군·삼로, 민며느리제, 가족 공동 무덤

기출자료 4
- 인물1: 이것은 솟대 모형이야. 솟대는 <u>이 나라</u>의 **소도**에서 유래했다고도 해.
- 인물2: 이 나라에는 제사장인 **천군**도 있었어.

위 밑줄 그은 이 나라는? → ☐☐

신지·읍차, 제정 분리, 천군, 소도, 벼농사, 철 생산(낙랑·왜에 철 수출), 계절제(5월·10월)

선지패턴 A. 고조선, 부여, 고구려, 옥저, 동예, 삼한이 돌아가며 정답!

+ 기출선지 더 보기

빈출선지 1 **범금 8조**를 통해 사회 질서를 유지하였다. → ☐☐

[고조선] 한 무제의 공격으로 멸망하였다.

[부여] 여러 가(加)들이 별도로 사출도를 다스렸다.

빈출선지 2 **순장**의 풍습이 있었습니다. → ☐☐

[고구려] 서옥제라는 혼인 풍습이 있었다.

[옥저] 혼인 풍습으로 민며느리제가 있었다.

빈출선지 3 **가족의 유골을 한 목곽에 안치**하는 풍습이 있었다. → ☐☐

[동예] 읍락 간의 경계를 중시한 책화가 있었다.

[삼한] 제사장인 천군과 신성 구역인 소도가 있었다.

빈출선지 4 **신지, 읍차** 등의 지배자가 있었다. → ☐☐

정답 | 자료1 고조선 자료2 부여 자료3 옥저 자료4 삼한 선지1 고조선 선지2 부여 선지3 옥저 선지4 삼한

한눈에 정리하는 빈출이론

한능검 빈출이론만 빠르게 파악하세요!

1. 고조선

성립	• 건국: 기원전 2333년에 단군왕검이 아사달을 도읍으로 건국하였다고 전해짐 • 의의: 청동기 문화를 바탕으로 성립된 우리 역사상 최초의 국가 • 문화 범위: 비파형 동검, 탁자식 고인돌의 출토 지역을 통해 고조선의 문화 범위를 추정할 수 있음
발전	• 기원전 3세기경 부왕, 준왕과 같은 강력한 왕이 등장하여 왕위 세습 • 왕 아래 상, 대부, 장군 등의 관직 설치
위만 조선	• 고조선으로 이주한 위만이 준왕을 몰아내고 왕이 됨 • 진번과 임둔을 복속시키는 등 정복 활동으로 영토 확장 • 철기 문화의 본격적 수용, 중계 무역으로 경제적 이익 독점
멸망	중계 무역과 흉노와의 연결이 문제가 되어 한 무제의 침입으로 멸망
사회	8조법(범금 8조): 노동력 중시, 농업 중심 사회, 사유 재산 중시, 계급 분화 등을 알 수 있음

2. 고조선 이후 여러 나라의 성장

구분	부여	고구려	옥저	동예	삼한
위치	중국 쑹화강 유역	압록강 졸본 지역	함경도 동해안 지역	강원도 동해안 지역	한반도 남부
정치	사출도: 왕 아래 마가, 우가, 저가, 구가 등의 대가들이 다스리던 독립된 행정 구역	• 5부족 연맹체 • 대가: 왕 아래 상가, 고추가 등의 대가들이 사자, 조의, 선인 등을 거느림 • 제가 회의	군장 국가: 읍군, 삼로가 통치		• 군장 국가: 신지, 읍차 등의 지배자가 존재 • 제정 분리: 천군(제사장)이 소도 관장
경제	농경과 목축 발달	• 약탈 경제 • 부경(창고) 존재	• 고구려에 공납, 토지 비옥, 해산물 풍부 • 동예의 특산품: 단궁, 과하마, 반어피		• 벼농사 발달 • 변한: 철 생산이 많아 낙랑, 왜에 철 수출
풍속	• 영고(12월) • 순장 • 1책 12법 • 우제점법 • 형사취수제	• 동맹(10월) • 서옥제 • 형사취수제	• 민며느리제 • 가족 공동 무덤	• 무천(10월) • 족외혼 • 책화	계절제(5월, 10월)

기출선지로 보는 핵심암기

올바른 용어를 찾아 기출선지를 완성하세요!

01 [고조선] (**청동기** , 철기) 문화를 바탕으로 세워졌다.
02 [부여] 여러 가(加)들이 (**사출도** , 소도)를 다스렸다.
03 [부여] 남의 물건을 훔쳤을 때는 (10배 , **12배**)로 갚는 법이 있었다.
04 [고구려] (**동맹** , 무천)이라는 제천 행사를 열었다.
05 [고구려] (**제가** , 정사암) 회의에서 국가 중대사를 결정하였다.
06 [옥저] 혼인 풍습으로 (**민며느리제** , 서옥제)가 있었다.
07 [동예] 읍락 간의 경계를 중시한 (**책화** , 소도)가 있었다.
08 [동예] 10월에 (**무천** , 동맹)이라는 제천 행사를 열었다.
09 [변한] 낙랑과 왜에 (말 , **철**)을 수출하였다.
10 [삼한] 신지, (읍군 , **읍차**) 등의 지배자가 있었다.

정답 | 01 청동기 02 사출도 03 12배 04 동맹 05 제가 06 민며느리제 07 책화 08 무천 09 철 10 읍차

빈출패턴 03 삼국의 발전

자료에서 왕의 업적을 설명하고, 이 왕의 다른 업적을 묻는 문제가 주로 출제!

최신 12회분 출제문항 수 **20문항**

대표발문 Q
(가) 왕 or 공통으로 이야기하고 있는 왕 or 밑줄 그은 '나'의 업적에 대한 설명으로 옳은 것은?

+ 키워드 파헤치기

기출자료 1
위기에 처한 나라를 구해 낸 (가)
- 전사한 고국원왕에 이어 왕위에 오르다
- 승려 순도를 통해 **불교를 수용**하다
- 국립 교육 기관인 **태학을 설립**하다

위 (가)에 들어갈 왕은? → ☐ 왕

불교 수용, 태학 설치, 율령 반포

기출자료 2
저희 모둠은 **남진 정책**을 추진한 (가)의 **한강 유역 진출** 과정을 개로왕과 도림 스님의 이야기로 그려보았습니다.

위 (가)에 들어갈 왕은? → ☐ 왕

남진 정책, 평양 천도, 한강 유역 진출, 광개토 대왕릉비 건립

기출자료 3
- 인물1: **사비로 도읍을 옮겼어.**
- 인물2: **남부여로 국호를 바꿨어.**
- 인물3: 신라와 연합하여 **한강 하류 지역을 되찾았어.**

위와 관련된 왕은? → ☐ 왕

사비 천도, 국호 '남부여'로 변경, 한강 하류 지역 일시적 회복, 관산성 전투에서 전사

기출자료 4
국호를 **신라**로 확정하고 임금의 칭호를 마립간에서 **왕**으로 고쳤습니다.

위와 관련된 왕은? → ☐ 왕

국호 '신라'로 확정, 왕호를 '왕'으로 변경, 우경 장려, 동시전 설치, 우산국 정복

기출자료 5
나는 신라의 제23대 왕으로 **병부를 설치**하고, **율령을 반포**하였소.

위 밑줄 그은 나는? → ☐ 왕

연호 '건원' 사용, 병부 설치, 율령 반포, 관등제 정비, 상대등 설치, 불교 공인, 이차돈 순교, 금관가야 병합

선지패턴 A
5세기 고구려, 6세기 백제, 6세기 신라 왕의 업적을 기억하는 것이 핵심!

+ 기출선지 더 보기

빈출선지 1 **태학을 설립**하여 인재를 양성하였다. → ☐ 왕
[고구려 소수림왕] 율령을 반포하였다.

빈출선지 2 수도를 **웅진에서 사비로** 옮겼다. → ☐ 왕
[백제 성왕] 백제가 국호를 남부여로 변경하였다.

빈출선지 3 **이사부**를 보내 **우산국을 복속**시켰다. → ☐ 왕
[신라 지증왕] 시장을 감독하기 위해 동시전을 설치하였다.

빈출선지 4 **대가야를 정복**하여 영토를 확장하였다. → ☐ 왕
[신라 진흥왕] 화랑도를 국가적인 조직으로 운영하였다.

정답 | 자료1 소수림 자료2 장수 자료3 성 자료4 지증 자료5 법흥 선지1 소수림 선지2 성 선지3 지증 선지4 진흥

한눈에 정리하는 **빈출이론**

한능검 **빈출이론**만 빠르게 파악하세요!

1. 고구려의 발전

2세기	고국천왕	진대법 실시(을파소 건의)
4세기	미천왕	서안평 점령, 낙랑군·대방군 축출
	고국원왕	백제 근초고왕의 평양성 공격으로 전사
	소수림왕	불교 수용, 태학 설치, 율령 반포
5세기	광개토 대왕	• 연호 '영락' 사용, 한강 이북 차지 • 신라에 침입한 왜 격퇴 → 금관가야 타격
	장수왕	남진 정책 추진(평양 천도), 백제 한성 점령(한강 유역 차지), 광개토 대왕릉비 건립

▲ 5세기 고구려

2. 백제의 발전과 중흥 노력

3세기	고이왕	6좌평·관등제·관복제 제정
4세기	근초고왕	고구려 평양성 공격(고국원왕 전사), 고흥이 『서기』 편찬
	침류왕	동진으로부터 불교 수용
	무령왕	지방 22담로에 왕족 파견, 중국 남조(양)와 교류
6세기	성왕	• 사비 천도, 국호 '남부여'로 변경, 중앙 관청 22부 완비 • 신라 진흥왕과 연합, 한강 하류 지역 일시적 회복 → 신라 진흥왕의 배신, 한강 하류 지역을 신라에 빼앗김 → 관산성 전투에서 전사

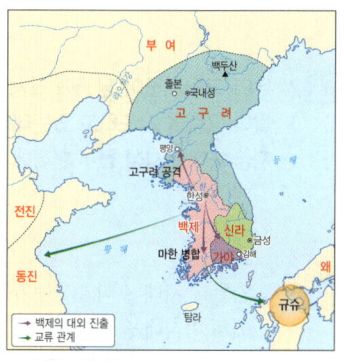

▲ 4세기 백제

3. 신라의 발전

4세기	내물 마립간	김씨의 왕위 세습 확립, 왕호 '마립간' 사용, 고구려 광개토 대왕의 도움을 받아 가야·왜의 침입 격퇴
6세기	지증왕	국호 '신라', 왕호 '왕' 사용, 순장 금지, 우경 장려, 동시전 설치, 우산국 정복(이사부)
	법흥왕	연호 '건원' 사용, 병부 설치, 율령 반포, 상대등 설치, 불교 공인(이차돈 순교), 금관가야 병합
	진흥왕	화랑도를 국가 조직으로 개편, 거칠부가 『국사』 편찬, 한강 유역 모두 차지(북한산 순수비), 함경도 지역까지 진출, 대가야 정복

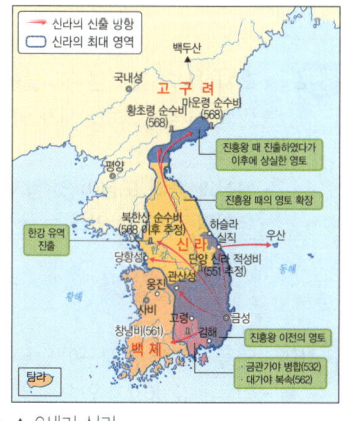

▲ 6세기 신라

기출선지로 보는 **핵심암기**

올바른 용어를 찾아 **기출선지**를 완성하세요!

01 [고구려 소수림왕] 고구려가 전진으로부터 (**불교** , 도교)를 수용하였다.
02 [고구려 광개토 대왕] (**영락** , 건원)이라는 연호를 사용하였다.
03 [고구려 장수왕] 고구려가 (**평양** , 국내성)으로 천도하였다.
04 [백제 근초고왕] 평양성을 공격하여 (**고국원왕** , 소수림왕)을 전사시켰다.
05 [백제 무령왕] (**22담로** , 5소경)에 왕족을 파견했어요.
06 [백제 무령왕] 중국 남조의 양과 (**친선** , 적대) 관계를 맺었다.
07 [백제 성왕] 신라와 연합하여 한강 (상류 , **하류**) 지역을 되찾았어.
08 [신라 지증왕] (**우경** , 모내기법)이 널리 보급되었다.
09 [신라 진흥왕] (금관 , **대**)가야를 정복하여 영토를 확대하였다.
10 [신라 진흥왕] (**화랑도** , 삼별초)를 국가적인 조직으로 운영하였다.

정답 | 01 불교 02 영락 03 평양 04 고국원왕 05 22담로 06 친선 07 하류 08 우경 09 대 10 화랑도

빈출패턴 04 · 7세기 삼국의 정세

자료의 상황을 파악하고, 해당 시기의 정세·인물·전투를 묻는 문제가 출제!

최신 12회분 출제문항 수 **13문항**

대표발문 Q 밑줄 그은 '이 전투' or (가)에 해당하는 인물 or 탐구 주제로 옳은 것은?

➕ 키워드 파헤치기

선지패턴 A 7세기 핵심 키워드는 을지문덕, 연개소문, 복신, 도침, 검모잠!

기출자료 1 나는 이 전투에서 우문술, 우중문이 이끄는 **수의 30만 대군을 격퇴**하였소.

위 밑줄 그은 이 전투는? → ☐☐ 대첩

→ 수의 30만 대군 격퇴, 을지문덕

기출자료 2 우리 **고구려군이 당군에 맞서** 치열하게 싸우고 있습니다. 당군이 성벽보다 높은 흙산을 쌓아 공략을 시도하고 있는데요. 성 안에서도 방어 태세를 갖추고 있는 것으로 보입니다. 지금까지 **안시성 전투** 현장에서 전해드렸습니다.

위와 관련된 시기는? → ☐☐☐ 년

→ 고구려군, 당군, 안시성 전투

기출자료 3
- 인물1: 자네 소식 들었는가? 며칠 전 **김유신 장군**이 이끄는 우리 신라군이 **황산벌 전투**에서 마침내 승리하였다네.
- 인물2: 나도 들었네. **계백**이 이끄는 결사대와 싸워 힘겹게 승리했다더군.

위와 관련된 일은? → ☐☐ 멸망

→ 김유신, 계백, 황산벌 전투

기출자료 4
- **흑치상지**가 흩어진 무리들을 모으니, 열흘 사이에 따르는 자가 3만여 명이었다. 소정방의 공격을 흑치상지가 막아내 승리하고 2백여 성을 되찾으니 소정방이 이길 수 없었다.
- **복신**과 **승려 도침**이 옛 왕자인 **부여풍**을 맞이하여 왕으로 세우고, 웅진성에서 머물던 유인원을 포위하였다.

위와 관련된 운동은? → ☐☐ 부흥 운동

→ 흑치상지, 복신, 도침, 왕자 부여풍을 왕으로 추대

기출자료 5
- 인물1: **고연무** 장군이 압록강을 넘어 **오골성**을 공격했다지.
- 인물2: (가)이/가 **안승**을 왕으로 세워 당에 대항한다네.
- 인물3: 고구려 **부흥**을 위해 우리도 힘을 보태세.

위 (가)에 들어갈 인물은? → ☐☐☐

→ 고연무, 오골성, 안승을 왕으로 추대, 고구려 부흥 운동

기출자료 6 당의 장수 이근행이 군사 20만 명을 이끌고 **매소성**에 주둔하였다. 신라 군사가 이들을 격퇴하여 30,380필의 전투용 말과 그 만큼의 병기를 얻었다.

위와 관련된 전투는? → ☐☐☐ 전투

→ 나·당 전쟁, 매소성

기출자료 7 사찬 시득이 수군을 거느리고 소부리주 **기벌포**에서 설인귀가 이끄는 군대와 싸웠다. 처음에는 패하였지만 다시 나아가 스물 두 번의 전투에서 **승리**하였다.

위와 관련된 전투는? → ☐☐☐ 전투

→ 나·당 전쟁, 기벌포, 삼국 통일

정답 | 자료1 살수 자료2 645 자료3 백제 자료4 백제 자료5 검모잠 자료6 매소성 자료7 기벌포

한눈에 정리하는 빈출이론

한능검 빈출이론만 빠르게 파악하세요!

1. 고구려의 대외 항쟁

수의 침입	수의 중국 통일 → 고구려가 수를 견제하기 위해 선제공격 → 수 문제의 침입 → 수 양제의 침입(30만 별동대로 평양성 공격) → 을지문덕이 살수에서 수 격퇴(살수 대첩, 612)
당의 침입	당의 건국 → 당 태종이 고구려 압박 → 고구려가 당의 침입에 대비하여 천리장성 축조 시작 → 연개소문이 정변으로 정권 장악 후 당에 강경책 고수 → 당 태종의 침입 → 고구려의 격퇴(안시성 전투, 645)

2. 백제와 고구려의 멸망

백제	나·당 동맹 체결(648) → 신라가 당과 나·당 연합군 결성 → 나·당 연합군의 백제 공격 → 계백의 백제군이 김유신의 신라군에 패배(황산벌 전투, 660) → 사비성 함락 → 백제 멸망(660)
고구려	수·당과의 연이은 전쟁으로 국력 쇠퇴 → 연개소문 사후 지배층의 권력 쟁탈전 발생 → 나·당 연합군의 공격으로 평양성 함락 → 고구려 멸망(668)

3. 백제와 고구려의 부흥 운동

백제	복신, 도침이 왕자 부여풍을 왕으로 추대 → 복신과 도침은 주류성에서, 흑치상지는 임존성에서 부흥 운동 전개 → 백제를 도우러 온 왜의 수군이 백강 전투에서 패배
고구려	검모잠이 안승을 왕으로 추대 → 검모잠은 한성(황해도 재령)에서, 고연무 등은 오골성에서 부흥 운동 전개 → 신라(문무왕)가 안승을 보덕국왕으로 임명

4. 신라의 삼국 통일

나·당 전쟁	당이 한반도 전체에 대한 지배권을 확보하려 함 → 신라가 백제·고구려 유민과 연합하여 당에 저항 → 신라가 매소성 전투(675)와 기벌포 전투(676)에서 당군 격파 → 삼국 통일(676)
의의	삼국의 문화를 통합하여 민족 문화 발전의 토대 마련
한계	외세인 당을 끌어들임, 대동강 이남에 한정된 불완전한 통일

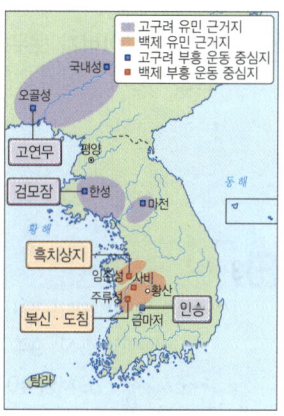
▲ 백제와 고구려의 부흥 운동

기출선지로 보는 핵심암기

올바른 용어를 찾아 **기출선지**를 완성하세요!

01 고구려가 (**살수** , 안시성)에서 수의 군대를 격파하였다.
02 (**을지문덕** , 연개소문)이 살수에서 대승을 거두었다.
03 [고구려] 천리장성을 축조하여 (수 , **당**)의 침략에 대비하였다.
04 고구려가 (살수 , **안시성**) 전투에서 당의 군대를 물리쳤다.
05 (**김춘추** , 김유신)이/가 당과의 군사 동맹을 성사시켰다.
06 (**황산벌** , 매소성)에서 최후의 전투를 벌이는 계백
07 복신과 도침이 (**부여풍** , 안승)을 왕으로 추대하였다.
08 흑치상지가 (**백제** , 고구려) 부흥 운동을 전개하였다.
09 안승이 (백제 , **고구려**) 부흥 운동을 전개하였다.
10 (**안승** , 부여풍)을 왕으로 하는 보덕국이 세워졌다.

정답 | 01 살수 02 을지문덕 03 당 04 안시성 05 김춘추 06 황산벌 07 부여풍 08 백제 09 고구려 10 안승

빈출패턴 05 통일 신라

신문왕과 관련된 자료를 주고, 그의 업적을 묻는 문제가 주로 출제!

최신 12회분 출제문항 수: **2문항**

Q 밑줄 그은 '왕' or (가) 왕의 업적 or (가)에 들어갈 내용으로 옳은 것은?

+ 키워드 파헤치기

기출자료 1 김흠돌이 흥원, 진공 등과 함께 **반란**을 일으켰으나 실패하고 처형되었다. 고구려 정벌 당시 큰 공을 세운 장군이자 왕의 장인인 김흠돌이 반란을 일으킨 이유에 대해 많은 사람들이 궁금해하는 가운데, 향후 왕권 강화를 위한 정책들이 본격적으로 추진될 것으로 예상된다.

위 밑줄 그은 왕은? → ☐ 왕

김흠돌의 난, 9주 5소경 완성, 관료전 지급, 녹읍 폐지, 국학 설립, 9서당 10정 조직

기출자료 2 (가)은/는 **아버지 문무왕**의 뜻을 이어 682년에 **감은사**를 완성하였습니다. 이후 그는 감은사 행차 길에서 얻은 대나무로 **만파식적**이라는 피리를 만들었다고 합니다.

위 (가)에 들어갈 왕은? → ☐ 왕

아버지 문무왕, 감은사 창건, 만파식적

기출자료 3 통일 신라의 통치 체제 정비
- 중앙 통치 조직: 집사부 등 14개의 중앙 행정 기구 운영
- 지방 행정 조직: **9주 5소경** 설치
- 군사 제도: **9서당 10정** 편성
- 교육 제도: (가) 정비

위 (가)에 들어갈 내용은? → ☐ 학

집사부 기능 강화, 9주 5소경 설치, 상수리 제도, 외사정 파견, 9서당 10정 조직, 국학 설립, 독서삼품과 실시

A 관료전 지급, 녹읍 폐지, 김흠돌의 난 진압이 빈출선지!

+ 기출선지 더 보기

빈출선지 1 매소성과 기벌포에서 **당의 군대**를 물리쳤다. → ☐ 왕

[문무왕] 고구려의 평양성을 함락시켰다.

빈출선지 2 **김흠돌의 난**을 진압하였다. → ☐ 왕

[신문왕] 인재 양성을 위해 국학을 설립하였다.

[신문왕] 9서당 10정의 군사 조직을 갖추었다.

빈출선지 3 **관료전을 지급**하고 **녹읍을 폐지**하였다. → ☐ 왕

[지방 제도] 상수리 제도를 시행하여 지방 세력을 견제하였다.

빈출선지 4 인재 선발을 목적으로 **독서삼품과를 실시**하였다. → ☐ 왕

[지방 제도] 지방관 감찰을 위해 외사정을 파견하였다.

정답 | 자료1 신문 자료2 신문 자료3 국 선지1 문무 선지2 신문 선지3 신문 선지4 원성

한눈에 정리하는 빈출이론

한능검 빈출이론만 빠르게 파악하세요!

1. 신라의 정치적 변화

무열왕	• 최초의 진골 출신 왕 → 직계 자손의 왕위 세습 확립, 왕권 안정 • 당과 연합하여 백제를 멸망시킴
문무왕	• 당과 연합하여 고구려를 멸망시킴 • 매소성 전투, 기벌포 전투에서 승리 → 당군 축출, 삼국 통일 완성(676)
신문왕	• 김흠돌의 난(681) 진압, 진골 귀족 세력 숙청 → 왕권 강화 • 9주 5소경의 지방 행정 조직 완비 → 중앙 집권 체제 강화 • 문무 관리에게 관료전 지급, 귀족의 경제적 기반이었던 녹읍 폐지 • 국학(유학 교육 기관) 설립 • 9서당(중앙군)과 10정(지방군) 조직 • 진골 귀족 세력 약화, 상대등 권한 약화 → 6두품 세력 강화
성덕왕	백성에게 정전 지급 → 국가의 토지 지배력 강화 목적
경덕왕	• 정치: 중시의 명칭을 시중으로 변경 → 집사부의 기능 강화 • 교육: 국학의 명칭을 태학감으로 변경 → 박사와 조교 등을 두어 유학 교육 강화 • 성덕 대왕 신종 제작 착수 → 왕권 강화 목적(혜공왕 때 완성) • 전제 왕권의 동요: 진골 귀족 세력의 반발 → 녹읍 부활

2. 통치 체제 정비

중앙 통치 제도	집사부 기능 강화, 사정부(감찰 기구) 설치
지방 제도	• 전국을 9주로 나누고 군사·행정의 요지에 5소경 설치 • 특수 행정 구역으로 향·부곡 설치 • 상수리 제도 시행 → 지방 세력 통제 • 외사정 파견 → 지빙관 감찰
군사 조직	9서당(중앙군), 10정(지방군)
유교 정치	• 국학 설립 → 유교 정치 이념 교육 • 독서삼품과 실시 → 귀족들의 반발로 실패

▲ 통일 신라의 9주 5소경

기출선지로 보는 핵심암기

올바른 용어를 찾아 기출선지를 완성하세요!

01 [무열왕] (**진골**, 성골) 출신으로 왕위에 올랐다.
02 [신문왕] (**김흠돌**, 김헌창)의 난을 진압하였다.
03 [신문왕] 지방 행정 구역으로 (**9주 5소경**, 5도 양계)을/를 두었다.
04 [신문왕] (**관료전**, 녹읍)을 지급하고 (관료전, **녹읍**)을 폐지하였다.
05 [신문왕] 인재 양성을 위해 (태학, **국학**)을 설립하였다.
06 [신문왕] (**9서당 10정**, 5군영)의 군사 조직을 갖추었다.
07 [성덕왕] 백성들에게 (**정전**, 과전)이 지급되었다.
08 [원성왕] 인재 선발을 목적으로 (**독서삼품과**, 과거제)를 실시하였다.
09 [지방 제도] (**상수리**, 기인) 제도를 시행하여 지방 세력을 견제하였다.
10 [지방 제도] 지방관 감찰을 위해 (**외사정**, 관찰사)을/를 파견하였다.

정답 | 01 진골 02 김흠돌 03 9주 5소경 04 관료전, 녹읍 05 국학 06 9서당 10정 07 정전 08 독서삼품과 09 상수리 10 외사정

빈출패턴 06 발해

발해 자료를 주고, 발해에 관한 사실을 묻는 문제가 주로 출제!

최신 12회분 출제문항수 **9문항**

대표발문 Q. 밑줄 그은 '이 국가' or (가) 국가에 대한 설명으로 옳은 것은?

+ 키워드 파헤치기

기출자료 1 이것은 고구려 문화의 영향을 받은 이 국가의 문화유산입니다. 고구려의 옛 영토를 대부분 회복한 이 국가는 전성기에 해동성국이라 불렸습니다.

위 밑줄 그은 이 국가는? → ☐

› 대조영, 동모산, 무왕, 장문휴, 산둥 지방 공격, 문왕, 3성 6부, 선왕, 5경 15부 62주, 해동성국, 중정대, 주자감, 고구려 계승 의식, 인안·대흥 등 독자적 연호

기출자료 2 해동성국이라 불렸던 ○○
1. 기획 의도: 대조영이 건국한 ○○의 발전 과정을 주변국과의 관계를 통해 살펴본다.
2. 장면
   #1. 상경 용천부에 도착한 일본 사신단
   ……

위 ○○에 들어갈 국가는? → ☐

› 대조영, 상경 용천부, 해동성국

기출자료 3 옛날 북쪽에 고구려, 서남쪽에 백제, 동남쪽에 신라가 있어서 이것을 삼국이라 하였다. 여기에는 마땅히 삼국사가 있어야 하고, 고려가 편찬하였으니 잘한 일이다. 고구려와 백제가 망한 다음에 남쪽에 신라, 북쪽에 (가)이/가 있으니 이를 남북국이라 하였다. 여기에는 마땅히 남북국사가 있어야 하는데, 고려가 편찬하지 않은 것은 잘못이다.

위 (가)에 들어갈 국가는? → ☐

› 남북국, 『발해고』

기출자료 4
- 인물1: 저걸 좀 보게나. 오소도가 당 빈공과에 수석 합격을 했다는군.
- 인물2: 신라 사람을 제치다니! 역시 우리 (가)은/는 해동성국이라 불릴 만하군.
- 인물3: 상경성에서 축하 잔치를 한다 하니 우리도 구경 가보세.

위 (가)에 들어갈 국가는? → ☐

› 당 빈공과 합격, 해동성국, 상경성

선지패턴 A. 무왕, 문왕, 선왕 대의 사실이 선지로 등장!

+ 기출선지 더 보기

빈출선지 1 장문휴로 하여금 당의 등주를 공격하게 하였다. → ☐왕

[대조영] 발해를 건국하였다.

빈출선지 2 5경 15부 62주로 지방 행정 제도를 갖추었다. → ☐왕

[무왕] 당의 산둥반도를 공격하였다.

빈출선지 3 전성기에 해동성국이라 불렸다. → ☐왕

상경으로 도읍을 옮겼다.

빈출선지 4 인안, 대흥 등의 독자적 연호를 사용하였다. → ☐왕, ☐왕

거란의 침략을 받아 멸망하였다.

정답 | 자료1 발해 자료2 발해 자료3 발해 자료4 발해 선지1 무 선지2 선 선지3 선 선지4 무, 문

한눈에 정리하는 빈출이론

한능검 빈출이론만 빠르게 파악하세요!

1. 건국과 발전

건국	대조영이 고구려 유민과 말갈 집단을 이끌고 동모산 지역에서 건국(698)
발전	• 무왕: 연호 '인안' 사용, 당과 신라 견제, 장문휴를 보내 산둥 지방의 등주 선제공격 • 문왕: 연호 '대흥' 사용, 당과 친선 관계, 신라와 교류(신라도), 중앙 관제(3성 6부) 정비, 일본에 보낸 국서에 고구려 계승 표방('고려 국왕' 표현) • 선왕: 연호 '건흥' 사용, 5경 15부 62주 완비, 최대 영토 확보, 전성기를 맞이하여 당으로부터 해동성국이라 불리기도 함
멸망	거란의 침입으로 멸망(926) → 발해 왕자 대광현과 유민들이 고려로 망명

▲ 발해의 영역

2. 통치 체제 정비

중앙 정치 조직	• 3성 6부: 당의 제도 수용, 운영과 명칭은 독자적, 정당성의 장관인 대내상이 국정 총괄 • 중정대: 관리들의 비리 감찰 기구 • 주자감: 최고 교육 기관, 유학 교육, 관리 양성
지방 행정 구역	• 5경 15부 62주: 선왕 때 정비, 전략적 요충지에 5경(상경, 중경, 동경, 남경, 서경) 설치 • 촌락: 토착 세력(말갈)의 도움을 받아 다스림
군사 조직	중앙군으로 10위를 조직(도성 방어), 지방군은 각지의 지방관이 지휘

3. 성격

고구려 계승 의식	• 건국 이후 고구려 계승 표방 • 발해와 일본이 주고받은 국서에 '고려 국왕'이라는 명칭 사용 • 지배층의 대다수가 고구려계로 구성 • 고분, 온돌 구조 등 고구려 문화와의 유사성 존재
독자적 천하관	• 인안(무왕), 대흥(문왕), 건흥(선왕) 등의 독자적 연호 사용 • 문왕의 딸인 정혜 공주와 정효 공주 묘비에 '황상' 표현 사용

기출선지로 보는 핵심암기

올바른 용어를 찾아 기출선지를 완성하세요!

01 대조영이 (**동모산**, 백두산) 근처에서 건국하였다.
02 [무왕] 장문휴로 하여금 당의 (**등주**, 요서)를 공격하게 하였다.
03 [무왕] (**인안**, 영락) 등의 독자적 연호를 사용하였다.
04 [문왕] 중앙 정치 조직으로 (2성 6부, **3성 6부**)를 두었다.
05 [선왕] (9주 5소경, **5경 15부 62주**)의 지방 행정 제도를 갖추었다.
06 [선왕] 전성기에 (**해동성국**, 동방예의지국)이라 불렸다.
07 유학 교육 기관으로 (**주자감**, 국학)을 설립하였다.
08 (**거란**, 여진)의 침략을 받아 멸망하였다.

정답 | 01 동모산 02 등주 03 인안 04 3성 6부 05 5경 15부 62주 06 해동성국 07 주자감 08 거란

빈출패턴 07 신라 말의 혼란과 후삼국의 성립

신라 말 자료를 주고, 해당 시기의 모습이나 주요 인물을 찾는 문제가 출제!

최신 12회분 출제문항 수: **9문항**

대표발문 Q
다음 시기에 볼 수 있는 모습 or (가)에 들어갈 인물 or 밑줄 그은 '이 인물'에 대한 설명으로 옳은 것은?

+ 키워드 파헤치기

기출자료 1
3월에 웅천주 도독 **헌창**이 아버지 주원이 왕이 되지 못함을 이유로 **반란**을 일으켜 국호를 장안, 연호를 경운이라 하였다. 무진주·완산주·청주·사벌주의 도독과 국원경·서원경·금관경의 사신(仕臣), 여러 군현의 수령을 협박해 자기 소속으로 삼았다.

위와 관련된 사건은? → ☐☐의 난

> 신라 말, 김헌창, 반란, 아버지 주원

기출자료 2
- 신하: 세금 독촉에 반발한 백성들이 곳곳에서 난을 일으키고 있사옵니다. 특히 사벌주를 근거지로 일어난 **원종과 애노의 난**은 그 기세가 심상치 않습니다.
- **진성 여왕**: 군사를 보내 그들을 사로잡도록 하라.

위와 관련된 시기는? → ☐☐ 말

> 원종과 애노의 난, 진성 여왕, 지방 통제력 약화

기출자료 3
이곳은 유네스코 세계 유산에 등재된 무성 서원으로 (가)을/를 제향하고 있어요. 신라 6두품 출신인 그는 **당의 빈공과에 합격**하여 관직 생활을 했어요. 이후 귀국하여 **진성 여왕에게 10여 조의 개혁안**을 올리기도 했습니다.

위 (가)에 들어갈 인물은? → ☐☐☐

> 당 빈공과 합격, 시무 10여 조, 진성 여왕

기출자료 4
신라 왕실의 후예로 알려진 이 인물은 양길의 부하가 되어 세력을 키웠다. 이후 그는 **송악을 도읍**으로 삼아 새로운 국가를 세웠다. **스스로를 미륵불이라 칭하였다**.

위 밑줄 그은 이 인물은? → ☐☐

> 후고구려 건국, 송악 도읍, 자칭 미륵불, 국호 마진 변경, 철원 천도, 국호 태봉 변경, 광평성 설치

선지패턴 A
김헌창의 난, 최치원의 건의, 원종과 애노의 봉기가 빈출선지!

+ 기출선지 더 보기

1 **김헌창**이 난을 일으켰다.

2 **최치원**이 **시무 10여 조**를 건의하였다.

3 지방에서 **호족 세력이 성장**하였다.

4 **원종과 애노가 봉기**하였다.

위 1~4의 현상이 나타난 시기는? → ☐☐ 말

[신라 말] 요즘에는 호족이 후원하는 선종이 유행한다네.

[신라 말] 6두품이 호족 세력과 연계하여 사회 개혁을 추구하였다.

견훤이 완산주에서 후백제를 세웠다.

궁예가 후고구려를 건국하였다.

[후고구려] 국호를 마진에서 태봉으로 변경하였다.

정답 | 자료1 김헌창 자료2 신라 자료3 최치원 자료4 궁예 선지1~4 신라

한눈에 정리하는 빈출이론

1. 신라 말의 사회 동요

지방 통제력 약화	• 왕위 쟁탈전 심화: 혜공왕 사후 진골 귀족 간의 왕위 다툼 심화 • 지방 세력의 반란: 지방 세력이 왕위 쟁탈전에 가담하여 반란을 일으킴(김헌창의 난, 장보고의 난)
농민 봉기의 발생	• 배경: 녹읍 부활, 귀족들의 사치로 국가 재정 궁핍, 농민 수탈 심화 • 봉기: 진성 여왕 때 원종과 애노의 난(889), 적고적의 난(896) 발생 • 결과: 중앙 정부의 지방 통제력 약화

2. 새로운 세력의 등장

호족	• 지방에서 스스로 성주나 장군을 칭하면서 반독립적 세력으로 성장 • 지방의 경제권·행정권·군사권 등 장악 → 실질적인 지배권 행사
6두품	• 최치원(시무 10여 조 건의)을 중심으로 골품제의 모순을 비판하며 유학에 바탕을 둔 새로운 정치 이념 제시 • 반신라적 태도를 보이며 호족과 결탁

3. 후삼국의 성립

후백제	• 건국: 견훤이 완산주에 도읍을 정하고 후백제 건국(900) • 발전: 충청·전라 지역 차지, 중국의 후당·오월과 외교 관계를 맺음 • 한계: 신라 금성(경주)을 침입해 경애왕을 죽게 하는 등 신라에 적대적 자세를 취함
후고구려	• 건국: 궁예가 송악에 도읍을 정하고 후고구려 건국(901) • 발전: 국호를 '마진'으로 바꾸고 철원으로 천도(905) → 국호를 '태봉'으로 변경 • 관제 개편: 광평성(국정 총괄)을 비롯한 여러 관서 설치 • 한계: 지나친 조세 수취, 스스로를 미륵불이라 칭하며 전제 정치 강화

▲ 후삼국의 성립

기출선지로 보는 핵심암기

01 [신라 말] (**김헌창** , 만적)이 난을 일으켰다.
02 [신라 말] (**원종과 애노** , 김사미와 효심)이/가 봉기하였다.
03 [신라 말] (**6두품** , 진골) 세력이 골품제를 비판하였다.
04 [신라 말] 지방에서는 (6두품 , **호족**) 세력이 성장하였다.
05 [신라 말] 요즘에는 호족이 후원하는 (교종 , **선종**)이 유행한다네.
06 (**견훤** , 궁예)이/가 완산주에서 후백제를 세웠다.
07 (견훤 , **궁예**)이/가 후고구려를 건국하였다.
08 궁예가 권력 강화를 위해 (**미륵 신앙** , 풍수지리설)을 이용하였다.
09 [후고구려] 정치 기구로 (**광평성** , 도병마사)을/를 두었다.

정답 | 01 김헌창 02 원종과 애노 03 6두품 04 호족 05 선종 06 견훤 07 궁예 08 미륵 신앙 09 광평성

빈출패턴 08 — 고대의 문화유산

최신 12회분 출제문항 수: **14문항**

문화유산에 대한 정보를 주고, 자료에 해당하는 문화유산 사진을 고르는 문제가 주로 출제!

Q. (가)에 해당하는 or 밑줄 그은 '문화유산'으로 옳은 것은?

+ 키워드 파헤치기

기출자료 1 국보 제119호인 이 불상은 **고구려**의 승려들이 천불을 조성하는 과정에서 만든 것이라고 알려져 있습니다. 광배 뒷면에 '**연가 7년**'이라는 연대가 새겨져 있습니다.

위와 관련된 문화유산은? → 금동 연가 ☐☐ 여래 입상

→ 고구려 불상, 뒷면에 연가 7년 새겨짐

기출자료 2 바위에 새겨진 **백제의 대표적인 불상**이다. 입을 다문 채 온화하게 미소 짓고 있는 표정이 인상적이어서 '백제의 미소'로 널리 알려져 있다.

위와 관련된 문화유산은? → 서산 ☐☐☐ 마애여래 삼존상

→ 백제 불상, 바위에 새겨짐, 부드러운 자태, 온화한 미소, 백제의 미소

기출자료 3 우리 동아리에서는 **백제와 일본의 교류 사실**을 보여 주는 문화유산을 소개하고 있습니다. 역사 교과 교실로 오시면 사진을 감상하며 이에 대한 설명도 들을 수 있습니다.

위 밑줄 그은 문화유산은? → ☐☐☐

→ 백제와 일본의 교류, 백제가 만들어 일본에 전해 준 문화유산

기출자료 4 **경주의 고분에서 출토된** 유물로 **광개토 대왕을 나타내는 글자**가 새겨져 있어 신라와 고구려의 관계를 엿볼 수 있다.

위와 관련된 문화유산은? → ☐☐ 그릇

→ 경주 호우총에서 발견, '광개토지호태왕'이라는 글자가 새겨져 있음, 고구려와 신라의 관계 확인

A. 문화유산의 국가와 사진을 기억하는 것이 핵심!

+ 기출선지 더 보기

빈출선지 1 금동 **연가 7년명** 여래 입상
→ 국가: ☐☐☐

빈출선지 2 **서산** 용현리 마애여래 삼존상
→ 국가: ☐☐

▲ [백제] 부여 정림사지 5층 석탑

빈출선지 3 호우명 그릇
→ 국가: ☐☐☐

빈출선지 4 **경주** 분황사 모전 석탑
→ 국가: ☐☐

▲ [백제] 익산 미륵사지 석탑

정답 | 자료1 7년명 자료2 용현리 자료3 칠지도 자료4 호우명 선지1 고구려 선지2 백제 선지3 고구려 선지4 신라

한눈에 정리하는 빈출이론

한능검 빈출이론만 빠르게 파악하세요!

1. 삼국의 탑

구분	대표적인 탑	특징
고구려	–	주로 목탑 건립, 현존하는 탑 없음
백제	익산 미륵사지 석탑	목탑 양식 계승, 금제 사리 봉영기 발견
	부여 정림사지 5층 석탑	목탑 양식 계승, 1층 탑신부에 당의 소정방이 쓴 글이 있음
신라	경주 황룡사 9층 목탑	• 선덕 여왕 때 자장의 건의로 건립 • 거대한 규모, 고려 몽골 침입 때 소실됨
	경주 분황사 모전 석탑	• 돌을 벽돌 모양으로 다듬어 쌓음(모전 석탑) • 신라 석탑 가운데 가장 오래됨

2. 삼국의 불상

구분	대표적인 불상	특징
고구려	금동 연가 7년명 여래 입상	불상 뒷면의 명문을 통해 고구려 불상임을 알 수 있음
백제	서산 용현리 마애여래 삼존상	부드러운 자태와 온화한 미소, '백제의 미소'라 불림
신라	경주 배동 석조 여래 삼존 입상	푸근한 자태와 은은한 미소, 다정한 얼굴

▲ 익산 미륵사지 석탑

▲ 부여 정림사지 5층 석탑

▲ 경주 분황사 모전 석탑

▲ 금동 연가 7년명 여래 입상

▲ 서산 용현리 마애여래 삼존상

▲ 경주 배동 석조 여래 삼존 입상

3. 남북국의 탑

구분	대표적인 탑	특징
통일 신라	경주 감은사지 3층 석탑	통일 신라의 전형적인 석탑 양식
	경주 불국사 3층 석탑(석가탑)	• 통일 신라의 전형적인 석탑 양식 • 보수 과정에서 「무구정광대다라니경」이 발견됨
	경주 불국사 다보탑	장식성이 강하고 특이한 형태를 지님
	화순 쌍봉사 철감선사탑	신라 말 선종의 영향으로 승탑과 탑비 유행
발해	영광탑	당의 건축 양식에 영향을 받은 벽돌탑

4. 남북국의 불상

구분	대표적인 불상	특징
통일 신라	경주 석굴암 본존불	경주 토함산에 만든 인공 석굴 사원에 위치
발해	이불병좌상	두 부처가 나란히 앉아 있는 모습의 불상

▲ 경주 불국사 3층 석탑

▲ 경주 불국사 다보탑

▲ 화순 쌍봉사 철감선사탑

▲ 영광탑

▲ 경주 석굴암 본존불

▲ 이불병좌상

빈출패턴 09 — 고려의 후삼국 통일과 기틀 마련

태조, 광종, 성종의 업적을 설명하고, 이 왕의 다른 업적을 묻는 문제가 출제!

최신 12회분 출제문항 수 **19문항**

대표발문 Q. 밑줄 그은 '나' or (가)에 들어갈 내용으로 옳은 것은?

+ 키워드 파헤치기

기출자료 1
나는 왕으로 즉위해 나라 이름을 고려라 정하였습니다. 이후 신라의 항복을 받고 후백제를 격파하여 후삼국을 통일하였습니다.

위 밑줄 그은 나는? → ☐ 조

> 고려 건국, 신라 항복, 후백제 멸망, 후삼국 통일, 사성 정책, 역분전 지급, 기인 제도, 사심관 제도, 흑창 설치, 훈요 10조 제시

기출자료 2
발해 왕자 대광현에게 왕씨 성(姓) 하사

얼마 전 발해 왕자 대광현이 이끄는 무리가 거란의 침략을 피해 우리나라로 넘어 왔다. 왕은 대광현에게 왕씨 성을 하사하였으며 종실의 족보에 기록하였다. 또한 대광현을 따라온 장군 신덕 등 신하들에게 벼슬을 내리고 토지와 집을 주는 등 후하게 대접하였다.

위 밑줄 그은 왕은? → ☐ 조

> 발해 유민 포용, 대광현에 왕씨 성 하사

기출자료 3
- 인물1: (가)의 업적에 대해 알려 줄래?
- 인물2: 광덕, 준풍 등 독자적인 연호를 사용하였어.
- 인물3: 노비안검법을 실시하였어.

위 (가)에 들어갈 왕은? → ☐ 종

> 노비안검법 실시, 과거제 실시, 쌍기, 칭제 건원, 광덕·준풍 연호 사용, 제위보 설치

기출자료 4
- 고려 제6대 왕
- 최승로의 시무 28조 수용
- 2성 6부로 중앙 통치 조직 정비

위와 관련된 왕은? → ☐ 종

> 최승로의 시무 28조 채택, 2성 6부 정비, 12목 설치, 국자감 설립, 12목에 경학박사와 의학박사 파견, 의창 설치

선지패턴 A. 태조, 광종, 성종의 업적을 구분하여 기억하는 것이 핵심!

+ 기출선지 더 보기

빈출선지 1 기인 제도를 처음 시행하여 지방 호족을 견제하였다. → ☐ 조

> [태조] 왕건이 고창 전투에서 승리하였다.

빈출선지 2 빈민 구제를 위해 흑창을 처음으로 설치하였다. → ☐ 조

> [태조] 훈요 10조를 남겼다.
> [광종] 노비안검법이 시행되었다.

빈출선지 3 쌍기의 건의를 받아들여 과거제를 실시하였다. → ☐ 종

> [성종] 최승로가 시무 28조를 건의하였다.

빈출선지 4 12목을 설치하고 지방관을 파견하였다. → ☐ 종

> [성종] 2성 6부의 중앙 통치 조직을 정비하였다.

정답 | 자료1 태 자료2 태 자료3 광 자료4 성 선지1 태 선지2 태 선지3 광 선지4 성

한눈에 정리하는 **빈출이론**

한능검 **빈출이론**만 빠르게 파악하세요!

1. 고려의 후삼국 통일

927년	→	930년	→	934년	→	935년	→	936년
공산 전투 패배		고창 전투 승리		발해 유민 포용		견훤 귀순, 신라 항복		일리천 전투, 후백제 멸망

2. 국가의 기틀 마련

태조 (왕건)	• 호족 회유: 사성 정책, 역분전 지급 • 호족 통제: 기인 제도, 사심관 제도 • 민생 안정: 조세율 1/10로 낮춤, 빈민 구제를 위해 흑창 설치 • 북진 정책: 서경 중시, 반거란 정책(만부교 사건)
광종	• 왕권 강화: 노비안검법, 과거제 실시(쌍기의 건의), 공복 제정 • 칭제 건원: '광덕', '준풍' 등 독자적 연호 사용
성종	• 유교 정치 이념 확립: 최승로의 시무 28조 채택 • 통치 체제 정비: 2성 6부제 마련, 12목 설치 • 유교 교육 진흥: 국자감 설립, 12목에 경학박사·의학박사 파견 • 민생 안정: 흑창을 확대 개편한 의창 설치

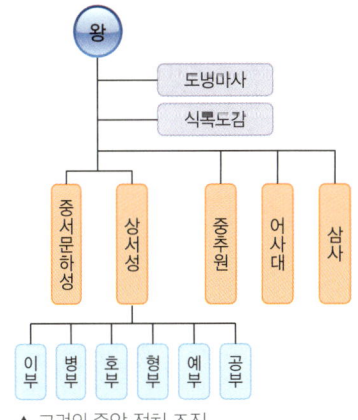

▲ 고려의 후삼국 통일

3. 중앙 정치 조직

2성 6부	2성(중서문하성, 상서성), 6부(이·병·호·형·예·공부)
중추원	추밀(군사 기밀)과 승선(왕명 출납)으로 구성
어사대	관리들의 비리 감찰
삼사	화폐와 곡식의 출납, 회계 담당
대간	중서문하성의 낭사 + 어사대 → 서경·간쟁·봉박의 권리 행사
도병마사	대외적인 국방·군사 문제 관장, 고려 후기(원 간섭기)에 도평의사사로 개칭
식목도감	대내적인 법의 제정·격식 관장

▲ 고려의 중앙 정치 조직

4. 지방 행정 조직

5도	도에 주·군·현 설치, 안찰사 파견
양계	군사 행정 구역(동계·북계), 병마사 파견
향·부곡·소	특수 행정 구역으로 일반 군현보다 많은 조세 부담
속현	지방관이 파견된 주현보다 파견되지 않은 속현이 더 많았음

기출선지로 보는 **핵심암기**

올바른 용어를 찾아 **기출선지**를 완성하세요!

01 [태조] 왕건이 (**공산** , **고창**) 전투에서 승리하였다.
02 [태조] (**상수리** , **기인**) 제도를 처음 시행하여 지방 호족을 견제하였다.
03 [태조] 빈민 구제를 위해 (**흑창** , **의창**)을 처음으로 설치하였다.
04 [태조] (**북진** , **남진**) 정책을 추진하였다.
05 [광종] 쌍기의 건의를 받아들여 (**과거제** , **전시과**)를 실시하였다.
06 [광종] 광덕, (**대흥** , **준풍**) 등의 독자적인 연호를 사용했어요.
07 [성종] (**최치원** , **최승로**)이/가 시무 28조를 건의하였다.
08 [성종] (**국학** , **국자감**)을 설립하여 인재를 양성하였다.

정답 | 01 고창 02 기인 03 흑창 04 북진 05 과거제 06 준풍 07 최승로 08 국자감

빈출패턴 10 무신 정권

무신 집권기 자료를 주고, 해당 시기의 사실을 묻는 문제가 주로 출제!

최신 12회분 출제문항 수: **10문항**

Q 다음 상황 이후 or (가) 시기에 있었던 사실로 옳은 것은?

+ 키워드 파헤치기

기출자료 1 정중부의 종이 금령을 어기고 자주색 비단 적삼을 입고 다니자, 어사대 관리가 사람을 시켜 옷을 벗기려 하였다. 그 종이 이를 거부하고 달아나다가 붙잡혔다. 다음 날 중승 송저 등이 그를 포박하고 문초하니, 정중부가 화를 내며 병사를 거느리고 어사대로 와서 송저 등을 죽이려 하였다. 그러자 **명종**은 정중부를 두려워하여 송저를 파직하였다.

위와 관련된 사건은? → ☐ 정변

> 정중부, 이의방, 무신 정변, 의종 폐위, 명종 옹립

기출자료 2
- 상황1: **문신은 보이는 대로 모두 없애라!**
  ⇩
  (가)
  ⇩
- 상황2: 이곳 진도에서 **우리 삼별초는 적에 맞서 끝까지 항전할 것이다.**

위 (가)에 들어갈 시기는? → ☐ 집권기

> 무신 정변, 정중부, 이의방, 최충헌, 교정도감 설치, 최우, 정방 설치, 삼별초 조직, 대몽 항쟁

기출자료 3 명학소의 **망이**가 무리를 모아 **공주를 공격**하여 함락하자, 조정에서는 **명학소를 충순현**으로 승격시키고 현령과 현위를 두어 달래었다. 그 후 망이의 무리가 항복하였다가 다시 반란을 일으키자 곧 이 현을 폐지하였다.

위와 관련된 사건은? → ☐ ·망소이의 난

> 하층민의 봉기, 망이·망소이, 공주 명학소, '소' 차별에 반발

기출자료 4 남쪽 지방에서 적도들이 벌 떼처럼 일어났다. 그중 심한 것은 **운문**에 웅거한 **김사미**와 **초전**에 자리 잡은 효심인데, 이들은 유랑하는 무리들을 불러 모아 각 고을을 노략질하였다. 왕이 이를 근심하여 대장군 전존걸을 파견해 장군 이지순 …… 등을 이끌고 가서 토벌하게 하였다.

위와 관련된 사건은? → ☐ ·효심의 난

> 운문, 김사미, 초전, 효심

A 최씨 무신 정권, 농민과 하층민의 봉기 위주로 선지 등장!

+ 기출선지 더 보기

빈출선지 1 **무신이 권력을 장악**하였다. → ☐ 정변

[이의방·정중부] 중방을 기반으로 세력을 강화하였다.

빈출선지 2 **최충헌**이 **교정도감을 설치**하였다. → ☐ 집권기

망이·망소이가 반란을 일으켰다.

빈출선지 3 **만적**이 **개경**에서 반란을 도모하였다. → ☐ 의 난

[삼별초] 최씨 무신 정권의 군사적 기반이었다.

빈출선지 4 **정방을 설치**하고 인사권을 행사하였다. → 최 ☐

최우가 장기 항전을 위해 강화도로 천도하였다.

정답 | 자료1 무신 자료2 무신 자료3 망이 자료4 김사미 선지1 무신 선지2 무신 선지3 만적 선지4 우

한눈에 정리하는 빈출이론

한능검 빈출이론만 빠르게 파악하세요!

1. 문벌 사회의 동요

이자겸의 난 (1126)	인종의 이자겸 제거 시도 → 이자겸·척준경의 반란 → 척준경의 이자겸 배신 → 척준경이 탄핵으로 몰락
묘청의 서경 천도 운동 (1135)	서경 출신의 묘청, 정지상이 서경 천도 건의 → 개경 세력(김부식)과 서경 세력(묘청)의 대립 → 개경 세력의 반대로 서경 천도 실패 → 묘청 세력이 서경에서 반란 → 김부식이 이끄는 관군에 의해 진압

2. 무신 정변(1170)

배경	무신에 대한 차별 대우, 군인전을 제대로 받지 못한 하급 군인들의 불만 증대
경과	보현원에서 무신 정변 발생 → 정중부, 이의방 등이 다수의 문신 제거 → 의종을 폐위시키고 명종 옹립 → 중방을 중심으로 정권 장악, 무신들이 주요 관직 독점 및 토지와 노비 소유 확대 → 무신들 간의 권력 다툼 심화 → 농민과 하층민의 봉기 발생

3. 최씨 무신 정권: 4대에 걸쳐 60여 년간 지속

최충헌	• 교정도감 설치: 최씨 무신 정권의 최고 정치 기구, 장관인 교정별감은 최씨 무신 집권자들이 세습 • 봉사 10조 제시: 사회 개혁책으로 제시하였지만 군사 정변을 합리화하려는 성격이 강함 • 도방의 부활: 신변 경호를 위해 경대승 때 설치한 도방(사병 집단)을 확대·강화
최우	• 정방 설치: 독자적인 인사 행정 기구, 자신의 집에 설치 • 서방 설치: 문인들의 숙위 기관, 자문 기능을 담당 • 삼별초 조직: 무신 정권의 군사적 기반, 몽골 침입 당시 끝까지 저항 • 대몽 항쟁: 강화도로 천도하여 몽골군에 저항, 팔만대장경(재조대장경) 조판

4. 무신 집권기 농민과 하층민의 봉기

망이·망소이의 난	특수 행정 구역인 공주 명학소의 망이와 망소이가 '소'의 차별에 반발하며 봉기
김사미·효심의 난	김사미와 효심이 경상도의 운문과 초전에서 신라 부흥을 외치며 봉기
만적의 난	개경에서 사노비였던 만적이 주도하여 신분 해방 운동을 계획하였으나 사전에 발각되면서 실패

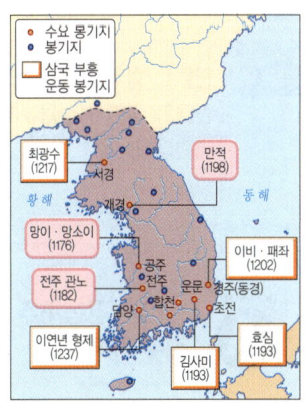

▲ 무신 집권기 농민과 하층민의 봉기

기출선지로 보는 핵심암기

올바른 용어를 찾아 기출선지를 완성하세요!

01 [무신 정변] (문신 , **무신**)이 권력을 장악하였다.
02 [이의방·정중부] (**중방** , 교정도감)을 기반으로 세력을 강화하였다.
03 (**최충헌** , 최우)이/가 교정도감을 설치하였다.
04 (최충헌 , **최우**)이/가 장기 항전을 위해 강화도로 천도하였다.
05 [최우] (중방 , **정방**)을 설치하고 인사권을 행사하였다.
06 만적이 (**개경** , 공주)에서 반란을 도모하였다.

정답 | 01 무신 02 중방 03 최충헌 04 최우 05 정방 06 개경

빈출패턴 11 고려의 대외 관계

거란, 여진, 몽골의 침입 당시 활약한 인물에 대한 설명을 고르는 문제가 주로 출제!

최신 12회분 출제문항 수 **13문항**

Q 대표발문
(가) 인물에 대한 설명으로 or (가)에 들어갈 인물로 옳은 것은?

+ 키워드 파헤치기

기출자료 1
들어봐, 거란의 침입을 막아 낸 (가)의 외교 담판 이야기!
고구려의 옛 땅이 거란의 땅이라고? 노~노~
고려는 고구려의 후계자! 그래서 이름도 고려!
거란을 외면하고 송나라만 사귄다고? 노~노~
우리 사이 여진이 가로막고 있어 통하지 못할 뿐!

위 (가)에 들어갈 인물은? →

거란 장수 소손녕의 침입, 외교 담판, 강동 6주 획득

기출자료 2
거란의 3차 침입 때 (가)이/가 귀주에서 적의 대군을 격파하고 큰 승리를 거두었어요.

위 (가)에 들어갈 인물은? →

거란의 3차 침입, 귀주 대첩, 나성·천리장성 축조

기출자료 3
- 왕: 경의 건의에 따라 설치된 별무반을 거느리고 여진을 정벌하시오.
- (가): 명을 받들겠습니다.

위 (가)에 들어갈 인물은? →

별무반 편성 건의, 여진 정벌, 동북 9성 축조

기출자료 4
- 인물1: 최우가 강화 천도를 주장하고 자기 집 재물도 강화도로 보냈다는군.
- 인물2: 또한 백성들에게는 (가)의 공격에 대비하기 위해 속히 개경을 떠나라는 명령을 내렸다네.

위 (가)에 들어갈 국가는? →

저고여 피살 사건, 최우, 강화 천도

A 선지패턴
'서희=강동 6주, 강감찬=귀주 대첩, 윤관=별무반, 김윤후=처인성 전투'가 핵심!

+ 기출선지 더 보기

빈출선지 1 서희가 외교 담판으로 강동 6주를 확보하였다.
→ 배경: ☐의 1차 침입

거란의 침입을 막기 위하여 천리장성을 축조하였다.

빈출선지 2 강감찬이 귀주에서 거란군을 물리쳤다.
→ ☐ 대첩

여진 정벌을 위해 별무반이 편성되었다.

빈출선지 3 윤관의 건의로 별무반을 편성하였다.
→ 배경: ☐과의 충돌

[별무반] 신기군, 신보군, 항마군으로 구성되었다.

[몽골의 침입] 황룡사 9층 목탑이 소실되었다.

빈출선지 4 김윤후가 처인성에서 몽골군을 격퇴하였다.
→ 배경: ☐의 침입

[최무선] 화통도감을 설치하고 화약과 화포를 제조하였다.

정답 | 자료1 서희 자료2 강감찬 자료3 윤관 자료4 몽골 선지1 거란 선지2 귀주 선지3 여진 선지4 몽골

한눈에 정리하는 빈출이론

1. 거란의 침입과 격퇴

1차 침입(993)	거란 장수 소손녕의 침입 → 서희의 외교 담판 → 송과의 관계를 끊고, 거란과 교류할 것을 약속 → 강동 6주 획득
2차 침입(1010)	강조의 정변을 구실로 침입 → 개경 함락, 현종이 나주로 피란 → 양규의 활약
3차 침입(1018)	거란 장수 소배압의 침입 → 강감찬의 귀주 대첩(1019) → 나성(개경)과 천리장성(압록강~도련포) 축조

▲ 강동 6주

2. 여진 정벌과 동북 9성

여진의 성장	12세기 초 여진이 부족을 통일하면서 고려와 충돌
여진 정벌	• 윤관의 건의에 따라 별무반(신기군·신보군·항마군) 편성 → 여진을 공격해 북방으로 쫓아낸 후 동북 9성 축조 (1107) • 여진의 계속된 침입으로 수비가 어려워짐 → 여진의 충성 맹세를 받고 동북 9성을 돌려줌(1109)
여진의 강성	여진이 성장하여 금 건국(1115) → 여진이 고려에 군신 관계 요구 → 당시 고려의 집권자 이자겸이 금의 요구 수용

3. 몽골의 침입과 항쟁

침입	• 저고여 피살 사건을 구실로 몽골이 침입 → 박서의 활약(귀주성 전투), 몽골 철수 이후 최씨 무신 정권(최우)은 강화도로 천도 → 살리타가 개경 천도와 친조를 요구하며 재침입 → 김윤후가 적장 살리타 사살(처인성 전투) • 초조대장경 소실, 황룡사 9층 목탑 소실, 팔만대장경(재조대장경) 조판 시작
강화와 개경 환도	몽골과 강화 추진(최씨 무신 정권의 몰락) → 김준, 임연, 임유무로 무신 정권 지속 → 원종이 임유무를 살해하면서 무신 정권 종료 → 개경 환도(원종, 1270)
삼별초의 저항	개경 환도에 반발 → 강화도에서 진도, 제주도로 옮겨 가며 몽골에 항쟁 → 여·몽 연합군에 의해 진압

4. 왜구의 침입

시기	13세기 전반 처음으로 침입 → 14세기 중반 이후 본격적으로 침입 → 공민왕 때 내륙까지 침입
대응	• 최무선이 화통도감을 설치하여 화약과 화포 제작 → 진포 대첩(1380)에서 화포로 왜구 격퇴 • 최영(홍산 대첩, 1376)·이성계(황산 대첩, 1380) 등이 왜구 토벌 • 박위가 쓰시마섬(대마도) 정벌

기출선지로 보는 핵심암기

01 서희가 외교 담판으로 (**강동 6주**, 4군 6진)을/를 확보하였다.
02 강감찬이 귀주에서 (**거란군**, 몽골군)을 물리쳤다.
03 거란의 침입을 막기 위하여 (**천리장성**, 만리장성)을 축조하였다.
04 윤관의 건의로 (**별무반**, 삼별초)을/를 편성하였다.
05 김윤후가 (**처인성**, 정족산성)에서 몽골군을 격퇴하였다.
06 [몽골의 침입] (초조, **팔만**)대장경 조판에 참여하는 승려
07 (주전도감, **화통도감**)을 설치하고 화약과 화포를 제조하였다.
08 최영이 홍산에서 (**왜구**, 홍건적)을/를 격퇴하였다.

정답 | 01 강동 6주 02 거란군 03 천리장성 04 별무반 05 처인성 06 팔만 07 화통도감 08 왜구

빈출패턴 12 · 원 간섭기와 공민왕의 개혁 노력

원 간섭기의 사회 모습이나 공민왕의 업적을 묻는 문제가 주로 출제!

최신 12회분 출제문항 수: **5문항**

대표발문 Q. 밑줄 그은 이 시기 or '왕'의 업적 or 자료에 해당하는 시기에 있었던 사실로 옳은 것은?

+ 키워드 파헤치기

기출자료 1
원의 공주를 왕비로 맞아들이던 이 시기에는 몽골식 변발과 발립이 유행하였습니다. 또한 소주를 제조하는 방법도 전해졌습니다.

위 밑줄 그은 이 시기는? → ☐ 간섭기

→ 고려왕은 원의 공주와 결혼, 왕실 호칭 및 관제 격하, 공녀 징발, 변발 유행

기출자료 2
고려군, 옛 영토를 되찾다
왕의 명에 따라 쌍성총관부를 공격한 고려의 군사들이 승전보를 전했다. 고려군은 화주·등주·정주·장주·예주·고주·문주·의주 및 선덕진·원흥진·영인진·요덕진·정변진 등지를 원으로부터 되찾았다고 조정에 알렸다. 이는 상실했던 옛 영토를 100여 년만에 되찾은 것이다.

위 밑줄 그은 왕은? → ☐☐ 왕

→ 몽골풍 금지, 친원 세력 숙청, 정동행성 이문소 폐지, 정방 폐지, 전민변정도감 설치, 쌍성총관부 공격, 철령 이북의 땅 수복

기출자료 3
- 인물1: 이 그림은 고려 제31대 왕과 왕비의 초상화야.
- 인물2: 이 왕은 정동행성 이문소를 폐지하는 등 원의 간섭을 물리치기 위해 많은 노력을 했어.

위 밑줄 그은 왕은? → ☐☐ 왕

→ 정동행성 이문소 폐지, 관제 복구

기출자료 4
근래에 기강이 크게 무너져 권세가가 토지와 백성을 거의 다 빼앗아 점유하고, 크게 농장을 두어 백성과 나라를 병들게 한다. 이제 도감을 설치하여 이를 바로잡고자 하니, 잘못을 알고도 스스로 고치지 않는 자는 엄히 처벌하겠다.

위와 관련된 기구는? → ☐☐☐ 도감

→ 공민왕, 신돈, 권문세족

선지패턴 A. 쌍성총관부 공격, 전민변정도감 운영이 빈출선지!

+ 기출선지 더 보기

빈출선지 1 권문세족이 높은 관직을 독점하였다. → ☐ 간섭기

[이제현] 만권당에서 원의 학자들과 교류하였다.

빈출선지 2 지배층을 중심으로 변발과 호복이 유행했어요. → ☐ 간섭기

[원 간섭기] 정동행성이 설치되었다.

빈출선지 3 쌍성총관부를 공격하여 철령 이북의 땅을 수복하였다. → ☐☐ 왕

[공민왕] 정방을 폐지하였다.

빈출선지 4 신돈을 등용하고 전민변정도감을 운영하였다. → ☐☐ 왕

[공민왕] 정동행성 이문소가 폐지되었다.

정답 | 자료1 원 자료2 공민 자료3 공민 자료4 전민변정 선지1 원 선지2 원 선지3 공민 선지4 공민

한눈에 정리하는 빈출이론

한능검 빈출이론만 빠르게 파악하세요!

1. 원 간섭기의 고려

위상 약화	• 부마국 체제 성립: 고려 왕은 원의 공주와 결혼 → 원 황제의 부마가 됨 • 관제와 왕실 호칭 격하: 2성 6부 → 1부(첨의부) 4사, 폐하 → 전하
내정 간섭	• 정동행성 설치, 부속 기구인 이문소를 통해 고려의 내정 간섭 • 원의 관리인 다루가치를 감찰관으로 파견
영토 상실	쌍성총관부(철령 이북), 동녕부(자비령 이북), 탐라총관부(제주) 설치
자원 수탈	공녀와 내시 징발, 응방 설치(매 수탈), 특산물 수탈
사회 변화	• 고려에서 변발과 호복 등 몽골 풍습 유행, 원에서 고려 풍습 유행, 조혼 풍습 • 성리학, 목화, 화약, 서양 문물 등 전래

2. 원 간섭기의 개혁 노력

충렬왕	• 전민변정도감 설치: 권문세족이 약탈한 토지 환원, 노비 해방 • 영토 회복: 동녕부와 탐라총관부 회복
충선왕	• 사림원 설치 • 원에 만권당 설치: 이제현 등 고려 유학자들이 원 유학자들과 교류

3. 공민왕의 개혁 정치

반원 자주 정책	• 반원 정책: 친명 외교, 몽골풍 금지, 기철 등 친원 세력 숙청 • 관제 복구: 원 연호·정동행성 이문소 폐지, 왕실 호칭과 관제 복구 • 영토 수복: 쌍성총관부(철령 이북의 땅) 수복
왕권 강화 정책	• 유교 정치: 성균관 중건 • 정방 폐지: 최우가 설치한 인사 행정 기구인 정방 폐지 • 전민변정도감 설치: 신돈을 중심으로 권문세족이 불법적으로 약탈한 토지 환원, 노비 해방 → 권문세족의 기반 약화

▲ 공민왕의 영토 수복

기출선지로 보는 핵심암기

올바른 용어를 찾아 기출선지를 완성하세요!

01 [원 간섭기] (**다루가치**, 암행어사)라는 감찰관이 파견되었다.
02 [일본 원정을 위한] (**정동행성**, 비변사)이/가 설치되었습니다.
03 [원 간섭기] (**지배층**, 피지배층)을 중심으로 변발과 호복이 유행했어요.
04 [원 간섭기] (**결혼도감**, 전민변정도감)을 통해 여성들이 공녀로 보내졌다.
05 [이제현] 만권당에서 (**원**, 명)의 학자들과 교류하였다.
06 [공민왕] 쌍성총관부를 공격하여 (**철령**, 자비령) 이북의 땅을 수복하였다.
07 [공민왕] 신돈을 등용하고 (결혼도감, **전민변정도감**)을 운영하였다.
08 [공민왕] (**친원**, 친명) 세력인 기철 등이 숙청되었다.

정답 | 01 다루가치 02 정동행성 03 지배층 04 결혼도감 05 원 06 철령 07 전민변정도감 08 친원

빈출패턴 13 고려의 경제

고려 경제 모습을 자료로 주고, 이 시기의 경제 모습을 묻는 문제가 주로 출제!

최신 12회분 출제문항 수 **11문항**

Q 다음 자료에 나타난 시기의 경제 모습에 대한 설명 or (가)에 해당하는 것으로 옳은 것은?

+ 키워드 파헤치기

기출자료 1 왕이 명령을 내리기를, "동·철·자기·종이·먹 등을 제작하는 여러 **소(所)**에서 **별공으로 바치는 물품의 징수가 극도로 과중**하므로 장인들이 매우 고통스러워하여 도피한다. 담당 관청에서는 각각의 소에서 바치는 별공 및 상공 물품 수량의 많고 적음을 헤아려 정하고, 아뢰어 재가를 받도록 하라."라고 하였다.

위와 관련된 국가는? → ☐☐

특수 행정 구역, 향·부곡·소, 소 수공업, 양인보다 많은 세금 부담

기출자료 2
- 인물1: **벽란도**에 오신 것을 환영합니다. 어디에서 오셨습니까?
- 인물2: **송**에서 인삼을 사러 왔습니다.

위와 관련된 국가는? → ☐☐

예성강 하구, 벽란도, 국제 무역항, 송과 교역

기출자료 3 **문익점**이 **원**에 갔다가 돌아오는 길에 (가)을/를 보고 씨 10개를 따서 가져 왔다. 진주에 와서 절반을 **정천익**에게 주고 기르게 하였으나 단 한 개만 살아남았다. 가을에 정천익이 그 씨를 따니 100여 개나 되었다.

위 (가)에 들어갈 작물은? → ☐☐

문익점, 원, 정천익, 목화씨

기출자료 4
- 인물1: 고려 시대에 **관직 복무** 등에 대한 대가로 **전지와 시지를 차등 지급**한 이 제도는 무엇일까요?
- 인물2: (가)

위 (가)에 들어갈 제도는? → ☐☐과

관직 복무 대가, 전지와 시지 차등 지급

A 국제 무역항 벽란도, 활구라고 불리는 은병이 빈출선지!

+ 기출선지 더 보기

빈출선지 1 **벽란도**가 국제 무역항으로 번성하였다.
→ 벽란도에서 송과의 교역이 성행하였다.

빈출선지 2 활구라고도 불리는 **은병**이 제작되었다.
→ 활구라고도 불린 은병이 화폐로 사용되었다.

빈출선지 3 **건원중보**를 발행하였다.
→ 건원중보, 해동통보, 삼한통보가 주조되었다.

빈출선지 4 **전지와 시지**를 품계에 따라 지급하였다.
→ 전시과가 제정되었다.

위 1~4의 현상이 나타난 시기는? → ☐☐ 시대

정답 | 자료1 고려 자료2 고려 자료3 목화 자료4 전시 선지1~4 고려

한눈에 정리하는 빈출이론

1. 토지 제도의 변천

(1) 역분전(태조, 940): 후삼국 통일 과정의 공로자에게 인품과 공로에 따라 토지의 수조권 지급

(2) 전시과

시정 전시과(경종, 976)	관품과 인품을 기준으로 전·현직 관료에게 전지와 시지 지급
개정 전시과(목종, 998)	관직의 높낮이에 따라 전·현직 관료에게 지급, 지급량 재조정
경정 전시과(문종, 1076)	현직 관료에게만 지급, 지급량 감소

(3) 과전법(공양왕, 1391): 전·현직 관리에게 토지의 수조권 지급(경기 지역 토지에 한정) → 신진 사대부의 경제 기반 마련

2. 농업·수공업

농업	• 농기구와 종자 개량, 소를 이용한 깊이갈이(우경) 일반화, 시비법의 발달로 휴경지 감소, 목화 전래(문익점)·재배 • 밭농사: 점차 2년 3작의 윤작법 보급 • 논농사: 고려 말 남부 지방 일부에 모내기법(이앙법) 보급 • 농서: 고려 후기에 중국의 농서인 『농상집요』 소개(이암)
수공업	• 전기: 관청 수공업, 소 수공업 발달 • 후기: 사원 수공업, 민간 수공업 발달

3. 상업

도시	• 경시서(시전 관리·감독 기관) 설치 • 상평창(물가 조절 기구) 설치
화폐	• 주전도감 설치· 이천이 화폐 유통 건의로 숙종 때 설치 • 건원중보(성종), 삼한통보·해동통보·은병(숙종) 등 발행 → 유통 부진
대외 무역	예성강 하구의 벽란도가 국제 무역항으로 발전

▲ 건원중보

▲ 삼한통보

▲ 해동통보

▲ 은병(활구)

▲ 고려 전기의 대외 무역

기출선지로 보는 핵심암기

01 [시정 전시과] 관리의 (**인품**, 골품)과 관품에 따라 수조권을 지급하였다.
02 농법을 집대성한 (**농상집요**, 농사직설)을/를 처음 들여왔다.
03 특수 행정 구역인 (**소**, 5소경)에서는 수공업 제품이 생산되었어요.
04 시전을 관리·감독하는 (**경시서**, 동시전) 관원
05 [숙종] 삼한통보와 (건원중보, **해동통보**)를 주조하는 장인
06 [숙종] 활구라고도 불리는 (**은병**, 지폐)이/가 제작되었다.
07 (**벽란도**, 울산항)이/가 국제 무역항으로 번성하였다.
08 고려와 (청, **송**)의 교역품에 대해 알아본다.

정답 | 01 인품 02 농상집요 03 소 04 경시서 05 해동통보 06 은병 07 벽란도 08 송

빈출패턴 14 고려의 학문과 사상

삼국사기, 삼국유사, 불교 승려를 묻는 문제가 주로 출제!

최신 12회분 출제문항 수: **5문항**

대표발문 Q 다음 퀴즈의 정답 or 밑줄 그은 '이 책' or (가) 에 들어갈 내용으로 옳은 것은?

+ 키워드 파헤치기

기출자료 1
제시된 단계별 힌트를 종합하여 알 수 있는 이것은 무엇일까요?
- 1단계: 고려 **성종 때 설립**
- 2단계: **유학과 기술 교육을 담당**
- 3단계: 고려의 **최고 교육 기관**

위와 관련된 교육 기관은? → ☐☐ 감

성종 때 설립, 유학과 기술 교육 담당, 최고 교육 기관

기출자료 2
- 인물1: 오늘 소개해 주실 책은 무엇인가요?
- 인물2: 이 책은 고려 시대에 **김부식** 등이 **왕명**을 받아 편찬한 역사서입니다. **현존하는 우리나라 역사서 중 가장 오래 전에 편찬되었습니다.**

위 밑줄 그은 이 책은? → ☐☐☐

김부식이 왕명을 받아 편찬, 유교적 합리주의 사관, 기전체 사서, 현존하는 우리나라에서 가장 오래된 역사서, 신라 계승 의식 반영

기출자료 3

대각국사 (가)의 활동
- **화폐** 주조 및 유통 주장
- **교장도감** 설치와 **교장** 간행
- 불교 통합 운동과 **해동 천태종** 창시

(가)에 해당하는 인물은? → ☐☐

대각국사, 교관겸수 제창, 교장도감 설치, 교장 간행, 불교 통합 운동, 해동 천태종 창시, 화폐 유통 건의

기출자료 4

고려 불교사의 이해
- 제1강 대각국사 **의천**, **천태종**을 개창하다
- 제2강 보조국사 **지눌**, (가)
- 제3강 진각국사 혜심, **유불 일치설**을 주장하다
- 제4강 원묘국사 요세, **백련사 결사**를 주도하다

위 (가)에 들어갈 내용은? → ☐☐☐ 결사를 제창하다

지눌, 정혜쌍수, 돈오점수

선지패턴 A '삼국사기-삼국유사' 간, '의천-지눌' 간의 특징을 구분하는 것이 핵심!

+ 기출선지 더 보기

빈출선지 1 **유교 사관**에 입각하여 **기전체** 형식으로 서술되었다. → ☐☐☐

빈출선지 2 **불교사**를 중심으로 고대의 민간 설화 등이 수록되었다. → ☐☐☐

빈출선지 3 **해동 천태종**을 창시하였다. → ☐☐

빈출선지 4 **수선사 결사**를 제창하였다. → ☐☐

[국자감] 유학부와 기술학부를 편성하여 교육하였다.
[김부식] 삼국사기를 편찬하였다.
[삼국유사] 자주적 입장에서 단군의 건국 이야기를 수록하였다.
[지눌] 정혜쌍수와 돈오점수를 강조하였다.
[혜심] 유불 일치설을 주장하였다.

정답 | 자료1 국자 자료2 삼국사기 자료3 의천 자료4 수선사 선지1 삼국사기 선지2 삼국유사 선지3 의천 선지4 지눌

한눈에 정리하는 빈출이론

1. 고려의 학문

유학의 발달	• 광종: 쌍기의 건의로 과거제 실시 • 유교 이념에 따라 통치 체제 정비(최승로의 시무 28조 채택), 유학 교육 기관 정비 • 성리학의 전래: 충렬왕 때 안향이 소개 → 이제현(만권당에서 원의 학자들과 교류) → 이색(성균관에서 유학 교육) → 정몽주, 정도전 등에게 계승 • 성리학의 영향: 신진 사대부가 사회 개혁 사상으로 수용, 권문세족과 불교 비판에 활용(정도전의 『불씨잡변』)
교육 기관	• 관학: 국자감(수도, 유학부와 기술학부), 향교(지방) • 사학: 최충의 9재 학당(문헌공도) 등 사학 12도 융성(중기) → 관학 교육 위축 • 관학 진흥책: 국자감에 7재(전문 강좌) 설치, 양현고(장학 재단) 설립

2. 고려의 역사서 편찬

중기	『삼국사기』(김부식)	• 유교적 합리주의 사관, 기전체 사서 • 우리나라 현존 최고(最古)의 역사서 • 신라 계승 의식 반영
후기	『해동고승전』(각훈)	승려들의 전기 정리
	『동명왕편』(이규보)	동명왕(주몽)을 칭송한 영웅 서사시, 고구려 계승 의식
	『삼국유사』(일연)	불교사 중심, 고대 민간 설화 수록, 단군왕검의 고조선 건국 이야기 기록
	『제왕운기』(이승휴)	• 단군부터 고려 충렬왕까지의 역사를 서사시로 정리 • 단군왕검의 고조선 건국 이야기 기록

3. 고려의 불교

전기	태조, 훈요 10조에서 연등회·팔관회의 성대한 개최 당부
중기	의천: 고려 문종의 넷째 아들, 대각국사의 칭호, 교관겸수를 주장하여 교종 중심의 선종 통합 주장 → 해동 천태종 창시(국청사), 『신편제종교장총록』 편찬
후기	• 지눌: 불교 개혁을 위해 수선사 결사 제창(순천 송광사), 정혜쌍수와 돈오점수를 주장하며 선종 중심의 교종 통합 주장 • 혜심: 유불 일치설 주장(유학과 불교의 통합 시도) → 성리학 수용의 사상적 토대 마련 • 요세: 참회를 중시하는 법화 신앙에 바탕을 둔 백련 결사 제창(강진 만덕사)

기출선지로 보는 핵심암기

01 [안향] (**성리학**, 양명학)을 처음으로 소개하였다.
02 [이제현] 만권당에서 (송, **원**)의 유학자들과 교류하였다.
03 [예종] (문헌공도, **양현고**)를 설치하여 장학 기금을 마련하였다.
04 [삼국사기] 유교 사관에 입각하여 (**기전체**, 편년체) 형식으로 서술되었다.
05 [삼국유사] (**불교사**, 경제사)를 중심으로 고대의 민간 설화 등이 수록되었다.
06 [의천] (**대각**, 보조)국사라는 시호를 받았다.
07 [지눌] **수선사**, 백련) 결사를 제창하였다.
08 [혜심] (**유불 일치설**, 교관겸수)을/를 주장하였다.

정답 | 01 성리학 02 원 03 양현고 04 기전체 05 불교사 06 대각 07 수선사 08 유불 일치설

빈출패턴 15 고려의 문화유산

최신 12회분 출제문항 수: **6문항**

문화유산에 대한 정보를 주고, 자료에 해당하는 문화유산 사진을 고르는 문제가 주로 출제!

대표발문 Q. (가)에 해당하는 문화유산으로 옳은 것은?

+ 키워드 파헤치기

기출자료 1

등불처럼 불꽃처럼

청주 흥덕사에서 간행된 **금속 활자본**인 (가)을
프랑스 국립 도서관에서 발견하여 알린 그녀!
조선 왕실의 행사를 기록한 외규장각 의궤의
국내 반환을 위해 애쓴 그녀!
박병선 박사의 꿈과 열정이
춤과 노래로 펼쳐집니다.

위 (가)에 들어갈 문화유산은? → ☐ 심체요절

현존하는 세계에서 가장 오래된 금속 활자본, 프랑스 파리 국립 도서관에 보관, 유네스코 세계 기록 유산

기출자료 2 국보 제18호로 지정된 **고려 시대의 목조 건축물**이며 경상북도 **영주에 소재**하고 있다. **배흘림기둥과 주심포 양식**이 특징이며 **아미타불**이 모셔져 있다.

위와 관련된 문화유산은? → 영주 부석사 ☐ 전

목조 건축, 배흘림기둥, 주심포 양식, 영주 부석사 소조여래 좌상

기출자료 3
- 종목: 국보 제68호
- 소장처: 간송 미술관
- 소개: 고려 시대를 대표하는 도자기 중 하나로, **표면에 무늬를 새겨 파내고 다른 재질의 재료를 넣어 제작**하였다.

위와 관련된 문화유산은? → ☐ 상감 운학문 매병

상감 기법으로 제작, 표면에 무늬 새기기, 무늬에 다른 색 흙 메우기, 다른 색 흙 긁어내어 무늬 나타내기

선지패턴 A 문화유산의 국가와 사진을 기억하는 것이 핵심!

+ 기출선지 더 보기

빈출선지 1 직지심체요절

빈출선지 2 영주 부석사 무량수전

빈출선지 3 평창 월정사 8각 9층 석탑

빈출선지 4 논산 관촉사 석조 미륵보살 입상

위 1~4의 문화유산을 만든 국가는? → ☐

[팔만대장경] 몽골의 침략을 물리치기 위해 제작되었다.

[직지심체요절] 현존하는 가장 오래된 금속 활자본이다.

[경천사지 10층 석탑] 원의 영향을 받아 대리석으로 제작되었다.

상감 기법으로 다양한 무늬를 표현한 상감 청자

정답 | 자료1 직지 자료2 무량수 자료3 청자 선지1~4 고려

한눈에 정리하는 빈출이론

1. 인쇄술

목판	초조대장경	거란의 침입을 막기 위해 제작(현종), 몽골의 침입으로 소실
	교장(속장경)	의천이 교장도감을 설치하여 편찬
	팔만대장경	재조대장경(고려대장경), 몽골의 침입을 물리치기 위해 제작(고종) → 합천 해인사 장경판전에 보관
활판	직지심체요절	현존하는 가장 오래된 금속 활자본

▲ 『직지심체요절』

2. 목조 건축과 석탑

목조 건축	• 주심포 양식: 안동 봉정사 극락전, 영주 부석사 무량수전, 예산 수덕사 대웅전 • 다포 양식: 사리원 성불사 응진전, 조선 시대에 영향
석탑	• 평창 월정사 8각 9층 석탑: 송의 영향, 다각 다층탑, 고려 초기 대표 석탑 • 개성 경천사지 10층 석탑: 원의 영향, 대리석으로 제작, 조선 전기 서울 원각사지 10층 석탑으로 계승

▲ 안동 봉정사 극락전

▲ 영주 부석사 무량수전

▲ 예산 수덕사 대웅전

▲ 사리원 성불사 응진전

▲ 평창 월정사 8각 9층 석탑

▲ 개성 경천사지 10층 석탑

3. 불상과 승탑

불상	하남 하사창동 철조 석가여래 좌상(고려 초 유행한 대형 철불), 영주 부석사 소조여래 좌상(통일 신라 양식 계승), 안동 이천동 마애여래 입상, 파주 용미리 마애이불 입상, 논산 관촉사 석조 미륵보살 입상(지역적 특색, 대형 불상)
승탑	여주 고달사지 승탑, 충주 정토사지 홍법국사탑(신라의 팔각 원당형 계승), 원주 법천사지 지광국사탑

▲ 하남 하사창동 철조 석가여래 좌상

▲ 영주 부석사 소조여래 좌상

▲ 안동 이천동 마애여래 입상

▲ 파주 용미리 마애이불 입상

▲ 논산 관촉사 석조 미륵보살 입상

▲ 충주 정토사지 홍법국사탑

4. 청자와 공예

고려청자	• 신라와 발해의 전통 기술을 계승하고 송의 자기 기술을 받아들여 발달 • 순청자(11세기) → 상감 청자(12세기 중엽) → 원 간섭기(14세기) 이후 퇴조
공예	• 금속 공예: 은입사 기술 발달(청동 향로, 청동 정병) → 자기의 상감법 발달에 영향 • 나전 칠기: 옻칠한 바탕에 자개를 붙여 무늬를 새김

▲ 청자 참외 모양 병

▲ 청자 상감 운학문 매병

▲ 청자 동화연화문 표주박 모양 주전자

▲ 청자 투각 칠보문 뚜껑 향로

▲ 청동 은입사 포류수금문 정병

▲ 나전 칠기

빈출패턴 16 조선 전기 국가 기틀의 마련

자료에서 왕의 업적을 설명하고, 이 왕의 다른 업적을 묻는 문제가 주로 출제!

최신 12회분 출제문항 수 **15문항**

Q 대표발문
(가)에 들어갈 내용 or 밑줄 그은 '이 왕'의 업적으로 옳은 것은?

+ 키워드 파헤치기

기출자료 1

조선 태종이 한 일
- 호패법을 시행하였다.
- 계미자를 주조하였다.
- 전국을 8도로 나누었다.
- (가)

위 (가)에 들어갈 내용은? → 6조 ☐☐를 시행하였다.

사병 혁파, 신문고 제도 실시, 호패법 시행, 전국을 8도로 나눔, 사간원 독립, 계미자 주조, 혼일강리역대국도지도 제작

기출자료 2

우리 모둠에서는 존경하는 역사 인물로 <u>이 왕</u>을 선정하였습니다.

선정 이유
- 훈민정음을 창제하였다.
- 농사직설을 편찬하였다.

위 밑줄 그은 이 왕은? → ☐종

집현전 설치, 4군 6진 개척, 쓰시마섬(대마도) 정벌, 혼천의·간의·앙부일구·자격루 제작, 훈민정음 창제, 칠정산·농사직설·삼강행실도 편찬

기출자료 3

○○박물관 (가)의 어진 밑그림 첫 공개

조선 제7대 국왕 (가)의 모습을 담은 밑그림이 공개되었습니다. (가)은/는 6조 직계제를 다시 시행하는 등 왕권 강화를 위해 노력하였습니다.

위 (가)에 들어갈 왕은? → ☐조

조선 제7대 국왕, 계유정난, 6조 직계제 재시행, 집현전 폐지, 경국대전 편찬 시작, 직전법 실시

기출자료 4

- 인물1: (가)에 대해 알려 줄래?
- 인물2: 경국대전을 완성하였어.
- 인물3: 국조오례의를 편찬하였어.
- 인물4: 사림을 중앙 정계에 등용하였어.

위 (가)에 들어갈 왕은? → ☐종

경국대전 완성(반포), 홍문관 설치, 사림 등용, 국조오례의·악학궤범·동국여지승람 편찬

A 선지패턴
태종, 세종, 세조, 성종의 업적을 구분하여 기억하는 것이 핵심!

+ 기출선지 더 보기

빈출선지 1 호패법을 실시하였다. → ☐종

빈출선지 2 여진족을 몰아내고 4군 6진을 설치하였다. → ☐종

빈출선지 3 현직 관리에게 수조권을 지급하는 직전법을 실시하였다. → ☐조

빈출선지 4 경국대전을 반포하였다. → ☐종

[태종] 왕권을 강화하기 위해 6조 직계제를 시행하였다.

[세종] 집현전을 설치하였다.

[세조] 계유정난을 통해 권력을 장악하였다.

[성종] 관수 관급제가 실시되었다.

정답 | 자료1 직계제 자료2 세 자료3 세 자료4 성 선지1 태 선지2 세 선지3 세 선지4 성

한눈에 정리하는 빈출이론

한능검 빈출이론만 빠르게 파악하세요!

태조 (이성계)	• 조선 건국(1392) → 한양 천도(1394) → 경복궁 건립 • 정도전: 조선 건국 주도, 『조선경국전』·『불씨잡변』(불교 폐단 비판) 저술
태종 (이방원)	• 6조 직계제 실시, 사병 혁파, 신문고 제도 실시 • 문하부 낭사를 사간원으로 독립 • 호패법 실시 → 수취 대상 확보 • 주자소 설치 → 계미자 주조 • 혼일강리역대국도지도 제작
세종	• 의정부 서사제 실시, 집현전 설치 → 왕권과 신권의 조화 • 4군(최윤덕) 6진(김종서) 개척, 쓰시마섬(대마도) 정벌(이종무) • 3포 개항(부산포·제포·염포) • 계해약조 체결 → 일본인에게 제한된 무역 허가 • 혼천의·간의·앙부일구·자격루 제작 • 훈민정음 창제 및 반포 • 갑인자 주조 • 『칠정산』(역법)·『향약집성방』(의학)·『농사직설』(농사)·『삼강행실도』(유교 의례) 편찬
세조 (수양 대군)	• 계유정난으로 정권 장악 → 단종을 폐하고 즉위 • 6조 직계제 실시, 집현전·경연 폐지 → 왕권 강화 • 『경국대전』 편찬 시작 • 직전법 실시(수신전·휼양전 폐지) • 군사 조직: 5위(중앙군), 진관 체제(지방군)
성종	• 『경국대전』 완성 및 반포 • 홍문관(옥당) 설치 → 경연 부활 및 활성화 • 관수 관급제 실시 → 국가의 토지 지배권 강화 • 『동국통감』·『국조오례의』·『악학궤범』(음악 백과사전)·『동국여지승람』(지리서)·『동문선』 편찬

기출선지로 보는 핵심암기

올바른 용어를 찾아 기출선지를 완성하세요!

01 [태조 이성계] (**개경** , **한양**)으로 천도하였다.
02 [정도전] (**조선경국전** , **조선왕조실록**)을 저술하였다.
03 [태종 이방원] 왕권을 강화하기 위해 (**6조 직계제** , **의정부 서사제**)를 시행하였다.
04 [태종 이방원] (**계미자** , **갑인자**)를 주조하였다.
05 [세종] 여진족을 몰아내고 (**동북 9성** , **4군 6진**)을 설치하였다.
06 [세종] (**칠정산** , **향약집성방**)을 간행하여 역법을 발전시켰다.
07 [세종] (**농상집요** , **농사직설**)을/를 간행하여 우리 풍토에 맞는 농사법을 보급하였다.
08 [세조] (**6조 직계제** , **의정부 서사제**)를 부활하였습니다.
09 [세조] 현직 관리에게 수조권을 지급하는 (**과전법** , **직전법**)을 실시하였다.
10 [성종] (**경국대전** , **대전통편**)을 편찬(반포)하였다.

정답 | 01 한양 02 조선경국전 03 6조 직계제 04 계미자 05 4군 6진 06 칠정산 07 농사직설 08 6조 직계제 09 직전법 10 경국대전

빈출패턴 17 조선 전기 통치 체제의 정비

최신 12회분 출제문항 수: **8문항**

자료에서 중앙이나 지방 행정 기구(제도)를 설명하고, 어떤 기구(제도)인지 묻는 문제가 주로 출제!

Q 다음 퀴즈의 정답 or (가)에 들어갈 기구로 옳은 것은?

기출자료 1
- 1단계: **옥당, 옥서**라는 별칭이 있음
- 2단계: **대제학, 부제학** 등의 관직을 두었음
- 3단계: **왕의 자문**에 응하고 **경연**에 참여하였음

위에서 설명하는 기구는? → ☐☐ 관

+ 키워드 파헤치기
옥당·옥서, 대제학·부제학, 왕의 자문 역할, 경연 주관

기출자료 2
- 인물1: 이번에 (가)의 교리에 임명되셨다고 들었습니다. (가)에 대해 알려 주세요.
- 인물2: **궁궐 내의 서적을 관리**하고 **왕의 각종 자문**에 응하는 기구입니다. **사헌부, 사간원과 함께 삼사**로 불립니다.

위 (가)에 들어갈 기구는? → ☐☐ 관

궁궐의 서적 관리, 왕의 자문 역할, 사헌부·사간원과 삼사 구성, 집현전 계승

기출자료 3
이것은 조선 시대 **향촌의 양반들로 구성**되어 **수령을 보좌**하고 **향리를 감찰**하는 역할을 하였습니다. **좌수와 별감** 등의 향임직을 두었던 이것은 무엇일까요?

위에서 설명하는 기구는? → ☐☐ 소

향촌의 양반들로 구성, 수령 보좌, 향리 감찰, 좌수와 별감

기출자료 4
- 인물1: 입학 자격은 **소과에 합격한 생원, 진사** 등에게 주어졌어요.
- 인물2: 주요 건물로는 **대성전과 명륜당**이 있어요.
- 인물3: **영조** 때에는 이곳의 **입구에 탕평비**가 세워졌어요.

위에서 설명하는 기구는? → ☐☐ 관

소과에 합격한 생원·진사, 대성전·명륜당, 영조 때 입구에 탕평비 건립, 최고 교육 기관, 성현 제사와 성리학 교육 담당

A 승정원, 사헌부, 홍문관, 향교, 성균관 관련 내용이 빈출선지!

빈출선지 1 **왕명의 출납**을 담당하였다. → ☐☐ 원

빈출선지 2 **왕의 자문**에 응하고 **경연**에 참여하였다. → ☐☐ 관

빈출선지 3 중앙에서 **교수나 훈도를 임명**하였다. → ☐ 교

빈출선지 4 **성현에 대한 제사**와 **성리학 교육**을 담당하였다. → ☐☐ 관

+ 기출선지 더 보기
- [홍문관] 대제학, 부제학 등의 관직을 두었다.
- 국왕의 비서 기관으로 승정원을 두었다.
- [향교] 유학 진흥을 위하여 전국의 부·목·군·현에 하나씩 설립되었다.
- [성균관] 최고의 교육 기관으로 성현에 대한 제사도 지냈다.

정답 | 자료1 홍문 자료2 홍문 자료3 유향 자료4 성균 선지1 승정 선지2 홍문 선지3 향 선지4 성균

한눈에 정리하는 빈출이론

한능검 빈출이론만 빠르게 파악하세요!

중앙	• 의정부: 정책 심의·결정, 국정 총괄, 3정승 합의 체제 • 6조: 행정 업무, 이·호·예·병·형·공조 • 승정원: 국왕 비서 기관, 왕명 출납 담당 • 의금부: 국왕 직속의 사법 기구 • 3사: 언론 기능, 권력의 독점과 부정 방지 | 사헌부 | 관리의 비리 감찰, 수장은 대사헌 | | 사간원 | 국왕의 잘못 비판, 수장은 대사간 | | 홍문관 | 경연 주관, 왕의 자문 역할, 수장은 대제학 | • 춘추관: 역사서의 편찬·보관 • 한성부: 수도의 행정·치안
지방	• 전국을 8도로 구분, 그 아래 부·목·군·현 설치 • 향·부곡·소 등 특수 행정 구역 폐지 • 지방관 파견: 모든 군현에 수령 파견 | 관찰사 | 8도에 파견, 관할 지역의 수령 감독 | | 수령 | 부·목·군·현에 파견 | | 향리 | 수령의 행정 실무 보좌, 고려 시대에 비해 지위와 권한 약화 | • 유향소와 경재소 | 유향소 | 지방 사족으로 구성된 향촌 자치 기구, 좌수와 별감을 선별하여 운영 | | 경재소 | 한양에 설치, 정부와 유향소 간의 연락 기능 |
관리 등용 및 인사	• 관리 등용 제도: 문과·무과·잡과의 과거제 운영, 천거·취재·음서 등을 통해 관리 등용 • 관리 인사 제도: 상피제, 서경
교육	• 서당: 사립 초등 교육 기관 • 4부 학당: 한양에 설립된 관립 중등 교육 기관 • 향교: 지방 관립 중등 교육 기관, 전국의 부·목·군·현에 하나씩 설립, 중앙에서 교수·훈도를 파견하여 교육 • 성균관(최고 교육 기관, 관립), 사역원(외국어 교육 및 통역·번역)

▲ 6조 직계제와 의정부 서사제

기출선지로 보는 핵심암기

올바른 용어를 찾아 기출선지를 완성하세요!

01 국왕의 비서 기관으로 (**승정원** , 사헌부)을/를 두었다.
02 [승정원] (**국정 총괄** , **왕명 출납**)을 담당하였어.
03 [의금부] 왕 직속 (**사법** , **언론**) 기구로 왕권 강화에 기여하였다.
04 [홍문관] 사헌부, 사간원과 함께 (**3사** , **대간**)(이)라 불렸다.
05 [홍문관] (**대제학·부제학** , **대사헌**) 등의 관직을 두었다.
06 전국을 (**8도** , 9주)로 나누었다.
07 [수령] (**지방** , 수도)의 행정, 사법, 군사권을 행사하였다.
08 향촌 자치 기구인 (**유향소** , **성균관**)을/를 설치하였다.
09 [좌수] (**경재소** , **유향소**)의 우두머리로 향회에서 선출되었다.
10 [유향소] 수령을 보좌하고 (**향리** , **관찰사**)를 감찰하였다.

정답 | 01 승정원 02 왕명 출납 03 사법 04 3사 05 대제학·부제학 06 8도 07 지방 08 유향소 09 유향소 10 향리

빈출패턴 18 — 사화의 발생과 붕당의 형성

'무·갑·기·을'의 사화 종류나 조광조에 대한 문제가 주로 출제!

최신 12회분 출제문항 수: **8문항**

대표발문 Q
(가)에 들어갈 내용 or (가) 인물의 활동 or 다음 자료를 활용한 탐구 활동으로 적절한 것은?

+ 키워드 파헤치기

기출자료 1

만화로 보는 조선 시대 주요 사건
- 학습 목표: (가)을/를 한 장면의 만화로 표현할 수 있다.
- 활동 내용
  - 1모둠: 훈구 vs 사림
  - 2모둠: 이극돈 "**조의제문**을 사초에 넣었다니!"
  - 3모둠: **연산군** "**김종직**이 증조할아버지 세조를 능멸하다니!"

위 (가)에 들어갈 사건은? → ☐☐ 사화

→ 김종직, 조의제문, 사초, 김일손, 연산군

기출자료 2
- 조선 **중종** 때 사림의 중심 인물
- **도학 정치**를 추구함
- **소격서 폐지**를 주장함
- (가)

위 (가)에 들어갈 내용은? → ☐☐ 실시 건의

→ 사림, 도학 정치 추구, 소격서 폐지 주장, 위훈 삭제 주장

기출자료 3

이곳은 경기도 용인시에 있는 심곡 서원으로, 조선 중종 때 사림의 대표적 인물인 (가)의 위패가 모셔져 있습니다. 그는 **위훈 삭제 등을 주장**하다가 훈구의 반발로 **유배되어 사사**되었습니다.

위 (가)에 들어갈 인물은? → ☐조

→ 위훈 삭제 주장, 유배되어 사사

기출자료 4

조광조가 귀양 간 지 한 달 남짓 되어도 왕의 노여움은 아직 풀리지 않았으나, …… 왕이 상소를 보고 곧 **소광조** 등에게 사약을 내리고, 장이욱 등을 잉간히며 살을 내려 푸리고 명하였다.

위와 관련된 사건은? → ☐☐ 사화

→ 조광조 축출

선지패턴 A

'무·갑·기·을'의 네 가지 사화와 관련 인물이 묶여서 선지로 등장!

+ 기출선지 더 보기

빈출선지 1 조의제문을 작성하였다. → 김 ☐

→ 조의제문이 빌미가 되어 무오사화가 일어났다.

빈출선지 2 폐비 윤씨 사사 사건이 원인이 되었어요. → ☐☐ 사화

빈출선지 3 위훈 삭제를 주장한 **조광조 일파를 축출**하였다. → ☐☐ 사화

→ 소격서 폐지 등의 개혁을 추진한 조광조는 기묘사화 때 사사되었습니다.

빈출선지 4 외척 간의 권력 다툼으로 윤임이 제거되었다. → ☐☐ 사화

정답 | 자료1 무오 자료2 현량과 자료3 조광 자료4 기묘 선지1 종직 선지2 갑자 선지3 기묘 선지4 을사

한눈에 정리하는 **빈출이론**

한능검 **빈출이론**만 빠르게 파악하세요!

1. 사화의 발생

무오사화 (1498, 연산군)	• 배경: 김종직의 「조의제문」을 김일손이 사초에 올린 것을 훈구 세력이 문제 삼음 • 결과: 김일손 등 사림 피해
갑자사화 (1504, 연산군)	• 배경: 폐비 윤씨 사사 사건의 배경이 연산군에게 알려짐 • 결과: 폐비 윤씨 사사 사건 관련자 축출, 훈구와 사림 모두 피해
기묘사화 (1519, 중종)	• 배경: 조광조의 급진적인 개혁 정치(현량과 실시, 소격서 폐지, 위훈 삭제 등)에 대하여 훈구 세력이 반발함 • 결과: 조광조 등 사림 피해
을사사화 (1545, 명종)	• 배경: 인종의 외척인 대윤(윤임 일파)과 명종의 외척인 소윤(윤원형 일파) 간의 대립 • 결과: 윤임 일파 제거, 윤원형을 비롯한 외척 세력이 정국 주도

2. 붕당의 형성

선조 (16세기 후반)	• 이조 전랑 임명 문제 + 척신 정치 청산 문제 → 사림이 동인·서인으로 분당		
		동인	서인
		김효원 중심	심의겸 중심
		신진 사림의 지지	기성 사림의 지지
		척신 정치 청산에 적극적	척신 정치 청산에 소극적
		이황, 조식의 학문 계승	이이, 성혼의 학문 계승
		영남학파	기호학파
	• 정여립 모반 사건(기축옥사), 정철의 건저의 사건 → 동인이 남인·북인으로 분당		
광해군	북인의 정권 장악 → 광해군의 영창 대군 사사, 인목 대비 폐위 → 인조반정(1623) → 광해군과 북인 세력 축출		
인조	서인 정국 주도 + 남인 일부 정치 참여 → 상호 비판적 공존 체제		
효종	서인 집권 → 북벌 추진(서인과 남인의 대립)		

기출선지로 보는 **핵심암기**

올바른 용어를 찾아 **기출선지**를 완성하세요!

01 조의제문이 빌미가 되어 (**기묘** , **무오**)사화가 일어났다.
02 [갑자사화] (**폐비 윤씨** , **희빈 장씨**) 사사 사건이 원인이 되었어요.
03 (**정도전** , **조광조**)의 건의로 현량과가 실시되었다.
04 [조광조] (**집현전** , **소격서**)을/를 폐지하였다.
05 [기묘사화] 위훈 삭제를 주장한 (**조준** , **조광조**) 일파를 축출하였다.
06 소격서 폐지 등의 개혁을 추진한 조광조는 (**기묘** , **무오**)사화 때 사사되었습니다.
07 외척 간의 다툼으로 (**무오** , **을사**)사화가 발생하였다.
08 [서인] (**이황** , **이이**)와/과 성혼의 문인을 중심으로 형성되었다.
09 [동인] (**정여립 모반** , **황사영 백서**) 사건 등을 계기로 남인과 북인으로 나뉘었다.
10 [북인] (**광해군** , **인조**) 때 정국을 주도하였다.

정답 | 01 무오 02 폐비 윤씨 03 조광조 04 소격서 05 조광조 06 기묘 07 을사 08 이이 09 정여립 모반 10 광해군

빈출패턴 19 성리학의 발전

이황, 이이와 관련된 자료를 주고, 그들이 한 일이나 저서를 묻는 문제가 출제!

최신 12회분 출제문항 수: **2문항**

대표발문 Q. (가) 인물에 대한 설명 or (가)에 들어갈 내용으로 옳은 것은?

+ 키워드 파헤치기

기출자료 1
이곳은 도산 서원 상덕사로, (가)의 위패를 모신 사당입니다. 그는 풍기 군수, 성균관 대사성 등의 관직을 역임하였으며 **예안 향약**을 만들었습니다.

위 (가)에 들어갈 인물은? → 이 ☐

예안 향약, 성학십도·주자서절요 저술

기출자료 2
- 주제: 조선 성리학의 발전에 기여한 **이황**
- 탐구 방법: 문헌 조사, 인터넷 검색 등
- 탐구 내용: (가), 기대승과 **사단 칠정 논쟁**, 일본에서 '동방의 주자'로 불린 이유

위 (가)에 들어갈 책은? → 성학 ☐

이황, 사단 칠정 논쟁, 동방의 주자

기출자료 3
- 안동에서 태어나 풍기 군수, 성균관 대사성 등의 관직을 역임하였으며, 그의 학문은 **일본 성리학에 영향**을 주었다.

위와 관련된 인물은? → 이 ☐

일본 성리학에 영향

기출자료 4
- **강릉 오죽헌**에서 태어나 황해도 관찰사, 이조 판서 등의 관직을 역임하였으며, **수미법의 시행을 제안**하였다.

위와 관련된 인물은? → 이 ☐

강릉 오죽헌, 수미법의 시행 제안, 성학집요·동호문답·격몽요결 저술

선지패턴 A. 이황과 이이의 저서, 백운동 서원이 빈출선지!

+ 오답선지 피하기

빈출선지 1 최초의 서원인 **백운동 서원을 설립**하였다. → 주 ☐

[정제두] 강화학파를 형성하였다.

빈출선지 2 백운동 서원의 **사액을 청원**하였다. → 이 ☐

[이제현] 만권당에서 원의 학자들과 교류하였다.

빈출선지 3 **성학십도**를 저술하였다. → 이 ☐

빈출선지 4 **성학집요**를 저술하였다. → 이 ☐

[송시열] 북벌 운동을 주도하였다.

정답 | 자료1 황 자료2 십도 자료3 황 자료4 이 선지1 세붕 선지2 황 선지3 황 선지4 이

한눈에 정리하는 빈출이론

서원	• 시초: 주세붕이 세운 백운동 서원 • 역할: 사림의 여론 형성 주도, 지방 사림의 정치적 구심점 역할, 붕당의 근거지 • 사액 서원: 국왕으로부터 편액, 서적, 노비 등을 받은 서원 → 백운동 서원이 이황의 건의로 사액되어 소수 서원이 됨(최초) • 종류: 최초는 백운동 서원(주세붕, 중종) → 소수 서원(이황의 건의, 최초의 사액 서원)
향약	• 의미: 향촌 내의 사람들이 맺은 약속 • 보급: 중종 때 조광조의 건의로 시행 → 이황과 이이에 의해 널리 보급 • 내용: 지방 사족의 주도로 운영되는 향촌의 자치 규약, 4대 덕목을 바탕으로 규약 제정(덕업상권, 과실상규, 예속상교, 환난상휼) • 기능과 역할: 지방 사림의 농민 지배 강화, 사회 풍속 교화와 향촌 질서 유지, 주민 통제와 교화의 수단 • 시행: 최초 조광조(중국의 여씨 향약을 번역하여 보급), 이황(예안 향약), 이이(해주 향약)

성리학의 발달	퇴계 이황	율곡 이이
	근본적, 이상적	현실적, 개혁적
	'이' 강조	'기' 강조
	동인	서인
	영남학파	기호학파
	『성학십도』·『주자서절요』 저술	『성학집요』·『동호문답』·『격몽요결』 저술
	일본 성리학에 영향	개혁적·실천적 경향(수미법 제안)

기출선지로 보는 핵심암기

01 [주세붕] 최초의 서원인 (도산 , **백운동**) 서원을 설립하였다.
02 [이황] (도산 , **백운동**) 서원의 사액을 청원하였다.
03 [향약] (불교 , **유교**) 윤리를 보급하는 데 이바지하였다.
04 [사림] (매향 , **향약**)을 통해 지방민을 교화하였다.
05 [이황] (**성학십도** , 성학집요)를 저술하였다.
06 [이이] (성학십도 , **성학집요**)를 저술하였다.

정답 | 01 백운동 02 백운동 03 유교 04 향약 05 성학십도 06 성학집요

빈출패턴 20 조선 전기의 대외 관계

왜란이나 호란 중에 일어난 일을 묻는 문제가 주로 출제!

최신 12회분 출제문항 수 **14문항**

대표발문 Q. (가) 전쟁 중에 있었던 사실 or (가) 왕의 재위 기간에 있었던 사실 or (가)에 들어갈 내용으로 옳은 것은?

+ 키워드 파헤치기

기출자료 1 진주성에서 진주 목사 **김시민**의 지휘 아래 관군과 백성들이 일본군에 맞서 싸우고 있습니다. **곽재우** 등이 이끄는 **의병 부대**도 성 밖에서 이를 지원하고 있는데요. 이 전투가 **일본의 침략**으로 시작된 (가)의 흐름에 어떤 영향을 미칠지 관심이 모아지고 있습니다.

위 (가)에 들어갈 전쟁은? → [　] 왜란

일본의 침략, 이순신, 의병, 곽재우, 진주성, 김시민

기출자료 2 이곳은 **영창 대군**의 무덤입니다. 그는 왕권을 공고히 하고자 했던 **이복형** (가)에 의해 어린 나이에 죽임을 당했고, **어머니 인목 대비**는 서궁에 **유폐**되었습니다. 이 사건을 구실로 서인 세력은 (가)을/를 몰아내는 **인조반정**을 일으켰습니다.

위 (가)에 들어갈 왕은? → [　] 군

인목 대비 유폐, 영창 대군 사사, 중립 외교, 인조반정

기출자료 3
- 장소: 남한산성
- 학습한 내용: 남한산성은 북한산성과 함께 한양 도성을 지키던 산성으로, (가) 당시 **인조가 이곳으로 피란하여 45일간 청에 항전**하였다.

위 (가)에 들어갈 전쟁은? → [　] 호란

친명배금 정책, 남한산성, 인조가 피란하여 청에 항전

기출자료 4
- 인물1: **효종**에 대해 조사한 것을 이야기해 볼까?
- 인물2: 병자호란 이후 소현 세자와 함께 **청나라 심양에 볼모**로 잡혀갔다 왔어.
- 인물3: 왕으로 즉위하고 나서 (가)

위 (가)에 들어갈 내용은? → [　] 추진

효종, 청에 볼모, 나선 정벌

선지패턴 A 왜란과 호란 때 일어난 일과 활약한 인물을 연결해서 기억하는 것이 핵심!

+ 기출선지 더 보기

빈출선지 1 **권율**이 **행주산성**에서 크게 승리하였다. → [　] 왜란

[임진왜란] 신립이 탄금대에서 배수의 진을 치고 싸웠다.

빈출선지 2 **이순신**이 **명량 해전**에서 승리하였다. → [　] 재란

빈출선지 3 **임경업**이 백마산성에서 항전하였다. → [　] 호란

[병자호란] 국왕이 남한산성에서 항전하였다.

빈출선지 4 두 차례의 **나선 정벌**에 조총 부대가 파견되었다. → [　] 종

[효종] 북벌을 추진했어.

정답 | 자료1 임진 자료2 광해 자료3 병자 자료4 북벌 선지1 임진 선지2 정유 선지3 병자 선지4 효

한눈에 정리하는 빈출이론

1. 조선 전기의 대외 관계

명(사대)	태종 이후 원만한 관계 → 조공 책봉 관계
여진(교린)	• 강경: 세종 때 4군 6진 개척 • 회유: 무역소 설치(경원·경성), 조공 무역(북평관: 사신 접대소)
일본(교린)	• 강경: 세종 때 쓰시마섬(대마도) 정벌(이종무) • 회유: 3포 개항·계해약조 체결(세종)

2. 왜란과 호란의 전개 과정

초기	일본군의 침입 → 부산진(정발)·동래성(송상현) 함락 → 충주 탄금대 전투(신립) 패배 → 선조 의주 피란 → 평양성 함락 → 명에 지원군 요청
수군과 의병의 항쟁 및 전세 역전	• 수군(이순신): 옥포 해전, 한산도 대첩(학익진) 등 → 남해의 제해권 장악, 전라도 곡창 지대 보존 • 의병: 곽재우(경상도), 고경명·김천일(전라도), 조헌·영규(충청도) 등 활약 • 진주 대첩(김시민), 조·명 연합군의 평양성 탈환(유성룡), 행주 대첩(권율), 훈련도감(삼수병 중심) 설치 → 일본과 명의 휴전 협상 결렬
정유재란 (1597)	명량 대첩(이순신), 노량 해전(이순신 전사)
광해군 (북인)	• 왜란 이후 대동법 실시(경기도에서 처음 실시), 『동의보감』 완성(허준) • 명 쇠퇴, 후금 건국 → 광해군의 중립 외교(명의 요청으로 강홍립 부대를 파병했지만 청에 항복)
인조반정 (1623)	• 배경: 광해군의 폐모살제(인목 대비 유폐, 영창 대군 사사) 및 중립 외교 • 전개: 광해군·북인 축출 → 인조 즉위, 서인 집권 → 친명배금 정책 추진
이괄의 난 (1624)	• 인조반정의 공신 책봉에 불만을 품은 이괄이 반란을 일으킴 → 인조가 공산성으로 피란 • 잔당들이 후금에 투항 → 인조반정의 부당함 고발
정묘호란 (1627)	• 배경: 친명배금 정책, 이괄의 난 • 전개: 인조의 강화도 피란, 의병(정봉수, 이립)의 활약 • 결과: 후금과 화의 → 형제 관계 체결
병자호란 (1636)	• 배경: 후금이 청 건국, 청이 조선에 군신 관계 요구 → 주전론(김상헌)과 주화론(최명길)의 대립 • 전개: 청의 조선 침략 → 조정은 강화도로 피란(김상용 순절) → 인조는 남한산성으로 피란하여 저항, 임경업이 백마산성에서 항전 • 결과: 삼전도에서 청에 항복 → 청과 군신 관계 체결
북벌 운동	효종 때 추진(송시열의 기축봉사), 나선 정벌(청을 도와 러시아군과 교전), 북학론 대두

기출선지로 보는 핵심암기

01 [세종] 여진족을 몰아내고 (**동북 9성**, **4군 6진**)을 설치하였다.
02 [세종] (**이범윤**, **이종무**)가 쓰시마섬(대마도)을 정벌하였다.
03 [세종] (**계해약조**, **기유약조**)를 체결하여 일본과 교역하였다.
04 [왜란] (**신립**, **강홍립**)이 탄금대에서 배수의 진을 치고 싸웠다.
05 [왜란] 권율이 (**행주산성**, **정족산성**)에서 크게 승리하였다.
06 [왜란] 삼수병으로 편제된 (**별무반**, **훈련도감**)을 설립하였다.
07 서인 정권이 (**친명배금**, **친금배명**) 정책을 추진하였다.
08 [병자호란] 임경업이 (**남한산성**, **백마산성**)에서 항전하였다.
09 [호란 이후] (**송시열**, **최명길**) 등이 북벌론을 내세웠다.
10 [효종] 두 차례의 나선 정벌에 (**기마**, **조총**) 부대가 파견되었다.

정답 | 01 4군 6진 02 이종무 03 계해약조 04 신립 05 행주산성 06 훈련도감 07 친명배금 08 백마산성 09 송시열 10 조총

빈출패턴 21 붕당 정치의 변질

예송이나 경신·기사환국에 대한 문제가 주로 출제!

최신 12회분 출제문항 수: **6문항**

대표발문 Q
다음 이후에 있었던 사실 or (가)에 들어갈 인물 or 밑줄 그은 '왕' 시기에 있었던 사실로 옳은 것은?

+ 키워드 파헤치기

기출자료 1
- 남인: 얼마 전 돌아가신 선왕을 장자의 예로 대우하여, **자의 대비께서는 3년복을 입으**셔야 합니다.
- 서인: 아니지요. 선왕은 둘째 아들이니 장자의 예를 적용할 수 없습니다. **자의 대비께서는 1년복을 입으셔야 합니다.**

위와 관련된 사건은? → ☐ 송

남인, 자의 대비의 3년복 주장, 서인, 자의 대비의 1년복 주장, 1차 예송 서인 승리, 2차 예송 남인 승리

기출자료 2
- 송시열: **효종** 대왕께서는 둘째 아들이시므로, **대왕대비께서는 1년간 복상**을 하여야 합니다.
- 허목: 효종 대왕께서는 왕위를 계승하셨으므로 장자에 준한다고 보아 대왕대비께서는 **3년간 복상**을 하여야 합니다.

위와 관련된 사건은? → ☐ 송

송시열, 허목, 대왕대비

기출자료 3
(가)
- 호: **우암**(尤菴)
- 주요 활동: **효종**과 함께 **북벌을 주장함**, **예송** 논쟁에서 **허목과 대립함**, 서인이 분열하면서 **노론의 영수**로 활약함

위 (가)에 들어갈 인물은? → 송 ☐

우암, 효종 때 북벌 주장, 예송 때 남인과 대립, 노론의 영수

기출자료 4
이 책은 **장희빈을 왕비로 책봉**한 왕의 초상화 제작 과정을 기록한 의궤입니다. 그는 **환국**을 통해 정국을 주도하였습니다.

위 밑줄 그은 왕은? → ☐ 종

장희빈을 왕비로 책봉, 환국

선지패턴 A
예송과 세 차례 환국으로 축출·집권한 세력이 빈출선지!

+ 기출선지 더 보기

빈출선지 1
자의 대비의 복상 기간을 둘러싼 **예송**이 발생하였다.
→ 내용: ☐인과 ☐인의 대립

[예송] 자의 대비의 상복 입는 기간이 문제가 되었어요.

빈출선지 2
효종 사후와 **효종비 사후**에 일어났어요. → ☐ 송

[1차 예송] 기해예송이 벌어졌다.

빈출선지 3
청과 국경선을 정하여 **백두산정계비**를 세웠다. → ☐ 종

[숙종] 환국 정치가 전개되었다.

빈출선지 4
서인이 **노론과 소론**으로 나누어졌다. → 배경: ☐ 환국

서인과 남인의 대립으로 경신환국이 일어났습니다.

정답 | 자료1 예 자료2 예 자료3 시열 자료4 숙 선지1 서, 남(남, 서) 선지2 예 선지3 숙 선지4 경신

한눈에 정리하는 **빈출이론**

한능검 **빈출이론**만 빠르게 파악하세요!

1. 예송

의미	현종 때 자의 대비의 상복 착용 기간이 문제가 되어 서인과 남인이 벌인 두 차례의 논쟁
대립	• 서인(송시열): 왕과 일반 사대부를 똑같이 취급해야 한다고 주장 • 남인(윤휴, 허목): 왕은 일반 사대부의 예법을 똑같이 적용할 수 없다고 주장

전개	구분	서인 주장	남인 주장	결과
	1차 예송 (기해예송) [효종 죽음]	1년(기년복)	3년	서인 승리
	2차 예송 (갑인예송) [효종비 죽음]	9개월(대공복)	1년(기년복)	남인 승리, 서인 축출

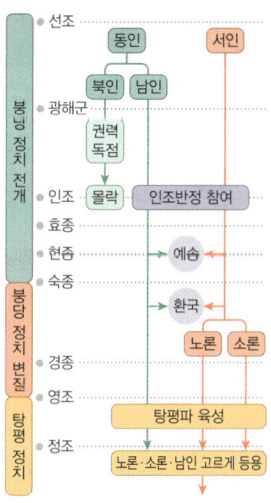

▲ 조선 후기 정치 변화

2. 환국

의미		왕(숙종)의 주도로 정국을 주도하는 정당과 견제하는 붕당이 급격하게 바뀌는 현상
전개	경신환국(1680)	• 배경: 집권 남인 허적이 왕의 허락 없이 궁중의 물건(기름 먹인 장막) 사용 • 결과: 남인 몰락, 서인 집권 → 남인 처벌에 대한 입장 차이로 서인이 노론(강경파)과 소론(온건파)으로 분화
	기사환국(1689)	• 배경: 희빈 장씨 소생의 원자 책봉 문제 • 전개: 인현 왕후 폐위, 희빈 장씨 왕비 책봉 • 결과: 송시열 등 서인 몰락, 남인 집권
	갑술환국(1694)	• 배경: 인현 왕후의 복위 문제 • 전개: 서인(노론)의 인현 왕후 복위 운동 전개 • 결과: 인현 왕후 복위, 남인 몰락, 노론과 소론(서인) 집권

기출선지로 보는 **핵심암기**

올바른 용어를 찾아 **기출선지**를 완성하세요!

01 자의 대비의 복상 기간을 둘러싼 (**예송** , 환국)이 발생하였다.
02 [예송] 서인과 (**남인** , 북인)이 예법을 둘러싸고 대립한 것이에요.
03 [예송] (현종 , **효종**) 사후와 (현종 , **효종**)비 사후에 일어났어요.
04 [서인] (윤휴 , **송시열**)을/를 중심으로 결집하여 대의명분을 중시하였다.
05 [숙종] 청과 국경선을 정하여 (척화비 , **백두산정계비**)를 세웠다.
06 서인과 남인의 대립으로 (**경신환국** , 무오사화)이/가 일어났습니다.
07 [경신환국] (남인 , **서인**)이 노론과 소론으로 나누어졌다.
08 [남인] (갑술환국 , **기사환국**)으로 집권하였다.

정답 | 01 예송 02 남인 03 효종, 효종 04 송시열 05 백두산정계비 06 경신환국 07 서인 08 기사환국

빈출패턴 22 탕평 정치

영조와 정조의 탕평 정치와 관련된 정책을 묻는 문제가 주로 출제!

최신 12회분 출제문항 수: **6문항**

대표발문 Q. (가) 왕의 업적 or 밑줄 그은 '왕'의 정책으로 옳은 것은?

+ 키워드 파헤치기

기출자료 1 이것은 (가)이/가 왕세손이던 정조에게 내린 은도장입니다. 사도 세자에 대한 세손의 효심에 감동하여 만들어 준 것으로, 효손(孝孫)이라는 글자가 새겨져 있습니다.

위 (가)에 들어갈 왕은? → ☐조

왕세손 정조, 사도 세자에 대한 세손의 효심, 탕평비 건립, 서원 정리, 속대전 편찬, 균역법 실시

기출자료 2 이것은 조선 제21대 왕의 어진입니다. 조선에서 가장 오래 재위한 그는 탕평책으로 정국을 안정시키려고 노력했습니다.

위 밑줄 그은 왕은? → ☐조

조선 제21대 왕, 조선에서 가장 오래 재위, 탕평책

기출자료 3 (가)이/가 창덕궁 후원에 세운 주합루에는 왕실 도서를 보관하는 규장각이 있었다. (가)은/는 규장각에 학술 및 정책 연구 기능을 부여하고 서얼 출신인 이덕무, 유득공 등을 검서관으로 등용하였다.

위 (가)에 들어갈 왕은? → ☐조

규장각, 서얼 출신인 이덕무, 유득공 등을 검서관으로 등용, 장용영 설치, 초계문신제 실시, 수원 화성 건설, 대전통편 편찬, 신해통공

기출자료 4 조선 제22대 왕이 아버지 사도 세자의 묘를 참배하러 가기 위해 만든 만안교입니다. 그 옆에는 다리를 조성한 과정이 기록된 비석이 있습니다.

위 밑줄 그은 왕은? → ☐조

조선 제22대 왕, 아버지 사도 세자

선지패턴 A. 영조 문제에는 정조에 대한 선지가, 정조 문제에는 영조에 대한 선지가 반드시 등장!

+ 기출선지 더 보기

빈출선지 1 백성의 군역 부담을 줄이기 위해 균역법이 실시되었다. → ☐조

[영조] 자주 범람하던 청계천을 정비하여 백성들의 삶을 개선하고자 하였다.

빈출선지 2 속대전을 편찬하여 통치 체제를 정비하였다. → ☐조

[영조] 신문고 부활

빈출선지 3 초계문신제를 실시하여 문신들을 재교육하였다. → ☐조

[정조] 수원 화성을 축조하였다.

빈출선지 4 왕의 친위 부대인 장용영을 창설하였다. → ☐조

[정조] 신해통공으로 시전 상인의 특권을 축소하였다.

정답 | 자료1 영 자료2 영 자료3 정 자료4 정 선지1 영 선지2 영 선지3 정 선지4 정

한눈에 정리하는 **빈출이론**

한능검 빈출이론만 빠르게 파악하세요!

구분	영조	정조
탕평	• 완론 탕평 → 붕당 자체를 인정하지 않음 • 강력한 왕권을 바탕으로 한 탕평 추진	• 준론 탕평 → 붕당을 인정함 • 노론(시파 중심), 소론, 남인 계열을 고르게 등용
정치	• 이인좌의 난 진압 • 탕평파 육성 → 노론과 소론의 균형 유지 • 탕평비 건립(성균관 입구) → 붕당 정치의 폐해 경계 • 산림의 존재 부정 • 서원 정리 • 이조 전랑의 권한 축소 • 『속대전』 편찬(『경국대전』 속편)	• 규장각 설치: 학술 연구 기관, 서얼 출신을 규장각 검서관에 등용(이덕무, 유득공, 박제가) • 장용영 설치: 국왕 직속 친위 부대 → 왕권의 군사적 기반 • 초계문신제 실시: 문신 재교육 → 왕권 강화(임금이자 스승 역할) • 수원 화성 건설: 정치적 이상을 실현하는 도시로 육성 (정치·군사적 기능 부여 + 상업적 목적) • 『대전통편』 편찬(『경국대전』 + 『속대전』)
경제	균역법 실시: 2필씩 걷던 군포를 1필로 축소 → 재정 감소 └ 재정 감소 보완책: 어(장)·염(전)·선박세 징수, 선무군관포·지주에게 결작 징수	신해통공: 육의전을 제외한 시전 상인의 금난전권 폐지
사회	• 가혹한 형벌 폐지, 신문고 재설치 • 청계천 준설	• 수령의 권한 강화: 수령이 향약 주관 • 공노비 해방 추진(→ 실시는 순조 때)
문화	『동국문헌비고』: 우리나라의 역대 문물 정리	• 『동문휘고』: 외교 문서 정리 • 『탁지지』: 호조 업무 • 『무예도보통지』: 훈련 교범 • 『일성록』: 정조의 일기, 유네스코 세계 기록 유산

기출선지로 보는 **핵심암기**

올바른 용어를 찾아 기출선지를 완성하세요!

01 [영조] 붕당 정치의 폐해를 경계하기 위해 (척화비 , **탕평비**)를 건립하였다.

02 [영조] 백성의 군역 부담을 줄이기 위해 (**균역법** , 대동법)이 실시되었다.

03 [영조] (**속대전** , 대전회통)을 편찬하여 통치 체제를 정비하였다.

04 [정조] (현량과 , **초계문신제**)를 실시하여 문신들을 재교육하였다.

05 [정조] 정책 연구 기관으로 (**규장각** , 집현전)을 육성하였다.

06 [규장각] 유득공, 박제가와 같은 (노비 , **서얼**) 출신 인재들이 검서관으로 등용되었어.

07 [정조] 왕의 친위 부대인 (별기군 , **장용영**)을 창설하였다.

08 [정조] (남한산성 , **수원 화성**)을 축조하였다.

09 [정조] 신해통공으로 (보부상 , **시전 상인**)의 특권을 축소하였다.

10 [정조] (속대전 , **대전통편**)이 편찬되었다.

정답 | 01 탕평비 02 균역법 03 속대전 04 초계문신제 05 규장각 06 서얼 07 장용영 08 수원 화성 09 시전 상인 10 대전통편

빈출패턴 23. 세도 정치기의 사회 혼란

천주교·동학의 특징, 홍경래의 난·임술 농민 봉기의 전개 과정을 묻는 문제가 주로 출제!

최신 12회분 출제문항 수: **10문항**

대표발문 Q
(가) 종교에 대한 설명 or (가)에 대한 설명 or 밑줄 그은 '봉기' 이후 정부의 대책으로 옳은 것은?

+ 키워드 파헤치기

기출자료 1 충청북도 제천에 소재한 **배론 성지**는 조선 정부의 탄압을 피해 숨어 들어온 (가) 신자들이 화전을 일구며 신앙생활을 하던 곳이다. **신유박해**(1801) 당시 **황사영**은 이곳으로 피신하여 서양의 도움을 요청하는 **백서**를 작성하였다.

위 (가)에 들어갈 종교는? → [　] 교

→ 배론 성지, 신유박해, 황사영 백서 사건

기출자료 2 (가), 농민 사이에서 급속도로 확산

교조 최제우의 처형 이후에도 (가)은/는 교세가 줄지 않고 있다. 제2대 교주인 **최시형**이 교리와 교단을 정비하고 '**사람이 곧 하늘**'임을 강조하면서, 지배층의 폭정에 시달리는 농민들 사이에서 급속히 확산되고 있다.

위 (가)에 들어갈 사상은? → [　] 학

→ 교조 최제우, 제2대 교주 최시형, 사람이 곧 하늘

기출자료 3 1811년 **평안도** 지역에서 일어난 (가)을/를 진압하기 위해 파견된 순무영군이 **정주성**을 포위하고 있는 모습을 그린 것입니다.

위 (가)에 들어갈 사건은? → [　　] 의 난

→ 1811년, 평안도에 대한 차별 대우, 정주성 점령

기출자료 4
• 주요 출연진: **유계춘** 역 ○○○, **백낙신** 역 □□□, **박규수** 역 △△△
• 줄거리: 탐관오리가 판치던 **세도 정치 시기**, **진주** 지역에서는 백낙신의 수탈이 극에 달한다. 참다못한 농민들은 몰락 양반 유계춘을 중심으로 봉기를 일으키는데…….

위 밑줄 그은 봉기는? → [　] 농민 봉기

→ 유계춘, 백낙신, 진주, 박규수, 세도 정치 시기, 삼정이정청 설치

선지패턴 A
천주교와 동학의 특징을 파악하는 것이 핵심!

+ 기출선지 더 보기

빈출선지 1 **중국에 다녀온 사신들**에 의하여 **서학**으로 소개되었다. → [　] 교

→ 황사영 백서 사건이 발생하였다.

빈출선지 2 **동경대전**을 기본 경전으로 삼았다. → [　] 학

→ 최제우가 동학을 창시하였다.

빈출선지 3 **홍경래**가 **평안도**에서 **봉기**하였다. → [　　] 의 난

→ [홍경래의 난] 서북 지역민에 대한 차별에 반발하여 일어났다.

빈출선지 4 삼정의 문란을 해결하기 위해 **삼정이정청이 설치**되었다. → 배경: [　] 농민 봉기

→ [유계춘] 백낙신의 수탈에 맞서 진주 농민 봉기를 일으켰다.

정답 | 자료1 천주 자료2 동 자료3 홍경래 자료4 임술 선지1 천주 선지2 동 선지3 홍경래 선지4 임술

한눈에 정리하는 빈출이론

1. 세도 정치의 전개와 삼정의 문란

세도 정치	• 세도 정치기의 권력 구조: 소수의 유력 가문이 권력과 이권 독점, 비변사로 권력 집중 • 전개: 순조~철종의 3대 60여 년 동안 지속 • 결과: 정치 기강의 문란(매관매직 성행), 삼정의 문란 → 농민 저항 증가
삼정의 문란	• 내용: 전정, 군정, 환곡(환정)의 문란으로 인한 농민 수탈 심화 • 영향: 세도 정치기 홍경래의 난, 임술 농민 봉기와 같은 농민 봉기 발생의 배경이 됨

2. 새로운 사상의 등장

천주교	동학
• 전래: 청에 다녀온 사신들에 의해 서학이라는 학문의 형태로 소개(이수광의 『지봉유설』에서 『천주실의』 소개) • 수용: 남인 계열 실학자(정약용)가 신앙으로 수용(18세기 후반, 정조) • 확장: 인간 평등, 내세 신앙 → 백성의 공감을 얻음 • 박해 - 신해박해(1791, 정조): 권상연, 윤지충 등 순교 - 신유박해(1801, 순조): 정약용·정약전 유배, 이승훈 순교, 황사영 백서 사건 - 병인박해(1866, 고종): 병인양요의 배경이 됨	• 창시: 경주 출신 최제우가 창시(1860) • 교리: 유·불·선 + 민간 신앙 융합 • 사상 - 시천주: 인간 존중 - 인내천: 사람이 곧 하늘 - 후천개벽·보국안민 주장 • 경전: 『동경대전』(경전), 『용담유사』(포교 가사집) • 탄압: 혹세무민을 이유로 교조 최제우 처형 • 교세 확장: 최시형(제2대 교주)이 교단 조직 정비

3. 19세기 농민 봉기

홍경래의 난 (1811, 순조)	• 원인: 평안도(서북인)에 대한 차별 대우, 지배층의 수탈 • 과정: 몰락 양반 홍경래 주도, 신흥 상공업 세력·광산 노동자 합세 → 정주성 점령(청천강 이북 지역 장악) → 진압
임술 농민 봉기 (1862, 철종)	• 원인: 삼정의 문란, 지배층의 수탈 • 과정: 경상 우병사 백낙신과 몰락 양반 유계춘의 대립 → 환곡의 폐단 → 유계춘이 주도한 진주 농민 봉기(진주성 점령)를 계기로 전국으로 확산 • 정부의 대응: 박규수를 안핵사로 파견, 삼정이정청 설치 → 성과를 거두지 못함

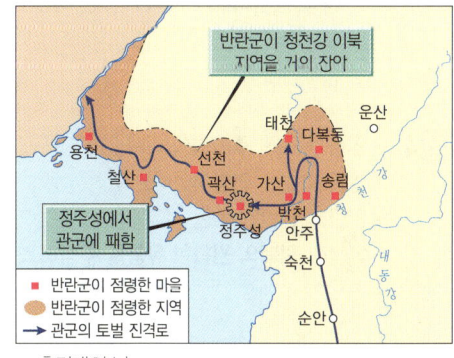
▲ 홍경래의 난

기출선지로 보는 핵심암기

01 [천주교] 중국에 다녀온 사신들에 의하여 (동 , **서**)학으로 소개되었다.
02 [천주교] (정여립 모반 , **황사영 백서**) 사건이 발생하였다.
03 (나철 , **최제우**)이/가 동학을 창시하였다.
04 [동학] (**동경대전** , 천주실의)을/를 기본 경전으로 삼았다.
05 (유계춘 , **홍경래**)이/가 평안도에서 봉기하였다.
06 [홍경래의 난] (**정주성** , 진주성)을 점령하는 홍경래
07 [임술 농민 봉기] 사건의 수습을 위해 (**박규수** , 박영효)가 안핵사로 파견되었다.
08 삼정의 문란을 해결하기 위해 (교정청 , **삼정이정청**)이 설치되었다.

정답 | 01 서 02 황사영 백서 03 최제우 04 동경대전 05 홍경래 06 정주성 07 박규수 08 삼정이정청

빈출패턴 24 실학과 국학의 발달

실학자에 대한 정보를 주고 그 실학자가 한 일을 묻는 문제가 주로 출제!

최신 12회분 출제문항 수: **9문항**

대표발문 Q. (가) 인물 or 다음 자료의 주인공에 대한 설명으로 옳은 것은?

+ 키워드 파헤치기

기출자료 1 이곳은 경기도 안산에 있는 첨성사로, (가)의 위패를 모신 사당입니다. (가)은/는 **성호사설, 곽우록** 등을 저술하였고, 안정복을 비롯한 많은 제자들을 양성하였습니다.

위 (가)에 들어갈 인물은? → 이 ☐

→ 한전론 주장, 성호사설·곽우록 저술

기출자료 2 나는 마을 단위로 농민이 함께 경작하고 세금을 제외한 나머지 생산물을 일한 양에 따라 분배하자는 **여전론**을 주장하였습니다.

위와 관련된 인물은? → 정 ☐

→ 여전론 주장, 목민심서·경세유표·흠흠신서 저술, 거중기 설계

기출자료 3
- 생몰: 1731년~1783년
- 호: 담헌
- 대표 저술: 『의산문답』
- 주요 활동
  - **지전설** 및 **무한우주론** 제시
  - 천문 관측 기구인 **혼천의** 제작
  - 중국 중심의 화이론적 세계관 비판

위와 관련된 인물은? → 홍 ☐

→ 지전설·무한우주론 주장, 혼천의 제작, 의산문답 저술

기출자료 4
- 인물1: 조선 후기의 실학자 (가)에 대해 아는 사람이 있으면 알려 줄래?
- 인물2: 호는 **연암**이었다고 해.
- 인물3: **양반전** 등을 지어 양반의 무능과 허례를 비판하였지.
- 인물4: **화폐의 원활한 유통**을 주장하였어.

위 (가)에 들어갈 인물은? → 박 ☐

→ 화폐 유통 주장, 양반전·열하일기 저술

선지패턴 A. 실학자와 그의 저서를 같이 묶어서 기억하는 것이 핵심!

+ 기출선지 더 보기

빈출선지 1 **반계수록**에서 **균전론**을 제시하였다. → 유 ☐

[유형원] 신분에 따른 토지 차등 분배 방안을 제시하였다.

빈출선지 2 **거중기**를 설계하였다. → 정 ☐

[정약용] 목민심서에서 수령의 덕목을 제시하였다.

빈출선지 3 **양반전**을 지어 양반의 허례와 무능을 비판하였다. → 박 ☐

[박지원] 열하일기를 저술하였다.

빈출선지 4 **서얼 출신**으로 **규장각 검서관에 등용**되었다. → 박 ☐

[박제가] 소비를 촉진하여 생산을 늘릴 것을 주장하였다.

정답 | 자료1 익 자료2 약용 자료3 대용 자료4 지원 선지1 형원 선지2 약용 선지3 지원 선지4 제가

한눈에 정리하는 **빈출이론**

한능검 **빈출이론**만 빠르게 파악하세요!

1. 실학의 발달

중농학파 (경세치용학파)	유형원 (반계)	• 균전론: 관리, 선비, 농민 등 신분에 따라 차등 있게 토지 분배 • 저서: 『반계수록』
	이익 (성호)	• 한전론: 영업전(생계 유지를 위한 최소한의 토지) 매매는 금지하지만 그 외 토지 매매는 허용 • 나라를 좀먹는 여섯 가지 폐단 지적: 노비 제도, 과거 제도, 양반 문벌제도, 사치와 미신, 승려, 게으름 • 저서: 『성호사설』, 『곽우록』(한전론 기록)
	정약용 (여유당)	• 여전론: 마을 단위 공동 소유, 공동 경작 후 노동량에 따른 수확물 차등 분배(지나치게 이상적) → 정전제(타협안) 주장 • 저서: 『목민심서』, 『경세유표』, 『흠흠신서』, 『마과회통』, 『여유당전서』(1930년대 조선학 운동 차원에서 정인보, 안재홍 등이 간행) • 과학 기술 관심: 『기기도설』을 참고하여 거중기 설계(수원 화성 축조에 활용)
중상학파 (이용후생학파)	유수원 (농암)	• 사농공상의 직업적 평등화와 전문화 주장 • 저서: 『우서』
	홍대용 (담헌)	• 지전설·무한우주론 주장(『의산문답』) • 혼천의 제작, 문벌제도 철폐 주장 • 저서: 『임하경륜』, 『의산문답』, 『담헌서』
	박지원 (연암)	• 수레와 선박 이용 주장 • 화폐 유통의 필요성 강조 • 양반의 위선과 무능 비판 → 한문 소설(『양반전』, 『허생전』) • 저서: 『열하일기』
	박제가 (초정)	• 청 문물의 적극적 수용 주장, 수레와 선박 이용 주장 • 절약보다 소비 강조(생산과 소비를 우물에 비유) • 서얼 출신의 규장각 검서관 • 서서: 『북학의』

2. 국학의 발달

역사학	안정복(『동사강목』), 이긍익(『연려실기술』), 한치윤(『해동역사』), 이종휘(『동사』), 유득공(『발해고』), 김정희(『금석과안록』)
지리서·지도	• 지리서: 이중환(『택리지』), 정약용(『아방강역고』), 한백겸(『동국지리지』) • 지도: 정상기의 동국지도(최초로 100리 척 사용), 김정호의 대동여지도(총 22첩의 목판으로 제작)
그 외	• 우리말 연구: 신경준(『훈민정음운해』), 유희(『언문지』), 이의봉(『고금석림』) • 홍봉한(『동국문헌비고』), 정약전(흑산도 유배 중 『자산어보』 저술)

기출선지로 보는 **핵심암기**

올바른 용어를 찾아 **기출선지**를 완성하세요!

01 [유형원] (우서 , **반계수록**)에서 균전론을 제시하였다.
02 [이익] 영업전 매매를 금지하는 (여전론 , **한전론**)을 제시하였다.
03 [정약용] (동사강목 , **목민심서**)에서 수령의 덕목을 제시하였다.
04 [정약용] 거중기를 사용해 (남한산성 , **수원 화성**)을 축조하였다.
05 [박지원] (북학의 , **양반전**)을/를 지어 양반의 허례와 무능을 비판하였다.
06 [박제가] (노비 , **서얼**) 출신으로 규장각 검서관에 등용되었다.
07 [유득공] 신라와 발해를 (고려국 , **남북국**)이라 칭하였다.
08 [김정희] 금석과안록에서 북한산비가 (**진흥왕** , 신문왕) 순수비임을 밝혔다.
09 [정상기] 100리 척을 이용하여 (**동국지도** , 대동여지도)를 제작하였다.
10 [김정호] (동국지도 , **대동여지도**)를 제작하였다.

정답 | 01 반계수록 02 한전론 03 목민심서 04 수원 화성 05 양반전 06 서얼 07 남북국 08 진흥왕 09 동국지도 10 대동여지도

빈출패턴 25 — 조선 후기 경제 변화(수취 체제)

대동법이나 균역법 자료를 주고 어떤 수취 체제인지 묻는 문제가 주로 출제!

최신 12회분 출제문항 수: **6문항**

대표발문 Q. (가) 제도 or (가)에 해당하는 제도에 대한 설명으로 옳은 것은?

+ 키워드 파헤치기

기출자료 1
이 그림은 (가)의 시행을 관장한 **선혜청**을 그린 것입니다. (가)은/는 **토지 결수를 기준으로 공납을 부과**하여 **특산물 대신 쌀, 베, 동전 등으로 납부**하게 한 제도입니다.

위 (가)에 들어갈 수취 제도는? → ◯◯법

→ 선혜청, 토지 결수를 기준으로 공납 부과, 특산물 대신 쌀·베·동전 등으로 납부

기출자료 2
(가)의 시행
1. 배경: 방납의 폐단
2. 내용: **공납을 토지 결수 기준으로 부과, 특산물 대신 쌀, 베, 동전 등으로 납부**
3. 과정: **광해군 때 경기도에서 처음 시행**된 후 점차 확대
4. 영향: 상품 화폐 경제의 발달

위 (가)에 들어갈 수취 제도는? → ◯◯법

→ 공납을 토지 결수 기준으로 부과, 특산물 대신 쌀·베·동전 등으로 납부, 광해군 때 경기도에서 처음 시행, 상품 화폐 경제의 발달

기출자료 3
〈조선 후기 수취 체제의 정비〉
1. (가)의 실시
2. 시행: **영조** 26년(1750)
3. 내용
  - 군포 납부액을 **2필에서 1필로 줄임**
  - 줄어든 재정 수입은 **결작** 등으로 보충함

위 (가)에 들어갈 수취 제도는? → ◯◯법

→ 영조, 군포를 2필에서 1필로 줄임, 선무군관포·결작 부과

기출자료 4
- 백성: 죽은 남편과 이 갓난아이도 세금을 내라고 하다니 우리는 어찌 살란 말입니까.
- 영조: 논의를 잘 들었다. **양역의 폐단을 시정**하기 위해 (가)을/를 시행하라.
- 양반: 1결당 쌀 2두를 부과하는 **결작**이 추가로 생겼어. 우리 지주들의 부담이 늘어나는군.

위 (가)에 들어갈 수취 제도는? → ◯◯법

→ 양역의 폐단 시정, 결작 부과

선지패턴 A. 대동법은 공인, 균역법은 재정 감소 보완책 위주로 선지 등장!

+ 기출선지 더 보기

빈출선지 1 전세를 토지 1결당 4~6두로 납부액을 고정하였다. → ◯◯법

[인조] 영정법을 시행하였다.

빈출선지 2 공납의 부과 기준을 가호에서 토지 결수로 바꾸었다. → ◯◯법

방납의 폐단을 시정하기 위해 대동법을 실시하였어요.

빈출선지 3 관청에 물품을 조달하는 공인의 등장 배경이 되었다. → ◯◯법

[대동법] 특산물을 쌀, 면포(옷감), 동전 등으로 납부하게 하였다.

빈출선지 4 지주에게 토지 1결당 쌀 2두의 결작을 부과하였다. → ◯◯법

[균역법] 어장세, 염세, 선박세를 국가 재정에 귀속시켰어요.

정답 | 자료1 대동 자료2 대동 자료3 균역 자료4 균역 선지1 영정 선지2 대동 선지3 대동 선지4 균역

한눈에 정리하는 빈출이론

전세	영정법 (인조)	• 배경: 양 난 이후 농경지 감소로 국가 재정 수입 감소, 공법 제도의 복잡한 징수 절차
		• 내용: 토지 1결당 미곡(쌀) 4~6두 징수 → 정액화(징수액 고정)
		• 결과: 안정적인 국가 재정 확보
		  – 재정 부족분을 보충하기 위한 부가세가 늘어나 농민 부담 증가
		  – 자신의 토지가 없는 농민에게 도움되지 못함

공납	대동법 (광해군~숙종)	• 배경: 방납의 폐단 → 농민 부담 증가, 농민의 토지 이탈 증가
		• 내용: 특산물 대신 쌀, 무명, 삼베, 동전 등으로 징수 → 조세의 금납화
		• 기준 변화: 가호 기준 → 토지 결수 기준, 1결당 미곡(쌀) 12두 징수 → 공납의 전세화
		• 시행: 광해군 때 경기도에 한해 처음 실시 → 숙종 때 이르러 전국으로 확대
		  – 선혜청에서 시행 담당(대동법을 선혜법이라고도 함)
		  – 국경 지역인 함경도와 평안도 및 제주도의 잉류 지역 제외
		• 결과
		  – 공인 등장 → 상평통보를 사용하여 물품 조달, 일부 도고(독점적 도매상인)로 성장, 상품 화폐 경제 발달 촉진
		  – 토지가 많은 양반 지주의 부담 증가, 농민의 부담 감소

역	균역법 (영조)	• 배경: 농민의 군포 부담 증가
		• 내용: 1년에 군포 2필 → 1필로 감액
		• 재정 감소 보완책
		  – 어·염·선박세: 어(장)세·염(전)세·선박세 등을 국고로 전환
		  – 선무군관포: 일부 상류층에게 '선무군관' 칭호 부여 후 군포 징수
		  – 결작: 지주에게 토지 1결당 쌀 2두 징수 → 군역의 전세화
		• 결과: 일시적인 농민 혜택
		• 한계: 지주들이 결작·선무군관포를 소작농에게 전가 → 농민 부담 증가

기출선지로 보는 핵심암기

01 [인조] (과전법 , **영정법**)을 시행하였다.
02 방납의 폐단을 시정하기 위해 (직전법 , **대동법**)을 실시하였어요.
03 [대동법] 공납의 부과 기준을 (**가호** , 토지 결수)에서 (가호 , **토지 결수**)로 바꾸었다.
04 [대동법] 선혜법이라는 이름으로 (**경기도** , 충청도)에서 처음 시행되었다.
05 [대동법] 관청에 물품을 조달하는 (**공인** , 시전 상인)의 등장 배경이 되었다.
06 백성의 군역 부담을 줄이기 위해 (과전법 , **균역법**)이 실시되었다.
07 [균역법] 1년에 2필씩 걷던 군포를 (1 , **1/2**)필로 줄여 주었다.
08 [균역법] 지주에게 토지 1결당 쌀 2두의 (**결작** , 지계)을/를 부과하였어.
09 [균역법] 어장세, 염세, (**선박세** , 수신전)을/를 국가 재정에 귀속시켰어.

정답 | 01 영정법 02 대동법 03 가호, 토지 결수 04 경기도 05 공인 06 균역법 07 1 08 결작 09 선박세

빈출패턴 26 조선 후기 경제 변화(농업·상업·광업)

최신 12회분 출제문항 수: **8문항**

조선 후기 경제 모습을 자료로 주고, 이 시기의 사회·경제·문화 모습을 묻는 문제가 주로 출제!

대표발문 Q
다음 자료의 상황이 나타난 시기의 경제 모습 or (가)에 들어갈 내용으로 옳은 것은?

+ 키워드 파헤치기

기출자료 1 이앙법은 노동력을 크게 덜어 주기 때문에 지금은 **삼남 지방 외에 다른 도에서도 모두** 이를 본받아 이미 풍속을 이루었다.

→ 이앙법(모내기법)의 전국적 실시

기출자료 2
- 만상: **책문 후시**에서 **대청 무역**에 종사했어요.
- 송상: (가)
- 내상: **왜관**을 통해 일본에 인삼을 수출했어요.

→ 만상, 책문 후시, 대청 무역, 송상, 내상, 왜관

기출자료 3
- 인물1: 조선 후기 상업에 대해 이야기해 보자.
- 인물2: **경강상인**이 한강을 무대로 운송업에 종사했어.
- 인물3: (가)

→ 경강상인, 한강을 무대로 운송업 종사, 사상 성장

기출자료 4 이른바 **도고**는 도성 백성이 견디기 어려운 폐단입니다. 근래에 물가가 뛰어오르는 것은 전적으로 부유한 도고가 돈을 많이 가지고서 높은 값으로 경향(京鄕)의 물건을 마구 사들여 저장해 두었다가, 때를 보아 이득을 노리기 때문입니다.

→ 도고

기출자료 5 허적, 권대운 등의 대신들이 동전을 만들어 통용할 것을 청하였다. 왕이 여러 신하에게 물으니, 신하들이 모두 그 편리함을 말하였다. 왕이 그 말에 따라 호조 등에 명하여 **상평통보**를 주조하고, 동전 4백 문(文)을 은 1냥 값으로 정하여 시중에 유통하게 하였다.

→ 상평통보

위 1~5의 현상이 나타난 시기는? → 조선 ☐

선지패턴 A
주로 조선 전기나 고려의 모습이 선지로 등장! 고려와 조선 전기, 조선 후기를 구분하여 기억하는 것이 핵심

+ 기출선지 더 보기

빈출선지 1 **덕대**가 광산을 전문적으로 경영하였다.

→ 민간인에 의한 광산 개발이 이루어졌다.

빈출선지 2 관청에 물품을 조달하는 **공인**이 활동하였다.

→ 독점적 도매상인인 도고가 성장하였다.

빈출선지 3 정기 시장인 **장시가 전국 각지에서 열렸다.**

→ 보부상이 전국의 장시를 연결하였다.

빈출선지 4 **개시와 후시를 통한 무역**이 성행하였습니다.

→ [일본] 왜관 개시를 통해 인삼이 수출되었어요.

위 1~4의 현상이 나타난 시기는? → 조선 ☐

정답 | 자료 1~5 후기   선지 1~4 후기

한눈에 정리하는 빈출이론

왜란(1592~1598)

구분				
농업	논	모내기법 (남부 일부 지방에서만 실시)	→	수리 시설(저수지)의 확충 등으로 전국적으로 확산 • 벼와 보리의 이모작 일반화 → 단위 면적당 생산량 증가 • 노동력 절감 → 1인당 경작지 규모 확대 → 광작 성행 → 농민층의 분화(일부 농민은 부농층으로 성장, 토지를 상실한 농민은 임노동자로 전락)
	밭	2년 3작 윤작법		• 상품 작물 재배: 쌀, 목화(면화), 인삼, 담배 등 • 외래 작물 전래: 고구마, 감자, 고추 등
	지대 방식	타조법 (일정 비율로 소작료 납부)	→	도조법(일정 액수로 소작료 납부)
상업		시전 상인	→	• 공인 등장(← 대동법): 특정 상품을 대량 거래하며 자본 축적, 도고로 성장 • 금난전권을 부여받아 사상 억압(17세기) → 정조 때 신해통공으로 금난전권 폐지(육의전 제외)
		지방 장시 (보부상의 활약)		16세기 중반 장시의 전국적 확산 → 18세기 일부 장시가 상설화(전국적 유통망 형성)
		무역		• 대청: 공무역(중강 개시), 사무역(중강 후시, 책문 후시) • 대일: 왜관 개시·후시 • 사상: 의주 만상(대청 무역), 개성 송상(청과 일본 사이에서 중계 무역, 송방), 동래 내상(대일 무역), 경강상인(한강)
		화폐		상평통보(숙종 때 전국적 유통), 전황 발생
광업		관영	→	민영 • 설점수세제(세금 징수 조건으로 정부가 민간에 광산 개발 허용) → 잠채 성행 • 청과의 무역 확대로 은 수요 증가 → 은광 개발 활발 • 구조

덕대(광산 사장) ← 자본 조달 ─ 물주(자본가)
덕대(광산 사장) → 인력 고용 ─ 혈주(노동자)
분업·협업

기출선지로 보는 핵심암기

01 (윤작법, **모내기법**)이 전국적으로 확산되었다.
02 인삼, (**담배**, 보리) 등이 상품 작물로 재배되었다.
03 (**덕대**, 혈주)가 광산을 전문적으로 경영하였다.
04 [정조] 신해통공으로 (공인, **시전 상인**)의 특권을 축소하였다.
05 관청에 물품을 조달하는 (**공인**, 보부상)이 활동하였다.
06 [공인] 독점적 도매상인인 (**도고**, 전기수)가 성장하였다.
07 [송상] 전국 각지에 (**송방**, 중방)이라는 지점을 설치했어요.
08 [내상] (**왜관**, 법화원)을 중심으로 대외 무역을 전개하였다.
09 정기 시장인 (**장시**, 육의전)이/가 전국 각지에서 열렸다.
10 [숙종] (**상평통보**, 조선통보)가 전국적으로 유통되었다.

정답 | 01 모내기법 02 담배 03 덕대 04 시전 상인 05 공인 06 도고 07 송방 08 왜관 09 장시 10 상평통보

빈출패턴 27 조선 후기 문화의 새 경향

정선, 김홍도, 신윤복 등 조선 후기 화가의 작품을 고르는 문제가 빈출!

최신 12회분 출제문항 수: **7문항**

Q 대표발문 (가) 인물의 작품 or (가)에 해당하는 문화유산으로 옳은 것은?

+ 키워드 파헤치기

기출자료 1
우리나라 산천을 소재로 한 **조선 후기 진경 산수화**의 아름다움을 느껴 보세요.

위와 관련된 조선 후기 화가는? → 겸재 ☐

→ 조선 후기 진경 산수화

기출자료 2
- 인물1: 조선 후기 **풍속화가**에 대해 말해 보자.
- 인물2: 단원 김홍도는 서민들의 일상생활 모습을 많이 그렸어.
- 인물3: **혜원** (가)은/는 **양반들의 풍류와 남녀 간의 애정**을 소재로 삼기도 했지.

위 (가)에 들어갈 조선 후기 화가는? → 신 ☐

→ 풍속화가, 혜원, 양반들의 풍류와 남녀 간의 애정을 소재로 삼음

기출자료 3
- 인물1: 조선 후기 미술 작품인 (가)에 대해 알려 줄래?
- 인물2: 추사 **김정희**가 **제주도에 유배**되었을 때 책을 보내 준 제자 이상적에 대한 고마움을 담아 그렸다고 전해져.
- 인물3: '오랫동안 서로 잊지 말자.'는 인장을 통해 그림을 그린 추사의 마음을 엿볼 수 있다고 해.

위 (가)에 들어갈 조선 후기 회화는? → ☐ 도

→ 김정희, 제주도 유배

기출자료 4
- 인물1: 조선 시대의 **불교 건축물**인 (가)에 대해 알려 줄래?
- 인물2: 현재 우리나라에 남아 있는 **가장 오래된 목조탑**이야.
- 인물3: 내부에는 석가모니의 생애를 여덟 장면으로 그린 불화가 있어.

위 (가)에 들어갈 조선 후기 건축물은? → 보은 ☐ 팔상전

→ 불교 건축물, 가장 오래된 목조탑

A 선지패턴 작품을 눈으로 암기하는 것이 중요! 조선 전기의 작품이 정답선지 방해꾼!

+ 오답선지 피하기

빈출선지 1

→ 겸재 ☐ 의 「인왕제색도」

빈출선지 2

→ 혜원 ☐ 의 「월하정인」

▲ 안견의 「몽유도원도」

빈출선지 3

→ 단원 ☐ 의 「씨름」

빈출선지 4

→ 추사 ☐ 의 「세한도」

▲ 강희안의 「고사관수도」

정답 | 자료1 정선 자료2 윤복 자료3 세한 자료4 법주사 선지1 정선 선지2 신윤복 선지3 김홍도 선지4 김정희

한눈에 정리하는 빈출이론

1. 서양 문물의 수용과 과학 기술의 발달

서양 문물의 수용	• 수용: 17세기경부터 중국을 다녀오는 사신을 통해 수용 • 내용: 세계 지도(곤여만국전도), 화포, 천리경, 자명종 등
과학 기술의 발달	• 천문학: 홍대용이 지전설 · 무한우주론 주장, 혼천의 제작 • 역법 · 지도: 청으로부터 시헌력 도입(김육 건의), 곤여만국전도(마테오 리치) • 의학: 『동의보감』(허준), 『침구경험방』(허임), 『마과회통』(정약용), 『동의수세보원』(이제마) • 농업: 『농가집성』(신속), 『색경』(박세당), 『산림경제』(홍만선), 『임원경제지』(서유구)

2. 서민 문화의 발달과 문화의 새로운 경향

서민 문화의 발달	• 배경: 서민들의 경제적 · 사회적 지위 향상(← 상공업의 발달과 농업 생산력의 증대), 서민들의 의식 수준 향상(← 서당 교육 확대) • 종류: 판소리, 탈놀이(탈춤), 산대놀이, 한글 소설(전기수의 활동), 사설시조 등

문화의 새로운 경향	• 한문학: 박지원이 한문 소설(『양반전』, 『허생전』) 저술 → 양반의 위선과 무능 비판
	• 회화
	  – 진경 산수화: 겸재 정선의 「인왕제색도」, 「금강전도」
	  – 풍속화: 단원 김홍도, 혜원 신윤복, 김득신
	  – 민화: 민중의 소박한 소망과 미의식 표현
	  – 서예: 김정희의 추사체
	• 건축
	  – 17세기: 김제 금산사 미륵전, 구례 화엄사 각황전, 보은 법주사 팔상전(현존 가장 오래된 목조탑)
	  – 18세기: 수원 화성 건설, 논산 쌍계사 중건 등
	  – 19세기: 경복궁 근정전 · 경회루 등 중건

▲ 정선의 「인왕제색도」 ▲ 정선의 「금강전도」

▲ 김홍도의 「무동」 ▲ 신윤복의 「단오풍정」 ▲ 강세황의 「영통동구도」

▲ 김득신의 「파적도」 ▲ 김정희의 「세한도」

▲ 김제 금산사 미륵전 ▲ 구례 화엄사 각황전 ▲ 보은 법주사 팔상전

기출선지로 보는 핵심암기

01 [허준] 전통 한의학을 집대성한 (**동의보감** , 마과회통)을 완성하였다.
02 [이제마] (**사상** , 서양) 의학을 정립하였다.
03 심청가, 춘향가 등의 (탈춤 , **판소리**)이/가 유행하였어요.
04 기존의 시조 형식에서 벗어난 (**사설시조** , 한글 소설)이/가 성행했어요.
05 [김정희] (송설체 , **추사체**)를 창안하였다.
06 [보은 법주사 팔상전] 현재 우리나라에 남아 있는 가장 오래된 (석 , **목조**)탑이야.

07
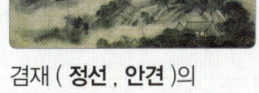
겸재 (**정선** , 안견)의 「인왕제색도」

08
추사 (**김정희** , 김홍도)의 「세한도」

정답 | 01 동의보감 02 사상 03 판소리 04 사설시조 05 추사체 06 목조 07 정선 08 김정희

에듀윌이
너를
지지할게
ENERGY

할 수 있다고 믿는
사람은 그렇게 되고
할 수 없다고 믿는
사람 역시 그렇게 된다.

– 샤를 드 골(Charles De Gaulle)

빈출패턴 28. 흥선 대원군 집권기의 정치

'병인박해~척화비 건립'까지 일어난 일에 대해 묻는 문제가 주로 출제!

최신 12회분 출제문항 수: 10문항

Q 대표발문
다음 대화가 전개되던 시기 or (가) 사건 or 밑줄 그은 '이 사건'에 대한 설명으로 옳은 것은?

기출자료 1
- 인물1: 이것이 **당백전**일세. 우리가 원래 사용하던 엽전 한 닢의 백배에 해당한다는데, 실제 가치는 훨씬 못 미치네.
- 인물2: 맞네. 이 **당백전의 남발**로 물가가 크게 올라 백성들의 형편이 매우 어려워지고 있다네.

위와 관련된 인물은? → ☐☐ 대원군

키워드 파헤치기: 경복궁 중건, 당백전, 상평통보 100배 가치

기출자료 2
6월에는 **미국**의 상선 서프라이즈호가 황해도 연안에서 난파되었는데 …… 이들은 인도적인 대우를 받아서 귀환했다.
그런데 다른 사례로 (가)도 있었다. 이를 야기한 배는 …… 경고와 위협에도 불구하고 **대동강을 거슬러 올라와 평양까지 갔다.** …… 그리하여 **격침 명령**이 내려졌고 …….

위 (가)에 들어갈 사건은? → ☐☐☐☐☐ 사건

키워드 파헤치기: 미국 상선, 대동강을 거슬러 올라와 평양까지 옴, 격침 명령

기출자료 3
지금 보고 있는 것은 **양헌수** 장군이 이 사건 당시 **정족산성**에서 **프랑스군과 벌인 전투**를 기록한 문헌입니다.

위 밑줄 그은 이 사건은? → ☐☐ 양요

키워드 파헤치기: 양헌수, 정족산성, 프랑스군과 벌인 전투, 외규장각 의궤 약탈

기출자료 4
이곳은 **어재연** 장군의 생가입니다. **미군이 통상을 강요하며 강화도를 침략한** 이 사건 당시 그는 광성보에서 맞서 싸우다 전사하였습니다.

위 밑줄 그은 이 사건은? → ☐☐ 양요

키워드 파헤치기: 어재연, 미군, 강화도, 광성보, '수'자기 약탈

A 선지패턴
경복궁 중건, 당백전 발행, 외규장각 도서 약탈, 오페르트 도굴 사건, 척화비 건립이 빈출선지!

빈출선지 1 경복궁을 중건하여 왕실의 권위를 높이려고 하였다.
→ 실시한 인물: ☐☐ 대원군

기출선지 더 보기: [흥선 대원군] 당백전을 발행하였다.

빈출선지 2 프랑스군이 외규장각 도서를 약탈하였다.
→ ☐☐ 양요

[병인양요] 양헌수 부대가 정족산성에서 활약하였다.

빈출선지 3 오페르트가 남연군 묘를 도굴하려 하였다.
→ ☐☐☐ 도굴 사건

빈출선지 4 전국 각지에 척화비가 건립되었다.
→ 실시한 인물: ☐☐ 대원군

정답 | 자료1 흥선 | 자료2 제너럴셔먼호 | 자료3 병인 | 자료4 신미 | 선지1 흥선 | 선지2 병인 | 선지3 오페르트 | 선지4 흥선

한눈에 정리하는 빈출이론

한능검 빈출이론만 빠르게 파악하세요!

1. 흥선 대원군의 정치(대내 - 개혁)

왕권 강화	• 정치 기구 정비: 비변사 축소·폐지, 의정부(정치)·삼군부(군사)의 기능 부활 → 국방 강화 • 경복궁 중건: 노동력 징발, 당백전(화폐) 발행, 원납전(성금) 징수, 양반의 묘지림 벌목 → 양반을 비롯한 백성들의 원망 • 법전 정비: 『대전회통』, 『육전조례』 • 전국 600여 개의 서원을 47개만 남기고 모두 정리, 만동묘 철폐 → 국가 재정 확충, 양반의 기반 약화
민생 안정	• 전정 → 양전 사업: 은결(양안에서 누락된 토지) 색출, 토지 겸병 금지 • 군정 → 호포제: 집집마다 군포 징수(양반도 군포 징수) • 환곡 → 사창제: 마을에 창고를 만들어 자치적 운영(민간에 역할 부여)

2. 흥선 대원군의 정치(대외 - 통상 수교 거부)

병인박해 (1866)	• 흥선 대원군이 러시아 견제를 위해 프랑스와 교섭 시도 → 실패 → 천주교 금지 여론 고조 • 9명의 프랑스 선교사 + 수천 명의 천주교도 처형(절두산) • 병인박해를 구실로 프랑스가 병인양요를 일으킴
제너럴셔먼호 사건 (1866)	• 미국 상선 제너럴셔먼호가 대동강을 거슬러 올라와 통상 요구(약탈 행위) • 박규수와 평양 관민이 합심하여 제너럴셔먼호를 불태워 침몰시킴 • 제너럴셔먼호 사건을 구실로 미국이 신미양요를 일으킴
병인양요 (1866)	• 병인박해를 구실로 프랑스가 강화도 침략 → 한성근(문수산성)·양헌수(정족산성) 부대의 활약 • 철수 과정에서 프랑스군이 외규장각 의궤(유네스코 세계 기록 유산) 약탈 → 2011년 영구 임대 방식으로 반환
오페르트 도굴 사건 (1868)	독일 상인 오페르트의 통상 요구 → 조선 정부의 거절 → 오페르트 무리가 흥선 대원군의 아버지 남연군 묘(충남 예산군 덕산면) 도굴 시도 → 실패 → 서양에 대한 반감 고조
신미양요 (1871)	• 제너럴셔먼호 사건을 구실로 미국이 강화도 침략 → 어재연 부대(광성보 전투) 활약 • 미군이 철수 과정에서 어재연 부대의 '수(帥)'자기 약탈
척화비 건립 (1871)	두 차례 양요 이후 흥선 대원군이 전국 각지에 척화비 건립 → 척화비에 '서양 오랑캐가 침범하는데 싸우지 않으면 즉 화친하는 것이요, 화친을 주장함은 나라를 팔아먹는 짓이다.'라고 새겨짐

기출선지로 보는 핵심암기

올바른 용어를 찾아 기출선지를 완성하세요!

01 [흥선 대원군] (**대전통편** , **대전회통**) 편찬
02 [흥선 대원군] (**호패법** , **호포제**)을/를 실시하였다.
03 [흥선 대원군] 환곡의 폐단을 없애기 위해 (**사창제** , **흑창제**)를 시행했어요.
04 [흥선 대원군] (**경복궁** , **창덕궁**)을 중건하여 왕실의 권위를 높이려고 하였다.
05 [흥선 대원군] (**당백전** , **건원중보**)을/를 발행하였다.
06 평양 군민이 미국 상선인 (**운요호** , **제너럴셔먼호**)를 불태웠다.
07 [병인양요] (**양헌수** , **어재연**) 부대가 정족산성에서 활약하였다.
08 [병인양요] (**미군** , **프랑스군**)이 외규장각 도서를 약탈하였다.
09 (**오페르트** , **묄렌도르프**)가 남연군 묘를 도굴하려 하였다.
10 [신미양요] (**운요호** , **제너럴셔먼호**) 사건이 빌미가 되었다.
11 [신미양요] (**양헌수** , **어재연**)이/가 광성보에서 미군에 맞서 싸웠다.
12 [흥선 대원군] 전국 각지에 (**척화비** , **탕평비**)가 건립되었다.

정답 | 01 대전회통 02 호포제 03 사창제 04 경복궁 05 당백전 06 제너럴셔먼호 07 양헌수 08 프랑스군 09 오페르트 10 제너럴셔먼호 11 어재연 12 척화비

빈출패턴 29 개항과 서양 각국과의 조약 체결

조약의 특징을 자료로 주고, 해당 조약에 대해 묻는 문제가 주로 출제!

최신 12회분 출제문항 수: **6문항**

Q 대표발문
다음 상황의 배경 or (가) 조약 or 밑줄 그은 '장정'에 대한 설명으로 옳은 것은?

+ 키워드 파헤치기

기출자료 1
- 인물1: 왜란 이후 통신사를 보내고 왜관에서 교역해 왔으니, 지금 **일본 측에서 요구하는 수호 통상 조약**에 대해 협상을 진행하는 것이 좋겠사옵니다.
- 인물2: 윤허하노니, 이러한 조정의 뜻을 **강화**에 가 있는 접견대관 **신헌**에게 알리도록 하라.

위 대화 내용과 관련된 조약은? → ☐☐ 조약

> 운요호 사건, 일본 측에서 요구하는 수호 통상 조약, 강화, 신헌, 부산·원산·인천 개항, 해안 측량권, 치외 법권

기출자료 2
주제: (가)의 체결
- 인물1: 조선책략의 내용이 유포되고 **청이 적극적으로 알선**하여 조약이 체결되었습니다.
- 인물2: **서양 국가와 맺은 최초의 근대적 조약**이었습니다.

위 (가)에 들어갈 조약은? → 조·☐ 수호 통상 조약

> 『조선책략』 유포의 영향, 청이 알선, 서양 국가와 맺은 최초의 근대적 조약, 최혜국 대우·거중 조정 최초 규정

기출자료 3
청 상인의 내지 통상을 우려한다

최근 **조선과 청 사이에 맺어진 장정**으로 청 상인은 허가만 받으면 개항장 밖 내지에서도 활동할 수 있게 되었다. 이들의 활동 범위가 넓어진다면 조선 상인들의 상권은 크게 위협받을 수밖에 없다.

위 밑줄 그은 장정은? → 조·☐ 상민 수륙 무역 장정

> 임오군란, 조선과 청 사이에 맺어짐, 청 상인의 내지 통상 허용

A 선지패턴
강화도 조약은 운요호 사건이 계기, 조·미 수호 통상 조약은 최혜국 대우가 핵심!

+ 기출선지 더 보기

빈출선지 1 일본군이 **초지진을 공격**하였다. → ☐☐☐ 사건
> 운요호 사건이 일어났다.

빈출선지 2 **운요호 사건을 계기**로 체결되었다. → ☐☐☐ 조약
> [강화도 조약] 부산, 원산, 인천이 개항되었다.

빈출선지 3 상대국에 대한 **최혜국 대우를 규정**하고 있다. → 최초 규정: 조·☐ 수호 통상 조약
> 조·미 수호 통상 조약이 체결되었다.

빈출선지 4 **임오군란을 계기**로 체결되었다. → 조·☐ 상민 수륙 무역 장정
> [조·청 상민 수륙 무역 장정] 청 상인과 일본 상인 간의 경쟁이 치열해졌다.

정답 | 자료1 강화도 자료2 미 자료3 청 선지1 운요호 선지2 강화도 선지3 미 선지4 청

한눈에 정리하는 빈출이론

연도	조약	내용
1876	강화도 조약	• 배경: 운요호 사건(1875), 통상 개화론 대두(박규수, 오경석, 유홍기) • 체결: 신헌·윤자승(조선측 대표), 구로다(일본측 대표) • 주요 내용: 조선이 자주국임을 명시, 부산 외 2개 항구 개항, 해안 측량권, 치외 법권(영사 재판권) 1. 조선은 자주국이며 일본과 똑같은 권리를 갖는다. → 청의 간섭 배제 의도 4. 통상에 편리한 항구 2개를 골라 개항한다. → 부산 외 원산(1880)·인천(1883) 개항 7. 일본국 항해자가 자유로이 해안을 측량하도록 허가한다. → 해안 측량권 10. 조선에 있는 일본인은 모두 일본 관원이 심판한다. → 치외 법권
	부속 조약	• 조·일 수호 조규 부록: 일본 화폐 유통 허용, 거류지(간행이정) 10리 설정 일본 화폐로 조선 물건을 교환할 수 있으며, 조선은 그 일본 화폐로 일본 상품을 살 수 있다. → 일본 화폐 유통 허용 • 조·일 무역 규칙: 일본 상품 무관세, 양곡의 무제한 수출 허용 조선국 항구에 거주하는 일본 인민은 양미와 잡곡을 수출, 수입할 수 있다. → 양곡의 무제한 수출 허용
1882	조·미 수호 통상 조약	• 배경: 황준헌(황쭌셴)의 『조선책략』 유포 → 미국과의 수교 필요성 대두 • 과정: 청의 알선으로 조약 체결 • 내용: 치외 법권, 최혜국 대우, 거중 조정, 관세 규정(낮은 세율) 1. 조선과 미국은 만약 다른 나라가 불공평하게 하는 일이 있으면 서로 도와주며 중간에서 잘 조정해 준다. → 거중 조정 14. 조선이 다른 나라에 혜택을 베풀면 미국도 혜택을 받을 수 있다. → 최혜국 대우 • 성격: 서양과 체결한 최초의 근대적 조약, 불평등 조약 • 영향: 미국에 보빙사 파견(1883)
	조·청 상민 수륙 무역 장정	• 배경: 임오군란(1882)의 결과 • 청 상인의 실질적 내지 통상(내륙 진출) 허용, 치외 법권 • 최혜국 대우 규정 없음 → 청의 종주권 재규정 4. 청 상인은 양화진과 한성에 상점을 열 경우를 제외하고 내지 행상을 허가하지 않는다. → 청 상인의 내지 통상 허용
1883	조·일 통상 장정	일본 상품에 대한 관세 부과, 방곡령 규정, 최혜국 대우 → 일본 상인의 실질적 내지 통상 허용

기출선지로 보는 핵심암기

01 [운요호 사건] 일본군이 (**양화진** , **초지진**)을 공격하였다.
02 [강화도 조약] (**운요호** , **제너럴셔먼호**) 사건을 계기로 체결되었다.
03 [강화도 조약] 부산, (**울산** , **원산**), 인천이 개항되었다.
04 [조·일 통상 장정] (**단발령** , **방곡령**) 시행 규정을 포함하였다.
05 [조·미 수호 통상 조약] (**무관세** , **거중 조정**) 조항을 명시하였다.
06 [조·미 수호 통상 조약의 영향] 미국에 (**보빙사** , **영선사**)가 파견되었다.
07 [조·청 상민 수륙 무역 장정] (**갑신정변** , **임오군란**)을 계기로 체결되었다.
08 [조·청 상민 수륙 무역 장정의 영향] (**청** , **미국**) 상인과 일본 상인 간의 경쟁이 치열해졌다.

정답 | 01 초지진 02 운요호 03 원산 04 방곡령 05 거중 조정 06 보빙사 07 임오군란 08 청

빈출패턴 30 근대적 개혁의 추진과 반발

최신 12회분 출제문항 수: 6문항

해외 시찰단 or 중심 인물에 대한 자료를 주고, 그것의 특징을 묻는 문제가 주로 출제

대표발문 Q. (가)에 들어갈 기구(인물) or 밑줄 그은 '사절단'에 대한 설명으로 옳은 것은?

기출자료 1

1880년대 조선 정부의 개화 정책
- 정책 총괄 기구: (가) 설치
- 신식 군대: 별기군 창설
- 근대 시설: 기기창 설립
- 외교 사절: 미국에 보빙사 파견

위 (가)에 들어갈 기구는? → ☐☐☐ 아문

+ 키워드 파헤치기
1880년대 개화 정책, 정책 총괄 기구, 12사, 별기군, 박문국, 전환국, 기기창, 수신사, 영선사, 보빙사

기출자료 2

1. 주제: (가)의 유배지를 찾아서
2. 코스: 제주도 → 흑산도 → 쓰시마섬
   - 제주도: 흥선 대원군을 비판하는 상소를 올렸다가 유배된 곳
   - 흑산도: 일본과의 조약 체결에 반대하는 상소를 올렸다가 유배된 곳
   - 쓰시마섬: 항일 의병 운동을 전개하다가 일본에 의해 유배된 곳

위 (가)에 들어갈 인물은? → 최☐

흥선 대원군을 비판하는 상소, 일본과의 조약 체결(강화도 조약)에 반대하는 상소, 왜양일체론, 항일 의병 운동(을사의병)

기출자료 3

S#38. 한성의 궁궐 안

전권대신 **민영익**과 함께 **보빙(報聘)**을 목적으로 파견된 <u>사절단</u>을 이끌었던 부전권대신 **홍영식**이 먼저 귀국하여 고종과 대화를 나누고 있다.

- 고 종: 그 나라의 정치 제도는 어떠한가?
- 홍영식: 크게 입법부, 행정부, 사법부로 나뉘어 있습니다. 그러나 대개 대통령이 나랏일을 통솔하기 때문에 대통령의 인가를 받아서 처리한다고 합니다.
- 고 종: 대통령의 임기는 얼마나 되는가?
- 홍영식: 4년마다 한 번씩 교체됩니다.

위 밑줄 그은 사절단은? → ☐☐사

미국 공사 부임에 대한 답방, 보빙, 민영익, 홍영식

선지패턴 A. 개화 정책은 수신사(김홍집)·영선사·보빙사 파견, 위정척사 운동은 영남 만인소가 빈출선지!

빈출선지 1 통리기무아문이 설치되었다. → 배경: ☐☐ 정책 추진 / 신식 군대인 별기군이 창설되었다.

빈출선지 2 기기국에서 무기 제조 기술을 습득하고 돌아왔다. → ☐☐사 / 고종이 청에 영선사를 파견하였다.

빈출선지 3 미국에 보빙사가 파견되었다. → 배경: 조·☐ 수호 통상 조약 / [보빙사] 미국 공사의 부임에 답하여 파견되었다.

빈출선지 4 이만손이 주도하여 영남 만인소를 올렸다. → 배경: ☐☐☐☐ 유포 / 조선책략 유포에 반발하는 유생

정답 | 자료1 통리기무 자료2 익현 자료3 보빙 선지1 개화 선지2 영선 선지3 미 선지4 조선책략

한눈에 정리하는 **빈출이론**

한능검 **빈출이론**만 빠르게 파악하세요!

1. 개화파의 근대화 운동

개화파 형성
북학파 실학자(박지원, 홍대용, 박제가) → 19세기 후반 통상 개화론자(박규수, 오경석, 유홍기) · 개화파 형성

↓

개화파 분화	
온건 개화파(사대당)	급진 개화파(개화당)
• 청의 양무운동 모델 → 동도서기론 • 주요 인물: 김홍집(2차 수신사, 『조선책략』 유입, 갑오개혁 주도), 김윤식, 어윤중	• 일본 메이지 유신 모델 → 문명개화론 • 주요 인물: 김옥균·박영효·서광범·서재필 → 갑신정변(1884) 실패 후 일본 망명

개화 정책의 추진
• 통리기무아문(개화 정책 총괄, 1880)과 그 아래 12사 설치 • 군제 개편: 별기군 창설(1881), 5군영 → 2영으로 축소 • 근대 시설: 박문국(한성순보 간행), 전환국(화폐 발행), 기기창(영선사 영향, 무기 제조) → 모두 1883년 설립 • 해외 시찰단 파견 　- 수신사(일본): 1차(1876 → 김기수), 2차(1880 → 김홍집이 황준헌(황쭌셴)의 『조선책략』 유입) 등 　- 조사 시찰단(1881): 비공식적(비밀), 박정양·어윤중 등 　- 영선사(1881, 청): 김윤식+유학생 → 기기창 설립(1883) 　- 보빙사(1883, 미): 민영익, 홍영식, 서광범, 유길준 등

2. 위정척사 운동

주도	성격
보수적 유생 (화이론 사상)	성리학적 질서 수호 → 반침략 반외세 운동

1860년대 (통상 반대)
- 흥선 대원군 집권기
- 배경: 열강의 통상 요구, 병인양요, 제너럴셔먼호 사건
- 주장: 척화주전론 → 흥선 대원군의 통상 수교 거부 정책 지지
- 중심인물: 이항로, 기정진

↓

1870년대 (개항 반대)
- 강화도 조약 체결 시기
- 배경: 일본의 개항 요구
- 주장: 왜양일체론, 개항불가론
- 중심인물: 최익현의 5불가소(지부복궐척화의소)

↓

1880년대 (개화 반대)
- 정부의 개화 정책 추진 시기
- 배경: 정부의 개화 정책, 『조선책략』 유포
- 주장: 정부의 개화 정책 반대
- 중심인물: 이만손의 영남 만인소(1881) → 미국과의 수교·정부의 개화 정책에 반대

↓

1890년대 (항일 의병)
- 을미개혁 시기
- 배경: 을미사변, 단발령 → 일본의 침략 행위 심화
- 주장: 항일 의병(직접 맞서 싸움)
- 중심인물: 유인석, 이소응

기출선지로 보는 **핵심암기**

올바른 용어를 찾아 **기출선지**를 완성하세요!

01 개화 정책을 추진하기 위해 (**군국기무처** , **통리기무아문**)이/가 설치되었다.
02 신식 군대인 (**별기군** , **별무반**)이 창설되었다.
03 고종이 청에 (**보빙사** , **영선사**)를 파견하였다.
04 박문국을 설치하여 (**한성순보** , **대한매일신보**)를 발행하였다.
05 화폐 발행을 위한 (**기기창** , **전환국**)이 설치되었다.
06 무기 제작 기구인 (**기기창** , **전환국**)을 창설하였다.
07 미국에 (**보빙사** , **영선사**)가 파견되었다.
08 [개항 반대 운동] 최익현이 (**왜양일체론** , **척화주전론**)을 주장하며 개항에 반대하였다.
09 (**서유견문** , **조선책략**) 유포에 반발하는 유생
10 (**이만손** , **최익현**)이 주도하여 영남 만인소를 올렸다.

정답 | 01 통리기무아문　02 별기군　03 영선사　04 한성순보　05 전환국　06 기기창　07 보빙사　08 왜양일체론　09 조선책략　10 이만손

빈출패턴 31 임오군란과 갑신정변

최신 12회분 출제문항 수: 6문항

임오군란이나 갑신정변 자료를 주고 해당 사건의 특징이나 결과를 묻는 문제가 주로 출제!

Q 대표발문
다음에서 설명하는 사건의 영향 or 밑줄 그은 '거사' or 다음 사건에 대한 설명으로 옳은 것은?

+ 키워드 파헤치기

기출자료 1 신식 군대인 **별기군에 비해 차별 대우를 받던 구식 군인들**은 밀린 봉급을 겨와 모래가 섞인 쌀로 지급받게 되었습니다. 이들은 결국 분노하여 **난을 일으켰고, 일부 백성들**도 이에 합세하였습니다.

위 자료에 해당하는 사건은? → ☐☐ 군란

별기군에 비해 차별 대우를 받던 구식 군인들이 일으킨 난, 일부 백성들의 합세

기출자료 2 제4조 규정에 따라 조선 상인이 북경에서 교역하는 경우와 **중국 상인이 조선의 양화진과 서울에 들어가 영업소를 개설하는 경우**를 제외하고, 각종 화물을 내지로 운반하여 **상점을 차리고 파는 것**을 허가하지 않는다.

위 조약과 관련된 사건은? → ☐☐ 군란

조·청 상민 수륙 무역 장정. 중국(청) 상인이 양화진과 서울에 들어와 상점을 차리고 파는 것을(내지 통상) 허용

기출자료 3 나는 개화 정책을 강력하게 추진하기 위해 **1884년** 이곳 **우정총국의 개국 축하연**을 이용해서 **거사**를 감행하였습니다. 이후 새로운 정부를 구성하였으나 **청군의 개입으로 3일 만에 실패**로 끝이 났습니다.

위 밑줄 그은 거사는? → ☐☐ 정변

1884년, 김옥균, 급진 개화파, 우정총국의 개국 축하연. 청군의 개입으로 3일 만에 실패

기출자료 4 (가)은/는 **1884년 근대 우편 업무를 도입**하기 위해 세워졌다. 그러나 **개화당**이 이곳에서 열린 **개국 축하연**을 기회로 삼아 (나)을/를 일으켜 한동안 우편 업무가 중단되었다. 그 후 1895년 우체사가 설치되어 관련 업무가 재개되었다.

위 (가)에 들어갈 기구는? → ☐☐ 총국
위 (나)에 들어갈 사건은? → ☐☐ 정변

1884년 근대 우편 업무 도입. 개화당. 개국 축하연

A 선지패턴
임오군란(제물포 조약, 조·청 상민 수륙 무역 장정)과 갑신정변(한성·톈진 조약)의 결과 체결된 조약의 이름과 내용이 빈출선지!

+ 기출선지 더 보기

빈출선지 1 **구식 군인들**이 **일본 공사관을 습격**하였다. → ☐☐ 군란

구식 군인들이 임오군란을 일으켰다.

빈출선지 2 **제물포 조약**을 체결하는 결과를 가져왔다. → ☐☐ 군란

[임오군란] 조·청 상민 수륙 무역 장정이 체결되었다.

빈출선지 3 **한성 조약**이 체결되는 계기가 되었다. → ☐☐ 정변

[갑신정변] 톈진 조약이 체결되었다.

빈출선지 4 **영국군이 거문도를 불법 점령**하였다. → ☐☐☐ 사건

유길준이 조선 중립화론을 주장하였다.

정답 | 자료1 임오 자료2 임오 자료3 갑신 자료4 우정, 갑신 선지1 임오 선지2 임오 선지3 갑신 선지4 거문도

한눈에 정리하는 빈출이론

구분	임오군란(1882)	갑신정변(1884)
배경	• 구식 군대의 군인에 대한 차별 대우, 신식 군대인 별기군 우대 → 불만 증가 • 강화도 조약 체결 후 일본의 경제적 침탈(쌀값 폭등) → 도시 민중 불만 증가	• 국내: 임오군란 이후 청의 내정 간섭 심화, 일본 차관 도입 실패로 급진 개화파(김옥균)의 정치적 위기 • 국외: 청군 일부 철수(← 청·프 전쟁), 일본 공사이 재정·군사 지원 약속

전개 과정	**봉기**
	• 선혜청과 정부 고관(민겸호)의 집 습격
	• 일본인 교관 살해, 일본 공사관 습격(도시 하층민 합세) → 궁궐 습격, 명성 황후 피신
	↓
	흥선 대원군 재집권
	• 흥선 대원군 일시적 재집권(← 군란 수습 명목)
	• 개화 정책 중단
	  – 5군영 부활
	  – 통리기무아문·별기군 폐지
	↓
	청군의 개입
	• 민씨 세력이 청군 파병 요청
	• 청군이 흥선 대원군을 청으로 압송하고 난 진압
		정변 발생
		• 김옥균 등의 급진 개화파가 우정총국 개국 축하연에서 반대파 인사 제거
		• 고종은 경우궁으로 피신
		↓
		개화당 정부 수립
		근대 국가 건설을 지향하는 14개조 개혁 정강 마련
		
		14개조 개혁 정강
		1. 청에 대한 조공 허례 폐지
		3. 지조법 개정 → 조세 제도 개혁
		9. 혜상공국 폐지 → 보부상 조직 해체
		12. 재정은 호조에서 일원화
		↓
		청군의 개입
		청군의 개입으로 3일 만에 실패

결과	• 민씨 세력 재집권: 친일 → 친청
	• 청의 내정 간섭 심화: 고문 파견(내정 – 마젠창, 외교 – 묄렌도르프, 군사 – 위안스카이)
	• 조약 체결
	
	| 제물포 조약
	(조선–일본) | • 일본에 배상금 지불
	• 일본 공사관에 경비병(군대) 주둔 |
	| 조·청 상민 수륙
	무역 장정
	(조선–청) | • 청의 경제적 침투 심화
	• 실질적으로 청 상인의 내지 통상(특권) 허용, 치외 법권 |
		• 조약 체결
		
		| 한성 조약
		(조선–일본) | • 일본에 배상금 지불
		• 일본 공사관 신축 비용 지불 |
		| 톈진 조약
		(청–일본) | • 조선에서 청·일 군대 동시 철수
		• 조선에 파병 시 청·일 상호 통보 |
		
		• 갑신정변 이후의 정세
		  – 영국의 거문도 사건(1885~1887)
		  – 조선 중립화론(유길준, 부들러) 대두
		  – 동학 농민 운동·갑오개혁·청·일 전쟁(1894)

기출선지로 보는 핵심암기

01 구식 군인들이 (갑신정변, **임오군란**)을 일으켰다.
02 [임오군란] (**청**, 일본)의 군대에 의해 진압되었다.
03 [임오군란] (한성, **제물포**) 조약을 체결하는 결과를 가져왔다.
04 [임오군란] (조·일 통상 장정, **조·청 상민 수륙 무역 장정**)이 체결되었다.
05 [갑신정변] (**김옥균**, 김홍집), 박영효, 홍영식 등이 주도하였다.
06 [갑신정변] (기기창, **우정총국**)에서 정변을 일으키는 개화파
07 [갑신정변] (**청**, 일본)군의 개입으로 3일 만에 실패하였다.
08 [갑신정변] (**한성**, 제물포) 조약이 체결되는 계기가 되었다.
09 [갑신정변 이후] (**영국**, 러시아)군이 거문도를 불법 점령하였다.
10 [갑신정변 이후] (서재필, **유길준**)이 조선 중립화론을 주장하였다.

정답 | 01 임오군란 02 청 03 제물포 04 조·청 상민 수륙 무역 장정 05 김옥균 06 우정총국 07 청 08 한성 09 영국 10 유길준

빈출패턴 32 동학 농민 운동

최신 10회분 출제문항 수: **4문항**

동학 농민 운동의 주요 인물이나 기구를 묻는 문제가 주로 출제!

대표발문 Q (가)에 대한 설명 or (가)에 들어갈 기구로 옳은 것은?

+ 키워드 파헤치기

기출자료 1

(가)의 국가 기념일, 5월 11일로 지정되다

정부는 **농민군**이 **황토현**에서 관군을 물리친 5월 11일(음력 4월 7일)을 국가 기념일로 지정하였다.
(가)은/는 **1894년 제폭구민**과 **보국안민**을 기치로 부패한 정치를 개혁하고 외세에 맞서 싸우기 위해 봉기한 사건이다.

위 (가)에 들어갈 사건은? → ☐☐ 농민 운동

조병갑의 수탈, 고부 농민 봉기, 안핵사 이용태, 농민군, 1894년, 제폭구민·보국안민, 백산 봉기, 황토현 전투, 전주성 점령

기출자료 2

전주에서 **정부와 화해**하고 우리가 (가)을/를 설치하여 탐관오리를 처벌하는 등의 활동을 할 때에는 새로운 세상이 머지 않아 보였어. 그런데 **일본이 군대를 동원하여 궁궐을 점령**하고 조정을 압박하니 농민군이 다시 나서게 되었지. 우리의 무기는 비록 변변치 못하지만 **전봉준** 장군을 중심으로 단결하여 기세는 하늘을 찌르고 있단다.

위 (가)에 들어갈 기구는? → ☐☐소

전주에서 정부와 화해(전주 화약), 일본이 군대를 동원하여 궁궐(경복궁) 점령, 농민군 재봉기, 전봉준, 우금치 전투

기출자료 3

(가) 동상 제막식이 열리다

동학 농민군의 지도자인 (가)의 동상 제막식이 서울 종로의 옛 전옥서 터에서 열렸다. **녹두장군**이라 불렸던 그가 **조병갑의 탐학에 맞서 고부 봉기를 주도**하였으며, 보국안민의 기치를 내걸고 동학 농민군을 이끌었다.

위 (가)에 들어갈 인물은? → 전☐☐

동학 농민군의 지도자, 녹두장군, 조병갑의 탐학에 맞서 고부 봉기 주도

숨지패스 A 일본의 경복궁 점령을 기준으로 전후에 일어난 동학 농민군의 제 1·2차 봉기 내용이 빈출선지!

+ 기출선지 더 보기

빈출선지 1 백산에 집결하여 4대 강령을 발표하였어요. → 동학 농민군의 제 ☐ 차 봉기

보국안민과 제폭구민을 기치로 내세웠다.

빈출선지 2 정부와 농민군 사이에 전주 화약이 이루어졌다. → 동학 농민군의 제 ☐ 차 봉기

집강소를 두었다.

빈출선지 3 집강소를 설치하여 폐정 개혁을 추진하였다. → ☐☐ 화약 체결 이후

집강소에서 폐정 개혁을 추진하는 농민군

빈출선지 4 우금치에서 일본군과 전투를 벌였다. → 동학 농민군의 제 ☐ 차 봉기

우금치 전투에서 패배한 후 와해되었다.

정답 | 자료1 동학 자료2 집강 자료3 봉준 선지1 1 선지2 1 선지3 전주 선지4 2

한눈에 정리하는 빈출이론

한능검 빈출이론만 빠르게 파악하세요!

교조 신원 운동	삼례 집회 (1892)	교조 신원과 동학 탄압 중지 주장
	서울 집회 (1893)	• 복합 상소 • 경복궁 앞에서 국왕에게 교조 신원 상소
	보은 집회 (1893)	• 반봉건·반외세 주장(척왜양창의) • 종교 운동 성격에서 정치·사회 운동 성격으로 전환
동학 농민 운동	고부 농민 봉기	• 고부 군수 조병갑의 농민 수탈: 만석보 증축(수세 강제 징수), 공덕비 건립(농민 노동력 착취) • 전봉준 주도로 고부 관아 점령(사발통문), 만석보 파괴 → 후임 군수(박원명)의 회유로 자진 해산
	제1차 봉기 (1894)	• 고부 농민 봉기 수습을 위해 파견된 안핵사 이용태가 농민군 탄압 • 전봉준, 손화중, 김개남 등이 봉기 → 백산에서 농민군 4대 강령과 격문 발표(보국안민·제폭구민 주장) → 황토현 전투 승리 → 황룡촌 전투 승리 → 동학 농민군의 전주성 점령 ◎ 정부의 대응 정부가 청에 지원군 요청 → 청군 상륙 ⇒ 일본군 상륙(톈진 조약 구실)
	전주 화약 체결	• 전주 화약 체결(조선 정부-동학 농민군) → 동학 농민군 자진 해산 • 조선 정부: 교정청 설치 → 자발적 개혁 시도 • 농민군: 집강소 설치 → 농민 자치 기구, 폐정 개혁안 실천 ◎ 청과 일본 일본의 경복궁 점령 → 청·일 전쟁 발발 → 군국기무처 설치 → 일본의 내정 간섭 심화 └ 일본의 강요 ◎ 폐정 개혁안 12개안(주요 내용) 5. 노비 문서 소각 · 반봉건 6. 천인 차별 개선, 백정의 평량갓 폐지 7. 청상과부의 재가 허용 8. 무명잡세 폐지 9. 관리 채용 시 지벌 타파 10. 왜와 내통하는 자 엄징 → 반외세 11. 공·사채 무효 12. 토지 평균 분작 → 토지 제도 개혁
	제2차 봉기 (1894)	• 일본의 경복궁 점령, 청·일 전쟁 발발, 일본의 내정 개혁 강요 등으로 재봉기 • 남접(전봉준 중심) + 북접(손병희 중심) 연합 → 논산 집결 → 공주 우금치 전투 패배 → 전봉준 체포

기출선지로 보는 핵심암기

올바른 용어를 찾아 기출선지를 완성하세요!

01 [고부 농민 봉기] 농민들이 군수 (백낙신 , **조병갑**)의 탐학에 저항하였다.
02 [고부 농민 봉기] 고부에서 봉기를 이끄는 (**전봉준** , 최제우)
03 [제1차 봉기] (**보국안민** , 자강 개혁)과 제폭구민을 기치로 내세웠다.
04 [제1차 봉기] (**백산** , 삼례)에 집결하여 4대 강령을 발표하였어요.
05 [제1차 봉기] (우금치 , **황토현**) 전투에서 관군에게 크게 승리하였다.
06 [제1차 봉기] 정부와 농민군 사이에 (**전주** , 진주) 화약이 이루어졌다
07 [화약 체결 후] (유향소 , **집강소**)에서 폐정 개혁을 추진하는 농민군
08 [제2차 봉기, 원인] (청 , **일본**)군이 경복궁을 공격하고 임금을 위협하였기 때문이다.
09 [제2차 봉기, 원인] (**청·일** , 러·일) 전쟁이 일어났어요.
10 [제2차 봉기] (전주 , **우금치**)에서 일본군과 전투를 벌였다.

정답 | 01 조병갑 02 전봉준 03 보국안민 04 백산 05 황토현 06 전주 07 집강소 08 일본 09 청·일 10 우금치

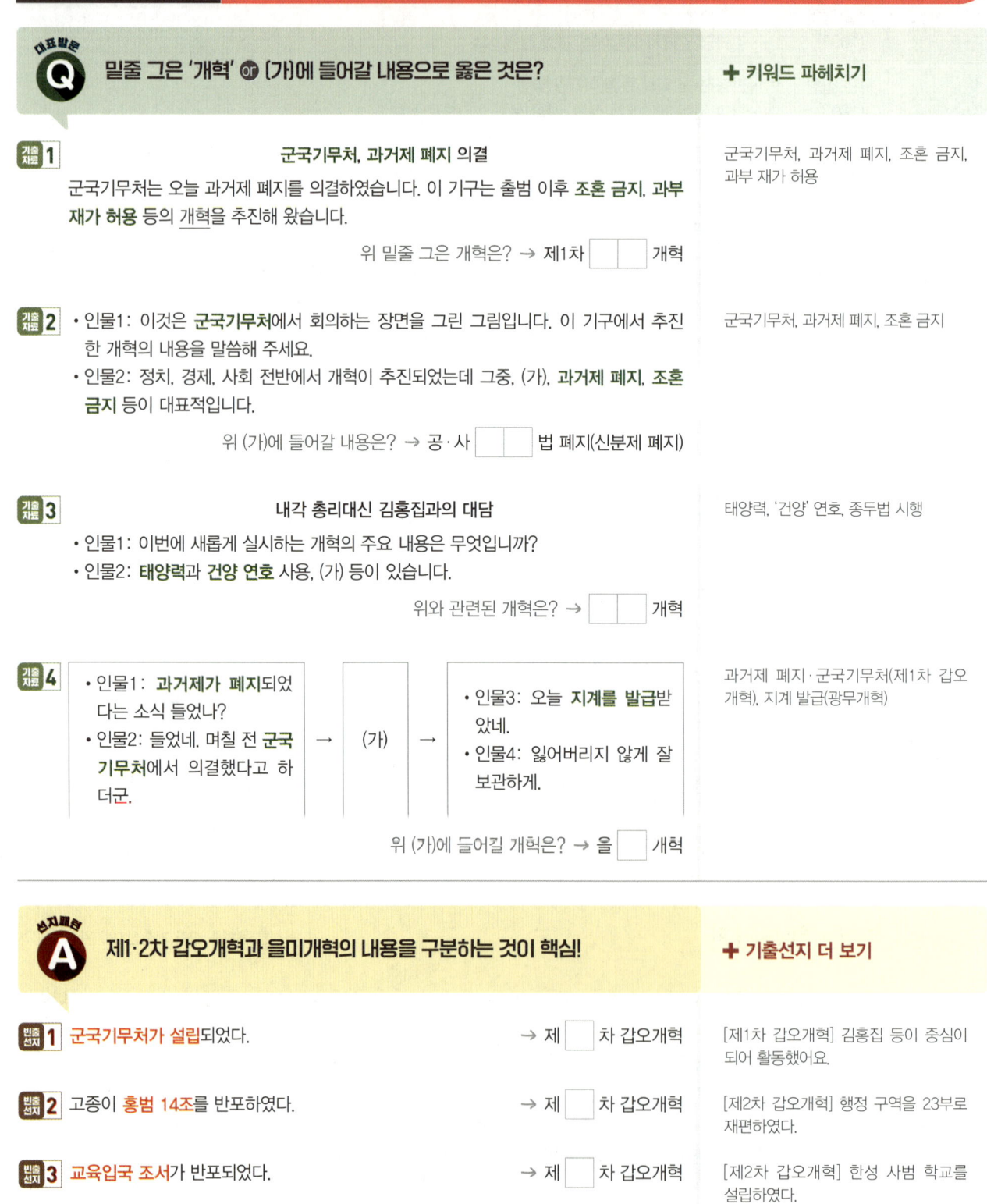

한눈에 정리하는 빈출이론

1. 갑오개혁

제1차 (1894. 6.)	전개 과정	조선의 일본군 철수 요구 → 일본의 경복궁 무력 점령 → 민씨 세력(친청) 약화, 흥선 대원군 세력 강화(섭정) → 제1차 김홍집 내각 수립 및 군국기무처 설치(교정청 폐지) → 개혁 추진
	개혁 내용	• 정치: 왕실(궁내부)과 정부(의정부) 사무 분리, 개국 기년 사용, 6조 → 8아문, 과거제 폐지, 경무청 설치 • 경제: 탁지아문으로 재정 일원화, 은 본위 화폐 제도 실시, 도량형 통일, 조세 전면 금납화 • 사회: 공·사 노비법 폐지(신분제 폐지), 연좌제 폐지, 조혼 금지, 과부 재가 허용, 인신매매 금지
제2차 (1894. 12.)	전개 과정	• 청·일 전쟁에서 일본이 우세 → 일본의 내정 간섭 심화 → 군국기무처 폐지, 흥선 대원군 퇴진, 고종의 친정, 일본에서 박영효 귀국 → 김홍집·박영효(주도) 연립 내각 수립 • 독립 서고문: 고종의 홍범 14조 반포(1895. 1.)
	개혁 내용	• 정치: 8아문 → 7부, 8도 → 23부, 재판소 설치(사법권 독립), 교육입국 조서 반포(소학교·중학교·사범 학교·외국어 학교 설립) • 경제: 탁지부 산하에 관세사·징세서 설치 • 군사: 시위대·훈련대 설치

2. 을미개혁(1895)

배경	청·일 전쟁에서 일본 승리 → 시모노세키 조약(청이 일본에 랴오둥반도 할양) → 삼국 간섭(러시아·프랑스·독일)으로 일본이 청에 랴오둥반도 반환 → 일본의 세력 약화 → 을미사변
개혁 내용	• 정치·군사: 연호 제정(건양), 친위대(중앙군)·진위대(지방군) 설치 • 사회: 단발령 실시, 태양력 사용, 종두법 시행, 우체사 설치, 소학교 설치
결과	을미의병(1895)과 아관 파천(1896)으로 개혁 중단

기출선지로 보는 핵심암기

01 [제1차 갑오개혁] (**김옥균** , **김홍집**) 등이 중심이 되어 활동했어요.
02 [제1차 갑오개혁] (**군국기무처** , **통리기무아문**)이/가 설립되었다.
03 [제1차 갑오개혁] 청의 연호를 폐지하고 (**개국** , **광무**) 기원을 사용하였다.
04 [제1차 갑오개혁] (**신분제** , **단발령**) 폐지
05 [제2차 갑오개혁] 고종이 (**홍범 14조** , **14개조 개혁 정강**)을/를 반포하였다.
06 [제2차 갑오개혁] 행정 구역을 (**8도** , **23부**)로 재편하였다.
07 [제2차 갑오개혁] (**교육입국 조서** , **국민 교육 헌장**)이/가 반포되었다.
08 [제2차 갑오개혁] 한성 (**사범** , **기술**) 학교를 설립하였다.
09 [을미개혁] 단발령을 (**시행** , **폐지**)하였다.
10 [을미개혁] (**태양력** , **수시력**) 사용

정답 | 01 김홍집 02 군국기무처 03 개국 04 신분제 05 홍범 14조 06 23부 07 교육입국 조서 08 사범 09 시행 10 태양력

34 독립 협회와 대한 제국

치시 12회분 출제문항 수 **8문항**

Q 대표발문
(가) 단체의 활동 or 다음 상황 이후에 전개된 사실로 옳은 것은?

+ 키워드 파헤치기

기출자료 1
우리 대조선국이 독립국이 되어 세계 여러 나라와 어깨를 나란히 하니, 우리 동포 이천만이 오늘날 맞이한 행복이다. 여러 사람의 의견으로 (가)을/를 조직하여 옛 영은문 자리에 **독립문**을 새로 세우고, **옛 모화관을 고쳐 독립관**이라고 하고자 한다. 이는 지난날의 치욕을 씻고 후손들에게 본보기를 보여 주고자 함이다.

위 (가)에 들어갈 단체는? → ☐ 협회

독립신문 창간, 서재필, 만민 공동회, 독립문 건립, 옛 모화관을 독립관으로 고침

기출자료 2
- 인물1: 오늘 신문에 (가)이/가 종로에서 **만민 공동회**를 열어 **러시아 군사 교관 철수**를 요구했다는 기사가 실렸네.
- 인물2: 지난 기사에는 **러시아의 절영도 조차 요구를 반대**했다는 내용이 실렸었지요.

위 (가)에 들어갈 단체는? → ☐ 협회

만민 공동회, 러시아 군사 교관 철수, 러시아의 절영도 조차 요구 반대, 한·러 은행 폐쇄

기출자료 3
- 인물1: 이 사진은 옛 러시아 공사관의 모습이야.
- 인물2: **고종이 일본의 위협을 피해 거처를 옮긴** 이 사건과 관련된 곳이지.

위 밑줄 그은 이 사건은? → ☐ 파천

러시아 공사관, 고종이 일본의 위협을 피해 거처를 옮김

기출자료 4
지금 자주 독립의 위치에서 조칙(詔勅)으로 명령을 내리고 연호를 쓰고 있으니 이미 **황가(皇家)의 제도를 시행**한 것입니다. …… 자주적인 우리나라는 마땅히 황제라고 칭해야 하는데, 어찌하여 폐하께서는 황제의 자리에 오르지 않으십니까?

위와 관련된 사건은? → 대한 ☐ 수립 선포

황가의 제도 시행, 황제

A 선지패턴
독립 협회는 러시아의 절영도 조차 요구 저지, 의회 설립 운동이 빈출 선지! 대한 제국 선지는 대부분 광무개혁!

+ 기출선지 더 보기

빈출선지 1 대중 집회인 **만민 공동회**를 개최하였다. → ☐ 협회

[독립 협회] 만민 공동회에서 연설하는 백정

빈출선지 2 **러시아의 절영도 조차 요구를 저지**하였다. → ☐ 협회

[독립 협회] 독립문 건립을 위한 모금 활동을 전개하였다.

빈출선지 3 정부에 **헌의 6조**를 건의하였다. → ☐ 협회

[독립 협회] 관민 공동회에서 헌의 6조가 결의되었다.

빈출선지 4 토지 소유자에게 **지계를 발급**하였다. → ☐ 개혁

[광무개혁] 양전 사업을 실시하고 지계를 발급하였다.

정답 | 자료1 독립 자료2 독립 자료3 아관 자료4 제국 선지1 독립 선지2 독립 선지3 독립 선지4 광무

한눈에 정리하는 빈출이론

1. 독립 협회의 활동

구분	내용
독립신문 창간 (1896. 4.)	• 우리나라 최초의 민간 신문 • 한글판 · 영문판 발행
독립 협회 설립 (1896. 7.)	• 서재필, 윤치호 중심으로 설립 • 자주 국권(이권 수호) · 자유 민권(만민 공동회) · 자강 개혁(의회 설립) 목표 • 민중의 정치의식 고취 • 강연회 · 토론회 개최 • 고종의 환궁 요구 • 모화관 → 독립관으로 개수(1897. 5.) • 독립문 건립(1897. 11.)

만민 공동회 (1898. 3.~)	• 박정양 진보 내각 출범
	• 러시아의 이권 침탈 저지
	  – 절영도 조차 요구 저지
	  – 한 · 러 은행 폐쇄
	  – 러시아 군사 교관 · 재정 고문 철수

관민 공동회 (1898. 10.~)	• 헌의 6조 결의(탁지부에서 국가 재정 전담) → 고종의 재가 • 의회 설립 운동 → 중추원 관제 반포(의장, 부의장, 50인 의원)
해체	고종과 보수 세력이 황국 협회를 동원하여 독립 협회 탄압 · 해산

2. 대한 제국의 수립

구분	내용
아관 파천 (1896. 2.)	을미사변 이후 고종이 러시아 공사관으로 옮김 → 친일 내각 붕괴, 친미 · 친러 내각 수립, 열강의 이권 침탈 본격화
대한 제국 수립 선포 (1897. 10.)	• 고종이 경운궁으로 환궁(1897. 2.) • 고종이 환구단에서 황제 즉위식을 올린 후 대한 제국 수립 선포(국호 '대한', 연호 '광무')
광무개혁 (1896~1900년대 초)	• 원칙: 구본신참 → 점진적 개혁 추구 • 개혁 내용

	내용
정치	• 대한국 국제 반포(1899): 대한 제국이 전제 정치 국가이며, 황제권의 무한함 강조 • 원수부 설치(황제의 군권 장악) • 간도: 간도 관리사(이범윤) 임명 • 독도: 대한 제국 관할 영토로 명시 (칙령 제41호)
행정	양전 사업(1898), 지계 발급(지계 아문, 1901) → 근대적 토지 소유권 제도 확립
경제 · 교육	• 경제: 식산흥업(각종 근대적 공장과 회사 설립), 근대 시설 도입(철도, 전차, 우편 사무 등) • 교육: 실업(상공) · 기술 학교 설립

기출선지로 보는 핵심암기

01 [아관 파천] 고종이 일본의 감시를 피해 (**러시아**, 미국) 공사관으로 거처를 옮겼다.
02 [독립 협회] (**독립문**, 영은문) 건립을 위한 모금 활동을 전개하였다.
03 [독립 협회] 대중 집회인 (보은 집회, **만민 공동회**)를 개최하였다.
04 [독립 협회] (영국, **러시아**)의 절영도 조차 요구를 저지하였다.
05 [독립 협회] 정부에 (**헌의 6조**, 홍범 14조)를 건의하였다.
06 [독립 협회] 의회식 (**중추원**, 의정부) 관제를 마련하였습니다.
07 [광무개혁] (**구본신참**, 후천개벽)을 표방하였다.
08 [대한 제국] 황제권 강화를 위해 (사헌부, **원수부**)가 설치되었다.
09 [대한 제국] (**양전**, 화폐 정리) 사업을 실시하고 지계를 발급하였다.
10 [대한 제국] 토지 소유자에게 (**지계**, 호패)를 발급하였다.

정답 | 01 러시아 02 독립문 03 만민 공동회 04 러시아 05 헌의 6조 06 중추원 07 구본신참 08 원수부 09 양전 10 지계

빈출패턴 35 일제의 국권 침탈

최신 12회분 출제문항 수: **9문항**

일제의 국권 침탈 과정 중에 일어난 사건에 대한 자료를 주고, 그것의 내용 or 결과를 묻는 문제가 주로 출제.

대표발문 Q. (가) 조약 or 밑줄 그은 '조약'에 대한 설명으로 옳은 것은?

+ 키워드 파헤치기

기출자료 1 호머 헐버트는 육영 공원의 교사로 초빙되어 우리나라와 처음 인연을 맺었다. 그는 **1905년** 일제에 의해 (가)이/가 **강제로 체결**되자, 그 부당성을 알리기 위해 파견된 **헤이그 특사의 활동을 지원**하였다.

위 (가)에 들어갈 조약은? → ☐ 늑약

→ 호머 헐버트, 1905년, 일제가 강제로 체결, 헤이그 특사 파견

기출자료 2 (가) 제3조 일본국 정부는 그 대표자로서 한국 황제 폐하의 아래에 1명의 통감을 두되, **통감**은 전적으로 **외교에 관한 사항을 관리**하기 위해 서울에 주재하며 직접 한국 황제 폐하를 알현할 권리를 가진다.

위와 관련된 조약은? → ☐ 늑약

→ 통감부 설치, 외교권 박탈

기출자료 3 나인영은 진술하기를 "광무 9년 11월에 우리 대한 제국의 외교권을 일본에 넘겨 준 새 조약은 **일본의 강제에 따른 것으로 황제 폐하가 윤허하지 않았고**, 참정대신이 동의하지도 않았습니다. 슬프게도 **5적** 이지용, 이근택, 박제순 등이 제멋대로 가(可)하다고 쓰고 속여 2천만 민족을 노예로 내몰았습니다."라고 하였다.

위 밑줄 그은 새 조약은? → ☐ 늑약

→ 일본의 강제 체결, 황제가 윤허하지 않음, 을사오적

기출자료 4 **이토 히로부미** 후작의 강압으로 대궐에서 회의가 소집되었다. 대신들은 조약에 찬성할 것을 강요당하였고, 그런 다음에 가장 강하게 반대하던 세 명의 대신이 일본 장교들에 의해 한 명씩 끌려 나갔다. …… 일본이 세계에 공표한 것과는 달리, 이 **조약은 황제가 결코 서명하지 않았고 합법적으로 조인되지도 않았다.**

위 밑줄 그은 조약에 대한 저항은? → 고종, ☐에 특사 파견

→ 이토 히로부미, 황제가 서명하지 않음, 합법적으로 조인되지 않음

선지패턴 A

을사늑약 체결과 이에 대한 반발, 고종의 강제 퇴위, 대한 제국 군대의 강제 해산 등이 빈출선지!

+ 기출선지 더 보기

빈출선지 1 **통감부가 설치**되었다. → 배경: ☐ 늑약

→ [을사늑약] 외교권 박탈

빈출선지 2 **고종**이 헤이그 만국 평화 회의에 **특사를 파견**하였다. → 배경: ☐ 늑약

→ [을사늑약] 최익현, 신돌석 등이 의병을 일으켰다.

빈출선지 3 **안중근**이 하얼빈에서 **이토 히로부미를 저격**하였어요. → 배경: ☐ 늑약

→ [장인환·전명운] 친일 미국인 스티븐스를 사살하였다.

빈출선지 4 **대한 제국의 군대가 해산**되었어요. → 배경: 한·일 ☐☐ (정미 7조약) 부수 비밀 각서

→ 박승환 대대장, 군대 해산에 항의하여 순국하나.

정답 | 자료1 을사 자료2 을사 자료3 을사 자료4 헤이그 선지1 을사 선지2 을사 선지3 을사 선지4 신협약

한눈에 정리하는 빈출이론

연도	사건	내용
1904	러·일 전쟁 발발	• 배경: 러시아와 일본의 대립(용암포 사건), 제1차 영·일 동맹, 대한 제국의 국외 중립 선언 • 전개: 일본이 러시아 선제공격
	한·일 의정서	• 일본이 대한 제국의 주요 군사 요지와 시설 점령(독도 강탈), 외교권 제한, 내정 간섭 • 고문 정치: 재정(메가타 · 화폐 정리 사업, 1905), 외교(스티븐스)
	제1차 한·일 협약	• 대한 제국 정부는 일본 제국 정부가 추천한 일본인 1명을 재정 고문에 초빙하여 재무에 관한 사항은 모두 그의 의견을 들어 시행할 것 • 대한 제국 정부는 일본 제국 정부가 추천한 외국인 1명을 외교 고문으로 삼아 외부(外部)에 용빙하여 외교에 관한 주요 사무는 일체 그의 의견을 물어서 시행할 것
1905	제2차 한·일 협약 (= 을사늑약)	• 통감부 설치(초대 통감: 이토 히로부미) • 외교권 박탈
1907	고종의 대응	• 헤이그 특사: 네덜란드 헤이그에서 열리는 만국 평화 회의에 헐버트 + 이준·이상설·이위종 파견 → 실패 • 고종 강제 퇴위: 헤이그 특사 파견 구실로 고종 강제 퇴위, 순종 즉위
	을사늑약 체결에 대한 반발	• 을사의병(최익현), 민영환 자결, 장지연의 「시일야방성대곡」(황성신문) • 나철·오기호(자신회 조직), 이재명(이완용 처단 시도), 장인환·전명운(스티븐스 저격) • 안중근: 하얼빈에서 이토 히로부미 처단(1909), 「동양 평화론」 저술
	한·일 신협약 (= 정미 7조약)	• 차관 정치: 일본인 차관 임명, 통감부의 내정 간섭 심화 • 한국 정부의 법령 제정 및 중요한 행정상 처분은 미리 통감의 승인을 거칠 것 • 한국 정부는 통감이 추천하는 일본인을 한국 관리에 임명할 것 • 부수 비밀 각서를 통해 대한 제국의 군대 해산(→ 정미의병에 영향)
1909	기유각서	사법권 박탈
1910	한·일 병합 조약 (경술국치)	• 대한 제국의 국권 강탈 → 총독 통치(초대 총독: 데라우치) • 일본의 식민지로 전락

기출선지로 보는 핵심암기

01 [을사늑약] (경찰권, **외교권**) 박탈
02 고종이 (파리, **헤이그**) 만국 평화 회의에 특사를 파견하였다.
03 [을사늑약 반발] (**민영환**, 이완용), 조병세 등이 자결하였다.
04 [이재명] (민영환, **이완용**)을 습격하여 중상을 입혔다.
05 [장인환·전명운] 친일 미국인 (헐버트, **스티븐스**)를 사살하였다.
06 (**안중근**, 안창호)이/가 하얼빈에서 이토 히로부미를 저격하였어요.
07 [안중근] (**동양 평화론**, 유교구신론)을 집필하였다.
08 [한·일 신협약 부수 비밀 각서] 대한 제국의 (**군대가 해산**, 외교권이 박탈)되었어요.

정답 | 01 외교권 02 헤이그 03 민영환 04 이완용 05 스티븐스 06 안중근 07 동양 평화론 08 군대가 해산

빈출패턴 36 - 애국 계몽 운동과 경제적 구국 운동

최신 12회분 출제문항 수: **9문항**

애국 계몽 운동 단체(신민회) or 경제적 구국 운동에 대한 사료를 주고, 관련 내용을 묻는 문제가 주로 출제!

Q 대표발문
(가)에 들어갈 내용 or 단체의 활동 or 운동에 대한 설명으로 옳은 것은?

+ 키워드 파헤치기

기출자료 1

〈주제: 애국 계몽 운동〉
- **보안회**: (가)
- 헌정 연구회: 근대적 입헌 정치 추구
- 대한 자강회: 교육과 산업의 진흥 강조, 고종 강제 퇴위 반대 운동 전개

위 (가)에 들어갈 내용은? → 일제의 ☐☐ 개간권 요구 저지

→ 애국 계몽 운동, 보안회

기출자료 2

안창호, 양기탁 등이 중심이 되어 조직한 **비밀 결사**로, 국권 회복과 **공화 정체의 근대 국가 건설**을 목표로 하였다. 이를 위해 국내에서는 교육 진흥, 국민 계몽, 산업 진흥을 강조하였다. 국외에서는 독립운동 기지 건설을 통한 군사적 실력 양성을 꾀하였다. 일제가 날조한 **105인 사건**으로 국내 조직이 해산되었다.

위와 관련된 단체는? → ☐☐ 회

→ 안창호, 양기탁, 비밀 결사, 공화 정체의 근대 국가 건설을 목표, 대성·오산 학교 설립, 태극 서관·자기 회사 운영, 신흥 강습소 설립, 105인 사건

기출자료 3

1. 주제: (가)
2. 조사 방법: 문헌 조사, 인터넷 검색 등
3. 참고 자료
   – 관련 인물: **김광제, 양기탁**, 베델
   – 관련 기록물: 단연상채광고가(**담배를 끊어 나랏빚을 갚자는 노래**)

위 (가)에 들어갈 운동은? → ☐☐ 보상 운동

→ 김광제, 양기탁, 담배를 끊어 나랏빚을 갚자, 대한매일신보의 후원

A 선지패턴
보안회·신민회가 빈출! 독립 협회, 대한민국 임시 정부의 활동과 구분하는 것이 핵심!

+ 기출선지 더 보기

빈출선지 1 일제의 **황무지 개간권 요구를 철회**시켰다. → ☐☐ 회

빈출선지 2 **고종 강제 퇴위 반대 운동**을 주도하였다. → 대한 ☐☐☐
[대한 자강회] 통감부에 의해 해산되었어요.

빈출선지 3 **자기 회사, 태극 서관** 등을 설립하였다. → ☐☐ 회
[신민회] 오산 학교와 대성 학교 설립

빈출선지 4 **105인 사건**으로 해체되었다. → ☐☐ 회

정답 | 자료1 황무지 자료2 신민 자료3 국채 선지1 보안 선지2 자강회 선지3 신민 선지4 신민

한눈에 정리하는 빈출이론

한능검 빈출이론만 빠르게 파악하세요!

1. 애국 계몽 운동

1904	보안회	일제의 황무지 개간권 요구 반대 → 민중 대회 개최 → 저지 성공
1905	헌정 연구회	• 국민의 정치의식 고취, 입헌 군주제 지향 • 일진회(매국 단체)의 반민족 행위 규탄
1906	대한 자강회	• 지회 설치, 『대한 자강회 월보』 간행, 강연회 개최 • 고종 강제 퇴위·대한 제국의 군대 해산 반대 운동 전개 • 통감부의 탄압으로 해산(1907)

1907	신민회	• 주도: 안창호, 양기탁, 신채호, 박은식 등 민족 지도자 대부분 참여
		• 특징: 국권 회복과 공화 정체의 근대 국가 건설을 목표로 함
		• 활동
		    교육 — 대성 학교(평양, 안창호), 오산 학교(정주, 이승훈)
		    산업 — 태극 서관(서적 출판, 대구·평양·서울), 자기 회사(평양)
		    무장 투쟁 — 이회영·이시영 + 양기탁 주도 → 서간도(남만주) 삼원보에 경학사 설립 → 부민단(1912)
		    → 신흥 강습소 설립(후에 신흥 무관 학교) → 서로 군정서
		• 해산: 105인 사건(1911)

2. 국채 보상 운동(1907)

배경	일본의 강제 차관 제공 → 일본에 진 나라 빚(국채) 급증 → 일본의 경제 예속 심화
목적	국민의 성금으로 일본에 진 나라 빚을 갚아 주권을 회복하고자 함
활동	• 시작: 대구(서상돈·김광제 발의) → 서울로 이동하면서 국채 보상 기성회 설립 → 전국 각계각층 참여 • 전개: 금주·금연 등을 통한 모금 운동 전개, 각종 애국 단체 및 언론(대한매일신보)의 후원으로 전국 확산
결과	통감부의 방해로 실패

기출선지로 보는 핵심암기

올바른 용어를 찾아 기출선지를 완성하세요!

01 [보안회] 일제의 (**절영도 조차**, **황무지 개간권**) 요구를 철회시켰다.
02 [대한 자강회] (**고종**, **순종**) 강제 퇴위 반대 운동을 주도하였다.
03 [대한 자강회] (**통감부**, **조선 총독부**)에 의해 해산되었어요.
04 [신민회] (**안중근**, **안창호**), 양기탁 등이 조직한 비밀 결사 단체였어요.
05 [신민회] (**왕정**, **공화정**) 수립을 목표로 하였다.
06 [신민회] (**숭무 학교**, **오산 학교**)와 대성 학교 설립
07 [신민회] 자기 회사, (**이륭양행**, **태극 서관**) 등을 설립하였다.
08 [신민회] (**연해주**, **만주 삼원보**)에 신흥 강습소를 설립하였어요.
09 [신민회] (**신흥 무관 학교**, **한성 사범 학교**)를 설립하였다.
10 [신민회] (**105인**, **조선어 학회**) 사건으로 해체되었다.

정답 | 01 황무지 개간권 02 고종 03 통감부 04 안창호 05 공화정 06 오산 학교 07 태극 서관 08 만주 삼원보 09 신흥 무관 학교 10 105인

빈출패턴 37 근대 문물의 수용과 발달

근대 신문이나 근대 교육 기관에 대한 문제가 주로 출제

최신 12회분 출제문항 수: **7문항**

Q 대표발문
(가)에 해당하는 신문(교육 기관) or (가) 인물의 활동으로 옳은 것은?

+ 키워드 파헤치기

기출자료 1
- 인물1: 여러분은 어떤 신문을 주로 보시나요?
- 인물2: **양기탁과 베델**이 창간한 (가)을/를 주로 봅니다.
- 인물3: 저도 같은 신문을 읽습니다. **국채 보상 논설**을 읽고 의연금을 내기도 했죠.

위 (가)에 들어갈 신문은? → ☐☐ 신보

양기탁, 베델, 국채 보상 논설 게재

기출자료 2
- 1896년 서재필 등이 창간
- 한글판과 영문판으로 발행
- 우리나라 최초의 민간 신문

위와 관련된 신문은? → ☐ 신문

1896년, 서재필, 한글판·영문판 발행, 최초의 민간 신문

기출자료 3
1886년에 **정부가 세운** (가)은/는 이와 같은 규정에 따라 운영되었으며 **영어, 수학 등 근대 학문**을 가르쳤습니다.

- **외국인 3명을 교사로 초빙**한다.
- **문벌 가문의 인재를 선발**하여 **서양어도 공부**하게 한다.
- 월말, 연말 등에 정기적으로 시험을 본다.
- 섣달 말과 한여름에 방학을 한다.

위 (가)에 들어갈 학교는? → ☐☐ 공원

1886년, 정부가 세움, 영어·수학 등 근대 학문 교육, 외국인 교사 초빙, 문벌 가문의 인재 선발, 서양어 공부

기출자료 4
이곳은 중국 지린성 허룽시에 위치한 항일 지사의 무덤입니다. 여기에 서일, 김교헌과 함께 묻힌 (가)은/는 **오기호 등과 자신회**라는 5적 암살단을 조직하였습니다.

위 (가)에 들어갈 인물은? → ☐ 철

오기호 등과 자신회 조직

A 선지패턴
한성순보, 독립신문, 대한매일신보, 원산 학사, 육영 공원, 천도교, 대종교와 관련된 내용이 빈출선지!

+ 기출선지 더 보기

 빈출선지 1 우리나라 **최초의 민간 신문** → ☐☐ 신문

영국인 베델이 대한매일신보를 창간하였다.

빈출선지 2 여성 교육을 위해 **이화 학당**을 설립하였다. → ☐☐ 랜튼

원산 학사를 설립하였다.

빈출선지 3 기관지로 **만세보**를 발간하였다. → ☐ 교

빈출선지 4 **대종교를 창시**하였다. → ☐ 철

정답 | 자료1 대한매일 자료2 독립 자료3 육영 자료4 나 선지1 독립 선지2 스크 선지3 천도 선지4 나

한눈에 정리하는 빈출이론

1. 근대 문물의 수용

갑신정변(1884)   러·일 전쟁(1904~1905)

구분	1880년대(개항기)	1890년대(광무개혁기)	1900년대(애국 계몽 운동기)
언론	• 한성순보(1883~1884): 박문국에서 발행한 최초의 신문 • 한성주보(1886~1888): 최초로 상업 광고 게재	• 독립신문(1896~1899): 서재필, 최초의 민간 신문. 한글판과 영문판 발행 • 황성신문(1898~1910): 장지연의 「시일야방성대곡」 게재 • 제국신문(1898~1910)	• 대한매일신보(1904~1910): 양기탁과 베델이 발행, 국채 보상 운동 후원 • 만세보(1906~1907): 천도교의 기관지 성격
시설	• 기기창(1883): 근대식 무기 제조 • 전환국(1883): 근대식 화폐 발행 • 박문국(1883): 근대식 인쇄 시설, 한성순보 발행 • 우정총국(1884): 우편 업무 • 광혜원(1885): 최초의 근대식 병원, 곧 제중원으로 명칭 변경	• 전화: 경운궁에 설치(1898) • 전차: 서대문 - 청량리 간 노선 개통(1899) • 철도: 경인선(최초의 철도, 1899), 경부선	철도: 경의선, 경원선 → 러·일 전쟁을 위해 가설
교통·통신·전기	• 전신: 서울 - 인천, 서울 - 의주 전신 가설(1885) • 전등: 경복궁에 전등 가설(1887)	한성 전기 회사 설립(1898)	
교육	• 최초 사립: 원산 학사(1883) • 최초 공립: 육영 공원(1886, 헐버트 등 외국인 교사 초빙) • 선교사 건립: 배재 학당(아펜젤러, 1885), 이화 학당(스크랜튼, 1886)	교육입국 조서 반포(제2차 갑오개혁, 1895) → 관립 학교 관제 반포(소학교, 사범 학교, 외국어 학교 등)	• 오산 학교(1907): 이승훈, 정주에 설립 • 대성 학교(1908): 안창호, 평양에 설립

2. 국학·문예·종교

국학	문예	종교
• 국어: 한글 신문 발행(독립신문, 제국신문, 대한매일신보), 국문 연구소 설치, 주시경(『국어문법』) • 역사: 신채호(『독사신론』, 『을지문덕전』·『이순신전』 등 위인전)	• 신소설: 이인직(『혈의 누』), 안국선(『금수회의록』) • 신체시: 최남선(「해에게서 소년에게」) • 연극: 원각사(1908) → '은세계' 등 신극 공연	• 유교: 박은식(『유교구신론』) • 불교: 한용운(『조선 불교 유신론』) • 천주교: 경향신문 간행 • 천도교: 손병희가 동학 개칭, 만세보 간행 • 대종교: 나철 등이 창시(1909), 단군 신앙

기출선지로 보는 핵심암기

01 [우정총국] 근대적 (**우편**, 화폐 발행) 업무를 총괄하는 기구
02 (**알렌**, 헐버트), 최초의 서양식 병원인 광혜원 설립을 제안하다.
03 무기 제작 기구인 (**기기창**, 전환국)을 창설하였다.
04 [독립신문] 우리나라 최초의 (**민간**, 관립) 신문
05 [육영 공원] (**헐버트**, 묄렌도르프) 등 외국인이 교사로 초빙되었다.
06 [스크랜튼] 여성 교육을 위해 (**이화 학당**, 대성 학교)을/를 설립하였다.
07 [천도교] 기관지로 (한글, **만세보**)을/를 발간하였다.
08 [나철] (**대종교**, 천도교)를 창시하였다.

정답 | 01 우편 02 알렌 03 기기창 04 민간 05 헐버트 06 이화 학당 07 만세보 08 대종교

빈출패턴 38 일제의 식민 통치

최신 12회분 출제문항 수: **21문항**

'1910년대, 1920년대, 1930년대 이후'의 세 시기 중 한 시기를 묻고, 해당 시기의 정치, 경제 내용을 찾는 문제가 출제

대표발문 Q
밑줄 그은 '시기'에 볼 수 있는 모습 or 다음 기사가 작성된 시기에 볼 수 있는 모습 or 다음 법령이 제정된 이후 시행된 일제의 정책으로 옳은 것은?

+ 키워드 파헤치기

기출자료 1

헌병, 군사 경찰로 명칭 변경

군대 내 경찰 직무를 수행해 오던 헌병이 군사 경찰이라는 새 이름을 달았다. 헌병은 일본식 표현으로, 국권 피탈 이후에는 일제가 **헌병 경찰 제도**를 실시하던 **시기**가 있었다. 따라서 이번 명칭 변경은 우리 사회에 남아 있던 일제의 잔재를 청산한다는 측면에서 중요한 역사적 의미가 있다.

위 밑줄 그은 시기는? → 19[ ]년대

헌병 경찰 제도(헌병이 일반 경찰 업무는 물론 일반 행정 업무까지 담당)

기출자료 2

이 저수지는 일제가 **산미 증식 계획**을 시행하던 시기에 만들어졌습니다. 이 시기 일제는 **수리 시설을 확충**하면서 조선 농민들에게 과중한 부담을 안겨 주었습니다.

위 밑줄 그은 이 시기는? → 19[ ]년대

산미 증식 계획, 수리 시설 확충, 농민 부담 증가

기출자료 3

소위 **치안 유지법**은 어제 12일부터 조선에서도 실시하게 되었다. …… 일본에 있어서는 보통 선거법을 실시한 결과 정치계의 급격한 변혁을 예방키 위하여 사상에 관한 법안을 통과한다는 것이 넉넉히 이러한 악법을 변호하는 구실거리가 되겠지만, 조선에 있어서 과연 이 법안을 실시할 만한 근거나 이유가 있는가?

위 자료에 해당하는 시기는? → 19[ ]년대

치안 유지법, 사회주의 운동과 독립운동 탄압

기출자료 4

제4조 정부는 전시에 **국가 총동원**상 필요한 경우에는 칙령이 정하는 바에 따라 제국 신민을 징용하여 총동원 업무에 종사시킬 수 있다.

⋮

제8조 정부는 …… 물자의 생산, 수리, 배급, 양도, 그 밖의 처분, 사용, 소비, 소지 및 이동에 관하여 필요한 명령을 할 수 있다.

위 사료에 해당하는 시기는? → 19[ ]년대 이후

중·일 전쟁, 한국인 강제 동원, 황국 신민 서사 암송, 신사 참배 강요, 내선 일체, 일선 동조론, 일본식 성명 강요, 국가 총동원법, 징용령, 여자 정신 근로령, 공출제

선지패턴 A
각 식민지 통치 시기의 정치와 경제를 함께 알아 두는 것이 핵심! 자료-정답으로 함께 출제!

+ 기출선지 더 보기

빈출선지 1 **조선 태형령**을 시행하였다. → 19[ ]년대

빈출선지 2 **칼을 찬** 채 수업을 진행하는 **교사** → 19[ ]년대

빈출선지 3 **치안 유지법** 위반으로 구속된 독립운동가 → 19[ ]년대

빈출선지 4 **황국 신민 서사 암송**이 강요되었다. → 19[ ]년대 이후

[1910년대] 회사 설립을 허가제로 하는 회사령이 제정되었다.

[1910년대] 헌병 경찰제가 시행되었다.

[1920년대] 한국인의 신문 창간이 허용되었다.

[1930년대 이후] 여자 정신 근로령으로 여성들이 강제 동원되었다.

정답 | 자료1 10 자료2 20 자료3 20 자료4 30 선지1 10 선지2 10 선지3 20 선지4 30

한눈에 정리하는 빈출이론

한능검 빈출이론만 빠르게 파악하세요!

1. 1910년대 무단 통치

정치	조선 총독부 설치, 헌병 경찰 제도 실시, 조선 태형령 제정(1912)
경제	• 토지 조사 사업(1910~1918): 토지 조사령 공포(1912), 기한부 신고제(토지 약탈 의도) → 과세 증가, 동양 척식 주식회사 또는 일본인에게 헐값에 매각, 소작농의 관습적 경작권 부정, 소유권만 인정(→ 만주니 연해주 등지로 이주 증가) • 회사령(회사 설립 허가제, 1910) 제정

2. 1920년대 민족 분열 통치

배경	3·1 운동(1919)을 계기로 무단 통치의 한계 인식 → 이른바 문화 통치로 전환(친일 세력 양성을 통한 민족 분열)
정치	• 보통 경찰 제도 실시(→ 실상: 경찰 관서·인원 등 증가) • 조선일보·동아일보 발간(→ 실상: 언론 검열 강화) • 도 평의회 및 부·면 협의회 설치(→ 실상: 친일 세력 양성) • 치안 유지법 제정(1925): 사회주의 운동과 독립운동 탄압
경제	• 산미 증식 계획(1920~1934): 일본 자국 내 식량 부족으로 쌀값 상승 → 한국에서 쌀 생산량 증대 추진 → 수리 조합비·품종 개량비를 농민에게 전가 → 한국의 식량 사정 악화, 쌀 중심의 단작형 농업 구조 심화 • 회사령 철폐(신고제로 변경, 1920), 관세 철폐

3. 1930년대 이후 민족 말살 통치

배경	한국인의 민족의식을 말살하여 침략 전쟁에 동원하기 위한 정책 필요
정치	• 황국 신민 서사 암송 강요, 신사 참배 강요, 소학교 명칭을 국민학교로 개칭 • 내선일체·일선동조론 주장, 일본식 성명(창씨개명) 강요 • 조선 사상범 보호 관찰령(1936), 조선 사상범 예방 구금령(1941) 제정
경제	• 병참 기지화 정책(공업화 정책 추진), 농촌 진흥 운동(조선 농지령 제정 → 실상: 식민 지배 체제 안정), 남면북양 정책 • 국가 총동원법 제정(1938): 지원병제, 학도 지원병제, 징병제, 국민 징용령, 여자 정신 근로령 등을 통해 인적 자원 수탈, 공출제(금속 및 미곡), 식량 배급제, 산미 증식 계획 재개를 통해 물적 자원 수탈

기출선지로 보는 핵심암기

올바른 용어를 찾아 기출선지를 완성하세요!

01 [1910년대] (**통감부** , **조선 총독부**) 설치
02 [1910년대] (**헌병 경찰제** , **국가 총동원법**)이/가 시행되었다.
03 [1910년대] (**국민 징용령** , **조선 태형령**)을 시행하였다.
04 [1910년대] (**산미 증식 계획** , **토지 조사 사업**)이 실시되었다.
05 [1910년대] (**회사령** , **여자 정신 근로령**)을 공포하여 기업 설립을 통제하였다.
06 [1920년대] (**치안 유지법** , **국가 총동원법**) 위반으로 구속된 독립운동가
07 [1920년대] (**산미 증식 계획** , **토지 조사 사업**)을 처음 추진하였다.
08 [1930년대 이후] (**조선 태형령** , **황국 신민 서사 암송**)이 강요되었다.
09 [1930년대 이후] (**회사령** , **여자 정신 근로령**)으로 여성들이 강제 동원되었다.

정답 | 01 조선 총독부 02 헌병 경찰제 03 조선 태형령 04 토지 조사 사업 05 회사령 06 치안 유지법 07 산미 증식 계획 08 황국 신민 서사 암송 09 여자 정신 근로령

빈출패턴 39 · 1910년대 민족 운동

최신 12회분 출제문항 수: **8문항**

대표발문 Q
(가)에 들어갈 단체 or 밑줄 그은 '이 학교' or 다음 검색창에 들어갈 단체 or 다음 답사 지역으로 옳은 것은?

+ 키워드 파헤치기

기출자료 1
(가)
- 주요 인물: **박상진**, 채기중
- 목표: **공화 정체 국가 수립**, 국권 회복
- 활동: **군자금 모금, 친일 부호 처단**

위 (가)에 들어갈 단체는? → 대한 ☐☐

> 박상진, 공화 정체 국가 수립, 군자금 모금, 친일 부호 처단

기출자료 2
이 건물은 **간도 지역의 민족 교육을 위해 설립**되었던 이 학교를 복원한 것입니다. 이 학교 출신 인물로는 **윤동주와 나운규** 등이 있습니다.

위 밑줄 그은 이 학교는? → ☐☐ 학교

> 간도 지역, 민족 교육을 위해 설립, 윤동주, 나운규

기출자료 3
1. 설립 지역: **서간도**
2. 설립 목적: **독립군 양성**
3. 설립 인물: **이회영, 이동녕, 이상룡** 등
4. 관련 기록: 학과는 새벽 네 시에 시작하며, 취침은 저녁 아홉 시에 하였다. 우리들은 **군대 전술을 공부**하였고, 총기를 가지고 훈련받았다. 그렇지만 가장 엄격하게 요구되었던 것은 게릴라 전술을 위해 산을 재빨리 올라갈 수 있는 능력이었다.

위와 관련된 학교는? → ☐☐ 강습소(→ ☐☐ 무관 학교)

> 서간도, 독립군 양성, 이회영, 이동녕, 이상룡, 군대 전술을 공부, 신민회

기출자료 4
- 지역: ○○○ 일대
- 개요: 19세기 후반부터 한국인들의 이주가 시작되었고, 국권 피탈 이후 그 수가 더욱 증가하였다. **대한 광복군 정부** 등 많은 독립운동 단체가 활동하였다.
- 답사 장소: **신한촌** 기념탑, **권업회** 총재 **최재형**의 집, **이상설** 유허비

위 ○○○에 들어갈 지역은? → ☐☐ 주

> 대한 광복군 정부, 신한촌, 권업회, 최재형, 이상설

선지패턴 A
각 지역의 빈출선지가 반복해서 등장!
근대~일제 강점기 다양한 민족 운동 단체와 구분하는 것이 핵심!

+ 기출선지 더 보기

빈출선지 1 **고종의 밀지**를 받아 결성된 **비밀 단체**였다. → 독립 ☐☐
> [임병찬] 독립 의군부를 조직하였다.

빈출선지 2 **신흥 무관 학교**가 설립되어 독립군을 양성하였다. → 설립 주도 단체: ☐☐ 회
> [서간도] 한인 자치 기구인 경학사가 설립되었다.

빈출선지 3 **파리 강화 회의에 김규식을 대표자로 파견**하였다. → 주도 단체: ☐☐ 청년당
> [상하이] 신한 청년당이 설립되어 독립군을 양성하였다.

빈출선지 4 **대조선 국민 군단**이 창설되었다. → 설립 주도 인물: 박☐☐
> [안창호] 흥사단 결성

정답 | 자료1 광복회 자료2 명동 자료3 신흥, 신흥 자료4 연해 선지1 의군부 선지2 신민 선지3 신한 선지4 용만

한눈에 정리하는 빈출이론

1. 국내 항일 비밀 결사

독립 의군부	• 임병찬이 고종의 밀지를 받아 조직(1912) → 복벽주의(황제 국가 부활)를 내세우며 전국적인 의병 전쟁 계획 • 조선 총독과 일본 총리에게 국권 반환 요구서 발송 계획
대한 광복회	• 박상진, 김좌진이 주도하여 조직(1915) • 군대식 조직, 공화정 수립 추구, 군자금 모금, 친일 부호 처단

2. 국외 독립운동 기지

(1) 간도(만주)와 연해주

서간도 (남만주)	신민회 인사가 중심이 되어 삼원보에 경학사(→ 부민단), 신흥 강습소(→ 신흥 무관 학교) 설립
북간도	• 서전서숙·명동 학교 설립 • 대종교도 중심의 중광단(→ 북로 군정서) 조직
북만주	밀산부에 한흥동 건설
연해주	• 러시아 블라디보스토크에 신한촌 건설 • 권업회(1911): 최재형의 주도로 조직, 권업신문 발행 • 대한 광복군 정부(1914): 이상설·이동휘를 정·부통령으로 하는 정부 형태의 독립군 단체

(3) 중국 본토

상하이	신한 청년당(1918): 김규식을 파리 강화 회의에 민족 대표로 파견하여 독립 청원서 제출(1919)
베이징	박은식, 신규식 등이 신한 혁명당 조직(1915)

(2) 미주

대한인 국민회	• 안창호, 박용만, 이승만 등이 미국에서 조직 • 만주와 연해주의 독립운동에 자금 지원
흥사단	안창호가 미국 샌프란시스코에서 조직한 실력 양성 운동 단체
대조선 국민 군단	박용만이 미국 하와이에서 조직한 군대
숭무 학교	이근영 등이 멕시코에서 동포 독립군 양성을 위해 조직

▲ 1910년대 만주와 연해주의 독립운동 기지 건설

기출선지로 보는 핵심암기

01 [임병찬] (**독립 의군부**, 대한 광복회)를 조직하였다.
02 [대한 광복회] 총사령 (**박상진**, 임병찬)의 지휘 아래 활동하였다.
03 [서간도] 한인 자치 기구인 (**경학사**, 서전서숙)이/가 설립되었다.
04 [서간도] (대성 학교, **신흥 무관 학교**)가 설립되어 독립군을 양성하였다.
05 [북간도] (경학사, **서전서숙**)을/를 설립하였다.
06 [연해주] (**권업회**, 보안회)가 조직되어 권업신문을 발행하였다.
07 [연해주] (신한 청년당, **대한 광복군 정부**)이/가 수립되어 독립 전쟁을 준비하였다.
08 [신한 청년당] 파리 강화 회의에 (김구, **김규식**)을/를 대표자로 파견하였다.
09 [안창호] (의열단, **흥사단**) 결성
10 [박용만] (대한 독립 군단, **대조선 국민 군단**)이 창설되었다.

정답 | 01 독립 의군부 02 박상진 03 경학사 04 신흥 무관 학교 05 서전서숙 06 권업회 07 대한 광복군 정부 08 김규식 09 흥사단 10 대조선 국민 군단

빈출 패턴 40 · 3·1 운동과 대한민국 임시 정부

최신 12회분 출제문항 수: **9문항**

생소한 인물(외국인)이 종종 등장하기도 하지만, 정답선지는 비교적 쉽게 출제되는 편!

대표발문 Q. (가) 민족 운동 ❶ (가)에 들어갈 인물 ❷ (가)에 대한 설명으로 옳은 것은?

+ 키워드 파헤치기

기출자료 1 [외국인 독립 유공자] 로버트 그리어슨, 조지 새넌 맥큔, 가네코 후미코, 후세 다쓰지

> 가네코 후미코는 **일제 강점기 최대 규모의 민족 운동**인 (가)을/를 목격하고 깊은 감동을 받았습니다. 이후 일본에서 박열 등과 함께 반제국주의 활동을 전개하다 체포되어 감옥에서 생을 마감하였습니다.

위 (가)에 들어갈 민족 운동은? → ☐·☐ 운동

› 일제 강점기 최대 규모의 민족 운동, 고종의 인산일, 유관순, 제암리 학살 사건, 이른바 문화 통치 실시 계기, 대한민국 임시 정부 수립 계기

기출자료 2 (가)는 3·1 운동 당시 일제가 저지른 **제암리 학살 사건의 참상을 외국 언론에 제보**하여 일제의 만행을 세계에 폭로하였다. 국립 서울 현충원에 안장된 최초의 **외국인**이다.

위 (가)에 들어갈 인물은? → 프랭크 ☐

› 제암리 학살 사건을 외국 언론에 제보, 외국인

기출자료 3 이것은 1919년 (가) 직원들이 청사 앞에서 찍은 사진입니다. (가)은/는 **3·1 운동을 계기로 상하이에서 수립**되어 독립을 위한 다양한 활동을 전개하였습니다.

위 (가)에 들어갈 기관은? → 대한민국 ☐ 정부

› 1919년, 3·1 운동을 계기로 중국 상하이에서 수립, 연통제 운영, 독립 공채 발행, 한·일 관계 사료집 발행

기출자료 4 (가) 수립 100주년 기념 특별 사진전
- 직원 일동 기념 촬영
- 독립 공채 발행
- 한국광복군 창설

위 (가)에 들어갈 기관은? → 대한민국 ☐ 정부

› 독립 공채 발행, 한국광복군 창설

선지패턴 A. 3·1 운동의 의의, 대한민국 임시 정부의 활동을 알아 두는 것이 핵심!

+ 기출선지 더 보기

빈출선지 1 대한민국 임시 정부 수립의 계기가 되었다. → ☐·☐ 운동
› [3·1 운동] 일제가 이른바 문화 통치를 실시하는 계기가 되었다.

빈출선지 2 독립 공채를 발행하였다. → 대한민국 ☐ 정부
› [대한민국 임시 정부] 비밀 행정 조직으로 연통제를 두었다.

빈출선지 3 국민대표 회의가 개최되었다. → 대한민국 ☐ 정부
› [대한민국 임시 정부] 한·일 관계 사료집을 발간하였다.

빈출선지 4 한국광복군이 창설되었다. → 대한민국 ☐ 정부
› [한국광복군] 국내 진공 작전을 준비하였다.

정답 | 자료1 3, 1 자료2 스코필드 자료3 임시 자료4 임시 선지1 3, 1 선지2 임시 선지3 임시 선지4 임시

한눈에 정리하는 **빈출이론**

한능검 **빈출이론**만 빠르게 파악하세요!

1. 3·1 운동(1919)

배경	• 국외
	  - 윌슨의 민족 자결주의 제창
	  - 국외 독립 선언(대동단결 선언, 2·8 독립 선언) 등
	• 국내: 고종 독살설 유포

전개	고종의 인산일을 계기로 종교계 인사와 학생들이 거족적 시위 준비 → 태화관에서 민족 대표 33인이 독립 선언서 발표, 학생과 시민들이 탑골 공원(파고다 공원)에서 독립 선언서 낭독 → 서울·평양·원산에서 만세 시위 전개 → 지방 중소 도시·국외로 확산
일제의 탄압	유관순 순국, 제암리 학살 사건(프랭크 스코필드) 등 발생
의의	• 일제의 식민 통치 방식 전환(무단 통치 → 이른바 문화 통치) • 대한민국 임시 정부 수립의 계기 • 중국의 5·4 운동, 인도의 비폭력주의 운동 등 세계 약소 민족의 반제국주의 운동에 영향

2. 대한민국 임시 정부

수립	대한 국민 의회(연해주), 대한민국 임시 정부(상하이), 한성 정부(서울) 통합 → 대한민국 임시 정부 수립
활동	• 연통제와 교통국(비밀 연락망) 운영 → 자금 조달 • 독립 공채 발행, 의연금 모금 • 김규식을 외무총장으로 임명(파리 강화 회의에 독립 청원서 제출), 구미 위원부 설치(미국) • 군무부·직할 부대 설치, 독립신문 간행, 임시 사료 편찬회 조직(『한·일 관계 사료집』 발행)
국민대표 회의 (1923)	• 배경: 임시 정부의 위기로 인한 독립운동의 새로운 방향 모색 • 전개: 창조파(신채호·김규식 등, 새 정부 수립 주장)와 개조파(안창호·이동휘 등, 임시 정부 존속·개조 주장)의 대립 → 회의 결렬, 세력 분열
임시 정부의 개편	• 국제 연맹에 위임 통치 청원서를 제출한 이승만 대통령 탄핵 → 제2대 대통령으로 박은식 선출 • 개헌 과정: 대통령제(1919) → 국무령 중심의 내각 책임제(1925) → 국무 위원에 의한 집단 지도 체제(1927) → 주석 중심 지도 체제(김구, 1940) → 주석·부주석 지도 체제(김구·김규식, 1944)
충칭 시기 (1940~1945)	• 한국광복군 창설(1940): 총사령 지청천, 임시 정부의 정규군, 대일 선전 포고 및 국내 진공 작전 준비 • 건국 강령 제정(1941): 조소앙의 삼균주의에 기초

기출선지로 보는 **핵심암기**

올바른 용어를 찾아 **기출선지**를 완성하세요!

01 (**고종**, 순종)의 인산일을 계기로 3·1 운동을 계획하였다.

02 [3·1 운동] 일제는 (남한 대토벌 작전, **제암리 학살**) 등을 저지르며 가혹하게 탄압하였다.

03 [3·1 운동] 일제가 이른바 (무단, **문화**) 통치를 실시하는 계기가 되었다.

04 [3·1 운동] (신민회, **대한민국 임시 정부**) 수립의 계기가 되었다.

05 [3·1 운동] 중국의 (**5·4 운동**, 국채 보상 운동)에 영향을 주었다.

06 [대한민국 임시 정부] 비밀 행정 조직으로 (**연통제**, 공출제)를 두었다.

07 [대한민국 임시 정부] (당백전, **독립 공채**)을/를 발행하였다.

08 [대한민국 임시 정부] 미국에 (**구미 위원부**, 조선 총독부)를 설치하였다.

09 [대한민국 임시 정부] (**국민대표 회의**, 모스크바 3국 외상 회의)가 개최되었다.

10 [대한민국 임시 정부] (**한국광복군**, 조선 혁명군)이 창설되었다.

정답 | 01 고종 02 제암리 학살 03 문화 04 대한민국 임시 정부 05 5·4 운동 06 연통제 07 독립 공채 08 구미 위원부 09 국민대표 회의 10 한국광복군

빈출패턴 41 · 1920~1940년대 무장 독립 전쟁

최신 12회분 출제문항 수: 13문항

부대와 관련한 주요 전투·중심 인물·활동을 묻는 문제가 대부분 출제되나 시기를 묻는 문제가 출제될 수 있다에 유의!

Q (가)에 들어갈 군사 조직 or 밑줄 그은 '부대' or 다음 자료에 해당하는 전투에 대한 설명으로 옳은 것은?

+ 키워드 파헤치기

기출자료 1
주제: 1920년대 만주 지역 독립군의 활동
- 홍범도, 대한 국민회, 대한 독립군, 봉오동 전투
- 김좌진, 중광단, (가), 청산리 전투

위 (가)에 들어갈 부대는? → ☐로 군정서

▶ 1920년대 만주, 홍범도, 대한 독립군, 봉오동 전투, 김좌진, 중광단, 청산리 전투

기출자료 2
이 우표는 만주에서 있었던 **봉오동 전투** 승리 100주년을 기념하기 위해 우정 사업 본부에서 발행한 것이다. 학교에서 **홍범도** 장군에 대해 인상 깊게 배운 적이 있는데, 그분이 이끈 **부대**가 참여했던 전투이기 때문에 더욱 관심이 갔다.

위 밑줄 그은 부대는? → ☐ 독립군

▶ 봉오동 전투, 홍범도

기출자료 3
우리 중대는 **백운평**에서 **김좌진** 사령관의 본대와 합류하였다. **1920년** 10월 21일부터 적군과의 싸움이 시작되었다. 적의 기병을 섬멸하고 포위망을 교묘히 빠져나가면서 싸웠다. **완루구**에서는 우리 군대의 복장이나 모자가 적들과 비슷한데다가 짙은 안개 때문에 적군들은 서로 싸우다가 죽기도 하였다. 우리는 6일간의 전투에서 포위를 뚫고 기적적으로 살아남았다.

위와 관련된 전투는? → ☐☐ 전투

▶ 백운평, 김좌진, 완루구, 1920년, 일본군 격파

기출자료 4
대한민국 임시 정부 산하에 조직되어 **국내 진공 작전**을 추진했던 (가)은/는 **기관지 광복**을 발행하여 군의 활동상을 알리고 일제의 동향과 정세를 분석하였습니다. 소속 군인 중 오광심, 조순옥, 지복영 등이 원고 작성과 번역을 주로 담당하였습니다.

위 (가)에 들어갈 부대는? → 한국 ☐☐

▶ 대한민국 임시 정부 산하에 조직, 인도·미얀마 전선 파견, 국내 진공 작전 추진, 기관지 광복 발행

A 1920·1930·1940년대 대표적인 단체의 활동을 구분하는 것이 핵심!

+ 기출선지 더 보기

빈출선지 1 대한 독립군 등이 봉오동에서 적군을 격퇴하였다. → ☐☐ 전투
▶ [대한 독립군] 홍범도의 지휘 아래 활동하였다.

빈출선지 2 북로 군정서를 중심으로 청산리 전투에서 승리하였습니다. → 북로 군정서 대표 인물: 김☐
▶ [북로 군정서] 청산리에서 일본군을 크게 격파하였다.

빈출선지 3 쌍성보에서 한·중 연합 작전을 펼쳤다. → 한국 ☐☐
▶ 한국 독립군이 대전자령에서 석을 불리쳤다.

빈출선지 4 조선 의용대를 창설하였다. → 김☐
▶ [조선 의용대] 우한에서 김원봉 등이 조직하였다.

정답 | 자료1 북 자료2 대한 자료3 청산리 자료4 광복군 선지1 봉오동 선지2 좌진 선지3 독립군 선지4 원봉

한눈에 정리하는 **빈출이론**

1. 1920년대 무장 독립 전쟁

봉오동 전투 (1920)	대한 독립군(홍범도)을 중심으로 한 연합 부대가 봉오동에서 일본군 격파
청산리 전투 (1920)	북로 군정서(김좌진), 대한 독립군(홍범도) 등의 연합 부대가 청산리 일대(백운평·완루구)에서 일본군 격파
독립군의 시련	• 간도 참변(1920~1921): 봉오동·청산리 전투 패배에 대한 일제의 보복 • 간도 지역의 독립군은 밀산부에 집결하여 대한 독립 군단(총재 서일) 조직 • 자유시 참변(1921): 일본군을 피해 러시아 영토인 자유시로 집결 → 내부 주도권 다툼 + 러시아 적군의 무장 해제 요구에 따른 공격 → 수백 명의 사상자 발생
3부의 성립	참의부·정의부·신민부 성립
미쓰야 협정	일제가 만주 군벌 세력과 연합하여 만주 지역 독립군 탄압
3부 통합 운동	국민부(남만주)와 혁신 의회(북만주)로 통합

▲ 홍범도　▲ 김좌진

▲ 지청천　▲ 양세봉

2. 1930년대 무장 독립 전쟁

한·중 연합 작전	• 한국 독립군(북만주): 한국 독립당의 군사 조직(총사령 지청천), 중국 호로군과 연합 → 쌍성보·사도하자·대전자령 전투 등 승리 • 조선 혁명군(남만주): 조선 혁명당의 군사 조직(총사령 양세봉), 중국 의용군과 연합 → 영릉가·흥경성 전투 등 승리
조선 의용대	• 김원봉의 주도로, 중국 관내(우한)에서 결성된 최초의 한인 무장 부대 • 분화·이동: 화북 지역으로 이동하여 조선 의용대 화북 지대(→ 조선 의용군) 결성, 김원봉 계열은 한국광복군에 편입

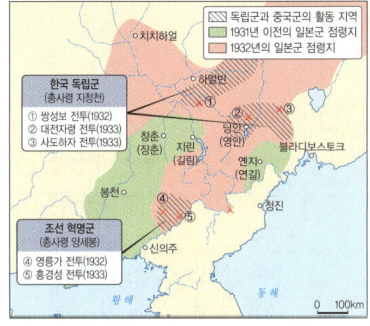
▲ 1930년대 만주 지역의 무장 독립 전쟁

3. 1940년대 무장 독립 전쟁

한국광복군	• 대한민국 임시 정부의 정규군, 1940년 충칭에서 창설(총사령 지청천) • 김원봉이 이끄는 조선 의용대 일부 흡수(1942) • 영국군과 연합하여 인도·미얀마 전선에서 활약 • 미국 전략 정보국(OSS)과 협력하여 국내 진공 작전 추진 • 기관지 『광복』 발행
조선 의용군	• 조선 독립 동맹의 군사 조직 • 중국 공산군(팔로군)과 함께 항일 투쟁 전개

▲ 한국광복군

기출선지로 보는 **핵심암기**

01 [1920년대] 대한 독립군 등이 (**봉오동**, 쌍성보)에서 적군을 격퇴하였다.
02 [1920년대] 북로 군정서를 중심으로 (영릉가, **청산리**) 전투에서 승리하였습니다.
03 [한국 독립군] (봉오동, **쌍성보**)에서 한·중 연합 작전을 펼쳤다.
04 [조선 혁명군] 한·(**중**, 일) 연합 작전을 전개하였습니다.
05 대한민국 임시 정부가 (**한국광복군**, 대조선 국민 군단)을 창설하였습니다.
06 [한국광복군] (**조선 의용대**, 한국 독립군)의 일부가 합류하여 병력이 증가하였다.

정답 | 01 봉오동　02 청산리　03 쌍성보　04 중　05 한국광복군　06 조선 의용대

빈출패턴 42 의열 투쟁

의열단과 한인 애국단이 활약한 의거와 두 단체를 구분하는 문제가 주로 출제

최신 12회분 출제문항 수: 10문항

대표발문 Q. (가) 단체의 활동 or (가)에 해당하는 인물로 옳은 것은?

+ 키워드 파헤치기

기출자료 1 1919년 만주에서 김원봉 등이 조직한 (가)은/는 일제에 맞서 **식민 통치 기관 파괴**와 **요인 암살** 등의 활동을 전개하였다.

위 (가)에 들어갈 단체는? → ☐☐단

> 1919년 김원봉이 조직, 식민 통치 기관 파괴, 요인 암살, 조선 혁명 선언을 지침으로 함, 김익상, 김상옥, 나석주

기출자료 2
- 인물1: 사진 속의 일본 경찰은 무엇 때문에 이렇게 모여 있는 거야?
- 인물2: 1932년 1월 8일, (가)에 소속된 **이봉창** 의사가 **도쿄 경시청** 앞에서 **일왕을 향해 폭탄을 던졌**다고 해. 일본 경찰이 그 현장을 조사하고 있는 모습이야.

위 (가)에 들어갈 단체는? → 한인 ☐☐☐

> 이봉창, 도쿄에서 일왕에게 폭탄 투척

기출자료 3
(가), 군국주의의 심장을 겨누다

- 기획 의도: 평범한 조선 청년이 일제의 민족적 차별에 분노하며 독립운동가로 변해가는 모습을 통해 독립운동의 역사적 의미를 재조명해 본다.
- 구성
  1부 식민지 조선 청년으로 살다.
  2부 일제의 민족 차별에 눈을 뜨다.
  3부 **한인 애국단의 단원**이 되다.
  4부 **도쿄에서 일왕에게 수류탄을 던지다**.

위 (가)에 들어갈 인물은? → 이☐☐

> 한인 애국단 단원, 도쿄에서 일왕에게 수류탄 투척

기출자료 4 윤봉길은 (가)에 가입하며, 조국의 독립과 자유를 회복하기 위하여 일제 장교를 처단하겠다는 선서문을 작성하였다. 그리고 3일 후, **상하이 훙커우 공원**에서 의거를 일으켜 한국인의 독립 의지를 만방에 알렸다.

위 (가)에 들어갈 단체는? → 한인 ☐☐☐

> 윤봉길, 상하이 훙커우 공원 의거, 일본군 장성 처단

선지패턴 A. 의열단과 한인 애국단의 주요 인물과 활동을 구분하는 것이 핵심!

+ 기출선지 더 보기

빈출선지 1 **조선 혁명 선언을 활동 지침**으로 삼았다. → ☐☐단

> 김원봉이 의열단을 조직하였다.

빈출선지 2 **조선 혁명 선언을 작성**하였다. → 신☐☐

> [의열단] 김상옥이 종로 경찰서에 폭탄을 투척하였다.

빈출선지 3 **조선 총독부에 폭탄을 투척**하였다. → 의열단원 ☐☐☐

> [의열단] 나석주가 동양 척식 주식회사에 폭탄을 던졌다.

빈출선지 4 **상하이 훙커우 공원**에서 **폭탄을 투척**하였다. → 한인 애국단원 ☐☐☐

> [김구] 한인 애국단을 조직하였다.

정답 | 자료1 의열 자료2 애국단 자료3 봉창 자료4 애국단 선지1 의열 선지2 채호 선지3 김익상 선지4 윤봉길

한눈에 정리하는 빈출이론

1. 의열단

조직	만주에서 김원봉, 윤세주 등이 조직(1919)
활동	• 목표: 일제 요인·민족 반역자 암살, 식민 통치 기관 파괴 등 • 지침: 신채호의 「조선 혁명 선언」(1923) → 민중의 직접 혁명 추구 • 의거: 부산 경찰서(박재혁, 1920), 조선 총독부(김익상, 1921), 종로 경찰서(김상옥, 1923), 일본 왕궁(김지섭, 1924), 조선 식산 은행·동양 척식 주식회사(나석주, 1926) 등에 폭탄 투척
방향 전환	• 개별 의열 투쟁에 한계를 느끼고 조직적 무장 투쟁 노선으로 전환 • 단원들이 황푸 군관 학교에 입학해 군사 훈련을 받음(1926) • 조선 혁명 간부 학교 설립(1932): 중국 국민당 정부의 지원, 독립운동 지도자 양성

▲ 김원봉　　▲ 김익상　　▲ 나석주

2. 한인 애국단

조직	대한민국 임시 정부의 침체를 극복하기 위해 김구가 중국 상하이에서 조직(1931)
활동	• 이봉창: 도쿄에서 일본 국왕이 탄 마차를 향해 폭탄 투척(1932) • 윤봉길: 상하이 훙커우 공원에서 열린 일본군 상하이 점령 기념식장에 폭탄 투척(1932)
의의	• 한국 독립운동의 대외 여론 환기 → 대한민국 임시 정부의 위상 강화 • 중국 국민당 정부가 대한민국 임시 정부를 지원하는 계기 마련

▲ 이봉창　　▲ 윤봉길

3. 강우규의 의거: 서울 남대문 일대에서 제3대 총독으로 부임하는 사이토 마코토가 탄 마차에 폭탄 투척(1919)

기출선지로 보는 핵심암기

01 김원봉이 (**의열단**, 한인 애국단)을 조직하였다.
02 [의열단](대동단결, **조선 혁명**) 선언을 활동 지침으로 삼았다.
03 [김익상](**조선 총독부**, 종로 경찰서)에 폭탄을 투척하였다.
04 김상옥이 (조선 총독부, **종로 경찰서**)에 폭탄을 던졌다.
05 나석주가 (부산 경찰서, **동양 척식 주식회사**)에 폭탄을 던졌다.
06 [김구](의열단, **한인 애국단**)을 조직하였다.
07 [윤봉길](종로 탑골, **상하이 훙커우**) 공원에서 폭탄을 투척하였다.

정답 | 01 의열단　02 조선 혁명　03 조선 총독부　04 종로 경찰서　05 동양 척식 주식회사　06 한인 애국단　07 상하이 훙커우

빈출패턴 43 - 실력 양성 운동과 학생 항일 운동

1920년대 민족 운동에 관한 자료를 주고, 중심 인물이나 의의를 찾는 문제가 주로 출제!

최신 12회분 출제문항 수: **10문항**

Q. 밑줄 그은 '운동' or 다음 사건 or (가)에 대한 설명으로 옳은 것은?

+ 키워드 파헤치기

기출자료 1
오늘 신문에는 '내 살림 내 것으로' 등의 구호를 내세운 이 운동에 주부들도 함께 하자는 글이 실렸어요. 가정 살림을 맡고 있는 주부들이 민족의 장래를 위해 조선인이 만든 물건을 써야 한다고 하네요.

위 밑줄 그은 이 운동은? → [　] 장려 운동

› 조선 물산 장려회, 내 살림 내 것으로, 조선인이 만든 물건을 써야 한다고 주장

기출자료 2
사진은 조선 민립 대학 기성회의 창립 총회를 기념하여 촬영한 것입니다. 이 단체는 조선인의 힘으로 고등 교육 기관을 설립하고자 하는 취지에서 조직되었습니다. 이 단체가 주도한 민족 운동에 대해 말해 볼까요?

위 밑줄 그은 민족 운동은? → 민립 [　] 설립 운동

› 조선 민립 대학 기성회, 고등 교육 기관 설립 목적, 이상재, 한민족 1천만이 한 사람이 1원씩

기출자료 3
순종 황제의 인산일인 오늘, 경성 각지에서 만세 시위가 일어났습니다. 학생들이 격문을 뿌리며 조선 독립 만세를 외치자 시민들이 합세하였습니다.

위와 관련된 민족 운동은? → [　]·[　] 만세 운동

› 순종 황제의 인산일, 독립 만세, 신간회 결성의 계기

기출자료 4
주제: (가)
1. 배경: 일제의 식민 통치와 민족 차별 교육
2. 전개: 나주역 사건 → 한일 학생 충돌 → 일제 경찰의 민족 차별적 대응 → 광주 지역 학생들의 대규모 시위 → 전국으로 시위 확산
3. 의의: 3·1 운동 이후 최대 규모의 항일 민족 운동

위 (가)에 들어갈 민족 운동은? → 광주 [　] 항일 운동

› 민족 차별 반대, 식민지적 노예 교육 제도 철폐 주장, 광주, 조선인 학생과 일본인 학생 간의 충돌, 3·1 운동 이후 최대 규모의 항일 민족 운동, 신간회의 진상 조사단 파견

A. '물산 장려 운동-민립 대학 설립 운동' 간, '6·10 만세 운동-광주 학생 항일 운동' 간의 구분이 핵심!

+ 기출선지 더 보기

빈출선지 1 평양에서 시작되어 전국으로 확대되었다. → [　] 장려 운동

[물산 장려 운동] 조선 사람 조선 것이라는 구호를 내세웠다.

빈출선지 2 경성 제국 대학이 설립되었다. → 배경: 민립 [　] 설립 운동

[이상재] 조선 민립 대학 기성회를 조직하였다.

빈출선지 3 순종의 장례일을 기회로 삼아 일어났다. → [　]·[　] 만세 운동

[6·10 만세 운동] 신간회 창립의 계기가 되었다.

빈출선지 4 신간회에서 진상 조사단을 파견하여 지원하였다. → 광주 [　] 항일 운동

[광주 학생 항일 운동] 한국인 학생과 일본인 학생 간의 충돌이 발단이 되었다.

정답 | 자료1 물산 자료2 대학 자료3 6, 10 자료4 학생 선지1 물산 선지2 대학 선지3 6, 10 선지4 학생

한눈에 정리하는 빈출이론

한능검 빈출이론만 빠르게 파악하세요!

1. 실력 양성 운동

물산 장려 운동	• 배경: 회사령 철폐, 일본의 관세 철폐 움직임 • 단체: 평양에서 조선 물산 장려회 조직(조만식 주도, 1920) → 서울로 조직 확대 → 전국으로 확산 • 활동: '조선 사람 조선 것', '내 살림 내 것으로' 등을 구호로 토산물(국산품) 애용, 일본 상품 배척 등 주장 • 결과: 생산량이 수요를 따라가지 못해 상품 가격 상승, 사회주의 계열 등의 비판(자본가의 이익만을 위한 운동이라는 비판)
민립 대학 설립 운동	• 배경: 제2차 조선 교육령(1922)으로 대학 설립의 길 마련 • 단체: 조선 민립 대학 기성회 조직(이상재 주도, 1922) • 활동: '한민족 1천만이 한 사람이 1원씩'이라는 구호 아래 대학 설립을 위한 모금 운동 전개 • 결과: 일제가 한국인의 자발적인 대학 설립 운동을 무마하기 위해 경성 제국 대학 설립(1924)
문맹 퇴치 운동	• 1920년대 후반부터 언론사 주도로 한글 보급 운동 전개 • 문자 보급 운동(1929~1934): 조선일보 주도, '아는 것이 힘, 배워야 산다.' • 브나로드 운동(1931~1934): 동아일보 주도, '배우자, 가르치자, 다 함께 브나로드'

▲ 물산 장려 운동 홍보 시가행진

▲ 문자 보급 운동 교재

▲ 브나로드 운동 포스터

2. 학생 항일 운동

6·10 만세 운동 (1926)	• 배경: 사회주의 세력의 성장, 순종의 죽음 등 • 전개: 시위 계획이 일제에 발각되면서 사회주의 계열 인사 대거 검거 → 순종의 인산일 행렬에 학생들이 격문 배포 및 만세 시위 전개 → 시민들의 합세 • 의의: 민족 유일당 운동의 계기(민족주의 계열과 사회주의 계열의 연대 가능성 제시) → 신간회 창립에 영향
광주 학생 항일 운동 (1929)	• 배경: 일제의 식민지 차별 교육 • 발단: 일본 남학생이 한국 여학생 희롱 → 한·일 학생 간 충돌 발생 • 전개: 광주 시내 학생들의 대규모 시위 → 서울 각지에 시위 확산으로 확대(신간회에서 진상 조사단 파견) • 의의: 3·1 운동 이후 전개된 최대 규모의 항일 민족 운동

기출선지로 보는 핵심암기

올바른 용어를 찾아 기출선지를 완성하세요!

01 [물산 장려 운동] (진주 , **평양**)에서 시작되어 전국으로 확대되었다.

02 [물산 장려 운동] (국채 보상 기성회 , **조선 물산 장려회**)를 중심으로 전개되었다.

03 [민립 대학 설립 운동] (통감부 , **조선 총독부**)의 탄압과 방해로 실패하였다.

04 [민립 대학 설립 운동, 일제] (**경성 제국 대학** , 한성 사범 대학)이 설립되었다.

05 [브나로드 운동] (**동아일보** , 대한매일신보)의 적극적인 지원을 받아 진행되었다.

06 [6·10 만세 운동] (고종 , **순종**)의 장례일을 기회로 삼아 일어났다.

07 [6·10 만세 운동] (**신간회** , 신민회) 창립의 계기가 되었다.

08 [광주 학생 항일 운동] (**신간회** , 신민회)에서 진상 조사단을 파견하여 지원하였다.

정답 | 01 평양 02 조선 물산 장려회 03 조선 총독부 04 경성 제국 대학 05 동아일보 06 순종 07 신간회 08 신간회

빈출패턴 44 민족 유일당 운동과 사회적 민족 운동

최신 12회분 출제문항 수: **9문항**

신간회나 1920~1930년대 사회 운동과 관련된 자료를 주고 관련 내용을 묻는 문제가 출제!

대표발문 Q
(가) 단체의 활동 or 다음 자료에 나타난 사건 or 다음 사회 운동에 대한 설명으로 옳은 것은?

+ 키워드 파헤치기

기출자료 1

(가) 창립 총회(1927. 2. 15.)

강령
1. 우리는 **정치적·경제적 각성을 촉진함**.
2. 우리는 **단결을 공고히 함**.
3. 우리는 **기회주의를 일체 부인함**.

위 (가)에 들어갈 단체는? → ☐☐ 회

> 1927년 창립, 정치적·경제적 각성을 촉진함, 단결을 공고히 함, 기회주의를 일체 부인함, 민족 유일당 운동, 광주 학생 항일 운동에 조사단 파견

기출자료 2

- 라이징 선 석유 회사는 조선인을 구타한 일본인 감독을 파면하라!
- 8시간 노동제를 실시하라!
- **최저 임금제를 확립**하라!

위에서 설명하는 사회 운동은? → ☐☐ 총파업

> 1920년대, 라이징 선 석유 회사, 최저 임금제 확립

기출자료 3

우리 학회에서는 차별과 억압에 맞선 **근대 여성 단체**의 활동을 조명하는 자리를 마련하였습니다. 관심 있는 분들의 많은 참여 바랍니다.

1부 찬양회, 여학교 설립을 추진하다
2부 (가), **신간회의 자매단체로서 여성의 단결과 지위 향상**을 도모하다

위 (가)에 들어갈 단체는? → ☐☐ 회

> 근대 여성 운동 단체, 신간회 자매단체, 여성의 단결과 지위 향상 도모

기출자료 4

- 인물1: 일제 강점기에 **백정들이 저울처럼 평등한 사회를 만들고자 일으켰던 운동**을 기념하는 탑이야.
- 인물2: 이것은 이 운동을 주도한 단체의 포스터야. 저울을 뜻하는 글자를 볼 수 있어.

위와 관련된 사회 운동은? → ☐☐ 운동

> 진주, 조선 형평사, 백정들이 평등한 사회를 만들고자 일으켰던 운동

선지패턴 A
민족 유일당 운동은 신간회의 조사단 파견이 핵심!
사회적 민족 운동은 돌아가며 정답!

+ 기출선지 더 보기

빈출선지 1 신간회가 조사단을 파견하여 지원하였다. → 광주 ☐☐ 항일 운동

> [신간회] 사회주의 계열과 비타협적 민족주의 계열이 연대하여 조직하였다.

빈출선지 2 암태도에서 소작 쟁의를 전개하였다. → 종류: ☐☐ 운동

빈출선지 3 원산 총파업이 전개되었다. → 종류: ☐☐ 운동

빈출선지 4 백정에 대한 사회적 차별 철폐를 주장하였다. → ☐☐ 운동

> [형평 운동] 조선 형평사의 주도로 전개되었다.

정답 | 자료1 신간 자료2 원산 자료3 근우 자료4 형평 선지1 학생 선지2 농민 선지3 노동 선지4 형평

한눈에 정리하는 빈출이론

한능검 빈출이론만 빠르게 파악하세요!

1. 민족 유일당 운동

배경	• 국외: 중국의 제1차 국·공 합작, 한국 독립 유일당 북경 촉성회 창립(안창호 중심), 만주에서 3부 통합 운동 • 국내: 6·10 만세 운동(1926), 자치론의 대두로 민족주의 진영 분열, 치안 유지법(사회주의 세력 약화)
전개	• 조선 민흥회 창립(1926): 신간회 창립의 선구적 역할 • 정우회 선언(1926): 신간회 창립의 중요한 계기 마련
신간회의 활동 (1927~1931)	• 결성: 비타협적 민족주의 세력 + 사회주의 세력이 연대 → 합법적 단체(회장 이상재, 부회장 홍명희) • 강령: 정치적·경제적·사회적 각성 촉진, 민족의 단결, 기회주의 배격 • 활동: 강연회·연설회 개최, 농민·노동 운동 지원(원산 총파업), 광주 학생 항일 운동에 조사단 파견 • 해소: 일제의 탄압, 지도부가 타협론자와 협력 추구, 코민테른의 지시, 사회주의자들의 협동 전선 포기 → 전체 회의에서 해소 결정(1931)

2. 사회적 민족 운동

농민 운동	• 주요 단체: 조선 농민 총동맹(1927) • 대표 쟁의: 전남 신안 암태도 소작 쟁의(1923~1924)
노동 운동	• 주요 단체: 조선 노동 총동맹(1927) • 대표 쟁의: 원산 총파업(1929) → 국외 노동 단체의 후원과 격려
소년 운동	• 주요 단체: 천도교 소년회(1921, 방정환 주도) • 활동: 어린이날 제정, 잡지 『어린이』 간행
여성 운동	• 주요 단체: 근우회(신간회 자매단체, 1927) • 활동: 여성의 계몽과 교육 주장(여학교 설립), 기관지 『근우』 발간
형평 운동	• 주요 단체: 조선 형평사(진주, 1923) • 활동: 백정 인권 운동(사회적 차별 반대 운동)

▲ 어린이날 포스터

▲ 근우회 기관지 『근우』

▲ 형평 운동 포스터

기출선지로 보는 핵심암기

올바른 용어를 찾아 기출선지를 완성하세요!

01 [정우회 선언] (**신간회**, 신민회) 결성의 배경이 되었다.
02 [광주 학생 항일 운동] (보안회, **신간회**)가 조사단을 파견하여 지원하였다.
03 [농민 운동] (원산, **암태도**)에서 소작 쟁의를 전개하였다.
04 [노동 운동] (**원산**, 진주) 총파업이 전개되었다.
05 [소년 운동] 잡지 (개벽, **어린이**)을/를 발간하였습니다.
06 [근우회] (**신간회**, 신민회)의 자매단체로서 여성의 단결과 지위 향상을 도모하다.
07 [형평 운동] (**조선 형평사**, 조선 물산 장려회)의 주도로 전개되었다.
08 [형평 운동] (**백정**, 서얼)에 대한 사회적 차별 철폐를 주장하였다.

정답 | 01 신간회 02 신간회 03 암태도 04 원산 05 어린이 06 신간회 07 조선 형평사 08 백정

빈출패턴 45 민족 문화 수호 운동

최신 12회분 출제문항 수: 12문항

Q (가)에 들어갈 내용 or (가) 인물의 활동 or 다음 퀴즈의 정답으로 옳은 것은?

+ 키워드 파헤치기

기출자료 1
우리 학회에서는 '백암 **박은식** 선생의 사상과 활동'이라는 주제로 교양 강좌를 준비하였습니다. 관심 있는 분들의 많은 참여 바랍니다.
- 제1강 **황성신문 주필** 등 언론 활동 전개
- 제2강 (가)
- 제3강 대한민국 임시 정부 제2대 대통령 취임과 헌법 개정

위 (가)에 들어갈 저서는? → 한국 ☐☐ 저술

> 박은식, 민족주의 사학자, 황성신문 주필, 한국독립운동지혈사 저술, 유교구신론 주장, 대한민국 임시 정부 제2대 대통령

기출자료 2
- 인물1: 우리 모둠은 (가)의 사상 변화와 독립운동을 탐구해 보는 게 어떨까?
- 인물2: 찬성이야. 그는 **독사신론, 조선상고사** 등을 저술한 대표적인 **민족주의 사학자**였어.
- 인물3: **무정부주의**의 영향을 받아 무정부주의자 연맹에서 활동하기도 하였지.

위 (가)에 들어갈 인물은? → ☐☐☐

> 민족주의 사학자, 독사신론·조선상고사·조선사연구초 저술, 조선 혁명 선언 작성, 무정부주의

기출자료 3
이것은 **한글 맞춤법 통일안**과 **외래어 표기법 통일안**을 마련한 단체에서 사전을 편찬하기 위해 만든 원고입니다. 이 단체의 이름은 무엇일까요?

위 퀴즈의 정답은? → ☐☐☐ 학회

> 잡지 한글 간행, 한글 맞춤법 통일안·표준어 제정, 우리말(조선말) 큰사전 편찬 시도, 조선어 학회 사건

기출자료 4
주제: (가), 조국의 독립을 꿈꾸다
- 인물1: 독립운동을 하다가 대구 형무소에 갇힌 내용을 넣어 보자.
- 인물2: **그의 이름이 형무소에 있을 때 수인번호와 관련**이 있다는데 그 이야기도 다루자.
- 인물3: 대표적 작품인 **광야**에 대해 소개했으면 좋겠어.

위 (가)에 들어갈 인물은? → ☐☐☐ (이원록)

> 수인번호, 저항 문학, 대표작 광야

A 사학자끼리, 국어 단체끼리, 종교끼리 구분하는 것이 핵심!

+ 기출선지 더 보기

빈출선지 1 국혼을 강조한 역사서인 **한국통사** 저술 → ☐☐☐

[박은식] 한국독립운동지혈사를 저술하였다.

빈출선지 2 **조선 혁명 선언**을 작성하였다. → ☐☐☐

[백남운] 식민 사학의 정체성론을 반박하는 조선사회경제사 집필

빈출선지 3 **우리말(조선말) 큰사전** 편찬을 주도하였다. → ☐☐☐ 학회

[천도교] 개벽과 신여성 등의 잡지를 발간하였다.

빈출선지 4 **한글 맞춤법 통일안** 편찬을 발표하였다. → ☐☐☐ 학회

[대종교] 항일 단체인 중광단을 결성하였다.

정답 | 자료1 통사 자료2 신채호 자료3 조선어 자료4 이육사 선지1 박은식 선지2 신채호 선지3 조선어 선지4 조선어

한눈에 정리하는 빈출이론

1. 한국사 연구

일제의 한국사 왜곡	• 식민 사관: 한국사의 정체성, 타율성, 당파성, 사대성 등 강조 • 조선사 편수회: 『조선사』 편찬
민족주의 사학	• 박은식: '혼'이 담긴 민족사 강조 → 『한국통사』·『한국독립운동지혈사』 저술 • 신채호: 낭가 사상 강조 → 「독사신론」·『조선상고사』·『조선사연구초』 저술
사회 경제 사학	• 유물 사관에 입각하여 식민 사학의 정체성 이론 비판 • 백남운: 『조선사회경제사』·『조선봉건사회경제사』 등 저술
실증주의 사학	이병도, 손진태: 진단 학회 조직, 『진단학보』 발간

▲ 박은식　▲ 신채호

2. 국어 연구

조선어 연구회 (1921)	결성	국문 연구소(주시경)를 계승하여 조직
	활동	한글의 연구·보급 목적 → 잡지 『한글』 간행, '가갸날' 제정, 조선어 강습회 개최(한글 연구·보급 활동)
조선어 학회 (1931)	결성	조선어 연구회 계승, 최현배·이윤재 등이 주도하여 결성(1931)
	활동	잡지 『한글』 간행, 한글 맞춤법 통일안·표준어 제정, 『우리말(조선말) 큰사전』 편찬 시도
	해산	조선어 학회 사건(1942): 최현배·이윤재 등 회원 체포, 강제 해산

3. 종교·문예·기타

종교	불교	일제의 사찰령에 저항, 조선 불교 유신회 조직(사찰 자치 운동 전개)
	천도교	제2의 3·1 운동 계획, 잡지 『개벽』·『신여성』·『어린이』 간행
	대종교	단군 숭배 사상, 만주에 중광단을 조직하여 무장 항일 투쟁 전개(북로 군정서 등)
	천주교	만주에 의민단 조직, 잡지 『경향』 발행, 고아원과 양로원 설립
	개신교	신사 참배 거부 운동 전개
	원불교	박중빈이 창시(1916), 새생활 운동 전개
문학	1910년대	이광수의 『무정』
	1920년대	동인지 문학, 신경향파 문학(KAPF, 카프), 저항 문학(한용운)
	1930년대 이후	친일 문학(최남선, 이광수), 저항 문학(이육사, 심훈, 윤동주 등)
예술	미술·연극·영화	이중섭(서양화), 토월회(신극 운동, 1923), 나운규의 '아리랑' 개봉(1926)
기타	손기정	베를린 올림픽 대회 마라톤 금메달(1936) → 일장기 삭제 사건 발생

기출선지로 보는 핵심암기

01 [박은식] 국혼을 강조한 역사서인 (**한국통사** , 조선상고사) 저술
02 [신채호] (**조선 혁명** , 2·8 독립) 선언을 작성하였다.
03 [백남운] 식민 사학의 정체성론을 반박하는 (**조선사회경제사** , 독사신론) 집필
04 [조선어 학회] (진단학보 , **우리말 큰사전**) 편찬을 주도하였다.
05 [천도교] 개벽과 (**신여성** , 한글) 등의 잡지를 발간하였다.
06 [천주교] (중광단 , **의민단**)을 조직하여 독립 전쟁을 전개하였다.
07 [원불교] 박중빈을 중심으로 (**새생활** , 물산 장려) 운동을 전개하였다.
08 [연극] (**토월회** , 신간회)를 결성하여 신극 운동을 펼쳤다.

정답 | 01 한국통사　02 조선 혁명　03 조선사회경제사　04 우리말 큰사전　05 신여성　06 의민단　07 새생활　08 토월회

빈출패턴 46 — 대한민국 정부 수립 과정과 6·25 전쟁

광복 이후부터 대한민국 정부 수립까지의 주요 사건과 전개 과정에 관한 문제가 주로 출제

최신 12회분 출제분항 수: **20문항**

대표빈문 Q
다음 발언 이후에 전개된 사실 or (가)에 들어갈 사건 or (가) 정책 or 밑줄 그은 '전쟁'에 대한 설명으로 옳은 것은?

+ 키워드 파헤치기

기출자료 1
미·소 공동 위원회가 결렬된 이후 다시 열릴 기미가 보이지 않습니다. 통일 정부가 수립되길 원했으나 뜻대로 되지 않으니, 남방만이라도 임시 정부 혹은 위원회를 조직하고, 38도선 이북에서 소련이 물러가도록 세계에 호소해야 합니다.

위와 관련된 인물은? → ☐☐

> 제1차 미·소 공동 위원회 결렬, 남방만이라도 임시 정부 조직, 정읍 발언

기출자료 2
이 조형물은 (가) 때 희생된 주민들을 추모하기 위해 만들어진 거란다. (가) 당시 **남한만의 단독 선거**에 반대하는 무장대와 이를 진압하려는 토벌대 간에 무력 충돌이 있었거든. 그 과정에서 수많은 주민이 희생되었지. 2000년에 **진상 규명 등에 관한 특별법**이 공포되었단다.

위 (가)에 들어갈 사건은? → ☐☐ 4·3 사건

> 남한만의 단독 선거에 반대, 진상 규명 특별법

기출자료 3
정부가 (가)을/를 실시하면서 발행한 **지가 증권**입니다. 당시 재정이 부족했던 정부는 지주에게 현금 대신 이것을 지급하고 **농지를 매입**하였습니다. 그리고 농지를 농민들에게 **유상으로 분배**하였습니다.

위 (가)에 들어갈 정책은? → ☐☐ 개혁

> 지가 증권, 농지의 유상 매입, 유상 분배, 자작농 증가

기출자료 4
- 인물1: 이 기관차에는 왜 구멍이 많은 거예요?
- 인물2: **1950년**에 일어난 전쟁 때 폭탄을 맞아 생겨난 흔적이란다. 이 **전쟁**으로 **많은 이산가족**이 아픔을 겪고 있지.

위 밑줄 그은 전쟁은? → ☐·☐☐ 전쟁

> 1950년 북한군 남침, 임시 수도 부산, 인천 상륙 작전, 유엔군, 중국군 개입, 정전 회담, 이산가족 발생

선지패턴 A
대한민국 정부 수립과 6·25 전쟁의 전개 과정을 기억하는 것이 핵심!

+ 기출선지 더 보기

빈출선지 1 진상 규명 등을 위한 특별법이 제정되었다. → ☐☐ 4·3 사건
> 여수·순천 10·19 사건이 발생하였다.

빈출선지 2 우리나라 최초의 보통 선거였다. → ☐·☐☐ 총선거
> [5·10 총선거] 유엔 한국 임시 위원단의 감시 아래 실시되었어요.

빈출선지 3 자작농이 증가하는 계기가 되었다. → ☐☐ 개혁
> [제헌 국회] 농지 개혁법을 제정하였다.

빈출선지 4 인천 상륙 작전이 전개되었다. → ☐·☐☐ 전쟁
> [6·25 전쟁 배경] 미국이 애치슨 선언을 발표하였다.

정답 | 자료1 이승만 자료2 제주 자료3 농지 자료4 6, 25 선지1 제주 선지2 5, 10 선지3 농지 선지4 6, 25

한눈에 정리하는 빈출이론

1. 8·15 광복과 대한민국 정부 수립

광복 이후 국내 정세	• 조선 건국 준비 위원회 결성(1945. 8.): 여운형·안재홍 중심의 좌우 연합, 전국에 지부 설치, 치안대 조직 • 미군정의 직접 통치: 정부 표방 세력을 인정하지 않음 • 모스크바 3국 외상 회의(1945. 12.): 미·소 공동 위원회 설치, 최고 5년 기한 4개국의 한반도 신탁 통치 결정 → 국내에서 우익은 반탁, 좌익은 반탁에서 총체적 지지로 선회
통일 정부 수립 노력	• 제1차 미·소 공동 위원회(1946. 3.~5.): 임시 정부 수립에 참여할 단체의 범위를 놓고 대립 → 무기한 휴회 • 이승만의 정읍 발언(1946. 6.): 이승만이 남한만의 단독 정부 수립 주장 • 좌우 합작 운동(1946~1947): 김규식과 여운형 등의 중도파가 좌우 합작 위원회 결성(미군정의 지원) • 한국 문제의 유엔 상정: 제2차 미·소 공동 위원회 결렬 → 미국이 한국 문제를 유엔에 이관 → 유엔 소총회에서 '위원단이 접근 가능한 지역에서 총선거 실시' 결의 • 남북 협상(1948. 4.): 남한만의 단독 선거 움직임 → 평양에서 남북 지도자 회의 개최(김구, 김규식이 추진) → 남한 단독 선거 반대 등의 내용을 담은 공동 성명 발표
대한민국 정부 수립 (1948. 8.)	• 대한민국 정부 수립을 전후하여 갈등 발생: 제주 4·3 사건, 여수·순천 10·19 사건 • 5·10 총선거: 임기 2년의 제헌 국회 의원 선출, 우리나라의 최초의 보통 선거 → 제헌 헌법 공포

2. 제헌 국회의 활동

반민족 행위 처벌법 제정 (1948. 9.)	일제 강점기 반민족 행위자 처벌 조항 마련, 반민족 행위 특별 조사 위원회(반민 특위) 설치 → 친일 혐의자 체포·조사 → 이승만 정부의 방해(국회 프락치 사건) → 반민 특위 활동 기간 축소로 1년 만에 해체
농지 개혁법 제정 (1949. 6.)	유상 매수·유상 분배 원칙, 1가구당 3정보 이내로 토지 소유 제한 → 지주 계급 소멸, 자작농 증가

3. 6·25 전쟁(1950~1953)

배경	남한에서 미군 철수, 미국의 애치슨 선언 발표(1950. 1.)
전개	북한군의 남침(1950. 6. 25.) → 서울 함락 → 유엔군 참전 → 인천 상륙 작전(1950. 9. 15.)으로 서울 수복 → 국군과 유엔군이 압록강까지 진출 → 중국군 개입으로 1·4 후퇴(1951. 1. 4.) → 정전 회담 시작 → 이승만 정부의 반공 포로 석방 → 정전 협정 체결(1953. 7. 27.) → 한·미 상호 방위 조약 체결(1953. 10.)

기출선지로 보는 핵심암기

01 [광복 직후 국내 정세] 조선 건국 (동맹, **준비 위원회**)이/가 조직되었다.
02 [모스크바 3국 외상 회의] (**신탁 통치**, 한·일 국교 정상화) 반대 운동이 확산되었다.
03 [여운형·김규식 등] (**좌우 합작**, 남북 조절) 위원회를 구성하였다.
04 [남북 협상] 김구와 (**김규식**, 이승만)이 남북 협상을 추진하였다.
05 [반민족 행위 처벌법] (**친일파**, 공산당) 청산을 목적으로 하였다.
06 [농지 개혁법] (**자작농**, 소작농)이 증가하는 계기가 되었다.
07 [6·25 전쟁] 국군과 유엔군이 (**인천 상륙**, 서울 진공) 작전에 성공하였다.
08 [6·25 전쟁] 중국군의 개입으로 (**서울**, 부산)을 다시 빼앗기게 되었다.

정답 | 01 준비 위원회 02 신탁 통치 03 좌우 합작 04 김규식 05 친일파 06 자작농 07 인천 상륙 08 서울

빈출패턴 47 · 대한민국 헌법의 변천

최신 12회분 출제문항 수: **4문항**

Q 대표발문
다음 사건이 있었던 정부 시기 or 다음 헌법 조항이 시행된 시기에 있었던 사실로 옳은 것은?

+ 키워드 파헤치기

기출자료 1 임시 수도 부산에서 계엄령 선포

1952년 5월 25일 0시를 기하여 부산을 포함한 경상남도와 전라남·북도 일부 지역에 공비(共匪) 소탕을 구실로 비상계엄이 선포되었다. 이는 '**발췌 개헌**'으로 불리는 **제1차 개정 헌법**이 공포되기까지 **부산**에서 있었던 일련의 정치적 소요의 시작이었다.

위와 관련된 정부는? → [　　] 정부

> 1952년, 대통령 직선제(정·부통령 직접 선거), 부산 정치 파동

기출자료 2 신문 기사에 따르면 **1954년 11월 27일**, 당시 **대통령에 한해 중임 제한 조항을 적용하지 않는다**는 개헌안이 국회에서 부결되었다. 그러나 이틀 후 정부와 자유당은 **사사오입**의 논리를 내세워 이를 번복하고 개헌안 통과를 선포하였다.

위와 관련된 헌법은? → [　　] 개헌(제2차 개헌)

> 1954년, 초대 대통령에 한해 중임 제한 철폐

기출자료 3 제39조 ① 대통령은 **통일 주체 국민 회의**에서 토론 없이 무기명 투표로 선거한다.
제53조 ② 대통령은 …… 국민의 자유와 권리를 잠정적으로 정지하는 **긴급 조치**를 할 수 있고, 정부나 법원의 권한에 관하여 긴급 조치를 할 수 있다.

위와 관련된 헌법은? → [　　] 헌법(제7차 개헌)

> 통일 주체 국민 회의, 긴급 조치권, 국회 의원 3분의 1 추천권

A 선지패턴
발췌 개헌, 사사오입 개헌, 유신 헌법의 특징을 기억하는 것이 핵심!

+ 기출선지 더 보기

빈출선지 1 6·25 전쟁 중에 진행되었다. → [　　] 개헌

빈출선지 2 개헌 당시의 대통령에 한해 **중임 제한이 철폐**되었다. → [　　] 개헌

> [제2차 개헌] 사사오입 개헌안을 가결하였다.

빈출선지 3 **긴급 조치**가 발표되었다. → [　　] 헌법(제7차 개헌)

> [제7차 개헌] 통일 주체 국민 회의에서 대통령을 선출하였다.

빈출선지 4 **6·29 민주화 선언**이 발표되었다. → 영향: 제[　]차 개헌

정답 | 자료1 이승만 자료2 사사오입 자료3 유신 선지1 발췌 선지2 사사오입 선지3 유신 선지4 9

한눈에 정리하는 빈출이론

한능검 빈출이론만 빠르게 파악하세요!

이승만 정부	제1차 개헌 (발췌 개헌, 1952)	• 배경: 이승만 지지 세력 급감 • 과정: 자유당 창당, 대통령 직선제 개헌 추진 → 부산 정치 파동(6·25 전쟁 중 임시 수도 부산 일대에 계엄령 선포) → 발췌 개헌안 국회 상정, 기립 표결로 통과 • 개헌 주요 내용: 대통령 직선제, 국회 양원제(시행되지 않음)
	제2차 개헌 (사사오입 개헌, 1954)	• 배경: 이승만의 장기 집권 목적 • 과정: 국회 정족수에서 1표가 모자라 부결 → 자유당이 사사오입의 논리로 개헌안을 통과시킴 • 개헌 주요 내용: 초대 대통령에 한해 중임 제한 철폐
	독재 체제 강화	반공 체제 강화, 보안법 파동, 진보당 사건 등으로 독재 체제 강화 → 3·15 부정 선거 → 4·19 혁명(1960)
허정 과도 정부	제3차 개헌 (1960)	• 개헌 주요 내용: 내각 책임제, 국회 양원제(참의원·민의원) • 영향: 장면을 행정 수반으로 하는 장면 내각 성립(대통령 윤보선, 국무총리 장면)
장면 내각	제4차 개헌(1960)	3·15 부정 선거 주모자 처벌 등을 위한 소급 법 마련
박정희 군정	제5차 개헌(1962)	• 5·16 군사 정변(1961) → 박정희가 군정 실시(국가 재건 최고 회의, 중앙정보부) → 개헌 실시 • 개헌 주요 내용: 대통령 직선제, 국회 단원제
박정희 정부	제6차 개헌 (3선 개헌, 1969)	• 과정: 박정희 정부의 대통령 3회 연임 허용 개헌안 상정 → 국회 및 국민 투표로 개헌 확정 • 개헌 주요 내용: 대통령의 3회 연임 허용
	제7차 개헌 (유신 헌법, 1972)	• 배경: 냉전 체제 완화로 인한 정권 불안, 경제 불황 등 • 과정: 10월 유신 → 비상계엄령 선포, 국회 해산, 정치 활동 금지 → 헌법 개정안 의결·공고(비상 국무 회의) → 국민 투표 → 통일 주체 국민 회의 개최 → 박정희를 대통령으로 선출 • 개헌 주요 내용: 통일 주체 국민 회의에서 대통령 선출(임기 6년, 중임 제한 없음), 대통령의 권한 확대(국회 의원 3분의 1 추천권, 긴급 조치권, 국회 해산권 등) • 박정희 유신 체제의 붕괴(1979): YH 무역 사건 → 부·마 민주 항쟁 → 10·26 사태
전두환 정부	제8차 개헌(1980)	• 신군부의 등장: 전두환 등 신군부의 군사권 장악(12·12 사태, 1979) → 비상계엄 전국 확대 • 전두환 정부의 수립: 5·18 민주화 운동(1980) 진압 → 국가 보위 비상 대책 위원회 구성, 삼청 교육대 설치 → 최규하 대통령 사임 → 통일 주체 국민 회의에서 전두환을 대통령으로 선출 • 개헌 주요 내용: 7년 단임의 대통령 간선제, 대통령 선거인단에서 대통령 선출

	제9차 개헌
	(1987)
		• 전두환 정부의 정책
		  - 탄압, 민주화 운동 탄압 반공 독재 → 6월 민주 항쟁(1987)
		  - 유화: 교복과 두발 자유화, 해외여행 자유화, 프로 야구 출범, 88 서울 올림픽 대회 유치
		• 제9차 개헌
		  - 배경: 6월 민주 항쟁(대통령 직선제 개헌 요구)
		  - 과정: 6·29 민주화 선언(대통령 직선제 개헌 요구 수용) → 제9차 개헌 실시(여야 합의)
		  - 개헌 주요 내용: 5년 단임의 대통령 직선제

기출선지로 보는 핵심암기

올바른 용어를 찾아 기출선지를 완성하세요!

01 [이승만 정부, 사사오입 개헌] 개헌 당시 대통령에 한해 중임 제한이 (**규정**, **철폐**) 되었다.

02 [장면 내각, 제3차 개헌] 장면이 (**국무총리**, **대통령**)에 인준되었다.

03 [박정희 정부, 제6차 개헌] (**대통령 직선제**, **3선**) 개헌안이 통과되었다.

04 [박정희 정부, 제7차 개헌] (**대통령 선거인단**, **통일 주체 국민 회의**)에서 대통령을 선출하였다.

05 [박정희 정부, 제7차 개헌] 대통령의 긴급 조치권을 (**규정**, **철폐**)하였다.

06 [6월 민주 항쟁] 대통령 (**직선제**, **간선제**) 개헌이 이루어지는 계기가 되었다.

정답 | 01 철폐 02 국무총리 03 3선 04 통일 주체 국민 회의 05 규정 06 직선제

빈출패턴 48 민주화를 위한 노력

최신 12회분 출제문항 수: **11문항**

민주화 운동의 핵심 내용을 찾는 문제로 비교적 수월하게 출제

대표발문 Q
다음 자료로 알 수 있는 or 대화에 나타난 민주화 운동으로 옳은 것은?

+ 키워드 파헤치기

선지패턴 A
이승만·박정희·전두환 정부 시기의 민주화 운동이 돌아가며 정답!

기출자료 1
나는 망설임 없이 옆에 있는 어느 여자 대학생에게 그동안 외쳤던 구호들을 적어 달라고 했다. 그는 쾌히 몇 개의 구호를 적어 주었다.
학원 자유 보장하여 구국 애족 선봉 되자!
3·15 부정 선거 다시 해라!
발포 경찰을 처단하라!
학생들에게 총을 쏘지 마라!

위와 관련된 민주화 운동은? → ☐·☐ 혁명

> 1960년, 3·15 부정 선거, 김주열, 대학 교수단 시국 선언, 이승만 대통령 하야

기출자료 2
오늘 대학교수단이 '학생의 피에 보답하라.'는 현수막을 들고 거리로 나섰다. 교수단은 '3·15 선거를 규탄한다.'는 구호를 외치며 국회 의사당으로 향했고, 1만여 명의 학생과 시민들이 시위에 가담하였다.

위와 관련된 민주화 운동은? → ☐·☐ 혁명

> 대학교수단, 학생의 피에 보답하라, 3·15 선거 규탄

기출자료 3
- 인물1: 이것은 1979년 야당 총재의 국회 의원직 제명으로 촉발되어 유신 독재에 저항한 민주화 운동을 기념한 조형물입니다.
- 인물2: 2019년 정부는 이 운동이 민주화에 기여한 점을 인정하여 시위가 시작된 날을 국가 기념일로 지정하였습니다.

위와 관련된 민주화 운동은? → ☐·☐ 민주 항쟁

> 1979년, YH 무역 사건, 김영삼 국회 의원직 제명, 박정희 유신 체제 몰락 계기

기출자료 4
1980년 광주에서 시민들은 민주주의의 회복과 계엄령 철폐를 요구하며 신군부에 저항하였습니다. 2011년에는 이 사건 관련 기록물이 유네스코 세계 기록 유산으로 등재되었는데요. 이 사건은 무엇일까요?

위와 관련된 민주화 운동은? → ☐·☐ 민주화 운동

> 1980년, 광주, 민주주의 회복, 계엄령 철폐, 신군부에 저항, 기록물이 유네스코 세계 기록 유산으로 등재

기출자료 5
- 인물1: 이 문서가 미국 정부에서 공개한 자료인가요?
- 인물2: 네. 우리 정부의 요청으로 추가 공개된 기밀 문서입니다. 이 문서는 40년 전 이 사건 당시 광주 시민들이 민주주의의 회복과 계엄령 철폐를 요구하며 신군부에게 저항했던 상황을 조금 더 구체적으로 파악하는 데 도움을 줄 것으로 기대됩니다.

위 밑줄 그은 이 사건은? → ☐·☐ 민주화 운동

> 전남 광주, 계엄령 철폐, 신군부에 저항

기출자료 6
고문 살인 은폐 규탄 및 호헌 철폐 국민 대회
- 일시: 1987년 6월 10일 오후 6시
- 장소: 성공회 대성당
- 주최: 박종철 고문 살인 은폐 조작 규탄 범국민 대회 준비 위원회
- 주관: 민주 헌법 쟁취 국민 운동 본부

위와 관련된 민주화 운동은? → ☐월 민주 항쟁

> 1987년 6월, 호헌 철폐·독재 타도, 박종철, 이한열, 6·29 민주화 선언

정답 | 자료1 4, 19 자료2 4, 19 자료3 부, 마 자료4 5, 18 자료5 5, 18 자료6 6

한눈에 정리하는 빈출이론

1. 이승만 정부: 4·19 혁명(1960)

배경	이승만 정부의 부정부패, 3·15 부정 선거
전개	부정 선거 규탄 시위, 경찰의 무력 진압 → 마산 앞바다에서 김주열 학생의 시신 발견 → 마산 시민과 학생의 시위 → 전국으로 시위 확산 → 비상계엄령 선포(4. 19.) → 대학교수단의 시위행진(시국 선언문 발표) → 이승만 대통령 하야
결과	• 이승만 정부 붕괴, 허정 과도 정부 수립 • 제3차 개헌(1960): 내각 책임제 + 국회 양원제(민의원, 참의원) → 장면 내각 수립(1960)

2. 박정희 정부: 유신 체제에 대한 저항

3·1 민주 구국 선언(1976)	유신 체제 비판, 박정희 정부 퇴진 요구
부·마 민주 항쟁(1979)	• 배경: YH 무역 사건(1979) → 야당(신민당) 총재 김영삼의 국회 의원직 제명 • 전개: 야당의 정치적 근거지였던 부산과 마산 일대에서 박정희 유신 체제 반대 시위 전개('독재 타도, 유신 철폐') • 결과: 박정희 대통령 피살(10·26 사태) → 박정희 유신 체제 붕괴

3. 신군부~전두환 정부

(1) 신군부: 5·18 민주화 운동(1980)

배경	신군부의 비상계엄 확대, 민주화 운동 탄압
전개	전남 광주 학생들이 비상계엄 확대와 휴교령에 반대하며 시위 전개 → 신군부의 무자비한 시위 진압 → 시민의 합류로 시위 확산 → 시민들이 시민군 조직 → 계엄군이 시민군 무력 진압
의의	• 1980년대 전개된 민주화 운동의 원동력이 됨 • 5·18 민주화 운동 기록물이 유네스코 세계 기록 유산에 등재(2011) • 5·18 민주화 운동 진상 규명을 위한 특별법 제정(2018)

(2) 전두환 정부: 6월 민주 항쟁(1987)

배경	• 전두환 정부의 강압적 통치 • 박종철 고문치사 사건 발생 → 시민들의 대통령 직선제 개헌 요구 → 4·13 호헌 조치(직선제 개헌 요구 거부)
전개	시위 중 이한열의 의식 불명 → 호헌 철폐, 독재 타도를 외치며 대대적인 시위 전개
결과	노태우가 6·29 민주화 선언(직선제 개헌 요구 수용) 발표 → 제9차 개헌(5년 단임의 대통령 직선제, 현행 헌법)

기출선지로 보는 핵심암기

01 [4·19 혁명] (**3·15 부정 선거**, 4·13 호헌 조치)가 발단이 되었다.

02 [4·19 혁명] (**이승만**, 박정희) 대통령이 하야하는 결과를 가져왔다.

03 [부·마 민주 항쟁] 유신 체제가 (성립되, **붕괴되**)는 계기가 되었다.

04 [5·18 민주화 운동] 신군부가 계엄령을 전국으로 확대한 것에 (찬성, **반대**)하였다.

05 [5·18 민주화 운동] 진상 규명을 위한 (**특별법**, 처벌법)이 제정되었다.

06 [6월 민주 항쟁] (**박종철**, 이한열) 고문치사 사건을 계기로 일어났다.

07 [6월 민주 항쟁] (긴급 조치, **호헌 철폐**)와 독재 타도 등의 구호를 내세웠다.

08 [6월 민주 항쟁] (3·1 민주 구국, **6·29 민주화**) 선언이 발표되었다.

정답 | 01 3·15 부정 선거 02 이승만 03 붕괴되 04 반대 05 특별법 06 박종철 07 호헌 철폐 08 6·29 민주화

빈출패턴 49 이승만~전두환 정부 시기의 경제·사회

이승만~전두환 정부 시기의 정치·경제·사회·통일에 관한 자료를 주고, 그 시기에 일어난 사건이나...

최신 17회분 출제문항 수: **8문항**

대표발문 Q 밑줄 그은 '정부' 시기 or (가) 정부 시기 or 다음 뉴스가 보도된 정부 시기의 사실로 옳은 것은?

+ 키워드 파헤치기

기출자료 1 우리 정부가 일본의 사과와 반성 없이 한·일 국교 정상화를 추진한다는 사실이 알려지면서 대학생과 시민들을 중심으로 굴욕적 대일 외교에 반대하는 시위가 확산하고 있습니다.

위 밑줄 그은 정부는? → ☐☐ 정부

→ 한·일 국교 정상화, 김종필·오히라 회담, 6·3 시위, 한·일 협정

기출자료 2 국내 첫 고유 모델 자동차 포니 탄생

(가) 정부는 1973년 1월 중화학 공업화 추진을 선언하고 산업별로 소수의 기업을 선정해 지원하였다. 이런 가운데 1975년 12월에 국내 최초의 고유 모델 자동차 포니가 생산되기 시작하였다. 포니의 생산을 통해 우리나라는 세계에서 16번째로 고유 모델 자동차를 생산한 국가가 되었다.

위 (가)에 들어갈 정부는? → ☐☐ 정부

→ 중화학 공업 육성, 포니 자동차 생산, 제3·4차 경제 개발 5개년 계획 추진

기출자료 3 남북한 당국이 통일 방안에 관한 합의를 서울과 평양에서 동시에 발표하였다. 남북한의 당국자들이 비밀리에 상호 방문한 끝에 남과 북은 자주, 평화, 민족 대단결의 통일 원칙에 합의하였고, 통일 문제 해결을 위한 남북 조절 위원회를 구성·운영하기로 하였다.

위와 관련된 문서는? → ☐·☐ 남북 공동 성명

→ 통일 방안에 관한 합의, 3대 통일 원칙, 남북 조절 위원회 구성

기출자료 4 어제 독일 바덴바덴에서 열린 IOC 총회에서 서울이 나고야를 52대 27로 누르고 1988년 올림픽 개최지로 결정되었습니다.

위 일이 있었던 시기의 정부는? → ☐☐ 정부

→ 1988년, 서울 올림픽 대회 유치

선지패턴 A 경제·통일 정책은 빈출선지가 반복 등장!

+ 기출선지 더 보기

빈출선지 1 미국의 원조 물자를 기반으로 삼백 산업이 성장하였다. → ☐☐ 정부

[이승만 정부] 미국으로부터 농산물을 무상 지원받았어.

빈출선지 2 베트남 전쟁에 한국군을 파병하였다. → ☐☐ 정부

[박정희 정부] 7·4 남북 공동 성명을 발표하였다.

빈출선지 3 굴욕적인 한·일 국교 정상화에 반대하였다. → ☐☐ 정부

[박정희 정부] 남북 조절 위원회가 설치되었다.

빈출선지 4 3저 호황으로 수출이 증가하였다. → ☐☐ 정부

[전두환 정부] 이산가족 고향 방문을 최초로 성사시켰다.

정답 | 자료1 박정희 자료2 박정희 자료3 7, 4 자료4 전두환 선지1 이승만 선지2 박정희 선지3 박정희 선지4 전두환

한눈에 정리하는 **빈출이론**

1. 이승만 정부

경제	한·미 원조 협정 체결(1948. 12.) → 농산물과 소비재 중심의 원조 → 삼백 산업(제분·제당·면방직) 발달 → 미국에 대한 경제 의존도 증가 → 1950년대 말 미국의 원조 감소 → 경제 위기
통일 정책	6·25 전쟁 이후 상호 적대감 증폭, 반공 정책 추진, 북진 통일(멸공 통일) 주장

2. 박정희 정부

경제	한·일 국교 정상화	• 배경: 한·미·일 안보 강화, 경제 발전 자금 마련 • 전개: 김종필·오히라 비밀 회담(1962) → 6·3 시위(굴욕적 한·일 회담 반대, 1964) → 시위 탄압, 한·일 협정(한·일 기본 조약) 체결(1965)
	베트남 파병 (1964~1973)	• 배경: 미국의 파병 요청, 경제 발전 자금 마련 → 브라운 각서 체결(1966) • 성과: 미국으로부터 차관 확보, 베트남에 대한 수출 증가, 한·미 동맹 강화
	경제 개발 5개년 계획	• 제1·2차: 경공업 육성, 경부 고속 국도 개통(1970), 서독에 광부와 간호사 파견 • 제3·4차: 중화학 공업 육성, 포항 제철 준공(1973), 수출액 100억 달러 달성(1977)
사회·교육		• 전태일 분신 사건(1970), 광주 대단지 사건(1971), YH 무역 사건(1979) 등 발생 • 국민 교육 헌장 선포(1968), 중학교 무시험 진학 제도(추첨제, 1969), 고교 평준화 제도(1974) 등
통일 정책		7·4 남북 공동 성명(1972): 3대 통일 원칙(자주·평화·민족적 대단결) 최초 합의, 남북 조절 위원회 구성

3. 전두환 정부

경제	제2차 석유 파동으로 경제 위기 → 1980년대 중반 3저 호황(저유가, 저금리, 저환율) → 경제 위기 극복 → 지속적인 경제 성장
사회·교육	• 유화 정책: 교복과 두발 자유화, 야간 통행금지 해제, 해외여행 자유화 등 • 프로 스포츠 육성: 프로 야구 출범, 88 서울 올림픽 대회 유치 등 • 교육 제도: 과외 전면 금지, 대학 졸업 정원제 실시, 중학교 의무 교육 최초 실시
통일 정책	최초의 이산가족 고향 방문과 예술 공연단 교환(1985)

기출선지로 보는 **핵심암기**

01 [이승만 정부] 미국의 원조 물자를 기반으로 (**삼백 산업**, 중화학 공업)이 성장하였다.
02 [박정희 정부] (**경부 고속 국도**, 경부 고속 철도)가 개통되었다.
03 [박정희 정부] 수출 (**100**, 300)억 달러 달성
04 [박정희 정부] 서독에 광부와 (교사, **간호사**)를 파견하여 외화를 획득하였다.
05 [박정희 정부] (6·15 남북 공동 선언, **7·4 남북 공동 성명**)을 발표하였다.
06 [박정희 정부] (좌우 합작, **남북 조절**) 위원회가 설치되었다.
07 [전두환 정부] 3저 호황으로 수출이 (**증가**, 감소)하였다.
08 [전두환 정부] 이산가족 고향 방문을 (**최초**, 2차)로 성사시켰다.

정답 | 01 삼백 산업 02 경부 고속 국도 03 100 04 간호사 05 7·4 남북 공동 성명 06 남북 조절 07 증가 08 최초

빈출패턴 50 노태우 정부~현재

노태우~현재 정부 시기의 정치·경제·사회·통일에 관한 자료를 주고, 그 시기에 일어난 사건이나 다른 정책을 묻는 문제가 출제!

최신 12회분 출제휘힘 **11문항**

대표발문 Q
(가) 정부 시기에 있었던 사실 및 다음 정부 시기의 사실로 옳은 것은?

+ 키워드 파헤치기

기출자료 1
제6공화국의 시작을 알린 (가) 정부
- 1화: **서울 올림픽**이 성황리에 개최되다
- 2화: **3당 합당**으로 국내 정치 지형이 바뀌다
- 3화: 남북 정부 요인들이 모여 **남북 기본 합의서**를 채택하다

위 (가)에 들어갈 정부는? → ☐☐ 정부

여소야대, 3당 합당, 서울 올림픽 개최, 북방 외교, 남북한 유엔 동시 가입, 남북 기본 합의서, 한반도 비핵화에 관한 공동 선언

기출자료 2
어제 대한민국이 **경제 협력 개발 기구(OECD)에 가입**하였다. 이로 인해 선진국으로서의 위상을 확보하고 국제 경쟁력을 높일 수 있을 것이라는 기대가 크지만, 회원국으로서 부담해야 할 막대한 비용과 의무 또한 생각하지 않을 수 없다. 따라서 정치권 및 정부와 기업, 국민의 적극적인 노력이 필요하다.

위와 관련된 정부는? → ☐☐ 정부

지방 자치제 전면 실시, 금융 실명제 실시, 경제 협력 개발 기구(OECD) 가입, 외환 위기

기출자료 3
전직 대통령을 구속하고 재판하는 일은 국가적으로 불행하고 부끄러운 일입니다. 그러나 이러한 과정을 거치지 않으면 우리 역사는 바로 설 수 없습니다. 우리는 이를 통해 군사 쿠데타라는 불행하고 후진적인 유산을 영원히 추방함으로써 군의 진정한 명예와 국민적 자존심을 되찾을 것입니다. …… 우리가 **광복 50주년**을 맞아 일제의 잔재인 옛 조선 총독부 건물을 철거하기 시작한 것도 **역사를 바로잡아 민족정기를 확립**하기 위한 것입니다.

위와 관련된 정부는? → ☐☐ 정부

전직 대통령 구속, 광복 50주년, 역사 바로 세우기

기출자료 4
작년 2월 25일 '**국민의 정부**'는 전례 없는 외환 위기 속에서 출발하였습니다. 우리 국민은 실직과 경기 침체로 인해 견디기 힘든 고통에도 불구하고 **금 모으기 운동** 등 할 수 있는 모든 노력을 다해 왔습니다. 국민 여러분이 한없이 고맙고 자랑스럽습니다.

위와 관련된 정부는? → ☐☐ 정부

국민의 정부, 금 모으기 운동, 평화적인 여야 정권 교체, 대북 화해 협력 정책, 남북 정상 회담

선지패턴 A
경제·통일 정책은 빈출선지가 반복 등장!

+ 기출선지 더 보기

빈출선지 1 소련 및 중국과 수교하였다. → ☐☐ 정부

빈출선지 2 금융 실명제를 전면 실시하였다. → ☐☐ 정부

빈출선지 3 6·15 남북 공동 선언이 발표되었다. → ☐☐ 정부

빈출선지 4 남북한이 개성 공단 조성에 합의하였다. → ☐☐ 정부

[노태우 정부] 남북 기본 합의서를 채택하였다.
[김영삼 정부] 경제 협력 개발 기구(OECD)에 가입하였다.
[김대중 정부] 한·일 월드컵 축구 대회가 개최되었다.
[김대중 정부] 남북 정상 회담을 최초로 개최하였다.

정답 | 자료1 노태우 자료2 김영삼 자료3 김영삼 자료4 김대중 선지1 노태우 선지2 김영삼 선지3 김대중 선지4 김대중

한눈에 정리하는 빈출이론

한능검 빈출이론만 빠르게 파악하세요!

노태우 정부 (1988~1993)	• 정치: 여소야대 정국 → 3당 합당(1990) → 거대 여당인 민주 자유당 출범 • 대외: 서울 올림픽 대회 개최(1988), 북방 외교(소련·중화 인민 공화국 등 공산 국가와 수교) • 사회: 남녀 고용 평등법 제정 • 통일 정책: 7·7 특별 선언(1988), 남북한 유엔 동시 가입(1991), 남북 기본 합의서 채택(남북한 간 최초의 공식 합의서, 1991), 한반도 비핵화 공동 선언 발표(1991)
김영삼 정부 (1993~1998)	• 정치: 지방 자치제 전면 실시(1995) • 경제: 금융 실명제 실시(1993), 경제 협력 개발 기구(OECD) 가입(1996), 외환 위기(1997)로 국제 통화 기금(IMF)의 금융 지원·관리를 받음 • 사회: 대학 수학 능력 시험 도입, 국민학교를 초등학교로 개칭 • 통일 정책: 남북 정상 회담 개최 합의(김일성 사망으로 무산), 민족 공동체 통일 방안 발표(1994)
김대중 정부 (1998~2003)	• 경제: 금 모으기 운동, 노사정 위원회 구성(1998) → 국제 통화 기금(IMF)의 금융 지원 자금 조기 상환(2001) • 대외: 2002년 한·일 월드컵 경기 대회 개최 • 사회: 국민 기초 생활 보장법 제정(1999), 중학교 의무 교육 전면 실시(2002) • 통일 정책 – 대북 화해 협력 정책(햇볕 정책) 추진: 정주영의 소 떼 방북(1998), 금강산 관광 사업(해로, 1998) – 제1차 남북 정상 회담 개최 → 6·15 남북 공동 선언(2000) – 개성 공단 건설 합의, 경의선 복구 사업 합의, 금강산 육로 관광 추진(노무현 정부 때 실시) 등
노무현 정부 (2003~2008)	• 정치: 행정 수도 이전 추진, 과거사 정리 사업 추진(과거사 정리 위원회) • 경제: 경부 고속 철도(KTX) 개통, 한·칠레 자유 무역 협정(FTA) 발효, 한·미 자유 무역 협정(FTA) 체결 • 사회: 호주제 폐지, 가족 관계 등록부 마련, 질병 관리 본부 설치 • 통일 정책 – 김대중 정부의 대북 화해 협력 정책 계승 → 개성 공단 착공(2003) – 제2차 남북 정상 회담 개최 → 10·4 남북 공동 선언(10·4 남북 정상 선언, 2007)

기출선지로 보는 핵심암기

올바른 용어를 찾아 기출선지를 완성하세요!

01 [노태우 정부] 3당 (**합당** , 분당)으로 국내 정치 지형이 바뀌었다.
02 [노태우 정부] (**서울** , 평창) 올림픽 대회가 개최되었다.
03 [노태우 정부] 남북한이 (**유엔** , 경제 협력 개발 기구)에 동시 가입하였다.
04 [김영삼 정부] 경제 협력 개발 기구(OECD)에 (**가입** , 탈퇴)하였다.
05 [김대중 정부] (**금강산** , 백두산) 관광 사업을 실시하였다.
06 [김대중 정부] 외환 위기 발생과 (**금 모으기** , 국채 보상) 운동
07 [노무현 정부] 한·미 자유 무역 협정(FTA)이 (**체결** , 파기)되었다.
08 [노무현 정부] (제1차 , **제2차**) 남북 정상 회담을 개최하였다.

정답 | 01 합당 02 서울 03 유엔 04 가입 05 금강산 06 금 모으기 07 체결 08 제2차

힘들 땐 잠시 네가 걸어온 길을 뒤돌아 봐라.
그 얼마나 보람있었던가.
잊지말라.
넌 이 세상 누구보다 아름다운 향기를 가진 꽃이다.

– 작자 미상

시험 직전 합격 필살KEY

2주끝장
엔드노트

최신판

에듀윌 한국사능력검정시험
2주끝장 기본(4·5·6급)
흐름판서 + 판서강의

고객의 꿈, 직원의 꿈, 지역사회의 꿈을 실현한다

펴낸곳 (주)에듀윌 **펴낸이** 양형남 **출판총괄** 오용철 **에듀윌 대표번호** 1600-6700
주소 서울시 구로구 디지털로 34길 55 코오롱싸이언스밸리 2차 3층 **등록번호** 제25100-2002-000052호
협의 없는 무단 복제는 법으로 금지되어 있습니다.

에듀윌 도서몰
book.eduwill.net
- 부가학습자료 및 정오표: 에듀윌 도서몰 > 도서자료실
- 교재 문의: 에듀윌 도서몰 > 문의하기 > 교재(내용, 출간) / 주문 및 배송

에듀윌 한국사

120만 권 판매 돌파!
36개월 베스트셀러 1위 교재

최신 기출 경향을 완벽 분석한 교재로 가장 빠른 합격!
합격의 차이를 직접 경험해 보세요

2주끝장
판서와 싱크 100% 강의로
2주만에 합격

기본서
첫 한능검 응시생을 위한
확실한 개념완성

10+4회분 기출700제
합격 필수 분량
기출 14회분, 700제 수록

1주끝장
최빈출 50개 주제로
1주만에 초단기 합격 완성

초등 한국사
비주얼씽킹을 통해
쉽고 재미있게 배우는 한국사

* 에듀윌 한국사능력검정시험 시리즈 출고 기준 (2012년 5월~2023년 10월)
* 2주끝장(심화): YES24 수험서 자격증 법/인문/사회 베스트셀러 1위 (2016년 8월~2017년 4월, 6월~11월, 2018년 2월~4월, 6월, 8월~11월, 2019년 2월 월별 베스트)
  YES24 수험서 자격증 한국사능력검정시험 3급/4급(중급) 베스트셀러 1위 (2020년 7월~12월, 2021년 1월~2월 월별 베스트) 인터파크 도서 자격서/수험서 베스트셀러 1위
  (2020년 6월~8월 월간 베스트) 기본서(기본): YES24 수험서 자격증 한국사능력검정시험 3급/4급(중급) 베스트셀러 1위 (2020년 4월 월별 베스트)

한국사능력검정시험 교육 1위

에듀윌 한국사 합격스토리

심화 1급 합격 진○○

에듀윌 2주끝장 한 권으로 100점! 1급 합격

2주끝장은 시험에 나올 핵심만을 엄선하여서 저 같은 초심자도 쉽게 공부할 수 있었고, 기출자료와 사진들의 유기적인 배치로 어떻게 시험에 출제될지 예상할 수 있었습니다. 또한 기출선지와 대표 기출문제, 핵심 요약본인 엔드노트까지 있어서 정말 책 한 권만 제대로 공부하면 자연스럽게 반복 학습이 되었습니다. 교재의 완벽한 구성 덕분에 한국사 초심자였던 제가 100점으로 손쉽게 1급에 합격하였습니다.

심화 1급 합격 서○

1주일 전에는 에듀윌 기출문제집, 시험 직전에는 2주끝장 엔드노트

에듀윌 2주끝장과 기출문제집, 그리고 에듀윌 무료강의를 듣고 97점으로 1급을 땄습니다! 특히 시험 전 일주일 동안은 에듀윌 기출문제집을 하루에 2회씩 풀었는데 오답 정리할 때 해설집이 자세히 적혀 있어서 도움이 많이 되었어요. 시험 전날 밤부터는 2주끝장의 부록인 엔드노트로 그동안 공부했던 개념들을 머릿속에 차곡차곡 쌓았는데 핵심내용들을 한 번에 정리할 수 있어서 정말 물건이구나 생각했습니다.

심화 1급 합격 최○○

에듀윌 무료강의를 만나면 역사가 재미있다고 느끼실 거예요

사실 저는 5수 만에 1급을 받았습니다. 워낙 한국사에 노베이스였고 중고등학교 때도 한국사 수업은 지루했지요. 하지만 에듀윌 무료강의를 통해 한국사 강의가 재미있다는 사실을 알았고, 처음으로 역사에 흥미가 생겼습니다. 덕분에 1급으로 합격하였습니다.

심화 1급 합격 정○○

에듀윌 교재와 무료강의는 지루하지 않아 좋았어요

군복무를 마치고 복학 전에 한능검 1급에 도전하였습니다. 에듀윌 교재는 알아보기 쉽게 정리되어 있고 지루하지 않은 무료강의도 들을 수 있어서 수업 내용이 머리에 쏙쏙 들어와 쉽게 공부하였습니다. 한국사에 대한 기본 지식 없이 에듀윌 교재와 무료강의를 통해 재미있게 공부하고 난이도가 가장 높았던 시험임에도 첫 도전에 당당히 1급에 합격하였습니다. 에듀윌 교재 최고입니다!

다음 합격의 주인공은 당신입니다!

에듀윌 한국사능력검정시험
기본(4·5·6급)
2주끝장 흐름판서 + 판서강의

에듀윌이 너를 지지할게

ENERGY

시작하는 방법은
말을 멈추고
즉시 행동하는 것이다.

– 월트 디즈니(Walt Disney)

한국사 능력검정시험이란?

① 응시 정보

- 주관 및 시행 기관: 국사편찬위원회
- 시험 접수: 한국사능력검정시험 홈페이지(http://www.historyexam.go.kr)에서 접수(사진 등록 필수)
- 시행 횟수: 심화(1~3급) 연 4회 / 기본(4~6급) 연 2회
- 시험 시간: 심화 80분 / 기본 70분
- 응시료: 심화 27,000원 / 기본 22,000원
- 성적 인정 유효 기간: 국가에서 지정한 별도의 유효 기간은 없으나 국가 기관·기업체마다 인정하는 기간이 상이하므로 각 기관 및 기업 채용 가이드라인 확인이 필요함

※ 이 정보는 주최측의 사정상 변경될 수 있습니다. 시험 접수 전 한국사능력검정시험 홈페이지를 확인하시기 바랍니다.

② 평가 등급

구분	인증 등급			문항 수
심화	1급(80점 이상)	2급(70점~79점)	3급(60점~69점)	50문항(5지 택1)
기본	4급(80점 이상)	5급(70점~79점)	6급(60점~69점)	50문항(4지 택1)

③ 시험 일정

구분	시험 일시	합격자 발표
A회	매년 2월 예상	시험 일시 약 2주 뒤 예상
B회	매년 5월 예상	
C회	매년 8월 예상	
D회	매년 10월 예상	

※ 이 일정은 주최측의 사정상 변경될 수 있습니다. 시험 접수 전 한국사능력검정시험 홈페이지를 확인하시기 바랍니다.
※ 이 일정은 심화 급수 기준이며, 기본 급수는 연 2회 시행됩니다.

④ 시험 TO DO 리스트

시험 D-1
- '엔드노트'로 시험 직전 최종 마무리하기
- 수험표 출력하기(한국사능력검정시험 홈페이지)

시험 D-DAY
- 시험장 준비물 챙기기(수험표, 신분증, 컴퓨터용 수성사인펜, 수정테이프)
- 시험 당일 08:30부터 09:59까지 지정된 시험실 입실하기

합격자 발표일
- 한국사능력검정시험 홈페이지에서 합격 여부 확인하기
- 성적 통지서와 인증서 출력하기(한국사능력검정시험 홈페이지, 정부24)

이 책의 구성

❶ 시대 흐름을 한번에 담는 흐름판서 보기
시대 흐름을 한눈에 보여 주는 판서와 함께 내용을 정리하세요.
판서와 싱크로율 100% 강의로 흐름을 파악하세요.
QR 코드로 해당 강의를 빠르게 들을 수 있어요.

❷ 시험에 자주 나오는 핵심 자료 몰아보기
시험에 자주 나오는 사진, 도표, 지도, 사료를 한곳에 모아
해설하였어요. 자료를 보고 어느 시대에 해당하는 것인지,
어떤 내용인지 등을 기억해 두세요.
어려운 용어와 개념은 이해하기 쉽게 풀어 놓았어요.

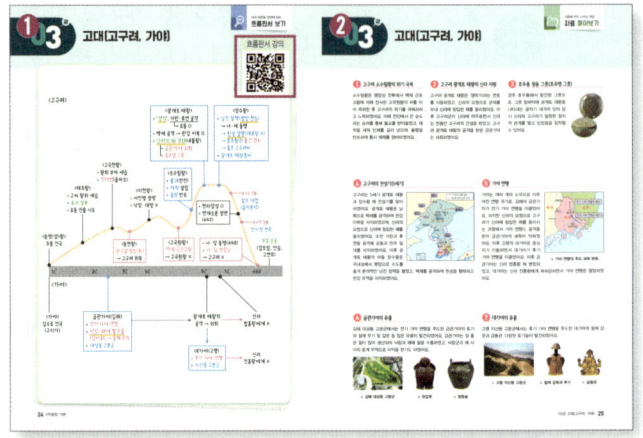

❸ 시험에 나올 내용만 압축한 개념 정리하기
흐름판서를 표와 설명으로 정리하였어요.
빈출 개념만 압축해 놓았으니 꼼꼼히 읽어 보세요.
최신 3개년 기출을 분석하여 나온 빈출 키워드 TOP5도
반드시 확인하세요.

❹ 휘리릭 개념을 점검하는 일시정지 확인하기
기출 선택지로 만든 확인문제로 공부한 개념을 점검하세요.

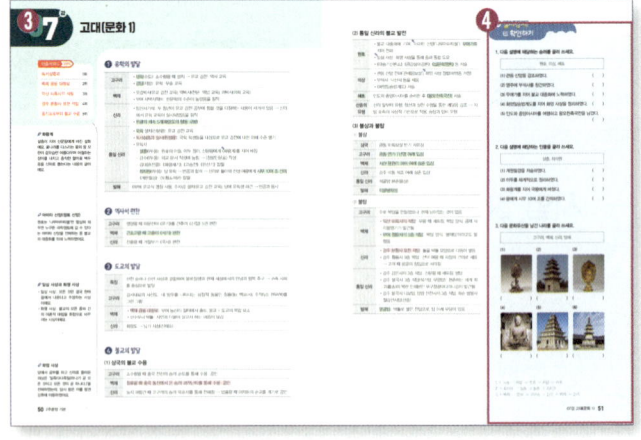

S T R U C T U R E

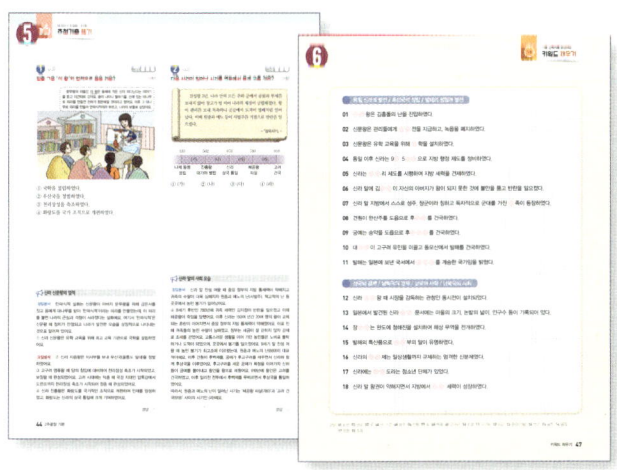

❺ 회독하며 유형을 익히는 추천기출 풀기
꼭 풀어봐야 할 기출 문제를 자세하고 친절한 해설과 함께 담았어요. 여러 번 회독하여 풀어 보면서 문제 유형과 기출 선택지를 파악하고 내용을 익혀요.

❻ 기출 선택지를 완성하는 키워드 채우기
기출 선택지 공부가 곧 합격의 지름길!
기출 문제에서 선택지로 자주 나오는 내용으로 구성하였어요.
🔴 이 들어간 단어가 바로 엄청 중요한 핵심 키워드예요.
제한 시간 안에 빈칸을 채우고, 틀린 부분은 반드시 확인하고 넘어 가세요.

노베이스 스피드 합격팩

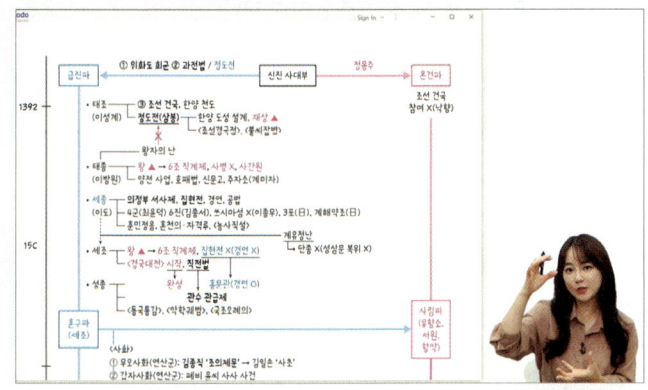

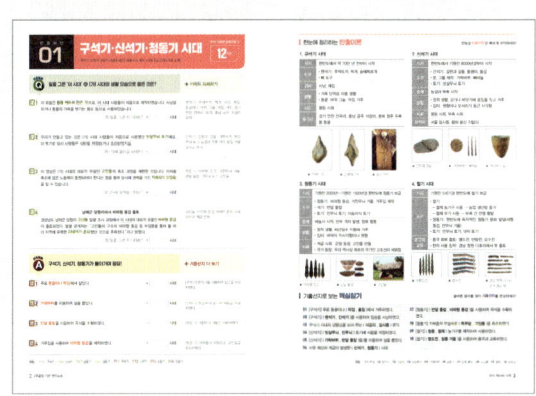

❶ 흐름판서와 100% 일치하는 판서강의
시대 흐름을 쉽고 빠르게 한번에 이해할 수 있는 흐름판서와 100% 일치하는 판서강의 40강을 제공해요.
※ 수강 경로: 교재 내 QR 코드로 수강

❷ 2주끝장 엔드노트
방대한 개념을 단 한 권으로 압축하여 들고 다니며 언제 어디서나 공부할 수 있어요.

❸ 부가학습PDF   핵심이론 요약집, 아이콘 연표   ※ 다운 경로: 에듀윌 도서몰(book.eduwill.net) ▶ 도서자료실 ▶ 부가학습자료

이 책의 차례

우리 역사의 시작

01강	선사 시대	10
02강	여러 나라의 성장	14

고대

03강	고대(고구려, 가야)	24
04강	고대(백제, 신라)	28
05강	고대(통일 신라, 발해)	36
06강	고대(경제, 사회)	40
07강	고대(문화 1)	48
08강	고대(문화 2)	52

고려

09강	고려(초기 정치)	62
10강	고려(중기 정치~무신 정변)	66
11강	고려(외교)	74
12강	고려(경제, 사회)	78
13강	고려(문화 1)	86
14강	고려(문화 2)	90

조선

15강	조선 전기(정치)	100
16강	조선(조직)	104
17강	조선 전기(외교)	112
18강	조선 전기(경제, 사회)	116
19강	조선 전기(문화 1)	124
20강	조선 전기(문화 2)	128
21강	조선 후기(정치)	136
22강	조선 후기(조직, 외교)	140
23강	조선 후기(경제)	148
24강	조선 후기(사회)	152
25강	조선 후기(문화 1)	160
26강	조선 후기(문화 2)	164

개항기

27강	개항기(흥선 대원군)	174
28강	개항기(개항~갑신정변)	182
29강	개항기(동학 농민 운동~대한 제국)	190
30강	국권 피탈과 저항	198
31강	개항기(경제)	202
32강	개항기(문화)	210

일제 강점기

33강	일제 강점기(식민 통치)	220
34강	일제 강점기(1910년대 저항)	228
35강	일제 강점기(1920년대 저항)	236
36강	일제 강점기(1930년대 이후 저항)	244

현대

37강	현대(광복~통일 정부 수립 노력)	254
38강	현대(정부 수립~6·25 전쟁)	258
39강	현대(민주화 과정)	266
40강	현대(경제 발전과 통일 노력)	274

특강

1	세시 풍속과 민속놀이	284
2	지역사	288
3	유네스코와 유산, 조선의 궁궐	292
4	근현대 인물	298

○ 합격 맞춤형 플래너

2주 스피드 플랜

	공부 범위	공부한 날	완료
1일	1~3강	__월__일	☐
2일	4~5강	__월__일	☐
3일	6~8강	__월__일	☐
4일	9~11강	__월__일	☐
5일	12~14강	__월__일	☐
6일	15~17강	__월__일	☐
7일	18~20강	__월__일	☐
8일	21~23강	__월__일	☐
9일	24~26강	__월__일	☐
10일	27~29강	__월__일	☐
11일	30~32강	__월__일	☐
12일	33~34강	__월__일	☐
13일	35~37강	__월__일	☐
14일	38~40강	__월__일	☐

한달 안정화 플랜

	공부 범위	공부한 날	완료
1일	1~2강	__월__일	☐
2~3일	3~4강	__월__일	☐
4~5일	5~6강	__월__일	☐
6~7일	7~8강	__월__일	☐
8~9일	9~10강	__월__일	☐
10~11일	11~12강	__월__일	☐
12일	13~14강	__월__일	☐
13일	15~16강	__월__일	☐
14일	17~18강	__월__일	☐
15일	19~20강	__월__일	☐
16일	21~22강	__월__일	☐
17~18일	23~24강	__월__일	☐
19~20일	25~26강	__월__일	☐
21~22일	27~28강	__월__일	☐
23~24일	29~30강	__월__일	☐
25~26일	31~32강	__월__일	☐
27일	33~34강	__월__일	☐
28일	35~36강	__월__일	☐
29일	37~38강	__월__일	☐
30일	39~40강	__월__일	☐

우리 역사의 시작

01강 선사 시대
02강 여러 나라의 성장

약 70만 년 전
구석기 시대

기원전 8000년경
신석기 시대

기원전 2333년
고조선

기출로 보는 키워드

1위 | 기락바퀴
2위 | 영고
3위 | 동굴, 막집
4위 | 책화
5위 | 사출도

3개년 평균 출제 비중

2문항
4%

기원전 2000년~기원전 1500년경
청동기 시대

기원전 400년경
철기 문화 보급

기원전 194년
위만의 이주

기원전 108년
고조선 멸망

01강 선사 시대

구분	구석기	신석기	청동기	철기
생활	수렵·채집 ··············	············ + 밭농사 ············	············ + 벼(논)농사 ············	············ 벼농사 ▲
			→ 농업 생산력 ▲ →	
			잉여 생산물 O → 전쟁 ▲	
	동물 가죽 옷 ············	············ 가락바퀴, 뼈바늘		
	이동 생활 ············	············ 정착 생활 ············	············ 움집 ▲	
	└ 동굴, 막집	└ 움집	└ 구릉 지대	
	• 공주 석장리	• 서울 암사동		
	• 연천 전곡리	• 부산 동삼동(패총)		
	• 청원 두루봉 동굴	• 제주 고산리		
	(흥수아이)			
도구	뗀석기 ··············	············ 간석기 ············	············ 반달 돌칼 ············	············ 철제 농기구
	└ 주먹도끼, 찍개, 긁개	└ 갈돌·갈판, 돌보습		└ 쟁기, 쇠스랑
	→ 슴베찌르개			
		이른 민무늬 토기	미송리식 토기	
		빗살무늬 토기 ············	············ 민무늬 토기	
			고인돌, 돌널무덤 ············	············ 덧널무덤, 독무덤
			비파형 동검 ············	············ 세형 동검
			거친무늬 거울	잔무늬 거울
			청동 거울·방울	거푸집
			└ 고조선	명도전, 반량전, 오수전, 붓
				→ 중국과의 교류 짐작
사회	평등 사회 ··············	············ 평등 사회 ············	············▶ 계급 사회	
	무리 사회	애니미즘·토테미즘·	└ 지배자 출현	
		샤머니즘	(제정일치)	

01강 선사 시대

1 뗀석기

구석기 시대 사람들은 주먹도끼, 찍개, 슴베찌르개 등 돌을 깨뜨리거나 떼어 내 만든 뗀석기를 사용하였어요. 주먹도끼는 손에 쥐고 사용할 수 있었기 때문에 찍고 자르는 등 다양한 용도로 사용할 수 있는 만능 도구였어요.

▲ 주먹도끼 ▲ 슴베찌르개

2 간석기

신석기 시대 사람들은 돌을 갈고 다듬는 기술을 발전시켜 다양한 간석기를 만들어 사용하였어요. 갈돌과 갈판을 이용하여 곡식의 껍질을 벗기거나 곡식을 가루로 만들었고, 돌낫과 돌괭이를 이용하여 농사를 지었어요.

▲ 갈돌과 갈판

3 가락바퀴

신석기 시대 사람들은 실의 원료가 되는 식물 껍질의 섬유질을 막대(가락)에 이은 뒤 가락바퀴에 끼워 돌려 실을 만들었어요. 이렇게 만들어진 실을 뼈바늘에 꿰어 옷과 그물을 만들었어요.

4 빗살무늬 토기

신석기 시대의 대표적인 토기로, 그릇 표면의 빗살무늬와 밑이 뾰족한 것이 특징이에요. 식량을 저장하거나 음식을 조리하는 데 사용하였어요.

5 움집(복원)

신석기 시대 사람들은 농경과 목축을 시작하면서 정착 생활을 하였는데, 주로 강가나 바닷가에 움집을 짓고 마을을 이루어 살았어요.

▲ 복원한 신석기 시대의 움집

6 비파형 동검

청동기는 재료인 청동이 귀하고 다루기가 어려웠기 때문에 주로 의례용 도구 또는 지배자의 무기나 장신구 용도로 만들어졌어요. 청동으로 만들어진 비파형 동검과 거친무늬 거울은 청동기 시대의 대표적인 유물이에요.

7 미송리식 토기

청동기 시대의 민무늬 토기 중 하나로, 몸체에 손잡이가 달린 것이 특징이에요. 청동기 시대에는 신석기 시대의 빗살무늬 토기와 달리 표면에 무늬가 없는 민무늬 토기를 사용하였어요.

8 반달 돌칼

청동기 시대의 대표적인 농기구로, 주로 곡식의 이삭을 자르는 데 사용하였어요. 청동기 시대에도 반달 돌칼처럼 농기구는 여전히 나무나 돌로 만든 도구를 사용하였어요.

9 고인돌

청동기 시대에 만들어진 지배층의 무덤이에요. 고인돌을 만들기 위해서는 많은 노동력이 필요하였는데, 이를 통해 청동기 시대에는 많은 노동력을 동원할 수 있는 사람인 지배자(군장)가 등장하였음을 짐작할 수 있어요.

▲ 탁자식 고인돌

01강 선사 시대

빈출키워드 TOP5

가락바퀴	1위
동굴, 막집	2위
고인돌	3위
빗살무늬 토기	4위
철제 농기구	5위

🖍 **애니미즘**
물, 태양, 바람 등 자연물이나 비, 눈, 태풍 등 자연현상에 영혼이 있다고 믿으며 섬기는 원시 신앙이에요.

🖍 **토테미즘**
자신이 속한 부족을 특정 동물이나 식물과 연관시켜 섬기는 원시 신앙이에요.

🖍 **샤머니즘**
하늘과 인간을 연결해 주는 존재로 무당과 그 주술을 믿는 원시 신앙이에요.

🖍 **패총**
조개 패(貝), 무덤 총(塚)으로 조개 무덤을 말해요. 선사 시대 사람들이 조개나 굴 등을 먹고 버린 껍데기가 무덤처럼 쌓여 만들어진 유적이에요.

🖍 **목책과 환호**
목책은 마을 주위에 구덩이를 파고 나무를 박아 만든 담이고, 환호는 마을을 둘러싼 물이 흐르는 도랑을 말해요.

🖍 **연맹 왕국**
여러 부족이 힘을 합쳐 하나의 나라를 형성한 형태의 나라를 말해요. 각 부족의 군장이 부족을 다스릴 수 있는 권한을 가지고 있어서 왕의 권력은 약했어요.

❶ 구석기 시대

시기	약 70만 년 전 시작
도구	뗀석기 사용: 주먹도끼, 찍개, 긁개, 밀개, 슴베찌르개 등
생활 모습	• 경제: 사냥, 채집, 물고기잡이 등을 통해 식량을 구함 • 생활: 동물의 가죽으로 옷을 만들어 입음 • 주거: 식량을 찾아 이동 생활을 함 → 주로 동굴이나 강가의 막집에 살았음
대표 유적지	• 공주 석장리 유적, 단양 수양개 유적, 연천 전곡리 유적 • 청원(청주) 두루봉 동굴 유적("흥수아이")

❷ 신석기 시대

시기	기원전 8000년경(1만 년 전) 시작
도구	• 간석기 사용: 갈돌과 갈판, 돌괭이, 돌낫, 돌삽, 돌보습 등 • 토기 제작: 이른 민무늬 토기, 빗살무늬 토기 → 식량 저장과 음식 조리에 사용 • 가락바퀴, 뼈바늘: 실을 뽑아 옷과 그물을 만듦
생활 모습	• 경제: 농경(밭농사)과 목축 시작(식량 생산) → 여전히 사냥, 채집, 물고기잡이 등을 통해서도 식량을 구함 • 주거: 정착 생활 → 주로 강가나 바닷가에 움집을 짓고 생활 • 사회: 씨족 중심의 부족 사회, 평등 사회(계급 ×)
예술, 신앙	• 원시 신앙 발생: 애니미즘, 토테미즘, 샤머니즘, 영혼과 조상 숭배 • 예술: 조개껍데기 가면, 짐승의 뼈나 이빨 등으로 치레걸이 제작(장신구)
대표 유적지	• 봉산 지탑리 유적(불에 탄 좁쌀), 서울 암사동 유적(움집터, 빗살무늬 토기) • 양양 오산리 유적, 부산 동삼동 유적(패총), 제주 고산리 유적

❸ 청동기 시대

시기	기원전 2000년경~기원전 1500년경부터 시작
유물	• 청동기: 주로 지배층의 무기와 의식용(제사용) 도구, 장신구 등 제작 → 비파형 동검(거푸집 사용), 거친무늬 거울, 청동 거울, 청동 방울, 청동 도끼 등 • 농기구: 반달 돌칼 등 간석기 사용 • 토기 제작: 민무늬 토기, 미송리식 토기
경제	밭농사 중심(조·보리·콩 등 재배), 한반도 일부 지역에서 벼농사 시작
주거	• 구릉 지대, 배산임수 위치에 주거지 형성 • 직사각형의 집터, 목책과 환호로 외부 침입 대비
무덤	고인돌, 돌널무덤
사회	계급 사회: 농업 생산량 증가 → 잉여 생산물 발생 → 사유 재산·빈부 격차 발생 → 계급 분화 → 지배자가 나타남(군장 등장, 제정일치)
예술, 신앙	• 사냥의 성공과 농사의 풍요를 빎 → 울주 대곡리 반구대 바위그림(고래, 사슴) • 스스로를 하늘의 자손이라고 믿으며 주변 마을이나 집단을 지배함
대표 유적지	• 부여 송국리 유적 • 여주 흔암리 유적(불에 탄 쌀), 고창 고인돌 유적

❹ 철기 시대

시기	• 기원전 5세기경부터 시작 • 기원전 1세기경 한반도 전역에 철기 보급

유물	• 철기 사용
	  – 쟁기, 쇠스랑 등 철제 농기구 사용 → 농업 생산량 증가 → 인구 증가, 교역 확대
	  – 철제 무기 사용 → 부족 간의 전쟁 증가 → 활발한 정복 전쟁
	• 청동기의 의식용 도구화: 거푸집 이용, 세형동검과 잔무늬 거울 등 청동기 제작 → 한반도에서 독자적인 청동기 문화 발전
	• 토기 사용: 민무늬 토기, 덧띠 토기, 검은 간 토기
	• 한반도에 있는 무덤에서 명도전, 반량전, 오수전 등 중국 화폐 출토 • 중국과의 교류 짐작
	• 붓 출토 → 한자 사용 짐작

무덤	널무덤, 독무덤, 덧널무덤
경제	벼농사의 발전
사회	만주와 한반도에 여러 나라 성장 → 연맹 왕국이 나타남

⏸ 일시정지! ☑ 확인하기

1. 구석기 시대에 대한 설명이 맞으면 ○표, 틀리면 ×표 하세요.
(1) 반달 돌칼로 벼를 수확하였다. ( )
(2) 주로 동굴이나 강가의 막집에서 살았다. ( )
(3) 가락바퀴와 뼈바늘을 이용하여 옷을 지었다. ( )
(4) 대표적인 도구로 주먹도끼, 찍개 등을 제작하였다. ( )

2. 신석기 시대에 대한 설명이 맞으면 ○표, 틀리면 ×표 하세요.
(1) 가락바퀴를 이용하여 실을 뽑았다. ( )
(2) 지배자의 무덤으로 고인돌을 만들었다. ( )
(3) 빗살무늬 토기를 만들어 곡식을 저장하였다. ( )
(4) 주로 동굴에 살면서 사냥과 채집 생활을 하였다. ( )

3. 청동기 시대에 대한 설명이 맞으면 ○표, 틀리면 ×표 하세요.
(1) 철제 농기구를 이용하여 농사를 지었다. ( )
(2) 지배층의 무덤으로 고인돌을 만들었다. ( )
(3) 반달 돌칼을 이용하여 곡식을 수확하였다. ( )
(4) 정착 생활을 하게 되면서 움집이 처음 만들어졌다. ( )

1. (1) × (2) ○ (3) × (4) ○
2. (1) ○ (2) × (3) ○ (4) ×
3. (1) × (2) ○ (3) ○ (4) ×

02강 여러 나라의 성장

	청동기	기원전 5C	철기	

고조선(우리 역사상 최초의 국가)

기원전 2333 — 기원전 4C — 기원전 3C — 기원전 2C — 기원전 108

- 단군 조선
  - ① 건국 이야기
    - 계급 사회
    - 농경 중시
    - 토템(곰, 호랑이)
    - 제정일치(단군+왕검)
  - ② 8조법(범금 8조)
  - ③ <문화 범위 짐작>
    - 비파형 동검
    - 고인돌

- 중국 연과 대립 ······→ 진개의 침입

- 부왕, 준왕 등장
  - 왕위 세습
  - 상·대부·장군

- 위만 조선(왕검성)
  - 철기문화 본격 수용
  - 중계 무역
    - 한과 대립
  - 진번·임둔 복속

- 한의 침입 (무제)
  → 왕검성 X (우거왕 X)
  → 한 군현 설치

구분	정치	경제	결혼	풍속	제천
부여	• 5부족 • 사출도 └ 마·우·구·저가	농경·목축	형사취수제	• 순장 • 우제점법	영고
고구려	• 왕 + 상가, 고추가 • 대가 └ 사자·조의·선인 • 제가 회의	약탈 경제 (부경)	• 서옥제 • 형사취수제		동맹
옥저	군장(읍군·삼로)	해산물	민며느리제	가족 공동 묘	
동예	군장(읍군·삼로)	단궁, 과하마, 반어피	족외혼	책화	무천
삼한	<제정 분리> • 정치: 군장(신지·읍차) • 제사: 소도(천군)	• 벼농사 • 철(변한)			5월 수릿날, 10월 계절제

02강 여러 나라의 성장

1 고조선의 범금 8조(8조법)

범금 8조 중 오늘날 전해지는 3개 조항을 통해 고조선의 사회 모습을 짐작할 수 있어요. ㉠을 통해 노동력(사람의 생명)을 중시하였고, ㉡을 통해 사유 재산을 중시한 농경 사회였으며, ㉢을 통해 노비가 존재하는 계급 사회였음을 알 수 있어요.

> (고조선에서는) 백성들에게 금하는 법 8조를 만들었다. 그것은 대개 ㉠사람을 죽인 자는 즉시 죽이고, ㉡남에게 상처를 입힌 자는 곡식으로 갚는다. ㉢도둑질을 한 자는 노비로 삼는다. 용서받고자 하는 자는 한 사람마다 50만 전을 내야 한다. ……
> – 《한서》 –

2 고조선의 문화 범위

고조선은 오늘날 중국의 요령 지방을 중심으로 하여 한반도 북부 지역까지 영토를 확장하였을 것으로 짐작하고 있어요. 비파형 동검, 탁자식 고인돌 등은 고조선의 문화 범위를 알려 주는 유물과 유적이에요.

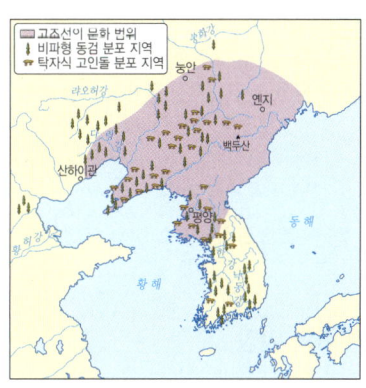

3 고조선 이후 여러 나라의 성장

고조선 멸망 이후 만주와 한반도에서는 부여, 고구려, 옥저, 동예, 삼한 등 철기 문화를 바탕으로 한 여러 나라가 나타나서 세력을 키웠어요.

4 부여

만주 쑹화강 유역에서 성장한 부여는 왕이 중앙을 다스리고, 왕 아래 마가, 우가, 저가, 구가 등 여러 가(加)들이 별도로 다스리는 행정 구역인 사출도가 있었어요. 또한, 1책 12법 등 엄격한 법을 만들어 사회 질서를 유지하였고 순장, 형사취수제 등의 풍속이 있었어요. 12월에는 영고라는 제천 행사를 열었어요.

- 사출도: 나라에는 군왕이 있고 가축 이름으로 벼슬 이름을 정하여 마가, 우가, 저가, 구가 등이 있다. 제가들은 별도로 사출도를 나누어 맡아본다. 큰 곳은 수천 가이고 적은 곳은 수백 가이다.
- 영고: 은력(殷曆) 정월에 하늘에 제사를 지내며 국중대회에서 연일 먹고 마시고 노래하고 춤추니, 이를 영고(迎鼓)라고 한다.

5 옥저

함경도 해안 지역에 위치한 옥저에는 가족 공동 무덤(가족 공동 묘)을 만드는 장례 풍습과 여자아이를 남자 집에서 데려다 키운 후 성인이 되면 여자 집에 예물을 주고 결혼하는 민며느리제의 혼인 풍습이 있었어요.

- 가족 공동 무덤: 장사를 치를 때 큰 나무 곽을 만드는데, …… 한 쪽을 열어 놓아 입구로 만든다. 죽은 자는 모두 가매장을 하는데 …… 온 가족을 모두 한 곽에 넣으며, 살아있을 때의 모습과 같이 나무를 깎는데 죽은 사람의 수와 같다.
- 민며느리제: 여자의 나이가 열 살이 되기 전에 혼인을 약속하고, 신랑 집에서 맞이하여 장성할 때까지 기른다. 여자가 장성하면 여자 집으로 돌아가게 한다. 여자 집에서는 돈을 요구하는데, 신랑 집에서 돈을 지불한 후 다시 데리고 와서 아내로 삼는다.

6 동예

강원도 북부 동해안에 위치한 동예의 특산물은 단궁, 과하마, 반어피였어요. 또한 동예에는 다른 부족의 경계를 침범하면 가축이나 노비로 물어줘야 하는 책화라는 풍속이 있었으며, 10월에 무천이라는 제천 행사를 열었어요.

- 책화: 그 나라의 풍속은 산천을 중시하였으며, 산천마다 각각의 구분이 있어 함부로 서로 건너거나 들어갈 수 없었다. …… 읍락이 서로 침범하면 항상 생구(生口: 노비)·우마(牛馬: 소와 말)로 죄를 처벌하도록 하였는데, 이를 이름하여 책화(責禍)라고 한다.
- 무천: 해마다 10월이면 하늘에 제사를 지내고, 밤낮으로 술 마시고 노래 부르며 춤춘다. 이를 무천이라 한다.

7 삼한

한강 남쪽에 위치한 삼한은 신지·읍차라는 군장이 다스렸고, 제사장인 천군이 별도로 다스리는 소도라는 신성 구역이 있었어요. 또한 5월 수릿날과 10월 계절제의 제천 행사가 있었어요.

- 소도: 나라마다 각각 별읍(別邑)이 있으니 이를 소도라고 한다. 큰 나무를 세우고 방울과 북을 매달아 놓고 귀신을 섬긴다.
- 5월 수릿날, 10월 계절제: 해마다 5월이면 씨뿌리기를 마치고 귀신에게 제사 지낸다. …… 10월에 농사일을 마치고 나서도 이렇게 한다.

02강 여러 나라의 성장

빈출키워드 TOP5

영고	1위
책화	2위
사출도	3위
천군, 소도	4위
범금 8조(8조법)	5위

✏ 선민사상
'하늘에 있는 존재에게 선택된 백성'이라는 뜻으로, 특정 민족이 하늘에 있는 신적 존재에게 선택되어 구원받는다는 사상이에요.

✏ 서옥제
고구려의 혼인 풍속으로, 결혼 후 남자가 여자 집 뒤에 서옥이라는 집을 짓고 살다가 자식이 장성하면 아내와 자식들을 데리고 자신의 집으로 돌아가는 풍속이에요.

✏ 민며느리제
옥저의 혼인 풍속으로, 여자아이를 결혼을 약속한 남자 집에서 데려다 키운 후, 성인이 되면 여자 집에 예물을 주고 결혼하는 풍속이에요.

✏ 단궁, 과하마, 반어피
단궁은 짧은 활, 과하마는 키가 작은 말, 반어피는 바다표범의 가죽을 뜻해요. 모두 동예의 특산물이에요.

1 고조선의 성립과 멸망

(1) 고조선의 성립과 사회 모습

건국	• 건국: 기원전 2333년 • 청동기 문화와 농경 문화를 바탕으로 세워진 우리 역사상 최초의 국가
단군왕검의 건국 이야기	고조선의 성립과 사회 모습 짐작 → 선민사상, 계급 사회, 농경 중시, 토테미즘(곰과 호랑이), 제정일치 사회(단군왕검) 등
발전	• 중국 랴오닝(요령) 지방을 중심으로 성장하여 한반도 북부까지 세력 확대 → 비파형 동검, 탁자식 고인돌 등의 출토 지역을 통해 고조선의 문화 범위 짐작 • 기원전 4~3세기경 중국의 연과 맞설 정도로 성장 → 기원전 3세기 초 연의 장수 진개의 침입으로 영토 일부를 빼앗김 • 기원전 3세기경 부왕, 준왕과 같은 강력한 왕의 등장 → 왕위 세습, 왕 아래에 상·대부·장군 등의 관직 마련
사회 모습	범금 8조(8조법)로 사회 질서 유지 → 노동력(사람의 생명) 중시, 농경 사회, 사유 재산 중시, 계급 사회(노비 존재)

(2) 고조선의 변화와 멸망

위만의 이주	중국의 진·한 교체기에 위만이 연에서 무리를 이끌고 고조선으로 이동함
위만의 집권	위만이 세력을 키워 준왕을 몰아내고 왕이 됨(기원전 2세기 초)
발전	• 본격적인 철기 문화의 수용 • 진번과 임둔을 복속하는 등 세력 확장 • 중국의 한과 한반도 남쪽의 진 사이에서 중계 무역으로 이익을 얻음 → 한과 대립
멸망	우거왕 때 지배층 내부에서 다툼이 일어남, 한 무제의 침략 → 약 1년간 맞서싸움 → 왕검성이 함락되어 멸망(기원전 108) → 한이 고조선 일부 지역에 4개의 군현 설치

2 여러 나라의 성장

(1) 부여

위치	만주 쑹화강 유역의 평야 지대에서 성장
정치	• 5부족 연맹체 　- 중앙: 왕이 다스림 　- 사출도: 마가, 우가, 저가, 구가 등 여러 가(加)들이 별도로 다스림 • 왕권 미약: 흉년이 들면 왕에게 책임을 묻기도 함
경제	농경과 목축 발달
사회	1책 12법: 남의 물건을 훔쳤을 때 물건 값의 12배를 물어냄
풍속	• 순장: 왕이 죽으면 신하 등 사람들을 껴묻거리와 함께 묻음 • 형사취수제: 형이 죽은 뒤 동생이 형수를 아내로 삼음 • 우제점법: 나라의 중요한 일에 대하여 소를 죽여 발굽 모양을 보고 길흉을 점침 • 제천 행사: 영고(12월)

(2) 고구려

위치	압록강 지류인 동가강 유역의 졸본 지역에 세워짐
정치	• 5부족 연맹체: 계루부, 소노부 등 연맹 • 왕 아래 상가, 대로, 고추가 등의 관직 마련 • 대가들이 각각 사자, 조의, 선인 등의 관리를 거느림 • 제가 회의: 대가들이 모여 나라의 중요한 일을 결정
경제	• 산악 지대에 위치하여 농사에 불리 → 식량 부족 → 활발한 정복 활동, 약탈 경제 발달 • 집집마다 부경이라는 창고 설치 → 식량 보관
풍속	• 서옥제, 형사취수제 • 제천 행사: 동맹(10월)

(3) 옥저와 동예

구분	옥저	동예
위치	함경도 해안	강원도 북부 동해안
정치	• 왕이 없고 읍군·삼로라고 불리는 군장이 다스림 • 고구려의 압박, 연맹 왕국으로 발전 ×	
경제	해산물 풍부 → 고구려에 공납	특산물: 단궁, 과하마, 반어피
풍속	• 민며느리제 • 가족 공동 무덤(가족 공동 묘)	• 책화, 족외혼(같은 씨족끼리 결혼 ×) • 제천 행사: 무천(10월)

(4) 삼한

위치	한반도 남부 지역
정치	• 삼한(마한, 진한, 변한) 성립 → 마한의 소국인 목지국의 지배자가 삼한 전체 주도 • 신지·읍차 등으로 불리는 군장이 다스림 • 제정 분리: 제사장인 천군과 신성 지역인 소도가 있음 → 소도에는 군장의 힘이 미치지 못함
경제	• 농업: 철제 농기구 사용, 벼농사 발달 • 철: 변한은 풍부한 철 생산 → 덩이쇠 등 철을 화폐로 사용, 낙랑·왜 등에 철 수출
풍속	• 제천 행사: 5월 수릿날, 10월 계절제 • 몸에 문신을 새기는 풍습이 있었음

⏸ 일시정지! ☑ 확인하기

1. 고조선에 대한 설명이 맞으면 ○표, 틀리면 ×표 하세요.
   (1) 한의 침략을 받아 멸망하였다. ( )
   (2) 민며느리제라는 혼인 풍습이 있었다. ( )
   (3) 제가 회의에서 국가 중대사를 결정하였다. ( )
   (4) 여러 가(加)들이 별도로 사출도를 다스렸다. ( )
   (5) 제사장인 천군과 신성 지역인 소도가 있었다. ( )
   (6) 사회 질서를 유지하기 위해 범금 8조를 두었다. ( )
   (7) 부족 간의 경계를 중시하는 책화라는 풍속이 있었다. ( )

2. 다음 설명에 해당하는 나라를 골라 쓰세요.

   부여, 고구려, 옥저, 동예, 삼한

   (1) 무천이라는 제천 행사를 열었다. ( )
   (2) 서옥제라는 혼인 풍습이 존재하였다. ( )
   (3) 혼인 풍습으로 민며느리제가 있었다. ( )
   (4) 12월에 영고라는 제천 행사를 열었다. ( )
   (5) 10월에 동맹이라는 제천 행사를 열었다. ( )
   (6) 읍락 간의 경계를 중시하는 책화가 있었다. ( )
   (7) 제사장인 천군과 신성 지역인 소도가 있었다. ( )
   (8) 여러 가(加)들이 별도로 사출도를 주관하였다. ( )

1. (1) ○ (2) × (3) × (4) × (5) × (6) ○ (7) ×
2. (1) 동예 (2) 고구려 (3) 옥저 (4) 부여 (5) 고구려 (6) 동예 (7) 삼한 (8) 부여

회독하며 유형을 익히는 추천기출 풀기

1 | 69회

(가) 시대의 생활 모습으로 적절한 것은? [1점]

우리가 오늘 만들어 볼 것은 뗀석기를 처음 사용한 (가) 시대의 대표적 유물인 주먹도끼입니다. 주먹도끼는 짐승을 사냥하거나 가죽을 벗기는 등 다양한 용도로 사용되었습니다.

① 우경이 널리 보급되었다.
② 주로 동굴이나 막집에서 살았다.
③ 가락바퀴를 이용하여 실을 뽑았다.
④ 지배층의 무덤으로 고인돌을 축조하였다.

📢 구석기 시대의 생활 모습

정답분석 구석기 시대 사람들은 주먹도끼, 찍개 등 돌을 깨뜨리거나 떼어 내 만든 뗀석기를 사용하였어요. 연천 전곡리 유적은 공주 석장리 유적과 더불어 구석기 시대의 대표적인 유적이에요.
② 구석기 시대 사람들은 식량을 찾아 이동 생활을 하였으며, 주로 동굴이나 강가의 막집, 바위 그늘에서 살았어요.

오답분석 ① 우경(소를 이용한 깊이갈이)은 신라 지증왕 때 우리나라의 기록에 처음 등장하였고, 고려 시대에 일반화되었어요.
③ 신석기 시대에는 가락바퀴를 이용하여 실을 뽑고, 뼈바늘로 실을 엮어 옷이나 그물 등을 만들었어요.
④ 청동기 시대에는 많은 사람을 모아 지배층의 무덤으로 고인돌을 축조하였어요.

정답 | ②

2 | 66회

다음 가상 공간에서 체험할 수 있는 활동으로 가장 적절한 것은? [1점]

이곳은 농경과 목축이 시작된 신석기 시대의 마을을 체험할 수 있는 가상 공간입니다. 마을 곳곳을 거닐며 다양한 활동을 해볼까요?

① 청동 방울 흔들기
② 빗살무늬 토기 만들기
③ 철제 농기구로 밭 갈기
④ 거친무늬 거울 목에 걸기

📢 신석기 시대의 생활 모습

정답분석 신석기 시대 사람들은 농경과 목축을 시작하여 스스로 식량을 생산하였고, 강가나 바닷가에 움집을 지어 정착하여 생활하였어요. 한편, 신석기 시대 사람들은 돌을 갈고 다듬는 기술을 발전시켜 다양한 간석기를 만들어 사용하였어요. 갈돌과 갈판을 이용하여 곡식의 껍질을 벗기거나 곡식을 가루로 만들었고, 돌낫과 돌괭이를 이용하여 농사를 지었어요.
② 신석기 시대에는 농경과 목축이 시작되었고, 빗살무늬 토기를 만들어 식량을 저장하고 음식을 조리하는데 사용하였어요.

오답분석 ① 청동기 시대부터 청동 방울, 청동 도끼, 청동 검 등 청동으로 도구를 제작하기 시작하였어요.
③ 철기 시대에는 철제 무기와 쟁기, 쇠스랑 등 철제 농기구가 널리 사용되었어요.
④ 청동기 시대의 대표적인 유물로는 비파형 동검, 거친무늬 거울 등이 있어요.

정답 | ②

3 67회 회독 ●●●

(가) 시대의 생활 모습으로 가장 적절한 것은? [1점]

① 철제 농기구로 농사를 지었다.
② 주로 동굴이나 막집에서 살았다.
③ 반달 돌칼로 벼 이삭을 수확하였다.
④ 빗살무늬 토기에 곡식을 저장하기 시작하였다.

4 63회 회독 ●●●

(가) 나라에 대한 설명으로 옳은 것은? [2점]

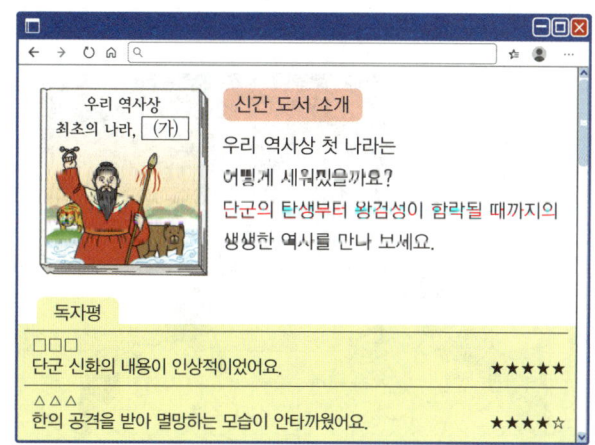

① 범금 8조가 있었다.
② 책화라는 풍습이 있었다.
③ 낙랑군과 왜에 철을 수출하였다.
④ 제가 회의에서 나라의 중요한 일을 결정하였다.

📢 **청동기 시대의 생활 모습**

정답분석 고인돌은 비파형 동검과 함께 청동기 시대를 대표하는 유물이에요. 청동기 시대에는 농경이 더욱 발달하여 생산력이 높아졌고, 이에 따라 잉여 생산물이 발생하면서 빈부의 차이가 나타나 계급이 만들어졌어요. 게다가 정복 활동이 활발해지면서 계급이 뚜렷하게 나누어지고 막강한 권력을 가진 지배자가 등장하였어요. 청동기 시대에는 많은 사람을 모아 지배층의 무덤으로 고인돌을 만들었어요.
③ 청동기 시대에는 곡물을 수확하기 위해 반달 모양으로 생긴 돌칼을 사용하였어요.

오답분석 ① 철기 시대 사람들은 쟁기, 쇠스랑 등의 철제 농기구를 만들어 농사지었어요.
② 구석기 시대 사람들은 식량을 찾아 이동 생활을 하였으며, 주로 동굴이나 강가의 막집, 바위 그늘에서 살았어요.
④ 신석기 시대 사람들은 농경과 목축을 시작하였고, 빗살무늬 토기를 사용하여 음식을 조리하거나 곡식을 저장하였어요.

정답 | ③

📢 **고조선**

정답분석 고조선은 청동기 문화를 바탕으로 세워진 우리 역사상 최초의 나라예요. 《삼국유사》에 실린 고조선의 건국 이야기에 따르면 환웅과 웅녀 사이에서 태어난 단군 왕검은 아사달을 도읍으로 고조선을 세웠어요. 고조선은 한 무제의 공격으로 왕검성이 함락되어 멸망하였어요(기원전 108).
① 고조선에는 사회 질서를 유지하기 위한 범금 8조(8조법)가 있었어요. 범금 8조를 통해 고조선이 사람의 생명과 사유 재산을 중시하였으며 계급 사회였음을 짐작할 수 있어요.

오답분석 ② 동예는 읍락 간의 경계를 중요하게 여겨 경계를 침범하면 노비나 소, 말 등으로 물어줘야 하는 책화라는 풍습이 있었어요.
③ 삼한 중 변한은 철이 풍부하게 생산되고 해상 교역이 발달하여 덩이쇠를 화폐처럼 사용하였고, 낙랑군과 왜에 철을 수출하였어요.
④ 고구려는 나라 중대한 일을 제가 회의를 열어 결정하였어요.

정답 | ①

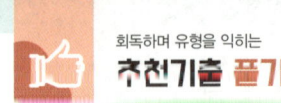

5 66회 [2점]

밑줄 그은 '이 나라'에 대한 설명으로 옳은 것은?

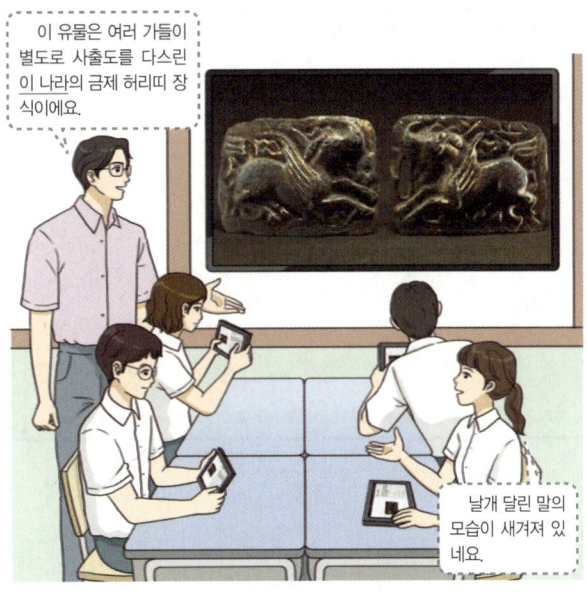

이 유물은 여러 가들이 별도로 사출도를 다스린 이 나라의 금제 허리띠 장식이에요.

날개 달린 말의 모습이 새겨져 있네요.

① 영고라는 제천 행사를 열었다.
② 신성 지역인 소도가 존재하였다.
③ 혼인 풍습으로 민며느리제가 있었다.
④ 읍락 간의 경계를 중시하는 책화가 있었다.

📢 부여

정답분석 부여는 왕이 중앙을 다스리고, 마가·우가·구가·저가 등의 여러 가(加)들이 별도로 사출도를 다스리는 국가였어요. 부여의 왕은 권력이 약해 가뭄 등 재해가 일어나면 자리에서 쫓겨나거나 죽임을 당하기도 하였어요.
① 부여는 12월에 영고라는 제천 행사를 열어 농사가 잘 되기를 빌었어요.

오답분석 ② 삼한에는 제사장인 천군과 천군이 다스리는 신성 지역인 소도가 있었어요. 이를 통해 삼한이 제정 분리 사회였음을 짐작할 수 있어요.
③ 옥저에는 혼인을 약속한 여자아이를 남자 집에서 데려다 키운 후, 나이가 차면 여자 집에 예물을 주고 정식으로 혼인하는 풍습인 민며느리제가 있었어요.
④ 동예에는 읍락 간의 경계를 중시하여 다른 부족의 경계를 침범하면 노비, 소, 말 등으로 물어줘야 하는 책화라는 풍습이 있었어요.

정답 | ①

6 67회 [2점]

다음 퀴즈의 정답으로 옳은 것은?

한국사 퀴즈 대회

1단계: 철기 문화를 바탕으로 동해안 지역에서 일어난 나라입니다.
2단계: 여자아이를 데려와 기른 후 성인이 되면 며느리로 삼는 풍속이 있었습니다.
3단계: 왕이 따로 없고, 읍군이나 삼로라고 불리는 군장이 자기 영역을 다스렸습니다.

제시된 힌트를 종합하여 알 수 있는 나라의 이름은 무엇일까요?

① 부여   ② 옥저   ③ 동예   ④ 마한

📢 옥저

정답분석 옥저에는 혼인을 약속한 여자아이를 남자 집에서 데려다 키운 후, 성인이 되면 여자 집에 예물을 주고 정식으로 혼인하는 풍습인 민며느리제가 있었어요. 또한 옥저에는 왕이 없었고 읍군, 삼로라고 불린 군장이 부족을 다스렸어요.
② 옥저에는 가족이 죽으면 시체를 가매장하였다가 그 뼈만 추려서 가족 공동 무덤에 넣는 풍습이 있었어요.

오답분석 ① 부여는 왕이 중앙을 다스렸고, 마가·우가·구가·저가 등의 여러 가(加)들이 별도로 사출도라고 불린 지역을 다스렸어요.
③ 동예에는 읍락 간의 경계를 중시하여 다른 부족의 경계를 침범하면 노비, 소, 말로 물어줘야 하는 책화라는 풍습이 있었어요.
④ 삼한은 한반도 남부 지역의 마한·변한·진한을 합친 것으로, 삼한에는 제사장인 천군과 천군이 다스리는 신성 지역인 소도가 있었어요. 이를 통해 삼한이 제정 분리 사회였음을 짐작할 수 있어요.

정답 | ②

선사 시대

01 구석기 시대에는 ○○도끼, 찍개와 같은 뗀석기를 사용하였다.

02 구석기 시대에는 주로 ○굴이나 강가의 ○집에 거주하였다.

03 신석기 시대 사람들은 ○○무늬 토기를 만들어 곡식을 저장하였다.

04 신석기 시대 사람들은 ○○바퀴를 이용하여 실을 뽑았다.

05 신석기 시대 사람들은 정착 생활을 하게 되면서 ○집에 거주하였다.

06 청동기 시대 사람들은 ○○돌칼을 이용하여 곡식을 수확하였다.

07 청동기 시대의 대표적인 토기로 ○무늬 토기가 있다.

08 청동기 시대에는 지배층의 무덤으로 ○○돌을 만들었다.

09 철기 시대에는 쟁기, 쇠스랑 등의 ○제 농기구를 사용하였다.

고조선의 성립과 멸망 / 여러 나라의 성장

10 고조선은 사회 질서를 유지하기 위해 범금 ○조(○조법)를 두었다.

11 ○○○은 위만 집권 이후 중계 무역으로 이익을 독점하였다.

12 고조선은 ○나라 무제의 공격으로 멸망하였다.

13 부여는 여러 가(加)들이 별도로 ○○도를 주관하였다.

14 부여는 12월에 ○고라는 제천 행사를 열었다.

15 고구려는 ○○ 회의에서 나라의 중요한 일을 결정하였다.

16 고구려는 10월에 ○맹이라는 제천 행사를 열었다.

17 옥저의 혼인 풍습으로 ○○○○제가 있었다.

18 동예에는 읍락 간의 경계를 중시하는 ○화가 있었다.

19 삼한에는 제사장인 천○과 신성 지역인 소○가 존재하였다.

정답 01 주먹 02 동, 막 03 빗살 04 가락 05 움 06 반달 07 민 08 고인 09 철 10 8, 8 11 고조선 12 한 13 사출 14 영 15 제가 16 동 17 민며느리 18 책 19 군, 도

고대

03강 고대(고구려, 가야)
04강 고대(백제, 신라)
05강 고대(통일 신라, 발해)
06강 고대(경제, 사회)
07강 고대(문화 1)
08강 고대(문화 2)

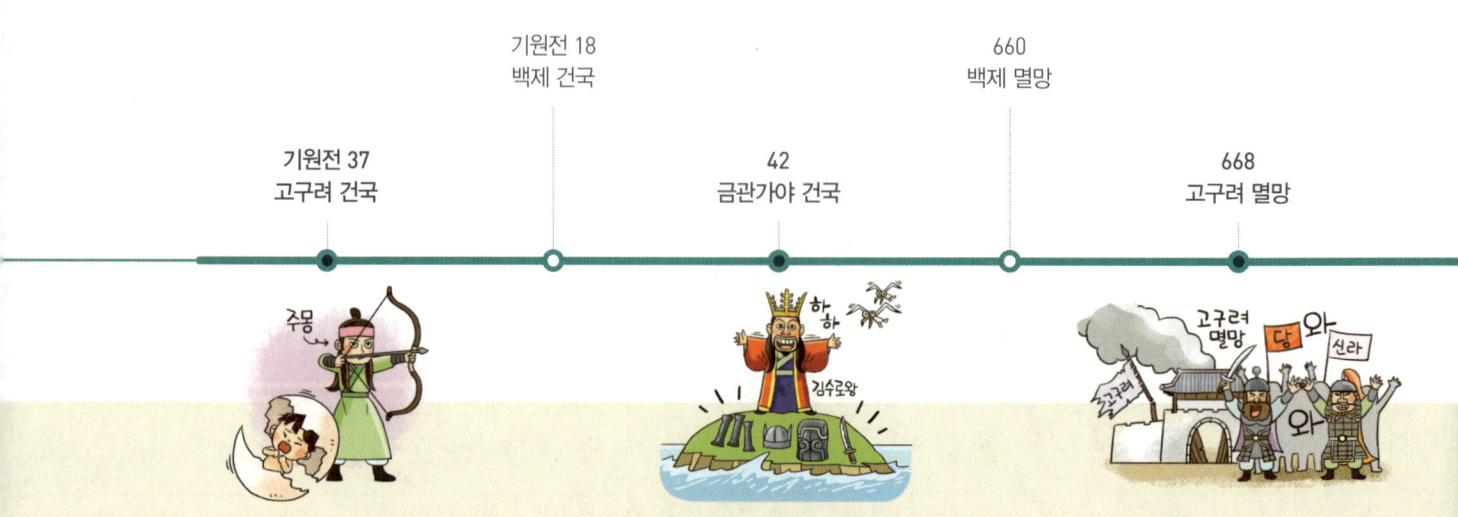

기출로 보는 키워드

- 1위 | 22담로
- 2위 | 청해진
- 3위 | 독서삼품과
- 4위 | 살수 대첩
- 5위 | 관료전 지급, 녹읍 폐지

3개년 평균 출제 비중

7.4문항
14.8%

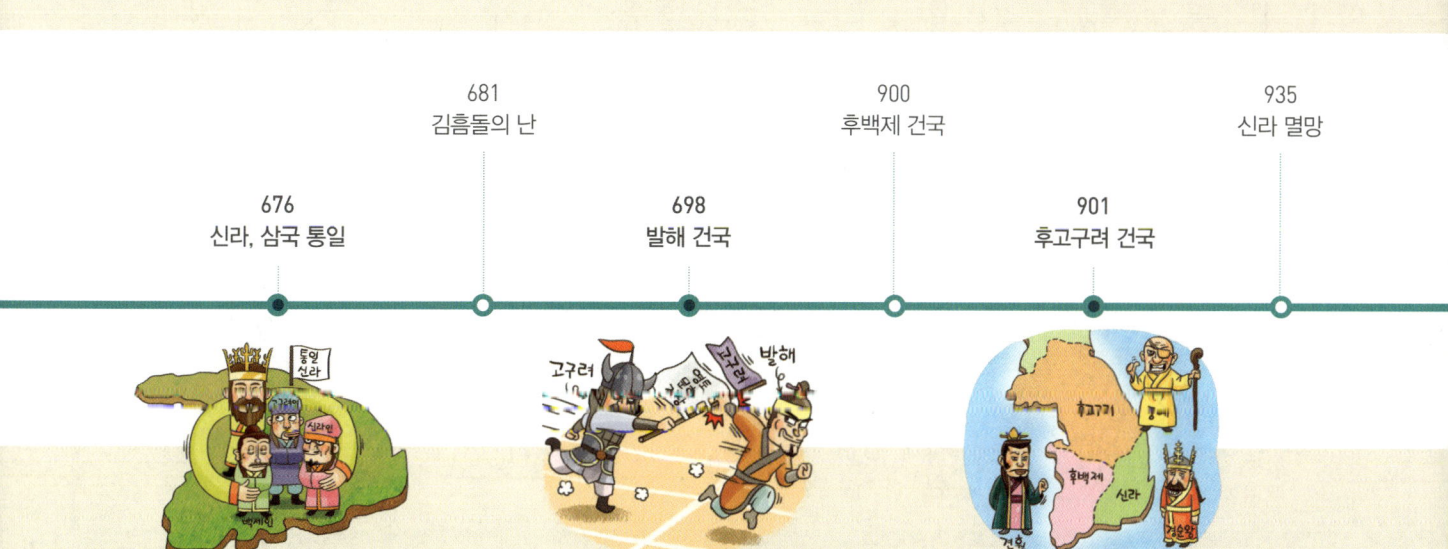

- 676 신라, 삼국 통일
- 681 김흠돌의 난
- 698 발해 건국
- 900 후백제 건국
- 901 후고구려 건국
- 935 신라 멸망

고대(고구려, 가야)

〈고구려〉

〈광개토 태왕〉
- '영락', 거란·후연 공격
  └ 요동 O
- 백제 공격 → 한강 이북 O
- 신라의 왜 격퇴(내물왕)
  ┌ 금관가야 쇠퇴
  └ 호우명 그릇

〈장수왕〉
- 남진 정책(평양 천도)
  → 나·제 동맹
  → 한성 점령(개로왕 X)
  → 문주왕의 웅진 천도
  → 충주 고구려비
- 광개토 태왕릉비

〈고국천왕〉
- 왕위 부자 세습
- 진대법(을파소)

〈소수림왕〉
- 불교(전진)
- 태학 설립
- 율령 반포

〈VS 수〉
살수 대첩
(을지문덕)

〈태조왕〉
- 고씨 왕위 세습
- 옥저 정복
- 요동 진출 시도

〈미천왕〉
- 서안평 점령
- 낙랑·대방 X

- 천리장성 O
- 연개소문 정변 (642)

〈VS 당〉
안시성 전투

〈동명(성)왕〉
주몽 건국

〈동천왕〉
관구검 침입(위)
→ 고구려 위축

〈고국원왕〉
백제 근초고왕
→ 고국원왕 X

- 나·당 동맹(648)
- 나·당 연합군
  → 고구려 X

부흥 운동
(검모잠, 안승, 고연무)

1C — 2C — 3C — 4C — 5C — 7C — 668

〈가야〉

〈가야〉
김수로 건국
(구지가)

금관가야(김해)
- 전기 가야 연맹
- 낙랑·왜에 철 수출
  (덩이쇠) → 중계 무역
- 대성동 고분군

광개토 태왕의 공격 → 쇠퇴 → 신라 법흥왕에게 X

대가야(고령)
- 후기 가야 연맹
- 지산동 고분군

→ 신라 진흥왕에게 X

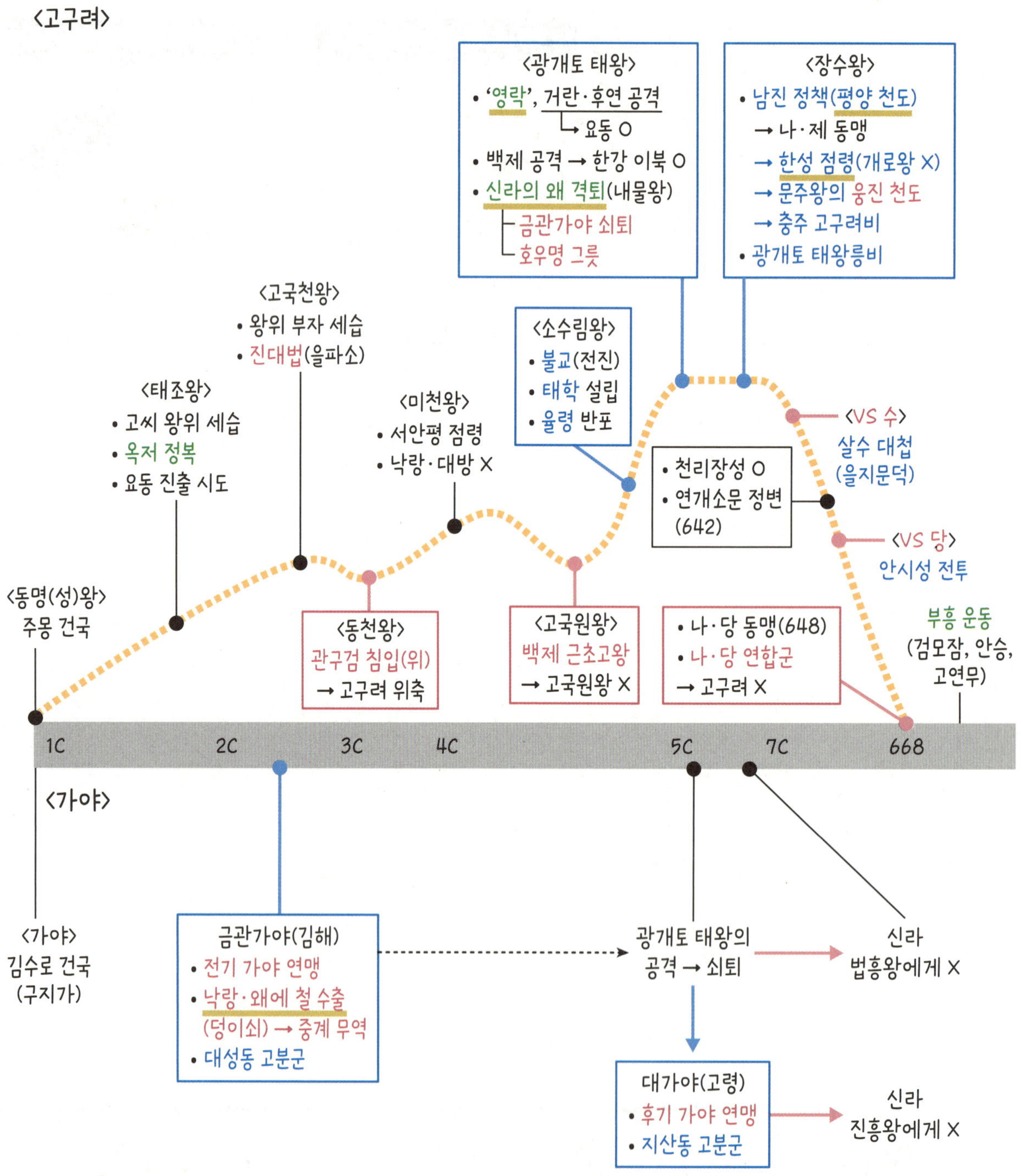

03강 고대(고구려, 가야)

1. 고구려 소수림왕의 위기 극복

소수림왕은 평양성 전투에서 백제 근초고왕에 의해 전사한 고국원왕의 뒤를 이어 즉위한 후 고구려의 위기를 극복하려고 노력하였어요. 이에 전진에서 온 순도라는 승려를 통해 불교를 받아들였고, 대학을 세워 인재를 길러 냈으며, 율령을 반포하여 통치 체제를 정비하였어요.

2. 고구려 광개토 태왕의 신라 지원

고구려 광개토 태왕은 '영락'이라는 연호를 사용하였고, 신라의 요청으로 군대를 보내 신라에 침입한 왜를 물리쳤어요. 이후 고구려군이 신라에 머무르면서 신라는 한동안 고구려의 간섭을 받았고, 고구려 광개토 태왕의 공격을 받은 금관가야는 쇠퇴하였어요.

3. 호우총 청동 그릇(호우명 그릇)

경주 호우총에서 발견된 그릇으로, 그릇 밑바닥에 광개토 태왕을 나타내는 글자가 새겨져 있어 당시 신라와 고구려가 밀접한 정치적 관계를 맺고 있었음을 짐작할 수 있어요.

4. 고구려의 전성기(5세기)

고구려는 5세기 광개토 태왕과 장수왕 때 전성기를 맞이하였어요. 광개토 태왕은 남쪽으로 백제를 공격하여 한강 이북을 차지하였으며, 신라의 요청으로 신라에 침입한 왜를 물리쳤어요. 또한 거란과 후연을 공격해 요동과 만주 일대를 차지하였어요. 이후 광개토 태왕의 아들 장수왕은 국내성에서 평양으로 수도를 옮겨 본격적인 남진 정책을 펼쳤고, 백제를 공격하여 한성을 함락하고 한강 유역을 차지하였어요.

5. 가야 연맹

가야는 여러 개의 소국으로 이루어진 연맹 국가로, 김해의 금관가야가 전기 가야 연맹을 이끌었어요. 하지만 신라의 요청으로 고구려가 신라에 침입한 왜를 물리치는 과정에서 가야 연맹도 공격을 받아 금관가야의 세력이 약해졌어요. 이후 고령의 대가야로 중심지가 이동하면서 대가야가 후기 가야 연맹을 이끌었어요. 이후 금관가야는 신라 법흥왕 때 병합되었고, 대가야는 신라 진흥왕에게 복속당하면서 가야 연맹은 멸망하였어요.

▲ 가야 연맹의 주도 세력 변화

6. 금관가야의 유물

김해 대성동 고분군에서는 전기 가야 연맹을 주도한 금관가야의 토기와 철제 무기 및 갑옷 등 많은 유물이 발견되었어요. 금관가야는 질 좋은 철이 많이 생산되어 낙랑과 왜에 철을 수출하였고, 낙랑군과 왜 사이의 중계 무역으로 이익을 얻기도 하였어요.

▲ 김해 대성동 고분군

▲ 판갑옷

▲ 청동솥

7. 대가야의 유물

고령 지산동 고분군에서는 후기 가야 연맹을 주도한 대가야의 철제 갑옷과 금동관, 다양한 토기들이 발견되었어요.

▲ 고령 지산동 고분군

▲ 철제 갑옷과 투구

▲ 금동관

03강 고대(고구려, 가야)

빈출키워드 TOP5
- 살수 대첩 — 1위
- 진대법 — 2위
- 평양 천도 — 3위
- 광개토 태왕의 신라 지원 — 4위
- 낙랑·왜에 철 수출 — 5위

① 고구려의 성립과 멸망

(1) 고구려의 성립과 발전

건국(기원전 37)	• 부여에서 온 동명성왕(주몽)이 압록강 유역의 세력과 힘을 합쳐 졸본을 도읍으로 고구려 건국(기원전 37) • 유리왕 때 국내성으로 수도를 옮김(1세기 초)
태조왕	• 왕권 강화(계루부 고씨의 왕위 독점 세습) • 옥저 정복, 요동 진출 시도
고국천왕	• 왕위의 부자 세습 확립 • 을파소의 건의를 받아들여 빈민 구제 제도인 진대법 실시
동천왕	위나라 관구검의 침략 → 고구려 세력 위축
미천왕	서안평 점령, 낙랑군과 대방군을 몰아냄 → 대동강 지역 확보
고국원왕	백제 근초고왕의 평양성 공격으로 전사(평양성 전투) → 고구려 위기
소수림왕	• 전진으로부터 불교 수용 • 태학 설치(인재 양성), 율령 반포

(2) 고구려의 전성기(5세기)

광개토 태왕	• 백제 공격(한강 이북 차지), 신라에 침입한 왜를 물리침(금관가야 약화) • 거란과 후연을 공격해 요동과 만주 일대 장악 • 연호 '영락' 사용, 광개토 태왕릉비(아들인 장수왕이 세움)
장수왕	• 남진 정책 　- 평양 천도(427): 국내성의 귀족 세력 약화 + 백제와 신라 압박 목적 → 신라와 백제가 동맹을 체결하여 고구려에 맞섬(나·제 동맹) 　- 백제 공격(475): 백제의 한성을 함락하고 한강 유역 차지(개로왕 사망) → 이후 백제는 문주왕 때 웅진(공주)으로 수도를 옮김 • 한반도 중부 지역까지 영토를 넓힘 → 충주 고구려비

(3) 6~7세기 동아시아 정세의 변화

남북 세력 (연합: 고구려 - 돌궐 - 백제 - 왜)	• 고구려: 신라와 백제의 연합 공격으로 한강 유역을 빼앗김 → 영양왕 때 영토 회복을 위한 온달의 활동 → 중국(수·당) 세력에 맞서기 위해 돌궐과 연합 • 백제: 신라 진흥왕이 한강 유역 차지 → 고구려·왜와 연합
동서 세력 (연합: 신라 - 수·당)	신라: 백제와 고구려의 연합으로 어려움에 처하자 수에 도움 요청(원광의 걸사표)

(4) 고구려와 수·당 전쟁

고구려 VS 수	• 수의 중국 통일 → 수가 고구려 견제 → 고구려가 수의 요서 지방 선제공격 → 수 문제의 30만 대군이 쳐들어왔으나 소득 없이 후퇴 • 수 양제의 113만 대군 침략 → 수의 장수 우중문의 30만 군대가 평양성 공격 → 을지문덕이 살수(청천강)에서 수의 군대를 무찌름(살수 대첩, 612)
고구려 VS 당	• 당의 중국 통일 → 당 태종이 팽창 정책을 펼치면서 고구려 압박 → 고구려는 당의 침략에 대비하여 국경 지역에 천리장성을 쌓음(영류왕~보장왕) → 연개소문의 정변(642)으로 보장왕이 왕위에 오름 → 연개소문의 당에 대한 강경책 전개 • 당 태종이 연개소문의 정변 등을 구실로 직접 침략 → 안시성 전투에서 당군을 물리침(645)

✎ **진대법**
고국천왕 때 을파소의 건의로 시행된 빈민 구제 제도로, 봄에 먹을 것이 없을 때 나라에서 백성에게 곡식을 빌려 주고 수확기인 가을에 갚도록 한 제도예요.

✎ **태학**
태학은 귀족의 자제들을 교육한 고구려의 교육 기관으로, 일종의 국립 대학이에요. 능력 있는 관리를 길러 내기 위하여 유학 교육을 실시하였어요.

✎ **율령**
법률 율(律), 명령 령(令)으로 '율'은 형벌 법규를, '령'은 행정 법규를 말해요. 삼국은 율령을 만들어 왕권을 강화하고 통치 기반을 다졌어요.

✎ **연개소문**
연개소문은 고구려의 천리장성 공사를 감독하면서 세력을 키웠어요. 그러자 영류왕과 신하들은 연개소문을 제거할 계획을 세웠어요. 이를 눈치 챈 연개소문이 영류왕을 죽이고 보장왕을 왕위에 올린 뒤 스스로 대막리지가 되어 권력을 장악하였어요(642).

(5) 고구려의 멸망

멸망	수·당과의 연이은 전쟁으로 나라의 힘이 약해짐, 연개소문 사후 권력 다툼·지배층 내분 발생 → 나·당 동맹(648)으로 구성된 나·당 연합군의 공격 → 평양성 함락 → 고구려 멸망(668)
부흥 운동	고연무(오골성), 검모잠(한성, 황해 재령)이 고구려의 왕족인 안승을 왕으로 추대(신라의 지원) → 실패(안승이 검모잠을 죽이고 신라에 투항) → 신라 문무왕이 당을 견제하기 위해 금마저(익산)에 보덕국을 세우고, 안승을 보덕국 왕으로 임명함

❷ 가야의 성립과 멸망

(1) 가야 연맹의 성립: 발전된 철기 문화를 바탕으로 낙동강 하류의 변한 지역에서 성장한 소국들이 가야 연맹으로 발전

(2) 가야 연맹의 발전

금관가야 (김해)	• 전기 가야 연맹 주도 • 시조: 수로왕(건국 설화 – '구지가') • 우수한 철기 문화를 바탕으로 발전 • 낙랑과 왜에 철(덩이쇠) 수출 → 중계 무역 발달 • 고구려 광개토 태왕의 공격으로 쇠퇴 → 대가야로 연맹의 중심 이동 • 대표 유적: 김해 수로왕릉, 김해 대성동 고분군
대가야 (고령)	• 후기 가야 연맹 주도 • 시조: 이진아시왕 • 농업에 유리한 입지 조건, 우수하고 풍부한 철 생산, 중국 및 왜와 교류 • 대표 유적: 고령 지산동 고분군

(3) 가야 연맹의 멸망: 각 소국이 독자적인 정치 기반 유지(중앙 집권 국가로 발전 ×) → 백제와 신라의 팽창과 압력으로 세력 위축
① 신라 법흥왕 때 금관가야 멸망(532)
② 신라 진흥왕 때 대가야 멸망(562)

⏸ 일시정지! ☑ 확인하기

1. 다음에서 광개토 태왕 재위 시기에 있었던 사실은 '광', 장수왕 재위 시기에 있었던 사실은 '장'이라고 쓰세요.

(1) 광개토 태왕릉비를 건립하였다. ( )
(2) 신라에 침입한 왜를 격퇴하였다. ( )
(3) 국내성에서 평양으로 도읍을 옮겼다. ( )
(4) 백제를 공격하여 한성을 함락시켰다. ( )
(5) 후연을 공격하여 요동 땅을 차지하였다. ( )
(6) 영락이라는 독자적인 연호를 사용하였다. ( )

2. 다음 사실들을 순서대로 나열하세요.

(가) 을지문덕이 살수에서 수의 군대를 물리쳤다.
(나) 연개소문이 정변을 일으켜 권력을 장악하였다.
(다) 나·당 연합군의 공격으로 평양성이 함락되었다.

( )

3. 가야에 대한 설명이 맞으면 ○표, 틀리면 ×표 하세요.

(1) 대가야는 진흥왕 때 신라에 복속되었다. ( )
(2) 철이 많이 생산되어 왜 등에 수출하였다. ( )
(3) 금관가야는 후기 가야 연맹을 주도하였다. ( )

1. (1) 장 (2) 광 (3) 장 (4) 장 (5) 광 (6) 광
2. (가) – (나) – (다)
3. (1) ○ (2) ○ (3) ×

04강 고대(백제, 신라)

<백제>

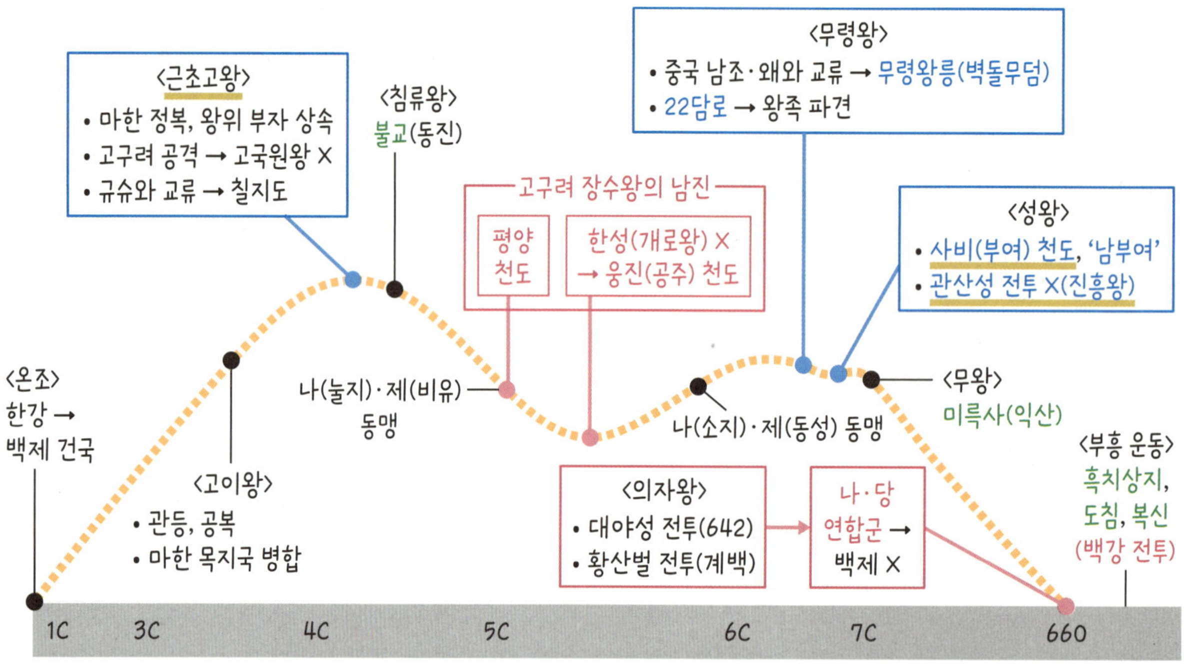

<근초고왕>
- 마한 정복, 왕위 부자 상속
- 고구려 공격 → 고국원왕 X
- 규슈와 교류 → 칠지도

<침류왕>
- 불교(동진)

고구려 장수왕의 남진
- 평양 천도
- 한성(개로왕) X → 웅진(공주) 천도

<무령왕>
- 중국 남조·왜와 교류 → 무령왕릉(벽돌무덤)
- 22담로 → 왕족 파견

<성왕>
- 사비(부여) 천도, '남부여'
- 관산성 전투 X(진흥왕)

<온조>
한강 → 백제 건국

<고이왕>
- 관등, 공복
- 마한 목지국 병합

나(눌지)·제(비유) 동맹

나(소지)·제(동성) 동맹

<의자왕>
- 대야성 전투(642)
- 황산벌 전투(계백)

나·당 연합군 → 백제 X

<무왕>
미륵사(익산)

<부흥 운동>
흑치상지, 도침, 복신
(백강 전투)

1C 3C 4C 5C 6C 7C 660

<신라>

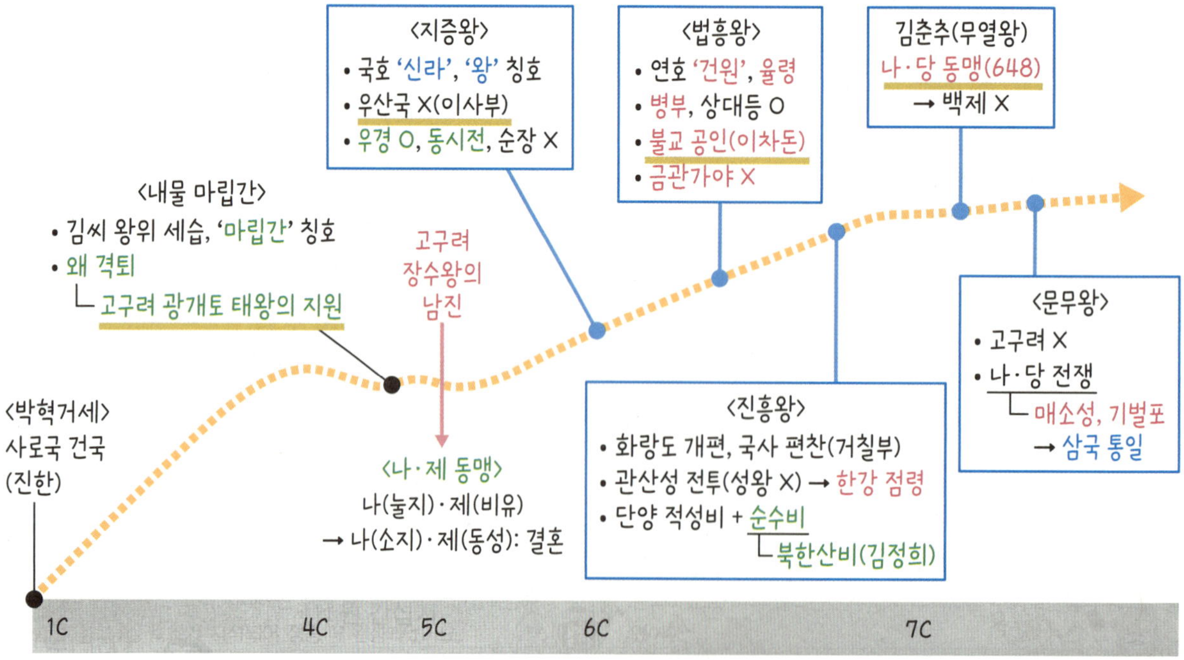

<지증왕>
- 국호 '신라', '왕' 칭호
- 우산국 X(이사부)
- 우경 O, 동시전, 순장 X

<법흥왕>
- 연호 '건원', 율령
- 병부, 상대등 O
- 불교 공인(이차돈)
- 금관가야 X

김춘추(무열왕)
나·당 동맹(648)
→ 백제 X

<내물 마립간>
- 김씨 왕위 세습, '마립간' 칭호
- 왜 격퇴
  └ 고구려 광개토 태왕의 지원

고구려 장수왕의 남진

<문무왕>
- 고구려 X
- 나·당 전쟁
  └ 매소성, 기벌포
  → 삼국 통일

<박혁거세>
사로국 건국 (진한)

<나·제 동맹>
나(눌지)·제(비유)
→ 나(소지)·제(동성): 결혼

<진흥왕>
- 화랑도 개편, 국사 편찬(거칠부)
- 관산성 전투(성왕 X) → 한강 점령
- 단양 적성비 + 순수비
  └ 북한산비(김정희)

1C 4C 5C 6C 7C

04강 고대(백제, 신라)

시험에 자주 나오는 핵심 자료 몰아보기

1 근초고왕과 백제의 전성기(4세기)

백제는 4세기 근초고왕 때 전성기를 이루었어요. 근초고왕은 마한을 정복하였고, 고구려를 공격하여 황해도 일대까지 영토를 확장하였어요. 이 과정에서 근초고왕이 평양성을 공격하여 고구려 고국원왕이 전사하였어요. 또한 중국 남조의 동진 및 일본의 규슈 지방과 교류하였어요(칠지도).

> 고구려가 군사를 동원하여 공격해 왔다. 왕이 이를 듣고 패하(浿河) 강가에 군사를 매복시키고 그들이 오기를 기다려 급히 치니 고구려 군사가 패하였다. 그해 겨울, 왕이 태자와 함께 정병 3만 명을 거느리고 **고구려에 침입하여 평양성을 공격하였다. 고구려왕 사유가 힘을 다해 싸우다가 화살에 맞아 사망하였다.**
> — 《삼국사기》 —

▲ 칠지도

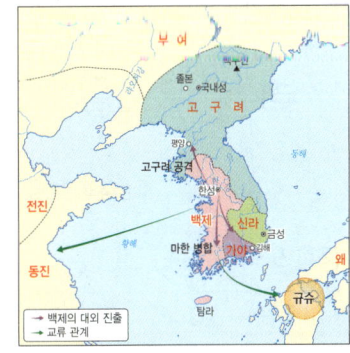

2 백제의 수도 변화

백제는 고구려 장수왕에게 한성을 빼앗기면서 문주왕 때 웅진(공주)으로 수도를 옮겼어요. 이후 성왕 때 백제 부흥을 위하여 사비(부여)로 수도를 옮기고 국호를 '남부여'로 고쳤어요.

3 신라의 불교 공인

신라는 귀족들의 반대로 불교를 공인하지 못하다가, 법흥왕 때 이차돈의 순교를 계기로 불교를 공인하였어요(527). 이차돈 순교비에는 이차돈이 순교하던 때의 모습이 새겨져 있어요.

▲ 이차돈 순교비

4 신라 진흥왕의 화랑도 정비

화랑도는 신라에 있었던 청소년 수양 단체예요. 신라 진흥왕은 화랑도를 국가적인 조직으로 정비하여 인재를 길러내려 하였고, 화랑도는 신라의 삼국 통일에 크게 기여하였어요. 화랑도는 원광의 세속 5계를 행동 규범으로 삼았어요.

5 신라의 전성기(6세기)

6세기 신라는 지증왕, 법흥왕을 거치면서 크게 발전하였고, 진흥왕 때 한강 유역을 완전 장악하면서 전성기를 맞아 삼국 통일의 기틀을 마련하였어요. 진흥왕은 고령의 대가야를 정복하였고, 동해안을 따라 함흥평야까지 진출하였어요. 진흥왕은 이러한 영토 확장을 기념하고 대내외에 알리기 위하여 단양 신라 적성비와 4개의 순수비를 세웠어요.

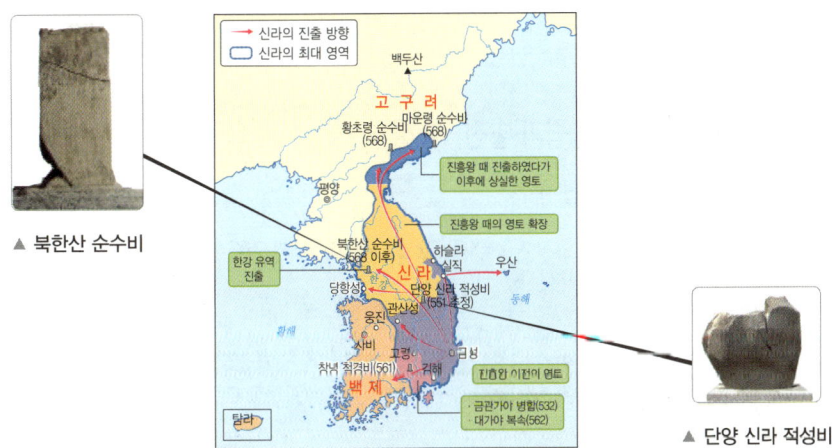

▲ 북한산 순수비　　▲ 단양 신라 적성비

04강 고대(백제, 신라)

빈출키워드 TOP5
22담로	1위
화랑도 개편	2위
사비 천도	3위
동시전 설치	4위
동진으로부터 불교 수용	5위

✏️ **나·제 동맹**
신라의 '라(나)', 백제의 '제'를 따서 나·제 동맹이라고 해요. 신라와 백제는 고구려의 남진 정책에 맞서기 위해 동맹을 맺었어요.

✏️ **지석**
무덤을 만들 때 죽은 사람의 이름, 생일, 죽은 날과 같은 개인 정보를 기록하여 함께 묻은 돌이에요. 무령왕릉에서는 무덤의 주인이 무령왕임을 나타내는 지석이 발견되었어요.

✏️ **신라의 왕호 변천 과정**
왕호	의미
거서간	왕, 귀인
차차웅	무당
이사금	연장자
마립간	우두머리
왕	–

✏️ **단양 신라 적성비**
충청북도 단양에 있는 신라의 비석이에요. 진흥왕 때 여러 신라 장군이 전쟁에 나가 당시 고구려 지역이었던 단양의 적성을 공격하여 차지하자 왕이 그 공을 기리고, 적성 지역의 백성들을 위로하기 위하여 세웠어요.

1 백제의 성립과 멸망

(1) 백제의 성립 및 전성기(4세기)

성립	건국(기원전 18)	온조가 한강 유역의 토착 세력 및 고구려 계통의 이동 세력과 힘을 합쳐 위례성(한성)에서 건국 → 증거: 서울 석촌동 고분이 고구려 초기 고분 양식과 유사한 돌무지무덤
	고이왕	관등제 정비(6좌평을 비롯한 16관등제), 공복 제정, 마한의 목지국 병합
전성기 (4세기)	근초고왕	• 왕위의 부자 상속 확립 → 왕권 강화, 마한 정복(남해안 진출) • 고구려의 평양성 공격(고국원왕 전사), 황해도 일대 차지 • 중국 남조의 동진과 교류, 일본의 규슈 지방과 교류(칠지도) • 역사서 《서기》 편찬(고흥)
	침류왕	중국 동진에서 온 마라난타를 통해 불교 수용

(2) 백제의 중흥 노력

한성 시기	비유왕	고구려 장수왕의 남진 정책에 맞서 나·제 동맹(신라 눌지 마립간)을 맺음
	개로왕	북위에 국서를 보내 고구려 견제 → 장수왕의 침략으로 한성 함락, 개로왕 사망 → 문주왕이 웅진(공주)으로 수도를 옮김
웅진 시기	동성왕	신라와 결혼 동맹을 맺음(신라 소지 마립간, 493) → 나·제 동맹 강화
	무령왕	• 무령왕릉(지석 발견): 중국 남조 및 왜(일본)와 교류하였음을 짐작 • 전국의 22담로에 왕족 파견 → 지방 통제 강화
사비 시기	성왕	• 사비(부여)로 수도를 옮김, 국호를 '남부여'로 변경 • 중앙 관청을 22부로 확대, 중앙과 지방 통치 제도 정비 • 신라 진흥왕과 연합하여 한강 하류 일시적 회복 → 신라 진흥왕에게 한강 유역을 빼앗김 → 신라 공격 → 관산성 전투에서 전사
	무왕	백제 부흥 노력 → 금마저(익산)에 미륵사 건립(서동요 설화)
	의자왕	신라를 공격하여 40여 개의 성 함락 → 윤충을 보내 대야성 함락

(3) 백제의 멸망

멸망	나·당 동맹(648)으로 구성된 나·당 연합군의 공격 → 계백의 항전(황산벌 전투 패배) → 사비성 함락 → 백제 멸망(660)
부흥 운동	• 복신·도침(주류성)이 왕자 부여풍을 왕으로 추대, 흑치상지(임존성)가 부흥 운동 전개 • 백제 부흥군을 지원하기 위해 왜가 군대 파견 → 백강 전투 패배(663)

2 신라의 성립과 발전

(1) 신라의 성립

건국	• 진한의 사로국에서 출발 → 박혁거세가 경주 지역의 토착 세력 및 이동 세력과 힘을 합쳐 건국(기원전 57) • 초기에는 박·석·김의 세 성씨가 교대로 이사금(왕)에 선출 → 왕권 미약
내물 마립간	• 김씨의 독점적 왕위 세습 확립, '마립간(대군장)' 칭호 사용 • 왜가 침입하자 고구려에 지원 요청(광개토 태왕의 도움으로 왜 격퇴)
5세기	눌지 마립간 때 → 나·제 동맹을 맺음, 소지 마립간 때 → 나·제 동맹 강화(결혼 동맹)

(2) 신라의 전성기(6세기)

지증왕	• 국호를 '신라', 왕호를 '왕'으로 변경 • 이사부가 우산국(울릉도) 정복(512) • 우경 장려, 순장 금지(노동력 확보) • 수도에 동시(시장)와 동시전(감독 기관) 설치
법흥왕	• 연호 '건원' 사용, 율령 반포 • 관등제 정비(17관등제), 관리의 공복 제정 • 병부와 상대등 설치 • 불교 공인(계기: 이차돈의 순교, 527) • 금관가야 병합(532)
진흥왕	• 화랑도를 국가적인 조직으로 개편 • 불교 신흥: 황룡사 건립, 불교 집회 개최 • 역사서 《국사》 편찬(거칠부) • 한강 유역 점령: 백제 성왕과 연합하여 한강 상류 점령 → 백제로부터 한강 하류 지역까지 차지 → 백제와의 관산성 전투에서 승리(성왕 전사) • 대가야 정복(562) → 낙동강 유역 점령 • 동해안을 따라 함흥평야까지 진출 • 영토 확장 기념비 건립: 단양 신라 적성비, 4개의 순수비(북한산 순수비, 창녕 척경비, 황초령 순수비, 마운령 순수비)

(3) 신라의 삼국 통일

나·당 동맹	백제 의자왕의 공격으로 신라 위기 → 신라는 고구려에 김춘추를 보내 동맹을 시도하였으나 실패 → 김춘추가 당으로 가서 나·당 동맹 체결(648)
백제· 고구려의 멸망	• 백제: 나·당 연합군의 공격 → 김유신의 황산벌 전투 승리 → 사비성 함락 → 백제 멸망(660) • 고구려: 나·당 연합군의 공격 → 평양성 함락 → 고구려 멸망(668)
나·당 전쟁	• 당의 한반도 지배 욕심: 백제와 고구려가 멸망한 이후 당이 웅진도독부(옛 백제 땅), 안동도호부(옛 고구려 땅), 계림도독부(신라 땅) 설치 • 신라의 대응: 고구려 부흥 운동(안승) 지원, 매소성 전투(675)와 기벌포 전투(676)에서 당군을 물리침 → 삼국 통일(676, 문무왕)

⏸ 일시정지! ☑ 확인하기

1. 다음 설명에 해당하는 백제 왕을 골라 쓰세요.

> 근초고왕, 무령왕, 성왕, 무왕, 의자왕

(1) 익산에 미륵사를 세웠다. ( )
(2) 지방의 22담로에 왕족을 파견하였다. ( )
(3) 사비로 천도하고 국호를 남부여로 고쳤다. ( )
(4) 평양성을 공격하여 고국원왕을 전사시켰다. ( )
(5) 진흥왕과 연합하여 한강 하류 지역을 되찾았다 ( )

2. 다음 사실들을 순서대로 나열하세요.

> (가) 문주왕이 웅진으로 천도하였다.
> (나) 성왕이 한강 하류 지역을 회복하였다.
> (다) 개로왕이 고구려를 견제하고자 북위에 국서를 보냈다.

( )

3. 다음 설명에 해당하는 신라 왕을 골라 쓰세요.

> 내물 마립간, 지증왕, 법흥왕, 진흥왕

(1) 북한산 순수비를 세웠다. ( )
(2) 화랑도를 국가 조직으로 개편하였다. ( )
(3) 이사부를 보내 우산국을 복속시켰다. ( )
(4) 고구려의 도움으로 왜를 격퇴하였다. ( )
(5) 건원이라는 독자적인 연호를 사용하였다. ( )
(6) 이차돈의 순교를 계기로 불교를 공인하였다. ( )
(7) 국호를 신라로 정하고 왕이라는 칭호를 사용하였다. ( )

4. 신라의 삼국 통일 과정을 순서대로 나열하세요.

> (가) 안승이 보덕국의 왕으로 임명되었다.
> (나) 신라가 당과 군사 동맹을 체결하였다.
> (다) 신라군이 기벌포에서 당의 수군을 몰아내었다.

( )

---

1. (1) 무왕 (2) 무령왕 (3) 성왕 (4) 근초고왕 (5) 성왕
2. (다) - (가) - (나)
3. (1) 진흥왕 (2) 진흥왕 (3) 지증왕 (4) 내물 마립간 (5) 법흥왕 (6) 법흥왕 (7) 지증왕
4. (나) - (가) - (다)

회독하며 유형을 익히는 추천기출 풀기

1 67회 　　　　　　　　　회독 ○○○

밑줄 그은 '나'의 업적으로 옳은 것은? [2점]

① 태학을 설립하였다.
② 천리장성을 축조하였다.
③ 도읍을 평양성으로 옮겼다.
④ 신라에 침입한 왜를 격퇴하였다.

📢 **고구려 광개토 태왕의 업적**

정답분석 소수림왕, 고국양왕에 이어 고구려 제19대 왕으로 즉위한 광개토 태왕은 후연을 격파하고 백제를 공격하여 영토를 넓혔어요. 또한, 고구려의 높은 위상을 드러내기 위해 '영락'이라는 연호를 사용하였어요.
④ 광개토 태왕은 신라 내물 마립간의 요청으로 군대를 보내 신라에 침입한 왜를 격퇴하고, 신라에 군대를 주둔시켰어요. 이로 인해 신라는 한동안 고구려의 정치적 간섭을 받았어요.

오답분석 ① 소수림왕은 수도에 국립 교육 기관인 태학을 설립하여 귀족 자제들을 대상으로 유학을 교육하였어요.
② 영류왕 때 당의 침입에 대비하여 천리장성 축조를 시작하였어요. 천리장성 축조를 감독하며 세력을 키운 연개소문은 정변을 일으켜 영류왕을 죽이고 보장왕을 왕위에 올렸어요. 이후 스스로 대막리지가 되어 권력을 장악하였어요.
③ 장수왕은 국내성에서 평양성으로 도읍을 옮긴 이후 본격적인 남진 정책을 추진하였어요. 이에 압박을 느낀 백제와 신라는 고구려에 맞서기 위해 나·제 동맹을 맺었어요.

정답 | ④

2 64회 　　　　　　　　　회독 ○○○

(가) 시기에 있었던 사실로 옳은 것은? [2점]

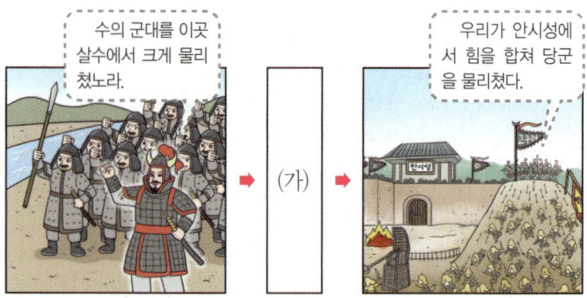

① 김흠돌이 반란을 도모하였다.
② 연개소문이 정변을 일으켰다.
③ 장문휴가 당의 산둥 반도를 공격하였다.
④ 검모잠이 고구려 부흥 운동을 전개하였다.

📢 **7세기 고구려의 사실**

정답분석 6세기 말~7세기 초에 중국의 수와 당이 팽창 정책을 펼치자, 중국과 맞닿아 있었던 고구려는 중국과의 충돌을 피할 수 없었어요. 수와의 전쟁 과정에서 고구려의 장수 을지문덕이 살수에서 수의 대군을 물리쳤어요(살수 대첩, 612). 수가 멸망하고 당이 들어서자, 고구려는 당의 침입에 대비하여 천리장성을 쌓았어요. 당시 고구려의 집권자였던 연개소문은 당에 강경하게 대응하였고, 이에 당 태종은 직접 대규모 군대를 이끌고 침입하여 요동성, 백암성 등을 함락시켰지만 고구려는 안시성에서 당의 대군을 물리쳤어요(안시성 전투, 645).
② 천리장성 축조를 감독하며 세력을 키운 연개소문은 642년에 정변을 일으켜 영류왕을 죽이고 보장왕을 왕위에 올린 뒤 스스로 대막리지가 되어 권력을 장악하였어요.

오답분석 ① 681년에 신라 신문왕의 장인인 김흠돌은 진골 귀족들을 이끌고 반란을 도모하였다가 진압당하였어요.
③ 732년에 발해 무왕은 장문휴를 보내 당의 영토였던 산둥 반도의 등주를 공격하였어요.
④ 고구려 멸망 이후인 670년에 검모잠은 고구려의 왕족 안승을 왕으로 삼고 고구려 부흥 운동을 전개하였어요.

정답 | ②

3 67회 회독 ●●○○

밑줄 그은 '이 나라'에 대한 설명으로 옳은 것은? [2점]

이 나라의 김해 대성동 고분군, 고령 지산동 고분군, 함안 말이산 고분군 등에서 나온 유물을 통해 당시 사람들의 뛰어난 세공 기술을 엿볼 수 있습니다.

금동 허리띠 금동관 봉황장식 금동관

① 지방에 22담로를 두었다.
② 한의 침략을 받아 멸망하였다.
③ 낙랑과 왜에 철을 수출하였다.
④ 화백 회의에서 중요한 일을 결정하였다.

가야

정답분석 김해 대성동 고분군은 전기 가야 연맹을 이끌었던 금관가야의 대표적인 유적이고, 고령 지산동 고분군은 후기 가야 연맹을 이끌었던 대가야의 대표적인 유적이에요. 금동 허리띠, 금동관, 봉황장식 금동관 등을 통해 가야의 세공 기술이 매우 뛰어났음을 알 수 있어요.
③ 가야는 철이 풍부하여 낙랑과 왜에 철을 수출하였고, 덩이쇠를 화폐처럼 사용하기도 하였어요.

오답분석 ① 백제는 무령왕 때 지방에 22담로를 두고 왕족을 파견하여 지방에 대한 통제를 강화하고자 하였어요.
② 고조선은 우거왕 때 한 무제의 공격을 받아 멸망하였어요.
④ 신라는 귀족 회의인 화백 회의를 열어 나라의 중요한 일을 만장일치제로 결정하였어요.

정답 | ③

4 64회 회독 ●●○○

(가)에 들어갈 내용으로 옳은 것은? [2점]

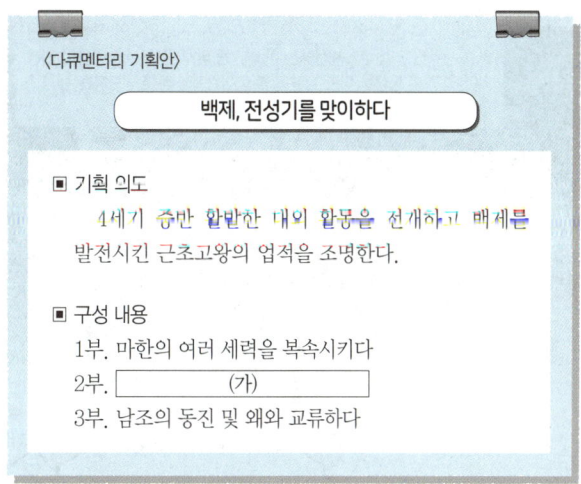

〈다큐멘터리 기획안〉

백제, 전성기를 맞이하다

■ 기획 의도
　4세기 중반 활발한 대외 활동을 전개하고 백제를 발전시킨 근초고왕의 업적을 조명한다.

■ 구성 내용
1부. 마한의 여러 세력을 복속시키다
2부. 　(가)
3부. 남조의 동진 및 왜와 교류하다

① 사비로 천도하다
② 22담로를 설치하다
③ 고국원왕을 전사시키다
④ 독서삼품과를 시행하다

백제 근초고왕의 업적

정답분석 백제는 4세기 근초고왕 때 전성기를 이루었어요. 근초고왕은 마한을 정복하였고, 고구려를 공격하여 황해도 일대까지 영토를 확장하였어요. 또한 중국 남조의 동진 및 일본의 규슈 지방과 교류하였어요. 이때 일본과의 교류를 보여주는 유물로 칠지도가 있어요.
③ 백제 근초고왕은 고구려의 평양성을 공격하여 고국원왕을 전사시켰어요.

오답분석 ① 백제 성왕은 수도를 웅진(공주)에서 사비(부여)로 옮기고, 국호를 '남부여'로 고쳤어요.
② 백제 무령왕은 지방에 22담로를 설치하고 왕족을 파견하여 지방에 대한 통제력을 강화하고자 하였어요.
④ 신라 원성왕은 유교 경전에 대한 이해 수준의 정도를 평가하여 관리 선발에 참고하는 독서삼품과를 시행하였어요.

정답 | ③

5. 67회

(가) 왕의 업적으로 옳은 것은? [2점]

> 단양 신라 적성비는 (가) 대에 고구려 영토인 적성을 점령하고 세워진 것입니다. 비문에는 이사부 등 당시 공을 세운 인물이 기록되어 있으며, 충성을 다한 적성 사람 야이차에게 상을 내렸다는 내용도 담겨 있습니다.

① 국학을 설치하였다.
② 화랑도를 정비하였다.
③ 독서삼품과를 시행하였다.
④ 김헌창의 난을 진압하였다.

6. 67회

(가)~(다) 사건을 일어난 순서대로 옳게 나열한 것은? [3점]

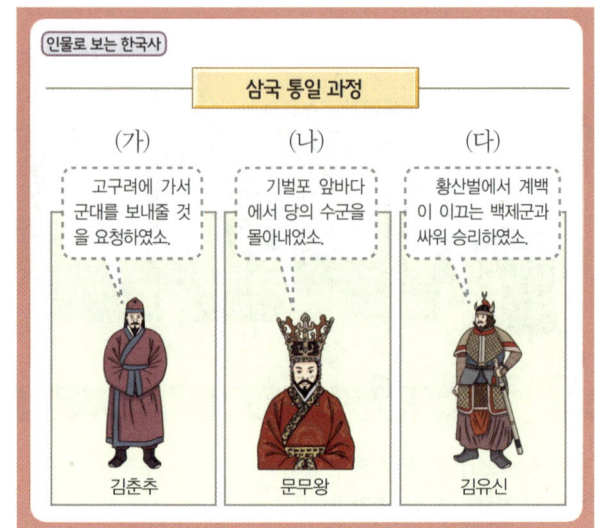

인물로 보는 한국사 — 삼국 통일 과정

(가) 김춘추: 고구려에 가서 군대를 보내줄 것을 요청하였소.
(나) 문무왕: 기벌포 앞바다에서 당의 수군을 몰아내었소.
(다) 김유신: 황산벌에서 계백이 이끄는 백제군과 싸워 승리하였소.

① (가) - (나) - (다)
② (가) - (다) - (나)
③ (나) - (가) - (다)
④ (다) - (가) - (나)

📢 신라 진흥왕의 업적

정답분석 단양 신라 적성비는 충청북도 단양에 있는 신라의 비석이에요. 진흥왕 때 여러 신라 장군이 당시 고구려 지역이었던 단양의 적성을 공격하여 차지하자, 진흥왕이 그 공을 기리고 적성 지역의 백성들을 위로하기 위해 세웠어요. 진흥왕은 영토 확장을 기념하기 위하여 이 외에도 북한산 순수비 등 4개의 순수비를 세웠어요.
② 진흥왕은 화랑도를 국가적인 조직으로 정비하였고, 이후 화랑도는 신라의 삼국 통일에 크게 기여하였어요.

오답분석 ① 신문왕은 국립 교육 기관으로 국학을 설치하여 유학 교육을 실시하였어요.
③ 원성왕은 국학 학생들을 대상으로 유교 경전에 대한 이해 수준의 정도를 평가하여 관리 선발에 참고하는 독서삼품과를 시행하였어요.
④ 헌덕왕 때 오늘날 충청남도 공주 지역인 웅천주에서 김헌창이 아버지 김주원이 왕위에 오르지 못한 것에 불만을 품고 난을 일으켰으나 관군에 의해 진압당하면서 실패하였어요.

정답 | ②

📢 신라의 삼국 통일 과정

정답분석 (가) 신라는 백제 의자왕에게 대야성이 함락되자 고구려에 김춘추를 보내 군사를 요청하였으나 실패하였어요. 얼마 후 신라는 김춘추를 당으로 보내 당과 군사 동맹을 맺었어요.
(다) 신라의 김유신은 백제의 계백이 이끄는 결사대에 맞서 황산벌에서 전투를 벌여 승리하였어요(황산벌 전투). 이어 사비성이 함락되면서 백제는 멸망하였어요.
(나) 백제와 고구려 멸망 이후 당이 한반도 전체를 차지하려고 하자 신라는 당과의 전쟁에 나섰고 매소성 전투와 기벌포 전투에서 크게 승리하여 당 세력을 몰아낸 후 삼국 통일을 완성하였어요.
② (가) 신라의 고구려 원병 요청(642) → (다) 황산벌 전투(660) → (나) 기벌포 전투(676)

정답 | ②

고구려의 성립과 멸망 / 가야의 성립과 멸망

01 ●●● 왕은 빈민을 구제하기 위해 진대법을 실시하였다.

02 ●●● 왕은 태학을 설립하고, 율령을 반포하였다.

03 광개토 태왕은 군대를 보내 ●라에 침입한 왜를 격퇴하였다.

04 ●● 왕은 백제를 공격하여 한성을 함락하였다.

05 을●● 이 이끄는 고구려군이 수의 군대를 살수에서 물리쳤다.

06 영류왕 때 연●●● 이 정변을 일으켜 권력을 장악하였다.

07 고구려 멸망 이후 검●●, 고연무, 안승 등이 고구려 부흥 운동을 전개하였다.

08 전기 가야 연맹은 ●● 가야가, 후기 가야 연맹은 ● 가야가 주도하였다.

09 신라 ●● 왕 때 대가야가 멸망하였다.

백제의 성립과 멸망 / 신라의 성립과 발전

10 ●●● 왕이 고구려의 평양성을 공격하여 고국원왕을 전사시켰다.

11 백제는 고구려 장수왕의 공격으로 한성이 함락된 후 ●● 으로 천도하였다.

12 ●● 왕이 지방의 22담로에 왕족을 파견하였다.

13 성왕은 ●● 로 천도하고 국호를 남●● 로 고쳤다.

14 ●● 왕은 이사부를 보내 우산국을 정벌하였다.

15 ●● 왕 때 이차돈의 순교를 계기로 불교를 공인하였다.

16 진흥왕은 ●● 도를 국가 조직으로 개편하였다.

17 김●● 는 당과 군사 동맹을 체결하였다.

18 신라는 ● 나라 군대에 맞서 승리하여 삼국 통일을 완성하였다.

정답 01 고국천 02 소수림 03 신 04 장수 05 을지문덕 06 개소문 07 검모잠 08 금관, 대 09 진흥 10 근초고 11 웅진 12 무령 13 사비, 부여 14 지증 15 법흥 16 화랑 17 춘추 18 당

05강 고대(통일 신라, 발해)

<통일 신라>

전기 (왕권 ▲)

- 태종 무열왕 (김춘추)
  - 최초의 진골 출신 왕
  - 나·당 동맹 → 백제 X (김유신)
- 문무왕
  - 고구려 X
  - 나·당 전쟁(매소·기벌) 승 → 통일
  - 상수리, 외사정, 문무 대왕암
- 신문왕
  - 정치
    - 김흠돌의 난 X
    - 집사부·시중 ▲ → 상대등 ▼
    - 6두품 등용 → 설총(화왕계)
  - 사회
    - 9주 5소경(지방)
      - → 서원경(청주): 촌락 문서
    - 9서당 10정(군사)
  - 경제: 관료전 O, 녹읍 X
  - 문화: 국학, 감은사(만파식적)

후기 (왕권 ▼)

- 정치: 진골 귀족 간의 왕위 쟁탈전 심화
  - → 김헌창의 난, 장보고의 난
- 사회
  - 농민 봉기(진성 여왕 때 극심)
    - → 원종과 애노의 난, 적고적의 난
  - 호족 ─ 스스로 성주·장군 호칭
    - 장보고(청해진), 견훤, 궁예, 왕건
  - 6두품: 최치원(시무책 10여 조)
- 경제: 녹읍 부활
- 문화: 선종 유행(9산 선문), 풍수지리설

후삼국
- 견훤: 후백제(완산주), 후당·오월에 사신 O
- 궁예: 후고구려(송악) → 마진·태봉(철원), 광평성
- 왕건 ─ 고려(송악)
  - 공산 전투(견훤 승, 신숭겸 X)
  - → 고창 전투(왕건 승) → 신라 항복
  - → 일리천 전투 → 고려, 후삼국 통일

진덕 여왕 ~ 무열왕 / 혜공왕 / 선덕왕 / 경순왕

<발해>

대조영 (고왕)	고구려 유민 + 말갈인 → 동모산에서 건국
무왕	• 연호 '인안' • 반당 ─ 대문예 → 흑수 말갈 공격 　　　　└ 장문휴 → 산둥(등주) 공격
문왕	• 연호 '대흥' • 친당 → 3성 6부, 상경성 • 신라도 개설 • 중경 → 상경으로 천도
선왕	• 연호 '건흥' • 옛 고구려 땅 O → '해동성국' • 5경 15부 62주

발해

고구려 계승	• '고려왕' 호칭 • 지배층: 고구려인 ▲ • 온돌, 고분 양식, 이불병좌상, 돌사자상, 석등
당 영향	• 3성: 정당성(대내상)·중대성·선조성 • 6부: 유교 이념 반영 • 주자감: 유학 교육 • 중정대: 관리 감찰 • 상경의 주작대로

05강 고대(통일 신라, 발해)

시험에 자주 나오는 핵심 자료 몰아보기

1 신라 신문왕과 만파식적 설화

만파식적 설화는 신문왕이 아버지 문무왕을 위해 감은사를 짓고 이견대에서 용에게 검은 옥대와 대나무를 받아 '만파식적'이라는 피리를 만들었는데 이 피리를 불자 나라의 근심과 걱정이 사라졌다는 설화예요. 여기서 '만파식적'은 신문왕 때 정치가 안정되고 나라가 발전한 모습을 상징적으로 나타내는 것으로 알려져 있어요.

2 9주 5소경

신라 신문왕은 전국을 9개의 주로 나누고, 수도 금성(경주)이 동남쪽에 치우쳐 있는 것을 보완하고 지방의 균형 있는 발전을 위해 주요 지역에 5개의 소경을 두었어요. 이로써 9주 5소경의 지방 행정 체제가 완성되었어요.

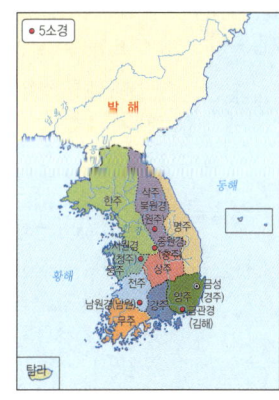

3 신라 말의 사회 동요

신라 말 잦은 왕위 쟁탈전으로 왕권이 약해져 귀족들의 농민 수탈이 심화되었고, 중앙 정부는 세금이 잘 걷히지 않자 농민들에게 세금을 독촉하였어요. 이에 농민들은 노비로 몰락하거나 도적이 되어 곳곳에서 봉기를 일으켰어요. 농민 봉기는 9세기 말 진성 여왕 때 절정에 이르렀는데 대표적인 봉기로 원종·애노의 난, 양길의 난, 적고적의 난 등이 있어요.

4 후삼국의 성립

신라 말 사회가 혼란스러워지자 지방에서 스스로 성주·장군이라 칭하는 호족이 등장하였어요. 이중 상주 출신의 견훤이 완산주(전주)를 도읍으로 후백제를, 신라 왕족 출신으로 알려진 궁예가 송악(개성)을 도읍으로 후고구려를 세웠어요. 이로써 경상도 일대로 영토가 축소된 신라와 함께 후삼국이 성립되었어요.

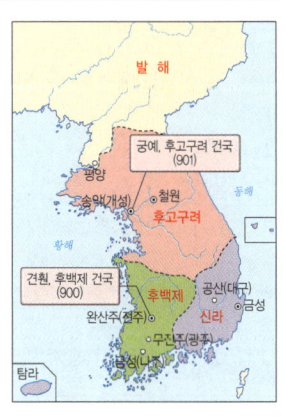

5 발해의 성립과 발전

대조영은 고구려 유민과 말갈인을 이끌고 지린성 동모산 지역에서 발해를 세웠어요. 발해는 선왕 때 고구려의 옛 영토를 대부분 회복하고, 전국을 5경 15부 62주로 나누는 등 전성기를 누렸어요. 이때 발해는 당으로부터 '해동성국'으로 불리기도 하였어요.

▲ 발해의 영역

6 발해의 중앙 정치 조직

발해는 당의 3성 6부제를 수용하여 중앙 정치 조직을 정비하였으나 운영과 명칭은 독자성을 유지하였어요. 정당성의 장관인 대내상이 국정을 총괄하였고, 관리 감찰 기구로 중정대, 유학 교육 기관으로 주자감을 두었어요.

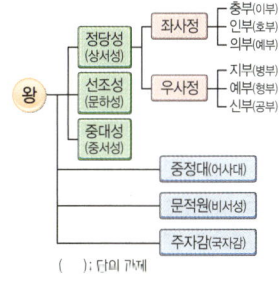

7 발해의 고구려 계승 의식

발해는 스스로 고구려 계승 의식을 분명히 나타냈어요. 일본과 주고받은 외교 문서에 발해와 고구려의 연관성을 인정하는 기록이 남아 있고 온돌, 기와 무늬 등에서도 발해가 고구려의 문화를 계승한 것을 알 수 있어요.

- 발해 말갈의 대조영이란 자는 본래 고구려의 별종이다. 고구려가 멸망하자 대조영은 가족을 거느리고 영주로 이사하였다.
  - 《구당서》 -
- 무예(무왕)는 열국에 해당되어서 외람되게 여러 나라를 다스렸다. 그래서 고(구)려의 옛 땅을 회복하고 부여 풍속을 갖추었다.
  - 《속일본기》 -

05강 고대(통일 신라, 발해)

빈출키워드 TOP5
1위 관료전 지급, 녹읍 폐지
2위 국학 설치
3위 김헌창의 난
4위 해동성국
5위 김흠돌의 난

🖉 녹읍·관료전
녹읍은 관리에게 일한 대가(녹)로 지방 행정 구역의 땅(읍)을 지급한 것이에요. 이 토지는 세금을 거둘 수 있었고, 땅에 속해 있는 농민을 부릴 수도 있었어요(노동력 수취). 관료전은 녹읍처럼 관리에게 일정한 토지를 지급한 것이지만 노동력 수취는 불가능하고 세금만 거둘 수 있었어요.

🖉 집사부·시중
집사부는 나랏일을 관장하면서 왕명을 집행하는 일을 맡은 부서로, 집사부의 우두머리를 시중 또는 중시라고 불러요.

🖉 상수리 제도
지방의 호족이나 그 자제를 일정 기간 수도에 머무르게 한 제도로, 지방 세력을 견제하고 왕권을 강화하기 위해 시행하였어요.

🖉 진성 여왕
신라 말 진성 여왕 시기에 농민 봉기는 절정을 이루었어요. 한편, 진성 여왕은 위홍과 대구화상에게 향가집인 《삼대목》을 편찬하도록 하였어요.

1 통일 신라의 발전

(1) 왕권 강화

태종 무열왕 (김춘추)	• 최초의 진골 출신 왕 → 이후 무열왕 직계 자손이 왕위 세습 • 나·당 동맹을 맺음(648, 진덕 여왕) → 백제를 멸망시킴
문무왕	• 고구려를 멸망시킴 • 나·당 전쟁 승리 → 삼국 통일(676)
신문왕	• 김흠돌의 난 진압(681) → 진골 귀족 세력 숙청 • 중앙 정치 제도 정비: 집사부 등 14부 • 지방 행정 조직 정비: 9주 5소경 • 군사 조직 정비: 9서당 10정 • 관료전 지급, 녹읍 폐지 → 귀족들의 경제적 기반 약화 의도 • 국학 설치(유학 교육), 6두품 등용(설총) • 감은사 건립(만파식적 설화)

(2) 통치 체제의 정비

중앙 정치	• 집사부와 시중(중시)의 권한 강화, 화백 회의의 기능 축소(상대등의 권한 약화) → 왕권 강화 • 집사부 아래 위화부 등 13부를 두고 행정 업무 분담

지방 행정	• 9주 5소경 설치
	  – 9주: 행정 기능 강화
	  – 5소경: 군사·행정상 중요한 지역에 설치 → 수도 금성(경주)이 동남쪽에 치우친 점 보완, 지역의 균형적 발전
	• 상수리 제도: 지방 세력 통제
	• 외사정 파견(문무왕): 지방관 감찰

군사 제도	• 9서당(중앙군): 옷깃 색을 기준으로 9개의 부대 편성, 고구려인·백제인·말갈인 등도 포함 → 민족 융합 목적 • 10정(지방군): 9주에 1개씩의 정 배치, 군사적으로 중요한 국경 지대인 한주에는 2개의 정 배치
토지 제도	관료전 지급, 녹읍 폐지(신문왕) → 백성에게 정전 지급(성덕왕) → 녹읍 부활(경덕왕)

(3) 신라 말의 사회 동요

중앙 정치의 동요	• 무열왕계의 권력 독점에 대한 반발 → 8세기 후반 혜공왕이 죽임을 당함 → 진골 귀족들의 왕위 쟁탈전(혜공왕 이후 150여 년간 20여 명의 왕이 바뀜)
	• 지방 세력의 반란
	  – 김헌창의 난(822): 웅천주(공주) 중심 → 실패
	  – 장보고의 난(846): 청해진(완도) 거점 → 실패

농민 봉기의 발생	• 중앙 정부에서 농민들에게 무거운 세금 부과 → 농민들의 불만 증가 • 진성 여왕 시기에 절정 → 원종과 애노의 난(889), 적고적의 난(896) 등
새로운 세력의 등장	• 호족: 지방에서 독자적인 세력을 형성하여 스스로 성주·장군이라 칭함 → 성을 쌓고 지방의 행정권·군사권 등 장악 → 6두품 세력과 연계, 반신라적 태도 • 6두품: 골품제의 모순 비판 → 개혁 주장 → 최치원이 진성 여왕에게 시무책 10여 조를 올렸으나 거부당함 → 호족 세력과 손을 잡아 반신라적 태도
새로운 사상의 유행	• 선종: 참선과 수행 강조, 개인적 성향, 9산 선문 성립(선종의 9개 종파) • 풍수지리설: 도선에 의해 널리 보급 • 선종과 풍수지리설은 호족의 사상적 기반으로 작용

❷ 후삼국의 성립

후백제	• 견훤이 완산주(전주)를 도읍으로 건국(900) • 충청·전라도 지역 차지 • 중국과 외교 관계를 맺음(후당·오월에 사신 파견) • 신라의 금성을 공격하여 경애왕을 죽게 함
후고구려	• 궁예가 송악(개성)을 도읍으로 건국(901) • 후고구려, 수도 송악(개성) → 국호 '마진'으로 변경, 연호 '무태' → 철원으로 천도 → 국호 '태봉'으로 변경(911) • 중앙 정치 제도 정비: 광평성 설치 • 궁예가 자신을 미륵불이라 칭하면서 폭정 → 신하들이 궁예를 왕위에서 쫓아냄, 왕건을 왕으로 세움 → 고려 건국 (918)

❸ 발해의 성립과 발전

(1) 발해의 건국

건국	대조영(고왕)이 고구려 유민과 말갈인을 이끌고 지린성 동모산 지역에서 건국(698)
특징	고구려 계승 의식: 일본에 보낸 외교 문서에 '고구려(고려), 고구려왕(고려 국왕)'이라는 호칭 사용. 온돌·고분 양식·이불병좌상·돌사자상·석등 등이 고구려 문화와 유사함

(2) 발해의 발전

무왕	• 연호 '인안' 사용, 당과 신라 견제 • 대문예에게 흑수 말갈 공격 지시 • 장문휴를 보내 당의 산둥반도(등주) 선제공격
문왕	• 연호 '대흥' 사용 • 당과 친선 관계 → 당의 제도와 문물 수용(3성 6부, 상경성) • 신라와 상설 교통로 개설(신라도) • 상경 용천부로 천도
선왕	• 연호 '건흥' 사용, 요동까지 영토 확장 • 옛 고구려 땅 대부분 차지 → 전성기를 맞이하여 당으로부터 '해동성국'으로 불림 • 지방 행정 조직 정비: 5경 15부 62주

(3) 발해의 통치 체제

중앙 정치	• 당의 3성 6부제 수용 → 운영과 명칭은 독자성 유지 – 3성: 정당성을 중심으로 운영 → 정당성의 장관인 대내상이 국정 총괄 – 6부: 명칭에 유교 이념 반영 • 중정대(관리 감찰), 문적원(서적 관리)
지방 행정	5경 15부 62주
군사 제도	중앙군은 10위, 지방군은 각지에 배치
교육	주자감(유학 교육), 당에 유학생 파견

⏸ 일시정지! ☑ 확인하기

1. 신라 신문왕에 대한 설명이 맞으면 ○표, 틀리면 ×표 하세요.
   (1) 김흠돌이 일으킨 난을 진압하였다. ( )
   (2) 관료전을 지급하고 녹읍을 폐지하였다. ( )
   (3) 국학을 설립하여 유학 교육을 실시하였다. ( )
   (4) 독서삼품과를 실시하여 인재를 등용하였다. ( )
   (5) 9주 5소경으로 지방 행정 제도를 정비하였다. ( )

2. 통일 신라에 대한 설명이 맞으면 ○표, 틀리면 ×표 하세요.
   (1) 12목을 설치하고 지방관을 파견하였다. ( )
   (2) 9서당 10정으로 군사 조직을 편성하였다. ( )
   (3) 상수리 제도를 실시하여 지방 세력을 견제하였다. ( )

3. 신라 말에 있었던 사실로 맞으면 ○표, 틀리면 ×표 하세요.
   (1) 김흠돌이 반란을 일으켰다. ( )
   (2) 웅천주 도독 김헌창이 반란을 일으켰다. ( )
   (3) 원종과 애노의 난 등 농민 봉기가 일어났다. ( )
   (4) 장보고가 청해진을 거점으로 반란을 도모하였다. ( )
   (5) 지방에서 호족들이 독자적인 세력을 형성하였다. ( )

4. 다음 설명에 해당하는 인물을 골라 쓰세요.

견훤, 궁예

   (1) 광평성 등 각종 정치 기구를 마련하였다. ( )
   (2) 완산주를 도읍으로 하여 후백제를 세웠다. ( )
   (3) 국호를 마진으로 바꾸고 철원으로 천도하였다. ( )
   (4) 송악을 도읍으로 정하고 후고구려를 건국하였다. ( )

5. 발해에 대한 설명이 맞으면 ○표, 틀리면 ×표 하세요.
   (1) 전성기에 해동성국이라 불렸다. ( )
   (2) 무왕은 인안이라는 연호를 사용하였다. ( )
   (3) 군사 조직을 9서당 10정으로 편성하였다. ( )

1. (1) ○ (2) ○ (3) ○ (4) × (5) ○
2. (1) × (2) ○ (3) ○
3. (1) × (2) ○ (3) ○ (4) ○ (5) ○
4. (1) 궁예 (2) 견훤 (3) 궁예 (4) 궁예
5. (1) ○ (2) ○ (3) ×

06강 고대(경제, 사회)

<경제>

구분	삼국	통일 신라	발해
대외 무역	• 공무역 • 당항성(진흥왕)	• 신라방, 신라촌(거주지), 신라소, 신라원(사원) • 장보고: 청해진(완도), 법화원 • 울산항(아라비아 상인)	• 영주도(당), 일본도, 신라도, 거란도 • 발해관(당)
토지	녹읍 지급 (수조권) ⟹	[신문왕] • 관료전(노동력 X) → 지급 • 녹읍(노동력 O) → 폐지 ⟹ [성덕왕] 정전 지급 ⟹ [경덕왕] 귀족 반발 → 녹읍 부활	
경제 활동	동시·동시전(지증왕) ⟹ 서시·남시 └ 시장 감독		솔빈부 말(수출)
조세	• 조세(토지세) • 공납(특산물) • 역(노동력) ⟹	민정 문서(촌락 문서) • 일본에서 발견(도다이사) → 서원경(청주) 부근 4개 촌락 • 촌주가 3년마다 조사(토지 면적, 인구 수, 소·말·나무의 수) → 조세 징수 + 노동력 징발	

<사회>

고구려	백제	신라	발해
• 고씨 • 제가 회의 • 대대로(막리지)	• 부여씨 + 8성 • 정사암 회의 • 상좌평(6좌평)	• 김씨 • 화백 회의(만장일치) • 상대등	• 대씨 • 정당성 └ 대내상

신라:
- 골 ─ 성골(~진덕 여왕)
  └ 진골(처음: 태종 무열왕)
- 품 ─ 6두품 ~ 1두품
  └ 설총(신문왕): 원효자, 이두 정리, 화왕계
- 관직 제한
- 생활 규제

→ 최치원(신라 말) ─ 시무 10여 조 X(진성 여왕)
                  └ 빈공과, <계원필경>, <토황소격문>

화랑도
화랑 + 낭도
(원광, 세속 5계)
↓
국가 조직으로 개편
(진흥왕)

06강 고대(경제, 사회)

1 신라 촌락 문서

1983년에 일본의 도다이사(東大寺) 쇼소인(正倉院)에서 발견된 통일 신라 시대의 문서예요. 서원경(청주) 부근 4개 촌락의 인구수, 토지 종류와 면적, 소와 말의 수 등이 기록되어 있어요. 신라 촌락 문서는 3년마다 작성하였는데, 이는 조세 징수와 노동력 징발에 활용되었어요. 이 문서는 민정 문서라고도 불려요.

2 남북국의 대외 무역

8세기 이후 통일 신라와 당의 관계가 회복되면서 당의 산둥반도 부근에 신라방, 신라촌, 신라소, 신라원 등이 설치되었어요. 신라의 장보고는 완도에 청해진을 설치하여 해상 무역권을 장악하였어요. 발해는 거란, 당, 일본, 신라 등과 거란도, 일본도, 신라도와 같은 교통로를 이용하여 교류하였어요. 발해의 특산물로는 솔빈부의 말이 유명하였어요.

3 원성왕릉 무인석

서역인의 모습을 닮은 원성왕릉 무인석의 모습을 통해 당시 통일 신라가 서역과 교류하였음을 짐작할 수 있어요.

4 신라의 화랑도

화랑도는 신라의 청소년 수련 단체에서 시작된 것으로, 진골 출신의 화랑과 다양한 신분의 낭도로 구성되었어요. 진흥왕은 화랑도를 국가적인 조직으로 개편하여 인재를 양성하였고, 이는 신라의 영토 확장에 크게 기여하였어요. 이들은 원광이 지은 세속 5계를 지키며 생활하였어요.

〈세속 5계〉
- 충으로써 임금을 섬긴다.
- 효로써 부모를 섬긴다.
- 믿음으로써 벗을 사귄다.
- 전쟁에 임하여 물러서지 않는다.
- 살생을 가려서 한다.

5 신라의 골품제

신라의 골품제는 혈통에 따라 왕족(성골, 진골)과 귀족인 두품(6~1두품)으로 나누어진 신분 제도예요. 골품제는 각 지역의 부족장을 중앙 귀족에 편입하는 과정에서 세력의 크기에 따라 등급을 나누면서 생겨났어요. 골품제는 골품에 따라 관직 진출, 승진을 제한받았을 뿐만 아니라 집과 수레의 크기, 장신구 등 일상생활까지 규제하는 폐쇄적인 신분 제도였어요.

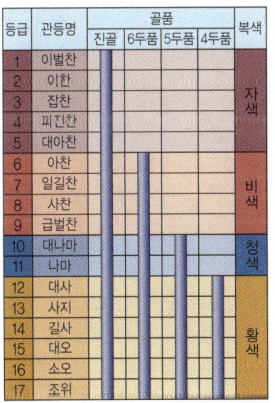

6 골품제의 모순

폐쇄적인 신분 제도인 골품제 때문에 6두품은 능력이 아무리 뛰어나도 올라갈 수 있는 관직에 한계가 있었는데, 이를 골품제의 모순이라고 해요. 골품제에 불만이 높았던 일부 6두품은 신라를 떠나 당의 빈공과에 응시하기도 하였으며 신라 말 호족, 선종 승려와 손을 잡고 새로운 사회 건설에 앞장섰어요. 6두품의 대표적 인물로는 설총, 최치원 등이 있어요.

- **설계두**는 신라 귀족 가문의 자손이다. 설계두가 이르기를, "신라에서는 사람을 등용하는 데 골품을 따져서 진실로 그 족속이 아니면 비록 큰 재주와 뛰어난 공이 있더라도 (그 한도를) 넘을 수가 없다."라고 하였다.
— 《삼국사기》 —

- **최치원**: 신이 부친의 엄한 가르침을 가슴에 새겨 노력을 경주한 끝에 6년 만에 빈공과에 합격하였습니다. …… 이제 귀국하여 그동안 중국에서 지은 글을 모아 계원필경집 1부 20권을 비롯한 시·부·표·장 등의 28권을 소장(疏狀)과 함께 올리게 되었습니다.
— 《계원필경》 —

7 발해의 사회

발해의 주민은 고구려인과 말갈인으로 구성되었으며, 지배층은 대부분 고구려인이었어요.

발해는 고구려 옛 땅에 세운 나라이다. …… 그 백성은 말갈인이 많고 토인(고구려인)이 적다. 토인은 촌장으로 삼는데, 큰 촌의 촌장은 도독이라 하고, 다음가는 촌의 촌장은 자사라고 하며, 그 이하는 다 백성들이 수령이라고 부른다.
— 《유취국사》 —

06강 고대(경제, 사회)

빈출키워드 TOP5
- 청해진 설치 — 1위
- 골품제 — 2위
- 최치원 — 3위
- 관료전 지급, 녹읍 폐지 — 4위
- 진대법 — 5위

❶ 삼국의 경제

조세 제도	조세(토지세: 곡물·베), 공납(특산물), 역(노동력 징발: 군역, 요역)
농업	농업 생산량 증대 노력 → 철제 농기구 보급, 우경 장려, 황무지 개간, 수리 시설을 늘림
수공업	관청에 수공업자를 둠 → 왕실과 지배층에서 필요한 장식품 등 생산
상업	신라 지증왕 때 수도에 동시(시장)와 동시전(감독 기관) 설치
대외 무역	• 주로 공무역 형태로 전개 • 고구려는 중국의 남북조 및 유목 민족, 백제는 중국의 남조 및 왜와 교류 • 신라: 한강 유역 점령 이후 당항성을 통해 중국과 직접 교역

📎 조세 제도
- 조세: 재산에 따라 세금을 내는 것을 말해요. 고대 사회의 재산은 보통 토지이므로 토지세를 뜻해요.
- 공납: 각 지역의 특산물을 현물로 내는 것을 말해요.
- 역: 국가에서 백성의 노동력을 거두는 것으로, 군대에 가서 병사가 되는 군역, 각종 공사 등에 뽑혀 노동력을 제공하는 요역이 있어요.

❷ 남북국의 경제

(1) 통일 신라

조세 제도	• 조세(보통 수확량의 1/10을 거둠), 공납(특산물을 거둠), 역(16~60세 남자 징발: 군역, 요역) • 신라 촌락 문서(민정 문서) 　– 일본 도다이사 쇼소인에서 발견된 서원경(청주) 부근 4개 촌락에 대한 기록 　– 촌주가 3년마다 토지 종류와 면적, 인구수, 소와 말의 수, 나무의 종류와 수, 특산물 등을 파악하여 작성 → 조세 징수와 노동력 징발에 활용
토지 제도	관료전 지급, 녹읍 폐지(신문왕) → 백성에게 정전 지급(성덕왕) → 녹읍 부활(경덕왕)
상업	동시가 있는 수도에 서시와 남시 설치, 시전 설치
대외 무역	• 당: 8세기 이후 관계 회복, 공무역·사무역 발달 → 신라방·신라촌(거주지), 신라소(관청), 신라원(사원) 등 설치, 승려 및 유학생 파견(당의 빈공과 응시) • 일본: 8세기 이후 교류 확대 • 울산항, 당항성, 영암이 국제 무역항으로 번성 → 아라비아 상인 왕래 • 장보고의 활동: 완도에 청해진 설치 → 해상 무역권 장악, 법화원 설치

📎 신라방·신라소·신라원
- 신라방: 당의 동해안 일대에 신라인이 모여 살았던 지역이에요.
- 신라소: 당의 동해안 일대에 설치된 신라인들의 자치 기관이에요.
- 신라원: 당으로 건너간 신라인이 신라방에 세운 절을 통틀어 말해요. 대표적인 신라원으로 장보고가 세운 법화원이 있어요.

(2) 발해

농업	밭농사 중심, 일부 지역에서 벼농사 실시
목축	솔빈부의 말, 막힐부의 돼지 등이 주요 수출품이었음
상공업	수공업(금속 공예, 직물, 도자기 생산), 상업(수도와 교통의 중심지에서 발달)
대외 무역	• 영주도(당), 일본도(일본), 신라도(신라), 거란도(거란) 등의 교통로를 통해 교류 • 당: 산둥반도에 발해관 설치(여관)

📎 빈공과
당의 과거 시험으로, 외국인에게 시험을 치르게 하여 관리를 선발한 제도예요. 신라 말에는 당으로 유학을 가 빈공과에 합격하는 사람이 많아졌어요. 대부분 6두품 출신이며, 대표적으로 최치원이 있어요. 빈공과는 발해인들도 많이 응시하였어요.

❸ 삼국의 사회

(1) 고구려

지배층	왕족인 계루부 고씨를 비롯한 5부 출신의 귀족
귀족 회의	제가 회의(국가 중대사 결정) → 대대로(막리지) 선출
중앙 정치	국정 총괄: 대대로(막리지), 10여 관등제, 진대법 실시(고국천왕)
지방 행정	5부(수도) 5부(지방), 지방 장관으로 욕살·처려근지 등을 둠

(2) 백제

지배층	왕족인 부여씨와 8성의 귀족
귀족 회의	정사암 회의(나라의 중요한 일 결정)
중앙 정치	• 국정 총괄: 상좌평 • 6좌평을 비롯한 16관등제
지방 행정	• 5부(수도) 5방(지방) • 22담로에 왕족 파견(무령왕)

(3) 신라

귀족 회의	화백 회의: 만장일치제, 나라의 중요한 일 결정
중앙 정치	• 국정 총괄: 상대등 • 17관등제
지방 행정	6부(수도) 5주(지방)

① **골품제**: 엄격한 신분 제도(성골·진골, 6~1두품) → 골품에 따라 관직 진출 제한, 개인의 일상생활(집과 수레의 크기, 장신구 등)도 규제
② **화랑도**: 화랑(귀족)+낭도(귀족·평민) 구성, 진흥왕 때 국가적인 조직으로 개편, 원광의 세속 5계를 행동 규범으로 삼음

4 남북국의 사회

(1) 통일 신라

민족 융합	• 9주: 신라와 함께 고구려, 백제의 옛 땅에 각각 설치 • 9서당: 신라인 외에 고구려·백제·말갈인까지 포함
6두품의 성장	• 학문과 실무 능력을 바탕으로 하여 국왕 보좌, 하지만 신분적 제약으로 승진에 제한 → 당으로 건너가 빈공과 응시, 반신라적 경향 • 대표적인 6두품: 설총(원효의 아들, 이두 정리, 〈화왕계〉), 최치원(진성 여왕에게 시무책 10여 조 건의, 〈토황소격문〉, 《계원필경》) • 신라 말 진골 귀족들의 왕위 쟁탈전으로 중앙 정부의 지방 통제력 약화 → 호족 세력의 등장, 농민 봉기의 발생 → 일부 6두품은 호족과 손을 잡기도 함

(2) 발해

주민 구성	• 고구려인 + 말갈인 • 지배층은 대다수가 고구려인
사회 모습	• 당에 유학생 파견 → 빈공과 응시(신라인인 6두품과 경쟁) • 당의 제도와 문물 수용 + 고구려 사회 모습 계승

⏸ 일시정지! ☑ 확인하기

1. 신라의 경제 상황에 대한 설명이 맞으면 ○표, 틀리면 ×표 하세요.

(1) 솔빈부의 말이 특산물로 유명하였다. ( )
(2) 물가 조절을 위해 상평창을 설치하였다. ( )
(3) 울산항, 당항성이 무역항으로 번성하였다. ( )
(4) 시장을 감독하는 관청인 동시전이 있었다. ( )
(5) 청해진을 중심으로 해상 무역이 전개되었다. ( )
(6) 신라방을 형성하여 중국과 활발히 교역하였다. ( )
(7) 거란도, 영주도 등을 통해 주변 국가와 교류하였다. ( )

2. 다음 설명에 해당하는 나라를 골라 쓰세요.

고구려, 백제, 신라

(1) 진대법을 실시하였다. ( )
(2) 엄격한 신분제인 골품제가 있었다. ( )
(3) 화랑도라는 청소년 단체가 있었다. ( )
(4) 만장일치제인 화백 회의가 운영되었다. ( )
(5) 제가 회의에서 국가 중대사를 결정하였다. ( )
(6) 정사암에서 나라의 중요한 일을 결정하였다. ( )

1. (1) × (2) × (3) ○ (4) ○ (5) ○ (6) ○ (7) ×
2. (1) 고구려 (2) 신라 (3) 신라 (4) 신라 (5) 고구려 (6) 백제

1 66회

밑줄 그은 '이 왕'의 업적으로 옳은 것은? [2점]

> 문무왕의 아들인 이 왕은 동해에 작은 산이 떠다닌다는 이야기를 듣고 이견대로 갔어요. 용이 나타나 말하기를, 산에 있는 대나무로 피리를 만들면 천하가 평온해질 것이라고 했어요. 이후 그 대나무로 피리를 만들어 만파식적이라 부르고, 나라의 보물로 삼았어요.

① 국학을 설립하였다.
② 우산국을 정벌하였다.
③ 천리장성을 축조하였다.
④ 화랑도를 국가 조직으로 개편하였다.

신라 신문왕의 업적

정답분석 만파식적 설화는 신문왕이 아버지 문무왕을 위해 감은사를 짓고 용에게 대나무를 받아 '만파식적'이라는 피리를 만들었는데, 이 피리를 불면 나라의 근심과 걱정이 사라졌다는 설화예요. 여기서 '만파식적'은 신문왕 때 정치가 안정되고 나라가 발전한 모습을 상징적으로 나타내는 것으로 알려져 있어요.
① 신라 신문왕은 유학 교육을 위해 최고 교육 기관으로 국학을 설립하였어요.

오답분석 ② 신라 지증왕은 이사부를 보내 우산국(울릉도 일대)을 정벌하였어요.
③ 고구려 영류왕 때 당의 침입에 대비하여 천리장성 축조가 시작되었고, 보장왕 때 완성되었어요. 고려 시대에는 덕종 때 국경 지대인 압록강에서 도련포까지 천리장성 축조가 시작되어 정종 때 완성되었어요.
④ 신라 진흥왕은 화랑도를 국가적인 조직으로 개편하여 인재를 양성하였고, 화랑도는 신라의 삼국 통일에 크게 기여하였어요.

정답 | ①

2 64회

다음 사건이 일어난 시기를 연표에서 옳게 고른 것은? [2점]

> 진성왕 3년, 나라 안의 모든 주와 군에서 공물과 부세를 보내지 않아 창고가 텅 비어 나라의 재정이 궁핍해졌다. 왕이 관리를 보내 독촉하니 곳곳에서 도적이 벌떼처럼 일어났다. 이때 원종과 애노 등이 사벌주를 거점으로 반란을 일으켰다.
> ― 『삼국사기』 ―

433	562	676	780	918
	(가)	(나)	(다)	(라)
나제 동맹 성립	진흥왕 대가야 병합	신라 삼국 통일	혜공왕 피살	고려 건국

① (가) ② (나) ③ (다) ④ (라)

신라 말의 사회 모습

정답분석 신라 말 진성 여왕 때 중앙 정부의 지방 통제력이 약해지고 귀족의 수탈이 더욱 심해지자 원종과 애노의 난(사벌주), 적고적의 난 등 곳곳에서 농민 봉기가 일어났어요.
④ 8세기 후반인 780년에 귀족 세력인 김지정이 반란을 일으켰고 이때 혜공왕이 죽임을 당했어요. 이후 신라는 150여 년간 20여 명의 왕이 교체되는 혼란이 이어지면서 중앙 정부의 지방 통제력이 약해졌어요. 이로 인해 귀족들의 농민 수탈이 심해졌고, 정부는 세금이 잘 걷히지 않자 강제로 조세를 걷었어요. 고통스러운 생활을 이어 가던 농민들은 노비로 몰락하거나 도적이 되었으며, 곳곳에서 봉기를 일으켰어요. 9세기 말 진성 여왕 때 농민 봉기가 최고조에 이르렀는데, 원종과 애노의 난(889)이 대표적이에요. 이후 견훤이 후백제를, 궁예가 후고구려를 세우면서 신라와 함께 후삼국을 이루었어요. 후고구려를 세운 궁예가 폭정을 이어가자 신하들이 궁예를 몰아내고 왕건을 왕으로 세웠어요. 918년에 왕건은 고려를 건국하였고, 이후 일리천 전투에서 후백제를 무찌르면서 후삼국을 통일하였어요.
따라서, 원종과 애노의 난이 일어난 시기는 '혜공왕 피살(780)'과 '고려 건국(918)' 사이의 시기인 (라)예요.

정답 | ④

3 64회

밑줄 그은 '인물'에 대한 설명으로 옳은 것은? [2점]

① 청해진을 설치하였다.
② 국호를 마진으로 하였다.
③ 경주의 사심관으로 임명되었다.
④ 공산 전투에서 고려에 승리하였다.

견훤의 활동

정답분석 신라 말 지방 호족이었던 견훤은 스스로 왕위에 오른 후 완산주(전주)를 도읍으로 정하고 후백제를 세웠어요. 후백제에서는 왕위 계승 다툼이 일어나 견훤의 첫째 아들 신검이 난을 일으켜 동생인 금강을 죽이고 견훤을 금산사에 유폐하였어요. 이후 견훤이 금산사를 탈출하여 고려에 귀순하고, 신라까지 고려에 항복하자 태조 왕건은 일리천 전투에서 신검의 후백제군을 무찌르고 후삼국을 통일하였어요.
④ 견훤이 이끈 후백제군은 신라를 지원하기 위해 온 고려군을 상대로 공산 전투에서 크게 승리하였어요.

오답분석 ① 장보고는 신라 말 흥덕왕 때 완도에 청해진을 설치하고 해적을 소탕한 후 해상 무역을 장악하여 큰 부를 쌓았어요.
② 궁예는 송악(개성)을 도읍으로 후고구려를 건국하였고, 이어 국호를 마진으로 바꾼 후 철원으로 수도를 옮겼어요.
③ 신라 경순왕이 고려 태조에게 항복하자 태조는 경순왕(김부)을 경주의 사심관으로 임명하였어요.

정답 | ④

4 63회

(가) 국가에 대한 설명으로 옳은 것은? [2점]

① 마한의 소국 중 하나였다.
② 상수리 제도를 실시하였다.
③ 전성기에 해동성국이라 불렸다.
④ 광덕, 준풍 등의 연호를 사용하였다.

발해

정답분석 고구려 멸망 후 대조영은 고구려 유민과 말갈인을 이끌고 동모산에서 발해를 건국하였어요. 대조영의 아들인 발해 무왕은 당에 대한 강경한 정책을 폈으며, 당이 흑수 말갈을 이용하여 발해를 견제하자 흑수 말갈을 정벌하고 일본, 돌궐 등과 교류하였어요. 무왕은 장문휴를 보내 당의 영토인 산둥반도의 등주를 공격하였어요.
③ 발해는 선왕 때 전성기를 맞이하여 중국으로부터 '해동성국'이라고 불렸어요. 해동성국은 '바다 동쪽의 융성한 나라'라는 뜻이에요.

오답분석 ① 목지국은 마한의 소국 중 하나로, 오늘날 충청남도 직산 지역 부근에 있었어요.
② 신라는 상수리 제도를 실시하여 지방 세력가나 그 자제를 일정 기간 수도에 머무르게 하여 지방 세력을 견제하였어요.
④ 고려 광종은 스스로 황제로 칭하고 광덕, 준풍 등의 독자적인 연호를 사용하였어요.

정답 | ③

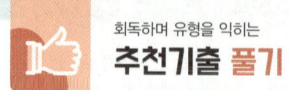

5 63회

(가) 국가의 경제 상황으로 옳은 것은? [3점]

이것은 촌락 문서의 일부를 정리한 것입니다. 민정 문서라고도 불리는 촌락 문서는 (가) 의 조세 수취 제도를 살펴볼 수 있는 중요한 자료입니다.

숫자로 본 촌락 문서 – 사해점촌
- 인구 147명
- 말 25마리 소 22마리
- 논 102결 밭 62결
- 뽕나무 1,004그루 잣나무 120그루 가래나무 112그루

① 활구라고 불리는 은병이 유통되었다.
② 고추, 담배 등이 상품 작물로 재배되었다.
③ 관청에 물품을 조달하는 공인이 활동하였다.
④ 시장을 감독하기 위한 기구로 동시전이 설치되었다.

📢 **신라의 경제 상황**

정답분석 신라 촌락 문서(민정 문서)는 각 촌락의 인구수, 토지 종류와 면적, 소와 말의 수, 나무의 종류와 수 등을 조사하여 3년에 한 번씩 촌주가 기록한 문서예요. 신라 촌락 문서를 통해 당시의 경제 상황과 조세 제도에 대해 짐작할 수 있어요.
④ 신라 지증왕 때 수도에 시장인 동시를 설치하고 동시를 감독하기 위한 기구로 동시전을 설치하였어요.

오답분석 ① 고려는 숙종 때 주전도감을 설치하여 활구(은병), 해동통보 등의 화폐를 발행하였으나 널리 유통되지는 못하였어요.
② 조선 후기에는 인삼, 담배, 면화, 고추 등 상품 작물의 재배가 확대되었어요.
③ 조선 후기에는 대동법이 시행되면서 관청에서 공물의 값을 받고 필요한 물품을 마련하여 궁궐과 관청에 조달하는 공인이 활동하였어요.

정답 | ④

6 64회

다음 퀴즈의 정답으로 옳은 것은? [1점]

혈통에 따라 관직 진출뿐만 아니라 일상생활까지 차별한 신라의 신분 제도는 무엇일까요?

① 골품 제도
② 기인 제도
③ 음서 제도
④ 상수리 제도

📢 **신라의 신분 제도**

정답분석 신라의 골품제는 왕족인 성골·진골과 귀족인 두품(6∼1두품)이 합쳐진 신분 제도예요. 골품제는 각 지역의 부족장을 중앙 귀족에 편입하는 과정에서 세력의 크기에 따라 등급을 나누면서 생겨났어요. 골품제는 골품에 따라 관직 진출에 제한받았을 뿐만 아니라 집과 수레의 크기, 장신구 등 일상생활에서도 차별을 두는 폐쇄적인 신분 제도였어요.
① 신라의 골품제는 골품에 따라 관등 승진에 제한을 두고 일상생활에서도 차별을 두는 폐쇄적인 신분 제도였어요.

오답분석 ② 고려 태조는 호족을 통제하고 지방 통치를 보완하기 위해 지방 호족의 자제를 중앙에 머무르게 하는 기인 제도를 실시하였어요.
③ 고려는 왕족과 공신, 5품 이상 고위 관리의 자손 등은 과거를 거치지 않고 관리가 될 수 있는 음서 제도를 실시하였어요.
④ 신라는 지방 세력가나 그 자제를 수도에 머무르게 하는 상수리 제도를 실시하여 지방 세력을 견제하였어요.

정답 | ①

통일 신라의 발전 / 후삼국의 성립 / 발해의 성립과 발전

01 ⬤⬤왕은 김흠돌의 난을 진압하였다.

02 신문왕은 관리들에게 ⬤⬤전을 지급하고, 녹읍을 폐지하였다.

03 신문왕은 유학 교육을 위해 ⬤학을 설치하였다.

04 통일 이후 신라는 9⬤ 5⬤⬤으로 지방 행정 제도를 정비하였다.

05 신라는 ⬤⬤리 제도를 시행하여 지방 세력을 견제하였다.

06 신라 말에 김⬤⬤이 자신의 아버지가 왕이 되지 못한 것에 불만을 품고 반란을 일으켰다.

07 신라 말 지방에서 스스로 성주, 장군이라 칭하고 독자적으로 군대를 가진 ⬤족이 등장하였다.

08 견훤이 완산주를 도읍으로 후⬤⬤를 건국하였다.

09 궁예는 송악을 도읍으로 후⬤⬤를 건국하였다.

10 대⬤⬤이 고구려 유민을 이끌고 동모산에서 발해를 건국하였다.

11 발해는 일본에 보낸 국서에서 ⬤⬤⬤를 계승한 국가임을 밝혔다.

삼국의 경제 / 남북국의 경제 / 삼국의 사회 / 남북국의 사회

12 신라 ⬤⬤왕 때 시장을 감독하는 관청인 동시전이 설치되었다.

13 일본에서 발견된 신라 ⬤⬤ 문서에는 마을의 크기, 논밭의 넓이, 인구수 등이 기록되어 있다.

14 장⬤⬤는 완도에 청해진을 설치하여 해상 무역을 전개하였다.

15 발해의 특산품으로 ⬤부의 말이 유명하였다.

16 신라의 ⬤⬤제는 일상생활까지 규제하는 엄격한 신분제였다.

17 신라에는 ⬤⬤도라는 청소년 단체가 있었다.

18 신라 말 왕권이 약해지면서 지방에서 ⬤⬤ 세력이 성장하였다.

정답 01 신문 02 관료 03 국 04 주, 소경 05 상수 06 헌창 07 호 08 백제 09 고구려 10 조영 11 고구려 12 지증 13 촌락(민정) 14 보고 15 솔빈 16 골품 17 화랑 18 호족

07강 고대(문화 1)

구분		유학	역사서	도교
고구려		• 수도: 태학(소수림왕) • 지방: 경당(유학 + 무술)	이문진 → 〈신집〉 5권(영양왕)	사신도(강서대묘, 동·서·남·북)
백제		• 오경·역·의박사 • 부여 사택지적비	고흥 → 〈서기〉(근초고왕)	• 백제 금동 대향로(부여 능산리) • 산수무늬 벽돌
신라		• 임신서기석 • 원광의 세속 5계(화랑도)	거칠부 → 〈국사〉(진흥왕)	화랑도 → 낭가 사상(신채호)
통일 신라	전기	• 국학(신문왕) • 설총: 이두 정리, 화왕계(신문왕) • 강수: 〈청방인문표〉 • 김대문: 〈화랑세기〉, 〈고승전〉		
	후기	• 독서삼품과(원성왕) • 최치원: 〈계원필경〉, 〈토황소격문〉		
발해		주자감		

구분		불교	불상	불탑
고구려		수용: 소수림왕(← 전진)	금동 연가 7년명 여래 입상	
백제		수용: 침류왕(← 동진)	서산 용현리 마애 여래 삼존 입상	• 익산 미륵사지 석탑 • 부여 정림사지 5층 석탑(평제탑)
신라		공인: 법흥왕(이차돈)	경주 배동 석조 여래 삼존 입상	• 경주 분황사 모전 석탑 • 황룡사 9층 목탑(자장) → 고려 때 X

통일
신라
	전기	• 원효
		  ├ 아미타 신앙, 무애가, 일심 사상
		  └ 〈대승기신론소〉, 〈십문화쟁론〉
		• 의상
		  ├ 관음 신앙, 화엄 사상
		  └ 부석사 건립, 〈화엄일승법계도〉
		• 혜초: 〈왕오천축국전〉
			석굴암 본존불상	• 경주 감은사지 3층 석탑(신문왕)
				• 경주 불국사 3층 석탑(석가탑, 무영탑)
				  └ 무구정광대다라니경
				    (현존 세계에서 가장
				    오래된 목판 인쇄물)
				• 경주 불국사 다보탑

	후기	선종 유행(9산 선문) └ 호족 후원, 승탑·탑비 유행		• 양양 진전사지 3층 석탑 • 화순 쌍봉사 철감선사 승탑

신라 전기 불상 칸: 금동 미륵보살 반가 사유상

발해: 이불병좌상 / 영광탑

07강 고대(문화 1)

시험에 자주 나오는 핵심 자료 몰아보기

① 백제 금동 대향로
백제의 문화유산으로, 불교와 도교의 요소가 복합적으로 표현되었어요. 백제의 뛰어난 금속 공예 기술을 엿볼 수 있어요.

② 금동 연가 7년명 여래 입상
삼국 시대의 불상으로, 불상 뒷면에 새겨진 글자를 통해 제작 시기와 고구려의 불상임을 알 수 있어요.

③ 서산 용현리 마애 여래 삼존 입상
백제의 불상으로, 둥근 얼굴 윤곽에 자비로운 인상을 지녀 '백제의 미소'라고 불려요. 서산 마애 삼존불이라고도 해요.

④ 경주 석굴암 본존불(상)
통일 신라 시대의 불상으로, 김대성이 지은 경주 석굴암 안에 조성되어 있어요.

⑤ 발해 이불병좌상
발해의 불상으로, 두 부처가 나란히 앉아 있는 모습을 형상화하였어요. 고구려의 영향을 받았어요.

⑥ 익산 미륵사지 석탑(복원)
백제의 석탑으로, 현존하는 삼국 시대 석탑 중 가장 규모가 크며 목탑 양식이 반영되었어요.

⑦ 부여 정림사지 5층 석탑
백제의 석탑으로, 목탑 양식을 계승하였어요.

⑧ 경주 분황사 모전 석탑
현존하는 신라 석탑 중 가장 오래된 석탑으로, 돌을 벽돌 모양으로 다듬어 쌓았어요. 선덕 여왕 시기에 세워진 것으로 보여요.

⑨ 경주 불국사 3층 석탑과 경주 불국사 다보탑
통일 신라 시대에 김대성이 지은 불국사 내에 세워진 석탑이에요. 경주 불국사 3층 석탑은 석가탑이라고도 하며, 탑의 해체·보수 과정에서 무구정광대다라니경이 발견되었어요. 석가탑과 함께 다보탑이 나란히 서 있어요.

▲ 경주 불국사 3층 석탑(석가탑)

▲ 경주 불국사 다보탑

⑩ 발해 영광탑
현재 유일하게 남아 있는 발해의 탑이에요. 벽돌로 만들어졌으며, 탑 아래에서 무덤이 발견되었어요. 당의 영향을 받았어요.

07강 고대(문화 1)

빈출키워드 TOP5

독서삼품과	1위
백제 금동 대향로	2위
익산 미륵사지 석탑	3위
경주 분황사 모전 석탑	4위
동진으로부터 불교 수용	5위

✏ 화왕계
설총이 지어 신문왕에게 바친 설화예요. 꽃나라를 다스리는 꽃의 왕 모란이 겉모습만 아름다우며 아첨하는 장미를 내치고 충직한 할미꽃 백두옹을 신하로 뽑는다는 내용의 글이에요.

✏ 아미타 신앙(정토 신앙)
원효는 '나무아미타불'만 열심히 외우면 누구든 극락정토에 갈 수 있다는 아미타 신앙을 전파하는 등 불교의 대중화를 위해 노력하였어요.

✏ 일심 사상과 화쟁 사상
- 일심 사상: 모든 것은 결국 한마음에서 나온다고 주장하는 사상이에요.
- 화쟁 사상: 불교의 모든 종파 간의 이론적 대립을 화합으로 바꾸려는 사상이에요.

✏ 화엄 사상
당에서 공부를 하고 신라로 돌아온 의상은 '일즉다다즉일(하나가 곧 모든 것이고 모든 것이 곧 하나다.)'을 전파하였는데, 당시 왕은 이를 왕권 강화에 이용하였어요.

❶ 유학의 발달

고구려	• 태학(수도): 소수림왕 때 설치 → 유교 경전·역사 교육 • 경당(지방): 유학·무술 교육
백제	• 오경박사(유교 경전 교육), 역박사(천문·역법 교육), 의박사(의학 교육) • 부여 사택지적비: 한문학의 수준이 높았음을 짐작
신라	• 임신서기석: 두 청년이 유교 경전 공부에 힘쓸 것을 다짐하는 내용이 새겨져 있음 → 신라에서 유학 교육이 실시되었음을 짐작 • 원광의 세속 5계(화랑도의 행동 규범)

통일 신라	• 국학 설치(신문왕): 유교 경전 교육
	• 독서삼품과 실시(원성왕): 국학 학생들을 대상으로 유교 경전에 대한 이해 수준 평가
	• 유학자
	  – 설총(6두품): 원효의 아들, 이두 정리, 신문왕에게 〈화왕계〉를 지어 바침
	  – 강수(6두품): 외교 문서 작성에 능함 → 〈청방인문표〉 작성
	  – 김대문(진골): 《화랑세기》,《고승전》,《한산기》 집필
	  – 최치원(6두품): 당 유학 → 빈공과 합격 → 신라로 돌아와 진성 여왕에게 시무 10여 조 건의,《계원필경》·〈토황소격문〉 집필

발해	6부에 유교식 명칭 사용, 주자감 설치(유교 경전 교육), 당에 유학생 파견 → 빈공과 응시

❷ 역사서 편찬

고구려	영양왕 때 이문진이 《유기》를 간추려 《신집》 5권 편찬
백제	근초고왕 때 고흥이 《서기》 편찬
신라	진흥왕 때 거칠부가 《국사》 편찬

❸ 도교의 발달

특징	산천 숭배나 신선 사상과 결합하여 불로장생과 현재 세상에서의 안녕과 행복 추구 → 귀족 사회를 중심으로 발달
고구려	강서대묘의 사신도: 네 방위를 나타내는 상징적 동물인 청룡(동), 백호(서), 주작(남), 현무(북)를 그린 그림
백제	• 백제 금동 대향로: 부여 능산리 절터에서 출토, 불교 + 도교의 복합 요소 • 산수무늬 벽돌: 자연과 더불어 살고자 하는 마음이 담김
신라	화랑도 → 낭가 사상(신채호)

❹ 불교의 발달

(1) 삼국의 불교 수용

고구려	소수림왕 때 중국 전진의 승려 순도를 통해 수용·공인
백제	침류왕 때 중국 동진에서 온 승려 마라난타를 통해 수용·공인
신라	눌지 마립간 때 고구려의 승려 묵호자를 통해 전해짐 → 법흥왕 때 이차돈의 순교를 계기로 공인

(2) 통일 신라의 불교 발전

원효	• 불교 대중화에 기여: 아미타 신앙('나무아미타불'), 무애가를 지어 전파 • 일심 사상·화쟁 사상을 통해 종파 통합 도모 • 《대승기신론소》, 《금강삼매경론》, 《십문화쟁론》 등 저술
의상	• 관음 신앙 전파('관세음보살'), 화엄 사상 정립(화엄종 개창) • 부석사·낙산사 등을 세움 • 《화엄일승법계도》 저술
혜초	인도와 중앙아시아를 순례한 후 《왕오천축국전》 저술
선종의 유행	신라 말부터 유행, 참선과 실천 수행을 통한 깨달음 강조 → 지방 호족의 사상적 기반으로 작용, 승탑과 탑비 유행

(3) 불상과 불탑

① 불상

삼국	금동 미륵보살 반가 사유상
고구려	금동 연가 7년명 여래 입상
백제	서산 용현리 마애 여래 삼존 입상
신라	경주 배동 석조 여래 삼존 입상
통일 신라	석굴암 본존불(상)
발해	이불병좌상

② 불탑

고구려	주로 목탑을 만들었으나, 현재 남아있는 것이 없음
백제	• 익산 미륵사지 석탑: 무왕 때 세워짐, 목탑 양식, 금제 사리봉영기가 발견됨 • 부여 정림사지 5층 석탑: 목탑 양식, '평제탑'이라고도 불렸음
신라	• 경주 분황사 모전 석탑: 돌을 벽돌 모양으로 다듬어 쌓음 • 경주 황룡사 9층 목탑: 선덕 여왕 때 자장의 건의로 세움 → 고려 때 몽골의 침입으로 사라짐
통일 신라	• 경주 감은사지 3층 석탑: 신문왕 때 세워짐, 쌍탑 • 경주 불국사 3층 석탑(석가탑, 무영탑): 현존하는 세계 최고(最古)의 목판 인쇄본인 무구정광대다라니경이 발견됨 • 경주 불국사 다보탑, 양양 진전사지 3층 석탑, 화순 쌍봉사 철감선사탑(선종)
발해	영광탑: 벽돌로 쌓은 전탑으로, 탑 아래 무덤이 있음

🅿️ 일시정지! ☑ 확인하기

1. 다음 설명에 해당하는 승려를 골라 쓰세요.

> 원효, 의상, 혜초

(1) 관음 신앙을 강조하였다. ( )
(2) 영주에 부석사를 창건하였다. ( )
(3) 무애가를 지어 불교 대중화에 노력하였다. ( )
(4) 화엄일승법계도를 지어 화엄 사상을 정리하였다. ( )
(5) 인도와 중앙아시아를 여행하고 왕오천축국전을 남겼다. ( )

2. 다음 설명에 해당하는 인물을 골라 쓰세요.

> 설총, 최치원

(1) 계원필경을 저술하였다. ( )
(2) 이두를 체계적으로 정리하였다. ( )
(3) 화왕계를 지어 국왕에게 바쳤다. ( )
(4) 왕에게 시무 10여 조를 건의하였다. ( )

3. 다음 문화유산을 남긴 나라를 골라 쓰세요.

> 고구려, 백제, 신라, 발해

(1) ( )   (2) ( )   (3) ( )
(4) ( )   (5) ( )   (6) ( )

---

1. (1) 의상 (2) 의상 (3) 원효 (4) 의상 (5) 혜초
2. (1) 최치원 (2) 설총 (3) 설총 (4) 최치원
3. (1) 백제 (2) 발해 (3) 고구려 (4) 신라 (5) 백제 (6) 신라

08강 고대(문화 2)

구분	건축	고분	비석
고구려	안학궁(평양) └ 장수왕의 남진	돌무지무덤(장군총) → 굴식 돌방무덤(무용총): 벽화 O, 도굴 ▲	• 광개토 태왕릉비(장수왕) • 충주 고구려비(장수왕)
백제	미륵사·왕궁리(익산) └ 무왕	돌무지무덤(석촌동 고분) → 굴식 돌방무덤 + 벽돌무덤(무령왕릉) 　　　　　　　　└ 묘지석, 석수	사택지적비(부여) └ 한문학 ▲
신라	황룡사(경주) └ 진흥왕	돌무지덧널무덤: 천마총(천마도), 황남대총 └ 벽화 X, 도굴 X, 껴묻거리 ▲	• 임신서기석(유학) • 단양 신라 적성비 + 북한산 순수비 　(김정희 〈금석과안록〉) 외 3개 　→ 진흥왕의 영토 확장
가야		• 김해 대성동 고분군(금관가야) • 고령 지산동 고분군(대가야)	
통일 신라	• 불국사, 석굴암 • 동궁과 월지(안압지)	굴식 돌방무덤(김유신 묘) └ 둘레돌, 12지 신상	
발해	• 상경성(주작대로) ← 당 • 온돌 ← 고구려	• 정혜 공주 묘(문왕): 굴식 돌방무덤, 돌사자상 ← 고구려 • 정효 공주 묘(문왕): 벽돌무덤 ← 고구려 + 당	

구분	과학 기술	문화 교류			기타
		일본			
고구려	천문도 → 천상열차분야지도(조선 태조)	• 담징(종이·먹 제조 기술) • 혜자(쇼토쿠 태자 스승) • 수산리 고분 벽화 　→ 다카마쓰 고분 벽화	금동 미륵보살 반가 사유상 ↓ 목조 미륵보살 반가 사유상	아 스 카 문 화	아프라시아브 궁전 벽화 고구려 사신, 각저총 → 서역
백제	• 칠지도(근초고왕): 백제 ↔ 왜 • 금동 대향로: 불교 + 도교	• 아직기(한자 교육) • 왕인(천자문, 논어) • 노리사치계(불경·불상)			벽돌무덤(중국 남조) 보검, 유리 제품 → 서역
신라	금관, 첨성대(선덕 여왕)	조선술·축제술			
가야	덩이쇠 → 철 갑옷, 금동관	토기 제작 기술 → 스에키			
통일 신라	• 상원사 동종(성덕왕) • 성덕 대왕 신종(경덕왕~혜공왕) • 무구정광대다라니경 　└ 현존 세계 최고(最古) 목판 인쇄물				원성왕릉(괘릉) 무인석 → 서역

08강 고대(문화 2)

시험에 자주 나오는 핵심 **자료 몰아보기**

1 신라 금관

현재 신라의 금관은 총 6점이 남아 있어요. 대체로 출(出)자 모양과 사슴뿔 모양 장식으로 이루어져 있어요.

▲ 금관총 금관

2 첨성대

신라 선덕 여왕 때 건립된 것으로 알려져 있으며, 천문 관측대로 짐작되고 있어요.

3 무구정광대다라니경

통일 신라의 경주 불국사 3층 석탑(석가탑)을 해체·보수하는 과정에서 발견되었어요. 현존하는 세계에서 가장 오래된 목판 인쇄물이에요.

4 고구려 장군총과 백제 석촌동 고분

고구려 초기에는 장군총처럼 돌무지무덤이 많이 만들어졌는데, 백제 한성 시대의 무덤인 서울 석촌동 고분도 돌무지무덤의 형태를 보이고 있어요. 이를 통해 백제 건국 세력이 고구려 계통임을 짐작할 수 있어요.

▲ 고구려 장군총   ▲ 백제 석촌동 고분

5 고구려 고분 벽화

고구려 고분에 그려진 벽화를 통해 당시 사람들의 생활 모습을 짐작할 수 있어요.

▲ 각저총 씨름도   ▲ 무용총 무용도

▲ 무용총 접객도   ▲ 수산리 고분의 부부 모습

6 공주 무령왕릉

백제 웅진 시대에는 중국 남조(양)의 영향을 받아 벽돌무덤이 만들어졌는데, 공주 무령왕릉이 대표적이에요. 이 무덤에서는 껴묻거리와 함께 무덤의 주인을 알 수 있는 묘지석과 석수 등이 출토되었어요.

▲ 무령왕릉 내부 모습

7 굴식 돌방무덤

삼국 시대에 쓰인 무덤 양식으로, 돌로 널길과 널방을 만들고 그 위를 흙으로 덮어 봉분을 만든 무덤이에요. 벽과 천장에 벽화를 그리기도 하였어요.

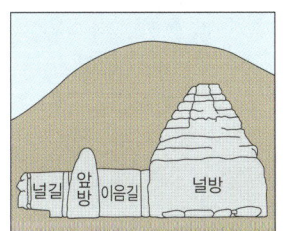
▲ 굴식 돌방무덤의 구조

8 돌무지덧널무덤

지상이나 지하에 나무 덧널을 설치하고, 그 위에 돌을 쌓고 흙으로 덮은 무덤 양식이에요. 규모가 크고 도굴이 어려워 많은 껴묻거리가 출토되는 편이에요. 신라에서 주로 사용된 무덤 양식이에요.

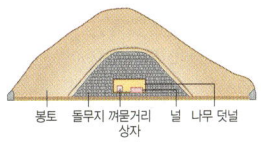
▲ 돌무지덧널무덤의 구조

9 천마도

신라의 천마총은 대표적인 돌무지덧널무덤으로, 천마도가 그려진 말다래(장니) 등 많은 껴묻거리가 발견되었어요. 말다래는 말의 배 양쪽에 늘어뜨리는 네모난 판을 말해요.

10 삼국과 일본의 불상

두 불상은 반만 가부좌를 튼 자세로 생각에 잠긴 모습과 제작 기법 등이 유사해요. 이를 통해 삼국의 문화가 일본에 전해졌음을 짐작할 수 있어요.

▲ 금동 미륵보살 반가 사유상(삼국)   ▲ 고류사 목조 미륵보살 반가 사유상(일본)

08강 고대(문화 2)

빈출키워드 TOP5
- 백제 금동 대향로 1위
- 무령왕릉 2위
- 칠지도 3위
- 무구정광대다라니경 4위
- 금동 미륵보살 반가 사유상 5위

✏️ 릉, 총, 고분군
- **릉**: 무덤의 주인이 누구인지 확실히 알 수 있는 왕·왕비의 무덤을 말해요.(예: 무령왕릉)
- **총**: 무덤의 주인이 누구인지 확실히 알 수 없어서 출토된 유물의 이름 등을 따서 부르는 무덤이에요.(예: 천마총, 금관총)
- **고분군**: 여러 개의 무덤이 모여 있는 것을 말해요.(예: 능산리 고분군, 대성동 고분군)

✏️ 모줄임천장

벽면의 중간 지점부터 모서리를 점점 줄여 나가다가 사각형 모양으로 천장을 막는 방식으로, 고구려의 굴식 돌방무덤에서 주로 볼 수 있어요. 이 천장 모양이 발해 무덤에서도 발견되는 것을 통해 발해가 고구려 문화를 계승하였음을 알 수 있어요.

✏️ 담징, 혜자
- **담징**: 일본에 종이와 먹의 제조 기술을 전파한 고구려의 승려예요.
- **혜자**: 일본에 건너가 쇼토쿠 태자의 스승이 된 고구려의 승려로, 일본의 불교문화 발전에 기여하였어요.

❶ 건축

고구려	안학궁: 장수왕이 평양으로 수도를 옮길 때 세운 궁궐로, 현재는 터만 있음
백제	익산 왕궁리 유적(무왕), 익산 미륵사(무왕), 부여 궁남지(인공 연못)
신라	경주 황룡사: 진흥왕 때 세운 절로, 현재는 터만 있음
통일 신라	• 경주 불국사, 경주 석굴암(인공 석굴 사원) • 경주 동궁과 월지(안압지): 조경술과 화려한 귀족 문화를 보여 줌
발해	• 상경성: 당의 영향 → 당의 수도인 장안성의 구조와 유사, 주작대로 건설 • 온돌 장치: 고구려 문화 계승

❷ 고분

고구려	돌무지무덤(장군총: 계단식 무덤, 벽화 ×) → 굴식 돌방무덤(강서대묘, 무용총, 각저총: 벽화 ○, 도굴 쉬움)
백제	돌무지무덤(서울 석촌동 고분군) → 굴식 돌방무덤(부여 능산리 고분군) + 벽돌무덤(공주 무령왕릉: 중국 남조의 영향, 묘지석 출토, 석수 발견)
신라	돌무지덧널무덤(천마총, 황남대총, 호우총): 입구와 벽화 ×, 도굴 어려움
가야	• 금관가야: 김해 대성동 고분군 • 대가야: 고령 지산동 고분군
통일 신라	굴식 돌방무덤(김유신 묘): 무덤 주위를 둘레돌로 두르고 12지 신상을 세움
발해	• 정혜 공주 묘: 굴식 돌방무덤, 모줄임천장, 돌사자상 → 고구려 계승 • 정효 공주 묘: 벽돌무덤, 고분 벽화(당의 영향), 고구려 양식의 천장 → 당과 고구려 양식의 혼합

❸ 비석

고구려	• 광개토 태왕릉비(장수왕): 광개토 태왕의 업적 기록 • 충주 고구려비(장수왕): 한반도 중부 지역까지의 영토 확장을 기념
백제	부여 사택지적비: 백제의 한문학 수준이 높았음을 짐작
신라	• 임신서기석: 신라에서 유학 교육이 실시되었음을 짐작 • 울진 봉평 신라비(법흥왕): 당시 신라의 사회 모습을 보여 줌 • 영토 확장 기념비 건립(진흥왕): 단양 신라 적성비, 북한산 순수비(김정희가 《금석과안록》에서 진흥왕 순수비임을 밝힘), 창녕 척경비, 황초령 순수비, 마운령 순수비

❹ 과학 기술

고구려	천문도 → 조선 태조 때 천상열차분야지도 제작에 영향
백제	• 칠지도: 우수한 금속 공예 기술 → 백제와 왜의 교류를 보여 줌 • 백제 금동 대향로: 섬세한 금속 공예 기술, 불교+도교의 복합 요소
신라	금관 등 화려한 금속 장신구 제작(금·은 세공 기술 발달), 첨성대(천문 관측)
통일 신라	• 범종 제작: 상원사 동종(성덕왕), 성덕 대왕 신종(경덕왕~혜공왕) • 무구정광대다라니경: 경주 불국사 3층 석탑에서 발견, 현존 세계 최고(最古)의 목판 인쇄본

❺ 문화 교류

(1) 고대 문화의 일본 전파: 삼국과 가야의 문화는 일본 아스카 문화 형성에 영향을 줌

삼국	금동 미륵보살 반가 사유상과 일본의 고류사 목조 미륵보살 반가 사유상이 유사함
고구려	• 담징(종이와 먹 제조 방법 전수, 호류사 금당 벽화 제작) • 혜자(쇼토쿠 태자의 스승) • 수산리 고분 벽화와 일본의 다카마쓰 고분 벽화가 유사함
백제	• 오경박사·역박사·의박사 등 파견 → 유학, 의학, 천문, 역법 등 전파 • 아직기: 일본의 태자에게 한자 교육 실시 • 왕인: 《천자문》과 《논어》 전파 • 노리사치계: 불경·불상 전파
신라	조선술·축제술 전파 → '한인의 연못'(저수지)
가야	토기 제작 기술 전파 → 스에키에 영향

(2) 고대의 문화 교류

고구려	서역과의 교류 → 우즈베키스탄의 아프라시아브 궁전 벽화에 고구려 사신 등장, 고구려의 각저총 벽화에 서역인으로 짐작되는 인물 등장
백제	중국의 남조와 교류 → 벽돌무덤(무령왕릉) 조성, 귀족 문화 발달
신라	서역과의 교류 → 신라 고분에서 서역의 유리그릇, 유리 구슬, 금제 장식 보검 등 발견
통일 신라	• 당과의 교류 → 사신, 유학생, 승려 등 왕래 • 서역과의 교류: 원성왕릉(괘릉) 무인석
발해	문왕 이후 당과 친선 관계 → 당의 문물 적극 수용

⏸ 일시정지! ☑ 확인하기

1. 다음 문화유산을 남긴 나라를 골라 쓰세요.

고구려, 백제, 신라, 발해

(1) ▲ 각저총 씨름도 ( )
(2) ▲ 무령왕릉 석수 ( )
(3) ▲ 경주 불국사 ( )
(4) ▲ 황남대총 북분 금관 ( )
(5) ▲ 정혜 공주 묘의 돌사자상 ( )
(6) ▲ 첨성대 ( )

2. 다음 고분의 무덤 양식을 골라 쓰세요.

돌무지무덤, 굴식 돌방무덤, 벽돌무덤, 돌무지덧널무덤

(1) ▲ 장군총 ( )
(2) ▲ 무령왕릉 ( )
(3) ▲ 무용총 ( )
(4) ▲ 황남대총 ( )

1. (1) 고구려 (2) 백제 (3) 신라 (4) 신라 (5) 발해 (6) 신라
2. (1) 돌무지무덤 (2) 벽돌무덤 (3) 굴식 돌방무덤 (4) 돌무지덧널무덤

회독하며 유형을 익히는 추천기출 풀기

1 67회   회독 ○○○

밑줄 그은 '불상'에 해당하는 것으로 옳은 것은?   [1점]

①    ②

③    ④

📢 **신라의 문화유산**

정답분석 석굴암은 통일 신라 시대에 만들어진 대표적인 불교 유적이에요. 인공 석굴 사원인 석굴암 안에는 본존불이 있는데, 신라인들의 뛰어난 조형술을 보여 주는 것이에요.
① 통일 신라의 경주 석굴암 본존불로, 김대성이 창건한 석굴암 안에 조성되어 있어요.

오답분석 ② 백제의 서산 용현리 마애 여래 삼존상으로, 둥근 얼굴 윤곽에 자비로운 인상을 지녀 '백제의 미소'라고 불려요.
③ 삼국 시대에 만들어진 금동 미륵보살 반가 사유상으로, 미륵보살이 반만 가부좌를 튼 자세로 생각에 잠긴 모습이에요.
④ 고려의 하남 하사창동 철조 석가여래 좌상으로, 석굴암 본존불의 양식을 이어받은 대형 철불이에요. 대형 철불은 고려 초기에 호족들의 영향으로 많이 만들어졌어요.

정답 | ①

2 61회   회독 ○○○

다음 일기의 소재가 된 절에서 볼 수 있는 문화유산으로 옳은 것은?   [1점]

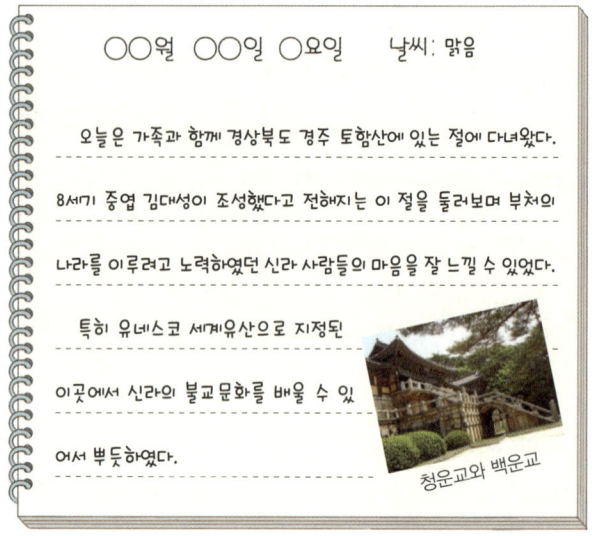

①    ②
불국사 삼층 석탑   쌍봉사 철감선사탑

③    ④
이불병좌상   성덕 대왕 신종

📢 **신라의 문화유산**

정답분석 경주에 위치한 절인 불국사는 통일 신라 시기 김대성이 지은 절로, 그 가치를 인정받아 유네스코 세계 문화유산으로 등재되었어요. 불국사에는 통일신라의 대표적인 문화유산인 불국사 3층 석탑(석가탑)과 다보탑이 세워져 있어요. 특히 불국사 3층 석탑에서는 현존하는 세계에서 가장 오래된 목판 인쇄물인 무구정광대다라니경이 발견되기도 하였어요.
① 신라 시대에 세워진 불국사에 있는 석탑이에요.

오답분석 ② 신라 말의 대표적인 승탑이에요.
③ 발해의 불상으로, 현재는 일본의 동경 국립 박물관이 소장하고 있어요.
④ 신라의 종으로, 현재는 국립 경주 박물관에 전시되어 있어요.

정답 | ①

3 66회

(가)에 들어갈 문화유산으로 옳은 것은? [2점]

> 백제 무왕이 건립한 사찰의 터에는 목탑 양식이 반영된 석탑이 남아 있습니다. 이 석탑의 복원 공사 중에 사리장엄구와 금제 사리봉영기가 발견되었습니다.

①
경천사지 십층 석탑

② 화엄사 사사자 삼층 석탑

③
미륵사지 석탑

④
분황사 모전 석탑

백제의 문화유산

정답분석 익산 미륵사지 석탑은 백제의 석탑으로, 현존하는 삼국 시대 석탑 중 가장 규모가 크며 목탑 양식이 반영되었어요. 무왕이 건립한 익산 미륵사에 세워졌으며, 이 탑에서 금제 사리봉영기가 발견되어 석탑의 건립 연도가 밝혀졌어요.
③ 익산 미륵사지 석탑은 목탑 양식을 계승한 백제의 석탑이에요.

오답분석 ① 고려 시대에 세워진 석탑으로, 원의 영향을 받아 대리석으로 만들어졌어요.
② 신라의 석탑으로, 기단과 탑신에 화려한 조각이 새겨져 있어요.
④ 현존하는 신라 석탑 중 가장 오래된 석탑으로, 돌을 벽돌 모양으로 다듬어 쌓았어요.

정답 | ③

4 63회

(가)에 들어갈 문화유산으로 옳은 것은? [1점]

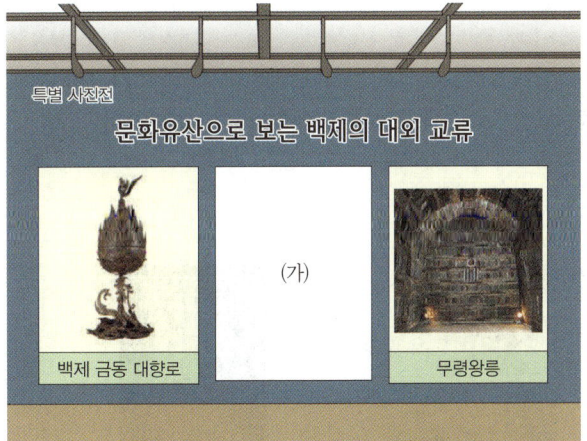

특별 사진전
문화유산으로 보는 백제의 대외 교류

백제 금동 대향로 / (가) / 무령왕릉

①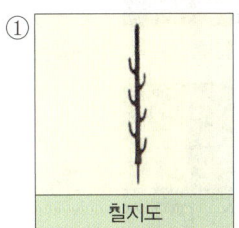
칠지도

②
청자 상감 운학문 매병

③
천마총 장니 천마도

④
호우총 청동 그릇

백제의 문화유산

정답분석 백제 금동 대향로는 부여 능산리 절터에서 출토된 백제의 문화유산이에요. 불교와 도교 사상이 반영되어 있으며, 백제의 수준 높은 공예 기술을 보여 줘요. 백제 무령왕릉은 웅진(오늘날 공주) 시기의 고분으로 무령왕과 왕비의 무덤이에요. 무덤 속에서 묘지석이 발견되어 무덤의 주인을 알 수 있어요. 무령왕릉은 중국 남조의 영향을 받아 벽돌무덤 형태로 만들어졌어요.
① 백제의 문화유산으로, 당시 백제와 왜의 관계를 짐작하게 해 주는 유물이에요.

오답분석 ② 고려의 문화유산으로, 상감 기법이라는 고려의 독창적인 기법으로 제작된 상감 청자예요.
③ 신라의 문화유산으로, 말의 배 양쪽에 늘어뜨리는 네모난 판인 말다래(장니)에 그려져 있어요. 천마총에서 발견되었어요.
④ 신라 무덤에서 발견된 고구려의 문화유산으로, 당시 고구려와 신라의 관계를 짐작할 수 있어요.

정답 | ①

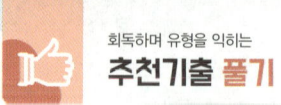

5 64회 [2점]

다음 자료에 해당하는 국가의 문화유산으로 옳은 것은?

> ○ 대조영은 마침내 그 무리를 거느리고 동쪽으로 가서 계루부의 옛 땅을 차지하고, 동모산에 웅거하여 성을 쌓고 살았다.
> ○ 대인수가 왕위에 올라 연호를 건흥으로 바꾸었다. …… 여러 차례 학생들을 유학 보내어 고금의 제도를 익히게 하니, 비로소 해동성국에 이르렀다.

①
영광탑

②
금관총 금관

③
금동 대향로

④
판갑옷과 투구

📢 발해의 문화유산

정답분석 대조영은 고구려 유민과 말갈인을 이끌고 지린성 동모산 지역에서 발해를 세웠어요. 무왕은 연호로 '인안'을 사용하고, 대문예에게 흑수 말갈 공격을 명하였으며, 장문휴를 보내 당의 등주를 선제공격하였어요. 문왕은 연호로 '대흥'을 사용하고, 당과 친선 관계를 맺어 당의 제도와 문물을 수용하였으며, 상경 용천부로 수도를 옮겼어요. 선왕은 연호로 '건흥'을 사용하고 고구려의 옛 영토를 대부분 회복하는 등 발해의 전성기를 이끌었어요. 이때 발해는 당으로부터 '바다 동쪽의 번성한 나라'라는 뜻의 '해동성국'으로 불리기도 하였어요.
① 현재 유일하게 남아 있는 발해의 탑으로, 벽돌로 만들어졌어요.

오답분석 ② 신라의 금관으로, 출(出)자 모양과 사슴뿔 모양 장식으로 이루어져 있어요.
③ 백제의 대표적인 문화유산으로, 신선, 봉황, 연꽃 등 도교와 불교의 상징이 정교하게 묘사되어 있어요.
④ 대가야의 문화유산으로, 고령 지산동 고분군에서 출토되었어요.

정답 | ①

6 61회 [2점]

(가)에 들어갈 문화유산으로 옳지 않은 것은?

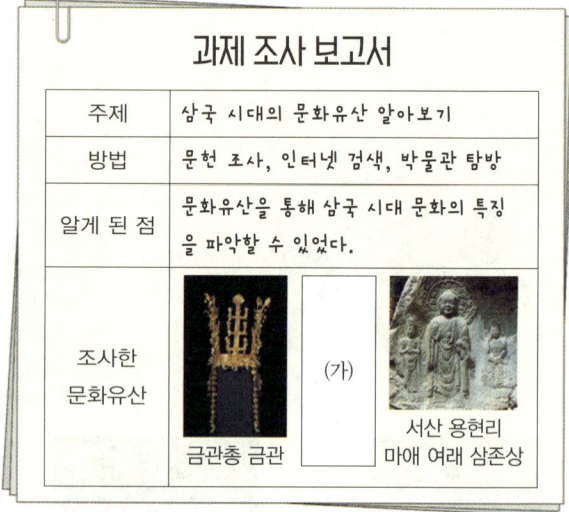

①
금동 연가 7년명 여래 입상

②
논산 관촉사 석조 미륵보살 입상

③
천마총 장니 천마도

④
장군총

📢 삼국의 문화유산

정답분석 삼국 시대에는 나라별로 탑과 불상 등 다양한 문화유산이 만들어졌어요. 금관총 금관은 신라의 문화유산으로, 신라의 일반적인 금관 양식을 대표하는 유물이에요. 서산 용현리 마애 여래 삼존상은 백제의 문화유산으로, 바위에 새겨져 있으며 '백제의 미소'라는 별명을 가지고 있어요.
② 고려의 문화유산으로, 지역적 특색을 잘 보여주는 대형 불상이에요.

오답분석 ① 고구려의 불상으로, 뒷면에 새겨진 글자를 통해 제작 시기를 추정할 수 있어요.
③ 신라의 문화유산으로, 2장의 말다래(장니)에 그려진 그림이에요.
④ 고구려의 대표적인 무덤으로, 돌무지무덤이에요.

정답 | ②

유학의 발달 / 역사서 편찬

01 고구려는 수도에 ◯학을 설립하여 유학 교육을 실시하였다.

02 신라의 ◯총은 〈화왕계〉를 지었으며, 이두를 체계적으로 정리하였다.

03 신라의 6두품 출신으로 당의 빈공과에 합격한 최◯◯은 《계원필경》을 지었다.

불교의 발달

04 신라는 ◯◯왕 때 이차돈의 순교를 계기로 불교를 공인하였다.

05 ◯◯는 무애가를 지어 불교 대중화에 기여하였다.

06 ◯◯은 《화엄일승법계도》를 지어 화엄 사상을 정리하였다.

07 ◯◯는 인도와 중앙아시아를 여행한 후 《왕오천축국전》을 남겼다.

08  ◯◯ 이불병좌상

09  익산 ◯◯지 석탑

10  경주 ◯◯사 모전 석탑

11  경주 ◯◯◯지 3층 석탑

고분 / 비석 / 과학 기술

12 공주의 ◯◯◯릉은 중국 남조의 영향을 받은 벽돌무덤이다.

13 신라의 돌무지 ◯◯무덤은 구조상 도굴이 어려워 많은 껴묻거리가 출토되었다.

14 고구려 장수왕은 ◯◯◯◯릉비를 만들어 아버지의 업적을 기록하였다.

15 금동 대향로와 칠지도는 ◯◯의 수준 높은 공예 기술을 보여 준다.

16 경주 불국사 3층 석탑에서 현존 최고(最古)의 목판 인쇄물인 ◯◯◯ 대다라니경이 발견되었다.

고려

09강 고려(초기 정치)
10강 고려(중기 정치~무신 정변)
11강 고려(외교)
12강 고려(경제, 사회)
13강 고려(문화 1)
14강 고려(문화 2)

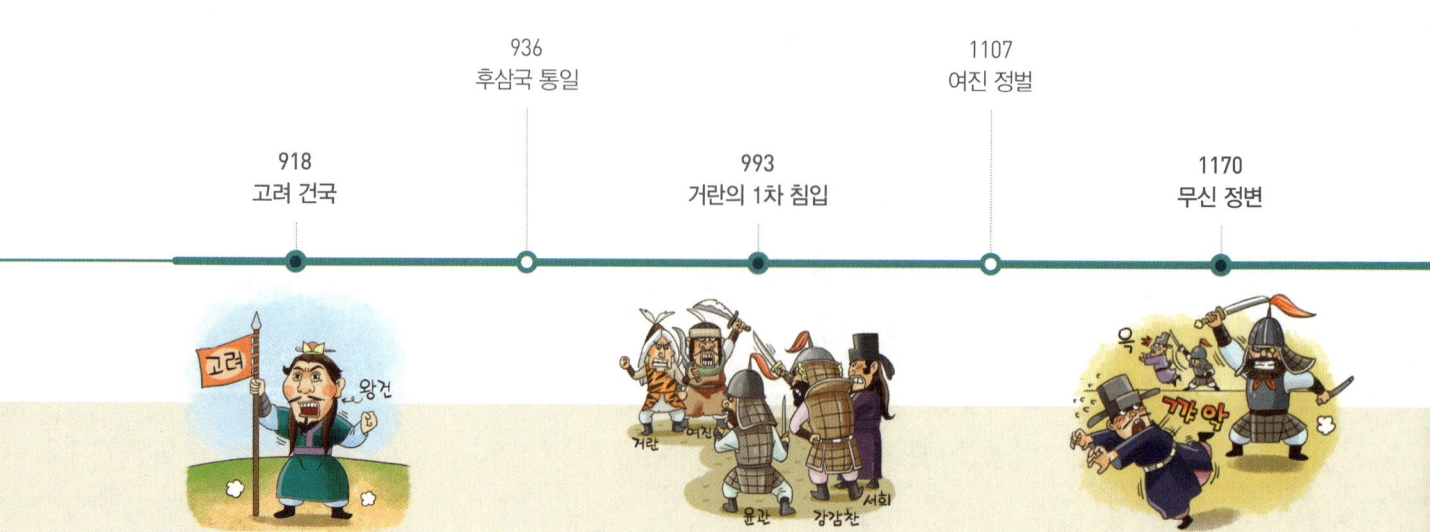

| 기출로 보는 키워드 | 3개년 평균 출제 비중 |

1위 : 비안검법
2위 : 서희의 외교 담판
3위 : 과거제
4위 : 묘청의 서경 천도 운동
5위 : 전시과

7.6문항
15.1%

1231
몽골의 1차 침입

1270~1273
삼별초의 항쟁

1351
공민왕 즉위

1356
쌍성총관부 수복

1377
직지심체요절 인쇄

1392
고려 멸망

09강 고려(초기 정치)

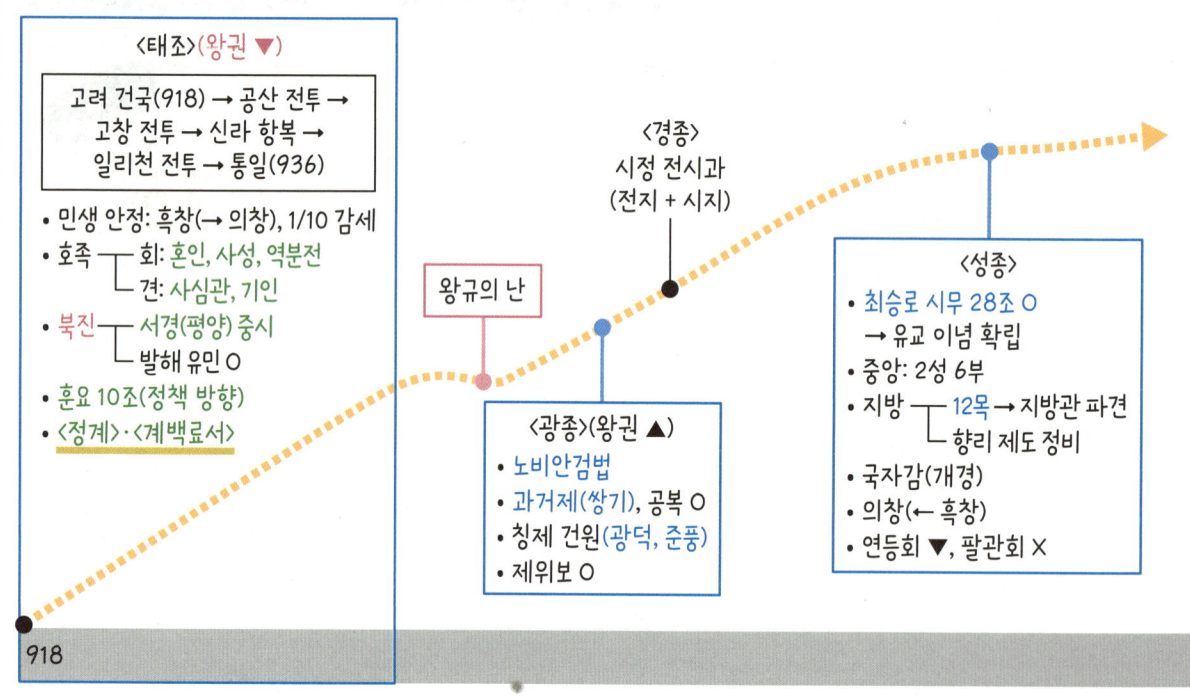

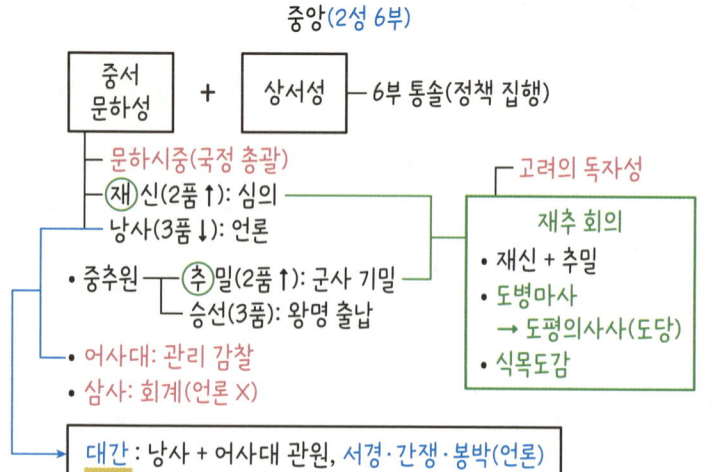

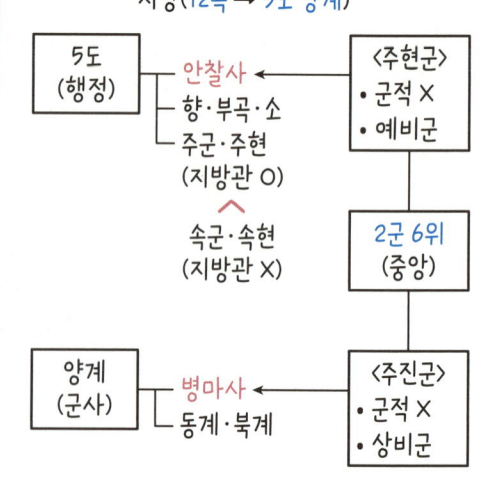

09강 고려(초기 정치)

자료 몰아보기 — 시험에 자주 나오는 핵심

1 고려의 후삼국 통일

후고구려의 궁예가 폭정을 계속하자 신하들은 왕건을 왕으로 세웠어요. 태조 왕건은 국호를 '고려'라 하고 수도를 송악으로 옮겼어요. 왕건이 이끈 고려군은 후백제군을 상대로 공산 전투에서 패하였지만, 이후 고창(안동) 전투에서 후삼국 통일의 주도권을 잡았어요. 결국 고려는 후백제군을 상대로 일리천 전투 등에서 승리하며 후삼국을 통일하였어요.

- **공산 전투**: 태조는 정예 기병 5천을 거느리고 공산(公山) 아래에서 견훤을 맞아서 크게 싸웠다. 태조의 장수 김락과 신숭겸은 죽고 모든 군사가 패하였으며, 태조는 겨우 죽음을 면하였다.
- **고창 전투**: 견훤이 크게 군사를 일으켜 고창군(古昌郡)의 병산 아래에 가서 태조와 싸웠으나 이기지 못하였다.
- **신라 항복**: [태조가] 신라국을 폐하여 경주라 하고, 그 지역을 [김부에게] 식읍으로 하사하였다.
- **일리천 전투**: 태조가 일선군으로 진격하니 신검이 군사를 거느리고 막았다. 일리천을 사이에 두고 대치하였다. …… 후백제의 장군들이 …… 갑옷과 무기를 버리고 항복하였다.

2 태조의 호족 견제 정책

태조는 호족을 견제하기 위하여 사심관 제도와 기인 제도를 실시하였어요. 사심관 제도는 지방 출신의 중앙 관리를 사심관으로 임명하여 출신 지역을 관리하게 하고, 만약 그 지역에서 문제가 발생하면 사심관에게 책임을 지게 한 제도예요. 기인 제도는 지방 호족의 자제를 중앙에 머물게 한 제도로, 볼모의 성격을 띠었어요.

- **사심관 제도**: 신라왕 김부가 와서 항복하자 신라국을 없애 경주라 하고, 김부를 경주의 사심(事審)으로 임명하여 부호장 이하 관직 등을 주관토록 하였다. – 《고려사》 –
- **기인 제도**: 국초에 향리의 자제를 뽑아 개경에서 볼모로 삼고 또한 출신지의 일에 대한 자문에 대비하도록 하였는데, 이를 기인(其人)이라 하였다. – 《고려사》 –

3 광종의 왕권 강화 정책

〈노비안검법〉
광종은 억울하게 노비가 된 사람들을 조사하여 양민 신분으로 회복시키는 노비안검법을 실시하였어요. 노비는 호족의 경제적·군사적 기반이었기 때문에 호족 세력이 약화되었고 국가 재정이 늘어났어요.

〈과거제〉
광종은 쌍기의 건의를 받아들여 과거제를 처음으로 실시하였어요. 과거제는 시험을 통해 관리를 선발하는 제도로, 광종은 능력을 갖춘 새로운 관리를 뽑아 호족 세력을 견제하려 하였어요.

〈공복 제정, 칭제 건원〉
광종은 관리들이 입는 옷을 관등에 따라 4가지 색으로 구분하는 공복을 제정하여 관직 체제를 정비하였어요. 그리고 '황제' 칭호를 사용하고 '광덕', '준풍' 등의 독자적 연호를 사용하였어요.

4 고려의 중앙 정치 조직

성종은 당과 송의 제도를 고려의 상황에 맞게 고친 2성 6부의 중앙 정치 조직을 운영하였어요. 또한 독자적인 회의 기구로 도병마사와 식목도감을 설치하여 운영하였어요.

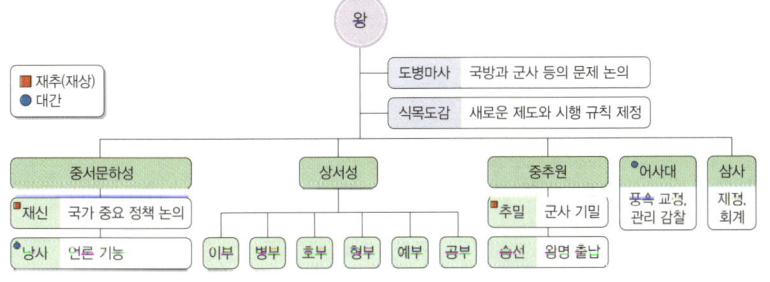

5 최승로의 시무 28조

성종은 최승로의 시무 28조를 받아들여 유교 정치 이념을 바탕으로 통치 체제를 정비하였어요. 최승로는 전국에 12목을 설치하여 지방관을 보낼 것, 연등회와 팔관회 등 대규모 불교 행사를 줄일 것, 불교의 폐단을 비판하며 유교 정치 이념을 바탕으로 국가를 운영할 것 등을 건의하였어요.

- 제7조 국왕이 백성을 다스리는 것은 집마다 가서 돌보고 날마다 일을 보는 것이 아닙니다. 그런 까닭에 수령을 나누어 보내어, 가서 백성의 이익과 손해를 살피게 하는 것입니다. …… 청컨대, 외관(外官)을 두소서.
- 제13조 우리나라에서는 봄에는 연등회를, 겨울에는 팔관회를 열어 많은 사람들이 동원되어 힘든 일을 하고 있으니, 이를 줄여서 백성이 힘을 펴게 하십시오.
- 제20조 불교를 행하는 것은 수신(修身)의 근본이요, 유교를 행하는 것은 치국(治國)의 근원입니다. 수신은 내생의 복을 구하는 것이며, 치국은 금일의 임무입니다. 금일은 지극히 가깝고 내생은 머니, 가까움을 버리고 먼 것을 구함은 또한 그릇된 것이 아니겠습니까. – 《고려사절요》 –

09강 고려(초기 정치)

빈출키워드 TOP5
- 노비안검법 1위
- 과거제 2위
- 훈요 10조 3위
- 12목 설치 4위
- 기인 제도 5위

❶ 고려의 성립과 후삼국 통일

(1) 고려의 성립

왕건의 성장	• 궁예의 부하가 된 왕건은 후백제의 금성(나주) 점령 등을 통해 성장 • 궁예의 폭정 → 신하들이 궁예를 몰아낸 후 왕건을 왕으로 세움
고려의 성립	국호 '고려'(고구려 계승), 연호 '천수', 고려 건국 후 송악(개성)으로 천도

(2) 후삼국 통일 과정

공산 전투	후백제 승리, 고려의 신숭겸 전사
고창 전투	고려 승리 → 후백제의 세력 약화
견훤 귀순	첫째 아들 신검에 의해 금산사에 갇혀 있던 견훤이 고려에 귀순
신라 항복	나라를 운영하기 어려워진 신라 경순왕이 고려에 나라를 바침 → 경주의 사심관으로 임명됨
일리천 전투	신검의 후백제군을 상대로 고려 승리, 후백제 멸망 → 후삼국 통일(936)

❷ 고려의 정치 발전

태조	민생 안정책	• 조세율을 1/10로 낮춤 • 흑창 설치(빈민 구제)
	호족 정책	• 회유: 혼인 정책, 사성 정책(왕씨 성을 내림), 역분전 지급 • 견제: 사심관 제도, 기인 제도
	북진 정책	• 서경(평양) 중시 → 청천강 ~ 영흥만까지 영토 확장 • 거란 배척(만부교 사건), 발해 유민 포용
	기타	• 훈요 10조 제시: 후대 왕에게 나라를 다스릴 때 지켜야 할 내용 당부 • 《정계》·《계백료서》 저술: 관리들이 지켜야 할 규범 제시
정종		• 왕규의 난 진압 • 거란의 침입에 대비하여 광군 창설(광군사 조직)
광종	왕권 강화책	• 노비안검법 실시: 억울하게 노비가 된 양인들을 원래의 신분으로 해방 → 공신과 호족 세력의 경제·군사적 기반 약화, 국가 재정 확충 • 과거제 실시: 쌍기의 건의 → 시험으로 유교적 지식과 능력을 갖춘 관리 선발 • 관리의 공복 제정: 관리의 위계질서 확립 • 칭제 건원: '황제' 칭호 사용, '광덕'·'준풍' 등의 독자적 연호 사용
	기타	제위보 설치(빈민 구제), 국사(혜거)·왕사(탄문) 제도, 귀법사를 세움(균여)
경종		• 역분전을 대신하여 전시과 제도 마련 • 시정 전시과 실시: 전·현직 관리에게 전지와 시지 지급, 관직 + 인품 고려
성종		• 최승로의 시무 28조 채택 → 유교 정치 이념 확립 • 중앙 정치: 2성 6부 마련 • 지방 행정: 전국 주요 지역에 12목을 설치하고 지방관 파견, 향리 제도 정비 • 최고 국립 교육 기관으로 국자감 설치(개경) • 과거제 정비(유학부+기술학부) • 12목(지방)에 경학박사와 의학박사 파견 • '흑창' → '의창'으로 발전

✎ 흑창
태조가 설치한 빈민 구제 기관이에요. 곡식이 부족한 봄에 곡식을 빌려주고 수확기인 가을에 갚도록 하였어요. 성종 때 의창으로 발전하여 전국적으로 확대되었어요.

✎ 만부교 사건
태조가 발해를 멸망시킨 거란을 적대시하여 거란이 고려에 선물로 보낸 낙타 50필을 만부교 다리 밑에서 굶어 죽게 한 사건이에요.

✎ 왕규의 난
태조의 뒤를 이어 혜종이 즉위하였는데, 혜종이 재위 2년 만에 병으로 죽자 왕실의 외척인 왕규가 자신의 손자를 왕으로 세우기 위해 난을 일으켰어요. 혜종의 뒤를 이어 즉위한 정종이 왕규의 난을 진압하였으나, 혜종과 같이 재위 4년 만에 병으로 죽었고, 정종의 뒤를 이어 광종이 왕위에 올라 개혁 정책을 펼쳤어요.

✎ 향·부곡·소
특수 행정 구역으로 향·부곡은 주로 농사를 짓는 지역이고, 소는 국가에서 필요로 하는 수공업품을 생산하는 지역이에요. 이곳에 사는 사람들은 거주 이전의 자유가 없고, 일반 군현민에 비해 더 많은 세금을 냈어요.

❸ 통치 체제의 정비

(1) 중앙 정치: 2성 6부

중서 문하성	• 국정 총괄(장관: 문하시중) • 재신(2품 이상, 정책 심의·결정) • 낭사(3품 이하, 정책의 잘잘못 비판)	
상서성	• 정책 집행 • 이·병·호·형·예·공부의 6부(행정 실무) 통솔	
중추원	추밀(2품 이상, 군사 기밀), 승선(3품 이하, 왕명 출납)	
어사대	관리 감찰	
삼사	화폐와 곡식의 출납에 대한 회계 담당	
대간	• 구성: 중서문하성의 낭사 + 어사대의 관원 • 역할: 언론 기능(서경, 간쟁, 봉박의 권한 행사) → 권력의 견제와 균형을 위함	
도병 마사	• 국방·군사 문제 처리 • 원 간섭기에 도평의사사(도당)로 바뀜	중서문하성의 재신과 중추원의 추밀이 모여 국가 중대사 결정(재추 회의) → 고려의 독자 기구
식목 도감	대내적인 법의 제정·격식 관장	

(2) 지방 행정: 12목 설치 → 5도 양계

5도 (행정)	• 안찰사 파견 • 특수 행정 구역인 향·부곡·소 존재 • 지방관이 파견된 주군·주현보다 파견되지 않은 속군·속현(행정 담당: 향리)이 더 많음
양계 (군사)	• 병마사 파견 • 국경 지대에 설치, 군사적인 특수 행정 구역(동계·북계)

(3) 군사 조직

① 중앙군

2군	국왕의 친위 부대, 응양군 + 용호군
6위	수도 경비, 국경 방어

② 지방군

주현군	• 5도의 일반 군현에 주둔 • 일종의 예비군으로 평상시에는 생업에 종사
주진군	• 양계에 주둔 • 국경 수비 담당, 상비군

⏸ 일시정지! ☑ 확인하기

1. 고려의 후삼국 통일 과정을 순서대로 나열하세요.

> (가) 궁예가 왕위에서 축출되었다.
> (나) 신라 경순왕이 고려에 항복하였다.
> (다) 왕건이 고창 전투에서 후백제군을 격퇴하였다.

(   )

2. 다음 설명에 해당하는 고려 왕을 골라 쓰세요.

> 태조, 광종, 성종

(1) 광덕, 준풍 등의 연호를 사용하였다. (   )
(2) 최승로의 시무 28조를 받아들였다. (   )
(3) 흑창을 설치하여 빈민을 구제하였다. (   )
(4) 12목을 설치하고 지방관을 파견하였다. (   )
(5) 노비안검법을 실시하여 왕권을 강화하였다. (   )
(6) 쌍기의 건의를 받아들여 과거제를 시행하였다. (   )
(7) 정계와 계백료서를 지어 관리의 규범을 제시하였다. (   )

3. 다음 설명에 해당하는 정치 기구를 골라 쓰세요.

> 중서문하성, 어사대, 삼사, 도병마사

(1) 국정을 총괄하는 최고 중앙 기구였다. (   )
(2) 화폐와 곡식의 출납 회계를 담당하였다. (   )
(3) 소속 관원이 낭사와 함께 대간으로 불렸다. (   )
(4) 원 간섭기에 도평의사사로 명칭이 바뀌었다. (   )

4. 고려에 대한 설명이 맞으면 ○표, 틀리면 ×표 하세요.

(1) 2군 6위로 중앙군을 편성하였다. (   )
(2) 특수 행정 구역으로 향, 부곡, 소가 있었다. (   )
(3) 지방 행정 제도를 9주 5소경으로 정비하였다. (   )

---

1. (가) – (다) – (나)
2. (1) 광종 (2) 성종 (3) 태조 (4) 성종 (5) 광종 (6) 광종 (7) 태조
3. (1) 중서문하성 (2) 삼사 (3) 어사대 (4) 도병마사
4. (1) ○ (2) ○ (3) ×

10강 고려(중기 정치~무신 정변)

초기 / 918
- 중앙: 호족(→ 선종)
  ↓
  문벌 → 기반 ┬ 정치: 음서(5품↑) + 과거(광종 때 쌍기 건의) → 정치 독점
              ├ 경제: 공음전(5품↑) + 전시과 → 경제 독점
              └ 대표: 경원 이씨(이자겸), 경주 김씨(김부식)
- 지방: 향리

중기

1126 — ① 이자겸의 난 (인종)
- 배: 이자겸 권력 장악(금 사대 O)
- 전: 이자겸 + 척준경 난 → 이자겸 X → 척준경 X

문벌 모순 ▲

1135 — ② 묘청의 서경 천도 운동 (인종) — 서경파 VS 개경파

신채호 → '조선역사 일천년래 제일 대사건'

	서경파	개경파
	묘청, 정지상 X ←	김부식
	불교, 풍수지리설	유학
	고구려 계승	신라 계승
	서경 천도, 금 정벌, 칭제 건원	서경 천도 반대, 금 사대

묘청의 난(대위, 천개) → 김부식(+ 관군)에게 X

모순 폭발

1170 — ③ 무신 정변(의종, 보현원)

후기

	정치		군사
이의방 ↓ 정중부 ↓ 경대승 ↓ 이의민	중방		도방 ↓ X ↓ 도방
최충헌 (봉사 10조)	교정도감(별감)		
최우	교정도감(별감) + 정방(인사), 서방		도방 + 야별초 (→ 삼별초)

사회 동요
- 김보당의 난(동계)
- 조위총의 난(서경)
- 망이·망소이의 난
  └ 공주 명학소

저항 →

김사미·효심의 난 (운문·초전)

만적의 난(개경)
→ 신분 해방 도모

10강 고려(중기 정치~무신 정변)

시험에 자주 나오는 핵심
자료 몰아보기

1 이자겸의 난

경원 이씨는 고려의 대표적인 문벌이자 왕실의 외척이었어요. 이 가문의 이자겸은 인종의 장인이면서 외할아버지였으며, 왕실과 계속된 혼인 관계를 맺으며 막강한 권력을 휘둘렀어요. 이에 인종이 이자겸을 제거하려고 하자 이자겸은 척준경과 함께 반란을 일으켰어요. 그러나 척준경의 배신으로 반란은 실패하였어요.

2 묘청의 서경 천도 운동

이자겸의 난 이후 인종은 정지상, 묘청 등 서경(평양) 세력을 중심으로 개혁을 추진하였어요. 묘청 세력이 추진한 서경 천도가 김부식 등 개경 세력의 반대로 이렵게 되자 서경 세력은 국호를 '대위', 연호를 '천개'라 하며 서경에서 난을 일으켰어요. 하지만 김부식이 이끄는 관군에 의해 진압되었어요.

3 신채호가 생각한 서경 천도 운동

일제 강점기의 역사학자 신채호는 묘청의 서경 천도 운동을 자주적이고 진취적인 정신을 보여 준 역사적 사건으로 보고 '조선 역사상 일천년래 제일 대사건'이라고 평가하였어요.

4 무신 정변

고려의 무신들은 문신에 비해 차별을 받아 왔어요. 의종의 보현원 행차 중 문신인 한뢰가 무신인 이소응을 모욕하는 사건이 일어나자 무신들은 보현원에서 정변을 일으켜 많은 문신들을 죽이고 권력을 장악하였어요.

- 정중부가 성난 목소리로 한뢰에게 따지기를, "이소응이 비록 무인이기는 하나 벼슬이 3품인데 어찌하여 이처럼 심하게 모욕을 하는가?"라고 하였다. - 《고려사》 -
- 왕이 보현원 문에 들어서자 …… 이고 등이 왕을 모시던 문관 및 대소 신료, 환관들을 모두 살해하였다. - 《고려사》 -

5 무신 집권기 최고 권력자와 권력 기구의 변화

무신 정변 이후 무신들 사이에서 권력 다툼이 발생하여 이의방 → 정중부 → 경대승 → 이의민 → 최충헌으로 최고 권력자가 계속 바뀌었어요. 최충헌 집권 후에는 최씨 무신 정권이 4대 60여 년 동안 계속되었어요. 또한 최고 권력자가 바뀜에 따라 권력 기구도 변화하였어요.

○ 정권 계승 ○ 정권 탈취

| 중방 | 교정도감 | 교정도감·정방 |

1170	1174	1179	1183	1196	1219	1249	1257	1258	1268	1270
이의방	정중부	경대승	이의민	최충헌	최우	최항	최의	김준	임연	임유무

그동안 우리를 무시한 문신들을 처단하라!

6 무신 집권기의 농민과 천민의 봉기

〈망이·망소이의 난〉

무신 집권기에 가혹한 수탈이 계속되자 망이·망소이 형제는 공주 명학소에서 난을 일으켰어요. 이에 고려 정부는 난을 진정시키기 위하여 명학소를 충순현으로 승격시켰으나 봉기가 계속되자 군대를 동원하여 진압하였어요.

우리 고을 명학소를 충순현으로 승격시키고 수령을 두어 무마하려고 하였다. 그러나 이후 군대를 동원하여 우리를 토벌한 뒤 내 어머니와 아내를 잡아 가두는 것은 대체 무슨 짓인가? 나는 싸우다 죽을지언정 결코 항복하여 포로가 되지는 않을 것이요, 반드시 왕경(王京)에 가서 분풀이를 하고 말 것이다. - 《고려사》 -

〈만적의 난〉

최충헌 집권기인 1198년에 사노비 만적이 신분 해방을 꿈꾸며 개경에서 봉기를 계획하였으나 사전에 발각되어 죽임을 당하였어요.

만적 등이 노비들을 불러 모아서 말하기를, "장군과 재상에 어찌 타고난 씨가 있겠는가? 때가 되면 누구나 할 수 있는 것이다."라고 하였다. …… 만적 등 100여 명이 체포되어 강에 던져졌다. - 《고려사》 -

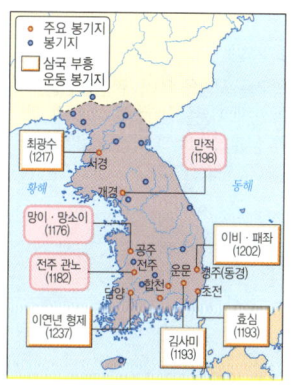

▲ 무신 집권기의 주요 난

10강 고려(중기 정치~무신 정변)

빈출키워드 TOP5
- 묘청의 서경 천도 운동 — 1위
- 망이·망소이의 난 — 2위
- 교정도감 — 3위
- 만적의 난 — 4위
- 삼별초 — 5위

📎 공음전
공신이나 5품 이상의 고위 관리에게 지급한 토지로, 세습이 가능하였어요.

📎 중방
중앙군의 상장군과 대장군들로 구성된 무신 합의 기구예요. 무신 정변 직후에는 무신 정권의 모든 정책을 결정하는 실질적 최고 권력 기구가 되었어요.

📎 교정도감
최충헌이 무신 정권의 최고 집권자가 된 이후부터 무신 정권이 끝날 때까지의 최고 권력 기구였어요. 교정도감의 우두머리인 교정별감은 최고 집권자가 맡았어요.

📎 서방
최우는 서방을 두어 문인을 등용하여 정책 자문을 받았어요. 서방은 무신 정권의 정치적 약점을 보완하는 역할을 담당하였어요.

📎 도방
신변 경호를 위한 사병 집단으로 삼별초와 함께 최씨 정권의 군사적 기반이 되었어요.

❶ 문벌 사회의 성립과 동요

(1) 문벌 사회의 성립

형성	호족 세력과 6두품 출신의 유학자들을 중심으로 지배층 형성 → 여러 세대에 걸쳐 고위 관리를 배출한 가문이 문벌 형성
특징	• 과거와 음서를 통해 관직 진출·세습 → 정치권력 독점 • 직역의 대가로 받은 토지(공음전)+권력을 이용한 토지 확대 → 경제권력 독점
대표 가문	경원 이씨(이자겸), 경주 김씨(김부식), 해주 최씨(최충), 파평 윤씨(윤관) 등

(2) 문벌 사회의 동요
① 배경: 문벌이 정치권력과 경제권력 독점, 문벌 간에 갈등 발생
② 모습

이자겸의 난 (1126)	배경	경원 이씨 가문이 왕실과의 계속된 혼인을 통해 성장 → 이자겸의 정권 장악
	전개	인종이 측근들과 함께 이자겸 제거를 시도하였으나 실패 → 이자겸이 척준경과 함께 난을 일으켜 정권 차지(금의 사대 요구 수용) → 이자겸과 척준경의 불화 → 인종이 척준경을 이용해 이자겸을 잡아들여 제거함 → 척준경도 쫓겨남
묘청의 서경 천도 운동 (1135)	배경	이자겸의 난 이후 서경 세력(개혁)과 개경 세력(보수)의 대립 | 구분	서경파	개경파
대표 인물	묘청, 정지상	김부식
사상	불교, 풍수지리설	유학
역사의식	고구려 계승	신라 계승
주장	• 서경 천도, 금 정벌(금에 대한 사대 비판) • 칭제 건원(황제를 칭하고 연호 사용)	• 서경 천도 반대 • 금에 대한 사대	
	전개	묘청 등 서경 세력이 서경 천도 추진 → 김부식 등 개경 세력의 반대로 서경 천도 중단 → 묘청 등이 서경에서 난을 일으킴(국호 '대위', 연호 '천개') → 김부식이 이끄는 관군에 의해 진압됨
	결과	문벌 사회의 모순 심화

❷ 무신 정권의 성립

(1) 무신 정변(1170)

배경	무신에 대한 차별, 하급 군인들의 불만 고조, 문벌 사회의 모순 심화
전개	보현원에서 정중부, 이의방 등이 정변을 일으킨 후 의종을 왕위에서 내려오게 하고 권력을 차지함 → 무신이 중방을 중심으로 주요 관직을 독점하면서 정권 장악
무신 정권	초기	• 무신 집권자의 잦은 교체로 혼란이 계속됨 • 이의방 → 정중부 → 경대승 → 이의민 → 최충헌
	최씨 무신 정권	최충헌이 이의민을 제거하고 정권 장악 → 명종에게 사회 개혁안인 봉사 10조 제시 → 아들인 최우에게 권력 세습, 4대 60여 년간 최씨 정권 지속

(2) 무신 정권의 권력 기구

① 정치 기구

최충헌이 설치	교정도감	• 국정 총괄 최고 권력 기구 • 우두머리인 교정별감이 권력 장악(교정별감은 최고 집권자가 세습)
최우가 설치	정방	• 인사 행정 기구(인사권 장악) • 최우가 자신의 집에 설치
	서방	문인을 등용하여 국정 자문, 외교 문서 작성 등을 담당하게 함

② 군사 기구

도방	• 무신 집권기 최고 권력자의 경호를 위한 사병 집단 • 경대승이 처음 설치 → 이의민 때 해체 → 최충헌이 재설치
삼별초	• 최우가 개경의 치안 유지를 위해 설치한 야별초에서 시작 → 야별초가 좌별초·우별초로 분리 → 몽골에 포로로 잡혀갔던 병사들로 구성된 신의군 조직 → 좌별초·우별초·신의군으로 구성된 삼별초 완성 • 최씨 무신 정권의 군사적 기반, 이후 대몽 항쟁 전개

(3) 무신 집권기의 사회 동요

① 배경: 무신 간의 권력 다툼으로 중앙 정부의 지방 통제력 약화, 무신의 수탈

② 주요 난

무신 정권에 대한 반발	• 김보당의 난(동계): 동북면 병마사였던 김보당이 의종의 복위 도모 • 조위총의 난(서경): 서경 유수였던 조위총이 봉기
농민의 저항	• 망이·망소이의 난(공주 명학소): 망이·망소이가 특수 행정 구역인 '소'에 대한 차별에 반발하여 봉기 • 김사미(운문)·효심(초전)의 난
천민의 저항	• 만적의 난(개경): 사노비 만적이 개경에서 봉기 시도 → 사전에 발각되어 실패, 신분 해방 운동의 성격 • 전주 관노비의 난

⏸ 일시정지! ☑ 확인하기

1. 다음 사실들을 순서대로 나열하세요.

> (가) 왕실의 외척인 이자겸이 난을 일으켰다.
> (나) 묘청이 수도를 서경으로 옮길 것을 주장하였다.
> (다) 정중부 등이 정변을 일으켜 권력을 장악하였다.

(   )

2. 고려 무신 집권기에 있었던 사실로 맞으면 ○표, 틀리면 ×표 하세요.

(1) 웅천주 도독 김헌창이 반란을 일으켰다. (   )
(2) 인사 행정을 담당하던 정방이 폐지되었다. (   )
(3) 공주 명학소에서 망이·망소이가 봉기하였다. (   )
(4) 만적을 비롯한 노비들이 신분 해방을 도모하였다. (   )
(5) 최충헌이 교정도감을 설치하여 최고 권력 기구로 삼았다. (   )
(6) 조위총이 군사를 일으켜 정중부 등의 제거를 도모하였다. (   )

---

1. (가) - (나) - (다)
2. (1) × (2) × (3) ○ (4) ○ (5) ○ (6) ○

회독하며 유형을 익히는 추천기출 풀기

1 67회

(가) 왕의 업적으로 옳은 것? [2점]

① 흑창을 두었다.
② 강화도로 천도하였다.
③ 과거제를 처음 실시하였다.
④ 전민변정도감을 설치하였다.

📢 **고려 태조의 업적**

정답분석 고려는 고구려 계승 의식을 가지고 있었으며, 고려 태조는 고구려를 계승한 발해가 거란에 의해 멸망하자 발해 유민을 받아들이고 거란을 적대시하였어요. 이 시기에 후백제에서는 왕위 계승 다툼이 일어나 견훤의 첫째 아들 신검이 난을 일으켜 동생인 금강을 죽이고 견훤을 금산사에 유폐하였어요. 이후 견훤은 금산사를 탈출하여 고려에 귀순하였어요. 신라까지 고려에 항복하자 고려 태조는 일리천 전투에서 신검의 후백제군을 무찌르고 후삼국을 통일하였어요.
① 태조는 빈민 구제 기관인 흑창을 설치해 봄에 곡식을 빌려주고 수확기인 가을에 갚게 하였어요. 흑창은 성종 때 의창으로 이름이 바뀌었어요.

오답분석 ② 고종 재위 시기인 무신 집권기 때 몽골이 침략하자 당시 최고 집권자였던 최우는 일단 몽골과 강화를 맺은 후 수도를 강화도로 옮겨 장기 항전에 대비하였어요.
③ 광종은 쌍기의 건의를 받아들여 시험으로 관리를 선발하는 과거제를 처음 실시하였어요.
④ 공민왕은 전민변정도감을 설치하고 신돈을 책임자로 임명하여 권문세족이 빼앗은 토지를 본래 주인에게 돌려주고, 억울하게 노비가 된 이들을 양민으로 회복시켰어요.

정답 | ①

2 64회

(가)에 들어갈 내용으로 옳은 것? [2점]

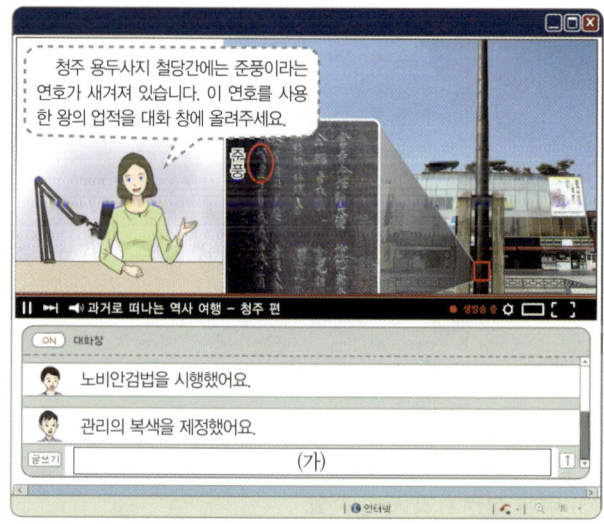

① 강화도로 천도했어요.
② 쌍성총관부를 수복했어요.
③ 지방에 12목을 설치했어요.
④ 과거제를 처음으로 시행했어요.

📢 **고려 광종의 업적**

정답분석 광종은 스스로 황제라 칭하고 '광덕', '준풍' 등 독자적인 연호를 사용하였어요. 광종은 억울하게 노비가 된 사람들을 조사하여 양민 신분으로 회복시키는 노비안검법을 실시하였어요. 이를 통해 호족 세력을 약화시키고 국가 재정을 확충하였어요. 또한 광종은 관리들이 입는 옷을 4가지 색으로 구분하는 공복을 제정하였어요. 관등에 따라 다른 색깔의 공복을 입도록 해 관직 체제를 정비하고 위계질서를 세웠어요.
④ 광종은 쌍기의 건의를 받아들여 시험을 통해 관리를 선발하는 과거제를 처음으로 시행하였어요.

오답분석 ① 고종 재위 시기인 무신 집권기 때 몽골이 침입하자 당시 최고 집권자였던 최우는 몽골과 강화를 맺고, 강화도로 수도를 옮겨 장기 항전에 대비하였어요.
② 공민왕은 원의 간섭에서 벗어나기 위해 반원 자주 정책을 펼쳤는데, 그 일환으로 쌍성총관부를 공격하여 원이 빼앗아간 철령 이북의 영토를 수복하였어요.
③ 성종은 최승로의 건의를 받아들여 전국의 주요 지역에 12목을 설치하고 지방관을 보냈어요.

정답 | ④

3 66회 [1점]

다음 퀴즈의 정답으로 옳은 것은?

① 광종   ② 문종   ③ 성종   ④ 예종

4 61회 [2점]

학생들이 공통으로 이야기하는 기구로 옳은 것은?

① 도방   ② 어사대   ③ 의금부   ④ 도병마사

고려의 정치 발전

정답분석 성종은 국자감을 정비하여 유학 교육을 장려하였어요. 성종 때 우리 역사상 최초의 금속 화폐인 건원중보가 주조되었지만, 널리 유통되지는 못하였어요. 또한 성종은 최승로의 시무 28조를 받아들여 유교 정치 이념을 바탕으로 통치 체제를 정비하였어요.
③ 성종은 최승로의 건의를 받아들여 전국의 주요 지역에 12목을 설치하고 지방관을 파견하였어요.

오답분석 ① 광종은 왕권 강화를 위해 노비안검법을 시행하였고, 쌍기의 건의를 받아들여 과거제를 처음으로 실시하였어요.
② 문종 때 시전의 상행위를 감독하는 경시서를 설치하여 운영하였고, 전시과를 개정하여 현직 관리에게만 토지를 지급하였어요.
④ 예종 때 관학을 진흥시키기 위해 국자감에 전문 강좌인 7재가 개설되었고, 장학 재단인 양현고가 운영되었어요.

정답 | ③

고려의 중앙 정치 기구

정답분석 ④ 도병마사는 식목도감과 함께 고려의 독자적인 중앙 정치 기구 중 하나예요. 중서문하성의 재신과 중추원의 추밀이 참여해 국방·군사 문제를 처리하였어요. 원 간섭기인 충렬왕 때는 도평의사사로 명칭이 바뀌었어요.

오답분석 ① 도방은 고려 무신 집권기에 경대승이 처음 조직한 사병 집단이에요.
② 어사대는 고려 시대에 관리들의 부정과 비리 감찰 등을 담당하였던 기구예요.
③ 의금부는 조선 시대이 국왕 직속의 사법 기구로, 반란 등의 큰 죄 등을 저지른 사람을 처벌하였어요.

정답 | ④

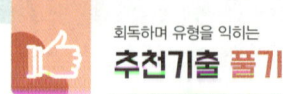

5 | 67회 [1점]

(가)에 들어갈 내용으로 가장 적절한 것은?

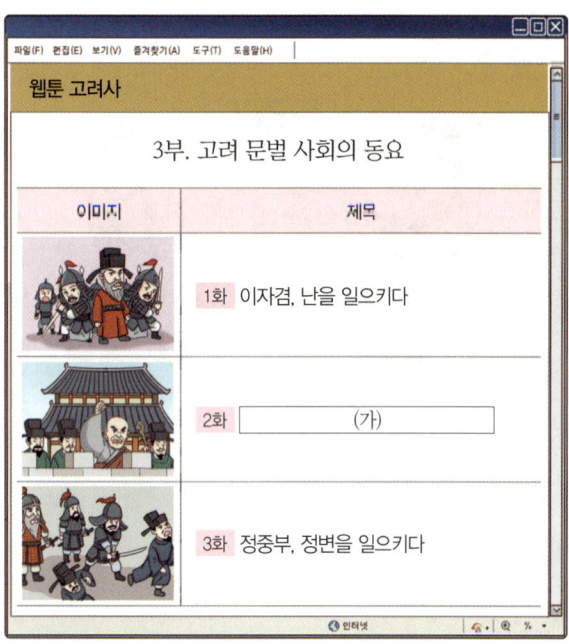

① 이괄, 도성을 점령하다
② 김흠돌, 반란을 도모하다
③ 묘청, 서경 천도를 주장하다
④ 이성계, 위화도에서 회군하다

📢 묘청의 서경 천도 운동

정답분석 1126년에 고려 인종은 경원 이씨 가문의 이자겸이 막강한 권력을 휘두르자 이자겸을 제거하려고 하였어요. 이를 눈치챈 이자겸은 스스로 왕이 되기 위해 척준경과 함께 반란을 일으켰어요(이자겸의 난). 하지만 척준경의 배신으로 난은 실패하였어요. 1170년 고려 의종 때 정중부, 이의방 등 무신들은 무신에 대한 차별에 불만을 품고 보현원에서 정변을 일으켜 많은 문신을 죽이고 정권을 차지한 후 의종을 왕위에서 끌어 내렸어요(무신 정변).
③ 1135년 고려 인종 때 묘청 등은 금국 정벌과 서경 천도 등을 주장하였지만 자신들의 뜻이 받아들여지지 않자 서경에서 반란을 일으켰어요. 하지만 김부식이 이끄는 관군에 의해 진압되었어요(묘청의 서경 천도 운동).

오답분석 ① 1624년 조선 인조 때 이괄은 인조반정에서의 자신의 공로가 낮게 평가되자 불만을 품고 반란을 일으켜 한양을 점령하였어요(이괄의 난).
② 681년 신라 신문왕 때 신문왕의 장인이었던 김흠돌은 진골 귀족들을 이끌고 반란을 도모하였다가 죽임을 당하였어요(김흠돌의 난).
④ 1388년 고려 우왕 때 요동 정벌을 위해 출병하였던 이성계는 압록강 부근의 위화도에서 군사를 돌려 개경으로 진격한 후 최영을 제거하고 정권을 차지하였어요(위화도 회군).

정답 | ③

6 | 64회 [3점]

(가) 시기에 볼 수 있는 장면으로 옳은 것은?

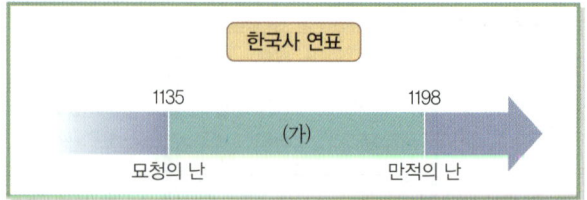

📢 무신 정변

정답분석 고려는 이자겸의 난 이후 왕권이 약해졌고 지배층 사이의 갈등이 커져갔어요. 이에 인종은 승려 묘청과 정지상 등 서경 세력을 이용하여 개혁을 추진하였어요. 이 과정에서 묘청을 비롯한 서경 세력이 서경 천도를 주장하였으나 받아들여지지 않자 반란을 일으켰는데, 이를 묘청의 난이라고 해요(1135). 묘청의 난은 김부식이 이끄는 관군에 의해 진압되었지만 무신 정변이 일어나면서 문벌 사회는 무너졌어요. 이후 무신 집권기 때 농민에 대한 수탈이 심해지자 하층민들의 봉기가 전국 곳곳에서 일어났는데, 대표적으로 개경에서 사노비 만적이 주도하여 일어난 만적의 난(1198)이 있어요.
① 1170년에 정중부, 이의방 등이 무신들에 대한 차별에 불만을 품고 무신 정변을 일으켰어요.

오답분석 ② 1380년에 최무선 등은 화통도감에서 제작된 화포를 사용하여 진포에서 왜구를 크게 물리쳤어요.
③ 1018년 거란의 3차 침입 때 고려의 장수 강감찬은 흥화진에서 거란군을 크게 물리쳤어요.
④ 1270년에 고려 정부가 몽골과 강화를 맺고 개경 환도를 결정하자 삼별초는 이에 반발하여 배중손을 중심으로 대몽 항쟁을 계속하였어요. 이들은 강화도가 함락되자 진도로 근거지를 옮겨 항쟁을 이어 갔어요.

정답 | ①

고려의 정치 발전

01 태조는 호족 세력을 견제하기 위해 ●●관 제도와 ●인 제도를 시행하였다.

02 광종은 ●● 안검법을 실시하여 억울하게 노비가 된 자들을 해방하였다.

03 광종은 쌍기의 건의를 받아들여 시험을 통해 관리를 뽑는 ●●제를 실시하였다.

04 ●종은 광덕, 준풍 등의 독자적인 연호를 사용하였다.

05 경종은 처음으로 ●●과를 제정하여 관리에게 전지와 시지를 지급하였다.

06 성종은 최●●의 시무 28조를 받아들여 통치 체제를 정비하였다.

통치 체제의 정비

07 고려는 당과 송의 제도를 본떠 중앙 정치 조직으로 ●성 ●부를 두었다.

08 고려는 독자적인 정치 기구로 국방과 군사 문제를 논의하는 ●●마사를 두었다.

09 고려에는 특수 행정 구역으로 ●·곡·●가 있었다.

문벌 사회의 성립과 동요 / 무신 정권의 성립

10 인종 때 권력을 독점한 왕실의 외척 이●●이 척준경과 함께 반란을 일으켰다.

11 묘청, 정지상 등이 풍수지리설을 기반으로 ●경 천도를 주장하였다.

12 무신에 대한 차별이 원인이 되어 무신 ●●이 일어났다.

13 최충헌은 ●●도감을 설치하여 최고 권력 기구로 삼았다.

14 ●●●는 좌별초, 우별초, 신의군으로 구성된 군대로, 최씨 무신 정권의 군사적 기반이었다.

15 무신 집권기에 공주 명학소에서 ●이·●●이가 가혹한 수탈에 저항하여 봉기하였다.

16 무신 집권기에 개경에서 사노비 ●●이 노비들과 함께 신분 해방을 도모하였다.

정답 01 사심, 기 02 노비 03 과거 04 광 05 전시 06 승로 07 2, 6 08 도병 09 향, 부, 소 10 자겸 11 서 12 정변 13 교정 14 삼별초 15 망, 망소 16 만적

11강 고려(외교)

10~11C 거란(요)
- 광군(정종) →
  - 1차(성종): 소손녕 → 서희 담판 → 강동 6주
  - 2차(현종): 강조의 정변 → 양규 활약
  - 3차(현종): 소배압 → 강감찬(귀주 대첩)
- 초조대장경
- 나성(개경)
- 천리장성(국경)

12C 여진(금)
- 윤관: 별무반(숙종)
  - 신기·신보·항마군
- 여진 X → 동북 9성(예종)
- 반환 → 금 건국 → 묘청의 서경 천도 운동
- 금 사대: 이자겸, 김부식 — 개경파

13C 몽골(원)
- 최우: 1차 침입 이후 강화도 천도
- 박서: 귀주성 전투
- 김윤후: 처인성(살리타 X) → 충주성(노비) ⇒ 다인철소 항쟁
- 강화 → 개경 환도
- 삼별초
  - 좌별초 + 우별초 + 신의군
  - 강화도(배중손) → 진도(용장성, 배중손) → 제주도(항파두리, 김통정)

원 간섭기
- 〈영토 축소〉
  - 쌍성총관부(철령 이북)
  - 동녕부(서경)
  - 탐라총관부(제주)
- 〈내정 간섭〉
  - 다루가치
  - 정동행성(개경) 이문소
- 부마국, 충○왕
- 2성(→ 첨의부), 6부(→ 4사)
- 공녀(→ 조혼)
- 몽골풍(변발, 호복)
- 〈권문세족〉
  - 정치
    - 도평의사사(도당)
    - 정방
  - 경제: 대농장

- 공민왕
  - X X 전민변정도감(신돈) — 기철 X, 정방 X
  - 노국 대장 공주, 신진 사대부(성리학), 성균관

14C 홍건적, 왜구
- 홍건적 → 공민왕 피난(안동)
- 왜구
  - 홍산 대첩(최영)
  - 진포 대첩(최무선) 화포(화통도감)
  - 황산 대첩(이성계)
- 신흥 무인 세력 ▲ → 명, 철령위 설치 통보 → 최영(우왕) → 위화도 회군(이성계) → 과전법 → 조선 건국 (1392)
  - 요동 정벌 단행

11강 고려(외교)

시험에 자주 나오는 핵심
자료 몰아보기

1 거란의 침입과 격퇴

고려 성종 때 거란이 1차 침입을 일으켰는데, 이때 서희가 거란 장수 소손녕과 외교 담판을 벌여 송과의 관계를 끊고 거란 과 교류하기로 약속하여 강동 6주를 획득하였어요.

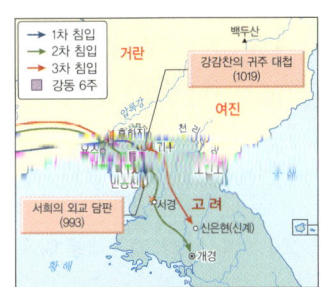

고려는 국경을 맞대고 있는 우리를 멀리하고, 송과 가까이 지내는 이유가 무엇이오?

그대의 나라가 압록강 지역의 여진을 내쫓고 우리의 옛땅을 돌려준다면 어찌 교류를 하지 않겠소?

2 여진 정벌과 동북 9성

여진이 성장하여 고려와 계속 충돌하자 윤관은 숙종에게 건의하여 별무반을 설치하였고, 예종 때 윤관이 별무반을 이끌고 여진을 정벌하여 동북 9성을 쌓았어요. 이후 여진이 지속적으로 반환을 요청하자 고려는 조공을 약속받고 동북 9성을 돌려주었어요.

- 윤관 등이 여러 군사들에게 내성(內城)의 목재와 기와를 거두어 9성을 쌓게 하고, 변경 남쪽의 백성을 옮겨 와 살게 하였다. - 《고려사》 -
- (왕이) 선정전 남문에 거둥하여 (사신) 요불과 사현 등 6인을 접견하고 입조한 연유를 묻자 요불 등이 아뢰기를, "…… 만약 9성을 되돌려주어 우리의 생업을 편안하게 해주시면, 우리는 하늘에 맹세하여 자손 대대에 이르기까지 공물을 정성껏 바칠 것이며 감히 기와 조각 하나라도 국경에 던지지 않겠습니다."라고 하였다. …… (왕이) 선정전 남문에 거둥하여 요불 등을 접견하고 9성의 반환을 허락하자, 요불이 감격하여 울며 감사의 절을 올렸다. - 《고려사》 -

3 삼별초의 항쟁

삼별초는 무신 정권기 지도였던 최우가 만든 군사 조직으로, 최씨 무신 정권의 군사적 기반 역할을 하였어요. 삼별초는 몽골이 침입 당시 고려 정부가 몽골과 강화를 맺고 개경 환도를 결정하자 배중손 등을 중심으로 하여 대몽 항쟁을 벌였어요. 이후 삼별초는 진도와 제주도로 근거지를 옮겨 가며 항쟁하였으나 결국 고려·몽골 연합군에 의해 진압되었어요.

▲ 진도 용장산성

▲ 제주 항파두리 항몽 유적

4 하층민의 대몽 항쟁

몽골의 침입 당시 많은 하층민도 몽골군에 맞서 싸웠어요. 몽골이 2차 침입 때 승려 김윤후와 처인 부곡민들은 몽골 장수 살리타를 죽이는 등 몽골군을 물리쳤어요(처인성 전투). 이후 몽골의 5차 침입 때 김윤후는 충주성에서 노비 등 백성들과 함께 몽골군을 물리쳤어요(충주성 전투).

- 처인성 전투: 금년 12월 16일에 이르러 처인 부곡에서 그들과 큰 싸움이 벌어졌습니다. 여기서 그 우두머리 살리타를 사살하고, 사로잡은 자도 많았습니다. - 《동국이상국집》 -
- 충주성 전투: 충주성이 몽골에 포위를 당한 것이 무릇 70여 일이 되었으니, …… 김윤후가 병사와 백성들을 독려하며 말하기를, "만약 힘을 다해 싸운다면 귀천을 막론하고 모두 관직과 작위를 제수하겠다."라고 하였다. …… 이에 모두 죽음을 무릅쓰고 싸워 몽골군을 물리쳤다. - 《고려사》 -

5 공민왕의 반원 자주 정책

공민왕은 원의 세력이 약해진 틈을 타 반원 자주 정책을 펼쳤어요. 친원 세력인 기철 세력을 숙청하고 내정 간섭 기구인 정동행성 이문소를 폐지하였으며 격하된 관제를 복구하였어요. 또한 쌍성총관부를 공격하여 철령 이북의 영토를 되찾았어요. 이와 함께 신돈을 등용하여 전민변정도감을 설치하고 징빙을 폐지하는 등 왕권 강화 정책도 펼쳤어요.

▲ 고려 후기의 영토 회복

6 위화도 회군

우왕 때 명이 철령 이북의 땅을 요구하자 우왕과 최영은 요동 정벌을 추진하여 이성계에게 출병을 명하였어요. 이성계는 4불가론을 주장하며 반대하였으나 받아들여지지 않았어요. 결국 이성계는 압록강 근처의 위화도에서 군사를 돌려 우왕과 최영을 몰아내고 정권을 장악하였어요(위화도 회군).

- 4불가론: 지금 요동을 정벌하는 일에는 네 가지의 옳지 못한 점이 있습니다. 작은 나라로서 큰 나라에 거역하는 것이 첫 번째 옳지 못함이요, 여름철에 군사를 동원하는 것이 두 번째 옳지 못함이요, 온 나라의 군사를 동원하여 멀리 정벌하러 가면 왜적이 그 허술한 틈을 탈 것이니 세 번째 옳지 못함이요, 이제 곧 덥고 비가 많이 올 것이므로 활의 아교가 풀어지고 많은 군사가 전염병을 앓을 것이니 네 번째 옳지 못합니다. - 《태조실록》 -

11강 고려(외교)

빈출키워드 TOP5
서희의 외교 담판	1위
별무반	2위
전민변정도감	3위
쌍성총관부	4위
귀주 대첩	5위

❶ 고려의 대외 관계

(1) 거란의 침입과 격퇴(10~11세기)

배경	고려의 친송 정책, 북진 정책(거란 적대) → 거란이 고려에 송과의 외교 관계를 끊을 것을 요구, 정종 때 거란의 침입에 대비하여 광군 설치
1차 침입 (성종 때, 993)	거란 장수 소손녕이 군대를 이끌고 침입 → 서희의 외교 담판 → 고려의 강동 6주 획득, 거란 철수
2차 침입 (현종 때, 1010)	강조의 정변을 구실로 침입 → 개경 함락, 현종의 나주 피란 → 양규의 활약 → 거란 철수
3차 침입 (현종 때, 1018)	강동 6주의 반환을 요구하며 소배압이 군대를 이끌고 침입 → 강감찬의 귀주 대첩 (1019)
영향	송과 거란 사이에서 세력 균형 유지, 초조대장경 제작(부처의 힘으로 거란의 침입을 물리칠 것을 바람), 개경에 나성 축조, 국경 지역에 천리장성 축조

(2) 여진과의 관계(12세기)

여진 정벌	여진이 성장하면서 고려와 잦은 충돌 → 숙종 때 윤관의 건의로 신기군(기병), 신보군(보병), 항마군(승병)으로 구성된 별무반 편성(1104) → 예종 때 윤관이 별무반을 이끌고 여진 정벌 → 동북 지방 일대에 9성 축조(동북 9성, 1107) → 여진의 계속된 침입, 관리의 어려움 → 여진으로부터 조공을 약속받고 9성 지역을 돌려줌
금 건국	여진의 금 건국 → 거란(요)을 멸망시킴 → 고려에 군신 관계 요구 → 이자겸이 정권 유지와 전쟁 방지를 위해 금의 사대 요구 수용 → 개경파와 서경파의 대립 → 묘청의 난 발생

(3) 몽골과의 전쟁(13세기)

국교 수립	몽골에 쫓겨 고려에 침입한 거란을 고려와 몽골이 함께 격퇴(강동성 전투) → 국교 체결
전개	몽골이 고려에 지나친 공물 요구 → 몽골 사신 저고여가 귀국길에 피살되는 사건 발생, 이를 구실로 몽골 장수 살리타가 군대를 이끌고 침입(고종 때, 1231) → 이후 여러 차례 침입
대응	• 1차 침입 이후 고려 정부(최우)의 강화도 천도(1232) → 장기 항전 준비 • 박서의 귀주성 전투(1231), 김윤후의 처인성 전투(살리타 사살, 1232), 김윤후의 충주성 전투(노비와 천민 중심, 1253), 충주 다인철소 주민의 항쟁(1254) 등 • 몽골과 강화 체결 → 무신 정권 붕괴 → 개경 환도(1270) • 삼별초의 저항: 고려 정부의 개경 환도에 반발 → '강화도(배중손의 지휘) → 진도(용장성, 배중손의 지휘) → 제주도(항파두리, 김통정의 지휘)'로 근거지를 옮기며 항전 → 고려와 몽골 연합군에 의해 진압됨
영향	• 문화재 소실: 초조대장경, 황룡사 9층 목탑 • 대장도감을 설치하여 팔만대장경 제작(부처의 힘으로 몽골 격퇴 염원, 현재 합천 해인사 장경판전에 보관)

❷ 고려 후기의 변화

(1) 원 간섭기

영토 축소	원이 쌍성총관부(철령 이북), 동녕부(자비령 이북), 탐라총관부(제주도)를 설치
내정 간섭	원이 다루가치(감찰관) 파견, 정동행성 설치(충렬왕 때 두 차례 일본 원정 시도, 실패 → 부속 기구인 이문소를 통해 내정 간섭)

강감찬
거란의 3차 침입 때 흥화진과 귀주에서 거란군을 크게 물리친 인물이에요.

별무반
기병 중심인 여진의 군대를 보병만으로 방어하기 어려웠으므로, 윤관의 건의에 따라 기병인 신기군, 보병인 신보군, 승병인 항마군으로 이루어진 별무반이 편성되었어요.

정동행성
원이 일본 정벌을 위해 설치한 관청으로, 일본 정벌에 실패한 후에도 계속 유지되어 고려의 내정을 간섭하였어요.

부마국
'부마'는 왕의 사위를 뜻해요. 원 간섭기에 고려 왕은 원의 공주와 결혼하였기 때문에 고려는 원의 사위 나라가 되었어요.

홍건적
'머리에 붉은 두건을 두른 도적'이라는 뜻으로, 원 말기에 일어난 한족 반란군이에요.

왕실 호칭과 관제 격하	• 고려 왕이 원의 공주와 혼인(부마국) • 왕실 호칭 격하: 짐 → 고, 폐하 → 전하, 조·종 → 왕 • 관제 개편: 중서문하성과 상서성(2성) → 첨의부(1부), 6부 → 4사, 중추원 → 밀직사
인적·물적 수탈	• 결혼도감 설치, 공녀 강제 차출(조혼 풍습 유행) • 응방 설치(매 수탈)
권문세족의 성장	• 원의 세력을 등에 업고 지배층으로 등장 → 도평의사사(도당)와 정방 장악 • 불법적으로 토지를 빼앗아 대농장 소유
사회 변화	• 몽골풍: 고려에서 몽골의 풍습 유행(변발, 호복, 족두리, 연지, 철릭, 소주, 만두 등) • 고려양: 원에 고려의 풍습 전래(떡, 두루마기 등)

(2) 고려의 개혁 노력

충선왕	왕위에서 물러난 후 원에 만권당 설치(이제현 등 고려 유학자와 원 유학자들이 교류)
충목왕	정치도감 설치
공민왕	반원 자주	• 기철 등 친원 세력 숙청, 격하된 왕실 호칭·관제 복구 • 몽골풍 금지, 정동행성 이문소 폐지 • 유인우·이자춘 등을 보내 쌍성총관부 공격(철령 이북의 땅 회복)
	왕권 강화	• 전민변정도감 설치(신돈 등용) → 권문세족의 기반 약화 • 정방 폐지(왕의 인사권 장악) • 신진 사대부 등용
	결과	권문세족의 반발 → 공민왕의 죽음으로 개혁 중단

3 고려의 멸망

(1) 14세기

홍건적의 침입	홍건적(한족 빈민군)의 침입으로 공민왕이 복주(안동)까지 피란
왜구의 침입	• 홍산 대첩(최영, 1376) → 진포 대첩(최무선·나세·심덕부, 화포 사용, 1380) → 황산 대첩(이성계, 1380) → 관음포 전투(정지, 1383) • 박위가 왜구의 근거지인 쓰시마섬(대마도) 정벌(창왕 때, 1389)

(2) **신흥 무인 세력의 성장**: 홍건적과 왜구를 격퇴하는 과정에서 이성계 등 신흥 무인 세력 성장

(3) **고려의 멸망**: 명의 철령위 설치 통보(철령 이북 땅 요구) → 우왕과 최영의 요동 정벌 추진, 이성계의 반대(4불가론) → 이성계의 위화도 회군(1388) → 과전법 실시(1391) → 고려 멸망, 조선 건국(1392)

일시정지! 확인하기

1. 다음 사실들을 순서대로 나열하세요.

> (가) 강감찬이 귀주에서 대승을 거두었다.
> (나) 여진을 정벌하여 동북 9성을 축조하였다.
> (다) 서희가 외교 담판을 벌여 강동 6주를 획득하였다.

( )

2. 몽골의 침입에 대한 고려의 대응으로 맞으면 ○표, 틀리면 ×표 하세요.
(1) 김윤후가 처인성에서 살리타를 사살하였다. ( )
(2) 국난을 극복하고자 초조대장경을 간행하였다. ( )
(3) 대장도감을 설치하여 팔만대장경을 간행하였다. ( )
(4) 강화도로 도읍을 옮겨 장기 항전을 준비하였다. ( )
(5) 윤관이 별무반을 이끌고 동북 9성을 축조하였다. ( )

3. 원 간섭기에 있었던 사실로 맞으면 ○표, 틀리면 ×표 하세요.
(1) 나성을 쌓고 천리장성을 축조하였다. ( )
(2) 일본 원정을 위해 정동행성이 설치되었다. ( )
(3) 지배층을 중심으로 변발과 호복이 유행하였다. ( )

4. 공민왕에 대한 설명이 맞으면 ○표, 틀리면 ×표 하세요.
(1) 정동행성 이문소를 폐지하였다. ( )
(2) 기철을 비롯한 친원 세력을 숙청하였다. ( )
(3) 만권당을 세워 학문 교류를 장려하였다. ( )
(4) 신돈을 등용하여 전민변정도감을 운영하였다. ( )
(5) 인사권을 장악하기 위하여 정방을 폐지하였다. ( )
(6) 쌍성총관부를 공격하여 철령 이북의 땅을 되찾았다. ( )

1. (다) – (가) – (나)
2. (1) ○ (2) × (3) ○ (4) ○ (5) ×
3. (1) × (2) ○ (3) ○
4. (1) ○ (2) ○ (3) × (4) ○ (5) ○ (6) ○

12강 고려(경제, 사회)

<경제>

수취 제도	조세(양안, 생산량 1/10), 공납(특산물), 역(호적 → 요역, 군역)

토지 제도 (전시과 → 수조권)

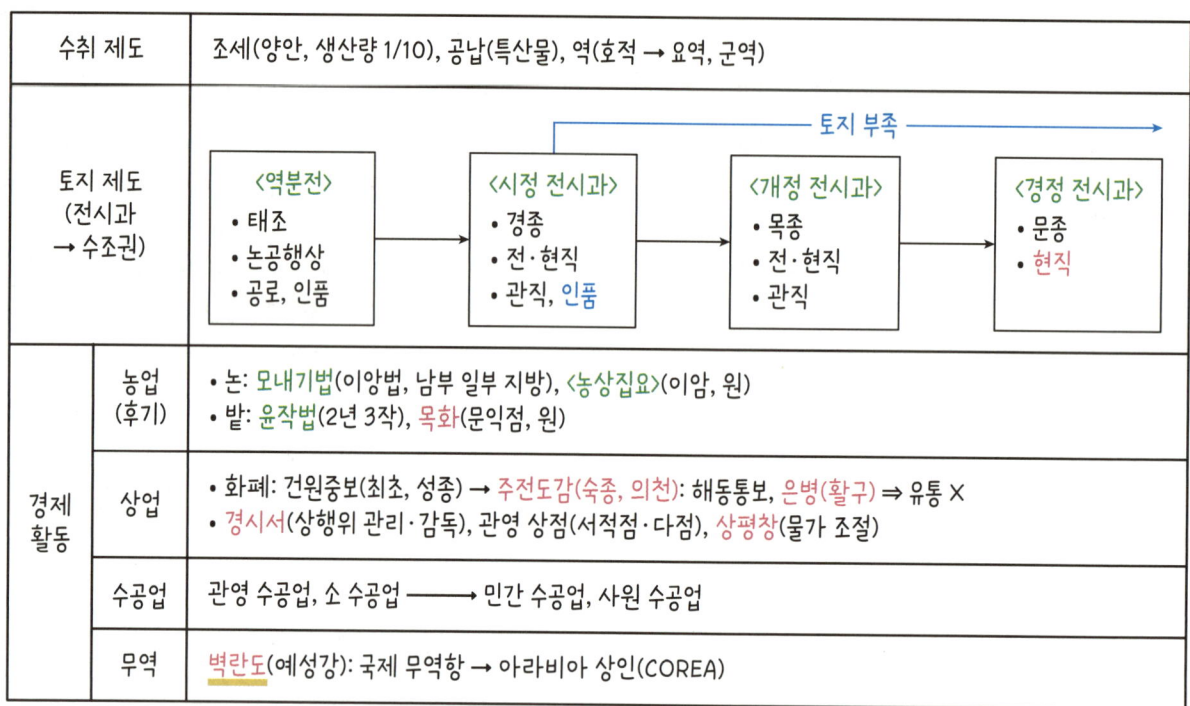

경제 활동

농업 (후기)	• 논: 모내기법(이앙법, 남부 일부 지방), <농상집요>(이암, 원) • 밭: 윤작법(2년 3작), 목화(문익점, 원)
상업	• 화폐: 건원중보(최초, 성종) → 주전도감(숙종, 의천): 해동통보, 은병(활구) ⇒ 유통 X • 경시서(상행위 관리·감독), 관영 상점(서적점·다점), 상평창(물가 조절)
수공업	관영 수공업, 소 수공업 ──→ 민간 수공업, 사원 수공업
무역	벽란도(예성강): 국제 무역항 → 아라비아 상인(COREA)

<사회>

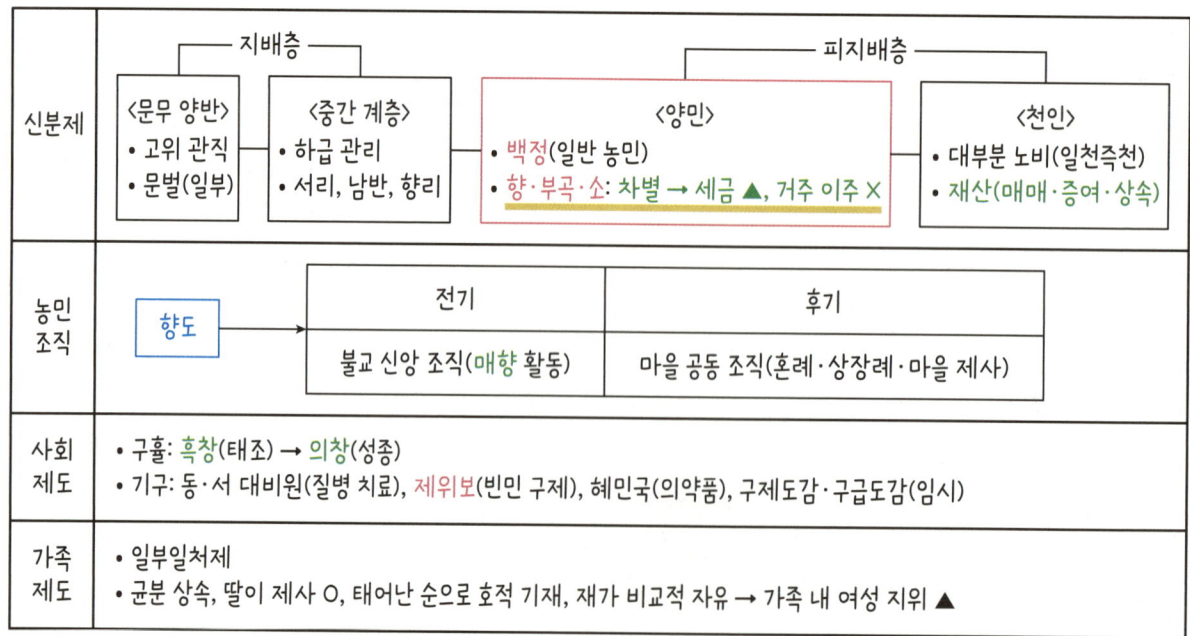

사회 제도	• 구휼: 흑창(태조) → 의창(성종) • 기구: 동·서 대비원(질병 치료), 제위보(빈민 구제), 혜민국(의약품), 구제도감·구급도감(임시)
가족 제도	• 일부일처제 • 균분 상속, 딸이 제사 O, 태어난 순으로 호적 기재, 재가 비교적 자유 → 가족 내 여성 지위 ▲

12강 고려(경제, 사회)

1 전시과 제도

후삼국 통일 이후 태조는 공신들에게 공로에 따라 역분전을 지급하였어요. 이후 경종 때에는 전·현직 관리에게 관직과 인품을 기준으로 전지(토지)와 시지(임야)를 지급하였어요(시정 전시과). 목종 때에는 관직만을 기준으로 18등급으로 나누었고(개정 전시과), 문종 때 이르러 현직 관리에게만 토지를 지급하였어요(경정 전시과).

- 역분전: 태조 23년에 처음으로 역분전 제도를 설정하였는데, 삼한을 통합할 때 조정의 관료와 군사에게 그 관계의 높고 낮음을 논하지 않고 그 사람의 성품과 행동의 착하고 악함과 공로가 크고 작은가를 참작하여 차등 있게 주었다.
- 시정 전시과: 경종 원년, 처음으로 직관(職官)과 산관(散官) 각 품의 전시과를 제정하였다.

2 고려의 대외 무역

고려는 송과 활발하게 교류하였어요. 주로 비단·약재·서적 등의 왕실과 귀족의 수요품을 수입하고, 금·은·인삼·종이·먹 등을 수출하였어요. 거란이나 여진과는 은·모피·말 등을 고려의 농기구나 식량과 바꾸었어요. 이 시기에는 송의 상인과 함께 아라비아 상인들도 드나들었는데 이들은 수은·향료·산호 등을 고려에 가져와 판매하였어요.

3 벽란도

송으로부터 들여 오는 물건은 주로 개경에 사는 왕실과 귀족들이 소비하였기 때문에 개경과 가까운 예성항 하구의 벽란도가 국제 무역항으로 번성하였어요. 이때 벽란도에 온 아라비아 상인들에 의해 고려는 'COREA(코리아)'라는 이름으로 서방 세계에 널리 알려졌어요.

배가 예성항에 도달하고 나서 닻을 내리면 사람들이 배를 가지고 와서 맞이한다. 사자(使者)가 조서를 받들고 상륙하면 벽란정에 들어가서 조서를 봉안하는 일을 끝내고 물러가 숙소에서 쉰다. 이튿날 군대의 의장이 앞에서 인도하는데 여러 의장 가운데서 신기대가 먼저이고, 조서가 당도하는 것을 기다려서 나머지 의장들과 연접해 가지고 성으로 들어간다.

4 건원중보

건원중보는 성종 때 만들어진 우리나라 최초의 금속 화폐예요. 앞면에는 하늘 건(乾), 으뜸 원(元), 귀중할 중(重), 보배 보(寶) 즉, 하늘 아래 으뜸가는 귀중한 보배라는 뜻의 건원중보, 뒷면에는 우리나라를 뜻하는 동국(東國)이 새겨져 있어요.

5 은병(활구)과 해동통보

숙종 때 의천의 건의로 주전도감이 설치되어 많은 화폐가 만들어졌는데, 대표적으로 은병(활구), 해동통보, 삼한통보 등이 있었어요. 은병(활구)은 우리나라 땅의 모양을 본떠 만든 병 모양의 화폐로, 은 1근의 값어치를 하는 고액 화폐예요. 병의 입이 넓기 때문에 활구라고도 불렸어요. 하지만 이때 발행된 화폐들은 널리 유통되지 못했어요.

▲ 은병 　　▲ 해동통보

6 향도

향도는 백성들이 자발적으로 만든 조직이에요. 처음에는 바닷가에 향을 묻으며 구원을 기원하는 불교 의식인 매향 활동에서 출발하였으나 점차 마을 공동체 조직으로 변화하였어요. 경상남도 사천에 남아 있는 매향비는 향나무를 묻고 세운 비석으로, 다음 생에 좋은 세상에서 태어날 것과 나라와 백성의 평안을 바라는 내용이 새겨져 있어요.

▲ 사천 흥사리 매향비

12강 고려(경제, 사회)

빈출키워드 TOP5
- 전시과(전지·시지) 1위
- 은병(활구) 2위
- 벽란도 3위
- 흑창 4위
- 해동통보, 건원중보 5위

❶ 고려의 경제 정책

(1) 수취 제도

조세	• 양안(토지 대장) 작성, 생산량의 1/10을 거둠 • 각 지방에서 거둔 조세는 배를 이용하여 강이나 바다를 통해 개경으로 운반함
공납	• 집집마다 특산물, 수공업 제품, 광물 등 각종 현물을 거둠 • 상공(매년 일정하게 거둠), 별공(필요에 따라 수시로 거둠)
역	호적 작성, 16~59세 남성 대상, 요역·군역 부과

📌 양안
논밭의 소재지, 위치, 모양, 면적 등이 기록된 토지 대장으로, 이를 기준으로 조세를 부과하였어요.

📌 호적
국가가 국민의 신분 관계를 명확히 하기 위하여 한 집[호(戶)]의 가족을 조사하여 적은 문서예요.

(2) 토지 제도

역분전(태조)		후삼국 통일 과정에서 공을 세운 신하들에게 공로와 인품에 따라 토지 지급 → 논공행상의 성격
전시과	특징	• 관직에 따라 등급을 구분하여 전지와 시지 지급 • 수조권만 지급, 원칙적으로 세습 불가
	변천	• 시정 전시과(경종): 전·현직 관리에게 지급, 관직과 인품 기준 • 개정 전시과(목종): 전·현직 관리에게 지급, 관직 기준 • 경정 전시과(문종): 토지 부족 → 현직 관리에게만 지급
녹과전(원종)		고려 후기 권문세족의 토지 독점으로 관리들에게 지급해야 할 토지 부족 → 관리들의 녹봉을 보충하기 위해 지급, 경기 지역(개경 인근) 한정
과전법(공양왕)		이성계의 위화도 회군 이후 신진 사대부의 주도로 실시

📌 모내기법(이앙법)
벼농사를 지을 때 모를 모판에서 키워 논에 옮겨 심는 농사법이에요. 고려 후기에 일부 남부 지방에 보급되기 시작하여 조선 후기에는 전국으로 확대되었어요.

(3) 경제 활동

농업	• 소를 이용한 깊이갈이 일반화, 이암이 원에서 농서 《농상집요》를 들여옴 • 논: 모내기법 시행(남부 일부 지방) • 밭: 윤작법(2년 3작), 목화 재배 시작(문익점이 원에서 목화씨를 들여와 재배 성공)
수공업	전기: 관영 수공업, 소 수공업 위주로 발달 → 후기: 사원 수공업, 민간 수공업 발달

상업	• 화폐
	  - 성종 때 건원중보 발행(우리나라 최초의 금속 화폐)
	  - 숙종 때 의천의 건의로 주전도감 설치 → 삼한통보·해동통보·은병(활구) 등 발행 → 활발히 유통되지는 못함
	• 경시서 설치(시전의 상행위 관리·감독), 관영 상점 운영(서적점, 다점), 상평창 설치(물가 조절 기구)

무역	벽란도: 예성강 하구에 위치, 송·아라비아 상인 등이 왕래한 국제 무역항 → 아라비아 상인에 의해 고려가 코리아(COREA)로 알려짐

📌 윤작법
밭농사에서 여러 작물을 돌려 가면서 짓는 농사법으로, 대표적으로 2년 3작이 있어요. 2년 3작은 2년 동안 세 종류의 작물을 차례대로 재배하는 방법이에요.

📌 상평창
풍년이 들어 곡식 가격이 떨어지면 일정량을 사들여 가격이 급격하게 떨어지는 것을 막고, 흉년이 들어 곡식 가격이 지나치게 오르면 사 놓은 곡식을 풀어 가격이 급격하게 오르는 것을 막아 물가를 조절하는 기구예요.

❷ 고려의 신분 제도

양인	지배층	• 문무 양반: 대대로 고위 관직에 오름, 일부는 문벌 형성 • 중간 계층: 말단 행정직(하급 관리), 직역 세습(국가에서 토지 지급) → 서리, 남반, 향리 등으로 구성
	피지배층	• 백정(일반 농민): 조세·공납·역 부담 • 향·부곡·소 주민: 일반 군현민보다 많은 세금 부담, 거주 이전 제한
천인		대부분 노비(공노비·사노비) → 재산으로 여겨짐, 매매·증여·상속의 대상, 일천즉천의 원칙(부모 중 한쪽이 노비이면 그 자녀도 노비로 결정)

❸ 고려의 사회 모습

(1) 향도(농민 조직)

시작	매향 활동을 하는 불교 신앙 조직에서 시작
역할	• 초기: 매향 활동, 불상·석탑 제작, 사찰 건립에 주도적 역할 • 후기: 노역, 혼례와 상장례, 마을 제사 등 마을 공동체 생활 주도

(2) 사회 제도

구휼	• 흑창(태조) → 의창(성종)으로 발전 • 춘대추납(봄에 곡식을 빌려주고 가을에 돌려받음) • 조선 시대까지 이어짐
각종 기구	• 동·서 대비원: 개경에 설치, 질병 치료 • 제위보: 기금을 마련하여 그 이자로 빈민 구제 • 혜민국: 질병 치료, 민간에 의약품 제공 • 구제도감·구급도감: 각종 재해 발생 시 백성을 구제하기 위한 임시 기구

(3) 가족 제도

① 혼인: 일반적으로 일부일처제
② 가족 내 여성의 지위가 비교적 높았음
　㉠ 자녀 균분 상속
　㉡ 여성의 재혼이 비교적 자유로움 → 재혼한 여성의 자녀도 사회적 차별을 거의 받지 않음
　㉢ 아들이 없으면 딸이 제사를 지냄
　㉣ 아들·딸 구분 없이 태어난 순서대로 호적에 오름
　㉤ 사위와 조카, 외손자도 음서 혜택 적용

⏸ 일시정지! ☑ 확인하기

1. 고려 시대의 경제 상황에 대한 설명이 맞으면 ○표, 틀리면 ×표 하세요.

(1) 활구라고 불리는 은병이 유통되었다. ( )
(2) 송상이 전국 각지에 송방을 설치하였다. ( )
(3) 삼한통보, 해동통보 등의 화폐를 발행하였다. ( )
(4) 주전도감을 설치하여 해동통보를 발행하였다. ( )
(5) 고려 태조는 관리들에게 역분전을 지급하였다. ( )
(6) 경시서를 설치하여 수도 시전을 감독하였다. ( )
(7) 예성강 하구의 벽란도가 국제 무역항으로 번성하였다. ( )

2. 고려 시대의 사회 모습에 대한 설명이 맞으면 ○표, 틀리면 ×표 하세요.

(1) 빈민 구제를 위한 의창이 설치되었다. ( )
(2) 진대법을 실시하여 빈민을 구제하였다. ( )
(3) 물가 조절을 위해 상평창을 설치하였다. ( )
(4) 특수 행정 구역인 소의 주민들이 차별을 받았다. ( )
(5) 왕족인 부여씨와 8성의 귀족이 지배층을 이루었다. ( )
(6) 기금을 모아 빈민을 구휼하는 제위보를 운영하였다. ( )
(7) 향도는 매향 활동을 하는 불교 신앙 조직에서 출발하여 마을 공동 조직으로 발전하였다. ( )

1. (1) ○ (2) × (3) ○ (4) ○ (5) ○ (6) ○ (7) ○
2. (1) ○ (2) × (3) ○ (4) ○ (5) × (6) ○ (7) ○

추천기출 풀기

1 67회

다음 사건이 일어난 시기를 연표에서 옳게 고른 것은? [3점]

(가)	(나)	(다)	(라)
936 후삼국 통일	1019 귀주 대첩	1104 별무반 설치	1232 처인성 전투	1359 홍건적 침입

① (가) ② (나) ③ (다) ④ (라)

거란의 침입과 고려의 격퇴

정답분석 고려는 정종 때 거란의 침입에 대비하여 광군을 설치하였어요. 이후 성종 때 거란이 1차 침입을 일으켰는데, 이때 서희가 거란 장수 소손녕과 외교 담판을 벌여 송과의 관계를 끊고 거란과 교류하기로 약속하고 강동 6주를 획득하였어요.
① 후고구려의 궁예가 폭정을 계속하자 신하들은 왕건을 왕으로 세웠어요. 왕건은 나라 이름을 '고려'라 하고 수도를 송악으로 옮겼어요. 이후 후백제에서 왕위 계승 다툼이 일어나 견훤이 고려로 귀순하였고, 신라도 스스로 고려에 항복하였어요. 결국 고려는 신검의 후백제군을 상대로 일리천 전투 등에서 승리하며 후삼국을 통일하였어요(936). 이후 성종 때 거란이 1차 침입을 일으켰는데, 이때 서희가 거란 장수 소손녕과 외교 담판을 벌여 송과의 관계를 끊고 거란과 교류하기로 약속하고 강동 6주를 획득하였어요(993). 하지만 고려가 송과의 관계를 계속 유지하자 거란은 강조의 정변을 구실로 2차 침입을 일으켰어요. 이때 현종이 나주까지 피란하였으나 양규의 활약으로 거란은 철수하였어요. 거란의 3차 침입 때는 강감찬이 귀주 대첩에서 활약하여 거란군을 물리쳤고(1019), 이후 고려는 나성과 천리장성을 쌓아 이적의 침입에 대비하였어요.
따라서, 서희의 외교 담판이 일어난 시기는 '후삼국 통일(936)'과 '귀주 대첩(1019)' 사이의 시기인 (가)예요.

정답 | ①

2 64회

(가) 시기에 있었던 사실로 옳은 것은? [2점]

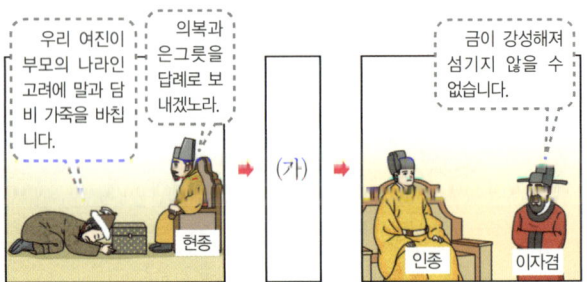

① 박위가 대마도를 정벌하였다.
② 윤관이 별무반 설치를 건의하였다.
③ 김윤후가 처인성 전투에서 승리하였다.
④ 김춘추가 당과의 군사 동맹을 성사시켰다.

고려와 여진과의 관계

정답분석 천리장성 북쪽에 거주하던 여진은 10~11세기 초에 고려를 부모의 나라로 생각하고 말과 가죽 등을 바쳤으며 고려는 식량과 옷, 관직 등을 주며 회유하였어요. 고려와 여진 간의 무역은 여진이 모피, 말 등을 보내면 고려가 여진에 필요한 물품을 보내는 형식으로 이루어졌어요. 여진은 12세기 들어 성장하면서 고려와 충돌이 잦아졌어요. 이에 윤관은 별무반을 이끌고 여진을 몰아낸 후 동북 9성을 쌓았어요. 고려는 여진이 조공을 약속하며 끈질기게 동북 9성의 반환을 요청하자 1년 만에 돌려주었어요. 이후 힘을 키운 여진은 금을 세워 1126년에 고려에 군신 관계를 요구하였어요. 인종의 외척으로 당시 반란을 일으킨 후 권력을 차지하고 있던 이자겸은 금의 요구를 받아들였어요.
② 12세기 초반인 1104년 고려 숙종 때 여진과 충돌이 잦아지자 윤관의 건의로 신기군, 신보군, 항마군으로 구성된 별무반이 설치되었어요. 이후 예종 때 윤관이 별무반을 이끌고 여진을 정벌한 뒤 동북 9성을 쌓았어요.

오답분석 ① 14세기 후반인 1389년 고려 창왕 때 박위가 왜구의 근거지인 대마도(쓰시마섬)를 정벌하였어요.
③ 13세기 전반인 1232년 고려 고종 때 일어난 몽골의 2차 침입 당시 승려 김윤후는 처인성에서 몽골 장수 살리타를 죽이고 몽골군을 무찔렀어요.
④ 7세기 중반에 신라는 백제 의자왕에게 대야성이 함락되자 김춘추를 고구려로 보내 동맹을 시도하였으나 실패하였어요. 이후 신라는 648년에 김춘추를 당으로 보내 동맹을 맺고 나·당 연합군을 결성하여 백제와 고구려를 멸망시켰어요.

정답 | ②

3 66회

(가)에 들어갈 내용으로 가장 적절한 것은? [2점]

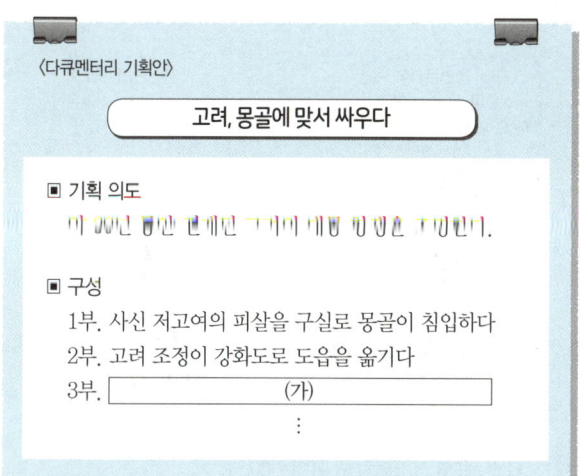

① 윤관이 별무반 편성을 건의하다
② 김윤후가 처인성 전투에서 활약하다
③ 을지문덕이 살수에서 적군을 물리치다
④ 서희가 외교 담판을 통해 강동 6주 지역을 확보하다

📢 몽골의 침입과 고려의 항쟁

정답분석 고려 고종 때 몽골은 고려에 보낸 사신 저고여의 피살 사건을 구실로 1231년에 고려를 침략하였어요. 당시 최씨 무신 정권을 이끌던 최우는 일단 강화를 요청하여 몽골군을 물러나게 하고, 1232년에 도읍을 강화도로 옮겨 장기 항전을 준비하였어요.
② 1232년 고려 고종 때 일어난 몽골의 2차 침입 당시 김윤후는 처인성에서 몽골 장수 살리타를 죽이고 몽골군을 무찔렀어요.

오답분석 ① 1104년 고려 숙종 때 윤관은 여진을 정벌하기 위해 별무반 편성을 건의하였어요. 이후 예종 때 별무반을 이끌고 여진을 정벌한 후 동북 9성을 쌓았어요.
③ 612년 고구려 영양왕 때 을지문덕이 이끄는 고구려군이 살수에서 수의 군대를 크게 물리쳤는데, 이를 살수 대첩이라고 해요.
④ 993년 고려 성종 때 거란의 1차 침입이 일어났는데, 서희는 거란 장수 소손녕과 외교 담판을 벌여 전쟁 없이 거란군을 물러가게 하고 강동 6주 지역을 확보하였어요.

정답 | ②

4 66회

밑줄 그은 '왕'의 재위 기간에 있었던 사실로 옳은 것은? [2점]

① 동북 9성을 축조하였다.
② 독서삼품과가 실시되었다.
③ 쌍성총관부를 공격하였다.
④ 백두산정계비가 건립되었다.

📢 공민왕 재위 시기의 사실

정답분석 고려 공민왕은 원의 세력이 약해진 틈을 타 반원 자주 정책을 펼쳤어요. 친원 세력인 기철 세력을 제거하고 원이 고려의 내정을 간섭하던 기구인 정동행성 이문소를 폐지하였으며 격하된 관제를 복구하였어요. 또한, 신돈을 등용하여 전민변정도감을 설치하고 정방을 폐지하는 등 왕권 강화 정책도 펼쳤어요.
③ 고려 공민왕은 유인우, 이자춘 등을 보내 쌍성총관부를 공격하여 원이 빼앗아간 철령 이북의 영토를 회복하였어요.

오답분석 ① 고려 예종 때 윤관은 별무반을 이끌고 여진을 정벌한 후 동북 9성을 축조하였어요.
② 신라 원성왕은 국학 학생들을 대상으로 유교 경전에 대한 이해 수준을 평가하여 관리 선발에 참고하는 독서삼품과를 실시하였어요.
④ 조선 숙종 때 간도 지역에서 조선과 청 백성 사이에 갈등이 여러 번 일어나자 양국의 관리가 백두산 일대를 답사한 후 백두산정계비를 세워 국경을 정하였어요.

정답 | ③

5 | 64회

(가)에 들어갈 화폐로 옳은 것은? [1점]

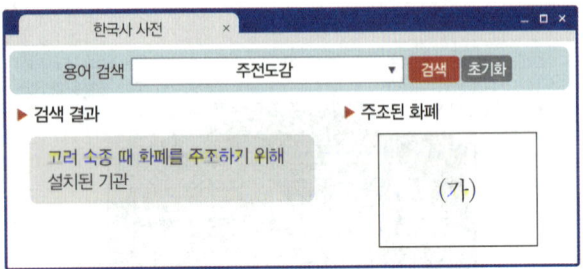

한국사 사전
용어 검색: 주전도감

▶ 검색 결과
고려 숙종 때 화폐를 주조하기 위해 설치된 기관

▶ 주조된 화폐
(가)

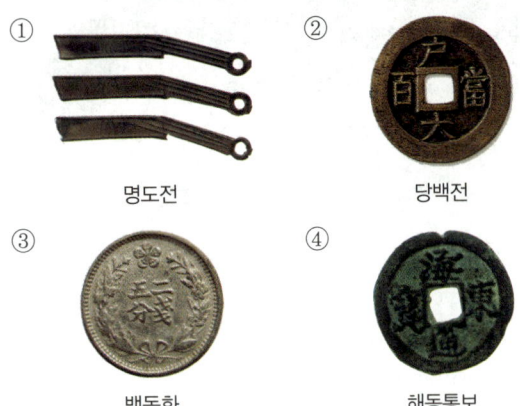

① 명도전 ② 당백전 ③ 백동화 ④ 해동통보

📢 고려의 화폐

정답분석 고려는 성종 때 우리나라 최초의 화폐인 건원중보를 만들었지만 널리 쓰이지 않았어요. 이후 숙종 때 의천의 건의로 화폐를 주조하기 위한 기관인 주전도감을 설치하고 은병(활구), 해동통보, 삼한통보 등의 화폐를 주조·유통하였어요. 하지만 백성들은 여전히 쌀이나 베 등을 교환 수단으로 이용하였기 때문에 이 역시 널리 쓰이지 못하였어요.
④ 고려 숙종 때 주전도감이 설치되어 해동통보 등이 발행되었으나 널리 쓰이지는 못하였어요.

오답분석 ① 우리나라의 철기 시대 유적에서 명도전, 반량전 등 중국 화폐가 발견되었는데, 이를 통해 당시 중국과 교역하였음을 짐작할 수 있어요.
② 조선 고종 때 흥선 대원군은 임진왜란 때 불타 없어진 경복궁을 다시 세우기 위해 당백전을 발행하였어요. 이로 인해 기존 화폐 가치가 하락하고 물가가 급격하게 오르자 백성들의 불만이 높아졌어요.
③ 조선 고종 때 정부는 개항 이후인 1892년부터 전환국에서 백동화를 주조하여 유통하였어요.

정답 | ④

6 | 66회

다음 대화가 이루어진 시기의 경제 상황으로 가장 적절한 것은? [2점]

"자네 들었는가? 송 사신단이 곧 수도 개경에 도착한다고 하더군."

"사신단의 규모가 엄청나다니 가져온 물품도 상당하겠어."

① 공인이 관청에 물품을 조달하였다.
② 모내기법이 전국적으로 확산되었다.
③ 벽란도가 국제 무역항으로 기능하였다.
④ 고추와 담배가 상품 작물로 재배되었다.

📢 고려의 경제 상황

정답분석 고려 시대에는 송과 활발하게 교류하였어요. 송으로부터 들여오는 물품은 주로 개경에 사는 왕실과 귀족들이 사용하였기 때문에 개경과 가까운 예성강 하구의 벽란도가 국제 무역항으로 번성하였어요.
③ 고려 시대에 번성한 국제 무역항인 벽란도에는 송의 상인은 물론 아라비아 상인도 드나들었어요.

오답분석 ① 조선 후기에 대동법이 시행되면서 관청에서 돈을 미리 받고 필요한 물품을 마련하여 궁궐과 관청에 조달하는 공인이 등장하였어요. 공인의 활동은 상공업이 발달하고 상품 화폐 경제가 발달하는 데 기여하였어요.
② 조선 후기에는 수리 시설의 확충으로 모내기법이 전국으로 확산되었어요.
④ 조선 후기에는 인삼, 담배, 면화, 고추 등의 상품 작물이 재배되었고, 청과의 무역이 활발해지면서 국경을 중심으로 공무역(개시)과 사무역(후시)이 이루어지기도 하였어요.

정답 | ③

고려의 대외 관계

01 거란의 1차 침입 때 서희가 외교 담판을 벌여 ●●●주를 획득하였다.

02 거란의 3차 침입 때 강감찬은 거란군을 ●주에서 크게 격퇴하였다.

03 윤관의 건의로 신기군, 신보군, 항마군으로 구성된 ●● 반이 편성되었다.

04 몽골의 침입 당시 김●●가 처인성에서 몽골 장수 살리타를 사살하였다.

05 고려는 부처의 힘으로 몽골의 침입을 막기 위해 ●● 대장경을 만들었다.

06 삼별초는 강화도, 진도, ●● 도로 근거지를 옮겨 가며 대몽 항쟁을 펼쳤다.

고려 후기의 변화 / 고려의 멸망

07 공민왕은 기철을 비롯한 친원 세력을 숙청하고, ●발과 ●복 등 몽골풍을 금지하였다.

08 공민왕은 고려의 내정을 간섭하던 ●●●● 이문소를 폐지하였다.

09 공민왕은 ●● 총관부를 공격하여 철령 이북의 땅을 회복하였다.

10 공민왕은 권문세족을 견제하기 위해 ●돈을 등용하여 전민변정도감을 설치하였다.

11 고려 말에 이●●는 4불가론을 내세우며 요동 출병에 반대하였다.

12 이성계는 ●●도 회군으로 개경에 돌아와 정권을 장악하였다.

고려의 경제 정책 / 고려의 사회 모습

13 고려 시대에는 관리에게 전지와 시지를 지급하는 ●● 과를 실시하였다.

14 고려 시대에는 해동통보, ●병(활구) 등의 화폐를 발행하였다.

15 고려 시대에는 ●● 도가 국제 무역항으로 번성하였다.

16 태조는 빈민 구제를 위해 ●창을 설치하였는데, 후에 ●창으로 이름이 바뀌었다.

정답 01 강동 6 02 귀 03 별무 04 윤후 05 팔만 06 제주 07 변, 호 08 정동행성 09 쌍성 10 신 11 성계 12 위화 13 전시 14 은 15 벽란 16 흑, 의

13강 고려 (문화 1)

	유학·교육 기관·과거제	역사서	불교	풍수지리설

전기	• 광종: 과거제(쌍기)
	• 성종(최승로 시무 28조)
	유교정치
	├ 국자감(중앙)
	│ ├ 유학부 → 제술과, 명경과
	│ └ 기술학부 → 잡과
	│ 승과, 무과 X
	└ 지방: 향교
	
	사학 12도: 최충 9재 학당(문헌공도)
	                └ 해동공자
	
	관학
	진흥책
	• 숙종: 서적포(출판)
	• 예종: 7재(전문 강좌),
	        양현고(장학 재단)
		• 고려 왕조 실록 ┐
		• 〈7대 실록〉 ┘ X
		
		〈삼국사기〉
		• 김부식
		• 신라 계승 의식
		• 유교적 합리주의
		• 기전체
		  └ 본기·세가·지·
		     표·열전
		• 현존 우리나라
		  최고(最古) 역사서
			• 태조: 훈요 10조
			         └ 불교 ▲
			• 광종: 균여(귀법사)
			         └ 〈보현십원가〉
			• 성종: 최승로
			         └ 불교 ▼
			
			〈의천〉
			• 대각국사, 문종子
			• 해동 천태종(국청사)
			• 교관겸수(교·선 통합)
			• 〈교장〉(교장도감)
			• 화폐 사용 주장
				〈서경 길지설〉
				훈요 10조,
				북진 정책
				
				묘청의
				서경 천도 운동
				
				남경 길지설

1170				

후기	〈무신 집권기〉
	유학 ▼
	
	〈원 간섭기 성리학〉
	• 소개: 안향(원) → 신진 사대부
	• 보급
	  ├ 이제현(만권당 교류, 〈역옹패설〉)
	  │
	  이색(성균관)
	  │
	  정몽주·정도전(신진 사대부)
	• 영향 ┬ 신진 사대부 개혁 사상
	       └ 〈소학〉, 〈주자가례〉
		• 〈해동고승전〉(각훈)
		• 〈동명왕편〉(이규보)
		
		〈삼국유사〉
		• 일연
		├ 불교사 +
		│ 민간 설화
		└ 단군 이야기
		• 〈제왕운기〉(이승휴)
		  └ 단군 이야기
		• 〈사략〉(이제현)
			〈지눌〉
			• 보조국사, 조계종
			• 돈오점수, 정혜쌍수
			  (선·교 통합)
			• 수선사 결사(송광사)
			
			〈혜심〉
			• 지눌 제자
			• 유·불 일치설
			• 〈선문염송집〉
			
			〈요세〉
			• 법화 신앙
			• 백련 결사
				한양 천도(조선)

13강 고려(문화 1)

시험에 자주 나오는 핵심
자료 몰아보기

1 고려의 교육 제도

고려는 성종 때 인재를 길러 내기 위하여 개경에 최고 교육 기관인 국자감을 설립하였어요. 현재의 국립 대학이라 할 수 있었던 국자감은 유학부와 기술학부로 나뉘어 있었어요. 또한 고려는 지방 교육 기관으로 향교를 두었는데, 향교는 조선 시대까지 이어졌어요.

2 예종의 관학 진흥책

사학이 융성해지면서 관학이 위축되자 고려 정부는 관학을 진흥시키기 위해 노력하였어요. 숙종은 국자감에 출판을 담당하는 서적포를 두었고, 예종은 국자감에 7개의 전문 강좌인 7재를 개설하고 장학 재단인 양현고를 설립하였어요.

- 예종 4년 7월에 국학에 7재를 두었는데, 주역(周易) 전공을 여택(麗澤, 이택), 상서(尙書)를 대빙(待聘), 모시(毛詩)를 경덕(經德), 수례(周禮)를 구인(求仁), 대례(戴禮)를 복응(服膺), 춘추(春秋)를 양정(養正), 무학(武學)을 강예(講藝)라 하였다.
  – 《고려사》 –
- 예종 14년 7월에 국학에 처음으로 양현고를 두어 인재를 양성하게 하였다.
  – 《고려사》 –

3 삼국사기와 삼국유사

《삼국사기》는 고려 전기에 김부식이 인종의 명을 받아 편찬한 역사서예요. 본기, 열전 등으로 구성된 기전체로 쓰였으며 현재 우리나라에서 가장 오래된 역사서예요.

《삼국유사》는 원 간섭기 때 승려 일연이 편찬한 역사서예요. 단군의 고조선 건국 이야기가 실려 있고, 불교사를 중심으로 민간 설화 등을 수록하였어요.

> 성상 폐하께서는 "오늘날의 학자들이 중국의 경전과 역사서에는 능통하나, 우리 역사는 잘 알지 못하니 매우 개탄할 노릇이다. …… 중국 역사서에 삼국의 기록이 있으나 자세하지 않고, 예부터 전해 오던 고기(古記)의 내용은 빠진 것이 많아 후대에 교훈을 주기 어렵다. 이에 후대에 남겨 줄 역사서를 만들어야겠다."라고 말씀하셨다.
> – 《삼국사기》 –

> 임금이 장차 일어날 때는 부명(符命)을 받고 도록(圖錄)을 얻어 반드시 보통 사람과는 다른 점이 있으니, 그런 뒤에야 큰 변화를 타서 기회를 잡아 대업을 이루었다. …… 삼국의 시조들이 모두 신이(神異)한 일로 탄생했음이 어찌 괴이하겠는가. 이것이 기이(紀異)편을 책 첫머리에 실은 까닭이며, 그 뜻도 여기에 있다.
> – 《삼국유사》 –

4 성리학의 전래

성리학은 충렬왕 때 안향이 원으로부터 들여와 고려에 소개하였어요. 이후 이제현은 충선왕이 원에 설립한 만권당에서 원의 학자들과 교류하며 성리학을 연구하였어요. 이후 성리학은 이제현의 제자 이색을 거쳐 정몽주와 정도전에게 이어져 발전하였어요.

> 안향은 학교가 날로 쇠퇴함을 근심하여 양부에 의논하기를 "재상의 직무는 인재를 교육하는 것보다 우선하는 것이 없습니다. ……"하고, …… 만년에는 항상 회암 선생(주자)의 초상화를 걸어 놓고 경모하였으므로 드디어 호를 회헌이라 하였다.
> – 《고려사》 –

5 의천

의천은 문종의 아들이었으나 출가하여 승려가 되었어요. 국청사를 중심으로 해동 천태종을 개창하였고 수행 방법으로 '교관겸수'를 주장하며 교종을 중심으로 선종을 통합하고자 하였어요. 동아시아 곳곳의 불교 서적을 모아 그 목록을 정리한 《신편제종교장총록》과 교장도감에서 《교장》 등을 간행하였어요. 또한, 숙종에게 화폐 사용을 건의하기도 하였어요. 의천은 세상을 떠나면서 대각국사라는 칭호를 받았어요.

▲ 대각국사 의천

6 지눌

지눌은 기존 불교계의 문제점을 비판하며 개혁에 앞장섰어요. 순천 송광사에서 수선사(정혜사)를 결성하여 승려 본연의 모습으로 돌아가 수행에 힘쓸 것을 강조하였어요. 수행 방법으로 '정혜쌍수'와 '돈오점수'를 주장하였고 선종을 중심으로 교종을 통합할 것을 외치며 조계종을 정립하였어요. 지눌은 세상을 떠나면서 보조국사라는 칭호를 받았어요.

▲ 보조국사 지눌

13강 고려(문화 1)

빈출키워드 TOP5
1위 국자감
2위 천태종 개창(의천)
3위 삼국유사(일연)
4위 수선사 결사(지눌)
5위 9재 학당(문헌공도)

❶ 유학의 발달

초기	• 자주적, 주체적 성격 • 과거제 실시(광종), 최승로의 시무 28조(성종, 유교 정치사상 확립의 계기)
중기	• 문벌 사회 확립 → 보수적·사대적 성격으로 변화 • 최충(해동공자): 9재 학당(문헌공도) 설립 • 김부식: 보수적·현실적인 유학 추구, 유교적 합리주의 사관의 《삼국사기》 편찬
무신 정변 이후	무신 정변으로 무신이 주요 관직을 차지하면서 정권 장악 → 문벌 세력의 몰락으로 유학 위축

후기
원 간섭기 성리학의 전래
	• 도입: 원 간섭기인 충렬왕 때 안향이 고려에 처음 소개
	• 보급
	  – 이제현《역옹패설》·《사략》 편찬, 만권당에서 원의 학자와 교류
	  – 이색이 성균관에서 유학 교육 → 정몽주·정도전에게 계승
	• 영향
	  – 신진 사대부가 사회 개혁 사상으로 수용 → 권문세족과 불교의 폐단 비판
	  – 불교의 비중과 역할 축소, 성리학이 정치 이념으로 등장 → 성리학을 바탕으로 조선 건국

✏️ 만권당
충선왕이 아들 충숙왕에게 왕위를 물려주고 원의 연경에 세운 독서당이에요. 이곳에서 이제현 등 고려의 학자들이 원의 유학자들과 교류하였어요.

✏️ 기전체
역사를 본기(제왕), 열전(인물), 지(주제), 표(연표) 등으로 구성하여 서술하는 방식이에요. 이와 달리 편년체는 역사적 사실을 연·월·일 등 시간 순서대로 정리하는 방식으로, 대표적인 역사서로《조선왕조실록》이 있어요.

✏️ 이규보
《동국이상국집》을 쓴 학자로, 이 책에는〈동명왕편〉을 비롯해 다양한 작품이 실려 있어요.

❷ 교육 기관과 과거제

관학	• 중앙: 국자감(유학부, 기술학부로 구성)
	  – 개경에 설치, 최고 국립 교육 기관
	  – 유학부: 국자학·태학·사문학 교육, 과거에서 문과(제술과·명경과)에 응시
	  – 기술학부: 율학·서학·산학 교육, 과거에서 잡과에 응시
	  – 명칭 변경: 국자감 → 국학 → 성균감 → 국학 → 성균관 → 국자감 → 성균관
	• 지방: 향교 → 지방 관리·서민의 자제 교육

사학	고려 중기에 사학에서 공부한 사람들이 과거에 많이 합격함 → 최충의 9재 학당(문헌공도) 등 사학 12도 번성
관학 진흥책	• 사학의 번성으로 관학 위축 → 관학 진흥을 위해 노력함 • 숙종 때 국자감에 서적포 설치(출판 담당) → 예종 때 국자감에 7재 설치(전문 강좌), 양현고 설치(장학 재단), 청연각·보문각 설치(연구소) → 인종 때 경사 6학을 중심으로 제도 정비
과거제	• 법적으로 양인 이상이면 응시 가능, 실제로는 신분에 따라 응시 과목이 구분됨 • 과거를 주관하는 좌주(지공거)와 문생(과거 급제자) 사이에 유대 관계 형성 • 종류: 문과(제술과, 명경과 → 귀족과 고위 향리의 자제가 응시), 잡과(의학, 천문, 지리 등 기술관 선발 → 주로 일반 백성이 응시), 승과(승려들이 응시)

✏️ 교관겸수
'교'는 부처의 말씀인 경전 학습을 뜻하고, '관'은 실천 수행법을 뜻해요. 즉, 경전 학습과 실천 수행을 함께 해야 한다는 수행 방법이에요.

✏️ 돈오점수
'돈오'는 단번에 깨우치는 것을 뜻하고, '점수'는 점진적으로 수행을 계속해야 한다는 뜻이에요.

✏️ 정혜쌍수
'정'은 선정, '혜'는 지혜를 뜻하는 것으로, 선정을 통해 깨달음을 얻고, 지혜를 얻는 경전 공부를 함께해야 한다는 뜻이에요.

❸ 역사서 편찬

(1) 초기~중기

초기	고려 왕조 실록,《7대실록》→ 현재 전하지 않음
중기	《삼국사기》(김부식): 현존하는 우리나라에서 가장 오래된 역사서, 신라 계승 의식 반영, 유교적 합리주의 사관, 기전체로 서술

(2) 후기

무신 집권기	• 《동명왕편》(이규보): 《동국이상국집》에 수록, 동명왕(주몽)의 일대기를 서사시로 표현 → 고구려 계승 의식 반영 • 《해동고승전》(각훈): 이름 있는 승려(고승)들의 전기 기록	

원 간섭기	• 《삼국유사》(일연): 불교사를 중심으로 고대의 민간 설화 기록
	• 《제왕운기》(이승휴)
	  – 중국과 우리나라의 역사 서술(역대 왕의 계보 수록)
	  – 단군부터 충렬왕까지의 역사를 서사시로 서술
		단군의 고조선 건국 이야기 수록

말기	《사략》(이제현): 성리학적 사관	

❹ 불교의 발전

(1) 초기

태조	훈요 10조 → 불교 중시와 연등회와 팔관회 개최 당부
광종	• 승과 실시 • 국사·왕사 제도 실시 • 귀법사 건립(《보현십원가》를 지은 균여를 주지로 삼음)
성종	최승로의 시무 28조 수용 → 연등회와 팔관회 축소·폐지(현종 때 부활)

(2) 중기~후기

의천 (대각국사)	• 해동 천태종 개창(국청사), 《신편제종교장총록》(교장 목록) 편찬, 《교장》 간행(교장도감) • 교리: 교관겸수 → 교종 중심의 선종 통합 • 숙종에게 화폐 사용 건의
지눌 (보조국사)	• 수선사 결사(순천 송광사, 불교 개혁 운동), 수계종 정립 • 교리: 돈오점수, 정혜쌍수, 선종 중심의 교종 통합
혜심	• 유·불 일치설(유교와 불교의 조화 도모)을 주장 → 성리학 수용의 사상적 토대 마련 • 《선문염송집》 편찬
요세	참회를 중시하는 법화 신앙을 중심으로 백련사 결사 주도 (강진 만덕사)

❺ 풍수지리설

보급	신라 말 도선에 의해 널리 보급
전기	서경 길지설: 서경(평양)이 좋은 땅이라는 주장 → 북진 정책의 이론적 근거, 묘청의 서경 천도 운동에 이용됨
중기 이후	남경 길지설: 한양이 좋은 땅이라는 주장 → 남경으로 승격, 한양이 조선의 수도가 되는 데 영향

🅟 일시정지! ☑ 확인하기

1. 다음 설명에 해당하는 인물을 골라 쓰세요.

> 최충, 안향, 이제현

(1) 역사서인 사략을 저술하였다. ( )
(2) 고려에 성리학을 처음으로 소개하였다. ( )
(3) 만권당에서 원의 유학자들과 교류하였다. ( )
(4) 9재 학당을 세워 유학 교육을 실시하였다. ( )

2. 다음 설명에 해당하는 서적을 골라 쓰세요.

> 삼국사기, 동명왕편, 삼국유사, 제왕운기

(1) 중국과 우리나라 역대 왕의 계보가 수록되었다. ( )
(2) 김부식 등이 왕명으로 편찬한 기전체 사서이다. ( )
(3) 현존하는 우리나라에서 가장 오래된 역사서이다. ( )
(4) 고구려의 건국 시조인 동명왕을 칭송한 서사시이다. ( )
(5) 불교사를 중심으로 고대의 민간 설화 등이 수록되었다. ( )

3. 다음 설명에 해당하는 승려를 골라 쓰세요.

> 의천, 지눌, 혜심

(1) 교관겸수를 주장하였다. ( )
(2) 신편제종교장총록을 편찬하였다. ( )
(3) 돈오점수와 정혜쌍수를 주장하였다. ( )
(4) 정혜결사를 통해 불교 개혁에 앞장섰다. ( )
(5) 국청사를 중심으로 해동 천태종을 창시하였다. ( )
(6) 심성 도야를 강조한 유·불 일치설을 주장하였다. ( )
(7) 불교 경전에 대한 주석서를 모아 교장을 편찬하였다. ( )
(8) 수선사 결사를 제창하여 불교계를 개혁하고자 하였다. ( )

---

1. (1) 이제현 (2) 안향 (3) 이제현 (4) 최충
2. (1) 제왕운기 (2) 삼국사기 (3) 삼국사기 (4) 동명왕편 (5) 삼국유사
3. (1) 의천 (2) 의천 (3) 지눌 (4) 지눌 (5) 의천 (6) 혜심 (7) 의천 (8) 지눌

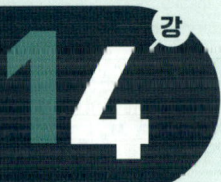

고려 (문화 2)

		전기		1170	후기
건축		주심포 양식 → 기둥 위에만 공포		• 안동 봉정사 극락전 └ 현존 우리나라 최고(最古) 목조 건축물 • 영주 부석사 무량수전(부석사 ⇒ 의상) • 예산 수덕사 대웅전	

불탑	승탑	여주 고달사지 승탑, 충주 정토사지 홍법국사탑		개성 경천사지 10층 석탑
				  └ 원 영향, 대리석
				  └ 서울 원각사지 10층 석탑(조선)에 영향	

	석탑	평창 월정사 8각 9층 석탑: 송 영향, 다각 다층			
		초기	중기		
불상·회화		〈철불 유행〉 하남 하사창동 철조 석가여래 좌상 〈대형 석불〉 • 논산 관촉사 석조 미륵보살 입상 • 안동 이천동 마애 여래 입상 • 파주 용미리 마애 이불 입상	영주 부석사 소조여래 좌상 (신라 계승)	• 불화 유행: 수월관음도(혜허) • 천산대렵도(공민왕 짐작)	
청자·공예			• 나전 칠기 • 순청자 ───	→ 상감 청자 ─── → 분청사기, 은입사 ▲	

인쇄술	목판	초조대장경(← 거란) ───	〈교장〉(의천)	팔만대장경(= 재조대장경)
				  └ 몽골 침입 때 제작(최씨 무신 정권)
				  └ 합천 해인사 보관, 세계 기록 유산	

	활판		〈상정고금예문〉
			(인종 X)
				〈직지심체요절〉
				  └ 청주 흥덕사에서 간행
				  └ 현존 세계 최고(最古) 금속 활자본
				  └ 세계 기록 유산	

과학(천문)		• 사천대(서운관) • 선명력(당)		수시력(원)	
의학				〈향약구급방〉(현존 우리나라 최고(最古) 의학서)	
무기				최무선 → 화통도감(화약·화포), 진포 대첩	

14강 고려(문화 2)

1 주심포 양식

지붕과 기둥을 잇는 공포가 기둥머리 바로 위에만 있는 건축 양식을 주심포 양식이라고 해요. 고려 시대에는 주심포 양식에 배흘림기둥으로 된 건물이 많이 지어졌어요. 그중 안동 봉정사 극락전은 현존하는 우리나라에서 가장 오래된 목조 건축물로 알려져 있어요.

▲ 안동 봉정사 극락전

▲ 영주 부석사 무량수전

2 팔만대장경

고려는 외적이 침입할 때마다 부처의 힘으로 이들을 물리치고자 대장경을 만들었어요. 고려 초에 거란의 침입을 물리치기 위해 초조대장경을 만들었고, 이후 몽골의 침입으로 초조대장경이 불타자 팔만대장경을 만들었어요. 정식 명칭은 고려대장경이며 다시 만들었다고 하여 재조대장경이라고도 해요. 현재 합천 해인사 장경판전에 보관되어 있고, 2007년에 유네스코 세계 기록 유산으로 등재되었어요.

▲ 팔만대장경판

▲ 합천 해인사 장경판전

3 평창 월정사 8각 9층 석탑

고려 시대에는 다각 다층 석탑이 많이 만들어졌는데, 대표적으로 전기에 만들어진 평창 월정사 8각 9층 석탑이 있어요.

4 개성 경천사지 10층 석탑

개성 경천사지 10층 석탑은 원의 영향을 받아 대리석으로 만들어졌어요. 현재는 국립 중앙 박물관 실내에 전시되어 있어요.

5 수월관음도

고려 후기에는 왕실이나 귀족들의 평안과 극락왕생을 기원하는 불화가 많이 제작되었는데, 수월관음도가 대표적이에요.

6 하남 하사창동 철조 석가여래 좌상

경기 하남시 하사창동에서 출토된 대형 철불이에요. 대형 철불은 고려 초기에 호족들의 영향으로 많이 만들어졌어요.

7 논산 관촉사 석조 미륵보살 입상(왼쪽)과 영주 부석사 소조 여래 좌상(오른쪽)

논산 관촉사 석조 미륵보살 입상은 고려 초기의 불상으로, 이 시기에는 거대하고 지방색이 강한 석불이 조성되었어요. 영주 부석사 소조 여래 좌상은 신라 전통 양식을 계승하였으며, 부석사 무량수전에 있어요.

8 고려 청자

상감 청자는 그릇 표면에 무늬를 새기고 그 안을 백토나 흑토로 채우는 상감 기법을 이용하여 만든 것이에요. 상감 기법은 고려의 독창적인 청자 기법이에요.

9 직지심체요절

《직지심체요절》은 현존하는 세계에서 가장 오래된 금속 활자본으로, 청주 흥덕사에서 간행되었어요. 백운화상이라는 승려가 부처의 말씀이 담긴 책에서 중요한 것만 뽑아 해설을 붙여 편찬한 책을 금속 활자로 인쇄한 것이에요.

▲ 청자 상감 운학문 매병 (상감 청자)

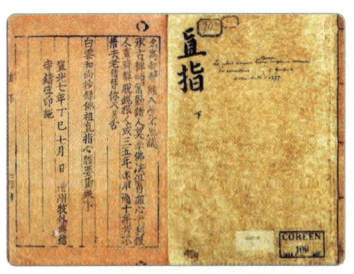

14강 고려 (문화 2)

빈출키워드 TOP5
영주 부석사 무량수전	1위
상감 청자	2위
팔만대장경	3위
직지심체요절	4위
화통도감(화약, 화포)	5위

🔖 공포
목조 건축물에서 처마의 무게를 받치기 위해 기둥머리에 댄 구조물이에요.

🔖 배흘림기둥
기둥의 중간 부분을 약간 볼록하게 만든 기둥으로, 건축물의 안정과 가운데 부분이 가늘어 보이는 착시 현상을 고치기 위한 것이에요.

🔖 승탑
승려들의 유골이나 사리를 보관하는 탑이에요. 신라 말 선종의 유행으로 승탑과 탑비가 많이 만들어졌어요.

🔖 초조대장경
'처음 새긴 대장경'이라는 뜻으로, 부처의 힘으로 거란을 물리치기 위해 만들었어요.

🔖 역법
천체의 움직임을 살펴 시간과 날짜를 구분하는 계산법이에요.

🔖 진포 대첩
고려 말 최무선이 화통도감에서 발명한 화포를 사용해 왜구를 무찌른 전투예요.

1 예술의 발달

(1) 건축

주심포 양식	• 공포를 기둥 위에만 설치함 • 현재 고려 후기에 지어진 건축물만 전해짐 • 안동 봉정사 극락전(현존하는 우리나라에서 가장 오래된 목조 건축물), 영주 부석사 무량수전, 예산 수덕사 대웅전 → 공통점: 주심포 양식, 배흘림기둥
다포 양식	• 기둥 위뿐만 아니라 기둥과 기둥 사이에도 공포를 설치함 • 고려 후기에 등장하여 조선 시대 건축물에 영향 • 사리원 성불사 응진전

(2) 석탑과 승탑

전기	• 다각 다층탑 유행(평창 월정사 8각 9층 석탑 → 송의 영향을 받음) • 여주 고달사지 승탑(신라의 팔각원당형 계승) • 충주 정토사지 홍법국사탑(공 모양의 탑신부)
후기	개성 경천사지 10층 석탑: 원의 영향을 받아 대리석으로 제작 → 조선 시대 서울 원각사지 10층 석탑 제작에 영향

(3) 불상

초기	• 철불 유행: 하남 하사창동 철조 석가여래 좌상 • 대형 석불 유행: 논산 관촉사 석조 미륵보살 입상, 안동 이천동 마애 여래 입상, 파주 용미리 마애 이불 입상 → 지역적 특색 반영
중기	영주 부석사 소조 여래 좌상(신라 양식 계승)

(4) 회화

전기	산수화와 문인화 유행 → 현재 전해지지 않음
후기	불화 유행(혜허의 수월관음도), 천산대렵도(공민왕 작품으로 추정)

(5) 청자

순청자	• 10세기 중반~11세기까지 주로 제작 • 신라와 발해의 전통 기술 + 송의 자기 기술 수용 • 아무 무늬 없음
상감 청자	• 12세기 이후 유행, 원 간섭기 이후 쇠퇴 • 상감 기법: 그릇 표면에 무늬를 새기고 다른 색의 흙을 채워 넣은 후 유약을 발라 구워 냄 → 고려만의 독창적 자기 기술 적용 • 청자 상감 운학문 매병

(6) 공예

특징	지배층의 생활 도구와 불교 행사에 사용되는 도구 중심으로 발달
금속 공예	• 은입사 기술 발달 • 청동 향로·정병
나전 칠기	옻칠한 바탕에 자개를 붙여 무늬를 표현

❷ 과학 기술의 발달

(1) 인쇄술
① 목판 인쇄술

초조대장경	거란의 침입 때 제작 → 몽골의 침입 때 소실
《교장》	불교 경전 해설서, 의천이 교장도감 설치 후 편찬
팔만대장경	• 재조대장경이라고도 함 • 몽골의 침입 때 제작 • 합천 해인사 장경판전에 보관

② 활판 인쇄술

《상정고금예문》	• 인종 때 처음 편찬, 고종 21년(1234)에 활자로 찍어냈다는 기록이 전해짐 • 현재 전해지지 않음
《직지심체요절》	• 청주 흥덕사에서 금속 활자로 간행 • 현존하는 세계에서 가장 오래된 금속 활자 인쇄본 • 프랑스 국립 도서관 소장 • 유네스코 세계 기록 유산으로 등재

(2) 천문학·의학

천문학	• 천문 관측과 역법 중심으로 발달 • 사천대(서운관)에서 천문 관측 • 역법: 초기에는 당의 선명력 사용 → 후기에는 원의 수시력 사용
의학	《향약구급방》: 현존하는 우리나라에서 가장 오래된 의학서

(3) 무기의 발달

최무선	• 원으로부터 화약 제조 기술 습득 → 화약 및 화포 개발 • 최무선의 건의로 우왕 때 화약과 화포 제조를 위한 화통도감 설치
화포의 사용	진포 대첩(1380): 나세, 심덕부, 최무선 등이 화포를 사용하여 왜구 격퇴

⏸ 일시정지! ☑ 확인하기

1. 고려의 불상으로 맞으면 ○표, 틀리면 ×표 하세요.

2. 고려의 문화유산으로 맞으면 ○표, 틀리면 ×표 하세요.

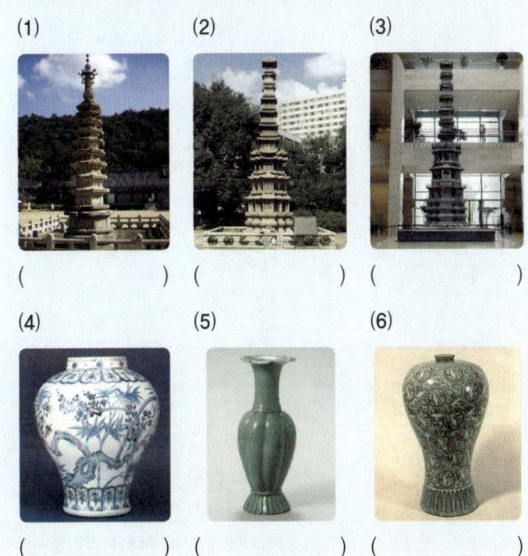

3. 고려의 건축물로 맞으면 ○표, 틀리면 ×표 하세요.

▲ 안동 봉정사 극락전   ▲ 보은 법주사 팔상전   ▲ 예산 수덕사 대웅전

1. (1) ○ (2) ○ (3) × (4) ○ (5) ○ (6) ×
2. (1) ○ (2) × (3) ○ (4) × (5) ○ (6) ○
3. (1) ○ (2) × (3) ○

회독하며 유형을 익히는 추천기출 풀기

1 67회 회독 ◯◯◯

밑줄 그은 '나'에 해당하는 인물로 옳은 것은? [2점]

> 소수 서원 문성공묘에 오신 것을 환영합니다. 나는 고려 후기 문신으로 성리학 도입과 후학 양성에 힘썼습니다. 후대 사람들이 이러한 공로를 기리기 위해 소수 서원을 지어 매년 이곳에서 제향을 올리고 있답니다.

① 안향 ② 김부식 ③ 이규보 ④ 정몽주

2 60회 회독 ◯◯◯

다음 가상 인터뷰의 (가)에 들어갈 내용으로 적절한 것은? [3점]

지눌 스님, 불교를 위해 어떤 활동을 하셨나요?

(가)

① 무애가를 지었습니다.
② 천태종을 개창하였습니다.
③ 수선사 결사를 제창하였습니다.
④ 왕오천축국전을 저술하였습니다.

📢 성리학의 전래

정답분석 안향은 고려 원 간섭기에 원으로부터 성리학을 들여와 고려에 소개한 학자예요. 조선 중종 때 풍기 군수 주세붕은 우리나라 최초의 서원인 백운동 서원을 세우고 안향에 대한 제사를 지냈어요. 이후 백운동 서원은 사액되면서 소수 서원으로 이름이 바뀌었어요.
① 안향은 원 간섭기인 고려 충렬왕 때 원으로부터 성리학을 들여와 고려에 소개하였어요.

오답분석 ② 김부식은 고려 인종의 명을 받아 유교 사관에 입각하여 본기, 열전 등 기전체 형식으로 서술한 《삼국사기》를 편찬하였어요. 《삼국사기》는 현존하는 우리나라에서 가장 오래된 역사서예요.
③ 이규보는 고려 명종 때 〈동명왕편〉에서 고구려 건국 시조인 동명왕(주몽)의 일대기를 서사시로 표현하여 고구려 계승 의식을 나타냈어요.
④ 정몽주는 고려 말의 성리학자로 온건 개혁파 신진 사대부를 대표하는 인물이에요. 정몽주는 위화도 회군 이후 이성계 세력이 주도한 조선 건국에 반대하였고, 결국 이방원 세력에 의해 살해되었어요.

정답 | ①

📢 지눌의 활동

정답분석 고려 시대를 대표하는 승려 중 한 명인 지눌은 불교계 개혁을 위해 수선사 결사를 제창하였고, 선종을 중심으로 교종을 통합하기 위해 노력하였어요. 또한 수행 방법으로 정혜쌍수와 돈오점수를 강조하였어요.
③ 지눌은 기존 불교계를 비판하면서 수선사 결사를 제창하였어요.

오답분석 ① 통일 신라 시대의 승려인 원효는 무애가를 지어 부르며 불교의 대중화에 많은 기여를 하였어요.
② 고려 시대의 승려인 의천은 교종과 선종의 통합을 위해 노력하였으며, 해동 천태종을 개창하였어요.
④ 통일 신라 시대의 승려인 혜초는 인도와 중앙아시아 등을 여행한 후 《왕오천축국전》을 저술하였어요.

정답 | ③

3 63회 [2점]

(가)에 들어갈 문화유산으로 가장 적절한 것은?

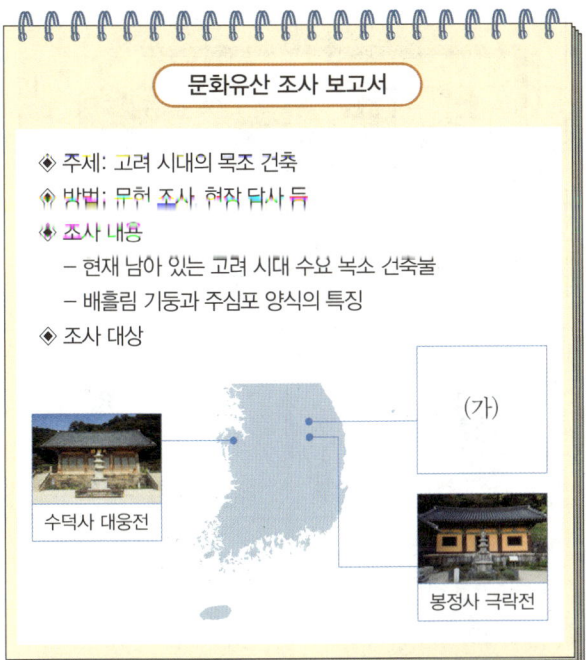

① 종묘 정전
② 경복궁 근정전
③ 법주사 팔상전
④ 부석사 무량수전

고려의 건축물

정답분석 고려 시대에는 배흘림 기둥에 주심포 양식으로 된 목조 건축물이 많이 지어졌어요. 배흘림 기둥은 중간 부분을 약간 볼록하게 만든 기둥을 말하고, 주심포 양식이란 공포가 기둥머리 바로 위에만 있는 건축 양식을 말해요. 대표적으로 안동 봉정사 극락전, 예산 수덕사 대웅전, 영주 부석사 무량수전이 있어요.
④ 고려 시대에 지어진 것으로, 배흘림 기둥과 주심포 양식이 특징이에요.

오답분석 ① 조선 시대에 역대 왕과 왕비의 신주를 모시고 국가적인 제사를 지내던 사당이에요.
② 조선 전기에 첫 번째로 지어진 궁궐로, 조선의 법궁이라고 불려요.
③ 조선 후기의 건축물로, 현존하는 유일한 조선 시대의 목탑이에요.

정답 | ④

4 66회 [1점]

(가)에 들어갈 가상 우표로 가장 적절한 것은?

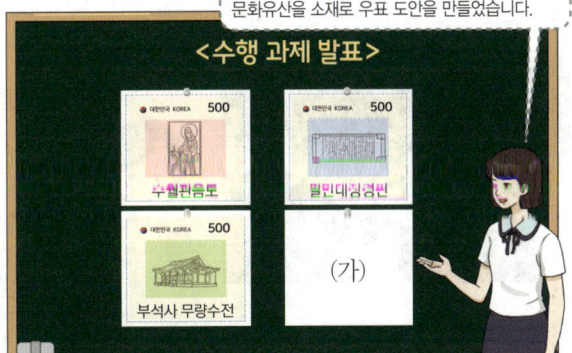

① 산수무늬 벽돌
② 도기 바퀴장식 뿔잔
③ 황남대총 금관
④ 청자 상감 운학문 매병

고려의 문화유산

정답분석 후고구려를 세운 궁예가 폭정을 이어가자 신하들이 궁예를 몰아내고 왕건을 왕으로 세웠어요. 태조 왕건은 나라 이름을 '고려'로 하고 송악(개성)으로 수도를 옮겼어요. 고려 후기에는 왕실이나 귀족들의 평안과 극락왕생을 바라는 불화가 많이 제작되었는데, 수월관음도가 대표적이에요. 고려는 몽골의 침입을 부처의 힘으로 물리치고자 팔만대장경을 만들었어요. 팔만대장경은 현재 합천 해인사 장경판전에 보관되어 있고, 2007년에 유네스코 세계 기록 유산으로 등재되었어요. 영주 부석사 무량수전은 고려 시대를 대표하는 주심포 양식의 목조 건축물이에요.
④ 청자 상감 운학문 매병은 고려 시대에 상감 기법을 이용하여 만든 상감 청자예요.

오답분석 ① 산수무늬 벽돌은 백제의 문화유산으로, 도교적 색채가 드러나 있어요.
② 도기 바퀴장식 뿔잔은 가야의 문화유산으로, 가야의 뛰어난 기술을 엿볼 수 있어요.
③ 황남대총 금관은 신라의 문화유산이에요.

정답 | ④

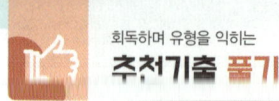

5 64회

(가)에 들어갈 문화유산으로 옳은 것은? [2점]

오늘 합천 해인사에서는 (가) 을 머리에 이고 가는 정대불사가 진행되었습니다. 이 행사는 부처의 힘으로 몽골의 침략을 물리치고자 만든 (가) 을 강화도에서 해인사로 옮긴 것을 기념하기 위해서 시작되었습니다.

해인사에서 정대불사 기념 행사 열려

① 초조대장경 ② 직지심체요절
③ 팔만대장경판 ④ 무구정광대다라니경

📢 **고려의 인쇄술**

정답분석 고려는 외적이 침입했을 때 부처의 힘으로 이들을 물리치고자 대장경을 만들었어요. 고려 초에 거란의 침입을 물리치기 위하여 초조대장경을 만들었고, 이후 몽골의 침입으로 초조대장경이 불타자 팔만대장경을 만들었어요. 정식 명칭은 고려대장경이며, 초조대장경 이후 다시 만들었다고 하여 재조대장경이라고도 해요. 현재 조선 초에 지어진 합천 해인사 장경판전에 보관되어 있어요.
③ 팔만대장경판은 2007년에 유네스코 세계 기록 유산으로 등재되었어요.

오답분석 ① 초조대장경은 '처음 새긴 대장경'이라는 뜻으로, 고려가 부처의 힘으로 거란의 침입을 물리치고자 만들었어요.
② 직지심체요절은 고려 시대에 청주 흥덕사에서 간행되었으며, 현존하는 세계에서 가장 오래된 금속 활자본이에요.
④ 무구정광대다라니경은 통일 신라의 경주 불국사 3층 석탑을 해체·보수하는 과정에서 발견되었어요. 현존하는 세계에서 가장 오래된 목판 인쇄물이에요.

정답 | ③

6 67회

다음 학생들이 표현하고 있는 사건으로 적절한 것은? [2점]

역사의 한 장면 그리기

무기 선택
화포

왜구에 맞서 군대를 지휘하는 최무선을 그렸어.
전투에서 사용한 화포도 그려 넣자.

① 명량 대첩 ② 살수 대첩
③ 진포 대첩 ④ 행주 대첩

📢 **고려의 과학 기술**

정답분석 고려 말 왜구의 침략으로 백성들은 고통을 받았어요. 이 무렵 최무선은 각고의 노력 끝에 화약과 화포를 개발하였고, 화약 무기를 제작을 위해 조정에 화통도감 설치를 건의하였어요. 최무선은 화통도감에서 만든 화약과 화포를 이용하여 나세, 심덕부 등과 함께 진포 대첩에서 왜구를 무찔렀어요.
③ 고려 우왕 때 최무선의 건의에 따라 화통도감이 설치되고 1380년에 최무선과 나세, 심덕부 등은 화통도감에서 만든 화약과 화포 등을 이용하여 진포에 침입한 왜구를 무찔렀어요(진포 대첩).

오답분석 ① 1592년 임진왜란 발발 이후 3년여 동안 계속된 명과 일본의 휴전 협상이 이루어지지 않자 일본군은 1597년에 다시 조선을 침략하는 정유재란을 일으켰어요. 이때 이순신이 이끈 조선 수군은 명량에서 일본 수군을 크게 격퇴하였어요(명량 대첩).
② 612년에 을지문덕이 이끈 고구려군이 수의 군대를 살수에서 크게 물리쳤어요(살수 대첩).
④ 임진왜란 중인 1593년 2월 평양성 전투에서의 패배로 사기가 떨어진 채 한양에 머무르고 있던 일본군은 마침 권율이 한양을 되찾기 위하여 북쪽으로 올라오던 중 행주산성에 머무르고 있다는 소식을 듣고 공격하였어요. 권율이 지휘한 조선군은 힘든 싸움 끝에 일본군을 물리치고 큰 승리를 거두었어요(행주 대첩).

정답 | ③

교육 기관과 과거제 / 역사서 편찬 / 불교의 발전

01 최충의 ⬤재 학당은 문헌공도라고 불리기도 하였다.

02 예종 때 관학 진흥을 위해 ⬤⬤고를 두어 장학 기금을 마련하였다.

03 김부식이 저술한 《삼국⬤⬤》는 우리나라에서 현존하는 가장 오래된 역사서이다.

04 일연은 불교사를 중심으로 고대의 민간 설화를 기록한 《삼국⬤⬤》를 저술하였다.

05 의천은 교종을 중심으로 선종을 통합하고자 해동 ⬤⬤종을 창시하였다.

06 지눌은 불교계의 개혁을 위해 ⬤⬤사 결사를 제창하였다.

07 ⬤심은 심신의 도야를 강조한 유·불 일치설을 주장하였다.

예술의 발달 / 과학 기술의 발달

08 고려 후기에 개성 경천사지 10층 석탑은 ⬤의 영향을 받아 대리석으로 만들어졌다.

09 영주 ⬤⬤사 소조 여래 좌상

10 ⬤⬤ 관촉사 석조 미륵보살 입상

11 ⬤⬤ 이천동 마애 여래 입상

12 ⬤⬤ 용미리 마애 이불 입상

13 고려 전기에는 무늬가 없는 ⬤ 청자가, 후기에는 독창적 기법의 ⬤감 청자가 많이 제작되었다.

14 고려의 초조대장경은 ⬤란을, 팔만대장경은 ⬤골을 격퇴하려는 염원을 담아 만들어졌다.

15 유네스코 세계 기록 유산으로 등재된 《⬤⬤심체요절》은 현재 프랑스 국립 도서관에 소장되어 있다.

16 고려 말 최무선의 건의로 화약과 화기 제작을 위한 ⬤⬤도감이 설치되었다.

정답 01 9 02 양현 03 사기 04 유사 05 천태 06 수선 07 혜 08 원 09 부석 10 논산 11 안동 12 파주 13 순, 상 14 거, 몽 15 직지 16 화통

조선

15강 조선 전기(정치)
16강 조선(조직)
17강 조선 전기(외교)
18강 조선 전기(경제, 사회)
19강 조선 전기(문화 1)
20강 조선 전기(문화 2)

21강 조선 후기(정치)
22강 조선 후기(조직, 외교)
23강 조선 후기(경제)
24강 조선 후기(사회)
25강 조선 후기(문화 1)
26강 조선 후기(문화 2)

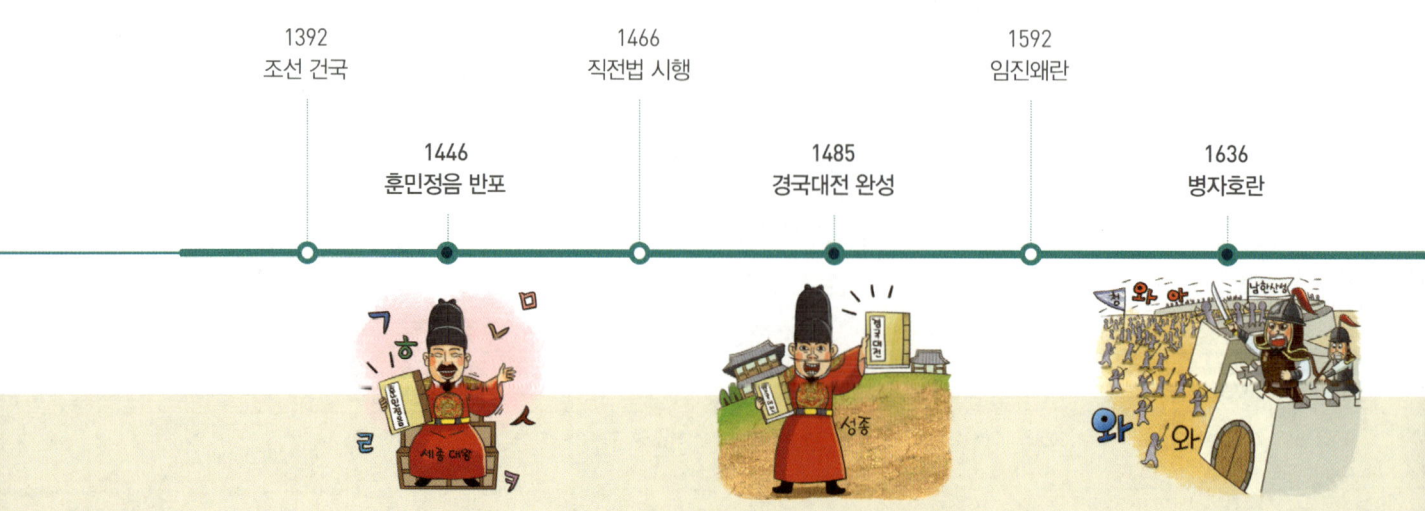

1392 조선 건국
1446 훈민정음 반포
1466 직전법 시행
1485 경국대전 완성
1592 임진왜란
1636 병자호란

기출로 보는 키워드	3개년 평균 출제 비중
1위 대동법	
2위 홍문관	**9.7**문항
3위 직전법	19.4%
4위 탕평비	
5위 경국대전	

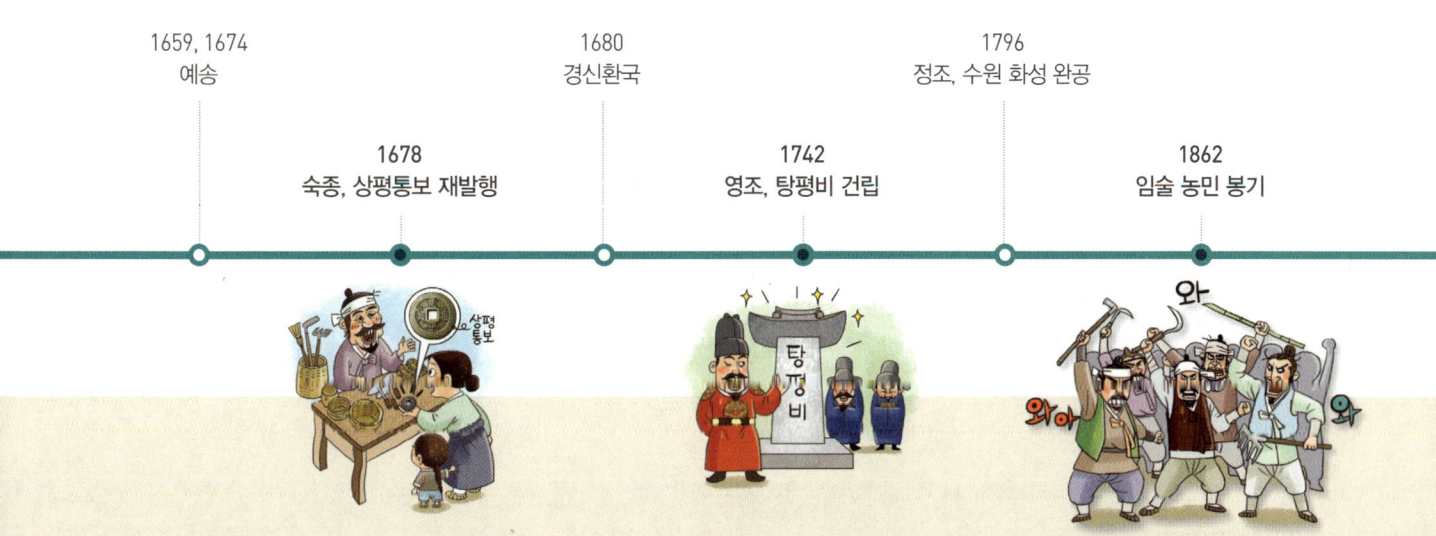

- 1659, 1674 예송
- 1678 숙종, 상평통보 재발행
- 1680 경신환국
- 1742 영조, 탕평비 건립
- 1796 정조, 수원 화성 완공
- 1862 임술 농민 봉기

15강 조선 전기(정치)

```
                    ① 위화도 회군 ② 과전법 / 정도전              정몽주
    급진파  ←──────────────────────────  신진 사대부  ──────────→  온건파
      │                                                            조선 건국
      │                                                            참여 X(낙향)
1392 ─┤   • 태조 ─┬─ ③ 조선 건국, 한양 천도
      │   (이성계) └─ 정도전(삼봉) ─┬─ 한양 도성 설계, 재상 ▲
      │                            └─ 〈조선경국전〉, 〈불씨잡변〉
      │              ✕
      │         ┌─ 왕자의 난
      │   • 태종 ─┬─ 왕 ▲ → 6조 직계제, 사병 X, 사간원
      │   (이방원)└─ 양전 사업, 호패법, 신문고, 주자소(계미자)
      │
      │   • 세종 ─┬─ 의정부 서사제, 집현전, 경연, 공법
      │   (이도)  ├─ 4군(최윤덕) 6진(김종서), 쓰시마섬 X(이종무), 3포(日), 계해약조(日)
 15C ─┤          └─ 훈민정음, 혼천의·자격루, 〈농사직설〉
      │                                              ─── 계유정난
      │                                                   └─ 단종 X(성삼문 복위 X)
      │   • 세조 ─┬─ 왕 ▲ → 6조 직계제, 집현전 X(경연 X)
      │          └─ 〈경국대전〉 시작, 직전법
      │                    ↓           ↓
      │                   완성       홍문관(경연 O)
      │   • 성종 ─┬─      관수 관급제
      │          └─ 〈동국통감〉, 〈악학궤범〉, 〈국조오례의〉          사림파
      │                                                          (유향소,
    훈구파 ───────────────────────────────────────────────→        서원,
    (세조)                                                         향약)
      │    〈사화〉
      │    ① 무오사화(연산군): 김종직 '조의제문' → 김일손 '사초'
      │    ② 갑자사화(연산군): 폐비 윤씨 사사 사건
      │         │ 중종반정
      │    ③ 기묘사화(중종): 조광조 개혁
      │               └─ 위훈 삭제, 현량과, 소격서 X, 〈소학〉 보급
      │    ④ 을사사화(명종): 외척 대윤 윤임 VS 소윤 윤원형
      │       양재역 벽서 사건 → 이언적 X
      │
 16C ─┤ 사림 O ←──────────────────────────────────────────────
      │   │
      │  붕당 ┈┈┈┈┈┈┈┈ 정몽주     ─ 정여창  ─ 이언적  ─ 조식 ─→ 동인 ─ 북인
      │ (선조)           │    갑자           서경덕          이황 ─→      남인
      │  ├─ 동인(김효원)  길재  사화   김굉필  조광조
      │  │ ┌─────────┐   │     ↑
      │  │ │척신 청산, │   │    김굉필                      이이 ─→ 서인 ─ 노론
      │  │ │이조 전랑 │  김숙자  김종직 ─ 김일손    김안국   성혼              소론
      │  │ └─────────┘          ↓
      │  └─ 서인(심의겸)        무오사화
      │
1592 ─┤                    임진왜란
```

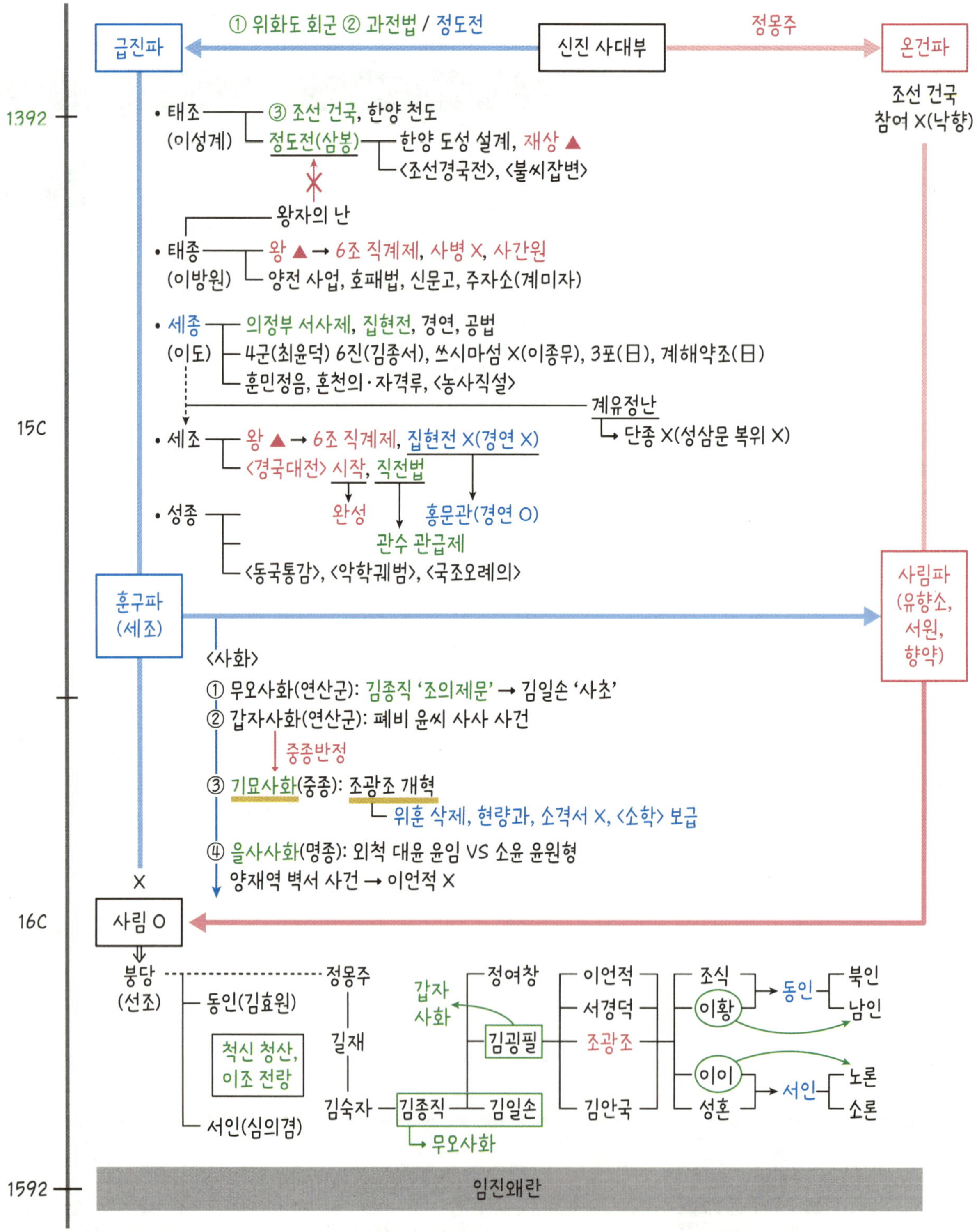

15강 조선 전기(정치)

1 신진 사대부의 분화

위화도 회군 이후 이성계와 신진 사대부 세력은 우왕을 왕위에서 끌어 내리고 권력을 차지한 후 본격적인 개혁을 추진하였어요. 이 과정에서 신진 사대부 세력은 개혁의 방향을 두고 정몽주를 중심으로 한 온건 개혁파와 정도전을 중심으로 한 급진 개혁파로 나뉘었어요.

구분	온건 개혁파	급진 개혁파
중심인물	정몽주, 이색 등	정도전, 조준 등
개혁 방향	점진적 개혁	급진적 개혁
고려에 대한 입장	• 고려 왕조 유지 주장 • 조선 건국 후 고향으로 내려가 제자 양성 → 사림 형성	• 새로운 왕조 개창 • 이성계 등 신흥 무인 세력과 손을 잡고 조선 건국 → 훈구 형성

2 6조 직계제

6조에서 의정부를 거치지 않고 왕에게 직접 업무를 보고한 후 왕의 허락을 받아 시행하는 제도예요. 태종과 세조 때 왕권 강화를 목적으로 실시되었어요.

> 의정부의 사무를 나누어 6조에 귀속시켰다. …… 왕은 의정부의 권한이 너무 큰 것을 염려하여 이를 단행하였다.
> - 《태종실록》 -

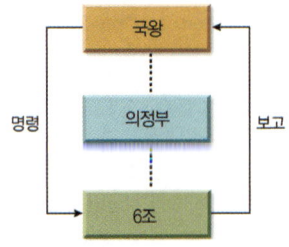

3 의정부 서사제

의정부에서 6조의 업무를 심의한 후 왕에게 보고하면 왕의 최종적인 허락을 통해 업무를 시행하는 제도예요. 왕에게 권력이 집중되지 않는 제도로 세종 때 실시되었어요.

> 6조는 각기 모든 직무를 먼저 의정부에 품의하고, 의정부는 가부를 헤아린 뒤에 왕에게 아뢰어 (왕의) 전지를 받아 6조에 내려 보내어 시행한다.
> - 《세종실록》 -

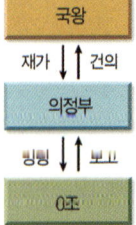

4 사화

사림이 중앙 정치에 진출하자 훈구 세력은 이를 견제하기 위해 사림을 정치적으로 공격하였는데 이를 사화라고 해요.
연산군은 훈구 세력과 함께 김종직이 쓴 〈조의제문〉을 문제 삼아 사림을 몰아냈어요(무오사화). 무오사화 이후 연산군은 생모 윤씨의 폐위와 관련된 훈구와 사림 세력을 제거하였어요(갑자사화). 중종반정으로 연산군을 몰아낸 훈구 세력이 권력을 장악하자 중종은 조광조를 비롯한 사림을 등용하였어요. 조광조는 현량과 실시, 위훈 삭제 등의 급진적 개혁을 추진하였는데, 이에 중종과 훈구 세력이 반발하면서 조광조를 비롯한 많은 사림이 제거되었어요(기묘사화). 이후 명종 때 인종의 외척인 대윤 윤임과 명종의 외척인 소윤 윤원형의 대립으로 많은 사림이 피해를 입었어요(을사사화).

> 〈무오사화〉
> 유자광이 하루는 소매 속에서 책자 한 권을 내놓으니, 바로 김종직의 문집이었다. 그 문집 가운데서 조의제문을 지적하여 …… "이것은 다 세조를 지목한 것이다. 김일손의 죄악은 모두 김종직이 가르쳐서 이루어진 것이다."라고 하고, 알기 쉽게 글귀마다 주석을 달아 왕에게 아뢰었다.
> - 《연산군일기》 -

> 〈갑자사화〉
> 향과 봉은 정씨의 소생이다. 왕은 어머니 윤씨가 폐위되고 죽은 것이 엄씨, 정씨의 참소 때문이라 여기고, 밤에 엄씨, 정씨를 대궐 뜰에 결박하여 놓고 손수 마구 치고 짓밟다가 향과 봉을 불러 엄씨, 정씨를 가리키며 "이 죄인을 치라."라고 하였다. …… 왕은 대비에게 "어찌하여 내 어머니를 죽였습니까?"라고 하며 불손한 말을 많이 하였다.
> - 《연산군일기》 -

> 〈기묘사화: 위훈 삭제〉
> 조광조가 아뢰기를, "정국공신은 이미 10년이 지난 오래된 일이지만 허위가 많았습니다. …… 사람은 다 부귀를 꾀하는 마음이 있는데 이익의 근원이 크게 열렸으니, …… 지금 신속히 고치지 않으면 뒤에는 개정할 수 있는 날이 없을 것입니다."라고 하였다.
> - 《중종실록》 -

> 〈을사사화〉
> 이덕응이 진술하였다. "윤임과는 항상 대윤, 소윤이라는 말 때문에 화가 미칠까 우려하여 서로 경계하였을 뿐이고, 모략에 대해서는 모르겠습니다. …… 윤임이 신에게 '주상이 전혀 소생할 기미가 없으니 만약 대군이 왕위를 계승하여 윤원로가 뜻을 얻게 되면 우리 집안은 멸족당할 것이다.'라고 하였습니다."
> - 《명종실록》 -

5 붕당의 형성

선조 때 중앙 정치를 주도하게 된 사림은 척신 정치의 잔재 청산 문제로 대립하게 되었어요. 신진 사림은 척신 정치의 잔재 청산을 적극적으로 주장하였지만, 기성 사림은 소극적이었기 때문이에요. 이러한 대립은 이조 전랑의 임명을 둘러싸고 더욱 심해졌어요. 결국 사림은 신진 사림을 중심으로 한 동인과 기성 사림을 중심으로 한 서인으로 나누어 붕당이 형성되었어요.

15강 조선 전기(정치)

빈출키워드 TOP5

경국대전 완성	1위
과전법 실시	2위
현량과 실시(조광조)	3위
6조 직계제	4위
호패법 실시	5위

❶ 조선의 건국 과정

위화도 회군 (1388)	명의 철령위 설치 통보(철령 이북 땅 요구) → 우왕과 최영의 요동 정벌 단행, 이성계의 반대(4불가론) → 이성계 등이 위화도에서 회군하여 실권 장악
과전법 실시 (1391)	고려 공양왕 때 권문세족이 불법적으로 소유한 토지 몰수, 신진 사대부에게 토지 지급 → 신진 사대부의 경제적 기반 마련, 국가 재정 확보, 농민의 경작권 보호
조선 건국 (1392)	정몽주 등 일부 온건파 신진 사대부 제거 → 이성계가 왕위에 오르며 조선 건국

🖋 호패법
호패는 이름, 출생 연도, 신분 등을 새긴 신분증으로, 16세 이상 남성에게 호패를 의무적으로 차고 다니게 한 것이 호패법이에요. 태종 때 전국의 인구 현황을 파악하여 조세와 군역 대상자를 알아보기 위해 실시되었어요.

❷ 국가의 기틀 마련

태조	• 국호를 '조선'으로 정함, 한양 천도, 경복궁 건설(정도전이 주도) • 정도전의 활약: 한양 도성 설계, 궁궐의 이름을 지음, 재상 중심의 정치 주장(《조선경국전》·《경제문감》 저술), 불교 비판(《불씨잡변》 저술) → 왕자의 난 때 이방원(태종)에게 죽임을 당함
태종	• 두 차례 왕자의 난을 통해 정종의 뒤를 이어 즉위 • 정치: 6조 직계제 실시(의정부의 기능 약화), 사병 혁파(군권 장악), 문하부 낭사를 분리하여 사간원으로 독립, 신문고 설치 • 경제: 양전 사업 실시, 호패법 실시(조세 징수에 활용) • 문화: 혼일강리역대국도지도 제작(세계 지도), 주자소를 설치하여 계미자 주조
세종	• 정치: 의정부 서사제 실시(왕과 신하의 권력 조화 도모), 집현전 설치, 경연(왕과 신하의 정책 토론) 활성화, 공법 제도 실시(토지에 대한 세금 제도, 전분6등법·연분9등법) • 외교: 4군 6진 개척(최윤덕·김종서), 쓰시마섬(대마도) 정벌(이종무), 일본의 요청으로 3포 개항(부산포·제포·염포), 계해약조를 맺음(조선에서 일본에 제한된 무역 허용) • 문화: 훈민정음 창제·반포, 과학 기구 제작(혼천의·앙부일구, 자격루 등), 《칠정산》·《농사직설》·《삼강행실도》 편찬
세조	• 계유정난으로 정권 장악 → 단종에게 왕위를 이어받아 즉위 → 단종 복위 운동 진압(성삼문 등 주도, 단종은 영월에 유배되었다가 죽임을 당함) • 정치: 6조 직계제 부활, 집현전과 경연 폐지, 이시애의 난 진압, 유향소 폐지 • 직전법 실시(현직 관리에게만 토지의 수조권 지급), 《경국대전》 편찬 시작
성종	• 홍문관 설치(집현전 계승), 경연 확대 실시, 《경국대전》 완성·반포, 사림 등용 • 관수 관급제 실시: 관청에서 조세를 거둔 후 관리에게 지급 → 국가의 토지 지배권 강화 • 문화: 《동국통감》·《악학궤범》·《동국여지승람》·《동문선》·《국조오례의》 편찬

🖋 계유정난
문종이 일찍 죽은 후 어린 단종이 즉위하자 문종의 동생인 수양 대군이 난을 일으켜 권력을 장악하였는데, 이 사건을 계유년에 일어나 계유정난이라고 해요. 이후 수양 대군은 조카 단종의 왕위를 이어받아 세조로 즉위하였어요.

🖋 현량과
학문과 품성이 뛰어난 사람을 추천을 받아 관리로 선발하는 제도예요.

🖋 소격서
도교의 제사 의식을 담당하던 관청이에요.

🖋 척신
왕과 성이 다른 친척, 또는 왕실과 혼인한 가문의 신하들을 말해요. 주로 외척 세력을 말하며, 이들에 의해 이루어지는 정치를 척신 정치라고 해요.

❸ 사림의 대두

(1) 사림의 정치적 성장
① 성종 때 훈구 세력을 견제하기 위해 사림 등용 → 주로 3사의 언관직에 배치, 훈구 세력과 대립(훈구 세력 비판)
② 사화로 사림 세력 위축 → 선조(16세기 후반) 때부터 정치적 실권 장악

훈구 세력	사림 세력
• 조선 건국에 공을 세운 급진파 신진 사대부, 세조가 왕위에 오르는 데 공을 세운 신하들 • 중앙 집권과 부국강병 강조	• 조선 건국에 참여하지 않고 학문 연구와 교육에 힘쓴 온건파 신진 사대부 • 왕도 정치와 향촌 자치 추구

(2) 사화의 발생

무오사화 (연산군, 1498)	• 배경: 김종직의 제자 김일손이 김종직이 쓴 〈조의제문〉을 사초에 실음 → 유자광 등 훈구 세력이 문제 삼아 사림 공격 • 결과: 김일손 등 사림 세력 제거, 김종직 부관참시
갑자사화 (연산군, 1504)	• 배경: 연산군의 생모인 폐비 윤씨 죽음의 전말이 폭로됨 • 결과: 폐비 윤씨의 죽음과 관련된 한명회 등 부관참시, 김굉필 등 대부분의 사림 몰락, 훈구와 사림 모두 피해
기묘사화 (중종, 1519)	• 배경: 중종반정으로 연산군 폐위, 중종 즉위 → 조광조의 급진적인 개혁 정치(위훈 삭제, 현량과 실시, 소격서 폐지) • 위훈 삭제 주장으로 훈구 세력 반발 • 결과: 조광조 사형, 사림 몰락
을사사화 (명종, 1545)	• 배경: 인종의 외척인 대윤 윤임과 명종의 외척인 소윤 윤원형의 대립 • 결과: 윤임 일파가 제거되고 윤원형 일파가 권력 장악 • 양재역 벽서 사건: 양재역에서 문정 왕후 등을 비판하는 벽서 발견 → 윤원형 등이 이를 구실로 반대파 숙청(이언적 등 사림 피해)

④ 붕당의 형성

(1) **배경**: 선조 때 사림이 정치적 실권 장악 → 척신 정치의 청산 문제와 이조 전랑직의 임명 문제를 둘러싸고 사림 간의 대립

(2) **결과**: 선조 때 사림이 나뉘어 동인과 서인의 붕당 형성

동인	• 신진 사림: 척신 정치 청산에 적극적 • 이조 전랑직과 관련하여 김효원 지지 • 이황·조식의 학문 계승 • 영남학파 형성
서인	• 기성 사림: 척신 정치 청산에 소극적 • 비소 선탁식과 관련하여 심의겸 지지 • 이이·성혼의 학문 계승 • 기호학파 형성

🅟 일시정지!
☑ 확인하기

1. 조선의 건국 과정을 순서대로 나열하세요.

> (가) 조준 등의 건의로 과전법이 제정되었다.
> (나) 이성계가 위화도에서 회군하여 최영을 제거하였다.
> (다) 명의 철령위 설치에 반발하여 요동 정벌이 추진되었다.

( )

2. 다음 설명에 해당하는 왕을 골라 쓰세요.

> 태종, 세종

(1) 6조 직계제를 실시하였다. ( )
(2) 이종무를 보내 쓰시마섬을 정벌하였다. ( )
(3) 4군 6진을 설치하여 북방 영토를 개척하였다. ( )
(4) 두 차례 왕자의 난을 통해 반대파를 제거하였다. ( )
(5) 한양을 기준으로 한 역법서인 칠정산을 편찬하였다. ( )

3. 다음 설명에 해당하는 왕을 골라 쓰세요.

> 세조, 성종

(1) 악학궤범을 완성하였다. ( )
(2) 이시애의 난을 진압하였다. ( )
(3) 계유정난을 통해 정권을 장악하였다. ( )
(4) 경국대전을 완성하여 통치 규범을 마련하였다. ( )
(5) 단종 복위 운동을 계기로 집현전을 폐지하였다. ( )
(6) 직전법을 실시하여 현직 관리에게만 수조지를 지급하였다. ( )

4. 다음 사실들을 순서대로 나열하세요.

> (가) 외척 간의 대립으로 윤임이 제거되었다.
> (나) 위훈 삭제를 주장한 조광조 일파가 제거되었다.
> (다) 조의제문이 발단이 되어 김일손 등이 처형되었다.
> (라) 폐비 윤씨 사사 사건의 전말이 알려져 김굉필 등이 처형되었다.

( )

1 (다) - (나) - (가)
2 (1) 태종 (2) 세종 (3) 세종 (4) 태종 (5) 세종
3 (1) 성종 (2) 세조 (3) 세조 (4) 성종 (5) 세조 (6) 세조
4 (다) - (라) - (나) - (가)

16강 조선(조직)

중앙 집권

중앙
- 의정부 (국정 총괄)
- 6조 (정책 집행)

왕 ▲
- 6조 직계제(태종, 세조)
- 승정원(도승지)
  - 왕명 출납(비서)
  - 후원·은대
- 의금부(금부도사): 사법

왕 ▼
- 의정부 서사제(세종)
- 3사
  - 사간원(대사간): 간쟁(태종) ─┐ 양사
  - 사헌부(대사헌): 감찰 ─────┤ (대간)
  - 홍문관(대제학): 경연
  - 5품 이하 관리 서경권

- 성균관: 최고 교육 기관
- 한성부: 수도 행정·치안
- 춘추관: 역사서 편찬·보관(실록)
- 사역원: 외국어 통역·교육
- 장례원: 노비 관리

지방 — 8도 — 관찰사(고려 안찰사): 감사·방백, 수령 평가(7사) ─┐ 임기제, 상피제
  - 부·목·군·현
  - 수령: 모든 군현, 현감·현령, 행정·군사·사법권 장악
  - 향리: 수령 보좌(권한 ▼), 단안
  - 사족(사림): 유향소(좌수·별감), 서원(제사 + 교육), 향약

<관리 선발 방식>
- 과거
  - 3년(식년시), 비정기(증광시, 알성시)
  - 문과: 양인 이상, 서얼·재가 女 자손 X
  - 무과 O, 승과 X(only 고려)
  - 잡과(기술관)
- 천거(추천): 현량과(조광조)
- 취재(기술): 하급 관리
- 문음(2품↑): 고위 관리로 승진 X

<군사 조직>
- 양인 개병, 농병 일치 → 의무병
- 5위 + 영진군 → 후기: 5군영 + 속오군
  - 지방군 / 중앙군

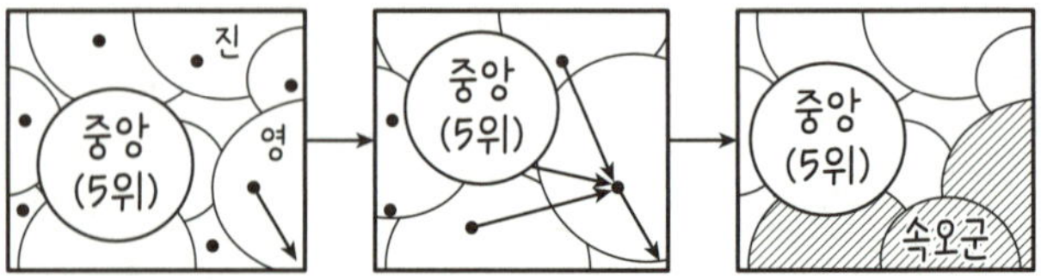

▲ 진관(세조)   ▲ 제승방략(중종)   ▲ 진관(선조)

16강 조선(조직)

1 조선의 중앙 정치 조직

조선의 중앙 정치 조직은 의정부와 6조를 중심으로 편성되었어요. 의정부는 국정을 총괄하였고, 의정부 아래에서 6조가 정책 집행을 담당하였어요. 이 외에 왕의 비서 기관으로 왕명 출납을 맡은 승정원, 국왕 직속의 사법 기구인 의금부, 언론 기능을 담당하는 3사, 역사서 편찬과 보관을 담당하는 춘추관, 최고 교육 기관인 성균관, 수도 서울의 치안과 행정을 담당한 한성부 등의 기구가 있었어요.

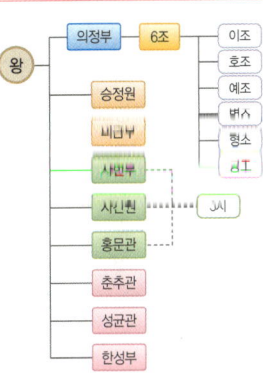

2 조선의 지방 행정 조직

조선은 전국을 8도로 나누고 관찰사를 파견하여 관할 지역의 수령을 감독하게 하였어요. 그리고 도 아래에 부·목·군·현을 설치하여 고려와 달리 모든 군현에 수령을 파견하였어요.

3 3사

조선의 3사는 권력의 독점을 경계하여 언론 기능을 담당한 기구로 사헌부, 사간원, 홍문관을 가리켜요. 사헌부는 관리 감찰, 사간원은 왕의 잘못이나 정책 비판을 담당하였어요. 집현전을 계승한 홍문관은 국왕의 자문과 왕실의 서적·문서 관리를 담당하였고 경연을 주관하였어요.

4 대간

대간은 관리 감찰을 맡은 사헌부의 관리인 대관과 정책에 대한 간쟁을 맡은 사간원의 관리인 간관을 합쳐서 부르는 말이에요. 이들은 5품 이하의 관리를 임명할 때 동의 여부를 정하는 권한인 서경권을 행사할 수 있었어요.

5 수령

수령은 부·목·군·현에 파견되어 각 고을을 맡아 다스리던 지방관이에요. 이들은 왕의 대리인으로 지방의 행정·군사·사법권을 가졌어요. 《경국대전》에는 수령이 지방을 다스림에 있어서 힘써야 할 일곱 가지 조항이 실려 있는데, 이것을 수령 7사라고 해요.

6 유향소

유향소는 수령의 자문, 향리의 비리 감시, 풍속 교정 등을 위해 지방의 유력자들로 구성된 자치 기구예요. 이들은 좌수와 별감을 선출하여 이들을 중심으로 유향소를 운영하였으며, 자율적으로 규약을 만들고 향회를 소집하여 여론을 모으기도 하였어요. 이들의 영향력이 커지면서 수령의 권한을 뛰어넘는 폐단이 발생하자 태종 때 혁파되었다가 세종 때 부활하였어요.

7 조선의 과거 제도

조선 시대의 과거제는 문과, 무과, 잡과가 시행되었어요. 문과는 대과와 소과로 나누어지는데, 대과에 응시하려면 원칙적으로 예비 시험 성격의 소과에 합격해야 하였어요. 소과 합격자는 성균관에 입학하거나 대과인 문과 시험에 응시할 수 있었고, 하급 관리로 진출하기도 하였어요. 조선 시대에는 고려 시대와 달리 무과도 시행되었어요.

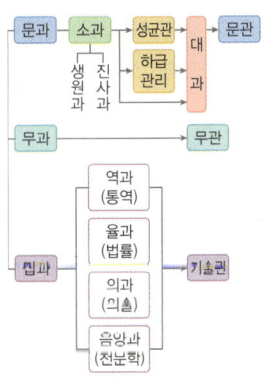

16강 조선(조직)

빈출키워드 TOP5
- 홍문관 1위
- 의금부 2위
- 사헌부 3위
- 성균관 4위
- 한성부 5위

✏️ **서경**
서경은 관리를 임명하거나 법을 만들 때 대간의 동의를 거치는 제도로, 서경권은 동의하는 권한을 말해요. 고려 시대에는 모든 관리에 서경을 적용하였으나, 조선 시대에는 5품 이하 관리의 임명에만 적용하였어요.

✏️ **봉박**
왕의 명령이 합당하지 않을 경우 이를 봉하여 되돌려 보내는 제도예요.

✏️ **승정원**
왕이 내리는 명령의 출납을 담당한 관청으로, 도승지, 좌·우승지, 좌·우부승지, 동부승지 등 6명의 승지를 두었어요. 승정원에서 매일 다룬 문서와 사건을 기록한 《승정원일기》는 유네스코 세계 기록 유산으로 등재되었어요.

✏️ **상피제**
일정한 범위 내의 친척 간에는 같은 관청 또는 관련이 있는 관청에서 일할 수 없게 한 제도로, 관리 제도를 공정하게 운영하려는 노력 중 하나였어요.

✏️ **천거**
인재를 어떤 자리에 쓰도록 추천하는 제도예요. 조선 시대에는 3품 이상의 고위 관리에게 관리로서 적합한 후보자를 3년마다 3명씩 추천하게 하였어요. 유능한 인재를 널리 구하기 위해 실시되었으나 점차 문벌과 파벌 중심으로 변하였어요.

❶ 중앙 정치 조직

의정부, 6조	• 의정부
	  – 3정승(영·좌·우의정)의 합의로 운영되는 최고 정무 기구
	  – 국정 총괄(정책 심의·결정), 6조 관할
	• 6조: 정책 집행(이·호·예·병·형·공조)		

사간원 (대사간)	• 국왕의 잘못 비판, 정책에 대한 간쟁·논박 담당 • 간원·미원이라고도 불림	대간·양사 서경·간쟁· 봉박권	3사 (언론 기구)
사헌부 (대사헌)	• 관리들의 비리 감찰 • 풍속 교화, 백성들의 억울한 일 해결		
홍문관 (대제학)	• 국왕의 자문 담당, 경연 주관, 경서 관리 • 옥당(옥서)·청연각이라고도 불림		
승정원 (도승지)	• 왕명 출납 담당(왕의 비서 기관) • 후원·은대·정원·대언사라고도 불림		왕권 강화 기구
의금부	• 국왕 직속의 특별 사법 기구 • 반역죄, 강상죄 등 중범죄 처벌		
기타	• 한성부: 수도의 행정·치안 담당 • 춘추관: 역사서의 편찬과 보관 담당 • 성균관: 최고 관립 교육 기관, 수장은 대사성 • 사역원: 외국어 통역과 번역 업무 및 외국어 교육 담당 • 장례원: 노비의 호적 등과 관련된 일 담당 • 관상감: 천문, 지리, 기후 등에 관한 일 담당		

❷ 지방 행정 조직

8도	• 전국을 8도로 구분 → 도 아래에 부·목·군·현 설치 • 고려 시대에 있었던 속군·속현 및 향·부곡·소 폐지 → 일반 군현으로 승격		
지방관	관찰사	• 8도에 파견 • 감사·도백·방백이라고도 불림 • 각 도의 행정 담당, 관할 지역 수령의 근무 성적 평가	중앙에서 파견, 임기제, 상피제
	수령	• 부·목·군·현에 파견(모든 군현에 파견) • 군수·현감·현령 등으로 분류됨 • 지방의 행정·군사·사법권 장악	
	향리	• 수령을 보좌하여 지방의 행정 실무 담당 • 고려 시대에 비해 권한 약화: 지방 관청(이·호·예·병·형·공의 6방)에서 근무, 직역 세습 • 호장·기관·장교·통인 등으로 분류됨 • '단안'이라는 명부에 등재됨	
유향소와 경재소	유향소	• 지방 사족으로 구성된 향촌 자치 기구 • 수령 자문, 향리의 비리 감시, 백성 교화 및 풍속 교정 • 좌수와 별감이라는 직책을 선발하여 운영	
	경재소	• 해당 지방 출신의 중앙 고위 관리를 책임자로 임명 • 정부와 유향소 간의 연락 담당, 유향소 통제	

❸ 관리 선발 제도

(1) 과거

자격	양인 이상이면 응시 가능 → 재가한 여성의 자손, 서얼, 탐관오리의 아들은 문과 응시 제한
시행	• 3년마다 시행(식년시) • 비정기적으로 특별 시험 실시(증광시, 알성시 등) • 승과 폐지
종류	**문과** • 소과: 생원·진사 선발, 초시와 복시의 2단계로 나누어 시험, 합격 후 성균관에 입학하여 공부한 후 대과에 응시하거나 하급 관리로 진출 • 대과: 초시, 복시, 전시의 3단계로 나누어 시험 **무과** 문과(대과)와 같은 절차로 선발 **잡과** • 해당 관청에서 기술관 선발(역과·율과·음양과 등) • 주로 향리의 자제나 서민들이 응시

(2) 기타

천거	고위 관리에 의한 추천제, 현량과 실시(조광조)
취재	기술직·하급 관리 대상
문음	2품 이상 관리의 자제 대상, 고위 관리로 승진 제한

❹ 군사 조직

(1) 군역 제도
① 16~60세의 양인은 모두 병역의 의무를 가짐, 농병 일치
② 현직 관리·학생·향리는 군역 면제

(2) 군사 제도

중앙군	5위(궁궐·수도 방어)
지방군	• 육군·수군으로 나누어 병마절도사와 수군절도사의 지휘를 받음 • 초기: 요충지에 영·진 설치(영진군) • 15세기 세조 때 진관 체제(지역 방어) 실시 • 16세기 명종 때 제승방략 체제(도 단위 방어) 실시 • 선조 때 임진왜란 중 진관 체제로 복귀(속오군)
잡색군	• 일종의 예비군 • 유사시 향토 방위 담당 • 향리·노비 등으로 구성

⏸ 일시정지! ☑ 확인하기

1. 다음 설명에 해당하는 정치 기구를 골라 쓰세요.

> 승정원, 의금부, 사헌부, 사간원, 사역원, 홍문관, 한성부, 춘추관

(1) 외국어 통역 업무를 담당하였다. ( )
(2) 소속 관원을 대간이라고도 불렀다. ( )
(3) 수도의 행정과 치안을 맡아보았다. ( )
(4) 왕이 정책 자문과 경연을 담당하였다. ( )
(5) 사헌부, 사간원과 함께 3사로 불리었다. ( )
(6) 왕명 출납을 맡은 왕의 비서 기관이었다. ( )
(7) 3사에 소속되어 관리의 비리를 감찰하였다. ( )
(8) 실록을 보관하고 관리하는 업무를 관장하였다. ( )
(9) 5품 이하의 관리 임명 과정에서 서경권을 행사하였다. ( )
(10) 국왕 직속의 사법 기구로 반역죄, 강상죄 등을 처결하였다. ( )

2. 조선의 지방 행정 조직에 대한 설명으로 맞으면 ○표, 틀리면 ×표 하세요.

(1) 전국을 8도로 나누었다. ( )
(2) 각 도에 관찰사를 파견하였다. ( )
(3) 향촌 자치 기구로 유향소를 두었다. ( )
(4) 유향소는 지방의 행정·군사·사법권을 장악하였다. ( )

---

1. (1) 사역원 (2) 사헌부, 사간원 (3) 한성부 (4) 홍문관 (5) 홍문관 (6) 승정원 (7) 사헌부 (8) 춘추관 (9) 사헌부, 사간원 (10) 의금부
2. (1) ○ (2) ○ (3) ○ (4) ×

1. 66회

(가) 왕의 업적으로 옳지 않은 것은? [3점]

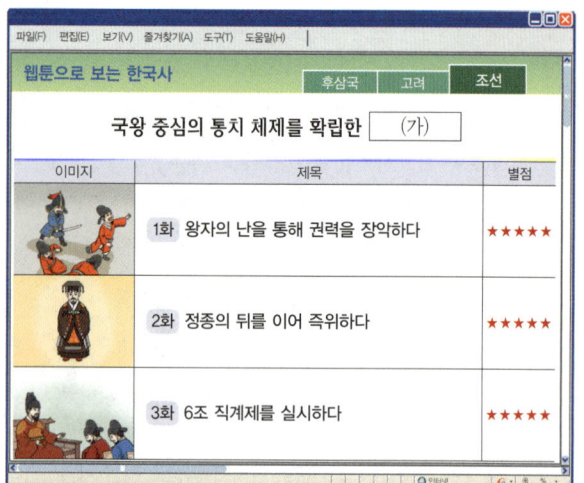

① 신문고를 설치하였다.
② 계미자를 주조하였다.
③ 칠정산을 편찬하였다.
④ 호패법을 마련하였다.

2. 64회

다음 가상 인터뷰에 등장하는 왕의 업적으로 옳은 것은? [2점]

① 비변사를 폐지하였다.
② 칠정산을 편찬하였다.
③ 동의보감을 간행하였다.
④ 백두산정계비를 건립하였다.

📢 태종의 업적

정답분석 조선 건국 초에 태조 이성계의 아들들 사이에서 왕위를 놓고 두 차례 왕자의 난이 일어났어요. 1차 왕자의 난은 태조와 정도전 등이 여덟째 아들 방석을 세자로 세우자, 다섯째 아들 방원이 정도전 등 반대파를 죽이고 권력을 장악한 사건이에요. 이후 둘째 아들 방과가 세자에 책봉되었고 후에 정종으로 즉위하였어요. 2차 왕자의 난은 태조의 넷째 아들 방간이 방원의 정권 장악에 불만을 품고 난을 일으킨 사건이에요. 난을 진압한 방원은 정종의 뒤를 이어 태종으로 즉위하였어요. 한편, 태종은 6조에서 의정부를 거치지 않고 왕에게 직접 업무를 보고한 후 왕의 허락을 받아 시행하는 6조 직계제를 실시하였어요.
③ 세종 때 최초로 한양을 기준으로 천체 운동을 계산한 역법서인 《칠정산》이 편찬되었어요.

오답분석 ① 태종은 백성들의 억울한 일을 해결해 주기 위해 신문고를 처음 설치하였어요. 신문고는 연산군 때 폐지되었다가 영조 때 다시 설치되었어요.
② 태종은 활자를 만드는 관청인 주자소를 설치하여 구리 활자인 계미자를 주조하였어요.
④ 태종은 전국의 인구 현황을 파악하여 조세와 군역 대상자를 알아보기 위해 16세 이상 남성에게 이름, 출생 연도, 신분 등을 새긴 신분증인 호패를 의무적으로 차고 다니게 한 호패법을 실시하였어요.

정답 | ③

📢 세종의 업적

정답분석 세종은 최윤덕과 김종서를 북쪽으로 보내 여진을 몰아내어 4군과 6진을 개척하였고, 이후 남쪽 지방에 살던 백성들을 이 지역으로 이주시켜 정착하게 하였어요. 조선은 관련이 있는 지역에는 지방관을 파견하지 않는 상피제가 있었는데 이 지역에는 적용하지 않았으며, 토착민을 지방관으로 임명하는 토관 제도를 실시하였어요.
② 세종은 이순지 등에게 명을 내려 한양을 기준으로 한 역법서인 《칠정산》을 편찬하였어요.

오답분석 ① 고종 때 흥선 대원군은 세도 정치의 기반이었던 비변사를 폐지하였고, 의정부와 삼군부의 기능을 부활시켰어요.
③ 광해군 때 허준은 우리나라와 중국의 의서를 모아 전통 한의학을 체계적으로 정리한 《동의보감》을 간행하였어요.
④ 간도 지역에서 국경 문제로 조선과 청 백성 사이에 갈등이 여러 번 발생하자, 숙종 때 양국의 관리가 백두산을 답사하고 백두산정계비를 세워 국경을 정하였어요.

정답 | ②

3 67회

밑줄 그은 '왕'에 대한 설명으로 옳은 것은? [3점]

> ○ 왕께서 명하기를, "집현전을 파하고 경연을 정지하며, 거기에 소장하였던 서책은 모두 예문관에서 관장하게 하라."라고 하였다.
> ○ 왕께서 명령을 내려, "전날 성삼문 등이 상왕 모위에 참여하였다고 말하였으니, 상왕은 노산군으로 낮추고, 궁에서 내보내 영월에 거주시키도록 하라."라고 하셨다.

① 시헌력을 도입하였다.
② 탕평책을 실시하였다.
③ 한양으로 도읍을 옮겼다.
④ 6조 직계제를 시행하였다.

세조의 정책

정답분석 문종이 죽고 어린 나이의 단종이 왕위에 오르자 문종의 동생인 수양 대군(세조)은 계유정난을 일으켜 권력을 장악하고 양위를 통해 왕위에 올랐어요. 이후 성삼문, 박팽년 등 집현전 출신 문신들과 몇몇 무신들이 세조를 제거하고 상왕으로 밀려난 단종을 복위시킬 계획을 세웠어요. 하지만 사전에 발각되어 실패하였고, 단종은 노산군으로 낮춰져 유배되었어요. 한편, 세조는 집현전을 폐지하고 임금과 신하가 모여 유교 경전과 역사에 대해 연구하며 학문을 배우고 정책을 토론하던 자리인 경연을 중단하였어요.
④ 세조는 6조에서 의정부를 거치지 않고 왕에게 직접 업무를 보고한 후 왕의 허락을 받아 시행하는 6조 직계제를 시행하였어요.

오답분석 ① 효종 때 김육의 건의로 청으로부터 24절기의 시각과 하루의 시각을 정밀하게 계산하여 만든 역법인 시헌력을 도입하였어요.
② 영조는 붕당 정치의 폐단을 극복하기 위해 탕평파를 중심으로 탕평책을 시행하고, 이를 널리 알리기 위해 성균관 앞에 탕평비를 세웠어요.
③ 태조는 조선 건국 이후 한양으로 도읍을 옮기고 새 도읍을 건설하는 일을 정도전에게 맡겼어요.

정답 | ④

4 67회

(가)에 들어갈 사건으로 옳은 것은? [2점]

이곳은 조선 시대 문신인 김종직이 살았던 집터에 후손들이 지은 밀양 추원재입니다. 그가 쓴 조의제문은 연산군 때 일어난 (가) 의 빌미가 되기도 하였습니다.

① 경신환국 ② 기해예송 ③ 무오사화 ④ 신유박해

사화

정답분석 조선 성종 때 중앙 정계에 진출하기 시작한 사림은 훈구 세력을 비판하면서 대립하였어요. 성종에 이어 즉위한 연산군은 사림이 언론 활동으로 왕권을 견제하려 하자 사림을 탄압하였어요. 이때 훈구 세력은 사관 김일손이 스승인 김종직의 〈조의제문〉을 사초에 실은 일을 문제 삼아 많은 사림을 제거하는 무오사화를 일으켰어요. 〈조의제문〉은 항우에게 죽임을 당한 중국 초나라 의제를 애도한 글이지만, 수양 대군(세조)의 왕위 찬탈을 비난하였다고 해석되었어요.
③ 연산군 때 훈구 세력이 사초에 실린 김종직의 〈조의제문〉을 문제 삼으면서 김일손 등의 사림 세력이 화를 입는 무오사화가 일어났어요.

오답분석 ① 숙종 때 남인의 수장이었던 허적이 무단으로 왕실의 물건인 기름 먹인 천막(유악)을 사용하였고, 이를 알게 된 숙종이 허적과 윤휴 등 남인을 대거 몰아내는 경신환국을 일으켰어요.
② 현종 때 효종과 효종비가 죽자 서인과 남인 사이에 효종의 어머니인 자의 대비가 상복을 입는 기간을 두고 기해예송과 갑인예송이 일어났어요.
④ 순조 때인 1801년에 이승훈이 처형되고 정약용이 유배당하는 등 수많은 천주교도가 처벌당하는 신유박해가 일어났어요.

정답 | ③

추천기출 풀기 **109**

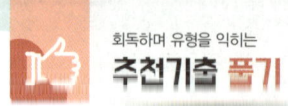

5 66회

(가)에 들어갈 기구로 옳은 것은? [2점]

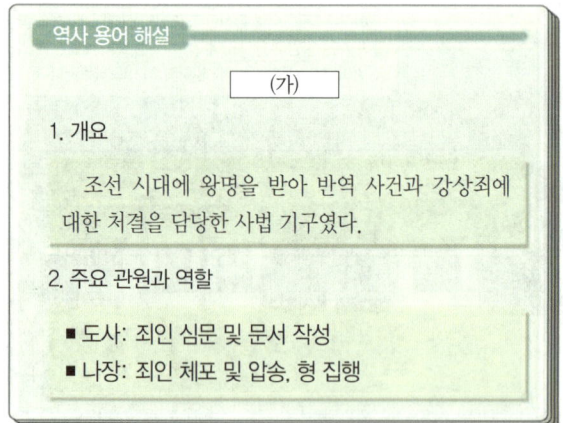

역사 용어 해설

(가)

1. 개요
   조선 시대에 왕명을 받아 반역 사건과 강상죄에 대한 처결을 담당한 사법 기구였다.

2. 주요 관원과 역할
   ■ 도사: 죄인 심문 및 문서 작성
   ■ 나장: 죄인 체포 및 압송, 형 집행

① 사헌부   ② 의금부   ③ 춘추관   ④ 홍문관

6 61회

(가)에 들어갈 내용으로 옳은 것은? [2점]

옥당이라 쓰여 있는 이 현판은 창덕궁 내의 홍문관 청사에 걸려있던 것입니다. 홍문관은 활발한 언론 활동을 통해 사헌부·사간원과 함께 3사라고 불렸습니다. 또한 (가)

① 수원 화성에 외영을 두었습니다.
② 한양의 치안과 행정을 맡았습니다.
③ 재정의 출납과 회계를 관장하였습니다.
④ 왕의 정책 자문과 경연을 담당하였습니다.

📢 조선의 중앙 정치 기구

정답분석 ② 의금부는 조선의 국왕 직속 특별 사법 기구로 반역죄, 강상죄 등 중범죄를 처결을 담당하였어요.

오답분석 ① 사헌부는 관리 감찰 기관으로 사간원, 홍문관과 함께 3사로 불렸어요. 사헌부와 사간원의 소속 관원인 대간은 5품 이하의 관리 임명에 대한 서경권을 행사하였어요.
③ 춘추관은 실록 등 역사서를 편찬·보관·관리하는 일을 담당하였어요. 왕이 죽으면 실록청을 설치하여 춘추관 관원들이 실록 편찬에 참여하였어요.
④ 홍문관은 왕의 정책 자문과 경연을 담당하였으며 사간원, 사헌부와 함께 3사로 불리며 언론 기능을 담당하였어요.

정답 | ②

📢 홍문관

정답분석 홍문관은 조선의 중앙 정치 기구 중 하나인 3사를 구성하는 기구예요. 사헌부, 사간원, 홍문관으로 이루어진 3사는 활발한 언론 활동을 통해 권력의 독점과 부정을 방지하는 역할을 하였어요. 각 기관들은 서로 다른 역할을 담당하였는데, 사헌부는 관리의 비리를 감찰하고 사간원은 국왕의 잘못을 비판하는 역할을 담당하였어요.
④ 홍문관은 경연을 주관하고, 왕에게 자문을 하는 역할을 담당하였어요.

오답분석 ① 정조는 국왕의 친위 부대로 장용영을 창설하고 수원 화성에 외영을 두었어요.
② 한성부는 수도인 한양의 치안과 행정을 담당하였어요.
③ 고려의 삼사는 재정의 출납과 회계 등을 관장하였어요.

정답 | ④

국가의 기틀 마련 / 사림의 대두 / 붕당의 형성

01 태조는 조선을 건국하고 수도를 ○양으로 옮겼다.

02 이○○은 왕자의 난을 통해 반대파를 제거하고 정권을 장악하였다.

03 태종은 ○고 제도를 실시하여 왕권을 강화하였다.

04 세종은 북쪽으로 여진을 정벌하여 ○군과 ○진을 설치하였다.

05 세종 때 이종무가 왜구의 근거지인 쓰○○섬을 정벌하였다.

06 계유정난을 통해 정권을 장악한 후 왕위에 오른 ○조는 집현전을 폐지하였다.

07 조선의 기본 법전인 《○○대전》은 세조 때 편찬을 시작하여 성종 때 완성되었다.

08 ○○사화는 김종직의 〈조의제문〉이 빌미가 되어 발생하였다.

09 소격서 폐지 등의 개혁을 추진한 조○○는 기묘사화 때 사사되었다.

10 이조 전랑 임명 등을 둘러싸고 사림이 ○인과 ○인으로 나뉘었다.

중앙 정치 조직 / 지방 행정 조직

11 ○○부는 국정을 총괄하는 최고 기구였고, ○○원은 왕명의 출납을 맡은 왕의 비서 기관이었다.

12 ○○부는 국왕 직속의 특별 사법 기구로 반역죄, 강상죄 등 중범죄를 다스렸다.

13 사간원, 사헌부, 홍문관을 합쳐 ○사라고 하였으며, 언론 기능을 담당하였다.

14 집현전을 계승한 ○○관은 경연을 주관하였다.

15 조선은 전국을 ○도로 나누었고, 각 도에 ○○사를 파견하였다.

16 지방 사족으로 구성된 ○○소는 좌수와 별감을 선발하여 운영하였다.

정답 01 한 02 방원 03 6 04 4, 6 05 시마 06 세 07 경국 08 무오 09 광조 10 동, 서 11 의정, 승정 12 의금 13 3 14 홍문 15 8, 관찰 16 유향

17강 조선 전기(외교)

1392

15C

〈명〉(사대)
- 정도전 → 요동 정벌 추진
- 태종~: 사대 외교
  └ 동지사, 천추사

〈일본〉(교린) ─── 세종 ─── **〈여진〉(교린)**
- 강: 쓰시마섬 X(이종무)
- 온: 3포 개항, 동평관
  └ 계해약조

- 강: 4군 6진
  └ 사민 정책, 토관
- 북평관, 무역소(경원·경성)

16C

비변사(임시) ---------------- 3포 왜란(중종)

비변사(상설) ---------------- 을묘왜변(명종)

1592 ═══════════════════════════════

- 동래성 전투(송상현) X
- 탄금대 전투(신립) X
    ↓
- 선조, 의주 피난
- 한산도 대첩(이순신) ─── 임진왜란
- 의병 활약(곽재우)
- 진주 대첩(김시민)
- 평양성 탈환(조·명 연합)
- 행주 대첩(권율)

비변사▲ -------┘

중앙(5위) / 지방(영진군)
  ↓   ↓
훈련도감   속오군
(5군영)   (양반~노비)
직업 군인

- 명량 대첩
- 노량 해전: 이순신 X   ─── 정유재란

기유약조(무역 재개)
통신사 재파견

〈광해군〉
- 대동법(경기)
- 중립 외교(강홍립 투항)
- 영창 대군 X
- 인목 대비 유폐
- 〈동의보감〉(허준)

〈인조반정〉 → 이괄의 난
└ 서인(친명배금)

정묘호란(후금)
- 강화도 피난(왕실)
- 정봉수·이립(용골산성), 형제 관계

1636

병자호란(청)
- 임경업(백마산성), 남한산성 항전
- 삼전도 항복 → 군신 관계

17강 조선 전기(외교)

1 4군 6진

세종은 최윤덕과 김종서를 북쪽 지방으로 보내 여진을 몰아내고 4군과 6진을 개척하였어요. 이후 남쪽 지방에 살던 백성들을 이 지역으로 이주시켜 정착하게 하였어요.

2 비변사

비변사는 외적의 침입이 있을 때 군사 대책을 논의하기 위해 설치된 임시 기구였으나 명종 때 을묘왜변을 겪으면서 상설 기구가 되었어요.

> • 그러나 이것은 일시적인 전쟁 때문에 설치한 것으로 국가의 중요한 모든 일들을 참으로 다 맡긴 것은 아니었습니다. …… 정부는 한갓 헛이름만 지니고 육조는 모두 그 직임을 상실하였습니다. 명칭은 '변방의 방비를 담당하는 것'이라고 하면서 과거에 대한 판하(判下)나 비빈(妃嬪)을 간택하는 등의 일까지도 모두 여기를 경유하여 나옵니다.
> - 《효종실록》 -
>
> • 비변사는 중외의 군국 기무를 모두 관장한다. …… 도제조는 현임과 전임 의정이 겸하고, 제조는 정수가 없으며 전임으로 뽑아 임명한다.
> - 《속대전》 -

3 훈련도감

훈련도감은 조선 후기에 설치된 중앙 군영으로, 유성룡의 건의로 임진왜란 중에 임시로 설치되었다가 상설 기구가 되었어요. 5군영 중 가장 먼저 만들어졌으며, 포수·사수·살수의 삼수병으로 구성되었고, 급료를 받는 상비군이었어요.

4 임진왜란의 전개

1592년에 일본의 도요토미 히데요시가 조선을 침략하면서 임진왜란이 일어났어요. 조선은 전쟁 초기 어려움을 겪었으나 이순신이 이끄는 수군과 곽재우, 고경명 등 전국에서 일어난 의병의 활약, 명군의 지원으로 전세를 역전시켰어요. 이에 명과 일본 사이에 휴전 회담이 진행되었으나 이루어지지 않았고, 일본은 다시 조선을 침입하였어요(정유재란). 이에 맞서 이순신이 이끈 조선 수군은 명량에서 일본 수군을 크게 무찔렀어요. 물러해진 일본군은 도요토미 히데요시가 죽자 물러가기 시작하였고, 이순신이 전사한 노량 해전을 끝으로 전쟁은 끝이 났어요.

5 광해군의 중립 외교

광해군은 명과 후금 사이에서 실리를 우선으로 하는 중립 외교를 펼쳤어요. 명이 후금과의 전투에 지원군을 요청하자 강홍립의 부대를 보냈으나 강홍립에게 상황에 따라 행동하라는 지시를 내렸어요. 이에 강홍립은 조·명 연합군이 사르후 전투에서 패하자, 남은 군사를 이끌고 후금군에 투항하였어요.

6 이괄의 난

인조 즉위 후 이괄은 인조반정에서의 자신의 공로가 낮게 평가되자 불만을 품고 난을 일으켰어요. 난은 진압되었지만 이괄의 남은 세력이 후금으로 도망가 인조가 부당하게 즉위하였다고 전하였어요. 이에 후금은 광해군의 원수를 갚는다는 명분으로 조선에 쳐들어왔어요(정묘호란).

7 호란의 전개

왜란 이후 명의 힘이 약해지자, 여진이 세력을 키워 후금을 세웠어요. 인조반정 이후 조선에서 서인 정권이 명을 가까이 하고 후금은 멀리하는 친명배금 정책을 펼치자 후금은 조선을 침략하였어요(정묘호란). 이때 정봉수, 이립 등의 의병이 활동하였고, 후금은 형제 관계를 맺는다는 조건으로 물러갔어요. 이후 후금이 나라 이름을 청으로 바꾸고 군신 관계를 강요하며 다시 침략하였어요(병자호란). 인조는 남한산성에서 항전하였지만 결국 삼전도에서 항복하고 청과 군신 관계를 맺었어요.

8 주화론과 척화론

정묘호란 이후 후금이 청으로 이름을 바꾸고 조선에 군신 관계를 요구하자 조정에서는 청과 친하게 지내면서 훗날을 도모해야 한다는 주화파와 청은 오랑캐이며 오랑캐와 친하게 지내서는 안 된다는 척화파(주전파)로 나뉘었어요. 주화파의 대표 인물로는 최명길이, 척화파의 대표 인물로는 김상헌과 윤집이 있어요. 척화론을 따르면서 청의 요구를 무시하자 청은 다시 조선을 침략하여 병자호란을 일으켰어요.

17강 조선 전기(외교)

빈출키워드 TOP5

4군 6진 개척	1위
남한산성으로 피신	2위
훈련도감 설치	3위
북벌 운동	4위
진주 대첩(김시민)	5위

❶ 조선 초기의 대외 관계

사대	명. 건국 초 태조 때 정도전이 요동 정벌 주장(대립) → 태종 이후 사대 관계(동지사, 성절사, 천추사, 하정사 등 매년 정기적·비정기적 사절단 교환)
교린	여진	• 강경책: 세종 때 4군 6진 개척(최윤덕·김종서) → 압록강~두만강에 이르는 국경선 확정, 사민 정책(이주 정책), 토관 제도 실시(토착민을 관리로 임명) • 온건책: 여진인에게 귀순 장려(관직·토지 수여), 북평관 설치(한양), 국경 지대인 경원·경성에 무역소 설치(국경 무역 허용)
	일본	• 강경책: 세종 때 이종무가 쓰시마섬(대마도) 정벌 • 온건책: 3포 개항(부산포·염포·제포), 계해약조 체결, 동평관 설치(한성) → 제한된 범위 내에서 무역 허용

🖉 사민 정책
세종 때 4군 6진을 개척하며 북쪽의 영토를 넓히자 남쪽 지방의 백성들을 새로 개척한 지역으로 이주시켜 정착하게 한 정책이에요.

🖉 토관 제도
토착민을 그 지역의 지방관으로 임명하는 제도로, 4군 6진 지역에 토관 제도를 실시하였어요.

🖉 3포 왜란과 을묘왜변
세종은 일본의 간청으로 부산의 부산포, 창원(진해)의 제포, 울산의 염포 세 항구를 열어 주었고, 이후 계해약조를 맺어 제한된 범위 내에서만 무역을 할 수 있도록 정하였어요. 3포에서의 교역 규모가 점차 커지자 일본은 교역 범위의 확대를 요구하였으나 조선은 이를 들어주지 않았어요. 이에 불만을 품은 일본인들이 중종 때 3포에서 폭동을 일으켰는데, 이 사건을 3포 왜란이라고 해요. 일본은 명종 때에도 전라도 일대를 침략하는 을묘왜변을 일으켰어요.

❷ 왜란의 전개

왜란 이전	• 3포 왜란(중종, 1510): 임시 기구로 비변사 설치 • 을묘왜변(명종, 1555): 비변사의 상설 기구화
발생	일본의 전국 시대를 통일한 도요토미 히데요시의 조선 침략(1592)
전개	임진왜란 (1592)	• 일본군의 침략 → 부산진(정발)·동래성(송상현) 함락 → 충주 탄금대 전투 패배(신립) → 선조가 개성으로 피란 → 한성 함락 → 선조가 의주로 피란 → 평양성 함락 → 조선이 명에 지원군 요청 • 수군의 활약: 이순신이 이끈 수군이 옥포 해전(해전 첫 승리)·한산도 대첩(학익진) 등에서 일본 수군을 무찌름 • 의병의 활약: 곽재우(홍의 장군), 정문부, 고경명, 조헌, 유정(사명대사), 휴정(서산대사) 등 활약 → 자발적 조직, 각 지역에 알맞은 전술 사용 • 명군 참전, 관군 재정비: 진주 대첩(김시민) → 평양성 전투(조·명 연합군)에서 승리하여 평양성을 되찾음 → 행주 대첩(권율) → 명과 일본의 휴전 협상
	정유재란 (1597)	휴전 협상 결렬로 일본군의 재침략 → 직산 전투 및 명량 대첩·노량 해전(이순신 전사)에서 일본군을 무찌름 → 전쟁 종결
군사 조직의 변화	• 5위·영진군 → 5군영·속오군으로 변화 • 훈련도감 설치(5군영): 포수·사수·살수의 삼수병으로 구성, 급료를 받는 직업 군인으로 편성 • 속오군 설치: 양반부터 노비까지의 신분으로 구성

🖉 친명배금
명과 친하게 지내고 (후)금과는 멀리 지낸다는 뜻으로, 인조반정 후 인조와 서인 세력이 실시한 외교 정책이에요.

🖉 삼전도의 굴욕
병자호란 때 남한산성에서 45일 동안 항전하던 인조는 더 이상 버티지 못하고 삼전도에서 청에 항복하는 수모를 겪었어요.

❸ 왜란 이후 광해군의 정책

(1) 전후 복구 노력
① 토지 대장(양안)과 호적 정리 실시, 농지 개간 장려, 창덕궁·사고 재건
② 《동의보감》 편찬(허준)
③ 대동법 실시: 이원익의 건의로 공납을 쌀로 거두는 대동법을 경기도에서 처음 실시 → 농민의 부담 감소

(2) 일본과의 교역 재개: 부산포에 왜관 설치(제한된 범위 내에서 무역 허용), 기유약조 체결(1609), 통신사 파견(문화 교류)

(3) 중립 외교

배경	후금의 공격을 받은 명이 조선에 지원군 요청
전개	광해군이 강홍립을 지휘관으로 하는 군대를 명에 파견하면서 상황에 따라 실리적으로 대처할 것을 지시(사르후 전투 참전) → 명과 후금 사이에서 실제 이익을 따지는 중립 외교 정책 전개

(4) 인조반정

배경	• 광해군의 중립 외교(서인 등 사림의 반발) • 광해군의 폐모살제(계모인 인목 대비를 유폐, 동생인 영창 대군을 살해)
전개	서인이 반정을 일으켜 광해군과 북인 세력을 몰아냄 → 인조 즉위(1623), 서인의 정국 주도(남인 참여)

④ 호란의 전개

(1) 정묘호란(1627)

배경	• 인조와 서인 세력의 친명배금 정책 → 후금 자극 • 이괄의 난(1624) → 반란이 실패하자 이괄의 세력이 후금으로 도망쳐 인조반정의 부당함을 말함
전개	후금이 광해군의 복수를 명분으로 조선 침략 → 한성에서 김상용의 활약, 인조를 비롯한 왕실은 강화도로 피란, 용골산성에서 정봉수와 이립 등 의병의 활약
결과	후금과 형제 관계 체결

(2) 병자호란(1636)

배경	후금이 성장하여 나라 이름을 '청'으로 바꾸고 조선에 군신 관계 요구 → 조선 내에서 주화파와 척화파의 대립 → 조선이 청의 요구 거부
전개	• 청 태종의 침략 → 임경업이 백마산성에서 항전 → 청군이 한성으로 진격 • 왕실은 강화도로 피란(김상용 순절), 인조는 남한산성으로 피신하여 청군에 항전 • 김준룡이 광교산 전투에서 항전
결과	• 삼전도에서 강화를 맺음(삼전도의 굴욕, 청과 군신 관계 체결) • 소현 세자와 봉림 대군(훗날 효종)을 비롯해 많은 사람이 청에 볼모로 잡혀감 • 효종 때 북벌 운동 대두: 청을 정벌하여 병자호란의 치욕을 씻어야 한다는 주장

⏸ 일시정지! ☑ 확인하기

1. 다음 사실들을 순서대로 나열하세요.

> (가) 송상현이 동래성 전투에서 항전하였다.
> (나) 이순신이 명량에서 일본 수군을 격파하였다.
> (다) 이순신이 한산도에서 일본 수군을 격퇴하였다.

( )

2. 임진왜란 중에 있었던 사실로 맞으면 ○표, 틀리면 ×표 하세요.

(1) 김윤후가 적장 살리타를 사살하였다. ( )
(2) 김시민이 진주성에서 적군을 물리쳤다. ( )
(3) 권율이 행주산성에서 적군을 격퇴하였다. ( )
(4) 강홍립 부대가 사르후 전투에 참전하였다. ( )
(5) 삼수병으로 구성된 훈련도감이 창설되었다. ( )
(6) 곽재우, 고경명 등이 의병장으로 활약하였다. ( )
(7) 신립이 배수의 진을 치고 적군에 항전하였다. ( )
(8) 유정이 회답 겸 쇄환사로 일본에 파견되었다. ( )

3. 병자호란 중에 있었던 사실로 맞으면 ○표, 틀리면 ×표 하세요.

(1) 임경업이 백마산성에서 항전하였다. ( )
(2) 조·명 연합군이 평양성을 탈환하였다. ( )
(3) 송상현이 동래성 전투에서 항전하였다. ( )
(4) 이순신이 명량에서 일본 수군을 격파하였다. ( )
(5) 인조가 남한산성으로 피신하여 청군에 항전하였다. ( )

1 (가) – (다) – (나)
2. (1) × (2) ○ (3) ○ (4) × (5) ○ (6) ○ (7) ○ (8) ×
3. (1) ○ (2) × (3) × (4) × (5) ○

18강 조선 전기(경제, 사회)

<경제>

		15C			16C
토지 제도		<과전법> (고려 공양왕) • 전·현직 • 세습 X • 수신전·휼양전 └ 세습 O	→ 토지 부족 →	<직전법> (세조) → 현직 → X	<관수 관급제>(성종) • 지방 관청 → 수조권 O • 국가 토지 지배권 ▲	X (명종) • 녹봉 O • 수조권 X
수취 체제	조세	<과전법> 수확량 1/10 징수(30두↑)	→	<공법>(세종) • 전분6등법: 토지 비옥도 • 연분9등법: 풍흉 → 4~20두	최저 세율 (4~6두 징수 경향)
	공납	중앙 → 군현 → 호(집) 할당 (특산물)			방납 폐단 → 농민 부담 ▲
	역	노동력 (군역 → 요역)			군역의 요역화, 대립·방군수포
지대					타조법(1/2)

<사회>

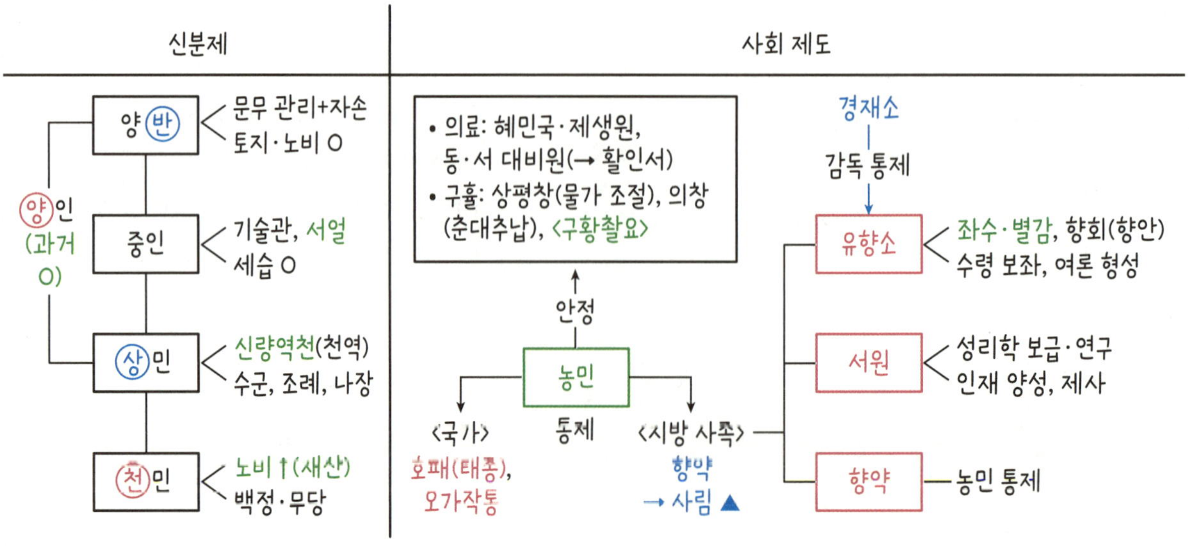

신분제

- 양반 — 문무 관리+자손, 토지·노비 O
- 양인(과거 O)
- 중인 — 기술관, 서얼, 세습 O
- 상민 — 신량역천(천역), 수군, 조례, 나장
- 천민 — 노비↑(새산), 백정·무당

사회 제도

- 의료: 혜민국·제생원, 동·서 대비원(→ 활인서)
- 구휼: 상평창(물가 조절), 의창(춘대추납), <구황촬요>

농민 ← 안정 / 통제
- <국가> 통제: 호패(태종), 오가작통
- <지방 사족> 향약 → 사림 ▲

경재소 → 감독 통제
- 유향소 — 좌수·별감, 향회(향안), 수령 보좌, 여론 형성
- 서원 — 성리학 보급·연구, 인재 양성, 제사
- 향약 — 농민 통제

18강 조선 전기(경제, 사회)

시험에 자주 나오는 핵심
자료 몰아보기

1 과전법

위화도 회군 이후 권력을 장악한 이성계와 급진파 신진 사대부는 조준 등의 건의로 신진 사대부의 경제적 기반을 마련하고 국가 재정을 안정적으로 유지하기 위해 과전법을 실시하였어요. 과전법은 관직에서 일하는 대가로 등급에 따라 경기 지역에 한정된 토지(과전)를 지급하는 제도로, 원칙적으로 세습이 불가하였어요.

2 수신전과 휼양전

수신전은 관리가 죽은 뒤 재혼하지 않은 아내에게 지급한 토지이고, 휼양전은 관리였던 부모가 모두 죽고 남겨진 어린 자녀에게 지급한 토지예요. 과전법 체제에서 지급된 토지는 원칙적으로 세습이 불가능하였지만, 수신전과 휼양전은 세습이 가능하였어요.

3 직전법

시간이 지나 세습되는 토지가 증가하여 새로 임명되는 관리에게 지급할 토지가 부족해지자 세조는 현직 관리에게만 수조권을 지급하는 직전법을 실시하였어요. 이때 수신전과 휼양전도 폐지되었는데, 이로 인해 죽은 관리의 가족들이 경제적으로 어려워지자 수신전과 휼양전을 부활시켜야 한다는 주장도 있었어요.

4 공법 제도

세종은 합리적으로 토지세를 거두기 위해 전제상정소를 설치하고 공법 제도를 만들었어요. 토지의 비옥도에 따라 6등급으로 나누어 거두는 전분6등법, 그 해의 풍년과 흉년 정도에 따라 9등급으로 나누어 거두는 연분9등법을 시행하였어요.

5 서얼

서얼은 양반의 자식 중 첩의 자식을 의미하는 말로, 양인 첩의 자식인 서자와 천민 첩의 자식인 얼자를 함께 부르는 말이에요. 조선 시대의 서얼은 문과에 응시할 수 없었고 관직에 진출해도 승진에 제한이 있었으며, 양반의 자식이지만 중인의 대우를 받는 등 많은 제약과 차별을 받았어요.

6 조선 시대의 신분제

조선의 법적 신분제는 자유민으로 조세와 국역의 의무를 부담하며 과거 응시가 가능한 양인과 비자유민인 천인으로 나뉘는 양천제였어요. 16세기 이후에는 양반, 중인, 상민, 천민으로 구분하는 반상제가 정착되어 지배층인 양반과 양반이 아닌 사람으로 구분되었어요.

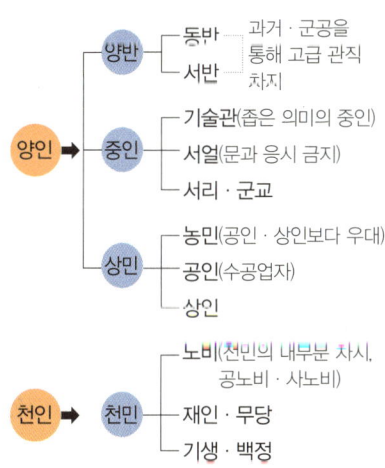

7 오가작통법

조선 시대에 이웃하고 있는 다섯 집을 1통으로 묶어 서로 감시하게 한 제도로, 제때 세금을 내지 못하거나 도망자가 발생한 경우에 같이 책임을 지도록 하였어요. 오가작통법은 호패법과 함께 신원 파악, 농민의 토지 이탈 방지 등을 위해 시행하였어요.

8 향약

향약은 향촌에서 지켜야 할 자치 규약으로 덕업상권, 과실상규, 예속상교, 환난상휼 등 4대 덕목을 바탕으로 하였어요. 조선 시대의 향약은 중종 때 조광조의 건의로 시행되었으며 이후 이황의 예안 향약과 이이의 해주 향약에 의해 널리 보급되었어요. 도약정, 부약정 등을 선출하여 운영하였으며 풍속 교화와 향촌 질서 유지 등의 역할을 하였고 사림의 기반이 되기도 하였어요.

18강 조선 전기(경제, 사회)

빈출키워드 TOP5
직전법	1위
과전법	2위
호패법	3위
상평창	4위
서원	5위

1 조선 전기의 경제

(1) 토지 제도

과전법 (고려 공양왕)	• 배경: 신진 사대부의 경제적 기반 마련, 국가 재정 확보 • 내용: 조준의 건의 → 전·현직 관리에게 토지의 수조권 지급(경기 지역 토지에 한정), 사망 시 반환, 일부가 수신전·휼양전으로 세습
직전법 (세조)	• 배경: 수신전·휼양전 등 세습되는 토지의 증가로 새로운 관리에게 지급할 토지 부족 • 내용: 현직 관리에게만 토지의 수조권 지급, 수신전·휼양전 폐지
관수 관급제 (성종)	• 배경: 수조권의 남용으로 관리들의 수탈이 심해지자 농민들의 불만 심화 • 내용: 지방 관청이 수조권 대행(관청에서 조세를 거둔 후 관리에게 지급) → 국가의 토지 지배권 강화
직전법 폐지 (명종)	• 배경: 국가 재정 부족으로 수조권 지급이 어려워짐 • 내용: 관리에게 녹봉만 지급 → 수조권 지급 제도 폐지

(2) 수취 체제

조세	15세기	• 토지 소유자에게 거둠, 과전법(수확량의 1/10을 거둠) • 공법 제도 실시(세종) - 전분6등법: 토지의 비옥도에 따라 6등급으로 나누어 평가하여 거둠 - 연분9등법: 풍흉에 따라 9등급으로 나누어 평가하여 거둠(20두~4두)
	16세기	최저 세율에 따라 보통 토지 1결당 4~6두를 거두는 경향이 나타남
공납	15세기	중앙 관청에서 각 군현에 물품과 액수 배정 → 각 군현이 각 집(호)에 배정하여 거둠
	16세기	방납의 폐단으로 농민들의 부담 심화
역	15세기	• 군역: 일정 기간 군대에서 복무, 양반·서리·향리 면제 • 요역: 토목 공사 등에 동원
	16세기	• 군인을 요역에 동원(군역의 요역화) • 대립과 방군수포가 많이 이루어짐 - 대립: 다른 사람에게 돈을 주고 군역을 대신 부담하게 함 - 방군수포: 국가에 포(베)를 내고 군역을 면제받음
지대	16세기	생산량의 1/2 납부(타조법)

2 조선 전기의 사회

(1) 양반 중심의 신분제 사회

양반	• 문무 관리와 그 자손 • 토지와 노비 소유, 국역 면제, 유학 교육, 고위 관직 차지
중인	• 기술관(통역관·의관·역관·화원 등), 중앙 관청의 하급 관리(서리), 향리, 서얼 등 • 직역 세습, 전문 기술이나 행정 실무 담당
상민	• 농민·상인·수공업자 → 법적으로 과거 응시 가능 • 신량역천: 양인 중 천역을 담당하는 계층 → 봉수, 수군, 조례, 나장, 역졸 등 힘든 일 종사
천민	• 노비: 천민 중 대부분을 차지, 공노비와 사노비로 구분, 재산으로 취급, 매매·상속·증여의 대상, 일천즉천의 원칙 적용, 장례원에서 호적 관리 • 백정, 무당, 광대

타조법
사전에 정해 놓은 수확량의 분배율에 따라 소작료를 거두는 소작 제도로, 조선 전기에는 지주와 소작인이 수확량을 절반씩 나누어 갖는 게 일반적이었어요.

백정
고려 시대에는 군역의 의무를 가지지 않은 일반 농민을 지칭하는 말이었으나, 조선 시대에 들어오면서 고기를 얻기 위하여 가축을 잡아 죽이는 일(도축업)을 하는 사람을 가리키는 말이 되었어요.

두레
농촌에서 농민들이 농사일이나 길쌈 등을 협력하여 함께 하기 위해 마을 단위로 만든 공동 노동 조직이에요.

의창
평상시에 곡식을 저장하였다가 흉년일 때 저장한 곡식으로 빈민을 구제하던 구휼 기관이에요. 주로 봄에 곡식을 빌려주고 가을철 수확기에 돌려받는 춘대추납 방식을 사용하였어요.

동·서 대비원
가난한 사람들에게 먹을 것을 주고 약재를 처방해 준 일종의 국립 의료 기관으로, 세조 때 동·서 활인서로 개칭되었어요.

(2) 사회 제도

① 농민

두레	공동 노동의 작업 공동체
향도	공동체 조직, 향촌에 상장제례가 있을 때 상부상조
안정책	• 상평창(물가 조절), 의창(춘대추납), 사창제 • 《구황촬요》 간행(명종, 기근 대비) • 의료 시설 − 혜민국(→ 혜민서): 서민들의 질병 치료 − 동·서 대비원(→ 동·서 활인서): 환자 치료 및 빈민 구제 − 제생원: 빈민 구호 및 치료
통제책	• 국가 − 호패법(태종): 신분·성명과 주민 등록에 활용 − 오가작통법: 다섯 집을 하나로 묶어 같이 책임을 지게 함 • 지방 사족: 향약 보급 − 중종 때 조광조의 건의로 시행 → 이황(예안 향약)과 이이 (해주 향약)에 의해 널리 보급 − 향촌 자치 규약으로 풍속 교화, 향촌 질서 유지, 치안 담당 → 지방 사림의 지위 강화

② 지방 사족: 향촌 사회의 지배층

유향소 운영	좌수와 별감을 선발하여 운영 → 수령 보좌, 여론 형성, 향리 감찰 담당
서원 설립	향촌에 성리학 보급 및 성리학 연구, 인재 양성, 여론 형성 → 사림의 지위 강화
향약 보급	16세기 이후 서원과 함께 사림의 지위 강화 수단
기타	• 향회 운영(향안 작성, 향규 제정) • 《소학》 보급, 족보 편찬, 가묘·사당 건립 → 성리학적 질서 유지를 위해 노력

(3) 법률 제도

① 《경국대전(형법)》과 《경국대감》에 근거하여 적용
② 신문고를 통해 백성들이 억울한 일 호소

⏸ 일시정지!
☑ 확인하기

1. 조선 전기의 경제에 대한 설명이 맞으면 ○표, 틀리면 ×표 하세요.

   (1) 처음으로 전시과가 제정되었다. ( )

   (2) 활구라고 불리는 은병이 유통되었다. ( )

   (3) 주전도감이 설치되어 해동통보가 발행되었다. ( )

   (4) 과전법은 지급 대상 토지를 경기 지역에 한정하였다. ( )

   (5) 세종 때 풍흉에 따라 전세를 9등급으로 차등 과세하였다. ( )

   (6) 명종 때 관리에게 녹봉을 지급하고 수조권을 폐지하였다. ( )

   (7) 세조는 직전법을 실시하여 현직 관리에게만 수조권을 지급하였다. ( )

   (8) 세종 때 토지의 비옥도에 따라 6등급으로 나누어 전세를 거두었다. ( )

2. 조선 시대 노비에 대한 설명이 맞으면 ○표, 틀리면 ×표 하세요.

   (1) 십과를 통해 선발되었다. ( )

   (2) 매매, 증여, 상속의 대상이 되었다. ( )

   (3) 원칙적으로 과거에 응시할 수 없었다. ( )

   (4) 사신을 수행하면서 통역을 담당하였다. ( )

1. (1) × (2) × (3) × (4) ○ (5) ○ (6) ○ (7) ○ (8) ○
2. (1) × (2) ○ (3) ○ (4) ×

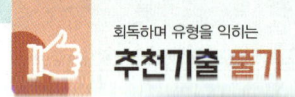

1 64회

(가) 전쟁에 대한 설명으로 옳지 <u>않은</u> 것은? [3점]

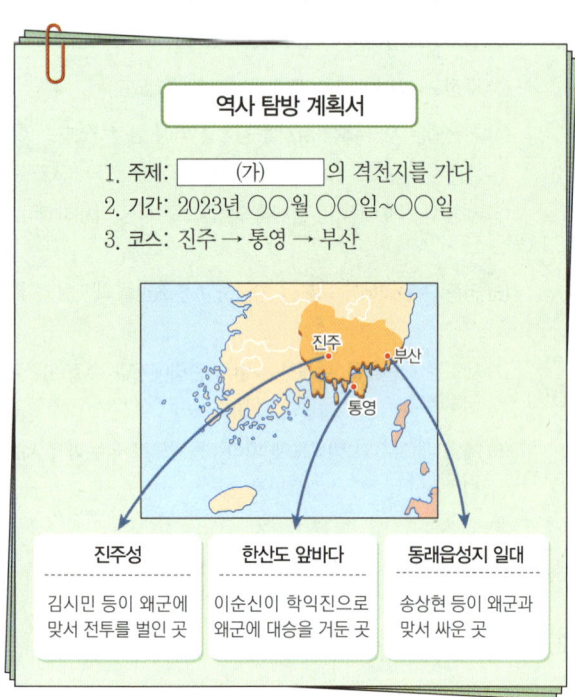

① 조헌이 금산에서 의병을 이끌었다.
② 임경업이 백마산성에서 항전하였다.
③ 곽재우가 의병을 일으켜 정암진에서 싸웠다.
④ 신립이 탄금대에서 배수의 진을 치고 전투를 벌였다.

📢 임진왜란

정답분석 1592년에 부산에 상륙한 일본군은 부산진과 동래성을 차례대로 함락하였는데, 부산진성 전투에서 정발이, 동래성 전투에서는 송상현이 전사하였어요. 이후 일본군은 신립이 이끈 조선군과 벌인 충주 탄금대 전투에서도 승리하며 북쪽으로 올라왔고, 결국 한양까지 점령하였어요. 그러나 조선은 이순신이 이끈 수군이 옥포, 한산도 등지에서 일본 수군을 무찔렀고, 각지에서 일어난 의병, 김시민(진주 대첩)과 권율(행주 대첩) 등 조선군의 활약, 그리고 명군의 지원까지 더해지며 전세를 역전시켰어요.
② 병자호란 당시 임경업은 백마산성에서 청군의 진로를 막는 등 침입에 대비하였어요.

오답분석 ① 임진왜란 당시 조헌은 의병장으로 금산 등에서 활약하였어요.
③ 임진왜란 당시 곽재우는 의병장으로 의령(정암진), 진주 등에서 활약하였어요.
④ 임진왜란 발발 직후 동래성을 함락한 일본군이 북쪽으로 전진하자 신립이 충주의 탄금대에서 배수의 진을 치고 싸웠지만 패배하였어요(탄금대 전투).

정답 | ②

2 66회

다음 답사가 이루어진 장소로 적절하지 <u>않은</u> 것은? [2점]

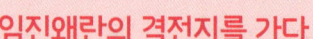

임진왜란의 격전지를 가다

- **답사 개관** 임진왜란 중 치열한 전투가 벌어진 유적을 답사하여 나라를 지키고자 노력한 선조들의 호국 정신을 기린다.
- **답사 기간** 2023년 ○○월 ○○일 ~ ○○월 ○○일
- **신청 방법** 방문 접수, 이메일 접수

① 탄금대　　　② 행주산성
③ 수원 화성　　④ 울산 왜성

📢 임진왜란

정답분석 ③ 1796년에 정조는 자신의 정치적 이상과 개혁 의지를 실현하고자 수원에 화성을 건설하고 정치·군사·상업 기능을 부여하였어요.

오답분석 ① 임진왜란 발발 직후인 1592년 4월에 동래성을 함락한 일본군이 북쪽으로 올라왔는데, 이때 신립이 충주의 탄금대에서 배수의 진을 치고 항전하였지만 패배하고 말았어요(탄금대 전투).
② 임진왜란 중인 1593년 2월 평양성 전투에서 패배한 후 한양에 머무르고 있던 일본군은 마침 전라감사였던 권율이 한양을 되찾기 위하여 올라오던 중 행주산성에 머무르고 있다는 소식을 듣고 공격하였어요. 권율이 지휘한 조선군은 격전 끝에 일본군을 물리치고 큰 승리를 거두었어요(행주 대첩).
④ 1597년 정유재란 당시 일본군이 쌓은 성곽인 울산 왜성에서 조선과 명의 연합군이 일본군과 격렬한 전투를 벌였어요.

정답 | ③

3 64회 [3점]

(가)~(다) 학생이 발표한 내용을 일어난 순서대로 옳게 나열한 것은?

① (가) - (나) - (다)
② (가) - (다) - (나)
③ (나) - (가) - (다)
④ (다) - (나) - (가)

4 66회 [2점]

(가) 시기에 있었던 사실로 옳은 것은?

① 병자호란이 일어났다.
② 4군 6진이 개척되었다.
③ 훈련도감이 창설되었다.
④ 외규장각 도서가 약탈되었다.

조선의 대외 관계

정답분석 (가) 광해군은 명과 후금 사이에서 실리를 우선으로 하는 중립 외교를 펼쳤어요. 명이 후금과의 전투에 지원군을 요청하자 강홍립의 부대를 파견하였는데, 강홍립에게 상황에 따라 행동하라는 지시를 내렸어요. 이에 강홍립은 조·명 연합군이 사르후 전투에서 패하자, 남은 군사를 이끌고 후금군에 투항하였어요.
(다) 인조와 서인 정권은 인조반정을 일으켜 광해군을 폐위시키고 친명배금 정책을 추진하였어요. 이로 인해 정묘호란이 일어났고, 후금은 조선과 후금이 형제 관계를 맺는다는 조건으로 물러갔어요. 그 뒤 세력이 더욱 강해진 후금은 나라 이름을 '청'으로 바꾸고 조선에 군신 관계를 요구하며 병자호란을 일으켰어요. 인조는 남한산성으로 피란하여 항전하였으나 결국 이듬해에 삼전도에서 항복하였어요. 이후 조선은 청과 군신 관계를 맺고 소현 세자와 봉림 대군을 청에 볼모로 보냈어요.
(나) 병자호란으로 청에 볼모로 끌려갔다가 돌아온 후 왕위에 오른 효종은 송시열 등 서인 세력과 함께 북벌을 계획하였으나 실행에 옮기지는 못하였어요. 한편, 효종은 청의 요청에 따라 나선(러시아) 정벌을 위해 두 차례 조총 부대를 파견하였어요.
② (가) 사르후 전투(1619) → (나) 병자호란(1636~1637) → (나) 나선 정벌(1654, 1658)

정답 | ②

인조반정과 북벌 운동 사이의 사실

정답분석 1623년에 서인 세력은 광해군이 영창 대군을 죽이고 인목 대비를 유폐한 일 등을 구실 삼아 반정을 일으켜 광해군을 폐하고 북인 세력을 몰아낸 후 인조를 왕위에 올렸어요(인조반정). 폐위된 광해군은 강화도로 유배되었어요. 인조의 아들인 효종은 병자호란으로 청에 볼모로 끌려갔다가 돌아온 후 1649년에 인조의 뒤를 이어 왕위에 올랐어요. 효종은 송시열 등 서인 세력과 함께 병자호란 때 청에 당한 수치를 씻고 명에 대한 의리를 지키기 위해 청을 정벌하자는 북벌 정책을 전개하였어요. 그러나 당시 조선 내부의 문제와 국제 상황 등으로 인해 실행하지는 못하였어요.
① 1636년 인조 때 청은 조선에 군신 관계를 요구하며 병자호란을 일으켰어요.

오답분석 ② 1433년에 세종은 최윤덕과 김종서를 북쪽으로 보내 여진을 몰아내고 4군 6진을 개척하였어요.
③ 1593년 임진왜란 중에 선조는 유성룡의 건의를 받아들여 포수, 사수, 살수의 삼수병으로 구성된 훈련도감을 설치하였어요. 훈련도감은 급료를 받는 직업 군인으로 구성되었어요.
④ 1866년 병인양요 당시 프랑스군은 퇴각하면서 외규장각에 보관하고 있던 《의궤》 등 수많은 외규장각 도서를 약탈해 갔어요.

정답 | ①

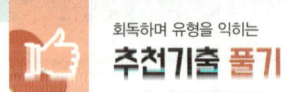

5 63회 [회독 ●●●]

다음 건의를 받아들여 제정한 법으로 옳은 것은? [3점]

> 전하께서는 무릇 수도에 거주하는 관료에게는 단지 경기 안의 토지만을 지급하고, 그 밖의 토지는 허락하지 마십시오. 이를 법으로 제정하셔서 백성과 더불어 다시 시작하십시오. 그렇게 하여 국가 재정을 넉넉하게 하고, 백성의 삶을 풍요롭게 하며, 조정의 선비들을 우대하고, 군대의 군량을 넉넉하게 하십시오.
> — 조준의 상소 —

① 과전법 ② 대동법 ③ 영정법 ④ 호패법

📢 **조선 전기의 토지 제도**

정답분석 이성계는 위화도 회군 이후 우왕과 최영을 제거하고 권력을 잡았어요. 그리고 공양왕 때 조준 등 급진 개혁파 신진 사대부와 함께 권문세족의 토지를 몰수하고 신진 사대부의 경제적 기반을 마련하기 위해 과전법을 제정하였어요.
① 고려 말 공양왕 때 경기 지역의 토지를 대상으로 전·현직 관리에게 토지에서 조세를 거둘 수 있는 권리인 수조권을 지급한 과전법이 시행되었어요.

오답분석 ② 조선 광해군 때 공납(방납)으로 인한 폐단이 심화되자 소유한 토지를 기준으로 공납을 부과하여 쌀이나 베, 동전 등으로 납부하게 하는 대동법이 경기도에서 처음으로 시행되었어요.
③ 조선 인조 때 풍흉에 관계없이 토지 1결당 쌀 4~6두의 전세를 내게 하는 영정법이 시행되었어요.
④ 조선 태종 때 16세 이상 남성에게 이름, 나이, 신분 등을 새긴 신분증인 호패를 의무적으로 차고 다니게 한 호패법이 시행되었어요.

정답 | ①

---

6 69회 [회독 ●●●]

다음 자료를 활용한 탐구 활동으로 가장 적절한 것은? [3점]

> 앞으로 우리 고을의 모든 선비가 인간 본성의 이치에 근거하고 나라의 가르침을 따라 집에서나 고을에서나 각기 사람의 도리를 다해 훌륭한 선비가 된다면, 따로 조목을 정해 권하거나 형벌을 쓰지 않아도 될 것이다. 그러나 이를 알지 못하여 예의를 침범하고 고을의 풍속을 해친다면, 이는 곧 하늘이 버린 백성이니 어찌 벌하지 않을 수 있겠는가. 이 점이 오늘날 향약을 세우는 이유이다.
> — 『퇴계집』 —

① 송상, 만상의 교역 물품을 조사한다.
② 연등회, 팔관회가 열린 배경을 살펴본다.
③ 향, 부곡, 소의 주민들이 받은 차별의 내용을 찾아본다.
④ 양반 중심의 향촌 자치 질서가 자리 잡는 과정을 알아본다.

📢 **향약**

정답분석 향약은 향촌의 자치 규약으로, 이황과 이이에 의해 널리 보급되었어요. 향약은 덕업상권, 과실상규, 예속상교, 환난상휼 등의 덕목을 내세웠으며, 서원과 함께 사림 세력의 기반이 되었어요.
④ 향약은 풍속 교화와 향촌 자치, 지방 사림의 농민 지배 강화 등의 역할을 하면서 양반 중심의 향촌 자치 질서가 자리 잡는 데 영향을 끼쳤어요.

오답분석 ① 조선 후기에는 송상, 만상 등 각 지역에서 사상이 활발하게 활동하였어요. 송상은 개성을 중심으로, 만상은 의주를 중심으로 청과의 무역으로 부를 쌓았어요.
② 고려는 불교를 숭상한 나라로 연등회, 팔관회 등의 불교 행사를 열었어요.
③ 고려 시대에 특수 행정 구역인 향, 부곡, 소에 거주하는 주민은 과중한 세금을 부담하였고, 거주 이전의 자유도 제한받았어요.

정답 | ④

조선 초기의 대외 관계 / 왜란의 전개 / 왜란 이후 광해군의 정책

01 세종은 여진을 정벌한 후 ○군과 ○진을 개척하였다.

02 임진왜란 발발 초기 ○립은 충주 탄금대에서 배수의 진을 치고 항전하였다.

03 이순신이 이끈 조선 수군은 ○○도 대첩에서 일본군에 맞서 학익진 전법으로 큰 승리를 거두었다.

04 임진왜란 당시 김○○이 진주성에서 일본군에 맞서 싸워 승리하였다.

05 일본과 명의 휴전 협상이 결렬된 이후 이순신이 명○에서 일본 수군을 격파하였다.

06 임진왜란 중 포수, 사수, 살수의 삼수병으로 구성된 ○○도감이 설치되었다.

07 광해군은 명과 후금 사이에서 ○○ 외교 정책을 추진하였다.

08 임진왜란 이후 일본의 요청으로 공식적인 외교 사절인 ○○사가 다시 파견되었다.

호란의 전개

09 병자호란이 일어나자 인조는 ○○산성으로 피신하였다.

10 인조가 ○○도에서 청 태종에게 항복함으로써 병자호란이 끝났다.

조선 전기의 경제 / 조선 전기의 사회

11 조선 초기에는 관직 복무의 대가로 전·현직 관리에게 수조권을 지급하는 ○○법이 시행되었다.

12 세조 때 ○○법을 실시하여 현직 관리에게만 수조권을 지급하였다.

13 조선 시대 천민의 대다수는 ○비로 매매, 상속, 증여의 대상이 되었다.

14 향촌의 자치 규약인 향○은 풍속 교화와 향촌 사회의 질서 유지에 기여하였다.

정답 01 4, 6 02 신 03 한산 04 시민 05 량 06 훈련 07 중립 08 통신 09 남한 10 삼전 11 과전 12 직전 13 노 14 약

조선 전기(문화 1)

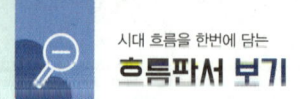

	15C(훈구 ▲)	16C(사림 ▲)

교육 기관·유학 (성리학)	• 중앙 ─ 성균관 ─ 최고 교육 기관(고등)
	                ├ 대사성, 입학(생원·진사)
	                └ 대성전(제사) + 명륜당(교육)
	      └ 4부 학당: 중등 ──────── 관학
	• 지방 ┄┄┄┄┄┄┄┄┄┄┄┄┄┄┄┄┄┄┄┄
	    └ 향교 ┬ 중등
	          └ 교수·훈도 파견(from 중앙)
		─ 서원: 교육 + 제사 ─── 사학
		
		┌──────────┬──────────┐
		│ 이황 │ 이이 │
		├──────────┼──────────┤
		│• 이(理) 강조 │• 이(理) < 기(氣)│
		│• 사단칠정 논쟁(기대승)│• 현실 개혁(수미법)│
		│• 예안 향약, 도산 서원│• 해주 향약│
		│• 〈주자서절요〉, 〈성학십도〉│• 〈성학집요〉, 〈동호문답〉│
		│• 일본 성리학에 영향│• 〈격몽요결〉(입문서)│
		│• 영남학파│• 기호학파│
		└──────────┴──────────┘
		       ↓ ↓
		동인 → 남인, 북인 서인 → 노론, 소론

불교	• 숭유 억불: 〈불씨잡변〉(정도전), 도첩제 • 〈석보상절〉: 수양 대군(from 세종) • 간경도감(세조)	

역사서	• 〈고려사〉: 문종, 기전체
	• 〈고려사절요〉: 문종, 편년체
	• 〈조선왕조실록〉
	   ├ 태조~철종, 편년체
	   ├ 춘추관 실록청(사초·시정기)
	   └ 세계 기록 유산
		성종
		  ↓
		• 〈동국통감〉
		  ├ 고조선~고려
		  └ 서거정
		• 〈동문선〉: 서거정

지도·지리서	• 혼일강리역대국도지도
	  ├ 태종
	  └ 현존 동양 최고(最古) 세계 지도
	• 〈해동제국기〉(성종): 신숙주(日)
		〈동국여지승람〉 → 〈신증동국여지승람〉(중종)

의례·윤리서·법전	〈삼강행실도〉
	  ├ 세종
	  └ 충신·효자·열녀
		• 〈국조오례의〉
		• 〈경국대전〉
		  (세조~성종)

음악		〈악학궤범〉

19강 조선 전기(문화 1)

1 성균관

성균관은 고려와 조선의 최고 관립 교육 기관으로 수도에 두었어요. 조선 시대의 성균관은 소과에 합격한 생원과 진사에게 입학 자격을 부여하였어요. 성균관에는 교육을 담당하는 명륜당과 함께 제사 공간인 대성전을 두어 인재 양성과 함께 제사의 기능도 담당하게 하였어요. 학생들은 지금의 기숙사와 같은 동재와 서재에서 생활하였어요.

▲ 대성전(제사) ▲ 명륜당(교육)

2 향교

향교는 지방에 설치된 국립 교육 기관이에요. 성균관과 마찬가지로 제사 공간인 대성전과 유교 경전 등을 강의하는 공간인 명륜당, 기숙사인 동재·서재 등으로 이루어졌어요. 전국의 부·목·군·현에 하나씩 설립되었고, 중앙에서 교수나 훈도가 파견되어 학생들을 가르쳤어요.

▲ 향교의 구조

3 성학십도

'성학'은 성인이 되기 위한 학문이라는 뜻으로, 유학을 가리켜요. 이황은 선조가 어진 임금이 되기를 바라는 마음에서 성학을 10개의 그림(십도)으로 설명한 《성학십도》를 지어 선조에게 올렸어요.

4 성학집요

'집요'는 중요한 점만 모아서 요약하였다는 뜻으로, 이이가 왕이 가져야 할 덕목과 지식들을 정리하여 선조에게 올린 책이에요. 이이는 유교 경전의 중요한 내용을 뽑아 정리하여 《성학집요》를 지었어요.

5 경국대전

《경국대전》은 '나라를 경영하는 방법을 담은 큰 법전'이라는 뜻으로, 세조 때 편찬을 시작하여 성종 때 완성·반포된 조선의 기본 법전이에요. 이·호·예·병·형·공전의 6전 체제로 구성되었으며, 유교적 통치 질서를 확립하고 타당한 법을 공식 문서화하여 통치 제도를 완성하였다는 데 의의가 있어요.

6 조선왕조실록

조선 태조부터 철종까지의 역사를 연대순으로 서술하는 방식인 편년체로 기록한 역사서예요. 왕이 승하한 후에 춘추관에 실록청을 설치하고 사관들이 기록한 사초와 각 기관에서 보고한 문서를 정리한 시정기 등을 종합하여 각 왕별로 편찬하였어요. 《조선왕조실록》은 유네스코 세계 기록 유산으로 등재되었어요.

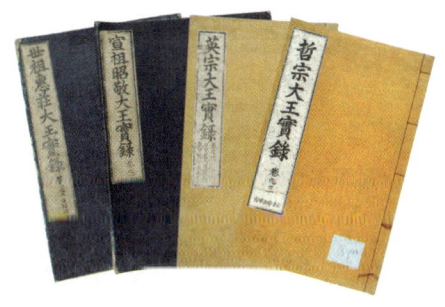

7 삼강행실도

세종 때 유교 윤리의 보급을 위해 모범이 될 만한 우리나라와 중국의 충신·효자·열녀의 사례를 모아 만든 윤리서예요. 모든 사람이 쉽게 알아볼 수 있도록 글 옆에 그림을 그려 넣었어요.

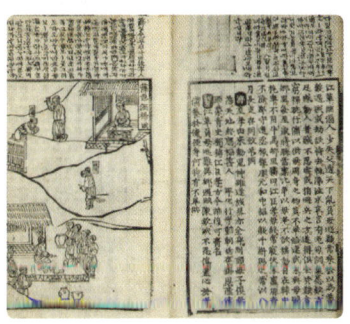

19강 조선 전기(문화 1)

빈출키워드 TOP5
- 경국대전 1위
- 조선왕조실록 2위
- 서원 3위
- 삼강행실도 4위
- 악학궤범 5위

✎ 사단칠정 논쟁
사단은 네 가지 마음(측은지심·수오지심·사양지심·시비지심)이고, 칠정은 일곱 가지 감정(희·노·애·구·애·오·욕)을 말해요. 이황과 기대승은 사단칠정에 대한 해석을 두고 논쟁을 벌였어요.

✎ 도첩제
승려가 되고자 하는 사람에게 국가에서 허락한 문서인 도첩을 발급해 주는 제도로, 조선 초기 숭유억불 정책의 하나로 이용되었어요.

✎ 석보상절
세종의 명으로 수양 대군(세조)이 석가모니의 일대기와 설법을 담아 편찬한 불교 경전이에요.

✎ 간경도감
세조 때 만들어진 불경의 번역과 판각을 관장하던 기관이에요.

✎ 고려사
고려 시대의 정치·경제·사회·문화·인물 등을 기전체로 정리한 역사서예요. 조선 초부터 편찬하기 시작해 문종 때 완성하였어요.

✎ 동국여지승람
성종의 명에 따라 노사신 등이 편찬한 지리서로, 각 지역의 역사와 산물, 풍속 등의 정보가 체계적으로 기록되어 있어요.

① 교육 기관

국립	중앙	• 성균관: 최고 교육 기관 – 성현에 대한 제사(석전대제), 유학 교육 – 소과에 합격한 생원·진사에게 입학 자격이 주어짐 – 대성전, 명륜당, 동재와 서재의 기숙사 등으로 이루어짐 • 4부 학당 – 중등 교육 기관 – 중·동·남·서학
	지방	향교: 중등 교육 기관 – 전국의 부·목·군·현에 하나씩 설립(고을의 규모에 따라 정원이 다름) – 중앙에서 교수나 훈도가 파견되어 교육 – 성현에 대한 제사(석전대제), 유학 교육, 지방민 교화 – 대성전, 명륜당, 동재와 서재의 기숙사 등으로 이루어짐
사립	서원	• 16세기 이후 각 지방에 설립 • 성리학 연구, 유학 교육, 선현에 대한 제사 → 유교 윤리 보급, 지방 사림의 정치적 구심점 역할 • 시초: 중종 때 풍기 군수 주세붕이 최초로 백운동 서원 설립(안향에 대한 제사) → 이황의 건의로 국왕으로부터 소수 서원이라는 현판을 하사받음(사액 서원)
	서당	초등 교육 기관, 기초적인 유학 교육과 한문 교육 실시

② 성리학의 발달

성리학	인간의 심성과 우주 자연의 원리 연구

이황	이이
• 이(理)의 능동적 역할 강조(근본적·이상주의적 성향) • 기대승과 사단칠정 논쟁 • 《성학십도》·《주자서절요》 저술 • 일본 성리학에 영향 • 예안 향약 시행 • 영남학파 형성(주리론)	• 기(氣)의 역할을 상대적으로 강조(현실적·개혁적 성향) • 《성학집요》·《동호문답》·《격몽요결》(입문서) 저술 • 수미법 등 개혁안 제시 • 해주 향약·서원 향약 시행 • 기호학파 형성(주기론)

▼

동인	서인
이황·조식의 학문 계승 – 남인: 이황의 학문 계승 – 북인: 조식의 학문 계승	이이·성혼의 학문 계승 – 노론: 이이의 학문 계승 – 소론: 성혼의 학문 계승

③ 불교와 도교

불교	• 숭유억불(유교를 숭상하고 불교를 억제) 정책: 도첩제 실시, 정도전의 불교 비판(《불씨잡변》) • 세종: 불교 교단 정리, 《석보상절》 편찬 • 세조: 간경도감 설치 → 불교 경전을 훈민정음으로 번역, 왕실 내 불교 행사 주관
도교	15세기에 소격서 설치, 초제 시행 → 중종 때 조광조의 건의로 소격서 폐지

❹ 편찬 사업

(1) 역사서와 지도·지리서

역사서	• 《고려사》(문종 때 완성, 기전체)
	• 《고려사절요》(문종 때 완성, 편년체): 고려의 역사 정리
	• 《동국통감》(성종 때 서거정): 편년체, 고조선~고려 말까지의 역사 정리
	• 《승정원일기》
	  – 국왕의 비서 기관인 승정원에서 매일 취급한 문서와 사건을 기록한 일기
	  – 유네스코 세계 기록 유산에 등재
	• 《조선왕조실록》
	  – 편년체, 태조~철종까지의 역사 기록
	  – 사초·시정기 등을 바탕으로 실록청에서 편찬(춘추관 관원들 참여)
	  – 유네스코 세계 기록 유산에 등재

지도·지리서	• 지도: 혼일강리역대국도지도(태종, 현존하는 동양에서 가장 오래된 세계 지도), 팔도도(태종 때 제작 추정, 전국 지도)
	• 지리서
	  – 《팔도지리지》(성종): 전국의 지리 정보 정리
	  – 《동국여지승람》(성종): 노사신 등이 《팔도지리지》를 참고하여 편찬
	  – 《해동제국기》(성종): 세종 때 신숙주가 일본에 다녀온 후 일본의 정치, 사회, 지리 등을 정리

(2) 의례·윤리서, 법전, 음악

의례·윤리서	• 《삼강행실도》(세종): 우리나라와 중국의 효자·충신·열녀의 이야기 수록, 유교 윤리를 글과 그림으로 설명 • 《국조오례의》(성종): 신숙주 등이 왕실의 행사를 유교 예법에 알맞게 정리 • 《가례집람》(선조 때 저술, 숙종 때 간행, 김장생): 예학을 조선의 현실에 맞게 정리
법전	• 《조선경국전》(정도전) • 《경제문감》(정도전), 《경제육전》(+조준) • 《경국대전》(세조~성종): 조선 왕조의 통치 기반이 된 기본 법전, 6전 체제로 구성
음악	• 세종: 박연이 아악 체계화 • 성종: 《악학궤범》 편찬 → 궁중 음악을 비롯해 당시 음악 이론을 총정리

⏸ 일시정지! ☑ 확인하기

1. 다음 설명에 해당하는 교육 기관을 골라 쓰세요.

> 성균관, 향교, 서원

(1) 풍기 군수 주세붕이 처음 세웠다. ( )
(2) 지방의 사림 세력이 주로 설립하였다. ( )
(3) 중앙에서 교수와 훈도를 파견하기도 하였다. ( )
(4) 전국의 부·목·군·현에 하나씩 설치되었다. ( )
(5) 최고의 관립 교육 기관으로 성현의 제사를 지냈다. ( )
(6) 국왕으로부터 편액과 함께 서적 등을 받기도 하였다. ( )

2. 다음 설명에 해당하는 인물을 골라 쓰세요.

> 이황, 이이

(1) 방납의 폐단을 줄이고자 수미법을 주장하였다. ( )
(2) 다양한 개혁 방안을 담은 동호문답을 저술하였다. ( )
(3) 군주의 도를 도식으로 설명한 성학십도를 지었다. ( )
(4) 성학집요를 저술하여 군주가 수행해야 할 덕목을 제시하였다. ( )

3. 조선왕조실록에 대한 설명이 맞으면 ○표, 틀리면 ×표 하세요.

(1) 사초, 시정기 등을 바탕으로 편찬되었다. ( )
(2) 춘추관 관원들이 편찬 업무에 참여하였다. ( )
(3) 유네스코 세계 기록 유산으로 등재되었다. ( )
(4) 연대순으로 기록하는 편년체로 서술되었다. ( )
(5) 국왕의 비서 기관인 승정원에서 작성하였다. ( )

1. (1) 서원 (2) 서원 (3) 향교 (4) 향교 (5) 성균관 (6) 서원
2. (1) 이이 (2) 이이 (3) 이황 (4) 이이
3. (1) ○ (2) ○ (3) ○ (4) ○ (5) ×

20강 조선 전기(문화 2)

	15C(훈구 ▲)	16C(사림 ▲)
천문·과학 기구·역법	• 천상열차분야지도: 태조 • 장영실: 측우기, 앙부일구(해시계), 자격루(물시계) • <칠정산> ┬ 이순지, 한양 기준 역법서 　　　　　 └ 수시력(원) + 회회력(아라비아)	
농서·의학서	• <농사직설>: 정초, 변효문 → 우리 농법 정리 • <의방유취>: 의학 백과사전 • <향약집성방>: 우리 치료법 정리 • <금양잡록>: 성종, 강희맹(농사 체험기)　── 세종	
문자·인쇄술	• 태종: 주자소 설치, 계미자 • 세종: 갑인자 • 훈민정음: <용비어천가>, <삼강행실도>	
공예	분청사기	백자
그림	• 고사관수도: 강희안 • 몽유도원도: 안견 → 안평 대군의 꿈	• 사군자: 매·난·국·죽 • 초충도: 신사임당 추정
문학	• <동문선>: 성종, 서거정 • <금오신화>: 김시습, 최초 한문 소설	가사 문학 ▲ 　└ 정철: <관동별곡>, <사미인곡>
건축·탑	• 궁궐 건축 ▲: 경복궁, 창덕궁 • 사직단, 선농단, 종묘 ── 세계 문화 유산 • 합천 해인사 장경판전 　└ 팔만대장경(세계 기록 유산) • 원각사지 10층 석탑 ┬ 대리석 　　　　　　　　　　 └ 경천사지 10층 석탑(고려, 원)	서원 건축 ▲ ┬ 대성전: 제사 　　　　　　 ├ 명륜당: 교육 　　　　　　 └ 동재·서재: 기숙사 ↓ 백운동 서원(세계 문화 유산) 　└ 소수 서원(사액): 이황, 안향 제사

20강 조선 전기(문화 2)

시험에 자주 나오는 핵심
자료 몰아보기

1 측우기

측우기는 세종 때 처음 만들어진 강우량 측정기구로, 농사짓는 데 도움을 받기 위해 만들어졌어요. 원통 모양의 측우기에 빗물을 받아 자로 그 깊이를 재 강우량을 측정하였어요.

2 앙부일구

앙부일구는 세종 때 제작된 해시계로, 오목한 내부 면에 시각선과 계절선을 긋고 한쪽에 뾰족한 침이 있어 해의 그림자를 통해 시간과 절기를 알 수 있게 하였어요.

3 종묘와 사직단

종묘는 역대 왕과 왕비의 신주를 모신 사당으로, 유네스코 세계 유산으로 등재되었어요. 사직단은 땅의 신과 곡식의 신에게 제사를 지내는 제단이에요. 태조는 조선 건국 이후 경복궁을 중심으로 오른쪽에 사직단을, 왼쪽에 종묘를 지었어요.

▲ 종묘　　　　　▲ 사직단

4 분청사기와 백자

분청사기는 회색 계통이 바탕흙 위에 백토로 표면을 바른 후 유약을 발라 구운 자기로, 조선 초기에 유행하였어요. 이후 순백색의 바탕흙 위에 유약을 발라 구운 자기인 백자가 본격적으로 생산되면서 그 생산이 줄었어요.

▲ 분청사기 음각어문 편병　　▲ 백자 달항아리

5 몽유도원도와 고사관수도

몽유도원도와 고사관수도는 조선 전기를 대표하는 그림이에요. 몽유도원도는 안견이 세종의 아들인 안평 대군이 꿈속에서 본 무릉도원 이야기를 듣고 그린 그림이에요. 고사관수도는 문인 화가 강희안이 그렸으며, 물을 바라보고 있는 고상한 선비의 모습을 표현하였어요.

▲ 몽유도원도　　　　　▲ 고사관수도

6 서울 원각사지 10층 석탑

서울 원각사지 10층 석탑은 원의 영향을 받은 고려의 개성 경천사지 10층 석탑을 계승한 것으로, 대리석으로 만들어졌어요.

7 서원

지금의 사립 대학과 같은 역할을 한 서원은 이름 있는 유학자의 제사를 지내고 성리학을 연구·교육한 조선의 지방 교육 기관이에요. 중종 때 주세붕이 세운 백운동 서원은 우리나라 최초의 서원으로, 나중에 사액되면서 소수 서원으로 이름이 바뀌었어요

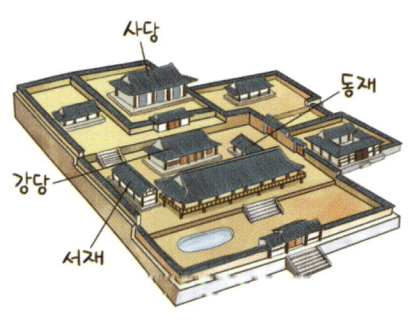

▲ 서원의 구조

20강 조선 전기(문화 2)

빈출키워드 TOP5
칠정산	1위
자격루	2위
계미자(태종)	3위
농사직설	4위
몽유도원도	5위

✏️ 의방유취
세종 때 편찬된 동양 최대의 의학 백과사전으로, 국내외 수많은 의학서를 모아 만들어졌어요.

✏️ 용비어천가
조선의 창업을 찬양하고 건국을 합리화하는 내용을 담은 서사시로, 훈민정음으로 쓰인 최초의 글이에요.

✏️ 금오신화
김시습이 지은 한문 소설집으로, 우리나라 최초의 소설로 알려져 있어요. 〈만복사저포기〉, 〈이생규장전〉, 〈취유부벽정기〉 등이 전해지고 있어요.

✏️ 관동별곡
정철이 강원도 관찰사로 원주에 부임하여 관동 팔경을 유람한 후 그곳의 뛰어난 경치에 대한 개인적인 감상을 표현한 노래예요.

✏️ 사미인곡
정철이 임금에 대한 충성과 절개를 한 여인이 그 남편을 그리워하는 마음에 비유하여 표현한 노래예요.

❶ 과학 기술의 발달

천문학·과학 기구	• 천상열차분야지도(태조): 고구려의 천문도를 바탕으로 돌에 새긴 별자리 지도 • 세종 때 장영실 등이 측우기(강우량 측정), 앙부일구(해시계), 자격루(물시계), 혼천의·간의(천체 관측) 등 제작
역법	• 《칠정산》(세종) – 이순지 등이 수시력(원)과 회회력(아라비아) 등을 참고하여 편찬 – 한양을 기준으로 천체 운동을 정확하게 계산한 역법서
농서	• 《농사직설》(세종) – 정초, 변효문 등이 우리 풍토에 맞는 농사법을 정리하여 소개 – 전국 농부들의 실제 경험을 바탕으로 정리 • 《금양잡록》(성종): 강희맹이 금양(오늘날 시흥) 지역에서 그곳 농부들과 나눈 대화와 자신이 직접 농사를 지으며 체험한 내용을 토대로 저술
의학서	• 《의방유취》(세종): 의학 백과사전 • 《향약집성방》(세종): 우리 고유의 약재와 치료 방법 정리
인쇄술	활자 인쇄술 발달 – 태종: 주자소 설치(금속 활자 개량) → 계미자 주조 – 세종: 갑인자 주조
무기	• 태종 때 거북선 제작 • 신기전·화포(세종), 비격진천뢰(선조) 제작

❷ 훈민정음 창제

창제	세종이 백성들이 자신의 말과 생각을 문자로 표현할 수 있도록 훈민정음 창제(1443)·반포(1446)
보급	• 각종 서적을 훈민정음으로 편찬 – 《용비어천가》: 조선의 건국 시조를 찬양함으로써 조선 건국을 합리화 – 《삼강행실도》: 유교 윤리를 글과 그림으로 설명 • 부녀자와 농민 중심으로 훈민정음 확산

❸ 건축과 예술의 발달

(1) 공예

15세기	분청사기 유행: 회색 계통의 바탕흙 위에 흰 흙을 발라 만든 자기, 소박한 무늬, 백자의 유행으로 생산 감소
16세기	백자 유행: 선비의 고상한 멋 반영

(2) 그림

15세기	• 고사관수도(강희안): 선비의 모습을 과감한 화풍으로 그려 냄 • 몽유도원도(안견): 세종의 아들인 안평 대군의 꿈 이야기를 듣고 그림
16세기	• 사군자 유행 • 초충도(신사임당의 작품으로 추정), 송하보월도(이상좌)

(3) 문학

15세기	• 《동문선》: 성종 때 서거정이 우리나라의 역대 문학 작품을 선별하여 편찬 • 《금오신화》(김시습): 우리나라 최초의 한문 소설
16세기	가사 문학 발달: 정철의 《관동별곡》·《사미인곡》

(4) 건축

15세기	• 궁궐 및 성문 건축 발달(경복궁, 창덕궁, 숭례문 등) • 종묘: 역대 국왕과 왕비의 신주를 모신 곳으로, 유네스코 세계 유산으로 등재 • 사직단: 땅과 곡식의 신에게 제사를 지내던 곳 • 선농단: 농사법을 가르쳤다고 전해지는 신농씨와 후직씨에게 풍년을 기원하며 제사를 지내던 곳 • 합천 해인사 장경판전: 팔만대장경판 보관, 유네스코 세계 유산으로 등재 • 서울 원각사지 10층 석탑: 대리석, 원의 영향을 받은 고려의 개성 경천사지 10층 석탑 계승
16세기	서원 건축 발달 – 대성전: 공자의 위패를 모신 곳으로 제사 공간 – 명륜당: 교육 공간인 강당 – 동재·서재: 기숙사 – 안동의 도산 서원, 경주의 옥산 서원 등 9개 서원이 유네스코 세계 유산으로 등재

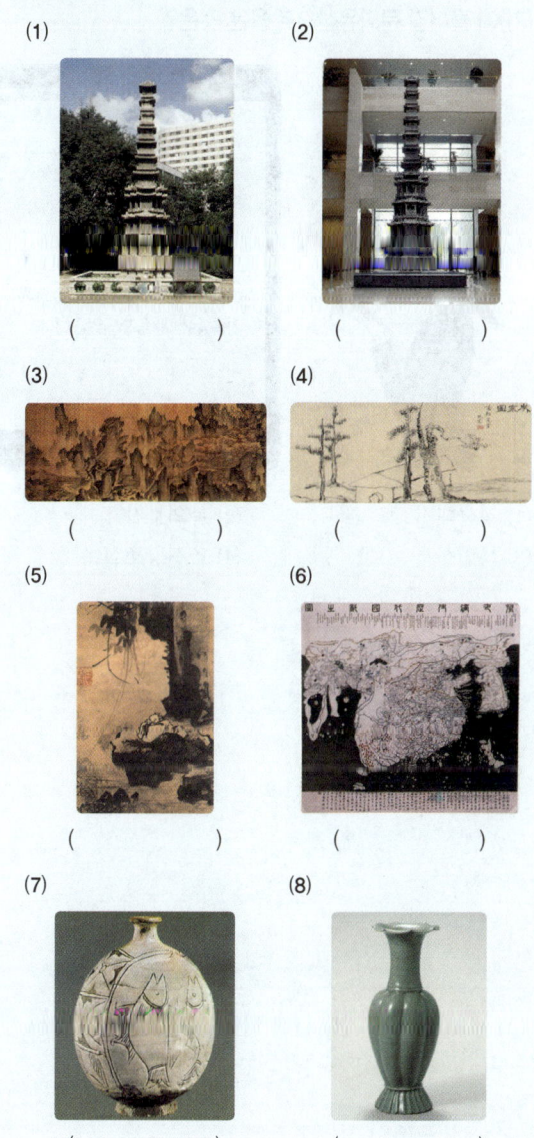

1. 조선 전기에 제작된 문화유산으로 맞으면 ○표, 틀리면 ×표 하세요.

(1) ( )　(2) ( )
(3) ( )　(4) ( )
(5) ( )　(6) ( )
(7) ( )　(8) ( )

2. 다음 설명에 해당하는 건축물을 골라 쓰세요.

> 경복궁, 창덕궁, 종묘

(1) 왕실 도서관인 규장각이 설치되었다. ( )
(2) 역대 국왕과 왕비의 신주가 모셔져 있다. ( )
(3) 정도전이 궁궐과 주요 전각의 명칭을 정하였다. ( )
(4) 태종이 한양으로 다시 천도한 후에 건립하였다. ( )

1. (1) ○ (2) × (3) ○ (4) × (5) ○ (6) ○ (7) ○ (8) ×
2. (1) 창덕궁 (2) 종묘 (3) 경복궁 (4) 창덕궁

1 67회

(가)에 들어갈 문화유산으로 옳은 것은? [1점]

① 경국대전 ② 동의보감
③ 목민심서 ④ 조선왕조실록

2 69회

(가)에 들어갈 책으로 옳은 것은? [2점]

① 동의보감 ② 목민심서
③ 삼강행실도 ④ 조선경국전

📢 조선의 역사서

정답분석 《조선왕조실록》은 태조부터 철종 대까지의 역사를 연대순으로 서술하는 방식인 편년체로 기록한 역사서예요. 왕이 죽으면 춘추관에 실록청을 설치하고 사관들이 기록한 사초와 각 기관에서 보고한 문서를 정리한 시정기 등을 종합하여 편찬하였어요.
④ 《조선왕조실록》은 내용의 정확성과 규모의 방대함을 인정받아 유네스코 세계 기록 유산으로 등재되었어요.

오답분석 ① 《경국대전》은 세조 때 편찬하기 시작하여 성종 때 완성·반포된 조선의 기본 법전이에요.
② 《동의보감》은 광해군 때 허준이 우리나라와 중국의 의서를 망라하여 전통 한의학을 체계적으로 정리한 의학서예요.
③ 《목민심서》는 정약용이 귀양살이를 하면서 지방 행정의 개혁에 관한 내용을 서술한 책이에요.

정답 | ④

📢 조선의 윤리서

정답분석 ③ 세종은 백성에게 유교 윤리를 보급하기 위해 중국과 우리나라의 충신, 효자 등의 이야기를 담은 《삼강행실도》를 편찬하였어요.

오답분석 ① 광해군 때 허준은 우리나라와 중국의 의서를 망라하여 전통 한의학을 체계적으로 정리한 《동의보감》을 완성하였어요.
② 정약용은 지방 행정의 개혁에 관한 내용을 담은 《목민심서》를 저술하였어요.
④ 정도전은 《조선경국전》 등을 저술하여 민본주의와 재상 중심의 정치를 주장하였어요.

정답 | ③

3 63회

(가)에 들어갈 인물로 옳은 것은? [1점]

여기는 도산 서당으로, 성학십도를 저술한 성리학자 (가) 이/가 제자들을 양성한 곳입니다. 그의 사후 제자들이 스승을 추모하고자 서당 뒤편으로 도산 서원을 조성하면서 한 공간에 서원과 서당이 공존하는 보기 드문 형태를 갖추게 되었습니다.

① 서희 ② 이황 ③ 박제가 ④ 정몽주

4 69회

(가)에 들어갈 인물로 옳은 것은? [1점]

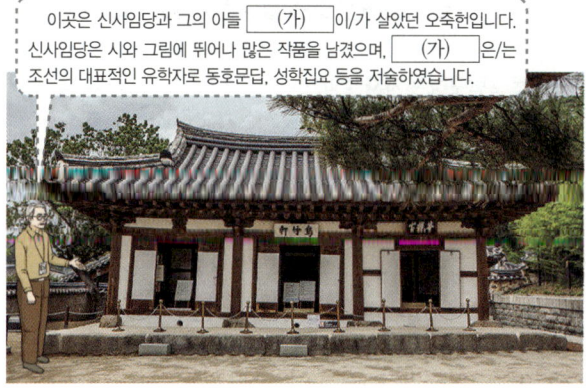

이곳은 신사임당과 그의 아들 (가) 이/가 살았던 오죽헌입니다. 신사임당은 시와 그림에 뛰어나 많은 작품을 남겼으며, (가) 은/는 조선의 대표적인 유학자로 동호문답, 성학집요 등을 저술하였습니다.

① 이이 ② 조식 ③ 송시열 ④ 홍대용

성리학의 발달

정답분석 성리학자 이황은 조선 선조가 어진 임금이 되기를 바라는 마음에서 군주의 도를 도식으로 설명한 《성학십도》를 지어 바쳤어요. 이황은 조선 시대 성리학의 발전에 크게 기여하였고, 이황의 사상은 임진왜란 이후 일본에 전해져 일본의 성리학 발전에도 영향을 주었어요.
② 이황은 '이(理)'를 강조하였으며, 그의 사상은 임진왜란 이후 일본에도 전해져 일본의 성리학 발전에 기여하였어요. 대표적인 저술로 《성학십도》, 《주자서절요》 등이 있어요.

오답분석 ① 고려의 문신인 서희는 거란의 제1차 침입 때 거란 장수 소손녕과의 외교 담판으로 강동 6주를 획득하였어요.
③ 조선 후기의 실학자인 박제가는 《북학의》에서 재물을 우물에 비유하여 절약보다 적절한 소비를 권장하고, 수레와 선박의 이용을 강조하였어요.
④ 고려 말의 성리학자 정몽주는 온건 개혁파 신진 사대부를 대표하는 인물로, 조선 건국에 반대하여 이방원 세력에 의해 죽임을 당하였어요.

정답 | ②

성리학의 발달

정답분석 신사임당을 어머니로 둔 율곡 이이는 퇴계 이황과 함께 조선의 성리학을 집대성한 학자예요. 이이는 왕이 가져야 할 덕목과 지식을 담은 《성학집요》, 선조에게 왕도 정치에 대한 이상을 문답체로 서술하여 다양한 개혁 방안을 제시한 《동호문답》 등을 저술하였어요.
① 이이는 학문을 시작하는 어린이들을 가르치기 위해 《격몽요결》을 저술하였어요.

오답분석 ② 조식은 조선 중기의 성리학자로 학문 연구와 제자 양성에 힘썼어요.
③ 송시열은 명에 대한 의리를 내세우고 청에 대한 복수(북벌)를 주장하는 상소인 기축봉사를 효종에게 올렸어요.
④ 홍대용은 조선 후기의 실학자로, 《의산문답》에서 지구가 회전한다는 지전설과 무한 우주론을 주장하여 중국 중심의 세계관을 비판하였어요.

정답 | ①

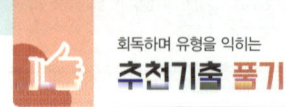

5 60회
(가)에 들어갈 내용으로 옳은 것은? [2점]

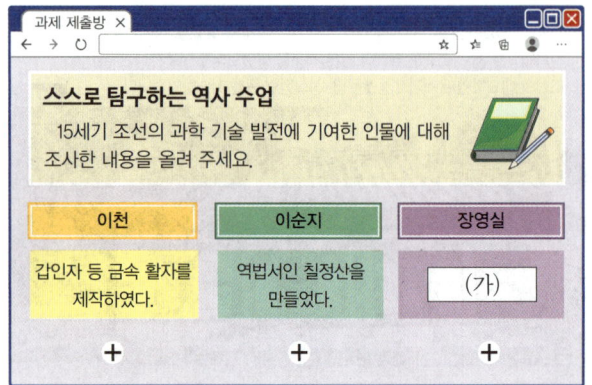

① 거중기를 설계하였다.
② 자격루를 제작하였다.
③ 대동여지도를 만들었다.
④ 동의보감을 완성하였다.

6 66회
(가)에 들어갈 문화유산으로 옳은 것은? [1점]

① 자격루   ② 측우기
③ 혼천의   ④ 앙부일구

📢 장영실의 활동

정답분석 장영실은 조선 세종 때의 과학자로, 세종은 노비 출신이었던 장영실을 신분과 관계없이 등용하였어요. 장영실은 혼천의, 간의, 앙부일구, 자격루 등 다양한 기구를 만들어 조선의 과학 기술 발전에 큰 영향을 끼쳤어요.
② 물의 흐름을 이용해 시간을 측정하는 물시계인 자격루는 세종 때 장영실이 제작하였어요.

오답분석 ① 정조 때 정약용은 《기기도설》 등을 참고하여 거중기를 설계하였어요.
③ 조선 후기에 김정호는 목판 지도인 대동여지도를 만들어 10리마다 눈금을 표시하였어요.
④ 광해군 때 허준은 전통 한의학의 체계를 정리하여 《동의보감》을 완성하였어요.

정답 | ②

📢 조선의 과학 기술

정답분석 앙부일구는 세종 때 제작된 해시계로, 종묘 앞에 처음 설치되었어요. 오목한 내부면에 시각선을 그어 해의 그림자를 통해 시간을 알 수 있게 하였어요. 또한, 계절선이 그어져 있어 24절기를 알 수 있었기 때문에 달력의 역할도 하였어요.
④ 앙부일구는 세종 때 제작된 해시계로, 시각은 물론 절기도 확인할 수 있었어요.

오답분석 ① 자격루는 세종 때 장영실이 왕의 명령을 받아 제작한 물시계예요.
② 측우기는 세종 때 강우량을 정확히 측정하여 농사짓는 데 도움을 받기 위해 처음으로 만들어졌어요.
③ 혼천의는 세종 때 이천, 장영실 등이 제작한 천문 관측 기구로, 이후에도 여러 차례 제작되었어요.

정답 | ④

교육 기관 / 성리학의 발달 / 불교와 도교 / 편찬 사업

01 조선은 최고 교육 기관으로 한양에 ○○관을 두었다.

02 서원은 교육과 함께 선현에 대한 제사를 담당하였는데, 최초의 서원은 ○○동 서원이다.

03 이황은 왕이 지켜야 할 도덕을 그림으로 설명한 《성학○○》를 저술하였다.

04 이이는 《성학○○》를 저술하여 왕이 배워야 할 덕목과 지식을 제시하였다.

05 《조선왕조○○》은 사초와 시정기를 바탕으로 편년체로 기록되었다.

06 태종 때 현존하는 동양 최고(最古)의 세계 지도인 ○○○○ 역대국도지도가 만들어졌다.

07 《○○대전》은 세조 때 편찬 작업이 시작되어 성종 때 완성된 조선 왕조의 기본 법전이다.

08 세종 때 충신, 효자, 열녀의 이야기를 글과 그림으로 구성한 《○○행실도》가 편찬되었다.

과학 기술의 발달 / 훈민정음 창제 / 건축과 예술의 발달

09 ○종 때 해시계인 앙부일구, 물시계인 자격루 등이 만들어졌다.

10 세종 때 우리 풍토에 맞는 농사법을 기록한 《농사○○》이 편찬되었다.

11 세종은 우리 고유의 문자인 ○○○○을 창제하였다.

12 ○묘는 조선 시대 역대 국왕과 왕비의 신주를 모신 사당이다.

13 조선 전기의 불교 건축물로는 팔만대장경이 보관된 합천 ○○사 장경판전이 있다.

14 조선 전기에 개성 경천사지 10층 석탑의 영향을 받은 서울 ○○○지 10층 석탑이 세워졌다.

정답 01 성균 02 백운 03 십도 04 집요 05 실록 06 혼일강리 07 경국 08 삼강 09 세 10 직설 11 훈민정음 12 종 13 해인 14 원각사

21강 조선 후기(정치)

붕당(선조)

- 동인 ── 척신 청산, 이조 전랑 ── 서인
- 정여립 모반 사건(기축옥사 ⇒ 서인 ▲)
- → 정철의 건저의(서인 ▼)

→ 북인 / 남인

1592

광해군: 중립 외교, 대동법, 영창 대군 X, 인목 대비 유폐

인조반정

북인 X → 효종 ⇒ 현종 → 예송(현종): 자의 대비 복상 기간
- 효종 X (1차, 기해) ─ 3년 ─ 1년
- 효종비 X (2차, 갑인) ─ 1년 ─ 9개월

환국(숙종) → 일당 전제
- 경신 → 송시열 X
- 기사 → 인현 왕후 X
- 갑술

→ 노론(영조) / 소론(경종)

탕평

	정치	경제	사회	문물
영조	• 탕평비, 산림 X • 서원 ▼, 이조 전랑 ▼	균역법 (1년 1필)	• 청계천 준설(준천사) • 신문고 부활(← 태종)	• 《속대전》 • 《동국문헌비고》
정조	• 규장각(→ 초계문신제) • 장용영, 수원 화성	신해통공 (금난전권 X)	서얼·노비 차별 ▼ └ 서얼 규장각 검서관	• 《대전통편》, 《동문휘고》 • 《무예도보통지》

세도

- 정조 사후 순조, 헌종, 철종 3대 60여 년
- 소수 가문 권력 ▲: 안동 김씨, 풍양 조씨 → 비변사, 5군영
- 매관매직 → 삼정 문란(전정, 군정, 환곡)

21강 조선 후기(정치)

1 붕당 정치

붕당은 사림이 권력을 잡은 이후 정치적 입장과 학문적 견해에 따라 나뉘어 형성된 집단이에요. 처음에는 상호 견제와 협력을 통해 균형적으로 정치가 운영되었으며 정치 참여의 폭이 확대되었어요. 하지만 점차 한정된 관직과 경제적 이익을 놓고 벌이는 권력 다툼으로 변질되어 자기 붕당의 이익만을 앞세우는 폐단이 나타났어요.

> 붕당은 싸움에서 생기고 싸움은 이해관계에서 생긴다. 이해관계가 절실하면 붕당이 깊어지고, 이해관계가 오래될수록 붕당이 견고해지는 것은 당연한 형세이다.

2 붕당 정치의 전개와 변질

붕당 정치는 사림이 선조 때 동인과 서인으로 나뉘면서 본격적으로 시작되었어요. 이후 정여립 모반 사건으로 서인이 정권을 잡았으나, 정철이 선조에게 세자 책봉을 건의한 사건(건저의)으로 다시 동인이 권력을 잡게 되었어요. 이때 서인에 대한 처벌을 두고 동인이 북인과 남인으로 나뉘었어요. 왜란 이후에는 북인이 정권을 장악하였으나 인조반정 이후에는 북인이 몰락하여 서인이 정국을 주도하고 남인이 정치에 참여하였어요. 하지만 현종 때 예송, 숙종 때 환국을 거치면서 남인은 몰락하고 서인은 노론과 소론으로 갈라졌어요.

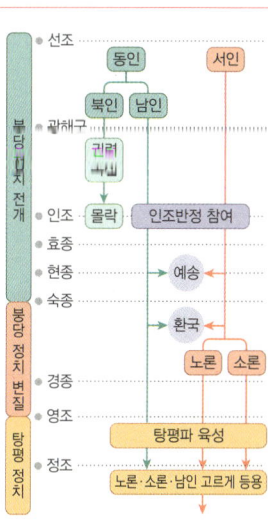

3 영조의 탕평 정치

'탕평'은 어느 쪽에도 치우침이 없이 공평하다는 뜻이에요. 영조와 정조는 붕당 정치의 폐단을 극복하기 위해 탕평 정치를 시행하였어요. 영조는 붕당 정치의 폐단을 경계하고자 하는 뜻을 널리 알리기 위해 성균관 앞에 탕평비를 세웠어요.

> "붕당의 폐해가 점점 더하여 각각 원수를 이루어 서로 죽여야만 끝이 났다. …… 나는 모든 미천한 인재를 위하여 쓸 것이니, 당습(黨習)에 관계된 자를 나에게 천거하면 내치고 귀양 보내어 서울에 함께 있게 하지 않을 것이다. …… 아! 임금의 마음이 이럴진대 신하가 따르지 않는다면, 이는 내 신하가 아니다."
> – 《영조실록》 –

▲ 탕평비

4 규장각

규장각은 역대 왕의 글 등을 보관하는 왕실의 도서관으로 창덕궁 후원의 주합루에 설치되었어요. 정조는 규장각을 학술 연구 및 정책 자문 기관으로 육성하였어요.

▲ 창덕궁 주합루

5 수원 화성

수원 화성은 정조가 자신의 정치적 이상을 담아 건설한 성으로, 성을 쌓을 때 정약용이 설계한 거중기 등이 이용되었어요.

▲ 팔달문

6 초계문신제

초계문신제는 과거에 합격하여 등용된 37세 이하의 중·하급 관리 중에서 젊고 재능 있는 문신들을 뽑아 규장각에서 재교육하는 제도예요. 정조가 자신의 정책을 뒷받침할 유능한 인재를 키우기 위해 실시하였어요.

7 신해통공

정조는 신해년(1791)에 육의전을 제외한 시전 상인의 금난전권을 폐지하는 신해통공을 발표하였어요. 당시 시전 상인들에게는 난전(허가받지 않고 상업 활동을 하는 상인)을 금지할 수 있는 권한인 금난전권이 있었는데, 이 권리를 폐지한 것이에요.

8 삼정의 문란

삼정의 문란은 19세기 세도 정치 시기에 전정·군정·환곡, 이 세 가지의 운영이 혼란스러워진 현상이에요. 전정은 토지세, 군정은 군포, 환곡은 농민에게 곡식을 빌려주고 이자를 받는 제도를 말해요. 삼정의 문란으로 탐관오리의 농민 수탈이 극심해지면서 전국 각지에서 농민 봉기가 일어났어요.

21강 조선 후기(정치)

빈출키워드 TOP5
- 탕평비 건립 1위
- 균역법 실시 2위
- 장용영 설치 3위
- 신해통공 4위
- 초계문신제 5위

❶ 붕당 정치의 전개

선조	• 붕당의 형성: 척신 정치의 잔재 청산 문제와 이조 전랑직의 임명 문제를 둘러싸고 기성 사림과 신진 사림 간의 대립 → 사림이 나뉘어 동인과 서인의 붕당 형성 • 동인의 분화: 정철 등 서인 세력이 정여립 모반 사건(동인이었던 정여립이 모반을 꾀한다고 모함을 빌미로 동인 숙청(기축옥사) → 서인 집권 → 정철의 건저의 사건(정철이 선조에게 광해군을 세자로 책봉할 것을 건의하자 삭탈관직을 당함) → 동인 집권 → 동인이 서인에 대한 처벌을 두고 남인(온건파)과 북인(강경파)으로 나뉨
광해군	왜란 이후 북인이 서인과 남인을 배제하고 정권 장악
인조	인조반정으로 광해군과 북인이 쫓겨남 → 서인의 정권 장악 + 남인의 정치 참여 허용

❷ 붕당 정치의 변질

(1) 예송의 발생(현종)

배경	효종과 효종비의 사망 후 인조의 두 번째 왕비인 자의 대비의 복상 기간(상복을 입는 기간)을 두고 서인과 남인이 대립	
	서인(송시열)	남인(허목, 윤휴)
입장	효종이 비록 왕이었으나, 인조의 둘째 아들이기 때문에 왕실도 사대부와 똑같은 예를 따라야 한다고 주장	왕실이 사대부의 예를 똑같이 따르는 것은 맞지 않으며, 효종에게 첫째 아들의 예를 적용해야 한다고 주장
	1차 예송(기해예송, 1659)	2차 예송(갑인예송, 1674)
전개	• 효종 사망 – 서인: 1년 복상(기년복) 주장 – 남인: 3년 복상 주장 • 결과: 서인 의견 수용	• 효종비 사망 – 서인: 9개월 복상(대공복) 주장 – 남인: 1년 복상(기년복) 주장 • 결과: 남인 의견 수용

(2) 환국의 전개(숙종): 일당 전제화(당파 간 세력 균형 붕괴)

경신환국 (1680)	남인인 허적이 왕의 허락 없이 유악(장막) 사용, 남인의 역모설 → 숙종이 허적, 윤휴 등 남인 축출, 서인 집권 → 서인이 남인에 대한 처벌을 두고 노론(강경파)과 소론(온건파)으로 나뉨
기사환국 (1689)	서인의 우두머리였던 송시열이 희빈 장씨 아들(훗날 경종)의 원자 책봉을 반대 → 숙종이 송시열을 처형하는 등 서인 축출 → 남인 집권, 인현 왕후 폐위, 희빈 장씨의 왕비 책봉
갑술환국 (1694)	서인이 인현 왕후의 복위 운동 전개 → 숙종이 인현 왕후를 복위시키고 희빈 장씨를 내쫓음 → 남인 축출, 서인 집권

❸ 탕평 정치의 전개

(1) 영조의 개혁 정치

정치	이인좌의 난 진압, 산림의 존재 부정, 서원 정리, 이조 전랑의 권한 축소, 탕평비 건립
경제	균역법 실시(1년에 군포 1필 징수) → 농민의 군포 부담 감소
사회	가혹한 형벌 폐지, 신문고 제도 부활, 청계천 준설(준천사 신설)
문물	《속대전》·《동국문헌비고》 등 편찬

✎ 정여립 모반 사건
1589년 동인 출신 정여립이 모반을 꾀한다는 혐의를 받다가 스스로 목숨을 끊은 사건이에요. 서인인 정철이 이 사건의 수습을 맡았는데, 그는 사건을 확대 해석하여 사건과 관련된 많은 동인들을 처벌하였어요(기축옥사).

✎ 이인좌의 난
경종이 일찍 죽고 뒤를 이어 영조가 즉위하자 정권에서 배제된 이인좌를 비롯한 소론 세력과 일부 남인이 세력을 합쳐 일으킨 반란이에요.

✎ 산림
학문의 수준은 높으나 관직에 진출하지 않고 향촌에서 학문을 연구하며 서원 등을 통해 현실 정치에 목소리를 내는 사람들을 말해요.

✎ 균역법
영조가 농민의 군역 부담을 줄여 주기 위해 시행한 법으로, 1년에 2필씩 걷던 군포를 1필로 줄였어요.

✎ 속대전
성종 때 《경국대전》이 반포된 이후 공포된 법령 중에서 시행할 조항만을 모아 영조 때 편찬한 법전이에요.

✎ 대전통편
《경국대전》과 《속대전》을 통합하여 편찬한 법전이에요.

(2) 정조의 개혁 정치

정치	• 규장각 설치(학술 연구 기관): 정책 보좌 • 초계문신제 실시: 젊고 능력 있는 문신들을 뽑아 왕이 직접 재교육 실시 • 수원 화성 건설: 화성을 정조의 정치적 이상을 실현하는 도시로 육성 • 장용영 설치: 국왕 직속의 친위 부대, 수원 화성에 외영을 둠
경제	• 신해통공 단행: 육의전을 제외한 시전 상인의 금난전권 폐지 → 상업 활동의 일정한 자유 보장, 사상의 성장
사회	• 수령의 권한 강화: 수령이 군현 단위의 향약 주관 → 향촌 내 지방 사족의 영향력 억제, 백성에 대한 국가의 통치력 강화 • 서얼과 노비에 대한 차별 완화, 서얼과 능력 있는 서얼 출신 학자를 규장각 검서관으로 등용
문물	《대전통편》·《동문휘고》·《탁지지》·《무예도보통지》 등 편찬

❹ 세도 정치의 전개

배경	정조가 죽고 어린 나이의 순조가 즉위 → 외척이 권력을 장악하면서 왕권 약화, 정치 세력 간 균형 붕괴, 소수 가문에 권력 집중
전개	• 순조, 헌종, 철종의 3대 60여 년 동안 지속 • 왕실과 혼인 관계를 맺은 안동 김씨, 풍양 조씨 등이 비변사 등의 권력 장악

폐단	• 매관매직 성행
	• 탐관오리의 수탈 등 부정부패 심화
	• 삼정의 문란
	  – 전정: 각종 부가세를 적용하여 정해진 금액 이상으로 징수
	  – 군정: 인징(도망자나 실종자의 군포를 그 이웃에게 징수)·족징(도망자나 실종자의 군포를 친척에게 징수), 황구첨정(어린아이에게 군포 징수), 백골징포(죽은 사람에게 군포 징수)
	  – 환곡: 법으로 정해진 양 이상으로 수량 확대, 환곡의 세금화

⏸ 일시정지! ☑ 확인하기

1. 조선 숙종 재위 시기에 있었던 사실로 맞으면 ○표, 틀리면 ×표 하세요.

(1) 경신환국으로 서인이 집권하였다. ( )
(2) 나선 정벌을 위해 조총 부대가 파견되었다. ( )
(3) 자의 대비의 복상 문제로 예송이 전개되었다. ( )
(4) 영창 대군이 사사되고 인목 대비가 유폐되었다. ( )

2. 다음 사실들을 순서대로 나열하세요.

(가) 사림이 동인과 서인으로 나뉘었다.
(나) 자의 대비의 복상 문제로 예송이 전개되었다.
(다) 집권 붕당이 전격적으로 교체되는 환국이 전개되었다.

( )

3. 다음 설명에 해당하는 왕을 골라 쓰세요.

영조, 정조

(1) 국왕의 친위 부대인 장용영을 설치하였다. ( )
(2) 속대전을 편찬하여 통치 체제를 정비하였다. ( )
(3) 붕당의 폐해를 견제하고자 탕평비를 세웠다. ( )
(4) 군역의 부담을 줄이고자 균역법을 제정하였다. ( )
(5) 문신 재교육을 위한 초계문신제가 시행되었다. ( )
(6) 통치 체제 정비를 위해 대전통편이 편찬되었다. ( )
(7) 역대 문물을 정리한 동국문헌비고를 편찬하였다. ( )
(8) 규장각 검서관에 서얼 출신 학자들을 등용하였다. ( )
(9) 시전 상인의 특권을 축소하는 신해통공이 실시되었다. ( )

1. (1) ○ (2) × (3) × (4) ×
2. (가) – (나) – (다)
3. (1) 정조 (2) 영조 (3) 영조 (4) 영조 (5) 정조 (6) 정조 (7) 영조 (8) 정조 (9) 정조

22강 조선 후기(조직, 외교)

〈일본〉 〈여진〉

| 비변사 | 중앙군 | 지방군 | 수비 |

〈5위〉 〈영진군〉 〈진관〉

- 3포 왜란(중종): 임시
- 을묘왜변(명종): 상설

↓ 제승방략

1592 ─────────────────────────

- 기능·역할 ▲ 〈5군영〉 〈속오군〉 후금(청)
  (의정부·6조 ▼) • 훈련도감 • 양반~노비
    └ 삼수병 • 예비군
      └ 포·사·살수 〈진관〉
    └ 직업 군인
- 권력 ▲ • 수어·총융·어영청 〈광해군〉
  (세도 정치기)   └ 인조(호란) 중립 외교(강홍립 투항)
  ↓ • 금위영(숙종)
  × → 인조반정(서인)
  (흥선 대원군)

〈인조〉(친명배금)
• 정묘호란 → 형제
• 병자호란 → 군신
  └ 남한산성, 김상용 X

에도 막부 요청 → 회답 겸 쇄환사 →
국교 재개(1607) → 기유약조(1609),
통신사 본격 파견

〈효종〉
• 북벌론: 송시열(→ 윤휴)
• 나선 정벌: 조총 부대

안용복(숙종)
→ 日, 울릉도·독도 우리 영토 인정

〈숙종〉
국경 분쟁 →
백두산정계비(토문)─간도

〈정조〉
북학론(박지원, 박제가)

대한제국(1897) ─────────────────

〈대한 제국 칙령 제41호〉
(1900)

간도 관리사(이범윤)
→ 을사늑약(1905)
  └ 외교권 X
→ 간도 협약(1909)
  └ 청·일

러·일 전쟁 중 일본이
시마네현에 강제 불법 편입(1905)

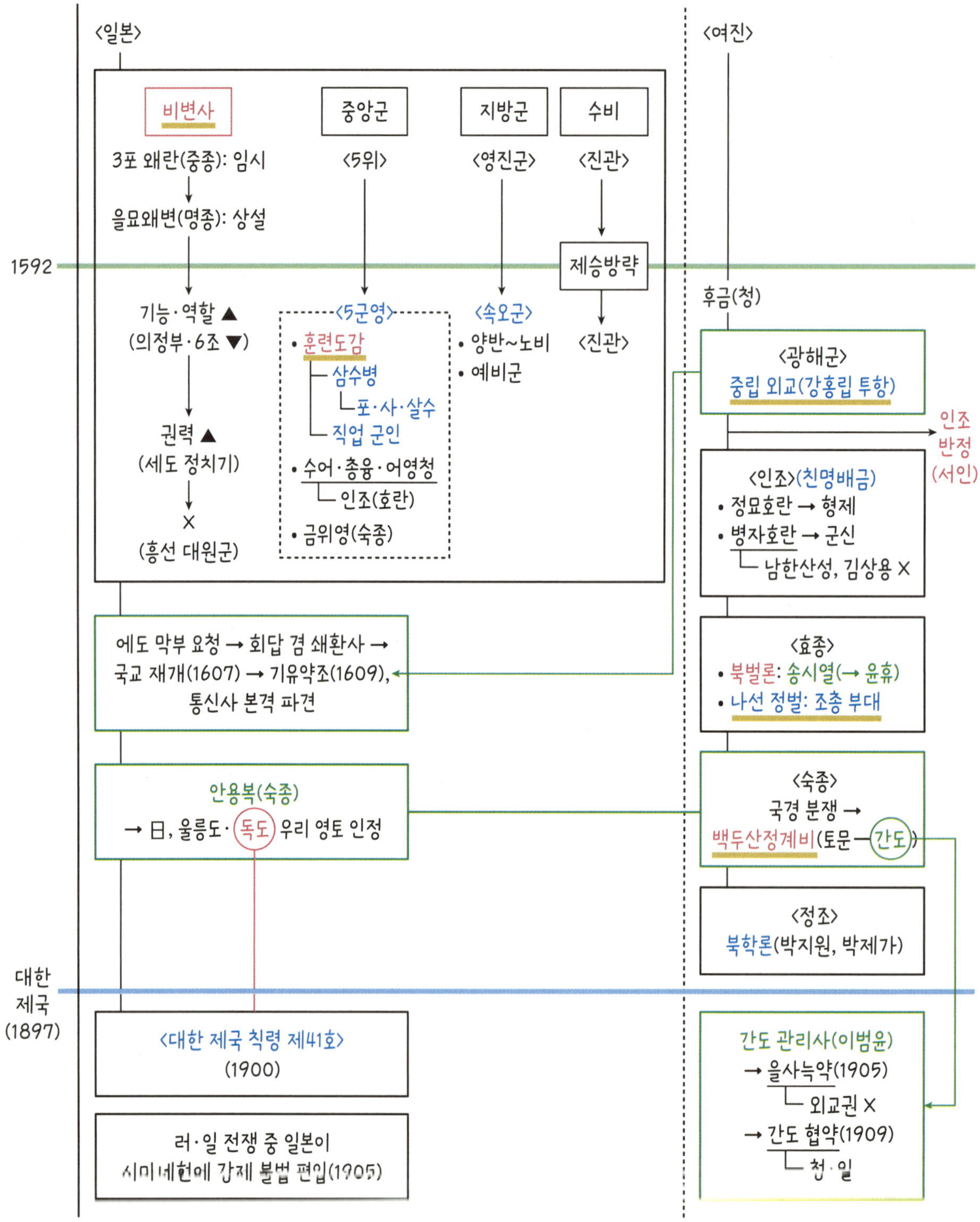

22강 조선 후기(조직, 외교)

시험에 자주 나오는 핵심
자료 몰아보기

1 나선 정벌

'나선(羅禪)'은 러시아 또는 러시아인을 의미하는 말이에요. 조선은 효종 때 청의 요청에 따라 러시아군과의 전투에 두 차례 조총 부대를 파견하였는데, 이를 나선 정벌이라고 해요.

2 백두산정계비

백두산정계비는 숙종 때 백두산에 세워 조선과 청의 국경을 정한 비석이에요. 간도 지역에서 두 나라의 백성 사이에 갈등이 여러 번 발생하자 조선과 청의 관리가 백두산 일대를 답사하고 국경을 정한 뒤 비석을 세웠어요.

> 오라총관 목극등이 성지를 받들어 변경을 답사하여 이곳에 와서 살펴보니 서쪽은 압록이 되고 동쪽은 '토문'이 되므로 분수령 위 돌에 새겨 기록한다.
> – 강희 51년 –

3 북벌론

북벌론은 청을 정벌하여 병자호란 때 청에 당한 수치를 씻고 명에 대한 의리를 지키자는 주장이에요. 병자호란으로 청에 볼모로 끌려갔다가 돌아온 후 왕위에 오른 효종은 송시열 등 서인 세력과 함께 북벌을 준비하였어요. 그러나 당시 조선 내부의 문제와 국제 상황 등으로 인해 실행하지는 못하였어요.

4 북학론

북학론은 청의 학문과 문물을 받아들이자는 주장이에요. 당시 청에 사신으로 다녀온 일부 실학자들은 청의 발전된 문물을 적극적으로 받아들여 나라를 강하게 만들자는 북학론을 주장하였어요. 대표적인 실학자로는 홍대용, 박지원, 박제가, 유수원 등이 있었어요.

5 간도 협약

간도 협약은 1909년에 청과 일본이 간도에 관하여 맺은 조약이에요. 간도를 두고 조선과 청의 대립이 계속되던 중 일본이 남만주 철도 부설권 등을 얻는 대가로 간도를 청의 영토로 인정하는 내용의 간도 협약을 맺었어요. 당시 조선은 을사늑약으로 일본에 외교권을 빼앗긴 상태였기 때문에 협약 체결에 직접적으로 참여할 수 없었어요.

6 통신사

통신사는 조선 시대에 일본으로 파견된 외교 사절이에요. 에도 막부는 임진왜란 이후 끊긴 국교를 회복하고 조선의 문물을 받아들이기 위해 조선에 사절단 파견을 요청하였는데, 이들이 바로 통신사예요. 통신사는 임진왜란 이후부터 19세기 초까지 파견되었고, 양국의 문화 교류에 큰 역할을 하였어요.

▲ 통신사 행렬도

7 대한 제국 칙령 제41호

대한 제국은 1900년에 대한 제국 칙령 제41호를 발표하여 울릉도를 울도군으로 승격시키고 독도를 관할하게 하는 등 독도가 우리 영토임을 분명히 하였어요.

> 제1조 울릉도를 울도라 개칭하여 강원도에 소속하고 도감(島監)을 군수(郡守)로 개칭하야 관제 중에 편입하고 군의 등급은 5등으로 할 일.
> 제2조 군청 위치는 태하동으로 정하고 구역은 울릉도 전체와 죽도*, 석도**를 관할할 일.
> * 죽도(竹島): 울릉도 저동 바로 옆의 죽서도, ** 석도(石島): 독도

22강 조선 후기(조직, 외교)

빈출키워드 TOP5
- 나선 정벌   1위
- 훈련도감   2위
- 백두산정계비 3위
- 비변사   4위
- 북벌론   5위

✎ **송시열**
조선 후기의 학자이자 문신이에요. 효종 때 청을 정벌하자는 북벌 정책에 동참하였어요.

✎ **기축봉사**
송시열이 효종에게 올린 북벌에 관한 상소예요. 명에 대한 의리를 강조하였어요.

✎ **이범윤**
1903년에 간도 관리사로 임명된 인물이에요. 간도 지역의 한국인을 보호하는 역할을 담당하였고, 국권 피탈 후에는 독립운동을 전개하였어요.

✎ **안용복**
조선 후기의 어부예요. 숙종 때 동래(부산)의 어부였던 안용복은 일본인이 울릉도와 독도 부근 바다에서 어업 활동을 벌여 조선 어민에게 피해를 입히자 일본으로 건너가 울릉도와 독도가 조선 영토임을 확인받고 돌아왔어요.

✎ **칙령**
국왕이나 황제가 내린 명령으로, 그 자체로 법적 효력을 가졌어요.

❶ 조선 후기 통치 체제의 변화

구분		임진왜란 이전	임진왜란 이후
비변사		• 3포 왜란(중종): 여진과 왜구의 침입을 대비하려고 설치한 임시 기구 → 국방 문제 논의 • 을묘왜변(명종) → 상설 기구화	• 왜란을 거치면서 기능 강화·확대 → 국정 최고 기구, 의정부와 6조의 기능 약화 • 세도 정치 시기에 세도 가문의 권력 기반이 됨 • 흥선 대원군이 왕권 강화를 위하여 혁파함
중앙군	5위		**특징**: 5군영 체제로 개편
			훈련도감: • 임진왜란 중인 선조 때 설치(유성룡의 건의) • 포수·사수·살수의 삼수병으로 구성 • 급료를 받는 상비군을 중심으로 구성(직업 군인의 성격) • 수도 방어·국왕 호위
			어영청: 인조 때 설치, 한성 수비, 효종 때 강화(북벌 준비) ┐
			총융청: 인조 때 설치, 경기 서북 지역 방어(북한산성에 위치) ├ 후금과의 항쟁 과정에서 설치
			수어청: 인조 때 설치, 수도 남부 지역 방어(남한산성에 위치) ┘
			금위영: 숙종 때 설치, 수도 방어·왕실 호위
지방군		영진군	속오군(평상시에는 생업 종사, 유사시 전투에 동원)
방어 체제		• 진관 체제(15세기, 세조): 지역 방어 • 제승방략 체제(16세기, 명종): 도 단위 방어 • 진관 체제로 복귀, 속오군 체제(임진왜란 이후)	

❷ 호란 이후 청과의 관계

(1) 북벌 정책

북벌론	내용	병자호란 이후 청에게 당한 수치를 씻고, 명에 대한 의리를 지키기 위해 청을 정벌하자는 주장 대두
	전개	• 효종 때 송시열(기축봉사), 이완 등을 중심으로 추진 → 청의 세력이 점점 커지고 효종이 갑자기 사망하면서 중단됨 • 숙종 때 윤휴, 허적 등 남인을 중심으로 다시 북벌론 대두 → 환국으로 남인이 쫓겨나면서 실행되지 못함
나선 정벌		효종 때 청과 러시아(나선) 사이에 국경 분쟁 발생 → 청의 지원군 요청에 따라 변급, 신류 등이 이끄는 조총 부대를 두 차례 파견

(2) 북학론

북학론 대두	18세기 이후 실학자들을 중심으로 대두 → 청의 발달된 기술과 문물(북학)을 받아들여야 한다고 주장
북학파 형성	유수원, 홍대용, 박지원, 박제가 등 중상학파 실학자들을 중심으로 북학파 형성

(3) 간도 문제

백두산 정계비 건립	• 배경: 조선과 청의 국경 분쟁 발생 • 내용: **숙종** 때 조선과 청의 관리가 백두산 일대를 답사한 후 국경을 확정하고 백두산정계비 건립(서쪽으로는 압록강, 동쪽으로는 토문강을 경계로 정함)
간도 영유권 분쟁	• 배경: 19세기 후반부터 조선인의 간도 이주 증가 → 청이 조선인의 간도 철수 요구 • 내용: 토문강 위치에 대한 해석을 둘러싸고 갈등이 발생하면서 간도 영유권 분쟁 발생 • 대응: 대한 제국 정부가 답사를 통해 우리 영토임을 확인, 간도를 함경도의 행정 구역으로 편입, 대한 제국 정부에서 **이범윤을 간도 관리사로 임명함**
간도 협약 (1909)	**일본이 만주의 탄광 채굴권과 철도 부설권을 얻는 조건으로 간도를 청의 영토로 인정** → 을사늑약으로 일제에 외교권을 빼앗긴 대한 제국은 협약 체결 과정에서 제외됨

❸ 일본과의 관계

(1) 왜란 이후 일본과의 관계 회복

국교 재개	에도 막부의 국교 재개 요청 → 포로 송환을 위해 회답 겸 쇄환사를 일본에 파견하면서 국교 재개 → 부산에 왜관 설치 → 기유약조 체결(제한된 범위 내에서 무역 허용, 1609)
통신사 파견	• 에도 막부의 요청으로 대규모 사절단 파견 • 외교 사절이면서 문화 사절의 역할 담당 → 일본 문화 발전에 영향

(2) 독도 문제: 《세종실록지리지》, 《동국여지승람》 등에 우리 영토로 기록됨

조선 시대 (숙종)	동래 어부 **안용복**이 울릉도·독도 지역으로 들어오는 일본 어민을 쫓아냄 → 안용복이 **일본으로** 건너가 **울릉도·독도가 조선의 영토임을 확인받고 돌아옴**
대한 제국 시기	**대한 제국 '칙령 제41호'**(1900) 공포 → 울릉도와 독도가 우리 영토임을 분명히 밝힘
일본의 불법 편입	러·일 전쟁 중 일본이 '시마네현 고시 제40호'를 통해 독도를 '다케시마'로 개칭하고 일본 영토인 시마네현에 불법 편입(1905)

🔵 일시정지! ☑ 확인하기

1. 다음 설명에 해당하는 왕을 골라 쓰세요.

> 인조, 효종, 숙종

(1) 나선 정벌에 조총 부대를 파견하였다. ( )

(2) 청과 국경을 정하는 백두산정계비를 세웠다. ( )

(3) 총융청과 수어청을 창설하여 도성을 방어하였다. ( )

2. 다음 설명이 맞으면 ○표, 틀리면 ×표 하세요.

(1) 인조와 서인 정권은 친명배금의 외교 정책을 폈다. ( )

(2) 대한 제국 정부는 이범윤을 간도 관리사로 임명하였다. ( )

(3) 대한 제국은 칙령 제41호를 반포하여 독도의 영유권을 재확인하였다. ( )

(4) 후금은 국호를 청으로 바꾸고 조선에 군신 관계를 요구하며 병자호란을 일으켰다. ( )

(5) 숙종 때 안용복은 일본으로 건너가 울릉도와 독도가 조선의 영토임을 확인받고 돌아왔다. ( )

1. (1) 효종 (2) 숙종 (3) 인조
2. (1) ○ (2) ○ (3) ○ (4) ○ (5) ○

회독하며 유형을 익히는 추친기출 풀기

1 69회

(가)~(다) 학생이 발표한 내용을 일어난 순서대로 옳게 나열한 것은? [3점]

① (가) – (나) – (다)
② (가) – (다) – (나)
③ (나) – (가) – (다)
④ (다) – (나) – (가)

📢 붕당 정치의 전개

정답분석 (다) 중종반정으로 연산군이 폐위된 후 중종은 반정에서 공을 세운 신하들을 견제하기 위해 조광조 등 사림을 등용하였어요. 조광조가 현량과 실시, 위훈 삭제 등 급진적인 개혁을 추진하자 훈구 세력이 반발하고 중종의 반감도 커져 조광조를 비롯한 사림이 제거된 기묘사화가 일어났어요(1519).
(나) 현종 때 효종과 효종비가 죽자 서인과 남인 사이에 효종의 어머니인 자의 대비가 상복을 입는 기간을 두고 두 차례 예송이 전개되었어요 (1659, 1674).
(가) 숙종 때 희빈 장씨 소생의 원자 책봉 문제를 반대하던 서인이 밀려나고 이들의 주축인 송시열 등을 축출하면서 서인이 권력을 잃고 남인이 집권하는 기사환국이 발생하였어요(1689).
④ (다) 기묘사화(1519) → (나) 예송(1659, 1674) → (가) 기사환국(1689)

정답 | ④

2 69회

(가) 왕에 대한 설명으로 옳은 것은? [2점]

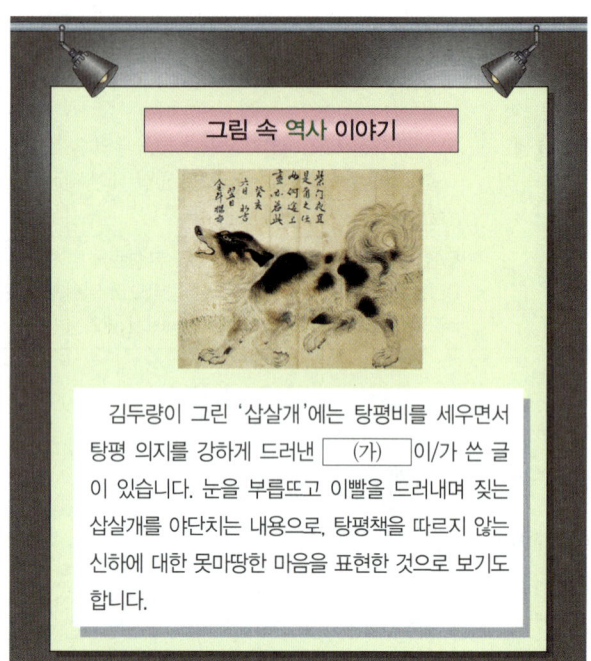

김두량이 그린 '삽살개'에는 탕평비를 세우면서 탕평 의지를 강하게 드러낸 (가) 이/가 쓴 글이 있습니다. 눈을 부릅뜨고 이빨을 드러내며 짖는 삽살개를 야단치는 내용으로, 탕평책을 따르지 않는 신하에 대한 못마땅한 마음을 표현한 것으로 보기도 합니다.

① 규장각을 설치하였다.
② 균역법을 실시하였다.
③ 비변사를 폐지하였다.
④ 훈민정음을 창제하였다.

📢 조선 영조의 업적

정답분석 영조는 붕당 정치의 폐단을 경계하고자 탕평책을 실시하였고, 이를 널리 알리기 위해 성균관 앞에 탕평비를 세웠어요.
② 영조는 백성의 군역 부담을 줄여 주기 위한 목적으로 군포를 1년에 2필에서 1필로 줄인 균역법을 시행하였어요. 균역법 시행으로 줄어든 재정 수입은 결작, 어·염세, 선박세, 선무군관포 등으로 보충하였어요.

오답분석 ① 정조는 창덕궁 후원에 왕실 도서관이자 학술 연구 및 정책 자문 기관으로 규장각을 설치하였어요.
③ 고종 때 흥선 대원군은 세도 정치의 기반이었던 비변사의 기능을 축소·폐지하고, 의정부와 삼군부의 기능을 부활시켜 각각 정치와 군사를 담당하도록 하였어요.
④ 세종은 백성들이 익숙한 한자를 몰라 뜻을 밝히 바로잡지 못하는 상황 등을 안타깝게 여겨 총 28자로 이루어진 훈민정음을 창제하여 반포하였어요.

정답 | ②

3 64회

밑줄 그은 '이 왕'의 업적으로 옳은 것은? [2점]

① 경복궁을 중건하였다.
② 영선사를 파견하였다.
③ 장용영을 창설하였다.
④ 훈민정음을 창제하였다.

조선 정조의 업적

정답분석 초계문신제는 과거에 합격하여 등용된 중·하급 관리 중에서 젊고 재능 있는 문신들을 뽑아 규장각에서 재교육하는 제도예요. 정조가 자신의 정책을 뒷받침할 유능한 인재를 양성하기 위해 실시하였어요.
③ 정조는 국왕의 친위 부대로 장용영을 설치하였고, 수원 화성에 장용영 외영을 두었어요.

오답분석 ① 고종 때 흥선 대원군은 왕실의 위엄을 높이기 위해 임진왜란 때 불타 없어진 경복궁을 중건하였어요.
② 고종 때 조선 정부는 개항 이후 개화 정책을 추진하는 과정에서 김윤식과 유학생, 기술자 등으로 꾸려진 영선사를 청에 파견하였어요.
④ 세종은 백성들이 글을 몰라서 억울한 일을 당하는 상황을 안타깝게 여겨 훈민정음을 창제하였어요.

정답 | ③

4 61회

다음 자료에 대한 탐구 활동으로 적절한 것은? [2점]

① 과전법 실시의 배경에 대해 살펴본다.
② 조선 형평사의 활동 내용을 조사한다.
③ 전민변정도감이 설치되는 과정을 알아본다.
④ 세도 정치 시기 삼정의 문란에 대해 찾아본다.

세도 정치 시기의 모습

정답분석 조선 후기에는 소수 가문에 권력이 집중되는 세도 정치가 시작되었어요. 비변사로 권력이 집중되며 관직을 사고 파는 매관매직이 많이 일어났고, 삼정의 문란으로 농민들의 삶이 힘들어졌어요. 삼정은 세금인 전정, 군정, 환곡을 말하는 것으로, 제시된 시에서는 군정의 문란을 말하고 있어요. 조선 시대에 16~60세의 남성들은 군대에 가지 않는 대신 군포를 납부해야 했어요. 그런데 이 시기에는 군포를 납부해야 하는 명단인 군적에 죽은 시아버지, 갓난아기 등 군포를 납부하지 않아도 되는 사람들까지 넣어서 군포를 강제로 걷는 폐단이 나타났어요.
④ 세도 정치 시기에는 삼정의 문란이 심하였어요. 삼정은 전정, 군정, 환곡을 말하며, 이로 인해 백성들이 고통받았어요.

오답분석 ① 과전법은 고려 말 신진 사대부의 경제적 기반을 마련하기 위해 실시되었어요.
② 조선 형평사는 일제 강점기에 백정에 대한 사회적 차별 철폐를 위해 형평 운동을 전개하였어요.
③ 전민변정도감은 고려 말 권문세족이 불법적으로 빼앗은 땅을 주인에게 돌려주고, 억울하게 노비가 된 사람들을 원래 신분으로 회복시켜준 기구예요.

정답 | ④

5. 58회

(가)에 들어갈 기구로 옳은 것은? [2점]

> (가) 은/는 본래 외적의 침입에 대비하고자 설치한 임시 군사 회의 기구였으나, 양 난을 계기로 국방뿐만 아니라 국정 전반을 총괄하는 최고 기구가 되었습니다. 이로 인해 기존의 의정부와 6조가 유명무실해졌습니다.

① 비변사 ② 사헌부 ③ 의금부 ④ 홍문관

조선 후기 통치 체제의 변화

정답분석 비변사는 3포 왜란을 계기로 국방에 관한 문제를 논의하기 위해 설치하였던 임시 기구였으나 을묘왜변을 거치며 상설 기구화되었어요. 이후 비변사는 양 난을 거치며 국정 전반을 총괄하는 최고 기구가 되었고 세도 정치 시기에는 세도 정치의 기반의 역할을 하였어요.
① 비변사는 변방의 일에 대비하기 위한 기구라는 뜻으로 국방에 관한 문제를 논의하기 위해 임시 기구로 설치되었어요.

오답분석 ② 사헌부는 관리의 비리 감찰을 담당하는 기구로 사간원, 홍문관과 함께 3사로 불렸어요. 사헌부의 관리는 대간으로 불리며 서경, 간쟁, 봉박의 권리가 있었어요.
③ 의금부는 국왕 직속의 사법 기구로 반란 등의 큰 죄를 지은 죄인을 담당하였어요.
④ 홍문관은 국왕에 대한 자문과 경연 주관을 담당한 기구로 사헌부, 사간원과 함께 3사를 구성하였으며 언론 기능을 담당하였어요.

정답 | ①

6. 67회

다음 가상 대화 이후에 전개된 사실로 옳은 것은? [2점]

① 북벌론이 전개되었다.
② 4군 6진이 개척되었다.
③ 삼포왜란이 진압되었다.
④ 정동행성이 설치되었다.

호란 이후 청과의 관계

정답분석 왜란 이후 명의 힘이 약해지자, 여진이 세력을 확장하며 후금을 세웠어요. 인조반정 이후 조선에서 서인 정권이 친명배금 정책을 펼치자 후금이 침략하였어요(정묘호란). 이후 후금이 나라 이름을 청으로 바꾸고 군신 관계를 강요하며 다시 침략하였어요. 인조는 남한산성에서 항전하였지만 결국 삼전도에서 항복하면서 청과 군신 관계를 맺었고(병자호란), 소현 세자와 봉림 대군(훗날 효종)은 청에 볼모로 끌려갔어요.
① 조선 효종은 송시열 등 서인 세력과 함께 청을 정벌하여 병자호란 당시 당한 치욕을 씻어야 한다는 북벌론을 전개하였으나 실행에 옮기지는 못하였어요.

오답분석 ② 조선 세종은 최윤덕과 김종서를 북쪽으로 보내 여진을 몰아내고 4군 6진을 개척하였어요.
③ 조선 중종 때 일본은 3포에서의 교역 규모가 점차 커지자 교역 확대를 요구하였는데, 조선은 받아들이지 않고 오히려 통제를 강화하였어요. 이에 불만을 품은 일본인들이 3포에서 난을 일으켰는데, 이 사건을 3포 왜란이라고 해요.
④ 고려 충렬왕 때 원은 일본 원정을 위해 고려에 정동행성을 설치하였는데, 원은 일본 원정 실패 이후에도 부속 기구인 이문소를 통해 고려의 내정에 간섭하였어요.

정답 | ①

붕당 정치의 변질 / 탕평 정치의 전개 / 세도 정치의 전개

01 현종 때 자의 대비의 복상 문제를 둘러싸고 ●송이 전개되었다.

02 ●인은 예송에서 남인과 대립하였다.

03 숙종 때 집권 붕당이 전격적으로 교체되는 ●국이 전개되었다.

04 영조는 붕당 정치의 폐해를 극복하고자 ●●비를 건립하였다.

05 ●조는 《속대전》을 편찬하여 통치 체제를 정비하였다.

06 정조는 젊고 유능한 문신들을 재교육하는 ●● 문신제를 시행하였다.

07 정조는 국왕 친위 부대로 ●●영을 설치하고, 시전 상인의 특권을 폐지하는 신해 ●●을 단행하였다.

08 세도 정치 시기에 ●●의 문란이 심화되어 백성들의 생활이 피폐해졌다.

조선 후기 통치 체제의 변화 / 호란 이후 청과의 관계 / 일본과의 관계

09 ●●사는 임진왜란을 거치면서 기능과 권한이 확대되어 국정 최고 기구의 역할을 하였다.

10 ●● 도감은 포수, 살수, 사수의 삼수병으로 구성되었다.

11 효종은 청에 당한 치욕을 갚기 위해 ●벌 운동을 추진하였다.

12 효종은 청의 요청에 따라 ●● 정벌에 조총 부대를 두 차례 파견하였다.

13 숙종 때 청과의 국경을 정한 ●●● 정계비가 건립되었다.

14 대한 제국 정부는 이범윤을 ●도 관리사로 임명하였다.

15 임진왜란 후 조선은 일본의 요청으로 ●●사를 일본에 파견하였다.

16 숙종 때 어부 ●●복이 일본으로 건너가 울릉도와 독도가 조선의 영토임을 확인받았다.

17 대한 제국은 칙령 제41호를 반포하여 ●도의 영유권을 재확인하였다.

23강 조선 후기(경제)

구분			~1592	1592~
수취체제	조세		과전법(고려 공양왕) → 공법(세종) └ 1결 30두 └ 1결 4~20두	→ 영정법(인조) └ 1결 4~6두 고정(정액)
	공납		특산물: 호(집) 할당 → 방납 폐단	대동법 ─ 광해군(이원익) → 경기 ├ 효종(김육) → 숙종(전국 확대) └ 선혜청 설치 ├ 1결 12두 또는 삼베, 동전 └ 공인 → 상품 화폐 경제 ▲
	역		노동력(군역, 요역) → 대립, 방군수포 └ 1년 2필	→ 균역법(영조) ─ 1년 1필 ├ 어·염·선박세 └ 선무군관포, 결작(1결) 2두
수공업·광업	수공업		관영 → 공장안	민영 ▲, 선대제 → 독립 수공업 O
	광업		관영(정부 독점)	민영 ▲(은) ─ 설점수세제 → 잠채 덕대 ← 자본 ─ 상인 └ 고용 → 노동자
농업	밭		2년 3작	• 상품 작물: 담배, 면화, 인삼, 고추 • 구황 작물: 감자, 고구마
	논		직파법 ─ 모내기법(이앙법) └ 남부 일부	→ 전국 확대(이모작, 광작) └ 생산량 ▲, 노동력 ▼
	지대		타조법(1/2 정율)	+ 도조법(정액, 계약)
	농서		〈농사직설〉, 〈금양잡록〉	〈농가집성〉, 〈색경〉
상업	관허상인		• 시전 상인(종로, 육의전) • 보부상(지방 장시) └ 혜상공국, 황국 협회	→ 금난전권 O → X (정조: 신해통공) • 전국적 유통망, 보부상단 • 공인(대동법) → 도고
	사상			• 만상(의주), 내상(동래), 경강상인(한강) • 송상(개성): 송방
	포구			선상, 객주(매매 중개)·여각(숙박)
	대외무역			• 개시(공), 후시(사) • 청: 중강 개시·후시, 책문 후시 • 일: 초량 왜관(부산) • 만상(대청), 송상(청 및 승계), 내상(대일)
	화폐			• 조세·지대 금납화 ─ 상평통보(숙종) └ 전황(물가 ▼)

23강 조선 후기(경제)

1 대동법

대동법은 공납의 폐단으로 농민들의 부담이 커지자 광해군이 처음 실시한 제도예요. 각 집마다 특산물을 내던 공납을 소유한 토지를 기준으로 1결당 쌀 12두 또는 무명, 삼베, 동전 등으로 내게 하였어요. 경기 지역에서 처음 실시되었고 이후 점차 전국으로 확대되었어요. 대동법이 실시되면서 관청에 물품을 조달하는 공인이 등장하였어요.

2 균역법

균역법은 영조가 백성들의 군포 부담을 줄여주기 위해 군포를 1년에 2필에서 1필만 납부하게 한 제도예요. 영조는 군포 징수와 관련하여 여러 폐단이 나타나자 이를 해결하기 위해 균역청을 설치하고 균역법을 실시하였어요. 균역법의 시행으로 부족해진 수입은 선무군관포, 결작, 어장세·소금세·선박세 등을 걷어 보충하였어요.

3 민영 광산의 발달

조선 후기에는 민영 수공업이 발달하고 광산 개발이 활발해지면서, 정부가 민간인에게 세금을 받고 광산 개발을 허가하는 설점수세제가 시행되었어요. 이후 대규모 광산 개발은 경영 전문가인 덕대가 등장하여 상인 물주의 자금을 받아 노동자와 채굴업자를 고용하는 형태로 운영되기도 하였어요.

4 모내기법의 확대

조선 후기에는 수리 시설의 확충 등으로 모내기법(이앙법)이 전국적으로 확산되었어요. 모내기법이 확산되자 벼와 보리의 이모작이 가능해졌고, 한 사람이 넓은 토지를 경영하는 광작이 널리 이루어졌어요.

5 상품 작물의 재배

조선 후기에는 처음부터 팔기 위한 목적으로 농사를 짓는 상품 작물의 재배가 확대되었어요. 대표적인 상품 작물로는 인삼, 담배, 목화, 고추, 생강 등이 있어요.

6 도고

도고는 조선 후기에 대규모 자본을 바탕으로 상품을 대량으로 구매하여 이윤의 극대화를 노리던 상행위나 상인을 말해요. 대동법의 시행으로 등장한 공인이 특정 상품을 대량 거래하여 돈을 모아 독점적 도매상인인 도고로 성장하기도 하였어요.

7 사상의 성장

사상은 시전 상인과는 달리 정부의 허가를 받지 않고 활동한 상인이에요. 정조의 신해통공으로 자유로운 상업 활동이 가능해지면서 이들의 활동이 활발해졌어요. 대표적인 사상으로는 의주의 만상, 개성의 송상, 동래(부산)의 내상, 한강 기반의 경강상인 등이 있어요. 만상과 송상은 청과의 무역에 종사하였고, 내상은 일본과의 무역에 종사하였어요. 특히, 송상은 전국에 송방이라는 지점을 설치하여 운영하였어요.

8 포구에서의 상업

조선 후기에는 도로보다 뱃길을 이용하여 많은 물건을 운반하였기 때문에 포구가 기지 역할을 하였어요. 18세기 이후 전국의 포구가 하나의 유통망으로 연결되어 강경, 원산 등이 상업의 중심지로 성장하였어요. 그리고 객주, 여각 등이 포구에서 상품 매매 중개·금융·숙박업 등으로 활발하게 활동하였어요.

9 상평통보

상평통보는 숙종 때 발행·유통되기 시작하여 조선 후기에 널리 쓰였어요. 상평통보가 전국적으로 유통되면서 상품 화폐 경제가 발달하였어요.

23강 조선 후기(경제)

빈출키워드 TOP5
대동법	1위
균역법	2위
상평통보	3위
금난전권 폐지	4위
상품 작물 재배	5위

❶ 수취 체제의 개편

조세 (영정법)	배경	양 난 이후 농사 짓는 땅이 황폐해짐, 전세 제도의 문란
	내용	인조 때 실시, 풍년·흉년에 관계없이 전세를 토지 1결당 쌀 4~6두로 고정(정액화)
	결과	각종 수수료 부과 등으로 농민의 부담 증가
공납 (대동법)	배경	공납(방납)의 폐단으로 농민의 부담 증가
	내용	• 각 호(戶)에 부과하던 특산물을 토지 결수에 따라 1결당 쌀 12두로 징수, 지역에 따라 무명·삼베·동전 등으로도 징수 • 광해군 때 이원익의 건의로 경기도에서 처음 실시(선혜청 설치) • 효종 때 김육의 건의로 충청도에서 실시 → 숙종 때 전국적으로 확대(평안도와 함경도 제외)
	결과	공인의 등장(관청에서 필요한 물품 조달), 농민의 부담 감소 → 상품 화폐 경제의 발달
역 (균역법)	배경	군포의 이중·삼중 부과 → 농민의 부담 증가
	내용	• 영조 때 실시, 군포를 1년에 2필에서 1필로 줄여 줌 • 줄어든 군포 수입 보완책: 어장세·염전세·선박세 및 선무군관포, 결작 등으로 보완
	결과	농민 부담은 일시적으로 감소, 군포 징수 과정에서 계속 폐단 발생

어장세·염전세·선박세
어장세는 어장에 매기는 세금, 염전세는 소금을 만드는 사람들에게 매기는 세금, 선박세는 선박을 가진 사람들에게 매기는 세금이에요. 원래 왕실 재정으로 귀속되었지만 균역법 실시 후 부족해진 재정을 보충하기 위해 국가 재정으로 귀속시켰어요.

선무군관포와 결작
선무군관포는 일부 부유한 평민에게 '선무군관'이라는 칭호를 주고 걷은 군포를 말하며, 결작은 지주에게 부과한 토지세로, 토지 1결당 2두를 걷었어요.

설점수세제
조선 초기에는 정부가 직접 광산을 경영하거나 광산이 있는 지역민에게 공물로 부과하여 거두었으나, 조선 후기에는 정부가 민간에 광물 채굴을 허가하고 그에 따른 세금을 거두는 방식으로 변화되었어요.

타조법과 도조법
타조법은 수확할 때 정해진 비율로 소작료를 내는 것을 말하며, 일반적으로 수확량의 1/2을 냈어요. 반면 도조법은 수확량과 관계없이 미리 정해 놓은 소작료를 내는 정액제예요. 도조법이 적용되자 풍년이 들어 수확량이 늘면 소작농은 큰 이익을 얻지만, 흉년이 들면 생활이 더 힘들어졌어요.

객주·여각
객주는 포구 등지에서 상품을 위탁 판매하거나 매매를 중개하는 상인이고, 여각은 포구 등지에서 다른 지역 상인을 대상으로 매매를 중개하면서 숙박업과 금융업 등을 하던 곳이에요.

❷ 수공업과 광업의 발달

수공업	• 대동법의 실시로 수공업품 수요 증가, 국가에 세금을 납부하고 자유롭게 제품을 생산하는 수공업자 증가 → 민영 수공업 발달 • 선대제 성행(수공업자들이 공인이나 상인에게 자본과 원료를 미리 받아 제품 생산) → 수공업자가 상인 자본에 매여 있게 됨 • 장인 등록제(공장안) 폐지(18세기 후반) → 독자적으로 제품을 생산·판매하는 독립 수공업자 등장 • 점촌 형성: 민간 수공업자들이 모여 살면서 제품을 생산하는 마을 형성
광업	• 광산 정책의 변화: 조선 초기에는 정부가 독점적으로 채굴 → 17세기 중반 이후 정부가 민간인에게 세금을 걷고 광산 채굴 허용(설점수세제) • 18세기 후반 청과의 무역 확대로 은 수요 증가, 민영 수공업의 발달로 원료가 되는 광산물의 수요 증가 → 광산 개발 활발, 정부의 허가를 받지 않고 몰래 광물을 채굴하는 잠채 성행 • 덕대의 등장: 경영 전문가인 덕대가 상인 자본인 물주의 자본으로 채굴업자(혈주)·노동자(광군)를 고용하여 광산 경영

❸ 농촌 경제의 변화

농업 생산력 증대	모내기법(이앙법)의 확대(논), 견종법 등 새로운 농법 시도(밭), 각종 농기구와 시비법 개량 → 수확량 증가로 농민 소득이 늘어남, 노동력 절감, 벼와 보리의 이모작 확산
농업 경영의 변화	모내기법의 확대 보급으로 노동력이 절감되면서 광작 확산, 상품 작물 재배(담배, 면화, 고추, 인삼 등), 구황 작물이 전해짐(감자, 고구마 등) → 농민의 소득 증가, 농민층의 분화(일부 농민은 부농으로 성장, 많은 농민이 품팔이·영세 상인·임노동자 등으로 전락)
소작료 납부 방식의 변화	타조법(정률 지대)이 일반적이었으나 일부 지역에서 도조법(정액 지대)이 등장

❹ 상업의 발달

사상의 성장	• 서울의 칠패(남대문 부근), 이현(동대문 부근) 등지에서 활동하며 등장 → 시전 상인이 금난전권으로 사상 억압 • 정조의 신해통공(금난전권 폐지)으로 상업 활동이 자유로워짐 → 서울을 비롯해 각지에서 활동, 각 지방의 장시(시장) 연결 • 대표 사상 – 만상(의주): 주로 대청 무역 종사 – 송상(개성): 주로 청과 일본 사이에서 중계 무역, 전국에 송방이라는 지점 설치 – 내상(동래, 지금의 부산): 주로 대일 무역 종사 – 경강상인(한강): 주로 운송업 종사 • 일부 사상은 공인과 함께 독점적 도매상인인 도고로 성장
장시의 발달	• 18세기 중반에 전국적으로 천여 개의 장시 개설 → 일부 장시는 상설 시장화 • 보부상이 전국의 여러 장시를 돌아다니며 물품 판매 → 각 지방의 장시를 하나의 유통망으로 연결
포구 상업	• 선상: 선박을 이용하여 운송한 각 지방의 물품을 포구에서 판매 → 전국 각지의 포구를 하나의 유통망으로 연결(대표: 경강상인) • 객주·여각: 포구에서 선상의 상품 매매 중개·운송·보관·숙박·금융업 등에 종사
대외 무역	• 17세기 중반 이후 국경 지대에서 공무역인 개시 무역과 사무역인 후시 무역 발달 • 청: 중강 개시·후시, 책문 후시 등에서 공무역과 사무역 전개 • 일본: 부산의 왜관(초량 왜관)에서 공무역과 사무역 전개 • 사상의 성장: 만상(주로 대청 무역), 송상(청과 일본 사이에서 중계 무역), 내상(주로 대일 무역)

❺ 화폐 경제의 발달

화폐 유통	• 배경: 상공업 발달, 대동법 실시 이후 조세와 지대의 금납화(화폐로 납부) • 유통: 숙종 때부터 상평통보 본격 발행 → 전국적으로 유통
전황 발생	지주나 대상인들이 화폐를 고리대나 재산을 모아 놓는 수단으로 이용 → 유통 화폐가 부족해지는 현상인 전황 발생

⏸ 일시정지! ☑ 확인하기

1. 다음 설명과 관련된 제도를 골라 쓰세요.

> 영정법, 대동법, 균역법

(1) 토지 1결당 쌀 2두의 결작을 부과하였다. ( )
(2) 토지 1결당 쌀 4~6두로 납부액을 고정하였다. ( )
(3) 선무군관에게 1년에 1필의 군포를 징수하였다. ( )
(4) 특산물 대신 쌀, 베, 동전 등으로 납부하게 하였다. ( )
(5) 어장세, 염전세, 선박세를 거두어 교사비로 충당하였다. ( )
(6) 관청에 물품을 조달하는 공인이 등장하는 배경이 되었다. ( )

2. 조선 후기의 경제 상황에 대한 설명이 맞으면 ○표, 틀리면 ×표 하세요.

(1) 모내기법이 전국적으로 확산되었다. ( )
(2) 독점적 도매상인인 도고가 활동하였다. ( )
(3) 벽란도가 국제 무역항으로 기능하였다. ( )
(4) 감자, 고구마 등이 구황 작물로 재배되었다. ( )
(5) 고추, 담배와 같은 상품 작물이 재배되었다. ( )
(6) 송상, 만상이 대청 무역으로 부를 축적하였다. ( )
(7) 과전법에 따라 관리에게 토지의 수조권을 지급하였다. ( )
(8) 설점수세제의 시행으로 민간의 광산 개발이 허용되었다. ( )

1. (1) 균역법 (2) 영정법 (3) 균역법 (4) 대동법 (5) 균역법 (6) 대동법
2. (1) ○ (2) ○ (3) × (4) ○ (5) ○ (6) ○ (7) × (8) ○

조선 후기(사회)

양 난(왜란 + 호란)

양반	분화 ─ 권반 　　　├ 향반 → 구향: 동성 마을, 보학(족보 연구) 　　　└ 잔반(몰락 양반)
중인	• 서얼: 신분 상승 집단 상소(통청) → <u>규장각 검서관</u>(정조) 　　　　　　　　　　　　　　　　└ 박제가, 유득공, 이덕무 • 기술직 중인: 소청 운동 X, 시사 결성(위항 문학 ▲)
상민	• 부농: 족보 위조·매매, 납속책 → 양반 → 신향 　　　　　　　　　　　　　　　　　　├ 지방관 결탁(수령) 　　　　　　　　　　　　　　　　　　└ 향회, 향임직 • 임노동자
천민	도망, 납속으로 신분 상승(양인화) → 노비 수 ▼ 　　　　　　　　　　　　　　　├ 노비종모법 　 └ 공노비 해방(순조)

향전

- 토지 대장(양안) X
- 호적 X
- ↓
- 국가 재정 ▼
- ↓
- 납속책, 공명첩 ⇒
- 양반 수 ▲, 상민·노비 수 ▼
- 사회의식 ▲

- <u>서학</u>(학문) → <u>천주교</u>(종교)
  - ├ 제사 X, 평등 강조
  - └ 탄압 ─ 신해박해(정조): 윤지충·권상연 X
  　　　　├ 신유박해(순조): 이승훈 X, 정약용 △
  　　　　└ 황사영 백서 사건

- <u>동학</u> ─ 최제우 → 유·불·도교 + 민간 신앙
  　　　├ 인내천(사람=하늘), 시천주(한울님)
  　　　├ 보국안민·후천개벽
  　　　└ 최시형(2代)
  　　　　　└ 〈동경대전〉, 〈용담유사〉

└ 농민 봉기 ▲

〈홍경래의 난〉(순조, 1811)
<u>서북인(평안도) 차별 대우</u>
↓
홍경래·우군칙 봉기(평안도)
↓
청천강 이북 ○
↓
정주성에서 X

〈임술 농민 봉기〉(철종, 1862)
백낙신 VS 유계춘(진주)
↓
진주 농민 봉기
↓
전국 확대

[정부 대응]
• 안핵사 파견(박규수)
• <u>삼정이정청</u> → 성과 X

24강 조선 후기(사회)

시험에 자주 나오는 핵심
자료 몰아보기

1 신분제의 동요

양 난의 영향으로 많은 양반이 몰락하였어요. 게다가 부를 쌓은 일부 부농층이 납속책, 공명첩 등을 시서 양반으로 신분이 상승하는 경우가 많이 생겼어요. 그 결과 양반의 수는 증가하고, 상민과 노비의 수는 감소하면서 양반 중심의 신분 질서가 동요하였어요.

2 공명첩

공명첩은 이름을 적는 곳이 비워져 있는 관직 임명장이에요. 조선 정부가 임진왜란 중 부족한 재정 문제를 해결하기 위해 본격적으로 발급히였어요. 이후 부농층이 신분 상승에 이용하였어요.

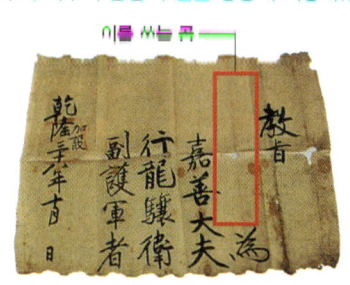
이름 쓰는 곳

3 서얼의 신분 상승 운동

서얼은 첩의 자식인 서자와 얼자를 함께 이르는 말로, 이들은 가족과 사회에서 차별을 받았으며, 문과 응시가 금지되었어요. 서얼은 신난 상소 운동을 벌여 관직 진출이 제한을 없애 달라고 요구하였어요. 이러한 노력으로 정조 때 박제가, 유득공, 이덕무 등 서얼 출신의 학자들이 규장각 검서관으로 등용되었어요.

4 향전

향전은 양반으로 신분이 상승하면서 새롭게 성장한 부농층인 신향과 기존의 지방 양반인 구향 간에 향존 사회의 권력을 두고 벌어진 다툼을 말해요.

5 천주교 탄압

천주교는 17세기경 청에 다녀온 사신들에 의해 서양 학문의 하나로 전해져 서학이라고 불렸고, 18세기 후반부터 종교로 받아들여졌어요. 천주교는 평등사상을 내세우며 하층민과 부녀자를 중심으로 빠르게 확산되었으나 소상에 대한 제사 의식을 거부하고 양반 중심의 신분 질서를 부정하면서 정부의 탄압을 받았어요. 1801년 순조 때 이승훈이 처형당하고 정약용과 정약전이 유배당한 신유박해가 일어났고, 1866년 고종 때 흥선 대원군이 수많은 천주교도를 처형한 병인박해가 일어났어요.

6 동학

동학은 경주 출신의 몰락 양반 최제우가 서학에 반대하여 유교·불교·도교와 민간 신앙의 요소를 합쳐 창시한 종교예요. 동학은 인내천과 시천주를 내세우며 평등사상을 강조하였어요. 동학이 유교적 사회 질서를 어지럽힌다고 하여 혹세무민의 죄목으로 최제우가 처형된 후 2대 교주가 된 최시형은 《동경대전》, 《용담유사》 등을 간행하고 교단을 정비하여 동학의 세력을 확장하였어요.

- 경주 사람 최복술은 아이들에게 공부 가르치는 것을 직업으로 삼았다. 그런데 양학(洋學)이 갑자기 퍼지는 것을 차마 보고 앉아 있을 수 없어서, 하늘을 공경하고 순종하는 마음으로 글귀를 지어, 동학이라 불렀다. - 《고종실록》 -
- 사람이 곧 하늘이라. 하늘의 마음이 곧 사람의 마음이다. 그러므로 사람은 평등하며 차별이 없으니, 사람이 마음대로 귀천을 나눔은 하늘을 거스르는 것이다. - 〈최시형의 설법〉 -

7 19세기의 농민 봉기

19세기 세도 정치 시기에는 전국적으로 농민 봉기가 일어났어요. 1811년 평안도에서는 홍경래가 봉기를 일으켰고, 1862년에는 진주 농민 봉기를 시작으로 전국 각지로 확산된 임술 농민 봉기가 일어났어요. 그러자 당황한 조선 정부는 삼정의 문란을 바로잡고 봉기를 수습하고자 박규수를 안핵사로 파견하고 삼정이정청을 설치하였으나 성과를 거두지는 못하였어요.

24강 조선 후기(사회)

빈출키워드 TOP5
- 홍경래의 난 — 1위
- 삼정이정청 — 2위
- 박규수를 안핵사로 파견 — 3위
- 규장각 검서관 등용(서얼) — 4위
- 납속책, 공명첩 — 5위

❶ 신분 제도의 변화

(1) 신분제의 동요

배경	• 양 난의 영향으로 토지 대장(양안)과 호적이 없어짐 → 국가 재정 감소 → 재정 확보를 위해 납속책 시행, 공명첩 발급 • 상품 화폐 경제의 발달 → 부유한 상민층이 납속책·공명첩 매입, 족보 위조·매매 등의 방법으로 신분 상승
결과	양반의 수 증가, 상민과 노비의 수 감소 → 양반 중심의 신분 질서 동요

(2) 신분 질서의 변화

양반층과 농민층의 분화	양반층	붕당 정치의 변질로 일부 양반에게 권력 집중 → 다수의 양반 몰락
	농민층	광작과 상품 작물 재배 등으로 큰 이익을 얻은 일부 농민이 부농으로 성장, 많은 농민이 토지를 잃고 품팔이, 도시의 영세 상인, 임노동자 등으로 전락
중인층의 신분 상승 운동	서얼	• 양반의 자손이지만 차별당함 • 왜란 이후 차별 완화, 납속책·공명첩을 이용하여 관직 진출 • 청요직 진출을 요구하는 등 관직 진출의 제한을 없애 달라는 집단 상소 운동 전개(통청 운동) • 정조 때 박제가, 유득공, 이덕무 등 서얼 출신 학자들이 규장각 검서관으로 등용됨
	중인	• 상업과 무역 활동으로 경제력 축적 • 역관 등으로 활동하며 청의 문물을 적극적으로 수용 및 국내 소개 → 북학파에 영향 • 철종 때 기술직 중인들이 관직 진출의 제한을 없애 달라는 대규모 소청 운동 전개 → 실패 • 시를 짓고 즐기는 문학 활동 모임인 시사 결성 → 위항 문학 발달
노비의 신분 상승	노비의 감소	• 군공·납속을 통한 신분 상승, 도망 노비의 증가 • 노비종모법 실시(아버지가 노비라도 어머니가 양인이면 그 자식은 양인으로 여김)
	공노비 해방 (1801)	• 순조 때 실시 • 군역 대상자 감소로 국가 재정 부족 • 국가 재정 확보를 위해 중앙 관서의 공노비 6만 6천여 명 해방

❷ 향촌 질서의 변화

배경	부농층의 등장, 양반 중심의 신분 질서 동요 → 양반의 지위 하락
양반의 지위 유지 노력	• 동성 마을(집성촌) 형성, 서원·사우 설립 • 보학(족보 연구) 발달, 청금록·향안 작성
향전의 발생	• 기존의 지방 사족인 구향과 새롭게 성장한 부농층인 신향 간의 대립 • 신향이 수령 등과 결탁하여 기존 사족이 향촌 지배권에 도전(향회 장악, 향임직 진출, 향안 등재) → 지방 사족의 세력 약화
관권 강화	지방 사족의 향촌 지배권 약화, 신향의 세력 확대의 한계(향촌 지배권을 장악하지 못함) → 수령과 향리의 권한 강화, 향회가 수령의 세금 부과 자문 기구로 변질

📎 납속책
조선 시대에 전쟁, 흉년 등으로 인한 구호 대책이나 국가 재정을 보충하기 위해 마련된 정책으로, 곡식이나 돈을 내면 관직을 주거나 역을 면제해 주었어요.

📎 청요직
'청렴해야 하는 중요한 자리'라는 뜻으로, 주로 3사의 관직을 말해요.

📎 시사
시를 짓는 등 문학 활동을 하는 모임이에요. 이전에는 양반들만 문학 활동을 즐겼지만, 조선 후기에는 중인도 시사를 조직하는 등 양반처럼 풍류를 즐겼어요. 이후 중인층이 중심이 된 위항 문학이 발달하게 되었어요.

📎 보학
족보는 한 가문의 혈통을 정리한 가계도이고, 보학은 이러한 족보를 연구하는 학문을 말해요.

📎 정감록
이씨 왕조가 망하고 정씨 왕조가 계룡산에서 세워질 것이라는 내용이 담긴 책이에요. 조선 후기에 확산되었어요.

📎 안핵사
조선 후기에 지방에 긴급한 사건이 발생하였을 때 중앙 정부에서 사태 조사와 처리를 위해 파견한 임시 벼슬이에요.

❸ 사회 변혁의 움직임

(1) 새로운 사상의 등장

배경	• 양반 중심의 신분 질서 동요, 탐관오리의 횡포, 삼정의 문란 • 이양선(외국 배)의 출몰 등으로 불안감 고조
천주교	• 전래: 17세기경 청에 다녀온 사신들에 의해 **서학**이라는 학문으로 전래됨 → 18세기 후반 남인 계열의 일부 학자들이 신앙으로 수용 • 확산: 평등사상, 내세 사상 등을 바탕으로 하층민과 부녀자 사이에서 빠르게 확산 • 탄압: 조상에 대한 제사 의식 거부, 평등사상 강조 → 정부의 탄압 – 신해박해(신소, 1791): 윤지충 · 권상연 처형 – **신유박해**(순조, 1801): 이승훈 처형, 정약용 · 정약전 유배 – 황사영 백서 사건: 황사영이 베이징에 있는 프랑스 선교사에게 신유박해에 대한 내용을 담아 외국 군대의 출병을 요청하는 편지를 보내려다 들킴 → 천주교 탄압
동학	• 창시: 경주 출신의 몰락 양반 **최제우**가 유교 · 불교 · 도교와 민간 신앙의 요소를 결합하여 창시(1860) • 특징 – **인내천** 사상(사람이 곧 하늘) · **시천주** 사상(마음속에 한울님을 모심) 강조, 보국안민과 후천개벽 주장 – 2대 교주인 **최시형**이 경전 간행(**《동경대전》**, **《용담유사》**) – 포접제 정비(포와 접으로 교단을 조직화 → 교세 확장) • 탄압: 혹세무민의 죄목으로 교조 최제우가 처형됨
예언 사상	• 《정감록》, 도참 등 예언 사상의 대두 • 미륵 신앙 확산

(2) 농민 봉기의 확산

① 홍경래의 난(1811)

배경	삼정의 문란, 탐관오리의 수탈, **서북인(평안도 · 함경도민)에 대한 차별** 대우
전개	**평안도에서 몰락 양반 홍경래가 우군칙 등과 함께 주도** → 영세 농민 · 광산 노동자 · 중소 상인 참여 → 선천, 정주 등 한때 청천강 이북 지역 장악 → 정주성에서 관군에 진압되면서 실패

② 임술 농민 봉기(1862)

전개	경상 우병사 **백낙신의 횡포** → 진주에서 몰락 양반 **유계춘**을 중심으로 봉기 발생(**진주 농민 봉기**) → 농민 봉기가 전국 각지에서 일어남
정부의 대응	• **박규수**를 **안핵사**로 파견, 삼정의 개혁 약속 • **삼정이정청 설치** → 성과를 거두지 못함

⏸ 일시정지!
☑ 확인하기

1. 조선 후기에 볼 수 있었던 사회 모습으로 맞으면 ○표, 틀리면 ×표 하세요.

(1) 시사에서 문예 활동을 하는 역관 ( )
(2) 상평통보로 토지를 매매하는 양반 ( )
(3) 관청에 물품을 대량으로 납품하는 공인 ( )
(4) 활구라고도 불린 은병을 제작하는 장인 ( )
(5) 봉수의 자금으로 광산을 경영하는 덕대 ( )
(6) 시전의 상행위를 감독하는 경시서의 관리 ( )
(7) 여러 장시를 돌며 물품을 판매하는 보부상 ( )

2. 세도 정치 시기에 있었던 사실로 맞으면 ○표, 틀리면 ×표 하세요.

(1) 최제우가 동학을 창시하였다. ( )
(2) 삼정의 문란으로 농민 생활이 피폐해졌다. ( )
(3) 천주교는 조상에 대한 제사를 거부하여 정부로부터 탄압을 받았다. ( )

3. 다음 설명에 해당하는 사건을 골라 쓰세요.

> 홍경래의 난, 임술(진주) 농민 봉기

(1) 삼정이정청이 설치되는 계기가 되었다. ( )
(2) 청천강 이북의 여러 고을을 점령하였다. ( )
(3) 백낙신의 탐학이 발단이 되어 일어났다. ( )
(4) 서북인에 대한 차별에 반발하여 일어났다. ( )
(5) 사건의 수습을 위해 박규수가 안핵사로 파견되었다. ( )

---

1. (1) ○ (2) ○ (3) ○ (4) × (5) ○ (6) × (7) ○
2. (1) ○ (2) ○ (3) ○
3. (1) 임술(진주) 농민 봉기 (2) 홍경래의 난 (3) 임술(진주) 농민 봉기 (4) 홍경래의 난 (5) 임술(진주) 농민 봉기

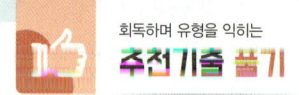

1 67회 · 회독 ●●●

(가) 제도에 대한 설명으로 옳은 것은? [3점]

(가) 은/는 실로 백성을 구제하는 데 절실합니다. 경기도와 강원도에서 이미 시행하고 있으니, 우리 충청도에서도 시행하면 좋겠습니다.

김육

① 군포를 2필에서 1필로 줄였다.
② 양반에게도 군포를 부과하였다.
③ 전세를 1결당 4~6두로 고정하였다.
④ 특산물 대신 쌀, 베 등으로 납부하게 하였다.

📢 대동법

정답분석 대동법은 공납의 폐단으로 농민들의 부담이 증가하자 광해군이 이원익의 건의를 받아들여 처음 실시한 제도예요. 각 집마다 특산물로 내던 공납을 소유 토지를 기준으로 1결당 쌀 12두 또는 무명, 삼베, 동전 등으로 내게 하였어요. 이후 효종 때 김육의 건의로 충청도에도 시행되었고, 숙종 때 이르러 전국적으로 실시되었어요.
④ 광해군 때 공납의 폐단이 심해지자 소유한 토지를 기준으로 특산물 대신 쌀이나 베, 동전 등으로 납부하게 하는 대동법이 경기도에 한해서 처음으로 시행되었어요.

오답분석 ① 영조는 백성의 군역 부담을 줄여 주기 위해 군포를 1년에 2필에서 1필로 줄여 주는 균역법을 제정하였어요. 균역법 시행으로 줄어든 재정 수입은 결작, 어·염·선박세, 선무군관포 등으로 보충하였어요.
② 고종 때 흥선 대원군은 양반에게도 군포를 부과하는 호포제를 실시하였어요.
③ 인조는 풍흉에 관계없이 전세를 1결당 4~6두로 고정하는 영정법을 실시하였어요.

정답 | ④

2 66회 · 회독 ●●●

(가)에 들어갈 제도로 옳은 것은? [1점]

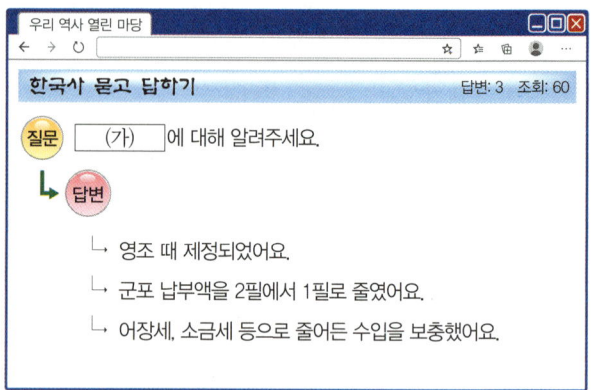

우리 역사 열린 마당
한국사 묻고 답하기 답변: 3 조회: 60
질문 (가) 에 대해 알려주세요.
↳ 답변
 ↳ 영조 때 제정되었어요.
 ↳ 군포 납부액을 2필에서 1필로 줄였어요.
 ↳ 어장세, 소금세 등으로 줄어든 수입을 보충했어요.

① 과전법 ② 균역법 ③ 대동법 ④ 영정법

📢 조선 후기 수취 체제의 개편

정답분석 균역법은 조선 영조가 백성들의 군포 부담을 줄여 주기 위해 군포를 1년에 2필에서 1필만 내게 한 제도예요. 영조는 군포 징수와 관련하여 여러 폐단이 나타나자 이를 해결하기 위해 균역청을 설치하고 균역법을 실시하였어요. 균역법의 시행으로 부족해진 재정은 선무군관포, 결작, 어장세·소금세(염전세)·선박세 등을 징수하여 보충하였어요.
② 조선 영조는 백성의 군포 부담을 줄여 주기 위해 군포를 1년에 2필에서 1필만 납부하게 하는 균역법을 제정하였어요.

오답분석 ① 고려 공양왕 때 이성계와 신진 사대부 세력의 주도로 경기 지역의 토지를 대상으로 전·현직 관리에게 수조권을 지급하는 과전법이 실시되었어요. 과전법은 조선 세조가 직전법을 실시하기 전까지 시행되었어요.
③ 조선 광해군은 경기도에 한해서 대동법을 처음 실시하였어요. 대동법은 효종 때 김육의 건의로 충청도로 확대되었고, 숙종 때 전국적으로 시행되었어요.
④ 조선 인조는 풍흉에 관계없이 전세를 1결당 4~6두로 고정하는 영정법을 제정하였어요.

정답 | ②

3 선생님의 질문에 대한 학생의 대답으로 옳지 않은 것은? [2점]

4 다음 대화가 이루어진 시기에 볼 수 있는 모습으로 적절하지 않은 것은? [2점]

① 녹읍을 지급받는 귀족
② 고구마를 재배하는 농민
③ 관청에 물품을 조달하는 공인
④ 청과의 무역으로 부를 축적한 만상

조선 후기의 경제 상황

정답분석 상평통보는 조선 숙종 때 허적 등의 제안에 따라 발행·유통되기 시작하여 조선 후기에 널리 쓰였어요. 상평통보가 전국적으로 유통되면서 상품 화폐 경제가 발달하였어요.
④ 고려 시대에는 개경과 거리가 가까웠던 예성강 하구의 벽란도가 국제 무역항으로 번성하였어요.

오답분석 ① 조선 후기에 상업이 발달하면서 전국적으로 장시가 열렸고, 이에 따라 전국의 장시를 돌아다니며 장사를 하는 보부상이 활약하였어요.
② 조선 후기에 대동법이 시행되면서 관청에서 돈을 받고 필요한 물품을 마련하여 궁궐과 관청에 조달하는 공인이 활동하였어요. 공인의 활동은 조선 후기에 상공업이 발달하고 상품 유통이 활발해지는 데 기여하였어요.
③ 조선 후기에 송상은 개성을 중심으로 청과의 무역을 통해 부를 쌓았으며, 송상은 전국 주요 지역에 송방이라는 지점을 설치해 운영하였어요.

정답 | ④

조선 후기의 경제 상황

정답분석 조선 후기에는 담배, 인삼 등의 상품 작물 재배가 활발해지며 부를 쌓은 농민이 많아졌어요. 이들은 이름이 비어 있는 관직 임명장인 공명첩을 통해 신분 상승을 꾀했어요.
① 녹읍은 관료가 조세 수취와 노동력 징발까지 가능한 땅으로, 신라 시대부터 고려 초까지 지급되었어요.

오답분석 ② 조선 후기부터 외국에서 감자, 고구마 등 구황 작물이 전래되어 재배되었어요.
③ 조선 후기에 대동법이 시행되자 국가에서 필요로 하는 물건을 사서 조달하는 공인이 등장하였어요.
④ 조선 후기에 의주를 중심으로 활동한 만상은 청과의 무역으로 부를 축적하였어요.

정답 | ①

5 64회

밑줄 그은 '사건'에 대한 설명으로 옳은 것은? [2점]

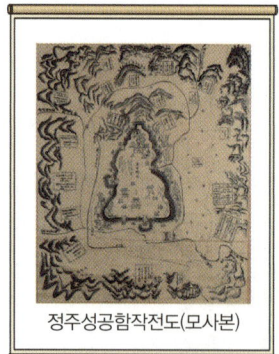
정주성공함작전도(모사본)

이 지도는 홍경래가 주도하여 일으킨 사건을 진압하기 위해 관군이 정주성을 포위한 상황을 보여 주고 있습니다.

① 보국안민, 제폭구민을 기치로 내걸었다.
② 한성 조약이 체결되는 결과를 가져왔다.
③ 서북 지역민에 대한 차별에 반발하여 일어났다.
④ 전개 과정에서 선혜청과 일본 공사관을 공격하였다.

6 67회

학생들이 공통으로 이야기하고 있는 사건에 대한 설명으로 옳은 것은? [2점]

- 세도 정치기에 일어난 농민 봉기야.
- 경상 우병사 백낙신의 수탈에 저항하여 몰락 양반인 유계춘을 중심으로 봉기하였어.
- 삼정이정청이 설치되는 계기가 되었어.

① 청군의 개입으로 진압되었다.
② 박규수가 안핵사로 파견되었다.
③ 조선 형평사의 주도로 전개되었다.
④ 서북 지역민에 대한 차별이 원인이 되었다.

📢 홍경래의 난

정답분석 1811년에 서북 지역(평안도)에 대한 차별과 탐관오리의 수탈, 삼정의 문란 등이 지속되자 몰락 양반이었던 홍경래가 영세 농민과 광산 노동자, 중소 상인 등 다양한 계층을 참여시켜 평안도에서 봉기를 일으켰어요. 이들은 한때 청천강 이북 지역을 점령하였으나 정주성에서 일어난 관군과의 전투에서 패배하여 진압되었어요.
③ 홍경래의 난은 조선 순조 때 홍경래, 우군칙 등이 서북 지역민에 대한 차별과 지배층의 수탈에 반발하여 평안도 지역에서 일으킨 반란이에요.

오답분석 ① 동학 농민 운동은 고부 군수 조병갑의 탐학이 계기가 되어 일어난 고부 농민 봉기부터 본격적으로 시작되었어요. 이후 정부가 파견한 관리가 고부 농민 봉기를 수습하는 과정에서 봉기 참여자들을 탄압하자 동학 농민군은 보국안민과 제폭구민을 기치로 내걸고 재차 봉기하였어요.
② 갑신정변 이후 조선과 일본 사이에 일본 공사관 증축 비용과 배상금 지불 등을 약속한 한성 조약이 체결되었어요.
④ 임오군란은 신식 군대인 별기군에 비해 차별 대우를 받던 구식 군인들의 불만이 폭발하여 일어난 사건이에요. 구식 군인들은 선혜청을 공격하면서 난을 일으켰고, 일본 공사관 등을 공격하였어요.

정답 | ③

📢 임술 농민 봉기

정답분석 1862년에 경상남도 진주에서 유계춘을 중심으로 경상 우병사 백낙신의 부정부패에 항의하는 농민 봉기가 일어났어요(진주 농민 봉기). 이러한 진주 농민 봉기를 거치면서 농민 봉기가 전국으로 확산되었는데, 이를 임술 농민 봉기라고 해요. 조선 정부는 봉기를 수습하기 위해 박규수를 안핵사로 파견하고 삼정이정청을 설치하였으나, 농민 봉기의 근본적인 원인을 해결하지는 못하였어요.
② 1862년에 진주 농민 봉기를 시작으로 임술 농민 봉기가 전개되자 조선 정부는 농민 봉기의 수습을 위해 박규수를 안핵사로 파견하였어요.

오답분석 ① 1882년 임오군란 때 조선 정부가 청에 도움을 요청하자 청이 군대를 파견해 난을 진압하였고, 1884년 갑신정변 때도 청군이 개화당 정부를 진압하면서 정변은 실패로 끝났어요.
③ 1923년에 경상남도 진주의 백정들은 조선 형평사를 조직하고 백정에 대한 사회적 차별을 철폐하기 위한 형평 운동을 전개하였어요.
④ 1811년에 홍경래, 우군칙 등이 서북 지역민에 대한 차별과 지배층의 수탈에 반발하여 평안도 지역에서 봉기를 일으켰는데, 이를 홍경래의 난이라고 해요.

정답 | ②

수취 체제의 개편 / 수공업과 광업의 발달 / 농촌 경제의 변화

01 방납의 폐단을 시정하기 위해 광해군 때 ◯◯법을 경기도에서 처음 시행하였다.

02 대동법이 실시되면서 관청에 필요한 물품을 조달하는 ◯인이 등장하였다.

03 영조는 군포를 1년에 1필만 징수하는 ◯◯법을 실시하였다.

04 균역법 시행으로 부족해진 재정을 보충하기 위해 ◯◯군관포를 징수하였다.

05 조선 후기에 광산을 전문적으로 경영하는 ◯대가 등장하였다.

06 조선 후기에 ◯◯기법이 전국적으로 확산되었다.

07 조선 후기에 인삼, 담배 등 ◯품 작물이 재배되었다.

상업의 발달 / 화폐 경제의 발달

08 ◯조는 육의전을 제외한 시전 상인들의 금난전권을 폐지하였다.

09 조선 후기에 ◯◯통보가 전국적으로 유통되었다.

신분 제도의 변화 / 향촌 질서의 변화 / 사회 변혁의 움직임

10 정조 때 서얼이 ◯◯◯ 검서관에 등용되기도 하였다.

11 조선 후기에 ◯◯교는 조상에 대한 제사를 거부하여 정부로부터 탄압을 받았다.

12 조선 후기에 최◯◯는 서학에 대응하기 위하여 동학을 창시하였다.

13 동학은 사람이 곧 하늘이라는 인◯◯ 사상을 내세워 인간 평등을 주장하였다.

14 세도 정치 시기에 서북 지역에 대한 차별과 지배층의 수탈에 반발하여 홍◯◯가 난을 일으켰다.

15 세도 정치 시기에 ◯주에서 봉기가 일어난 이후 전국 각지에서 농민 봉기가 일어났다.

16 조선 정부는 삼정의 문란을 바로잡기 위해 삼정◯◯◯을 설치하였다.

정답 01 대동 02 공 03 균역 04 선무 05 덕 06 모내 07 상 08 정 09 상평 10 규장각 11 천주 12 제우 13 내천 14 경래 15 진 16 이정청

조선 후기(문화 1)

성리학 절대화·교조화	• 성리학 비판: <독서기>(윤휴), <사변록>(박세당) → 사문난적 • 양명학 ▲: 지행합일·실천 강조 → 정제두의 강화학파(18C)

실학	**농업 중심 개혁론** (중농학파, 경세치용 학파)	**상공업 중심 개혁론** (중상학파, 이용후생 학파, 북학파)
	• 유형원(반계) └ <반계수록> → 균전론 　　└ 토지 차등 분배(신분) • 이익(성호) ├ <성호사설> → 한전론 ├ <곽우록> └ 영업전(매매 X) 설정 └ 나라를 좀먹는 '6가지 좀' 　　└ 노비, 과거, 양반, 미신, 승려, 게으름 • 정약용(다산, 여유당) ├ <경세유표>, <목민심서>, <흠흠신서> └ 여전론: 공동 소유·공동 경작 　　└ 노동량에 따른 분배 ⇒ 정전제	• 유수원(농암) ├ <우서> └ 사농공상 → 직업적 평등, 전문화 • 홍대용(담헌) ├ <임하경륜>, <의산문답>, <담헌서> └ 혼천의, 지전설, 무한우주론, 문벌제도 X • 박지원(연암) ├ <열하일기> → 수레·선박·화폐 ▲ └ <양반전> → 양반 풍자 • 박제가(초정) ├ <북학의> → 소비 > 절약(우물) └ 수레·선박 ▲

국학	역사	• 안정복 <동사강목>: 고조선~고려, 정통론 • 김정희 <금석과안록>: 북한산비 → 진흥왕 순수비, 추사체, 세한도 • 한치윤 <해동역사>: 고조선~고려, 외국 문헌 이용 • 이종휘 <동사>: 고대사(만주 O, 고구려) • 유득공 <발해고>: 발해=우리 역사, '남북국' • 이긍익 <연려실기술>: 조선사
	한글	신경준 <훈민정음운해>, 유희 <언문지>, 이의봉 <고금석림>
	지리 - 지리서	• 이중환 <택리지>: 자연환경, 풍속, 인물 • 한백겸 <동국지리지>, 정약용 <아방강역고>, 최한기 <지구전요>
	지리 - 지도	• 정상기 '동국지도': 최초로 100리 척 사용 • 김정호 '대동여지도': 10리마다 눈금, 목판(22첩)
	백과사전	• 이수광 <지봉유설>, 이익 <성호사설>, 서유구 <임원경제지>, 정약전 <자산어보> • 홍봉한 <동국문헌비고>: 영조

25강 조선 후기(문화 1)

시험에 자주 나오는 핵심
자료 몰아보기

1 이익의 한전론

이익은 토지 개혁 방안으로 한 가정이 먹고사는 데 필요한 최소한의 땅을 영업전으로 정하여 토지 매매를 제한한다는 한전론을 주장하였어요. 그의 저서로는 《성호사설》, 《곽우록》 등이 있어요.

2 유형원의 균전론

유형원은 모든 토지를 나라에서 소유한 뒤 관리, 선비, 농민 등 신분에 따라 토지를 차등 분배할 것을 주장하였는데, 이를 통해 일부 신분에게 토지가 집중되는 것을 방지하고자 하였어요. 그의 저서로는 《반계수록》 등이 있어요.

3 정약용의 여전론·정전제

정약용은 토지 개혁 방안으로 마을 단위로 공동 소유한 토지를 공동 경작하고, 생산물은 노동량에 따라 나누자는 여전론을 주장하였어요. 이후 현실성을 고려하여 여전론 대신 우물 정(井)자 모양으로 토지를 나누어 가운데 부분은 공동 경작하는 토지로 삼아 이곳에서 나온 생산물을 조세로 내고, 나머지 토지에서 나온 생산물을 농민에게 나누자는 정전제를 주장하였어요.

4 유수원의 주장

유수원은 《우서》에서 상공업의 발달과 기술의 혁신을 이루기 위해서는 사농공상의 직업적 평등과 전문화가 이루어져야 한다고 주장하였어요.

5 홍대용의 지전설·무한우주론

홍대용은 천문 지식이 뛰어나 혼천의를 만들기도 하였으며, 《의산문답》에서 지구가 둥글고 스스로 하루에 한 번씩 회전하고 있다는 지전설과 무한우주론을 주장하였어요. 이는 기존 중국 중심의 세계관을 비판하는 근거가 되었어요.

6 박지원의 열하일기

'열하'는 청 황제인 건륭제가 머물던 휴양지로, 박지원은 조선에서 건륭제의 생일을 축하하기 위해 파견된 연행사를 따라 이곳을 다녀왔어요. 《열하일기》는 박지원이 선진 문물을 바탕으로 발전된 청의 모습을 직접 보고 기록한 여행기로, 박지원은 이 책에서 수레와 선박의 필요성을 강조하였어요.

7 박제가의 북학의

박제가는 《북학의》에서 재물을 우물에 비유하여 생산량을 늘리기 위해서는 절약보다 적절한 소비가 필요하다고 주장하였어요. 또한 수레와 선박의 이용을 강조하면서 청의 선진 문물을 적극적으로 받아들여야 한다고 주장하였어요.

8 김정희의 금석과안록

김정희는 청의 수도 연경에서 만난 청의 학자들과 교류하며 금석학을 연구하였어요. 조선으로 돌아와 금석학 연구에 몰두한 김정희는 마침내 함흥의 황초령비와 북한산비의 비문을 판문·해석하여 북한산비가 진흥왕 순수비라는 사실을 처음으로 밝혀내었고, 이 내용을 《금석과안록》으로 남겼어요.

9 김정호의 대동여지도

대동여지도는 김정호가 만든 지도로 각 지역의 교통로, 읍성, 요충지는 물론, 산맥과 하천의 연결망도 상세히 표현하였으며, 10리마다 눈금을 표시하였어요. 총 22개의 첩으로 만들어졌으며, 각 첩은 접을 수 있어 책처럼 넘겨보거나 한번에 펼쳐서 볼 수도 있는 등 휴대와 사용이 편리하였어요. 또한 목판으로 만들어져 많은 양의 인쇄가 가능하였어요.

25강 조선 후기(문화 1)

빈출키워드 TOP5
- 대동여지도 1위
- 열하일기 2위
- 목민심서 3위
- 북학의 4위
- 지전설, 무한우주론 5위

✎ 사문난적(斯文亂賊)
성리학의 도리를 어지럽히고 유교의 질서와 학문에 어긋나는 행동을 하는 사람을 말해요.

✎ 경세치용
학문은 세상을 다스리는 데 도움이 되어야 한다는 뜻으로, 농업 중심의 개혁론을 펼친 중농학파를 경세치용 학파라고도 해요.

✎ 이용후생
풍요로운 경제와 백성들의 행복한 생활을 말해요. 상공업 중심의 개혁론을 펼친 중상학파를 이용후생 학파라고도 하며, 이들은 청의 선진 문물 수용에도 적극적이었기 때문에 북학파라고도 해요.

✎ 연행록
조선 시대 사신들이 중국을 다녀온 후 보고 느낀 것을 기록한 문서로, 박지원의 《열하일기》, 홍대용의 《을병연행록》 등이 있어요.

✎ 지봉유설
이수광이 중국에 사신으로 다녀온 경험을 바탕으로 쓴 일종의 백과사전이에요. 이수광은 이 책에서 《천주실의》를 소개하였어요.

✎ 임원경제지
서유구가 국내외 여러 농업 서적 등을 참고하여 쓴 농촌 생활 백과사전이에요.

❶ 성리학의 변화

변화	• 예학 발달: 의례 중시 → 김장생이 《가례집람》 저술 • 인조반정 이후 송시열을 비롯한 서인의 주도로 성리학 이외의 사상 배척 → 성리학의 절대화
비판	윤휴가 《독서기》 저술, 박세당이 《사변록》 저술 → 유교 경전에 대한 독자적 해석 시도 → 노론에 의해 사문난적으로 몰림
한계	성리학이 조선 후기 사회 모순에 대한 해결 능력 상실

❷ 양명학의 수용

발전	17세기 후반 일부 소론 학자들이 성리학의 절대화를 비판하며 양명학 연구 → 18세기 초 정제두가 양명학을 체계화하며 강화학파 형성
특징	지행합일(아는 것과 행동하는 것은 하나임)과 실천성 강조

❸ 실학의 발달

실학의 등장	배경	성리학이 현실 문제의 해결 능력 상실 → 현실 문제를 해결할 수 있는 학문을 연구하는 과정에서 등장
	특징	농업 중심의 개혁론, 상공업 중심의 개혁론, 국학 연구 등으로 발전
농업 중심의 개혁론 (중농학파, 경세치용 학파)	유형원	• 《반계수록》 저술 • 균전론 주장: 모든 토지를 나라에서 소유한 뒤 신분에 따라 토지를 차등 분배할 것
	이익	• 《성호사설》·《곽우록》 저술 • 한전론 주장: 한 가정의 생계에 필요한 최소한의 땅을 영업전으로 설정할 것 → 토지 매매의 제한 • 나라를 좀먹는 여섯 가지 폐단('6가지 좀')으로 '노비 제도, 과거제, 양반 문벌제도, 사치와 미신, 승려, 게으름'을 지적 • 고리대와 화폐 사용 반대 주장
	정약용	• 《경세유표》·《목민심서》·《흠흠신서》 저술 • 여전론 주장: 토지에 대하여 공동 소유 및 공동 경작을 하고, 노동량에 따라 수확량을 나눌 것 → 이후 현실성을 고려한 정전제 주장
상공업 중심의 개혁론 (중상학파, 이용후생 학파, 북학파)	유수원	• 《우서》 저술, 상공업 진흥과 기술 혁신 주장 • 사농공상(선비·농민·장인·상인)의 직업적 평등과 전문화 주장
	홍대용	• 《임하경륜》·《의산문답》·《담헌서》·《을병연행록》 저술 • 혼천의 제작(천체의 운행과 위치 측정), 지전설·무한우주론 주장(중국 중심의 세계관 비판), 기술 혁신·문벌제도 철폐 강조
	박지원	• 《열하일기》 저술 • 〈양반전〉·〈허생전〉·〈호질〉 등 한문 소설 저술 → 양반의 무능과 위선 풍자 • 수레와 선박 이용 강조, 화폐 유통의 필요성 강조, 문벌제도 비판
	박제가	• 《북학의》 저술(재물을 우물에 비유 → 생산량 증대를 위해서는 절약보다 적절한 소비를 해야 한다고 주장) • 수레와 선박 이용, 청 문물의 적극적 수용 주장

④ 국학의 발달

(1) 역사·한글

역사	• 안정복의 《동사강목》: 고조선~고려의 역사 서술, 우리 역사의 독자적 정통론 주장 • 김정희의 《금석과안록》: 북한산비의 비문을 판독·해석하여 신라 진흥왕 순수비임을 고증 • 한치윤의 《해동역사》: 국내외 여러 자료를 참고하여 고조선~고려의 역사 서술 • 이종휘의 《동사》: 만주를 우리 역사에 포함시켜 고대사 연구, 고구려의 역사 기록 • 유득공의 《발해고》: 발해의 역사를 우리 역사의 일부로 편입, 남북국이라는 용어를 처음 사용 • 이긍익의 《연려실기술》: 기사본말체 사용, 조선의 정치와 문화를 실증적·객관적 서술로 정리
한글	• 신경준의 《훈민정음운해》: 훈민정음의 발음 원리를 과학적으로 규명 • 유희의 《언문지》: 우리말 음운 연구

(2) 지리서·지도·백과사전

지리서	• 이중환의 《택리지》: 각 지방의 자연환경·풍속·인물 등을 기록한 인문 지리서 • 한백겸의 《동국지리지》: 삼한의 위치와 고대 지명을 새롭게 고증한 역사 지리서 • 정약용의 《아방강역고》: 우리나라 강역(영토)에 대한 역사 지리서 • 최한기의 《지구전요》: 우주의 천체·기상과 지구상의 자연·인문, 서양의 과학 기술을 정리한 인문 지리서
지도	• 정상기의 동국지도: 최초로 100리 척 사용 • 김정호의 대동여지도: 산맥·하천·포구·도로망 등을 자세히 표현, 10리마다 눈금 표시, 총 22첩의 목판으로 만들어져 많은 양의 인쇄 가능
백과 사전	• 이수광의 《지봉유설》: 《천주실의》 소개, 우리나라 백과사전의 시초 • 《동국문헌비고》: 영조 때 홍봉한 등이 우리나라의 역대 문물 정리 • 정약전의 《자산어보》: 흑산도 주변의 해양 생물을 조사하여 정리한 어류학서 • 기타: 이익의 《성호사설》, 서유구의 《임원경제지》

⏸ 일시정지! ☑ 확인하기

1. 다음 설명에 해당하는 실학자를 골라 쓰세요.

> 유형원, 이익, 정약용

(1) 기기도설을 참고하여 거중기를 설계하였다. ( )
(2) 토지 매매를 제한하는 한전론을 제시하였다. ( )
(3) 신분에 따른 토지의 차등 분배를 주장하였다. ( )
(4) 반계수록에서 토지 제도 개혁론을 제시하였다. ( )
(5) 목민심서에서 지방 행정의 개혁안을 제시하였다. ( )
(6) 여전론에서 토지의 공동 소유·경작을 주장하였다. ( )

2. 다음 설명에 해당하는 실학자를 골라 쓰세요.

> 유수원, 홍대용, 박지원, 박제가

(1) 지전설과 무한우주론을 주장하였다. ( )
(2) 서얼 출신으로 규장각 검서관에 등용되었다. ( )
(3) 양반전에서 양반의 위선과 무능을 지적하였다. ( )
(4) 의산문답에서 중국 중심의 세계관을 비판하였다. ( )
(5) 북학의에서 절약보다 적절한 소비를 강조하였다. ( )
(6) 열하일기에서 수레와 선박의 필요성을 강조하였다. ( )
(7) 우서에서 사농공상의 직업적 평등과 전문화를 주장하였다. ( )

3. 다음 설명에 해당하는 인물을 골라 쓰세요.

> 김정희, 유득공, 김정호, 정상기

(1) 남북국이라는 용어를 처음 사용하였다. ( )
(2) 10리마다 눈금이 표시된 대동여지도를 만들었다. ( )
(3) 최초로 100리 척을 활용한 동국지도를 제작하였다. ( )
(4) 금석과안록에서 북한산비가 신라 진흥왕 순수비임을 고증하였다. ( )

---

1. (1) 정약용 (2) 이익 (3) 유형원 (4) 유형원 (5) 정약용 (6) 정약용
2. (1) 홍대용 (2) 박제가 (3) 박지원 (4) 홍대용 (5) 박제가 (6) 박지원 (7) 유수원
3. (1) 유득공 (2) 김정호 (3) 정상기 (4) 김정희

26강 조선 후기 (문화 2)

<서양 문물 수용·과학 기술의 발달>

서양 문물 수용		• 곤여만국전도: 세계 지도 • 화포·천리경·자명종(인조)
과학 기술	천문학·역법	• 지전설(김석문·홍대용), 무한우주론(홍대용) → 중국 중심의 세계관 X • 시헌력(효종): 김육, 서양 역법
	의학	• 허준 <동의보감>: 광해군, 세계 기록 유산 • 허임 <침구경험방>: 침구술(침·뜸) • 이제마 <동의수세보원>: 사상 의학 • 정약용 <마과회통>: 홍역 연구(천연두)
	기술	정약용 → 거중기(수원 화성), 배다리(한강)
	농서	• 신속 <농가집성>: 모내기법(이앙법) • 박세당 <색경>: 상품 작물 재배법 • 홍만선 <산림경제>: 농업 백과사전 • 서유구 <임원경제지>: 농촌 생활 백과사전

<문화의 새 경향>

배경	상품 화폐 경제 발달, 서당 교육 ▲ → 民 의식 ▲
특징	솔직한 감정, 해학·풍자(비판)
서민 문화	• 판소리(신재효 정리), 탈춤(산대놀이) • 한글 소설: <홍길동전>, <춘향전>, <심청전>, <장화홍련전> → 전기수, 책쾌 • 사설시조: 자유 형식, 솔직한 감정
한문학	• 박지원: <양반전>, <허생전>, <호질> → 양반 위선 풍자 • 중인: 시사 결성 → 위항 문학 ▲
회화	• 진경 산수화: 겸재 정선 → '인왕제색도', '금강전도' • 풍속화: 단원 김홍도('서당'·'씨름'), 혜원 신윤복('단오풍정'·'월하정인'), 긍재 김득신('노상알현도') • 민화: 民 소망 기원 → 까치와 호랑이, 문자도 • 서양 화풍: 강세황 '영통동구도'
건축	• 17C: 서원 ▲, 규모 大 다층 ▲: 김제 금산사 미륵전, 구례 화엄사 각황전, 보은 법주사 팔상전 └ 양반 지주 지원 └ 견훤 유폐 └ 현존 유일 조선 목탑 • 18C: 수원 화성(정조, 정약용 거중기), 논산 쌍계사·부안 개암사 (상인·부농 지원)

26강 조선 후기(문화 2)

1 곤여만국전도

곤여만국전도는 중국에서 서양 선교사인 마테오 리치 등이 제작한 세계 지도예요. 조선에는 선조 때 전해져 중국 중심의 세계관에 머물러 있던 조선인의 세계관이 확대되었어요.

2 허준의 동의보감

허준은 왜란 이후 백성들이 각종 질병으로 고통을 받자 자신의 치료 경험 및 중국과 우리나라의 여러 의학서를 망라하여 광해군 때 《동의보감》을 편찬하였어요. 우리 선조들의 한의학을 체계적으로 정리하여 의료 지식을 널리 보급하는 데 기여하였고, 의학서로는 최초로 유네스코 세계 기록 유산으로 등재되었어요.

3 정약용의 거중기 제작

거중기는 무거운 물건을 들어 올릴 때 사용하는 기계로, 정조 때 정약용이 중국의 《기기도설》을 참고하여 제작하였어요. 도르래의 원리를 이용하여 작은 힘으로도 무거운 물건을 들어 올릴 수 있었으며, 수원 화성 축조에 이용되었어요.

4 겸재 정선의 진경 산수화

진경 산수화는 '실제 경치를 보고 그린 산수화'라는 뜻이에요. 조선 전기에는 추상적인 이상 세계를 그린 중국의 산수화를 많이 모방하였다면, 조선 후기에는 우리나라의 경치를 직접 보고 사실적으로 그림을 그리기 시작하였어요. 겸재 정선의 인왕제색도, 금강전도가 대표적인 작품이에요.

5 풍속화

조선 후기에는 사람들의 생활 모습을 그린 풍속화가 유행하였어요. 대표적인 화가로 단원 김홍도와 혜원 신윤복이 있어요. 김홍도는 서민들의 일상생활을 익살스럽고 소탈하게 표현하였고, 신윤복은 양반의 풍류와 남녀 간의 애정을 해학적·감각적으로 표현하였어요.

▲ 인왕제색도

▲ 금강전도

▲ 서당(김홍도)

▲ 단오풍정(신윤복)

6 세한도와 추사체

제주도로 유배되어 홀로 지내던 김정희가 새로운 책을 구할 수 없는 상황에 처하자 제자인 이상적이 중국에서 새로운 책을 구하여 김정희에게 보내 주었어요. 김정희가 자신을 잊지 않고 변함없는 의리를 지켜 준 이상적에게 고마운 마음을 담아 그려 준 작품이 세한도예요. 한편, 김정희는 여러 서체를 연구하여 자신만의 개성이 넘치는 글씨체인 추사체를 만들었어요. 추사체는 파격적인 조형미를 보여 주는 글씨체예요.

7 민화

조선 후기에는 사람들의 소망과 기원을 담아 표현한 민화가 유행하였어요. 대부분 그림을 그린 사람이 누구인지 알 수 없으며, 해·달·나무·동물 등을 표현하였어요. 대표적으로 까치와 호랑이 그림이 유명해요.

8 청화 백자

조선 후기에는 회회청 또는 토청 등의 코발트 안료를 사용하여 푸른색으로 그림을 그려 넣은 청화 백자가 유행하였어요.

▲ 세한도

▲ 추사체

▲ 까치와 호랑이

▲ 백자 청화 죽문 각병

26강 조선 후기(문화 2)

빈출키워드 TOP5
- 동의보감 1위
- 판소리, 탈춤 2위
- 거중기 3위
- 전기수 4위
- 추사체 5위

❶ 서양 문물의 수용과 과학 기술의 발달

서양 문물의 수용	전래	17세기경부터 청을 다녀온 사신에 의해 전래
	문물	• 선조 때 세계 지도인 곤여만국전도 전래 → 조선인의 세계관 확대 • 인조 때 화포·천리경·자명종 등 전래
과학 기술의 발달	천문학	지전설 주장(김석문, 홍대용), 무한우주론 주장(홍대용) → 근대적 우주관 형성, 중국 중심의 세계관 비판
	역법	효종 때 김육의 건의로 청에서 사용되던 서양 역법인 시헌력 도입
	의학	• 허준의 《동의보감》: 우리의 전통 한의학을 체계적으로 정리, 유네스코 세계 기록 유산으로 등재 • 허임의 《침구경험방》: 침구술(침과 뜸을 사용한 동양 의술) 집대성 • 이제마의 《동의수세보원》: 사람의 체질 연구 → 사상 의학 확립 • 정약용의 《마과회통》: 홍역에 관한 다양한 의서를 종합
	기술	정약용: 거중기 제작(중국의 《기기도설》 참고, 수원 화성 건설에 이용), 한강에 배다리 설계
	농서	• 신속의 《농가집성》: 모내기법(이앙법)과 그 외 농법 소개 • 박세당의 《색경》: 인삼·담배·채소 등 상품 작물의 재배법 소개 • 홍만선의 《산림경제》: 농업과 가정 생활에 대한 내용을 백과사전식으로 서술 • 서유구의 《임원경제지》: 농촌 생활을 위한 백과사전

❷ 조선 후기 문화의 새 경향

(1) 서민 문화의 발달

배경	농업 생산력의 증대, 상공업의 발달, 서당 교육의 보급 → 서민의 경제적 지위 향상, 서민의 사회의식 성장
특징	감정을 솔직하게 표현, 양반의 무능과 위선 풍자, 사회 비판
종류	판소리	• 이야기를 노래와 사설로 엮어 표현 • 19세기 후반에 신재효가 여섯 마당으로 정리 → 춘향가·심청가·흥보가·적벽가·수궁가만 전해짐
	탈놀이 (탈춤)	• 마을 굿의 일부로 공연, 산대놀이가 민중 오락으로 자리잡음 • 양반과 승려의 위선적인 모습 풍자 • 대표적으로 황해도의 봉산 탈춤, 안동의 하회 탈춤, 양주의 별산대놀이 등이 있음
	한글 소설	• 허균의 《홍길동전》: 서얼에 대한 차별 철폐 주장, 탐관오리 비판 • 대표적으로 《춘향전》, 《토끼전》, 《심청전》, 《장화홍련전》, 《박씨전》, 《사씨남정기》 등이 있음 • 책을 읽어 주는 직업인 전기수와 책을 유통하는 상인인 책쾌 등장
	사설시조	자유로운 형식, 남녀 간의 사랑·사회 비판 등 감정을 솔직하게 표현

❸ 한문학의 발달과 시사 활발

한문 소설	박지원: 《양반전》·《허생전》·《호질》 등 한문 소설 저술 → 위선적인 양반 풍자
시사 활발	중인층의 시사 결성 → 위항 문학 발달

시헌력
태음력에 태양력의 원리를 적용하여 24절기의 시각과 하루의 시각을 정밀하게 계산하여 만든 역법이에요.

동의수세보원
이제마가 지은 사상 의학서예요. 사상 의학이란 사람의 체질을 태양인, 태음인, 소양인, 소음인 네 가지 유형으로 나누어 같은 병이라도 각각의 체질에 맞게 치료해야 한다는 이론이에요.

배다리
배를 일정한 간격으로 늘어놓고 그 위에 널빤지를 놓아 만든 다리예요. 정약용이 한강에 배다리를 설치하였고, 정조는 화성 행차 때 이 배다리를 이용하여 한강을 안전하게 건넜어요.

허생전
박지원이 지은 한문 소설로, 박지원은 허생이라는 인물을 통해 조선 후기 모순된 양반 사회의 모습과 나라 경제의 허약함을 비판하였어요.

보은 법주사 팔상전
현존하는 유일의 조선 시대 목탑으로 내부에 석가모니의 생애를 여덟 장면으로 표현한 팔상도가 있어요. 임진왜란 때 소실되었다가 인조 때 다시 조성된 대표적 조선 후기 건축물이에요.

④ 예술의 새 경향

(1) 회화

진경 산수화	• 우리 자연을 사실적으로 표현 • 겸재 정선의 인왕제색도, 금강전도 등이 대표적
풍속화	• 단원 김홍도: 서민의 일상생활을 익살스럽게 표현 → 서당, 씨름, 밭갈이 등 • 혜원 신윤복: 양반의 풍류·남녀 간의 애정을 해학적·감각적으로 표현 → 단오풍정, 월하정인 등 • 긍재 김득신: 상황을 생동감 있게 묘사, 김홍도의 화풍 계승 → 파적도, 노상알현도 등
민화	• 민중의 소망과 기원을 나타낸 그림 • 대부분 그린 사람을 알 수 없음 • 해·달·나무·동물 등 표현 → 까치와 호랑이, 문자도 등
서양 화풍 도입	강세황의 영통동구도: 동양화와 서양 수채화 기법을 접목, 원근법 도입

(2) 건축

17세기	• 서원 건축 활발: 안동의 병산 서원, 괴산의 화양 서원 등 • 규모가 큰 다층 구조의 건축물 건립: 보은 법주사 팔상전, 김제 금산사 미륵전, 구례 화엄사 각황전 → 양반 지주층의 성장 반영
18세기	• 수원 화성 → 정조의 정치적 이상 실현 목적 • 논산 쌍계사, 부안 개암사 → 상인과 부농층의 지원
19세기	경복궁 근정전, 경회루 중건 → 왕실의 권위 회복 목적

(3) 서예·공예

서예	김정희가 추사체 창안
공예	회회청 또는 토청 등의 코발트 안료를 사용하여 푸른색으로 그림을 그려 넣은 자기인 청화 백자 유행

⏸ 일시정지! ☑ 확인하기

1. 조선 후기에 볼 수 있었던 모습으로 맞으면 ○표, 틀리면 ×표 하세요.

(1) 한글 소설을 읽고 있는 부녀자 ( )
(2) 장시에서 판소리를 구경하는 농민 ( )
(3) 장시에서 탈춤 공연을 벌이는 광대 ( )
(4) 화통도감에서 화약 무기를 시험하는 군인 ( )
(5) 저잣거리에서 이야기책을 읽어 주는 전기수 ( )

2. 조선 후기에 제작된 문화유산으로 맞으면 ○표, 틀리면 ×표 하세요.

(1)
( )

(2)
( )

(3)
( )

(4)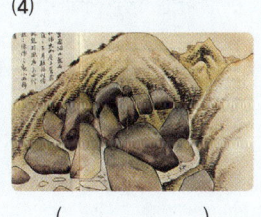
( )

3. 조선 후기의 건축물로 맞으면 ○표, 틀리면 ×표 하세요.

(1)
▲ 안동 봉정사 극락전
( )

(2)
▲ 보은 법주사 팔상전
( )

(3)
▲ 김제 금산사 미륵전
( )

(4)
▲ 영주 부석사 무량수전
( )

1. (1) ○ (2) ○ (3) ○ (4) × (5) ○
2. (1) ○ (2) ○ (3) × (4) ○
3. (1) × (2) ○ (3) ○ (4) ×

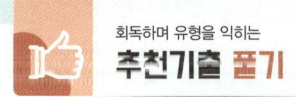

1 66회

(가) 인물의 활동으로 옳은 것은? [2점]

남양주 (가) 유적지 내에 있는 이 가옥의 이름은 여유당입니다. (가) 은/는 목민심서 등 많은 책을 저술한 실학자로 유명합니다.

① 거중기를 설계하였다.
② 몽유도원도를 그렸다.
③ 동의보감을 완성하였다.
④ 열하일기를 저술하였다.

📢 정약용의 활동

정답분석 '여유당'은 정약용의 호예요. 정약용은 지방 행정의 개혁에 관한 《목민심서》, 중앙 행정의 개혁에 관한 《경세유표》, 형법에 관한 《흠흠신서》, 마진(홍역)에 관한 의학서인 《마과회통》 등 다양한 저술을 남겼어요.
① 정약용은 《기기도설》에 실린 도르래의 원리를 활용하여 거중기를 설계하였어요. 거중기는 수원 화성 축조에 이용되었어요.

오답분석 ② 안견은 조선 전기의 화가로, 안평 대군의 꿈을 소재로 한 〈몽유도원도〉를 그렸어요.
③ 허준은 광해군 때 우리나라와 중국의 의서를 망라하여 전통 한의학을 체계적으로 정리한 《동의보감》을 완성하였어요.
④ 박지원은 청에 다녀온 후 《열하일기》를 저술하여 수레와 선박의 필요성을 강조하였어요.

정답 | ①

2 63회

밑줄 그은 '이 인물'에 대한 설명으로 옳은 것은? [2점]

이 인물은 유학, 서양 과학 등 여러 학문을 융합하여 독창적 사상을 정립하였습니다. 그가 저술한 의산문답에는 무한 우주론에 대한 설명과 함께, 중국 중심 세계관에 대한 비판적 인식이 잘 드러나 있습니다.

조선 후기 북학파 실학자인 이 인물에 대해 알려 주세요.

① 추사체를 창안하였다.
② 지전설을 주장하였다.
③ 사상 의학을 정립하였다.
④ 대동여지도를 제작하였다.

📢 홍대용의 활동

정답분석 조선 후기 북학파 실학자인 홍대용은 《의산문답》에서 지전설과 무한 우주론을 주장하여 중국 중심의 세계관을 비판하였어요. 또한 《임하경륜》 등을 저술하고 기술 혁신과 문벌 제도의 철폐를 주장하였어요.
② 홍대용은 지구가 회전한다는 지전설과 우주가 무한히 이어진다는 무한 우주론을 주장하였는데, 이는 중국 중심의 세계관을 비판하는 근거가 되었어요.

오답분석 ① 김정희는 여러 서체를 연구하여 자신만의 독창적인 글씨체인 추사체를 창안하였어요.
③ 이제마는 사람의 체질을 네 가지 유형으로 나누어 사람의 체질에 맞게 처방해야 한다는 이론인 사상 의학을 정립하고 《동의수세보원》을 저술하였어요.
④ 김정호는 산맥, 하천, 포구, 도로망 등을 자세하게 그려 넣은 목판 지도인 대동여지도를 제작하였어요.

정답 | ②

3 67회

다음 가상 인터뷰에 등장하는 인물로 옳은 것은? [2점]

북한산비가 진흥왕 순수비임을 고증하셨다지요. 또 어떤 활동을 하셨나요?

금석학을 연구하여 독창적인 서체를 만들었고, 제주도에서 유배 생활을 할 때 세한도를 그렸지요.

① 김정희   ② 박지원   ③ 송시열   ④ 유득공

4 64회

다음 특별전에서 볼 수 있는 작품으로 옳은 것은? [2점]

○○미술관 특별전
겸재 정선, 우리 자연의 아름다움을 화폭에 담다
화면을 넘기면 다른 작품을 볼 수 있습니다.

①  영통동구도

②  인왕제색도

③  세한도

④  몽유도원도

📢 조선 후기의 실학자

정답분석 김정희는 청의 수도 연경에서 만난 청의 학자들과 교류하며 금석학을 연구하였어요. 조선으로 돌아와 금석학 연구에 몰두한 김정희는 마침내 북한산비의 비문을 판문·해석하여 북한산비가 진흥왕 순수비라는 사실을 밝혔고, 이 내용을 《금석과안록》으로 남겼어요. 또한 김정희는 여러 서체를 연구하여 자신만의 개성이 넘치는 글씨체인 추사체를 창안하였어요. 김정희가 제주도로 유배되어 새로운 서적을 구할 수 없는 상황에 처하였을 때 제자인 이상적이 중국에서 새로운 책을 구해다 김정희에게 보내 주었어요. 김정희가 자신을 잊지 않고 변함없는 의리를 지켜 준 이상적에게 고마운 마음을 담아 그려 준 작품이 〈세한도〉예요.
① 김정희는 《금석과안록》에서 북한산비가 신라 진흥왕 순수비임을 처음으로 고증하였어요.

오답분석 ② 박지원은 〈양반전〉, 〈호질〉 등의 한문 소설을 통해 양반의 허례와 무능을 풍자하였고, 《열하일기》를 저술하였어요.
③ 송시열은 조선 효종 때 기축봉사를 올려 명에 대한 의리를 강조하고 북벌을 주장하였어요. 이후 서인의 수장이었던 송시열은 효종이 사망한 후 기해예송이 일어나자 왕실도 사대부의 예를 따라야 한다며 효종을 차남으로 대우하여 자의 대비의 기년복(1년복)을 주장하였어요.
④ 유득공은 《발해고》에서 '남북국'이라는 용어를 처음 사용하여 통일 신라와 발해를 서술하였어요.

📢 조선 후기의 회화(진경 산수화)

정답분석 조선 전기에는 추상적인 이상 세계를 그린 중국의 산수화를 많이 모방하였다면, 조선 후기에는 우리나라의 경치를 직접 보고 사실적으로 그린 그림인 진경 산수화가 등장하였어요. 겸재 정선의 〈인왕제색도〉, 〈금강전도〉가 대표적인 작품이에요.
② 〈인왕제색도〉는 조선 후기에 겸재 정선이 그린 진경 산수화예요. 비 온 후의 인왕산의 모습을 사실적으로 묘사하였어요.

오답분석 ① 〈영통동구도〉는 조선 후기에 강세황이 서양 화법인 음영법과 원근법을 사용하여 영통동으로 향하는 길목 풍경을 그린 그림이에요.
③ 〈세한도〉는 조선 후기에 김정희가 제주도 유배 중일 때 변함없는 의리를 지켜 준 제자 이상적에게 고마운 마음을 담아 그려 준 그림이에요.
④ 〈몽유도원도〉는 조선 전기에 안견이 안평 대군의 꿈을 소재로 그린 그림이에요.

정답 | ①   정답 | ②

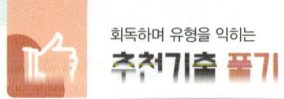

5 66회 · 회독 ●●●

(가)에 들어갈 그림으로 옳은 것은? [3점]

①
씨름도

②
노상알현도

③
고사관수도

④
월하정인

📢 **조선 후기의 풍속화**

정답분석 조선 후기에는 사람들의 생활 모습을 그린 풍속화가 유행하였어요. 대표적인 화가로 혜원 신윤복과 단원 김홍도가 있어요. 신윤복은 양반의 풍류와 남녀 간의 애정을 해학적·감각적으로 표현하였고, 김홍도는 서민들의 일상생활을 익살스럽고 소탈하게 표현하였어요. 신윤복의 대표적인 작품으로는 〈단오풍정〉이 있어요.
④ 조선 후기에 신윤복이 그린 〈월하정인〉이에요.

오답분석 ① 조선 후기에 김홍도가 그린 〈씨름도〉에요.
② 조선 후기에 김득신이 그린 〈노상알현도〉예요.
③ 조선 전기에 강희안이 그린 〈고사관수도〉예요.

정답 | ④

6 54회 · 회독 ●●●

(가)에 들어갈 지도로 옳은 것은? [1점]

① 동국지도
② 대동여지도
③ 곤여만국전도
④ 혼일강리역대국도지도

📢 **조선 후기의 지도**

정답분석 ② 조선 후기에 김정호는 각 지역의 교통로, 읍성, 요충지는 물론, 산맥과 하천의 연결망도 상세히 표현한 대동여지도를 만들었어요.

오답분석 ① 조선 후기 영조 때 정상기는 최초로 100리 척을 사용한 동국지도를 제작하였어요.
③ 조선 후기에 전해진 곤여만국전도는 중국 중심의 세계관에 머물러 있던 조선인의 세계관이 확대되는 데 큰 영향을 주었어요.
④ 조선 태종 때 세계 지도인 혼일강리역대국도지도가 제작되었어요.

정답 | ②

실학의 발달 / 국학의 발달

01 유○○은 《반계수록》에서 신분에 따라 토지를 차등 분배하는 균전론을 주장하였다.

02 이○은 영업전을 설정하여 토지 매매를 제한하는 한전론을 제시하였다.

03 정○○은 《목민심서》 등을 통해 국가 제도의 개혁 방향을 제시하였다.

04 정약용은 ○○론을 통해 마을 단위의 공동 경작을 주장하였다.

05 홍○○은 《의산문답》에서 지전설과 무한우주론을 주장하였다.

06 박○○은 청에 다녀온 경험을 바탕으로 《열하일기》를 저술하였다.

07 박○○는 《북학의》에서 절약보다 적절한 소비의 중요성을 주장하였다.

08 김정희는 《금석과안록》에서 북한산비가 신라 ○○왕 순수비임을 처음으로 고증하였다.

09 유득공은 《발해고》에서 '○○국'이라는 용어를 처음으로 사용하였다.

10 김정호는 산맥, 하천, 도로망 등을 자세히 표현한 ○○○지도를 제작하였다.

서양 문물의 수용과 과학 기술의 발달 / 조선 후기 문화의 새 경향 / 예술의 새 경향

11 광해군 때 전통 한의학을 정리한 허준의 《○○보감》이 완성되었다.

12 정약용이 제작한 거중기는 수원 ○○ 축조에 이용되었다.

13 조선 후기에 심청가, 흥부가 등 판○○와 탈을 쓰고 공연하는 ○춤이 유행하였다.

14 조선 후기에 《홍길동전》 등의 ○○ 소설이 유행하였다.

15 조선 후기에 유행한 진경 산수화의 대표적인 화가 정○은 인왕제색도, 금강전도 등을 남겼다.

16 조선 후기에 유행한 풍속화의 대표적인 화가로 김○○와 신○○이 있다.

정답 01 형원 02 익 03 약용 04 여전 05 대용 06 지원 07 제가 08 진흥 09 남북 10 대동여 11 동의 12 화성 13 소리, 탈 14 한글 15 선 16 홍도, 윤복

개항기

27강 개항기(흥선 대원군)
28강 개항기(개항~갑신정변)
29강 개항기(동학 농민 운동~대한 제국)
30강 국권 피탈과 저항
31강 개항기(경제)
32강 개항기(문화)

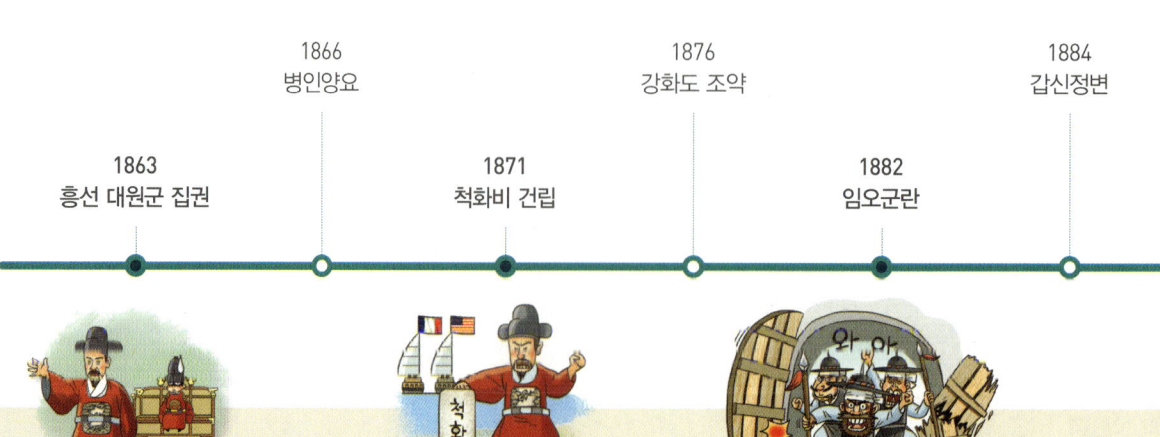

1863 흥선 대원군 집권
1866 병인양요
1871 척화비 건립
1876 강화도 조약
1882 임오군란
1884 갑신정변

기출로 보는 키워드

1위 통리기무아문
2위 보안회
3위 척화비 건립
4위 만민 공동회
5위 을사늑약

3개년 평균 출제 비중

5.9문항
11.8%

1894 동학 농민 운동, 갑오개혁
1897 대한 제국 수립
1904 보안회 창립
1905 을사늑약
1907 국채 보상 운동
1910 국권 피탈

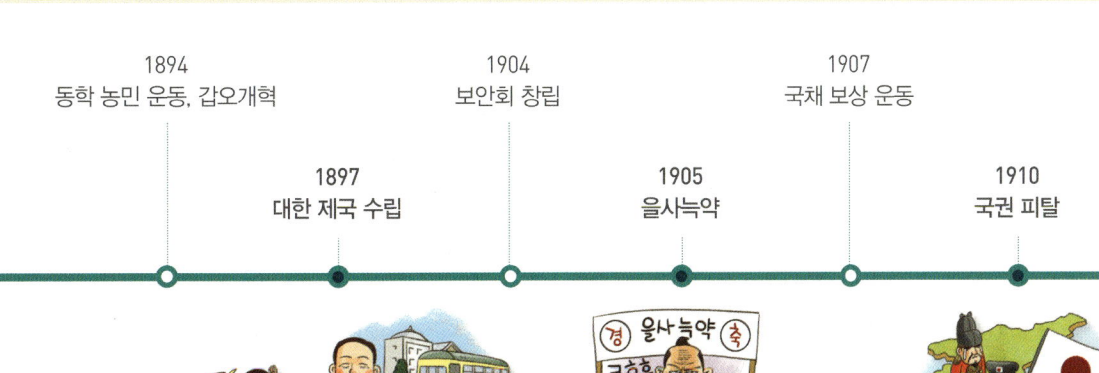

27강 개항기(흥선 대원군)

<대내>

- 19C — 정치: 세도 정치
  - 흥선 대원군(고종父) → 왕권 강화
    - 비변사 X → 의정부(정치)·삼군부(군사) ▲
    - <대전회통>, <육전조례>
    - 경복궁 중건: 당백전, 원납전, 묘지림 벌목
    - 서원 ▼(47개소), 만동묘 X
  - → 최익현 '계유상소'(탄핵) → 고종 친정

- 경제: 삼정 문란
  - 민생 안정(삼정 개혁)
    - 전정: 양전 사업 → 양안·은결 색출 → 조세
    - 군정: 호포제 → 양반 군포 O
    - 환곡: 사창제
      └ 사창(마을 단위): 자치 운영

<대외>

- 19C — 이양선 등장(통상 요구) + 중국·일본 개항(무력)
- 흥선 대원군 — 통상 수교 거부

[프]
① 병인박해(1866)
- 교섭 X → 천주교 금지 여론 ▲
- 프랑스 천주교 선교사 X
  └ 천주교도 X

→ ③ 병인양요(1866)
- 강화도 침입
- 양헌수(정족산성), 한성근(문수산성) 항전
- 외규장각 도서·문화재 약탈

[미]
② 제너럴셔먼호 사건(1866)
- 평양(대동강) → 통상 요구
- 박규수 → 제너럴셔먼호 X

→ ⑤ 신미양요(1871)
- 강화도 침입
- 어재연(광성보) → 수자기 약탈

[독]
④ 오페르트 도굴 미수 사건(1868)
→ 오페르트(상인)
  └ 남연군(흥선父)묘 도굴 시도

→ 척화비 건립

27강 개항기(흥선 대원군)

1 서원 철폐

서원은 조선의 대표적인 사립 교육 기관이에요. 초기의 서원은 인재 양성과 향촌 질서 유지 등의 역할을 수행하였으나, 점차 부패의 근거지가 되면서 문제가 발생하였고, 면세·면역의 혜택을 누리며 백성을 수탈하면서 원성을 샀어요. 서원의 폐단이 날로 심해지자 흥선 대원군은 전국 600여 개의 서원 중 47개소만 남기고 모두 철폐하였어요.

2 호포제

호포제는 군정의 폐단을 해결하기 위해 군포를 거두는 제도예요. 흥선 대원군은 호포제를 실시하여 양반에게 신분에 구분 없이 군포를 거두었어요. 양반들은 군포를 내지 않는 것이 자신들의 특권이라 여겼기 때문에 호포제 실시에 크게 반발하였어요.

3 외규장각

외규장각은 왕실 관련 서적을 안전하게 보관할 목적으로 세운 규장각의 부속 도서관이에요. 병인양요 때 프랑스군이 습격하여 《의궤》를 비롯한 외규장각에 있던 수많은 도서를 빼앗아 갔어요. 외규장각 도서는 프랑스 국립 도서관에 보관되어 있다가 2011년에 영구 임대 형식으로 반환되었어요.

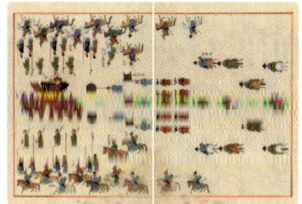
▲ 영조정순왕후 가례도감의궤

4 병인양요

프랑스는 병인박해를 구실로 군함을 파견하여 강화도를 침략하였어요. 조선은 한성근 부대가 문수산성에서, 양헌수 부대가 정족산성에서 프랑스군을 물리쳤고, 결국 프랑스군은 물러났어요.

5 신미양요

미국은 제너럴셔먼호 사건을 구실로 조선에 통상 조약 체결을 요구하였으나 거절당하였어요. 이에 1871년에 군함을 파견하여 강화도를 침략하였어요. 조선군은 어재연을 중심으로 끝까지 항전하였으나 결국 패하였어요. 그러나 이후에도 조선군이 끈질기게 저항을 계속하자 미국은 결국 강화도에서 철수하였어요.

6 제너럴셔먼호 사건

1866년에 미국 상선 제너럴셔먼호는 대동강을 거슬러 평양까지 들어와 통상을 요구하였으나 거절당하였어요. 이에 미국 선원들이 횡포를 부리자, 박규수는 평양 관민과 함께 제너럴셔먼호를 불태워 침몰시켰어요. 제너럴셔먼호 사건은 이후 신미양요가 일어나는 배경이 되었어요.

7 어재연 장군의 수자기

신미양요 당시 어재연이 이끄는 조선의 수비대는 광성보에서 끝까지 항전하였으나 패하였어요. 미군은 어재연을 상징하던 깃발인 수(帥)자기를 빼앗아 갔는데, 2007년에 반환하였다가 다시 가져갔어요.

8 척화비

흥선 대원군은 신미양요 이후 서양과의 통상 수교 거부 의지를 널리 알리기 위해 전국 각지에 척화비를 세웠어요.

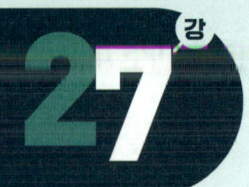

27강 개항기(흥선 대원군)

빈출키워드 TOP5
- 외규장각 의궤 1위
- 척화비 2위
- 호포제 3위
- 경복궁 중건 4위
- 어재연 5위

✎ 흥선 대원군
고종의 아버지로, 고종이 어린 나이로 왕위에 오르자 권력을 장악하였어요. '대원군'은 종친이 왕위에 올랐을 때 왕의 아버지를 부르는 말이에요.

✎ 대전회통
《속대전》(영조)과 《대전통편》(정조) 이후 추가된 각종 법규 등을 모아서 보완하고 정리한 조선 시대의 마지막 법전이에요.

✎ 당백전
당시 사용되던 상평통보의 '100배의 가치를 지닌 돈'이라는 뜻의 고액 화폐예요. 흥선 대원군이 경복궁 중건에 필요한 막대한 비용을 마련하기 위해 발행하였는데, 고액 화폐가 남발되면서 기존 화폐의 가치가 하락하며 물가가 급등하는 바람에 서민 경제가 매우 어려워졌어요.

✎ 원납전
원할 원(願), 바칠 납(納), 돈 전(錢)으로 '스스로 원하여 바치는 돈'이라는 뜻이지만, 흥선 대원군은 경복궁 중건에 필요한 막대한 비용을 마련하기 위해 기부금이라는 명분으로 강제로 거두어들였어요.

✎ 박규수
연암 박지원의 손자로, 진주 농민 봉기 당시 안핵사로 파견되어 사건의 수습을 위해 노력하였어요.

❶ 흥선 대원군의 개혁 정치

(1) 19세기 조선의 정세

대내	• 세도 정치로 인한 삼정의 문란 심화 → 전국적인 농민 봉기 발생 • 동학, 천주교 등 새로운 사상 등장 및 확산
대외	서양 선박(이양선)이 자주 나타남(통상 요구) → 서양 세력에 대한 위기감이 높아짐

(2) 흥선 대원군의 개혁 정책

① 왕권 강화

인사 개혁	세도 정치의 중심이었던 안동 김씨 세력을 내쫓음. 능력에 따른 인재 등용
정치 기구 개혁	비변사의 기능 축소·폐지 → 의정부(정치)와 삼군부(군사)의 기능 부활
법전 정비	《대전회통》·《육전조례》 편찬 → 통치 체제 정비
경복궁 중건	• 목적: 왕실의 권위 회복 • 과정 　− 막대한 공사비 충당을 위해 고액 화폐인 당백전 발행, 원납전 강제 징수 　− 양반 소유의 묘지림을 베어 목재로 사용 　− 막대한 공사비 소요, 백성의 노동력 동원 • 결과: 양반과 백성들의 불만 심화, 물가 폭등
서원 철폐	• 전국의 서원을 47개소만 남기고 모두 철폐 • 서원에 지급되었던 토지와 노비 몰수 • 만동묘(명 황제를 위해 세운 사당) 철폐

② 민생 안정(삼정의 개혁)

전정 개혁	양전 사업 실시 → 토지 대장(양안)에 오르지 않은 숨겨진 토지(은결)를 찾아 세금 부과
군정 개혁	호포제 실시: 양반도 군포를 내게 함 → 양반층의 반발
환곡 개혁	사창제 실시: 마을 단위로 사창 설치 → 관리의 수탈 방지를 위해 향촌에서 덕망 있는 사람을 뽑아 사창의 운영을 맡김

❷ 통상 수교 거부 정책과 양요

(1) 병인박해(1866)

배경	천주교의 확산, 프랑스 선교사가 조선에 들어옴 → 흥선 대원군이 남하하는 러시아를 견제하기 위해 국내에 있던 프랑스와 교섭 시도 → 교섭 실패 → 천주교 금지 요구 여론이 거세짐
전개	흥선 대원군이 프랑스 선교사 9명과 수많은 천주교도를 처형

(2) 제너럴셔먼호 사건(1866)

원인	미국의 상선 제너럴셔먼호가 대동강을 거슬러 평양까지 올라와 통상 요구
전개	조선 정부의 통상 요구 거부 → 미국 선원들의 횡포(납치, 약탈) → 평안도 관찰사 박규수의 지휘 아래 평양 관민이 제너럴셔먼호를 불태워 침몰시킴

(3) 병인양요(1866)

배경	프랑스가 병인박해를 구실로 조선 침략
전개	프랑스군이 강화도 침략 → 문수산성(한성근 부대), 정족산성(양헌수 부대)에서 맞서 싸움 → 프랑스군 철수. 철수 과정에서 프랑스군이 《의궤》 등 외규장각 도서와 각종 문화재 약탈

(4) 오페르트 도굴 사건(1868)

원인	독일 상인 오페르트의 통상 요구 → 조선 정부의 거절
전개	오페르트가 무장한 사람을 이끌고 흥선 대원군의 아버지인 남연군의 묘 도굴 시도 → 지역 주민의 항거로 실패
결과	• 서양 세력에 대한 반감이 더욱 커짐 • 흥선 대원군의 통상 수교 거부 의지 강화

(5) 신미양요(1871)

배경	미국이 제너럴셔먼호 사건을 구실로 조선에 배상금 지불과 통상 조약 체결 요구 → 조선 정부의 거부 → 조선 침략
전개	미군이 강화도 침략 및 초지진·덕진진 점령 → 어재연이 이끄는 조선 수비대가 광성보에서 맞서 싸웠으나 패함. 미군이 어재연 장군의 '수자기를 빼앗아 감 → 조선군의 계속된 항전으로 미군 철수

(6) 척화비 건립(1871)

건립	신미양요 이후 흥선 대원군이 종로 거리와 전국 각지에 척화비를 세움
목적	서양과의 통상 수교 거부 의지를 널리 알리고자 세움
내용	"서양 오랑캐가 침범하는데도 싸우지 않으면 화친하는 것이요, 화친을 주장하는 것은 나라를 팔아먹는 짓이다."

⏸ 일시정지! ☑ 확인하기

1. 흥선 대원군이 실시한 정책으로 맞으면 ○표, 틀리면 ×표 하세요.

(1) 왕권 강화를 위하여 장용영을 설치하였다. ( )
(2) 속대전을 편찬하여 통치 체제를 정비하였다. ( )
(3) 환곡의 폐단을 시정하고자 사창제를 실시하였다. ( )
(4) 전국의 서원을 47개소만 남기고 모두 철폐하였다. ( )
(5) 양반에게도 군포를 징수하는 호포제를 실시하였다. ( )
(6) 붕당의 근간을 제거하고자 비변사를 설치하였다. ( )

2. 다음 사실들을 순서대로 나열하세요.

(1) ( )

> (가) 어재연 부대가 광성보에서 항전하였다.
> (나) 평양 관민이 제너럴셔먼호를 불태웠다.
> (다) 양헌수 부대가 정족산성에서 프랑스군을 격퇴하였다.

(2) ( )

> (가) 종로와 전국 각지에 척화비가 세워졌다.
> (나) 오페르트가 남연군 묘 도굴을 시도하였다.
> (다) 프랑스군이 철수하면서 강화도의 외규장각 도서를 약탈하였다.

1. (1) × (2) × (3) ○ (4) ○ (5) ○ (6) ×
2. (1) (나) - (다) - (가) (2) (다) - (나) - (가)

1 63회 회독 ○○○

(가)에 들어갈 내용으로 가장 적절한 것은? [2점]

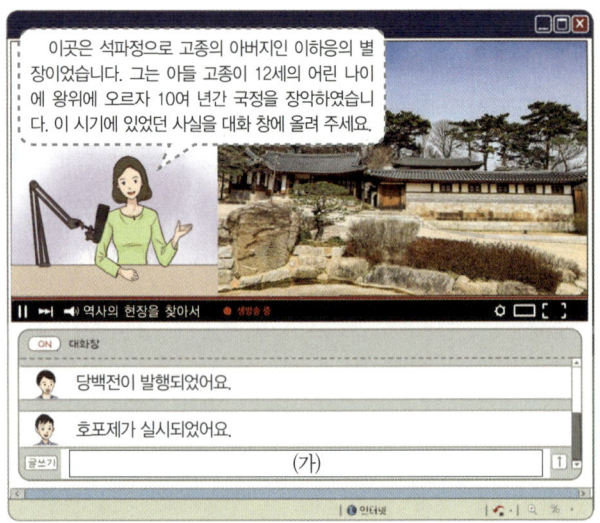

① 녹읍이 폐지되었어요.
② 장용영이 설치되었어요.
③ 척화비가 건립되었어요.
④ 요동 정벌이 추진되었어요.

2 51회 회독 ○○○

(가) 인물이 집권한 시기의 사실로 옳은 것은? [2점]

① 장용영이 창설되었다.
② 척화비가 건립되었다.
③ 청해진이 설치되었다.
④ 칠정산이 편찬되었다.

📢 흥선 대원군의 활동

정답분석 조선 철종이 후계자 없이 죽고 12세의 어린 나이로 고종이 왕위에 오르자 고종의 아버지인 흥선 대원군이 권력을 잡았어요. 흥선 대원군은 왕실의 위엄을 과시하기 위해 경복궁을 중건하며 당백전을 남발하였어요. 당백전은 상평통보에 비해 법정 가치는 100배였으나 실질 가치는 5~6배에 불과하였어요. 한편, 흥선 대원군은 호포제를 실시하여 양반도 군포를 내게 하였어요.
③ 조선 고종 때 흥선 대원군은 신미양요 후 전국 각지에 척화비를 건립하여 서양과의 통상 수교 거부 의지를 널리 알렸어요.

오답분석 ① 신라 신문왕은 관리에게 조세만 거둘 수 있는 관료전을 지급하고, 노동력까지 징발할 수 있는 녹읍은 폐지하였어요.
② 조선 정조는 국왕의 친위 부대로 장용영을 설치하여 왕권을 강화하였어요.
④ 고려 우왕 때 명이 철령 이북의 영토를 요구하자 이에 반발해 최영은 요동 정벌을 추진하였어요.

📢 흥선 대원군 집권 시기의 사실

정답분석 조선 고종 때 흥선 대원군은 민생 안정을 위해 양반도 군포를 내게 하는 호포제를 실시하였어요.
② 흥선 대원군은 병인양요, 신미양요와 같은 서양 세력의 침략을 겪은 후 서양과의 통상 수교 거부 의지를 널리 알리기 위해 종로와 전국 각지에 척화비를 세웠어요.

오답분석 ① 조선 정조는 왕의 친위 부대인 장용영을 창설하여 왕권을 뒷받침하게 하였어요.
③ 신라 말 장보고는 완도에 청해진을 설치하여 해상 무역을 전개하였어요.
④ 조선 세종 때 최초로 한양을 기준으로 천체 운동을 계산한 역법서인 《칠정산》이 편찬되었어요.

정답 | ③

정답 | ②

3 54회

밑줄 그은 '이 사건'에 대한 설명으로 옳은 것은? [2점]

화면의 사진은 문수산성입니다. 이 사건 당시 한성근 부대는 이곳에서 프랑스군에 맞서 싸웠고, 이어서 양헌수 부대는 정족산성에서 프랑스군을 물리쳤습니다.

① 흥선 대원군 집권기에 일어났다.
② 제너럴 셔먼호 사건의 배경이 되었다.
③ 삼정이정청이 설치되는 결과를 가져왔다.
④ 군함 운요호가 강화도에 접근하여 위협하였다.

📢 병인양요

정답분석 병인양요는 1866년에 병인박해가 일어나자 이를 구실로 같은 해 프랑스군이 조선을 침략한 사건이에요. 이때 한성근 부대는 문수산성에서, 양헌수 부대는 정족산성에서 활약하였어요. 프랑스군은 상황이 불리함을 깨닫고 철수하기로 결정하였으나, 철수 과정에서 외규장각에 보관 중이던 도서와 각종 문화유산을 약탈하였어요.
① 병인양요, 신미양요는 흥선 대원군 집권기에 일어난 외세의 침략이에요.

오답분석 ② 1866년에 대동강을 거슬러 평양에 들어온 미국 상선 제너럴셔먼호의 선원들이 횡포를 부리자 박규수를 비롯한 평양 관민이 제너럴셔먼호를 불태워 침몰시켰는데, 이를 제너럴셔먼호 사건이라고 해요. 이를 구실로 미국은 신미양요를 일으켰어요.
③ 조선 후기 철종 때 진주 농민 봉기를 시작으로 임술 농민 봉기가 발생하자 정부는 봉기를 수습하기 위해 박규수를 안핵사로 파견하고 삼정이정청을 설치하였어요. 그러나 농민 봉기의 근본적인 원인을 해결하지는 못하였어요.
④ 1875년에 일본의 군함 운요호가 허락 없이 강화도로 접근하여 공격하였어요(운요호 사건). 이 사건을 계기로 조선은 일본과 강화도 조약(조·일 수호 조규)을 체결하였어요.

정답 | ①

4 67회

(가) 사건에 대한 설명으로 옳은 것은? [2점]

외규장각 의궤, 장엄한 기록의 귀환

1866년 (가) 때 프랑스군이 약탈해 간 외규장각 의궤가 145년 만에 우리 품으로 돌아왔습니다. 이번 전시회를 통해 그 장엄한 기록의 의미를 되새겨 볼 수 있습니다.

■ 기간: ○○○○.○○.○○.~○○.○○.
■ 장소: □□박물관 전시실

① 제너럴 셔먼호 사건의 배경이 되었다.
② 강화도 조약이 체결되는 계기가 되었다.
③ 오페르트가 남연군 묘 도굴을 시도하였다.
④ 양헌수 부대가 정족산성에서 활약하였다.

📢 병인양요

정답분석 1866년에 프랑스는 병인박해를 구실로 강화도를 침략하였어요(병인양요). 이때 프랑스군은 철수하면서 《의궤》를 비롯한 외규장각에 있던 수많은 도서를 빼앗아 갔어요. 외규장각 도서는 프랑스 국립 도서관에 보관되어 있다가 2011년에 영구 임대 형식으로 반환되었어요.
④ 1866년 병인양요 당시 양헌수가 이끈 조선군은 정족산성에서 프랑스군을 물리쳤어요.

오답분석 ① 1866년에 대동강을 거슬러 평양에 들어온 미국 상선 제너럴셔먼호의 선원들이 횡포를 부리자 박규수를 비롯한 평양 관민이 제너럴셔먼호를 불태워 침몰시켰어요(제너럴셔먼호 사건). 이를 구실로 미국은 신미양요를 일으켰어요.
② 1875년에 일본의 군함 운요호가 허락 없이 강화도로 접근하여 공격하였는데, 이를 운요호 사건이라고 해요. 이 사건은 조선이 일본과 강화도 조약(조·일 수호 조규)을 체결하는 배경 중 하나가 되었어요.
③ 1868년에 독일 상인 오페르트가 흥선 대원군의 아버지인 남연군의 묘를 도굴하려고 하였는데, 이를 오페르트 도굴 사건이라고 해요. 이 사건은 두 차례의 양요와 함께 척화비 건립의 계기가 되었어요.

정답 | ④

5 55회

(가) 시기에 있었던 사실로 옳은 것은? [3점]

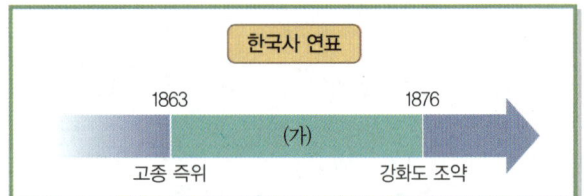

①
신미양요

② 보빙사 파견

③
황룡촌 전투

④
만민 공동회 개최

6 66회

다음 대화 이후에 있었던 사실로 옳은 것은? [2점]

며칠 전 미군이 포를 마구 쏘며 손돌목을 지나갔다고 하니 곧 큰일이 벌어지겠어.

어재연 장군이 이끄는 군사들이 광성보에서 대비하고 있으니 기대해 보세.

① 병인박해가 일어났다.
② 장용영이 창설되었다.
③ 척화비가 건립되었다.
④ 화통도감이 설치되었다.

📣 흥선 대원군 집권 시기의 사실

정답분석 1863년에 고종이 즉위하고 정권을 잡은 흥선 대원군은 1866년에 프랑스 신부를 포함하여 수많은 천주교도를 처형하였어요(병인박해). 같은 해에 미국 상선 제너럴셔먼호가 평양에서 통상을 요구하며 횡포를 부리자 평양 관민들이 배를 불태워 침몰시켰어요(제너럴셔먼 사건). 이후 병인박해를 구실로 프랑스군이 침입하였으나 한성근과 양헌수 등의 활약으로 프랑스군은 물러갔어요(병인양요). 1871년에는 제너럴셔먼호 사건을 빌미로 미군이 침략하였다가 물러갔어요(신미양요). 1875년에는 일본의 군함 운요호가 허락 없이 강화도로 접근하여 공격하였어요(운요호 사건). 이 사건을 계기로 조선은 일본과 강화도 조약(조·일 수호 조규)을 체결하였어요.

따라서, 고종 즉위(1863)와 강화도 조약(1876) 사이인 (가) 시기에 있었던 사실은 신미양요(1871)예요.

📣 신미양요 이후의 사실

정답분석 미국은 1866년에 제너럴셔먼호 사건을 구실로 조선에 배상금 지불과 통상 조약 체결을 요구하였으나 거절당하였고 이를 구실로 1871년에 강화도를 침략하였어요(신미양요). 이때 어재연이 이끈 조선군이 광성보에서 끝까지 항전하였으나 결국 패하였어요. 그러나 이후에도 조선군이 끈질기게 저항을 계속하자 미국은 결국 강화도에서 철수하였어요.

③ 1871년 신미양요 직후 흥선 대원군은 종로와 전국 각지에 척화비를 세워 통상 수교 거부 정책의 의지를 널리 알렸어요.

오답분석 ① 1866년에 흥선 대원군은 프랑스 선교사를 포함하여 천주교 신자들을 처형하는 병인박해를 일으켰어요. 프랑스는 같은 해에 이 사건을 구실로 조선을 침략하였는데, 이를 병인양요라고 해요.
② 1793년에 조선 정조는 국왕의 친위 부대로 장용영을 창설하였어요.
④ 1377년 고려 우왕 때 최무선의 건의로 화통도감이 설치되어 화약과 화포가 제작되었어요. 이곳에서 제작된 화약과 화포는 왜구 격퇴에 활용되었어요.

정답 | ①

정답 | ③

흥선 대원군의 개혁 정치

01 흥선 대원군은 ○○사를 폐지하고 의정부와 삼군부의 기능을 부활시켰다.

02 흥선 대원군은 《대전○○》을 편찬하여 통치 체제를 정비하였다.

03 흥선 대원군은 왕실의 권위 회복을 위해 ○○궁을 중건하였다.

04 흥선 대원군은 전국의 ○원을 일부만 남기고 모두 철폐하였다.

05 흥선 대원군은 양반도 군포를 내게하는 ○○제를 실시하였다.

통상 수교 거부 정책과 양요

06 1866년에 프랑스 선교사와 천주교도들이 처형된 ○○박해가 일어났다.

07 1866년에 박규수와 평양 관민이 대동강으로 들어온 ○○○셔먼호를 불태워 침몰시켰다.

08 병인박해를 구실로 1866년에 ○○○군이 강화도를 침략한 병인양요가 일어났다.

09 병인양요가 일어나자 양○○ 부대가 정족산성에서 프랑스군을 격퇴하였다.

10 병인양요 당시 프랑스군에 의해 외○○○ 도서가 약탈당하는 피해를 입었다.

11 1868년에 독일 상인 오○○○가 흥선 대원군 아버지의 묘인 남연군 묘 도굴을 시도하였다.

12 제너럴셔먼호 사건을 구실로 1871년에 미군이 강화도를 침략한 ○○양요가 일어났다.

13 신미양요 당시 어○○ 장군이 이끄는 부대가 광성보에서 항전하였다.

14 흥선 대원군은 신미양요 이후 종로와 전국 각지에 ○○비를 세웠다.

정답 01 비변 02 회통 03 경복 04 서 05 호포 06 병인 07 제너럴 08 프랑스 09 헌수 10 규장각 11 페르트 12 신미 13 재연 14 척화

28강 개항기(개항~갑신정변)

- 위정척사파
  - 통상 반대 (1860's)
  - 개항 반대 (1870's)
  - 개화 반대 (1880's)
  - 영남 만인소 (이만손)
  - 항일 의병

- 개화파
  - 통상 개화론 ▲
    - 오경석 — 〈해국도지〉
    - 박규수 — 〈영환지략〉
    - 유홍기
    - 흥선 X → 고종 + 민씨
    - 정한론 ▲ → 운요호 사건 (1875)

  → 강화도 조약 (1876)
    - 조선=자주국 → 청 간섭 X
    - 부산 外 2개 항구 開(원산 → 인천)
    - 불평등: 해안 측량권, 영사 재판권(= 치외 법권)
    - 최초의 근대적 조약(최혜국 대우 X)

    - 부속 조약
조·일 수호 조규 부록	조·일 무역 규칙
• 개항장 무역 O(사방 10리)	• 관세 X
• 개항장 → 일본 화폐 O	• 곡물 반출 제한 X

  - 온건파 (김홍집)
    - 〈정부 개화 정책〉
      - 통리기무아문(개화 총괄) + 12사
      - 5군영 → 2영, 별기군
      - 사절단
        - 수신사(일): 김홍집 〈조선책략〉— 황준헌
          └ 연美
        - 영선사(청): 기기창(무기)
        - 조사 시찰단(일): 비밀
        - 보빙사(미): 조·미 수호 통상 조약

    → 〈임오군란〉(1882)
      - 구식 군인 차별 대우
        └ 봉기(+ 하층민)
      - 청 진압
        └ 내정 간섭 ▲
        └ 조·청 상민 수륙 무역 장정
          └ 내지 무역, 영사 재판권
      - 일 ┬ 배상금
           └ 제물포 조약
              (일본 군대 O)

  - 급진파 (김옥균) + 박영효, 홍영식, 서광범, 서재필
    → 〈갑신정변〉(1884)
      ① 우정총국 개국 축하연 정변
      ② 14개조 개혁 정강
        - 경제 ┬ 재정 일원화(호조)
               └ 지조법 개혁
        - 사회: 인민 평등권, 혜상공국 X(보부상)
      ③ 일 — 한성 조약: 배상금, 공사관 신축
      ④ 청 ┬ 진압(3일천하) → 망명
           ├ 내정 간섭 ▲ ─── 동학 운동
           └ 톈진 조약(+ 일): 철수·파병 통보

28강 개항기(개항~갑신정변)

시험에 자주 나오는 핵심 자료 몰아보기

1 강화도 조약(조·일 수호 조규)

일본은 조선에 개항을 요구하기 위해 운요호 사건을 일으켰어요. 이를 계기로 조선은 일본과 강화도 조약(조·일 수호 조규)을 체결하면서 개항하였어요. 강화도 조약은 우리나라가 맺은 최초의 근대적 조약이면서 불평등 조약이었어요.

- 일본국 해안사를 조선국 연해, 도서를 측량하여 해도를 편제하여 양국의 배와 사람들이 위험한 곳을 피하고 안전히 항해할 수 있도록 한다.
- 일본인이 조선국이 지정한 각 항구에서 머무르는 동안 죄를 범한 것이 조선국 인민과 관계되는 사건일 때에는 모두 일본 관원이 심판한다.

2 조선책략

제2차 수신사로 파견된 김홍집은 청의 외교관 황준헌이 쓴 《조선책략》이라는 책을 가져와 고종에게 바쳤어요. 황준헌은 이 책에서 조선이 러시아의 남하를 막기 위해서는 청, 일본, 미국과 친하게 지내야 한다고 주장하였어요.

러시아를 막을 수 있는 조선의 책략은 무엇인가. 중국과 친하고(親中國), 일본과 맺고(結日本), 미국과 이어짐(聯美國)으로써 자강을 도모하는 길뿐이다.

3 위정척사 운동

위정척사파는 1860년대 서양 열강의 통상 요구에 대해 통상 반대를 주장하였고, 1870년대 강화도 조약 체결 시기에는 왜양일체론 등을 내세워 개항에 반대하였어요. 1880년대에 《조선책략》이 유포되자 정부의 개화 정책과 미국과의 수교에 반대하였어요.

4 영남 만인소

이만손을 중심으로 한 영남 지역의 유생들은 《조선책략》이 유포되자 '영남 만인소'라는 집단 상소를 올려 정부의 개화 정책과 미국과의 수교에 반대하였어요.

5 우정총국

'우편 업무를 총괄하는 관청'이라는 뜻으로, 우리나라 최초의 우체국이에요. 근대적 우편 업무를 담당하였어요.

6 조·청 상민 수륙 무역 장정

임오군란 직후 조선과 청이 맺은 조약이에요. 이 조약에 따라 조선은 청에 영사 재판권을 허용하였고, 청 상인은 조선에서 허가를 받고 내륙 시장에 진출할 수 있게 되었어요.

- 제1조 청의 상무위원을 서울에 파견하고 조선 대관을 톈진에 파견한다. 청의 북양 대신과 조선 국왕은 대등한 지위를 가진다.
- 제2조 조선에서 청의 상무위원은 치외 법권을 행사한다.
- 제4조 청 상인은 양화진과 한성에 상점을 개설한 경우를 제외하고는 내지 행상을 허가하지 않는다. 다만, 내지 행상이 필요한 경우 지방관의 허가증을 발급받아야 한다.

7 갑신정변

김옥균 등 급진 개화파는 우정총국 개국 축하연을 이용하여 갑신정변을 일으켰어요. 이들은 청과의 사대 관계 청산, 호조로 재정 일원화, 지조법 개혁, 인민 평등권 확립 등의 내용을 담은 개혁 정강을 발표하였어요.

▲ 왼쪽부터 박영효, 서광범, 서재필, 김옥균

〈개화당 정부의 개혁 정강〉
- 제1조 청에 잡혀간 흥선 대원군을 조속히 귀국하게 하고 청에 대한 조공의 허례를 폐지한다.
- 제2조 문벌을 폐지하여 백성의 평등권을 제정하고 재능에 따라 인재를 등용한다.
- 제3조 전국의 지조법을 개혁하고 간악한 관리를 근절하며 빈민을 구제하고 국가 재정을 충실히 한다.
- 제9조 혜상공국을 폐지한다.
- 제12조 모든 국가 재정은 호조에서 관할하고 그 밖의 재정 관청은 금지한다.

28강 개항기(개항~갑신정변)

빈출키워드 TOP5
1위 통리기무아문
2위 보빙사
3위 별기군
4위 제물포 조약
5위 『조선책략』

영사 재판권(치외 법권)
다른 나라에 머무르는 자기 나라 국민에 대해 자기 나라의 법을 적용하여 자국에서 파견한 영사가 재판할 수 있는 권리를 말해요.

최혜국 대우
한 나라가 어떤 나라에 부여하고 있는 가장 좋은 대우를 상대 나라에도 부여하는 것을 말해요.

거중 조정
조약을 맺은 나라가 제3국과 문제가 발생할 경우 조약을 맺은 상대 나라가 중간에서 해결을 주선하는 것을 말해요.

기기창
근대식 무기를 만들기 위해 세운 공장이에요. 이 외에도 박문국(근대 신문 발행), 전환국(근대식 화폐 발행), 우정총국(근대식 우편 업무) 등을 세웠어요.

위정척사
'바른 것을 지키고 옳지 못한 것을 물리친다'는 뜻으로, 서양 문물의 수용을 거부하고 성리학적 질서를 지키자는 의미예요.

1. 강화도 조약과 개항

(1) 강화도 조약(조·일 수호 조규, 1876)

배경	• 흥선 대원군이 물러남(1873) → 고종이 직접 정치를 시작함 • 통상 개화론 주장: 박규수, 오경석 등 • 일본의 압력 　- 일본에서 정한론(조선 침략론) 등장 　- 운요호 사건 발생(일본 군함 운요호가 강화도 침략, 1875)
내용	• 조선이 자주국임을 명시 → 일본이 조선에 대한 청의 간섭을 배제하려는 목적 • 부산 외 2개 항구(원산·인천) 개항, 일본에 해안 측량권과 영사 재판권(치외 법권) 허용 → 일본의 조선 침략을 위한 발판 마련
성격	• 조선이 외국과 맺은 최초의 근대적 조약 • 일본에 유리한 불평등 조약
부속 조약	• 조·일 수호 조규 부록(1876): 개항장에서 일본인의 활동 범위를 정함, 개항장에서 일본 화폐의 사용 허용 • 조·일 무역 규칙(1876): 일본 상품에 세금을 매기지 않음, 곡물의 무제한 수출 허용(과도한 곡물 수출을 막을 규정 ×)

(2) 개항 이후 각국과의 조약 체결

조·미 수호 통상 조약 (1882)	• 과정: 2차 수신사로 일본에 파견된 김홍집이 《조선책략》을 가지고 귀국, 국내 유포 → 청의 알선으로 체결(청의 러시아와 일본 견제) • 내용: 최혜국 대우 허용(최초), 미국 상품에 낮은 세율의 세금을 매김(최초), 거중 조정(최초), 영사 재판권 허용 • 성격: 서양과 맺은 최초의 조약 • 영향: 조선이 미국에 사절단으로 보빙사 파견
기타	• 조·미 수호 통상 조약 이후 영국, 독일, 이탈리아, 러시아와 조약 체결 • 조·프 수호 통상 조약(1886): 조선에서 천주교 포교 허용

2. 정부의 개화 정책 추진

제도 개혁		• 통리기무아문 설치: 개화 정책 총괄 기관, 그 아래 실무를 담당하는 12사 설치 • 구식 군대인 5군영을 2영(무위영·장어영)으로 개편, 신식 군대인 별기군 창설(1881)
사절단 파견	수신사	• 강화도 조약 체결 이후 일본에 파견 • 2차 수신사로 파견된 김홍집이 《조선책략》을 가지고 귀국
	조사 시찰단	• 박정양, 어윤중, 홍영식 등을 비밀리에 일본에 파견 • 일본 정부의 각 기관과 산업·군사 시설을 둘러보고 보고서를 작성함
	영선사	• 김윤식을 대표로 하여 유학생과 기술자들을 청에 파견 • 청에서 근대식 무기 제조 기술과 군사 훈련법을 배우고 돌아옴 • 귀국 후 근대식 무기 제조 공장인 기기창 설립 주도
	보빙사	• 조·미 수호 통상 조약 체결 후 미국 공사 부임에 대한 답례로 미국에 파견 • 민영익, 홍영식, 서광범, 유길준 등으로 구성

❸ 위정척사 운동

1860년대	• 배경: 서양 열강의 통상 요구 • 활동: 통상 반대 → 이항로, 기정진(척화주전론 주장)
1870년대	• 배경: 강화도 조약 체결 • 활동: 개항 반대 → 최익현(왜양일체론 주장)
1880년대	• 배경: 《조선책략》 유포, 서양 열강과 수교, 정부의 개화 정책 추진 • 활동: 개화 정책 반대, 미국과의 수교 반대 → 이만손(영남 만인소)

❹ 임오군란(1882)

배경	• 구식 군인에 대한 차별 대우 • 일본으로의 곡물 수출로 쌀값 폭등 → 서민 생활 악화
전개	구식 군인들의 봉기 → 도시 하층민 합류 → 일본 공사관과 궁궐 습격, 명성 황후는 피신 → 흥선 대원군 재집권 → 민씨 세력이 청에 파병 요청 → 청군이 개입하여 군란 진압 후 흥선 대원군을 청으로 납치 → 민씨 세력 재집권
결과	• 일본과 제물포 조약 체결: 일본에 배상금 지불, 일본 공사관 경비를 위한 일본군 주둔 허용 • 조·청 상민 수륙 무역 장정 체결: 허가받은 청 상인의 내륙 시장 진출(내지 통상권) 허용

❺ 갑신정변(1884)

전개	김옥균 등 급진 개화파가 우정총국 개국 축하연을 이용하여 정변을 일으킴 → 개화당 정부 수립, 개혁 정강 발표 → 청군이 개입하면서 3일 만에 실패
개혁 정강	• 청과의 사대 관계 청산, 흥선 대원군을 청에서 데려 올 것을 요구 • 호조로 재정 일원화, 지조법 개혁, 혜상공국 혁파 • 문벌 폐지, 인민 평등권 확립
결과	• 청의 내정 간섭 심화 • 한성 조약 체결(조선–일본): 조선이 일본 공사관의 신축 비용 부담, 일본에 배상금 지불 • 톈진 조약 체결(청–일본): 조선에서 청·일 양국 군대의 동시 철수, 앞으로 조선에 군대를 보낼 때 상대국에 미리 알리기로 함

⏸ 일시정지! ☑ 확인하기

1. 강화도 조약에 대한 설명이 맞으면 ○표, 틀리면 ×표 하세요.
   (1) 운요호 사건이 원인이 되었다. ( )
   (2) 최혜국 대우를 처음으로 규정하였다. ( )
   (3) 거중 조정에 대한 내용을 포함하였다. ( )
   (4) 부산 외 개항장이 설치되는 결과를 가져왔다. ( )

2. 임오군란에 대한 설명이 맞으면 ○표, 틀리면 ×표 하세요.
   (1) 청군에 의해 진압되었다. ( )
   (2) 우정총국 개국 축하연을 이용하여 일어났다. ( )
   (3) 홍범 14조를 개혁의 기본 방향으로 제시하였다. ( )
   (4) 일본 공사관에 경비병이 주둔하는 계기가 되었다. ( )

3. 갑신정변에 대한 설명이 맞으면 ○표, 틀리면 ×표 하세요.
   (1) 김옥균, 박영효 등이 주도하였다. ( )
   (2) 톈진 조약 체결의 계기가 되었다. ( )
   (3) 단발령 시행에 반발하여 일어났다. ( )
   (4) 한성 조약이 체결되는 계기가 되었다. ( )
   (5) 사건의 수습을 위해 박규수가 안핵사로 파견되었다. ( )

1. (1) ○ (2) × (3) × (4) ○
2. (1) ○ (2) × (3) × (4) ○
3. (1) ○ (2) ○ (3) × (4) ○ (5) ×

1 64회

(가)에 들어갈 사건으로 옳은 것은? [1점]

① 운요호 사건
② 105인 사건
③ 제너럴 셔먼호 사건
④ 오페르트 도굴 사건

2 66회

밑줄 그은 '사절단'으로 옳은 것은? [2점]

이 그림은 1883년 미국 신문에 실린 삽화입니다. 푸트 미국 공사의 조선 부임에 대한 답례로 파견된 민영익 등의 사절단이 아서 대통령을 만나는 상황을 표현하였습니다.

① 보빙사
② 수신사
③ 영선사
④ 조사 시찰단

강화도 조약

정답분석 1875년에 일본의 군함 운요호가 허락 없이 강화도에 접근하여 공격하였는데, 이를 운요호 사건이라고 해요. 이 사건을 계기로 조선은 일본과 강화도 조약(조·일 수호 조규)을 체결하였어요.
① 1875년에 일본은 조선에 개항을 요구하기 위해 운요호 사건을 일으켰고, 이를 계기로 조선은 일본과 강화도 조약(조·일 수호 조규)을 체결하면서 개항하였어요.

오답분석 ② 1911년에 일제는 데라우치 총독의 암살을 모의하였다는 누명을 씌워 많은 독립운동가들을 체포하였어요. 이 중 105인이 유죄 판결을 받았는데, 대부분 신민회 회원이었어요. 이를 105인 사건이라고 하며, 이로 인해 신민회는 조직의 실체가 드러나면서 국내 조직이 와해되었어요.
③ 1866년에 미국 상선 제너럴셔먼호가 대동강을 거슬러 올라와 평양에서 통상을 요구하며 행패를 부리자 박규수를 비롯한 평양 관민들이 배를 불태워 침몰시켰는데, 이를 제너럴셔먼호 사건이라고 해요. 이 사건이 빌미가 되어 미군이 강화도를 침략하는 신미양요가 일어났어요.
④ 1868년에 독일 상인 오페르트가 흥선 대원군의 아버지인 남연군의 묘를 도굴하려 하였으나 실패하였는데, 이를 오페르트 도굴 사건이라고 해요.

개항 이후 조선 정부의 개화 정책

정답분석 1882년 조·미 수호 통상 조약 체결 이후 이듬해 한성에 미국 공사가 부임하였고, 이에 대한 답례로 조선 정부는 미국에 외교 사절인 보빙사를 파견하였어요. 민영익, 홍영식, 서광범, 유길준 등이 포함되었고, 업무가 끝난 후 미국에 남아 유학한 유길준은 귀국 후 미국에서 보고 들은 근대적 모습을 기록한 《서유견문》을 집필하였어요.
① 조선 정부는 조·미 수호 통상 조약 체결 이후 미국 공사의 부임에 대한 답례로 미국으로 보빙사를 파견하였어요.

오답분석 ② 조선 정부는 강화도 조약 체결 이후인 1880년에 김홍집을 2차 수신사로 일본에 파견하였어요.
③ 조선 정부는 1881년에 김윤식을 대표로 유학생과 기술자들을 청에 영선사로 파견하였어요. 이들은 청에서 근대식 무기 제조 기술을 배우고 돌아와 기기창 설립에 영향을 주었어요.
④ 조선 정부는 1881년에 박정양, 어윤중, 홍영식 등으로 구성된 조사 시찰단을 비밀리에 일본에 파견하여 일본 정부의 각 기관과 산업 시설 등을 둘러보도록 하였어요.

정답 | ①

정답 | ①

3 61회

(가)에 들어갈 사절단으로 옳은 것은? [2점]

```
            (가) 활동 정리

1. 기간: 1880. 5. 28. ~ 8. 28.
2. 참여자: 김홍집 외 50여 명
3. 주요 활동
```

날짜	내용
5. 28. ~ 7. 6.	한성에서 부산포, 고베를 거쳐 도쿄로 이동
7. 7. ~ 8. 3.	일본 정부 관리들과 면담 일본 근대 문물 견학 김홍집, 청 외교관 황준헌과 비공식 면담
8. 4. ~ 8. 28.	귀국 및 왕에게 결과 보고(조선책략 올림)

① 보빙사 ② 성절사 ③ 수신사 ④ 영선사

4 52회

(가)~(다) 학생이 발표한 내용을 일어난 순서대로 옳게 나열한 것은? [3점]

① (가) - (나) - (다) ② (가) - (다) - (나)
③ (나) - (가) - (다) ④ (다) - (가) - (나)

개항 이후 조선 정부의 개화 정책

정답분석 강화도 조약 이후 일본에 파견된 사절단인 수신사는 여러 차례에 걸쳐 파견되었는데, 김홍집이 이끈 2차 수신사는 1880년에 파견되었어요. 김홍집은 이때 청의 외교관인 황준헌을 만나 얻게 된 《조선책략》을 왕에게 올렸어요. 《조선책략》은 러시아의 침략을 막기 위해서는 조선이 중국, 일본, 미국과 친하게 지내야 한다는 내용을 담고 있었어요.
③ 수신사는 강화도 조약 이후 일본에 파견되어 일본의 근대 문물을 파악하고 돌아온 사절단이에요.

오답분석 ① 보빙사는 조·미 수호 통상 조약 체결 이후 미국 공사의 부임에 대한 답례로 미국에 파견된 사절단이에요.
② 성절사는 명과 청의 황제와 황후의 생일 축하를 위해 조선에서 파견한 사절단이에요.
④ 영선사는 청의 근대식 무기 제조 기술 등을 배우기 위해 파견한 사절단으로, 이후 기기창이 설립되는 배경이 되었어요.

정답 | ③

위정척사 운동

정답분석 (나) 1860년대에 이항로와 기정진은 척화주전론을 주장하며 흥선 대원군의 통상 수교 거부 정책을 뒷받침하였어요.
(가) 1876년에 최익현은 조선 정부가 일본과 강화도 조약을 맺고 개항하려고 하자, 왜양일체론을 주장하며 개항에 반대하였어요.
(다) 1881년에 이만손 등은 국내에 《조선책략》이 유포되자 고종에게 정부의 개화 정책을 반대한다는 내용의 영남 만인소를 올렸어요.
③ (나) 1860년대 → (가) 1870년대(1876) → (다) 1880년대(1881)

정답 | ③

5 64회

밑줄 그은 '변란'으로 옳은 것은? [2점]

메타버스로 만나보는 한국사 인물

- 중국 톈진에 억류당하시게 된 경위를 들을 수 있을까요?
- 구식 군인들이 변란을 일으키자, 나는 사태 수습을 위해 입궐하여 통리기무아문과 별기군을 폐지하였소. 그런데 청군이 나를 변란의 책임자로 지목하여 이곳으로 납치하였소.

흥선 대원군

① 갑신정변 ② 신미양요
③ 임오군란 ④ 임술 농민 봉기

📢 **구식 군인들의 봉기**

정답분석 1882년에 일어난 임오군란은 신식 군대인 별기군에 비해 차별 대우를 받던 구식 군인들의 불만이 폭발하여 일어난 사건이에요. 구식 군인들은 일본 공사관 등의 관공서를 습격하였고, 이 과정에서 명성 황후는 피신하였어요. 한편, 고종이 흥선 대원군에게 사태 수습을 맡기면서 흥선 대원군이 다시 정권을 잡게 되었어요. 그러나 민씨 일파의 요청으로 파견된 청군에 의해 난은 진압되었고, 군란의 책임자로 몰린 흥선 대원군은 청으로 납치되었어요.
③ 1882년에 일어난 임오군란의 결과 조선과 일본 사이에 제물포 조약이 체결되어 일본 공사관에 경비병이 주둔하게 되었어요.

오답분석 ① 1884년에 김옥균 등 급진 개화파는 우정총국 개국 축하연 자리를 이용하여 갑신정변을 일으켰어요.
② 1871년에 미국은 제너럴셔먼호 사건을 구실로 강화도를 침입하는 신미양요를 일으켰어요.
④ 1862년에 진주에서 유계춘을 중심으로 경상 우병사 백낙신의 부정부패에 항의하는 농민 봉기가 일어났어요. 이러한 진주 농민 봉기를 시작으로서 농민 봉기가 전국으로 확산되었는데, 이를 임술 농민 봉기라고 해요.

정답 | ③

6 69회

밑줄 그은 '정변' 이후에 있었던 사실로 옳은 것은? [2점]

역사 신문

제△△호   ○○○○년 ○○월 ○○일

개화당 정부, 무너지다

어제 구성된 개화당 정부가 하루 만에 청군의 개입으로 붕괴하였다. 새 정부를 구성하고 개혁 정강을 발표하였던 김옥균, 박영효, 서재필 등은 현재 일본 공사를 따라 일본 공사관으로 피신해 있는 것으로 알려졌다. 우정국 개국 축하연에서의 소동으로 시작된 정변은 이로써 3일 만에 막을 내리게 되었다.

① 임오군란이 일어났다.
② 한성 조약이 체결되었다.
③ 통리기무아문이 설치되었다.
④ 제너럴 셔먼호 사건이 발생하였다.

📢 **갑신정변 이후의 사실**

정답분석 1884년에 김옥균 등 급진 개화파가 우정총국 개국 축하연에서 정변을 일으켰어요(갑신정변). 이들은 개화당 정부를 세우고, 청에 대한 사대 관계 폐지 등의 내용을 담은 개혁 정강을 발표하였어요. 하지만 갑신정변은 청군의 빠른 개입으로 3일 만에 실패로 끝났어요.
② 갑신정변의 결과 조선과 일본 사이에는 한성 조약이, 청과 일본 사이에는 톈진 조약이 체결되었어요.

오답분석 ① 1882년에 신식 군대인 별기군에 비해 차별 대우를 받던 구식 군인들의 불만이 폭발하여 임오군란이 일어났어요.
③ 개항 이후인 1880년에 조선은 개화 정책을 추진하기 위한 총괄 기구로 통리기무아문을 설치하였어요.
④ 1866년에 대동강을 거슬러 평양에 들어온 미국 상선 제너럴셔먼호의 선원들이 행패를 부리자 박규수를 비롯한 평양 관민이 제너럴셔먼호를 불태워 침몰시켰는데, 이를 제너럴셔먼호 사건이라고 해요.

정답 | ②

강화도 조약과 개항

01 일본은 ○○호 사건을 빌미로 조선에 개항을 요구하였다.

02 ○○○ 조약은 우리나라 최초의 근대적 조약이자 불평등 조약이다.

03 강화도 조약으로 부산 외 ○산, ○천에 개항장이 설치되었다.

04 조·미 수호 통상 조약에서 외국에 대한 ○국 대우를 처음으로 규정하였다.

정부의 개화 정책 추진 / 위정척사 운동

05 개항 이후 조선 정부는 개화 정책을 총괄하는 ○○○ 아문을 설치하였다.

06 조선 정부는 개화 정책의 일환으로 신식 군대인 ○○군을 창설하였다.

07 2차 수신사로 일본에 파견된 김홍집은 귀국할 때 《조선○○》을 가지고 들어왔다.

08 조선 정부는 청에 ○○사를 파견하여 근대식 무기 제조 기술과 군사 훈련법을 배워 오게 하였다.

09 조선 정부는 조·미 수호 통상 조약 체결 이후 미국에 사절단으로 ○○사를 파견하였다.

10 이만손 등 유생들은 《조선책략》 유포에 반발하여 영남 ○○소를 올렸다.

임오군란 / 갑신정변

11 임오군란 이후 ○의 내정 간섭이 본격화되었다.

12 임오군란 후 일본 공사관 경비를 위한 일본군 주둔을 인정하는 ○○포 조약이 체결되었다.

13 김옥균 등 급진 개화파는 우정총국 개국 축하연을 이용하여 ○○정변을 일으켰다.

14 갑신정변 후 조선과 일본 사이에 ○성 조약이 체결되었다.

15 갑신정변 후 일본과 청은 ○진 조약을 체결하였다.

정답 01 운요 02 강화도 03 원, 인 04 최혜 05 통리기무 06 별기 07 책략 08 영선 09 보빙 10 만인 11 청 12 제물 13 갑신 14 한 15 톈

29갑 개항기(동학 농민 운동~대한 제국)

갑신정변 이후
- 영국: 거문도 불법 점령 ── 중립화론 ▲ ─┬ 유길준 〈서유견문〉
- 청: 내정 간섭 ▲   └ 부들러(독)
- 일: 쌀 대량 반출 → 쌀값 폭등

동학 농민 운동 (1894)
교조 신원 운동

1차:
고부 봉기	백산 봉기
조병갑(만석보) → 전봉준(사발통문)	이용태 → 4대 강령 발표

황토현·황룡촌 전투	전주성 점령	**전주 화약**
		집강소(폐정 개혁안) ─ 교정청(정부)

→ 청 파병 → 일 파병(by 텐진 조약)

경복궁 점령(흥선 入) ← 청·일 전쟁 → 갑오개혁

2차: 남·북접(논산) → **우금치 전투(공주)** → 동학 농민군 X → 전봉준 X

갑오개혁 (1894)

1차	2차
• 김홍집 + 흥선, **군국기무처**	X
• 6조 → 8아문, 궁내부, 개국 기년	• 박영효 + 김홍집, 독립 서고문, 홍범 14조
• 도량형 통일, 재정 일원화(탁지아문), 은 본위제	• 8아문 → 7부, 8도 → 23부, 재판소
• 신분제 X, 과부 재가 O, 과거제 X	• 교육입국 조서(소학교, 사범·외국어 학교)

을미개혁 (1895)
청·일 전쟁(日 승) → 시모노세키 조약 → 삼국 간섭 → 을미사변 → 을미개혁(건양, 단발령, 태양력)
  └ 요동 반도 O   └ 러·프·독   └ 명성 황후 X

아관 파천 (1896)
① 독립신문(서재필)
② 독립 협회
③ 독립문

〈만민 공동회〉
• 러시아 절영도 조차 X
• 한·러 은행 X

〈관민 공동회〉
• 박정양 + 윤치호
• 헌의 6조
→ 중추원 관제 반포 (의회 설립 운동)

대한 제국 (1897)
광무개혁(구본신참) ┬ 황제권 ▲(대한국 국제, 원수부), 양전 사업(지계 O)
                  └ 근대 공장·회사 ▲, 기차(경인선) 전차, 전화, 실업 기술 학교 ▲

29강 개항기(동학 농민 운동~대한 제국)

시험에 자주 나오는 핵심
자료 몰아보기

1 동학 농민군의 1차 봉기

고부 농민 봉기 사태를 수습하기 위해 파견된 안핵사 이용태가 농민 봉기에 가담한 사람들을 동학교도로 몰아 탄압하자 농민군이 무장과 백산에서 봉기하면서 1차 봉기가 시작되었어요. 동학 농민군은 황토현 전투와 황룡촌 전투에서 정부군에 승리한 후 전주성을 점령하였어요.

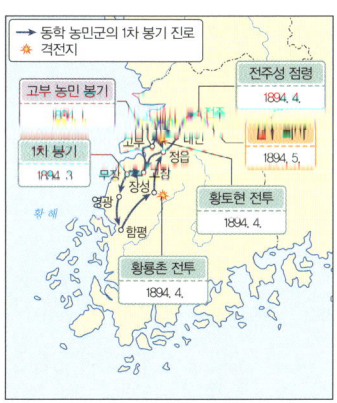

2 동학 농민군의 2차 봉기

전주 화약 체결 이후 해산하였던 동학 농민군은 일본이 조선 정부의 철병 요구를 무시하고 경복궁을 무력으로 점령하시자 다시 봉기하였어요. 전봉준이 이끈 남접과 손병희가 이끈 북접은 논산에서 집결한 후 북진하였어요. 하지만 동학 농민군은 공주 우금치 전투에서 패배하였고, 전봉준 등 동학 농민군의 지도자들이 체포되면서 동학 농민 운동은 끝이 났어요.

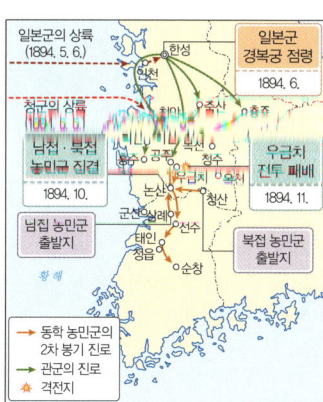

3 집강소와 폐정 개혁안

동학 농민군이 전주성을 점령하자 조선 정부는 청에 지원군을 요청하였고, 일본도 톈진 조약을 구실로 조선에 군대를 보냈어요. 동학 농민군은 청과 일본의 개입을 막기 위해 정부와 전주 화약을 맺었고, 이후 자치 기구인 집강소를 설치하여 폐정 개혁안을 추진해 나갔어요.

폐정 개혁안(주요 내용)
- 노비 문서를 소각한다.
- 7종의 천인 차별을 개선하고 백정이 쓰는 평량갓을 없앤다.
- 젊어서 과부가 된 여성의 개가를 허용한다.
- 토지는 균등하게 나누어 경작하게 하다.

4 제1차 갑오개혁

일본은 경복궁 점령 이후 김홍집을 중심으로 한 내각을 수립하였고, 김홍집 내각은 군국기무처를 설치하여 제1차 갑오개혁을 추진하였어요. 이때 과부의 재가 허용, 신분제(공·사 노비법) 폐지, 과거제 폐지, 은 본위제 확립 등의 개혁이 추진되었어요.

5 제2차 갑오개혁과 홍범 14조

청·일 전쟁에서 승기를 잡은 일본은 김홍집·박영효의 연립 내각을 수립하여 군국기무처를 폐지하고 제2차 갑오개혁을 추진하였어요. 이때 고종은 종묘에 나가 개혁의 방향을 담은 홍범 14조를 반포하였어요.

1. 청에 의존하는 생각을 버리고 자주 독립의 기초를 세운다.
7. 조세의 징수와 경비 지출은 모두 탁지아문이 관할한다.
14. 문벌을 가리지 않고 인재 등용의 길을 넓힌다.

6 광무개혁

대한 제국의 수립을 선포한 고종은 구본신참을 원칙으로 한 광무개혁을 추진하였어요. 고종은 황제권 강화를 위해 대한국 국제를 반포하고 원수부를 설치하였어요. 또한, 양전 사업을 시행하여 근대적 토지 소유권 증명서인 지계를 발급하였어요.

7 독립 협회

아관 파천 이후 열강의 이권 침탈이 심화되자 독립신문을 창간한 서재필 등의 주도로 독립 협회가 설립되었어요. 독립 협회는 청의 사신을 맞이하던 영은문 자리 부근에 독립문을 세워 독립과 자주의 의지를 드러냈으며, 만민 공동회를 개최하여 러시아의 절영도 조차 요구를 저지하였어요.

8 헌의 6조

독립 협회는 입헌 군주제 수립을 목표로 관민 공동회를 개최하여 헌의 6조를 결의하였어요. 고종은 이 개혁안을 받아들여 시행할 것을 약속하고 새로운 중추원 관제를 반포하였어요.

1. 외국인에게 의지하지 않고 관민이 합심하여 전제 황권을 견고하게 할 것
2. 외국과의 이권에 관한 계약과 조약은 각 부 대신 및 중추원 의장이 합동으로 서명하여 시행할 것
3. 국가 재정은 탁지부에서 관리하고, 예산·결산을 인민에게 공포할 것
6. 칙임관(최고위 관료)을 임명할 때에는 정부에 그 뜻을 물어서 과반수의 의견에 따를 것

29강 개항기(동학 농민 운동~대한 제국)

빈출키워드 TOP5
- 집강소 — 1위
- 만민 공동회 — 2위
- 군국기무처 — 3위
- 전주 화약(전주성 점령) — 4위
- 우금치 전투 — 5위

📎 **홍범 14조**
고종이 1895년 1월 종묘에 나가 개혁의 기본 방향을 밝힌 문서예요.

📎 **도량형**
길이(도, 度), 부피(량, 量), 무게(형, 衡)와 같은 단위를 재는 방법을 말해요.

📎 **은 본위 화폐 제도**
'본위'는 판단의 중심이 되는 기준을 말하는 것으로, 은 본위 화폐 제도는 일정량의 은을 화폐 교환 가치의 기준으로 삼는 제도를 말해요.

📎 **삼국 간섭**
청·일 전쟁에서 승리한 일본은 청으로부터 랴오둥(요동)반도를 넘겨받는 내용의 시모노세키 조약을 청과 체결하였어요. 이에 위협을 느낀 러시아가 독일과 프랑스를 끌어들여 일본이 랴오둥반도를 청에 돌려주도록 압력을 가하였는데, 이를 삼국 간섭이라고 해요.

📎 **태양력**
태양의 운행을 기준으로 만든 역법으로, 지구가 태양의 둘레를 한 바퀴 도는 데 걸리는 시간을 1년으로 정하였어요. 오늘날 우리가 사용하는 양력을 말해요.

📎 **아관 파천**
'아관'은 러시아 공사관을, '파천'은 임금이 피란한다는 뜻이에요. 을미사변 이후 신변의 위협을 느낀 고종이 러시아 공사관으로 거처를 옮긴 사건을 말해요.

❶ 갑신정변 이후의 정세

한반도 정세	• 청의 내정 간섭 심화, 일본으로의 곡물 대량 수출로 국내 쌀값 폭등 • 거문도 사건(1885~1887): 영국이 러시아의 남하 견제를 구실로 거문도를 불법 점령
조선 중립화론	조선 주재 독일 부영사 부들러가 조선 정부에 중립화론 건의, 유길준도 주장 → 정책 반영 ×

❷ 동학 농민 운동(1894)

배경	농촌 악화	지배층의 수탈, 외국 세력의 경제 침탈 → 농민의 경제적 어려움 심화
	동학의 교세 확대	• 최시형(2대 교주)의 교단 정비 → 포접제 실시, 경전 정리 → 교세 확대 • 교조 신원 운동: 삼례, 서울, 보은 등지에서 교조 최제우의 누명을 벗겨 줄 것과 포교의 자유 등 요구
전개	고부 농민 봉기 (1월)	고부 군수 조병갑의 횡포(만석보라는 저수지를 만들어 강제로 사용하게 한 후 세금 징수) → 전봉준의 주도로 농민들이 고부 관아 점령(사발통문) → 정부의 중재 및 회유로 자진 해산
	1차 봉기 (3~9월)	• 안핵사 이용태가 고부 농민 봉기 참여자를 탄압 → 무장에서 다시 봉기한 동학 농민군이 백산에서 4대 강령 발표, 보국안민(반외세)과 제폭구민(반봉건)을 내세우며 봉기 → 황토현 전투와 황룡촌 전투 승리 → 전주성 점령 • 정부가 청에 군사 요청 → 청군 상륙(5. 5.) → 톈진 조약에 의해 일본군도 상륙(5. 6.) → 정부와 동학 농민군이 전주 화약 체결 → 동학 농민군이 자진 해산 후 전라도 일대에 집강소를 설치하고 개혁 추진 → 정부는 청·일 양국에 군대 철수 요구
	2차 봉기 (9~11월)	일본군이 경복궁 무력 점령 후 내정 간섭, 청·일 전쟁 발발 → 동학 농민군이 일본군을 몰아내려고 재봉기 → 남접(전봉준 중심)과 북접(손병희 중심)이 논산에 집결한 후 서울을 향해 북상 → 공주 우금치 전투에서 패배 → 전봉준 등 농민군 지도자들 체포

❸ 갑오개혁(1894)

구분	제1차 갑오개혁	제2차 갑오개혁
추진	• 일본군이 경복궁을 무력 점령한 이후 제1차 김홍집 내각 수립 • 군국기무처 설치 → 개혁 주도	• 일본이 청·일 전쟁에서 승기를 잡음 → 제2차 김홍집 내각 수립(김홍집·박영효 연립 내각) • 군국기무처 폐지, 고종의 홍범 14조 반포
정치	• 궁내부 설치(왕실 사무와 정부 사무 분리) • '6조 → 80아문'으로 개편 • 과거제 폐지	• '80아문 → 7부'로 개편, 의정부를 내각으로 개편 • 전국을 '8도 → 23부'로 개편 • 재판소 설치, 지방관의 권한 축소
경제	• 탁지아문으로 재정 일원화, 도량형 통일 • 은 본위 화폐 제도 확립, 조세의 금납화	• 육의전 폐지 • 근대적 예산 제도 도입
사회	신분제(공·사 노비법) 철폐, 과부의 재가 허용, 고문과 연좌제 폐지, 조혼 금지	교육입국 조서 반포 → 한성 사범 학교·소학교·외국어 학교에 관한 법규가 마련됨

❹ 을미개혁(1895)

배경	청·일 전쟁에서 일본 승리 → 일본이 시모노세키 조약을 맺어 청으로부터 랴오둥반도를 넘겨받음 → 삼국 간섭으로 일본이 랴오둥반도를 청에 돌려줌 → 일본의 영향력 약화 → 조선의 친러 정책 추진 → 일본이 친러 정책을 주도하던 명성 황후 시해(을미사변, 1895) → 김홍집 등이 포함된 친일적인 성향의 내각이 구성되어 개혁 추진
내용	• 태양력 채택 • 연호 '건양' 사용 • 단발령·종두법 실시 • 우편 사무 재개

❺ 독립 협회와 대한 제국

(1) 독립 협회

창립	아관 파천 이후 열강의 경제 침탈 심화 → 서재필의 주도로 독립신문 창간, 독립 협회 창립(1896)
활동	• 독립문·독립관 건립 • 만민 공동회 개최: 러시아의 절영도 조차 요구 저지, 한·러 은행 폐쇄 • 관민 공동회 개최: 헌의 6조 결의 → 입헌 군주제 지향, 탁지부로 재정 일원화 등 • 의회 설립 운동: 대한 제국 정부가 새로운 중추원 관제를 반포하게 함
해산	고종이 황국 협회와 군대를 동원하여 독립 협회 탄압 → 독립 협회 활동 중단 및 강제 해산

(2) 대한 제국

수립	아관 파천 이후 고종이 경운궁(덕수궁)으로 돌아옴 → 국호를 '대한', 연호를 '광무'로 바꾸고 환구단에서 황제 즉위식 거행 → 대한 제국 수립 선포(1897)
광무개혁	• 전통적인 제도를 바탕으로 서양의 근대 문물을 받아들이는 것(구본신참)을 원칙으로 삼음 • 대한국 국제 반포: 절대적 황제권 강조 • 원수부 설치(황제의 군 통수권 장악) • 양전 사업 실시 → 근대적 토지 소유 증명서인 지계 발급 • 근대적 공장과 회사 설립 → 상공업 진흥 정책 • 관립 실업 학교(상공 학교)와 기술 교육 기관 설립 • 근대 시설 확충: 전화, 전차, 기차(경인선) 등

⏸ 일시정지! ✅ 확인하기

1. 다음 사실들을 순서대로 나열하세요.

> (가) 농민군이 우금치 전투에서 패배하였다.
> (나) 정부와 농민군 사이에 전주 화약이 체결되었다.
> (다) 조병갑의 탐학에 맞서 고부 농민 봉기가 일어났다.

(　　　　　　　　)

2. 다음에서 제1차 갑오개혁은 '1차', 제2차 갑오개혁은 '2차', 을미개혁은 '을미'라고 쓰세요.

(1) 과거제 폐지　　　　　　　　　　(　　　)
(2) 태양력 시행　　　　　　　　　　(　　　)
(3) 홍범 14조 반포　　　　　　　　(　　　)
(4) 군국기무처 설치　　　　　　　　(　　　)
(5) 연호 '건양' 제정　　　　　　　　(　　　)
(6) 공·사 노비법 철폐　　　　　　　(　　　)
(7) 교육입국 조서 반포　　　　　　(　　　)
(8) 8도에서 23부로 지방 행정 구역 개편 (　　　)

3. 독립 협회의 활동으로 맞으면 ○표, 틀리면 ×표 하세요.

(1) 만민 공동회를 개최하였다.　　　　　　(　　　)
(2) 105인 사건으로 해체되었다.　　　　　(　　　)
(3) 러시아의 절영도 조차 요구를 반대하였다. (　　　)
(4) 중추원 개편을 통해 의회 설립을 추진하였다. (　　　)
(5) 영은문이 있던 자리 부근에 독립문을 건립하였다. (　　　)

4. 광무개혁의 내용으로 맞으면 ○표, 틀리면 ×표 하세요.

(1) 홍범 14조 반포　　　　　　　　　(　　　)
(2) 육영 공원 설립　　　　　　　　　(　　　)
(3) 황제 직속의 원수부 설치　　　　(　　　)
(4) 양전 사업 실시 및 지계 발급　　(　　　)

---

1. (다) → (나) → (가)
2. (1) 1차 (2) 을미 (3) 2차 (4) 1차 (5) 을미 (6) 1차 (7) 2차 (8) 2차
3. (1) ○ (2) × (3) ○ (4) ○ (5) ○
4. (1) × (2) × (3) ○ (4) ○

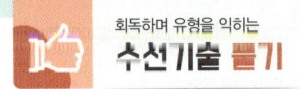

1 66회 [3점]

다음 문서가 작성된 시기를 연표에서 옳게 고른 것은?

> **영국 공관에 보냄**
> 근래 국내에 전해지는 소문을 통해 귀국이 거문도에 뜻을 두고 있다는 것을 알았습니다. 이 섬은 우리나라의 땅으로, 다른 나라는 점유할 수 없는 곳입니다. 귀국처럼 공법에 밝은 나라가 이처럼 뜻밖의 일을 저지를 줄이야 어떻게 알 수 있었겠습니까?

1863	1876	1882	1894	1905
(가)	(나)	(다)	(라)	
고종 즉위	강화도 조약	임오 군란	갑오 개혁	을사 늑약

① (가) ② (나) ③ (다) ④ (라)

📢 거문도 사건

정답분석 개항 후 조선에는 신식 군대인 별기군이 만들어졌어요. 별기군은 신식 무기를 지급받고 근대식 군사 훈련을 받았지만, 이에 반해 구식 군인들은 별기군에 비해 처우가 매우 열악하였어요. 그러던 중 13개월 만에 월급으로 지급된 쌀에 모래와 겨가 섞여 있자 이에 분노한 구식 군인들이 난을 일으켰는데, 이를 임오군란이라고 해요(1882). 이후 김옥균 등 급진 개화파는 우정총국 개국 축하연에서 갑신정변을 일으켜 개화당 정부를 수립하고 개혁 정강을 발표하였지만 청군의 개입으로 3일 만에 실패하였어요(1884). 갑신정변 이후 청의 간섭이 심해지자 고종은 러시아와 교섭을 추진하였어요. 그러자 1885년에 영국은 러시아의 남하를 막는다는 구실로 거문도를 불법으로 점령하였어요(거문도 사건). 영국은 러시아로부터 조선을 침략하지 않겠다는 약속을 받아낸 후인 1887년에 철수하였어요. 이후 1894년에 조선에서는 고부 농민 봉기를 시작으로 동학 농민 운동이 전개되었어요. 외세의 개입을 막기 위해 조선 정부와 전주 화약을 체결한 이후 해산하였던 동학 농민군은 일본이 조선 정부의 철병 요구를 무시하고 경복궁을 무력으로 점령하자 다시 봉기하였어요. 한편, 일본은 경복궁 무력 점령 이후 김홍집을 중심으로 한 내각을 수립하였고, 김홍집 내각은 군국기무처를 설치하여 제1차 갑오개혁을 추진하였어요(1894). 따라서, 거문도 사건이 일어난 시기는 '임오군란(1882)'과 '갑오개혁(1894)' 사이의 시기인 (다)예요.

정답 | ③

2 67회 [2점]

(가) 사건에 대한 설명으로 옳은 것은?

> 부패한 지도층과 외세의 침략에 저항했던 (가) 관련 기록물인 전봉준 공초, 개인 일기와 문집, 각종 임명장 등이 유네스코 세계 기록 유산으로 지정되었습니다.

백성이 주체가 된 역사, 세계 기록 유산으로 남다

① 9서당을 창설하는 계기가 되었다.
② 청산리에서 일본군과 전투를 벌였다.
③ 집강소를 통해 폐정 개혁을 추진하였다.
④ 제물포 조약이 체결되는 결과를 가져왔다.

📢 동학 농민 운동

정답분석 1894년에 전봉준을 중심으로 고부 농민 봉기가 일어났어요. 이후 전봉준 등 동학 지도자들은 농민군을 조직하여 관군을 상대로 한 황토현 전투, 황룡촌 전투에서 거듭 승리하며 세력을 키웠고, 전주성을 공격하여 점령하였어요. 이에 조선 정부는 청에 지원군을 요청하였고, 갑신정변 이후 청과 일본이 체결한 톈진 조약에 따라 일본도 조선에 군대를 보냈어요. 동학 농민군은 청과 일본의 개입을 막기 위해 정부와 전주 화약을 맺고 자진 해산하였지만 이후 일본군이 경복궁을 점령하고 내정에 간섭하자 재봉기하였어요. 동학 농민군의 남접과 북접은 논산에 집결한 후 서울을 향해 북상하였고, 그 과정에서 일본군과 관군을 상대로 한 우금치 전투에서 크게 패하였어요. 한편, 동학 농민 운동과 관련된 기록물은 그 가치를 인정받아 유네스코 세계 기록 유산으로 등재되었어요.
③ 동학 농민 운동 당시 동학 농민군은 전주성을 점령한 후 정부와 전주 화약을 체결하고 스스로 해산하였어요. 이후 전라도 일대에 집강소를 설치하고 폐정 개혁을 추진하였어요.

오답분석 ① 신라 신문왕은 삼국 통일 이후 신라인뿐만 아니라 옛 고구려인과 백제인은 물론 말갈인까지 포함시켜 군사 조직을 정비해 9서당과 10정을 창설하였어요.
② 청산리 전투 당시 김좌진이 이끈 북로 군정서는 홍범도 부대 등과 연합하여 청산리 일대에서 일본군과 전투를 벌여 승리하였어요.
④ 임오군란 이후 조선 정부는 일본과 제물포 조약을 체결하여 일본에 배상금을 지불하고, 일본 공사관 경비를 위한 일본군의 주둔을 허용하였어요.

정답 | ③

3 63회

(가)에 들어갈 기구로 옳은 것은? [2점]

- 노비 제도가 폐지되었다는 소식 들었는가?
- 들었네. (가) 에서 과거 제도를 없애고 연좌제를 폐지하는 개혁 안건도 통과시켰다더군.

① 비변사 ② 원수부
③ 홍문관 ④ 군국기무처

4 63회

다음 가상 뉴스가 보도된 이후에 전개된 사실로 옳은 것은? [2점]

속보입니다. 오늘 새벽 한성에 주둔 중인 일본군 수비대 등이 궁궐에 침입하여 왕비를 시해하는 만행을 저질렀습니다. 최근 부임한 일본 공사가 사건을 지휘한 것으로 시목되고 있어 충격을 더하고 있습니다.

속보 일본군 수비대 등이 왕비 시해

① 외규장각 도서가 약탈되었다.
② 김윤식이 영선사로 파견되었다.
③ 제너럴셔먼호 사건이 발생하였다.
④ 고종이 러시아 공사관으로 피신하였다.

📢 제1차 갑오개혁

정답분석 동학 농민 운동의 전개 과정에서 조선에 들어온 일본군은 경복궁에 침입하여 조선 정부를 장악한 후 청·일 전쟁을 일으켰어요. 이후 일본의 의도로 구성된 김홍집 내각은 군국기무처를 설치하여 제1차 갑오개혁을 추진하였어요. 제1차 갑오개혁 때 과부의 재가 허용, 공·사 노비법(신분제) 폐지, 과거제 폐지, 연좌제 폐지 등의 개혁이 추진되었어요.
④ 군국기무처는 일본의 의도로 구성된 김홍집 내각에서 최고 정책 결정 기관으로 설치한 기구예요. 군국기무처를 중심으로 제1차 갑오개혁이 추진되었어요.

오답분석 ① 비변사는 조선 중종 때 3포 왜란이 일어나면서 임시 기구로 설치되었고, 명종 때 을묘왜변을 겪으면서 상설 기구가 되었으며, 임진왜란 이후에는 국정을 총괄하는 최고 정치 기구가 되었어요.
② 원수부는 대한 제국 때 설치된 최고 군 통수 기구예요. 대한 제국은 황제권과 국방력을 강화하기 위해 원수부를 설치하였어요.
③ 홍문관은 조선 시대 경연을 주관하고 왕의 자문을 담당하였던 기구로 사헌부, 사간원과 함께 3사를 구성하였어요.

정답 | ④

📢 을미사변 이후의 사실

정답분석 청·일 전쟁에서 승리한 일본은 청과 시모노세키 조약을 체결하고 랴오둥반도를 넘겨받았어요. 그러자 러시아가 프랑스, 독일을 끌어들여 랴오둥반도를 청에 돌려주라고 일본을 압박하는 삼국 간섭이 일어났어요. 삼국 간섭으로 러시아의 영향력이 커지자 고종은 친러 정책을 추진하여 일본을 견제하려고 하였어요. 이에 일본은 조선에 대한 자신들의 영향력이 줄어든 것을 우려하면서 친러 정책 배후에 명성 황후가 있다고 판단하여 명성 황후를 시해하는 을미사변을 저질렀어요.
④ 을미사변 이후 신변의 위협을 느낀 고종은 러시아 공사관으로 거처를 옮겼고(아관 파천), 이후 열강의 경제 침탈이 심화되었어요.

오답분석 ① 1866년 병인양요 때 프랑스군은 철수하면서 외규장각에서 의궤 등 수많은 도서를 약탈해 갔어요.
② 1881년에 조선 정부는 개화 정책의 일환으로 청에 영선사를 파견하여 근대식 무기 제조법과 군사 훈련법을 배워 오도록 하였어요.
③ 1866년에 미국 상선 제너럴셔먼호가 평양까지 들어와 통상을 요구하며 횡포를 부리자 박규수의 지휘 아래 평양 관민이 제너럴셔먼호를 불태워 침몰시켰어요(제너럴셔먼호 사건). 이후 이 사건을 구실로 미군이 강화도를 침입한 신미양요가 일어났어요.

정답 | ④

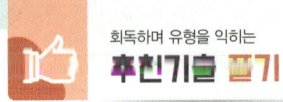

5 67회 회독 ●●●

(가) 단체의 활동으로 옳은 것은? [2점]

> 이곳 종로에서는 (가) 이/가 개최한 관민 공동회가 열리고 있습니다. 정부 관료와 학생, 시민들이 참여한 가운데 헌의 6조를 올리기로 하였습니다.

① 광혜원을 설립하였다.
② 태극 서관을 운영하였다.
③ 독립문 건설을 주도하였다.
④ 파리 강화 회의에 대표를 파견하였다.

📢 **독립 협회**

정답분석 독립 협회는 미국에서 귀국한 후 독립신문을 창간한 서재필의 주도로 조직되었어요. 독립 협회는 독립문과 독립관을 세웠으며 민중 집회인 만민 공동회를 개최하여 러시아 등 열강의 경제 침탈을 비판하였어요. 또한, 박정양 내각과 함께 관민 공동회를 개최하여 헌의 6조를 결의하였어요.
③ 독립 협회는 청의 사신을 맞이하던 영은문이 있던 자리 부근에 독립문을 세우려고 모금 활동을 전개하였어요.

오답분석 ① 미국인 선교사 알렌은 서양식 병원의 필요성을 고종에게 건의하였고, 고종의 승인을 거쳐 우리나라 최초의 근대식 병원인 광혜원이 설립되었어요. 광혜원은 곧 '많은 사람들을 구한다'는 뜻의 제중원으로 이름이 변경되었어요.
② 신민회는 태극 서관을 운영하여 계몽 서적 등을 보급하고 자기 회사를 운영하는 등 민족 산업 육성에 힘썼어요. 또한, 평양에 대성 학교, 정주에 오산 학교를 설립하여 민족 교육을 실시하였어요.
④ 신한 청년당은 김규식을 파리 강화 회의에 대표로 파견하였어요.

정답 | ③

6 64회 회독 ●●●

(가) 시기에 있었던 사실로 옳은 것은? [2점]

> 고종이 러시아 공사관에서 경운궁으로 돌아와 황제로 즉위하고 국호를 (가) (으)로 선포한 이후에 사용한 어새입니다.

(가) 고종 황제 어새와 내함

① 지계가 발급되었다.
② 척화비가 건립되었다.
③ 육영 공원이 설립되었다.
④ 군국기무처가 설치되었다.

📢 **대한 제국 시기의 사실**

정답분석 아관 파천 이후 경운궁(덕수궁)으로 돌아온 고종은 1897년에 연호를 '광무'로 바꾸고, 환구단에서 황제 즉위식을 거행한 후 대한 제국 수립을 선포하였어요. 이후 고종은 구본신참의 원칙 아래 광무개혁을 추진하였어요.
① 1899년부터 대한 제국은 양전 사업을 시행하여 근대적 토지 소유 증명서인 지계를 발급하였어요.

오답분석 ② 1871년 신미양요 직후 흥선 대원군은 종로와 전국 각지에 척화비를 세워 통상 수교 거부 정책의 의지를 널리 알렸어요.
③ 1886년에 설립된 육영 공원은 우리나라 최초의 서양식 관립 교육 기관이에요.
④ 1894년에 일본의 의도로 구성된 김홍집 내각은 최고 정책 결정 기관으로 군국기무처를 설치하고 제1차 갑오개혁을 추진하였어요.

정답 | ①

갑신정변 이후의 정세 / 동학 농민 운동

01 영국은 러시아를 견제한다는 구실로 ●●도를 불법 점령하였다.

02 ●● 농민 운동은 고부 군수 조병갑의 탐학에 맞서 일어난 고부 농민 봉기에서 비롯되었다.

03 동학 농민군은 정부와 ●● 화약을 맺은 후 ●●소를 설치하고 폐정 개혁안을 실천하였다.

04 동학 농민군은 공주 ●●치에서 관군과 일본군 연합에 맞서 싸웠으나 패배하였다.

갑오개혁 / 을미개혁

05 김홍집 내각은 ●●●●처를 설치하여 제1차 갑오개혁을 추진하였다.

06 제1차 갑오개혁 때 공·사 ●●법을 혁파하고 과거제를 폐지하였다.

07 제2차 갑오개혁 때 고종이 국정 개혁의 기본 방향을 제시한 ●● 14조를 반포하였다.

08 제2차 갑오개혁 때 ●● 입국 조서가 반포되고 이에 따라 근대식 교육 제도가 마련되었다.

09 ●● 개혁 때 건양이라는 연호가 제정되었다.

독립 협회와 대한 제국

10 독립 협회는 관민 공동회를 열어 ●● 6조를 결의하였다.

11 독립 협회는 러시아의 ●●도 조차 요구를 반대하는 활동을 전개하였다.

12 독립 협회는 ●●원 개편을 통한 의회 설립을 추진하였다.

13 고종은 경운궁으로 환궁한 후 ●● 제국의 수립을 선포하였다.

14 대한 제국은 양전 사업을 실시하여 ●계를 발급하였다.

15 대한 제국은 황제의 군사권을 강화하기 위해 ●●부를 설치하였다.

정답 01 거문 02 동학 03 전주, 집강 04 우금 05 군국기무 06 노비 07 홍범 08 교육 09 을미 10 헌의 11 절영 12 중추 13 대한 14 지 15 원수

30강 국권 피탈과 저항

의병

위정척사파 —영남 만인소(이만손)→ 강화도 조약(1876)

〈을미의병〉
- 배경: 을미사변, 단발령
- 유생(유인석, 이소응)
- 고종의 해산 권고

〈을사의병〉
- 배경: 을사늑약
- 유생(최익현, 민종식)
- 평민 의병장(신돌석)

〈정미의병〉
- 군대 X → 의병 전쟁
- 13도 연합 의병 부대 (이인영, 허위)
  → 서울 진공 작전 X

호남 의병 (← 日 '남한 대토벌')

→ 항일 의병 투쟁

중앙 흐름

- 강화도 조약(1876)
- 임오군란(1882) → 갑신정변(1884)
- 동학 농민 운동(1894)
- 갑오개혁 · **을미개혁**
- 아관 파천(1896) → 대한 제국(1897)
- 러·일 전쟁(1904)
  - ① 한·일 의정서(1904. 2.) — 군 요충지 free
  - ② 1차 한·일 협약(1904. 8.) — 고문 — 메가타(재정), 스티븐스(외교)
- 日 승(1905. 9.)
  - ③ 2차 한·일 협약 (= 을사늑약, 1905. 11.) : 외교권 X, 통감부
- 민영환 X
- '시일야방성대곡'(장지연)
- 5적 암살단(나철·오기호)

헤이그 특사(1907) — 이준·이위종·이상설
→ 고종 X (→ 순종 O)

④ 한·일 신협약 (= 정미7조약, 1907)
- 전명운, 장인환 → 스티븐스 X(1908)
- 군대 X, 차관

안중근 → 이토 X(1909)
  └〈동양 평화론〉

⑤ 기유각서 → 사법권 X

⑥ 경술국치(1910)

→ 의열 투쟁

애국 계몽 운동

〈보안회〉
日, 황무지 개간권 X

〈헌정 연구회〉
입헌 군주제, 일진회 비판

〈대한 자강회〉
- 입헌 군주제
- 전국 지회, 월보
- 고종 퇴위 반대

〈신민회〉(1907)
- 안창호, 양기탁(비밀)
- 대성·오산 학교
- 자기 회사, 태극 서관
- 국외 독립운동 기지 (서간도 삼원보)
- 105인 사건 X(1911)

→ 실력 양성 운동

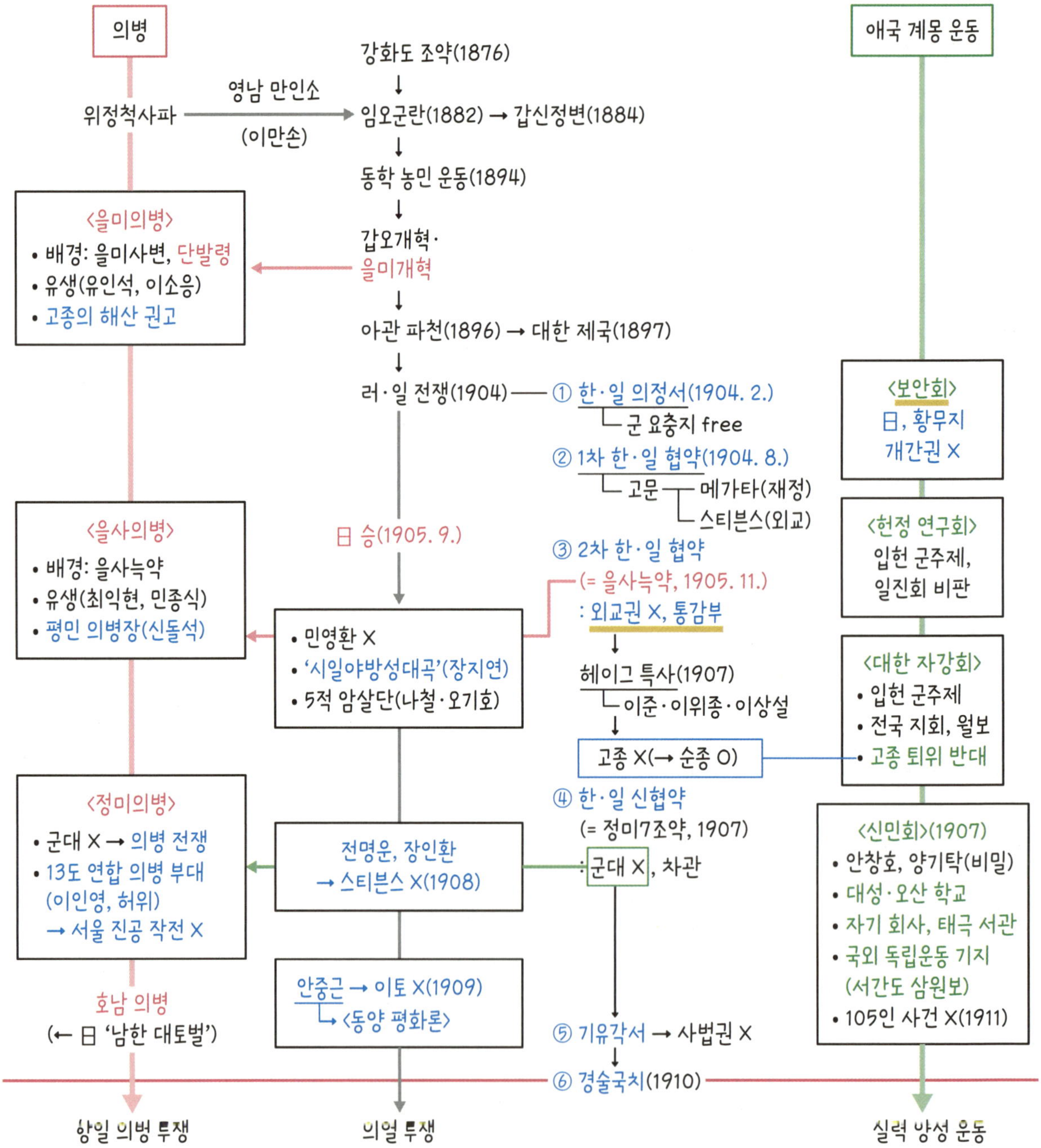

30강 국권 피탈과 저항

자료 몰아보기 (시험에 자주 나오는 핵심)

1 한·일 의정서(1904. 2.)

러·일 전쟁이 일어나자 일본은 대한 제국에 한·일 의정서 체결을 강요하였어요. 이 조약으로 일본은 대한 제국의 군사적 요충지와 시설을 마음대로 사용할 수 있는 권리를 가지게 되었어요.

2 제1차 한·일 협약(1904. 8.)

일본은 러·일 전쟁에서 승기를 잡자 제1차 한·일 협약의 체결을 강요하였어요. 이 조약에 따라 일본은 대한 제국의 재정 고문으로 일본인 메가타, 외교 고문으로 미국인 스티븐스를 파견하였어요.

3 제2차 한·일 협약(을사늑약, 1905)

러·일 전쟁에서 승리한 일본은 고종과 관리들을 위협하여 강제로 을사늑약을 체결하였어요. 이로 인해 대한 제국의 외교권이 박탈당하였고, 통감부가 설치되어 초대 통감으로 이토 히로부미를 파견하였어요. 고종은 국제 사회에 을사늑약이 무효임을 알리기 위해 헤이그 특사를 파견하기도 하였어요.

4 한·일 신협약(정미7조약, 1907)

일본은 헤이그 특사 파견을 구실로 고종을 강제 퇴위시킨 후에 한·일 신협약을 체결하여 중앙의 각 부 차관에 일본인을 임명하게 하였어요. 그리고 부수 비밀 각서를 체결하여 대한 제국의 군대를 해산하였어요.

5 장지연의 시일야방성대곡

을사늑약이 체결되자 장지연은 황성신문에 〈시일야방성대곡〉이라는 논설을 써서 을사늑약의 부당함과 이에 서명한 을사오적을 비판하였어요. 〈시일야방성대곡〉은 '이날, 소리 내어 크게 통곡하다'라는 뜻이에요.

> 아! 원통하고, 아! 분하도다. 우리 2천만 남의 노예가 된 동포여! 살았는가, 죽었는가! 단군, 기자 이래 4천 년 국민 정신이 하룻밤 사이에 갑자기 멸망하고 말 것인가. 원통하고 원통하다. 동포여, 동포여!

6 신민회

신민회는 안창호, 양기탁 등을 중심으로 비밀 결사 형태로 조직된 애국 계몽 단체예요. 국권 회복과 공화 정체의 국가 건설을 목표로 활동한 신민회는 오산 학교와 대성 학교 등을 세워 민족 교육을 실시하였고, 자기 회사와 태극 서관을 운영하여 민족 산업 육성에도 힘썼어요. 또한, 신민회 회원들은 서간도의 삼원보에 신흥 강습소(이후 신흥 무관 학교)를 설립하여 독립군 양성을 위해 노력하였어요.

7 을미의병

을미사변으로 일본에 대한 분노가 높은 상황에서 을미개혁으로 단발령까지 시행되자 유인석, 이소응 등 양반 유생층이 중심이 된 의병 운동이 전국에서 일어났어요(을미의병). 결국 친일 내각이 무너지고 고종이 단발령을 철회하며 해산을 권고하자 스스로 해산하였어요.

8 을사의병

러·일 전쟁 이후 일본에 의해 강제로 을사늑약이 체결되자 전국 각지에서 다시 의병 운동이 일어났어요(을사의병). 최익현, 민종식 등의 양반 유생과 함께 신돌석 등 평민 출신 의병장이 등장하여 활약하였어요.

9 정미의병

1907년에 고종이 헤이그 특사 파견을 구실로 강제 퇴위당하고, 한·일 신협약의 부수 비밀 각서로 인해 해산된 대한 제국의 일부 군인들이 의병에 합류하면서 의병 연합 부대인 13도 창의군이 결성되었어요. 13도 창의군은 이인영을 총대장, 허위를 군사장으로 하여 서울 진공 작전을 시도하였으나 실패하였어요.

▲ 항일 의병 부대의 활동

30강 국권 피탈과 저항

빈출키워드 TOP5
- 보안회 — 1위
- 신민회(105인 사건) — 2위
- 을사늑약(통감부) — 3위
- 헤이그 특사 — 4위
- 을미의병(단발령) — 5위

✎ 포츠머스 조약
러·일 전쟁을 일본의 승리로 마무리하는 조약이에요. 러시아가 일본의 한국 지배권을 인정하는 내용이 포함되었어요.

✎ 늑약
당사자의 의지에 반하여 억지로 맺은 조약을 말해요. 제2차 한·일 협약은 을사년(1905)에 일본이 강제로 체결한 조약이기 때문에 을사늑약이라고도 불러요.

✎ 민영환
을사늑약이 체결되자 스스로 목숨을 끊음으로써 항거한 인물이에요.

✎ 경술국치
경술년(1910)에 나라가 치욕을 당했다는 의미예요. 일제에 의해 우리나라가 국권을 상실한 일을 말해요.

✎ 5적 암살단
을사늑약 체결에 가담한 다섯 명의 친일 매국노를 처단하기 위해 결성된 단체예요.

✎ 스티븐스
제1차 한·일 협약에 따라 외교 고문으로 부임한 친일 미국인이에요.

❶ 일제의 국권 침탈 과정

연도	조약	내용
1904	러·일 전쟁 발발 (2월)	대한 제국을 둘러싼 러·일 간의 갈등 심화(용암포 사건) → 일본이 러시아를 기습 공격하면서 전쟁 발발
	한·일 의정서 (2월)	일본이 대한 제국에 한·일 의정서 체결 강요 → 일본이 대한 제국의 군사적 요충지를 마음대로 사용할 수 있게 함
	제1차 한·일 협약 (8월)	대한 제국의 외교·재정 분야에 일본이 추천한 고문 임명 강요(고문 정치) → 메가타(재정 고문), 스티븐스(외교 고문) 파견
	일본의 침략에 대한 열강의 묵인	가쓰라·태프트 밀약(미국-일본, 1905. 7.) → 제2차 영·일 동맹(영국-일본, 1905. 8.) → 포츠머스 조약(러시아-일본, 1905. 9.) ⇒ 서양 열강이 한국에 대한 일본의 독점적 지배권 인정
1905	제2차 한·일 협약 (을사늑약, 11월)	• 러·일 전쟁에서 승리한 일본이 대한 제국 정부를 위협하여 강제 체결 → 대한 제국의 외교권 박탈, 통감부 설치(초대 통감: 이토 히로부미) • 우리 민족의 저항 – 고종의 헤이그 특사 파견(이상설, 이준, 이위종) → 을사늑약의 부당함을 국제 사회에 알리고자 함 – 항일 의병 봉기(을사의병), 민영환의 자결 – 장지연이 황성신문에 항일 논설 〈시일야방성대곡〉 게재 → 을사늑약의 부당함 비판
1907	한·일 신협약 (정미7조약, 7월)	• 헤이그 특사 파견을 구실로 일본이 고종을 강제 퇴위시킴 → 순종 즉위 후 강제로 조약 체결 • 행정 각 부에 일본인 차관 임명(차관 정치), 통감의 내정 간섭 권한 강화 • 부수 비밀 각서를 통해 대한 제국의 군대를 해산시킴
1910	경술국치(8월)	한국을 강제 병합하는 조약 체결(대한 제국의 국권 강탈) → 조선 총독부 설치 (초대 총독: 데라우치)

❷ 애국 계몽 운동

보안회	일본의 황무지 개간권 요구를 반대하는 운동 전개 → 저지 성공(일본의 요구 철회)
헌정 연구회	• 입헌 군주제 수립 지향 • 친일 단체인 일진회의 친일 행위 규탄
대한 자강회	• 입헌 군주제 지향 • 전국에 25개 지회 설치, 월보 간행 • 고종의 강제 퇴위 반대 운동 전개 → 통감부의 탄압으로 해산(1907)
신민회	• 결성: 안창호, 양기탁 등이 중심이 되어 비밀 결사 형태로 조직(1907) • 목표: 국권 회복, 공화 정체의 근대 국가 건설 • 특징: 실력 양성과 무장 투쟁 • 민족 교육 실시: 오산 학교(이승훈), 대성 학교(안창호) 설립 • 민족 산업 육성: 자기 회사·태극 서관 운영 • 국외 독립운동 기지 건설: 서간도(남만주) 삼원보에 독립운동 기지 건설 → 신흥 강습소(이후 신흥 무관 학교) 설립 • 해체: 일제가 조작한 105인 사건으로 조직이 드러나면서 와해됨(1911)

❸ 항일 의병 운동

을미의병	• 원인: 을미사변(명성 황후 시해), 단발령 실시(을미개혁) • 주도: 양반 유생층(유인석, 이소응) • 결과: 단발령 철회와 고종의 해산 권고에 따라 스스로 해산
을사의병	• 원인: 을사늑약 체결 • 주도: 양반 유생층(최익현 등) • 특징: 신돌석 등 평민 의병장 등장

정미의병	• 원인: 고종의 강제 퇴위, 대한 제국의 군대 해산
	• 특징: 일부 해산 군인들의 합류로 의병의 조직력·전투력 상승 → 항일 의병 전쟁으로 발선
	• 활동: 13도 연합 의병 부대(13도 창의군) 결성(→ 총대장 이인영, 군사장 허위)
	  – 각국 영사관에 의병을 국제법상 교전 단체로 인정할 것을 요구
	  – 서울 진공 작전 시도 → 실패

의병 활동의 변화	서울 진공 작전 실패 후 일제의 억압에 따라 의병 운동 위축 → 일부 의병들은 간도·연해주 등지로 이동하여 무장 독립 전쟁 전개

❹ 항일 의거 활동

(1) 국내 의거 활동

나철, 오기호	을사오적 처단을 위해 자신회(5적 암살단) 조직
이재명	명동 성당 앞에서 이완용 습격

(2) 국외 의거 활동

전명운, 장인환	미국 샌프란시스코에서 친일 외교 고문이었던 스티븐스를 저격함
안중근	• 중국 하얼빈에서 국권 침탈에 앞장섰던 초대 통감 이토 히로부미 사살(1909) • 옥중에서 〈동양 평화론〉 집필

⏸ 일시정지!
☑ 확인하기

1. 다음 설명이 맞으면 ○표, 틀리면 ×표 하세요.

(1) 러·일 전쟁 중 한·일 의정서가 체결되었다. ( )

(2) 고종은 헤이그 만국 평화 회의에 특사를 파견하였다. ( )

(3) 일본은 을사늑약을 체결하고 메가타와 스티븐스를 고문으로 파견하였다. ( )

(4) 일본은 을사늑약을 강제로 체결하여 대한 제국의 외교권을 빼앗고 통감부를 설치하였다. ( )

2. 신민회에 대한 설명이 맞으면 ○표, 틀리면 ×표 하세요.

(1) 교통국을 설치하였다. ( )
(2) 태극 서관과 자기 회사를 운영하였다. ( )
(3) 대성 학교와 오산 학교를 설립하였다. ( )
(4) 일본의 황무지 개간권 요구를 저지하였다. ( )
(5) 자금 마련을 위해 독립 공채를 발행하였다. ( )
(6) 일제가 조작한 105인 사건으로 와해되었다. ( )
(7) 만민 공동회를 열어 민권 신장을 추구하였다. ( )
(8) 남만주 삼원보에 독립운동 기지를 건설하였다. ( )

3. 다음 설명에 해당하는 의병 운동을 골라 쓰세요.

을미의병 을사의병 정미의병

(1) 서울 진공 작전을 전개하였다. ( )
(2) 최익현, 민종식 등이 주도하였다. ( )
(3) 을사늑약에 반발하여 봉기하였다. ( )
(4) 단발령 시행에 반발하여 봉기하였다. ( )
(5) 고종의 해산 권고 조칙에 따라 해산하였다. ( )
(6) 해산된 군인들의 합류로 전투력이 강화되었다. ( )
(7) 국제법상 교전 단체로 승인해 줄 것을 요구하였다. ( )

1. (1) ○ (2) ○ (3) × (4) ○
2. (1) × (2) ○ (3) ○ (4) × (5) × (6) ○ (7) × (8) ○
3. (1) 정미의병 (2) 을사의병 (3) 을사의병 (4) 을미의병 (5) 을미의병 (6) 정미의병 (7) 정미의병

31강 개항기(경제)

```
관세―최혜국         <조선책략>→연美    강화도 조약    개항장 무역(내지 무역 X)    무제한 양곡 반출
 X    X                              (1876)
 │    │                                 │
 │    │                                 │
 ○    ○  ┌─────────────────┐           │         ┌──────────┐    ┌──────────┐
          │ 조·미 수호 통상 조약 │  임오군란   │ 조·청 상민 │    │ 조·일 통상 │
          │    (1882)      │  (1882)    │ 수륙 무역  │    │  장정     │
          │ • 거중 조정     │            │  장정     │    │ (1883)   │
          │ • 보빙사       │            │ (1882)   │    │ : 방곡령(양곡 반출 제한),│
          │   └→ 유길준 <서유견문>│       │          │  청 VS 일 │ 관세, 최혜국 O│
          └─────────────────┘           └──────────┘    └──────────┘
                                       갑신정변
                                       (1884)
                                                          ┌──────────────┐
                                                          │ <방곡령 선포 사건> │
                                        ←─────────────── │ • 함경도(조병식, 1889)│
                                                          │ • 황해도(1890)│
                                       동학 농민 운동          │ → 방곡령 X, 배상금│
                                       (1894)               └──────────────┘
                                                          ┌──────────────┐
                                       갑오·을미개혁          │ <근대 은행 설립> │
                                                          │ • 조선 은행(1896)│
                                                          │ • 한성 은행(1897)│
┌──────────────────┐                    아관 파천           └──────────────┘
│ 이권 침탈 ▲        │                   (1896)            ┌──────────────────────┐
│ • 러시아 ┬ 삼림 채벌권│                                    │ <상권·이권 수호 운동>    │
│         ├ 광산 채굴권 │                                    │ • 상회사: 대동 상회, 장통 상회(1883)│
│         ├ 절영도 조차 │  ←─────────────────────────── │ • 독립 협회: 만민 공동회  │
│         └ 한·러 은행 │                    대한 제국           │    └→ 절영도 조차 X, 한·러 은행 X│
│ • 미국 ┬ 운산 금광 채굴권│                 (1897)             │ • 시전 상인 → 황국 중앙 총상회(1898)│
│        └ 경인선 부설권(→日)│                                  │ • 철시 투쟁            │
│ • 프랑스: 경의선 부설권(→日)│                                 └──────────────────────┘
└──────────────────┘
                                                           ┌──────────────┐
   日 대한 시설 강령           러·일 전쟁                    │ <日 황무지 개간권 반대>│
   → 황무지 개간 요구         (1904)          ─────────→  │ 보안회(1904) → 저지 O│
                                                           └──────────────┘
┌──────────────────┐
│ 화폐 정리 사업(1905)│         을사늑약
│ • 메가타(재정 고문)│          (1905)
│    └ by 1차 한·일 협약│                                   ┌──────────────┐
│ • 백동화 → 제일 은행권(경제 X)│                             │ 국채 보상 운동(1907)│
│ • 금 본위제, 전환국 X│         정미7조약                     │ • 서상돈, 김광제│
└──────────────────┘          (1907)                       │ • 대구 → 서울(국채 보상 기성회)│
      동양 척식 주식회사(1908)                                │ • 대한매일신보 지원│
                              경술국치                       └──────────────┘
                              (1910)
```

31강 개항기(경제)

1 조·미 수호 통상 조약(1882)

조선은 2차 수신사 김홍집이 가져온 《조선책략》의 영향으로 러시아의 남하를 견제하는 청의 알선을 받아 미국과 통상 조약을 맺었어요. 이 조약에서 처음으로 최혜국 대우 규정, 거중 조정, 관세 설정 등 규정되었어요. 또한 체결 이후 조선은 미국 공사 부임에 대한 답례로 미국에 외교 사절인 보빙사를 파견하였어요.

▲ 보빙사 일행

2 열강의 이권 침탈

아관 파천을 계기로 열강은 삼림, 광산, 철도 등과 관련된 수많은 이권을 빼앗아 갔어요. 특히 일본은 미국이 가졌던 경인선 부설권과 프랑스가 가져간 경의선 부설권을 사들이면서 본격적인 내륙 침탈을 준비하였어요.

3 동양 척식 주식회사

일제는 대한 제국의 토지와 자원을 계획적으로 약탈할 목적으로 동양 척식 주식회사를 설립하였어요. 동양 척식 주식회사는 대한 제국 소유의 토지를 빼앗거나 싸게 사들여 일본인에게 싼값에 판매하였어요.

4 방곡령

방곡령은 지방관이 곡물 가격 폭등과 식량 부족 문제를 방지하기 위해 국외로의 곡물 수출을 금지한 명령으로, 조·일 통상 장정에 규정이 마련되었어요. 함경도, 황해도의 지방관이 방곡령을 선포하자 일본은 방곡령 선포 1개월 전 통보 규정을 위반하였다는 트집을 잡으며 방곡령 철회와 일본 상인들이 입은 피해에 대한 배상금을 요구하였어요. 결국 대한 제국 정부는 방곡령을 철회하고, 일본에 배상금을 지불하였어요.

▲ 방곡령 선포 지역

5 독립 협회의 이권 수호 운동

아관 파천을 계기로 열강의 경제 침탈이 심해졌는데, 이에 독립 협회는 만민 공동회를 개최하여 이권 수호 운동을 전개하였어요. 그 결과 러시아의 절영도 조차 요구를 저지하였고, 한·러 은행을 폐쇄시키는 데 성공하였어요.

6 국채 보상 운동

일본이 대한 제국에 강제로 빌려준 비용은 대한 제국의 1년 예산 정도인 1,300만 원에 달하였어요. 이에 국민들 사이에서 성금을 모아 나라가 진 빚을 갚자는 국채 보상 운동이 일어났어요. 국채 보상 운동은 1907년에 서상돈, 김광제 등을 중심으로 대구에서 시작되었고, 이후 국채 보상 기성회가 설립되고 대한매일신보, 황성신문 등 언론의 후원을 받으며 전국으로 확산되었어요.

> 국채 1,300만 원은 바로 우리 대한의 존망에 직결된 것이라, …… 국채를 갚을 방법으로는 2천만 인민들이 3개월 동안 금연하고, 그 돈으로 한 사람이 매달 20전씩 모으면 1,300만 원을 모을 수 있다.
> — 대한매일신보(1907. 2. 21.) —

31강 개항기 (경제)

빈출키워드 TOP5
- 보안회 — 1위
- 국채 보상 운동 — 2위
- 방곡령 — 3위
- 화폐 정리 사업 — 4위
- 조·미 수호 통상 조약 — 5위

✎ **절영도 조차**
절영도는 부산의 남쪽 해안에 있는 섬이에요. 1897년에 러시아가 저탄소 설치를 위해 절영도를 빌려 달라고 요구하자 국내에서 거센 반대 여론이 일어났어요. 독립 협회의 반대 운동 등으로 러시아는 결국 절영도 조차를 포기하였어요.

✎ **백동화**
1892년에 전환국에서 발행되다가 일본의 간섭으로 1904년에 발행이 중지된 동전이에요. 화폐 정리 사업 당시 조선 상인들은 큰 피해를 입었으나, 일본 상인들은 백동화를 화폐 정리 사업이 시작되기 전에 판매해 큰 이익을 남겼어요.

✎ **철시**
시장에서 물건을 파는 상점이 문을 닫고 영업을 하지 않는 것을 말해요.

✎ **상회사**
개항 후 외국 상인의 침투에 대응하고 국내 상인들의 상권을 수호하고자 근대적 상회사가 세워졌어요.

✎ **서상돈**
독립 협회의 간부로 활동한 민족운동가로, 1907년에 국채 보상 취지서를 발표하는 등 김광제와 함께 국채 보상 운동을 주도하였어요.

❶ 열강의 경제 침탈

(1) 개항 초기

일본	강화도 조약 (조·일 수호 조규, 1876)	• 영사 재판권(치외 법권) 허용 • 조·일 수호 조규 부록: 개항장에서 일본인의 활동 범위 설정, 개항장에서 일본 화폐의 사용 허용 • 조·일 무역 규칙: 일본 상품에 세금을 매기지 않음, 곡물의 무제한 수출 허용(과도한 곡물 수출을 막을 규정 ×)
	조·일 통상 장정 (1883)	• 일본 상품에 세금을 매기는 규정 마련 • 방곡령 규정 마련(시행 1개월 전 일본에 통보) • 일본에 최혜국 대우 허용
미국	조·미 수호 통상 조약 (1882)	• 김홍집이 일본에서 가져온 《조선책략》의 영향 → 청의 알선으로 체결 • 최혜국 대우 허용(최초), 미국 상품에 낮은 세율의 세금을 매김(최초), 거중 조정(최초), 영사 재판권 허용 • 조약 체결 후 한성에 미국 공사가 부임 → 공사 파견에 대한 답례로 미국에 보빙사 파견
청	조·청 상민 수륙 무역 장정 (1882)	• 임오군란 직후 체결 → 청 상인의 특권 보장(허가받은 청 상인의 내륙 시장 진출 허용) → 조선 상인(객주, 보부상) 타격 • 청·일 상인 간의 경쟁 심화

(2) 열강의 이권 침탈

국가	침탈 내용
러시아	• 압록강·두만강 등지의 삼림 채벌권, 광산 채굴권 • 절영도 조차 요구, 한·러 은행 설립 • 용암포 불법 점령
미국	금광 채굴권, 경인선(서울–인천) 부설권(→ 후에 일본이 구입)
프랑스	경의선(서울–신의주) 부설권(→ 후에 일본이 구입)
일본	• 금광 채굴권 • 경부선(서울–부산)·경원선(서울–원산) 부설권
독일	금광 채굴권

(3) 일본의 경제 침탈

① 토지 약탈

대규모 토지 약탈	철도 부지와 군용지 명목으로 대규모 토지 약탈
동양 척식 주식회사 설립(1908)	일제가 대한 제국의 토지를 계획적으로 약탈할 목적으로 설립 → 대한 제국의 토지를 일본인에게 싼값에 판매

② 금융 지배

차관 강요	화폐 정리와 시설 개선 등의 비용을 일본에서 들여와 충당하도록 함, 대한 제국의 재정을 일본에 예속시키려는 목적
화폐 정리 사업 (1905)	• 주도: 제1차 한·일 협약에 따라 일본에서 재정 고문으로 파견된 메가타 • 내용: 대한 제국 화폐(상평통보, 백동화)를 일본 화폐(제일 은행권)로 교체, 금 본위 화폐 제도 실시, 전환국 폐지 → 국내 상공업자가 큰 피해를 입음, 한국인이 세운 은행들이 파산함

❷ 경제적 구국 운동

(1) 방곡령 선포

배경	일본으로의 곡물 수출 증가, 흉년 등으로 국내 곡물 가격 폭등
시행	조·일 통상 장정에 따라 함경도, 황해도 등지의 지방관이 방곡령 선포 → 일본이 방곡령 시행 선포 1개월 전에 통지해야 한다는 규정을 위반하였다며 문제 제기
결과	방곡령 철회, 일본에 배상금 지불

(2) 상권 수호 운동

배경	청, 일본 등 외국 상인의 경제 침탈로 피해 증가
내용	• 시전 상인들이 청과 일본 상인의 철수를 요구하며 철시 투쟁을 벌임 • 시전 상인들이 황국 중앙 총상회 조직 → 외국 상인의 불법적인 상업 활동 중단 요구 • 상회사 설립: 일반 상인들이 설립(대동 상회, 장통 상회)

(3) 이권 수호 운동

배경	아관 파천 이후 열강의 이권 침탈 심화
내용	• 독립 협회: 만민 공동회 개최 → 러시아의 절영도 조차 요구 저지, 한·러 은행 폐쇄 기여 • 보안회: 일본의 황무지 개간권 요구 반대 운동 전개 → 성공

(4) 국채 보상 운동(1907)

배경	일본의 강요로 차관 도입(약 1,300만 원) → 대한 제국의 경제적 예속 심화
전개	• 서상돈, 김광제 등의 주도로 대구에서 시작 → 서울에서 국채 보상 기성회 조직(1907) • 전국적인 모금 운동 전개 → 금주, 금연 등으로 성금 마련 • 대한매일신보와 황성신문 등 언론의 후원으로 전국적 확산
결과	일제 통감부의 방해와 탄압으로 실패

⏸ 일시정지! ☑ 확인하기

1. 열강의 경제 침탈에 대한 설명이 맞으면 ○표, 틀리면 ×표 하세요.

(1) 조·일 통상 장정에 따라 방곡령이 선포되었다. ( )

(2) 메가타의 주도로 화폐 정리 사업이 실시되었다. ( )

(3) 조·미 수호 통상 조약에서 최혜국 대우가 처음으로 규정되었다. ( )

(4) 일제는 한국의 토지와 자원을 수탈할 목적으로 동양 척식 주식회사를 설립하였다. ( )

2. 경제적 구국 운동에 대한 설명이 맞으면 ○표, 틀리면 ×표 하세요.

(1) 국채 보상 운동은 대구에서 시작되었다. ( )

(2) 시전 상인들이 황국 중앙 총상회를 조직하였다. ( )

(3) 독립 협회는 러시아의 절영도 조차 요구를 저지하였다. ( )

(4) 국채 보상 운동은 통감부의 방해와 탄압으로 실패하였다. ( )

(5) 국채 보상 운동은 대한매일신보의 후원으로 전국적으로 확산되었다. ( )

1. (1) ○ (2) ○ (3) ○ (4) ○
2. (1) ○ (2) ○ (3) ○ (4) ○ (5) ○

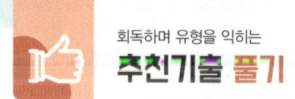

추천기출 풀기

1 61회 회독⚪⚪⚪

밑줄 그은 '이 조약'에 대한 설명으로 옳은 것은? [2점]

이곳은 네덜란드 헤이그에 있는 이준 열사 기념관입니다. 그는 대한 제국의 외교권을 박탈한 이 조약의 부당함을 세계에 알리기 위해 이상설, 이위종과 함께 만국 평화 회의에 특사로 파견되었습니다.

① 청일 전쟁의 배경이 되었다.
② 최혜국 대우의 조항이 들어 있다.
③ 운요호 사건을 계기로 체결되었다.
④ 통감부가 설치되는 결과를 가져왔다.

📢 **을사늑약**

정답분석 일제는 1905년에 을사늑약을 강제로 체결하고 대한 제국의 외교권을 박탈하였어요. 이에 고종은 을사늑약의 부당함을 전 세계에 알리기 위해 네덜란드 헤이그에서 열리는 만국 평화 회의에 이준, 이상설, 이위종을 특사로 파견하였어요. 그러나 일제의 방해로 실패하였고, 일본은 이를 빌미로 고종을 강제로 퇴위시켰어요.
④ 강압적으로 체결된 을사늑약의 결과 대한 제국에 통감부가 설치되었어요.

오답분석 ① 청·일 전쟁은 동학 농민 운동이 전개되던 1894년에 일어났어요.
② 최혜국 대우 조항은 조·미 수호 통상 조약, 조·일 통상 장정 등에 포함되었어요.
③ 운요호 사건을 계기로 체결된 조약은 강화도 조약이에요.

정답 | ④

2 66회 회독⚪⚪⚪

(가), (나) 사이의 시기에 체결된 조약으로 옳은 것은? [2점]

(가) 역사 신문 — 국외 중립 선언 무효화되다 — 한일 의정서

(나) 역사 신문 — 일제가 국권을 강탈하다 — 한일 병합 조약

① 톈진 조약   ② 정미 7조약
③ 제물포 조약   ④ 시모노세키 조약

📢 **한·일 의정서와 한·일 병합 조약 체결 사이 시기의 사실**

정답분석 1904년에 러·일 전쟁이 일어나자 일본은 대한 제국에 한·일 의정서 체결을 강요하였어요. 이 조약으로 일본은 대한 제국의 군사적 요충지와 시설을 마음대로 사용할 수 있게 되었어요. 1910년에 일본은 한·일 병합 조약을 체결하여 대한 제국의 국권을 강탈하였고, 이후 데라우치가 초대 조선 총독으로 부임하였어요.
② 일제는 1907년에 한·일 신협약(정미 7조약)을 강제로 체결하여 행정 각 부처에 일본인 차관을 임명하였고, 부수 비밀 각서를 체결하여 대한 제국의 군대를 해산하였어요.

오답분석 ① 갑신정변의 결과 1885년에 조선과 일본 사이에 한성 조약이 체결되었고, 청과 일본 사이에는 톈진 조약이 체결되었어요. 톈진 조약을 통해 청과 일본은 조선에서 군대를 공동 철수하고, 앞으로 군대를 파견할 때 상대국에 미리 알리기로 서로 약속하였어요.
③ 임오군란의 결과 1882년에 조선과 일본 사이에 제물포 조약이 체결되면서 일본 공사관에 경비병이 주둔하게 되었어요.
④ 청·일 전쟁에서 승리한 일본은 1895년에 청과 시모노세키 조약을 맺어 청으로부터 랴오둥반도를 넘겨받았어요.

정답 | ②

3 63회

(가)에 들어갈 단체로 옳은 것은? [1점]

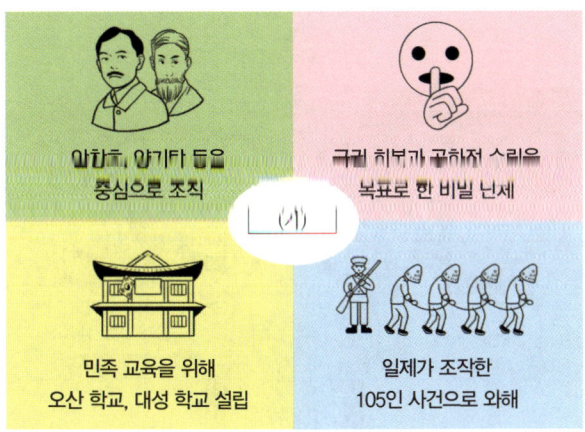

① 근우회　　② 보안회
③ 신민회　　④ 조선어 학회

4 61회

밑줄 그은 '이 부대'에 대한 설명으로 옳은 것은? [2점]

> ○○에게
> 이보게, 나는 마침내 의병에 합류하였네.
> 황제 폐하께서 강제로 그 자리에서 내려오셔야 했던 사건은 여전히 우분을 참을 수 없게 만드네. 일제가 끝내 우리 군대를 강제로 해산시키는 과정에서 동료들의 죽음을 보며 차탄이 있을 수 없었네. 나는 13도의 의병이 모여 조직되고 이인영 통대장이 지휘하는 이 부대에 가담하여 끝까지 나라를 지키려고 하네.
> 자네도 우리와 뜻을 같이하면 좋겠네.
> 옛 동료가

① 서울 진공 작전을 전개하였다.
② 일제의 탄압을 피해 자유시로 이동하였다.
③ 어재연의 지휘 아래 광성보에서 활약하였다.
④ 황푸 군관 학교에서 군사 훈련을 실시하였다.

애국 계몽 운동

정답분석 신민회는 안창호, 양기탁 등을 중심으로 비밀 결사 형태로 조직된 애국 계몽 단체로, 공화정 수립을 목표로 활동하였어요. 신민회는 대성 학교, 오산 학교를 세워 민족 교육을 실시하였어요. 한편, 일제는 데라우치 총독의 암살을 모의하였다는 누명을 씌워 수백 명의 독립운동가를 체포하였어요. 이 중 105인이 유죄 판결을 받았는데 이들 대부분이 신민회 회원이었어요. 결국 이 사건으로 조직이 드러나면서 신민회는 와해되었어요.
③ 신민회는 태극 서관과 자기 회사를 운영하는 등 민족 산업 육성을 위해 노력하였어요.

오답분석 ① 근우회는 신간회의 자매단체로, 여성의 권리 신장과 의식 계몽에 앞장섰어요.
② 보안회는 일제가 황무지 개간권을 요구하자, 이에 반대하는 운동을 펼쳐 요구를 철회시키는 데 성공하였어요.
④ 조선어 학회는 한글 맞춤법 통일안을 마련하고 『우리말 큰사전』 편찬을 시도하였어요.

정답 | ③

정미의병

정답분석 일제에 의해 대한 제국의 군대가 해산되는 과정에서 해산된 일부 군인들이 의병에 가담하면서 정미의병은 조직력과 전투력이 강화되었고, 이후 13도의 의병들이 모인 13도 창의군이 결성되었어요.
① 13도 창의군은 서울에 주둔한 일본군을 몰아내기 위해 서울 진공 작전을 시도하였으나 실패하였어요.

오답분석 ② 만주 지역의 독립군 연합 부대는 일제의 탄압을 피해 자유시로 이동하였어요.
③ 신미양요 당시 조선군은 어재연의 지휘 아래 광성보에서 활약하였어요.
④ 의열단 단원 중 일부는 중국의 황푸 군관 학교에 들어가 군사 훈련을 받았어요.

정답 | ①

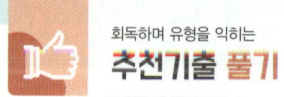

5 63회

밑줄 그은 '조약'에 대한 설명으로 옳은 것은? [3점]

이것은 민영익을 대표로 한 보빙사의 모습이 담긴 사진입니다. 조선책략 유포로 미국과의 수교론이 제기된 상황에서, 청의 주선으로 조약이 체결된 이후 조선은 보빙사를 미국에 파견하였습니다.

① 최혜국 대우가 규정되어 있다.
② 통감부가 설치되는 결과를 가져왔다.
③ 부산, 원산, 인천을 개항하는 배경이 되었다.
④ 일본 공사관에 경비병이 주둔하는 계기가 되었다.

📢 조·미 수호 통상 조약

정답분석 2차 수신사로 일본에 다녀온 김홍집에 의해 《조선책략》이 국내에 유포되고 조선 정부 내에서도 미국에 우호적인 여론이 형성되면서 청의 알선으로 조·미 수호 통상 조약이 체결되었어요. 조약 체결 이후 미국이 공사를 파견하자 조선 정부는 답례 차원으로 보빙사를 미국에 파견하였어요.
① 조·미 수호 통상 조약에는 최혜국 대우 허용, 영사 재판권 허용, 거중 조정, 낮은 세율의 관세 조항이 규정되었어요.

오답분석 ② 1905년에 일본은 을사늑약을 체결하여 대한 제국의 외교권을 빼앗아 갔으며, 이듬해 통감부를 설치하고 초대 통감으로 이토 히로부미를 파견하였어요.
③ 1876년 강화도 조약(조·일 수호 조규)의 체결로 부산에 이어 원산과 인천이 차례대로 개항하였어요.
④ 1882년 임오군란 이후 조선과 일본은 제물포 조약을 체결하였어요. 이 조약에 따라 조선은 일본에 배상금을 지불하고 일본 공사관에 경비병 주둔을 허용하였어요.

정답 | ①

6 66회

다음 장면에 나타난 운동으로 옳은 것은? [1점]

① 국채 보상 운동
② 문자 보급 운동
③ 물산 장려 운동
④ 민립 대학 설립 운동

📢 경제적 구국 운동

정답분석 일본은 을사늑약 이후 대한 제국에 강제로 차관을 제공하였는데, 그 액수가 1,300만 원에 달하였어요. 그러자 성금을 모아 나라가 진 빚을 갚자는 국채 보상 운동이 서상돈, 김광제 등을 중심으로 대구에서 시작되었어요. 국채 보상 기성회가 조직되었고 국민들은 금주와 금연, 비녀와 반지를 내놓는 방법 등으로 참여하였으며, 국외에서도 의연금을 보내 왔어요.
① 국채 보상 운동은 대한매일신보, 황성신문 등 당시 언론의 적극적인 지원을 받았고, 이로 인해 국채 보상 운동은 전국적으로 확산될 수 있었어요.

오답분석 ② 문자 보급 운동은 1920년대부터 조선일보 주도로 전개된 문맹 퇴치 운동으로 '아는 것이 힘, 배워야 산다'라는 구호를 내세웠어요.
③ 물산 장려 운동은 1920년대에 조만식 등이 조선 물산 장려회를 조직하여 전개한 운동으로, '조선 사람 조선 것'이라는 구호를 내세웠어요.
④ 민립 대학 설립 운동은 1920년대에 이상재 등이 조선 민립 대학 설립 기성회를 창립하여 전개한 운동으로, 민립 대학 설립을 위한 모금 운동을 전개하였어요.

정답 | ①

일제의 국권 침탈 과정

01 제1차 한·일 협약으로 재정 고문으로 메○○, 외교 고문으로 스티븐스가 파견되었다.

02 1905년에 일제는 ○○ 늑약을 강제로 체결하여 대한 제국의 외교권을 빼앗고, ○○부를 설치하였다.

03 고종은 을사늑약 체결의 부당함을 알리기 위해 ○○○에서 열리는 평화 회의에 특사를 파견하였다.

애국 계몽 운동 / 항일 의병 운동 / 항일 의거 운동

04 ○○회는 일본의 황무지 개간권 요구를 저지하는 데 성공하였다.

05 안창호, 양기탁 등이 비밀 결사 형태로 ○○회를 조직하였다.

06 신민회는 ○산 학교, ○성 학교를 세워 민족 교육을 실시하였다.

07 신민회는 독립군을 양성하기 위해 서간도 지역에 ○○ 강습소를 세웠다.

08 을미사변과 ○○령 시행에 반발하여 을미의병이 일어났다.

09 을사의병 때 신○○ 등의 평민 의병장이 활약하였다.

10 정미의병 때 이인영과 허위는 13도 창의군을 이끌고 ○○ 진공 작전을 전개하였다.

11 1909년에 안○○은 하얼빈에서 이토 히로부미를 사살하였다.

열강의 경제 침탈 / 경제적 구국 운동

12 조·일 통상 장정의 체결로 일본으로의 곡물 유출을 막을 수 있는 ○○령 선포가 가능해졌다.

13 1908년에 일제는 한국의 토지와 자원을 수탈할 목적으로 동양 ○○ 주식회사를 설립하였다.

14 1905년에 일본인 재정 고문 메가타의 주도로 ○○ 정리 사업이 추진되었다.

15 ○○ 협회는 만민 공동회를 열어 러시아의 절영도 조차 요구를 저지하였다.

16 ○○ ○○ 운동은 일본에 진 나랏빚을 갚아 국권을 회복하자는 운동이었다.

17 국채 보상 운동은 ○○○○ 신보 등 당시 언론의 적극적인 지원을 받아 전국으로 확산되었다.

정답 01 가타 02 을사, 통감 03 헤이그 04 보안 05 신민 06 오, 대 07 신흥 08 단발 09 돌석 10 서울 11 중근 12 방곡 13 척식 14 화폐 15 독립 16 국채 보상 17 대한매일

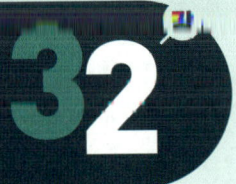

32 개항기(문화)

흐름판서 강의

개화기

근대 신문
- 한성순보 ← 박문국
  - 최초 근대 신문
  - 순 한문, 관보
  - (1884) ×

근대 시설
- 박문국(인쇄) — 전환국(화폐: 백동화) — 기기창(영선사)(무기)
- 우정총국 → (1884) ×

근대 교육
- <사립> 원산 학사(최초 근대 학교)
- <공립> 동문학(외국어)

1884

근대 신문
- 한성주보
  - 상업 광고 O (최초)

근대 시설
- 전신(85)
- 전등(87)
  - 경복궁
- 광혜원 → 제중원

근대 교육
- 개신교 선교사
  - 배재 학당
  - 이화 학당
- 육영 공원: 헐버트
  - <사민필지>
  - 헤이그 특사

1894 (광무개혁)

근대 신문
- 독립신문
  - 서재필, 국+영판
  - 최초 민간 신문
- 황성신문
  - '시일야방성대곡'(장지연)
- 제국신문
  - 순한글
  - 부녀자, 서민

근대 시설
- 전화: 경운궁(1898)
- 한성 전기 회사(1898)
- 전차: 서대문~청량리(1899)
- 경인선(1899) → 최초

근대 교육
- 교육입국 조서(2차 갑오개혁)
  - 관립 학교 O
  - 소학교, 사범 학교
  - 외국어 학교

1904 (애국계몽)

러·일 전쟁 →
- 경부선(1905)
- 경의선(1906)

근대 신문
- 대한매일신보
  - 양기탁, 베델
  - 일제 비판
  - 국채 보상 운동
- 신문지법(탄압)

근대 교육
- 계몽운동가
  - 오산 학교(이승훈)
  - 대성 학교(안창호)

국어
- 국문 연구소: 학부, 주시경 <국어문법>
- 신소설 ─ <은세계>(원각사)
  - <금수회의록>
- 신체시: 해에게서 소년에게(최남선)

국사
- 신채호: <독사신론>, 위인전(이순신전·을지문덕전)
- 박은식: 조선 광문회

종교
- 유교: 박은식(유교 구신론)
- 불교: 한용운(조선 불교 유신론)
- 천도교(← 동학): 만세보
- 대종교: 나철·오기호, 단군

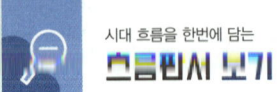

32강 개항기(문화)

1 근대 신문

한성순보는 박문국에서 발행한 우리나라 최초의 신문이에요. 독립신문은 미국에서 돌아온 서재필이 주도하여 만든 최초의 민간 신문으로, 한글판 영문판이 각각 발행되었어요. 대한매일신보는 영국인 베델과 양기탁이 발행한 신문으로, 국채 보상 운동을 후원하였어요.

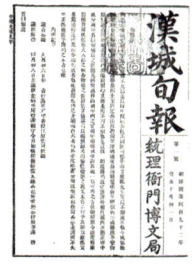
▲ 한성순보

▲ 독립신문

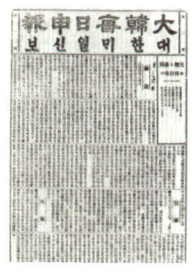
▲ 대한매일신보

2 철도

철도는 열강들의 이권 침탈 경쟁 속에서 만들어졌어요. 일제에 의해 우리나라 최초의 철도인 경인선이 개통되었고 이후 경부선, 경의선 등이 차례로 개통되었어요. 한편, 철도는 근대화의 상징으로 중요한 교통수단이 되었지만 일제가 대륙 침략의 발판으로 삼으면서 사람들의 반감이 컸어요.

3 광혜원

미국인 선교사 알렌의 건의로 최초의 근대식 병원인 광혜원이 설립되었어요. 광혜원은 곧 '많은 사람들을 구한다'는 뜻의 제중원으로 이름이 변경되었어요.

4 근대 건축물

개화기에는 서양식 근대 건축물이 많이 만들어졌어요. 대표적인 근대 건축물로는 독립 협회가 프랑스의 개선문을 모방하여 세운 독립문, 뾰족한 첨탑의 고딕 양식으로 세워진 명동 성당, 르네상스 양식으로 세워진 덕수궁 석조전 등이 있어요.

▲ 덕수궁 석조전

5 원각사

원각사는 1908년에 문을 연 우리나라 최초의 서양식 극장이에요. 판소리가 창극 형태로 공연되었고, 이인직의 신소설 《은세계》, 《치악산》 등이 연극으로 공연되었어요.

▲ 원각사의 모습

6 원산 학사

1883년에 함경남도 덕원부(덕원·원산)의 관민이 합심하여 세운 원산 학사는 우리나라 최초의 근대식 사립 학교로, 외국어를 비롯한 근대 학문과 무술을 가르쳤어요.

7 천도교

동학 농민 운동 실패 후 친일파 세력이 동학의 조직을 흡수하려고 하자, 3대 교주 손병희가 동학을 천도교로 개칭하고 조직 내 친일 세력을 몰아냈어요. 천도교는 기관지로 만세보를 발행하고 민족 교육을 실시하였어요.

▲ 만세보

8 대종교

나철과 오기호는 단군 숭배 사상을 바탕으로 한 대종교를 창시하였어요. 국권 피탈 후 대종교 세력은 간도로 넘어가 중광단을 결성하였어요. 중광단은 이후 북로 군정서로 개편되어 청산리 전투 등 항일 무장 투쟁에 많은 공헌을 하였어요.

▲ 나철

32강 개항기(문화)

빈출키워드 TOP5

대한매일신보	1위
독립신문	2위
박문국	3위
배재 학당, 이화 학당	4위
육영 공원	5위

📎 배재 학당과 이화 학당
- 배재 학당: 개신교 선교사 아펜젤러가 세운 근대적 사립 학교예요. 우리나라 최초로 외국인이 설립한 학교예요.
- 이화 학당: 개신교 선교사 스크랜튼이 세운 우리나라 최초의 여학교예요.

📎 대성 학교
신민회 회원인 안창호가 평양에 설립한 중등 교육 기관이에요.

📎 국문 연구소
대한 제국 정부 산하의 학부 안에 설치된 한글 연구 기관이에요.

📎 주시경
호는 한힌샘으로, 대한 제국 시기에 활동한 국어 학자예요. 국문 연구소에서 지석영 등과 함께 한글의 문자 체계 정리와 맞춤법 연구 등을 하였어요.

📎 신체시
개항기에 새로 만들어진 시의 형식이에요. 특정 글자 수를 맞추는 기존의 시 형태에서 벗어나 자유로움을 추구하는 형태로 나타났어요.

❶ 언론의 발달

(1) 근대 신문의 발간

한성순보 (1883)	• 우리나라 최초의 근대 신문, 박문국에서 발행(열흘마다 발행하는 것이 원칙) • 순 한문 신문, 정부 정책 홍보
한성주보 (1886)	최초로 상업 광고 게재
독립신문 (1896)	• 우리나라 최초의 민간 신문, 서재필이 창간 • 순 한글 신문, 영문판으로도 발행(외국인에게 국내 소식 전달)
황성신문 (1898)	• 지식인이 주된 독자층 • 장지연의 항일 논설 〈시일야방성대곡〉 게재 → 을사늑약의 부당함을 널리 알림
제국신문 (1898)	• 서민층과 부녀자가 주된 독자층 • 순 한글 신문
대한매일신보 (1904)	• 양기탁과 영국인 베델이 함께 창간 • 일제 비판 기사와 의병 운동에 대해 호의적인 기사 게재 → 많은 독자층 확보 • 국채 보상 운동을 적극적으로 지원

(2) 일제의 탄압: 일제의 신문지법 공포(1907) → 언론 활동 제약

❷ 근대 문물과 기술의 도입

근대 시설	박문국	인쇄·출판 담당 → 한성순보·한성주보 발행
	전환국	근대식 화폐 발행
	기기창	근대식 무기 제작(청 – 영선사)
	우정총국	우편 및 우체 업무 담당
	의료	광혜원(1885): 알렌이 설립 → 최초의 근대식 병원, 제중원으로 명칭 변경
	건축	독립문, 명동 성당, 덕수궁 석조전 등 서양식 건축물 등장
교통· 통신· 전기	전신	인천~서울~의주 개통
	전기	경복궁에 최초로 전등 가설, 한성 전기 회사 설립
	전화	경운궁(덕수궁) 안에 설치 → 이후 민간에까지 확대
	전차	최초로 서대문~청량리 간 노선 개통(1899)
	철도	최초로 경인선 개통(1899) → 경부선(1905)·경의선 개통(1906)

❸ 근대 교육의 발달

(1) 근대 교육 기관의 설립

① 1880년대

사립	• 원산 학사(1883): 최초의 근대식 학교, 함경도 덕원·원산의 관민이 함께 설립 • 개신교 선교사들의 설립: 배재 학당(아펜젤러), 이화 학당(스크랜튼)
관립	• 동문학(1883): 통역관 양성, 영어·일어 등 외국어 교육 • 육영 공원(1886): 헐버트, 길모어 등 미국인 교사 초빙, 서양 학문 교육

② 1890~1900년대

1890년대	제2차 갑오개혁으로 교육입국 조서 반포 → 근대식 학교 법규 제정 → 각종 관립 학교 설립(한성 사범 학교, 소학교, 외국어 학교 등)
1900년대	을사늑약 체결 이후 애국 계몽 운동가들이 사립 학교 설립 → 신민회: 오산 학교(이승훈), 대성 학교(안창호)

④ 국학과 문예, 종교의 변화

(1) 국학 연구

국어	국문 연구소 설립(1907) → 주시경, 지석영 등이 국문 정리와 맞춤법 연구 활동
국사	• 신채호의 〈독사신론〉 발표 → 민족주의 사학의 연구 방향 제시 • 위인전 저술: 신채호의 《이순신전》, 《을지문덕전》 등

(2) 문예 · 종교

문예	• 문학: 신소설(이인직의 《혈의 누》, 안국선의 《금수회의록》 등), 신체시(최남선의 〈해에게서 소년에게〉) • 연극: 원각사 설립(우리나라 최초의 서양식 극장, 1908) → 신소설 《은세계》를 연극으로 상영
종교	• 유교: 박은식이 〈유교 구신론〉 주장(→ 실천적 유교 강조) • 불교: 한용운이 《조선 불교 유신론》(불교 개혁 주장) 발표 • 천도교 – 손병희(동학의 3대 교주)가 동학을 천도교로 개칭 – 만세보(기관지) 간행 • 대종교 – 나철·오기호가 단군 신앙을 바탕으로 창시(1909) – 국권 피탈 이후 만주 북간도로 근거지를 옮겨 무장 독립 투쟁 전개(중광단 조직 → 북로 군정서로 개편)

🛑 일시정지! ☑ 확인하기

1. 다음 설명에 해당하는 근대 신문을 골라 쓰세요.

> 한성순보, 독립신문, 대한매일신보

(1) 우리나라 최초의 근대 신문이다. ( )

(2) 국채 보상 운동을 적극적으로 지원하였다. ( )

(3) 우리나라 최초의 민간 신문으로 영문판으로도 발행되었다. ( )

2. 근대 교육 기관에 대한 설명이 맞으면 ○표, 틀리면 ×표 하세요.

(1) 교육입국 조서 반포 후 한성 사범 학교 관제가 마련되었다. ( )

(2) 신민회는 대성 학교, 오산 학교를 세워 민족 교육을 실시하였다. ( )

(3) 육영 공원은 헐버트 등 외국인 교사를 초빙하여 근대 교육을 실시하였다. ( )

3. 다음 설명에 해당하는 종교를 골라 쓰세요.

> 개신교, 대종교, 천도교

(1) 단군을 숭배의 대상으로 하였다. ( )

(2) 만세보를 발행하여 민중 계몽에 힘썼다. ( )

(3) 여성 교육을 위해 이화 학당을 설립하였다. ( )

(4) 배재 학당을 세워 신학문 보급에 기여하였다. ( )

---

1. (1) 한성순보 (2) 대한매일신보 (3) 독립신문
2. (1) ○ (2) ○ (3) ○
3. (1) 대종교 (2) 천도교 (3) 개신교 (4) 개신교

1 66회

밑줄 그은 ㉠에 해당하는 내용으로 적절하지 <u>않은</u> 것은? [3점]

이 사진은 무엇인가요?

동대문에서 열린 전차 개통식에 참석한 대한 제국의 고위 관리들을 찍은 사진이에요. 전차를 비롯하여 ㉠대한 제국 시기에 도입된 근대 문물은 당시 사람들의 생활에 큰 변화를 주었어요.

① 극장인 원각사가 세워졌다.
② 덕수궁에 중명전이 건립되었다.
③ 박문국에서 한성순보가 발행되었다.
④ 서울과 부산을 잇는 경부선 철도가 부설되었다.

근대 문물

정답분석 대한 제국은 1897년에 고종이 황제 국가를 선포하면서 수립되었고, 이후 1910년에 일제에 국권을 빼앗길 때까지 유지되었어요. 전차는 한성 전기 회사에 의해 1899년에 서대문에서 청량리 간 노선이 처음으로 개통하여 운행되었어요.
③ 한성순보는 1883년부터 1884년까지 박문국에서 발행한 우리나라 최초의 근대 신문이에요.

오답분석 ① 원각사는 1908년에 문을 연 우리나라 최초의 서양식 극장이에요.
② 덕수궁 중명전은 1899년에 황실 도서관으로 사용하기 위해 지어졌어요.
④ 경부선은 일본에 의해 1905년에 개통되었어요.

정답 | ③

2 64회

다음 상황 이후에 볼 수 있는 모습으로 가장 적절한 것은? [3점]

저것이 며칠 전 동대문에서 서대문까지 운행을 시작한 전차라는 것인가?

그렇다네. 한성 전기 회사에서 전기를 공급하여 운행한다더군.

① 한성순보를 발간하는 직원
② 만민 공동회에서 연설하는 백정
③ 경부선 철도 개통식에 참석하는 관리
④ 동문학에서 영어를 공부하고 있는 학생

근대 문물

정답분석 전차는 1898년에 설립된 한성 전기 회사에 의해 이듬해인 1899년에 서대문에서 청량리 간 노선이 처음으로 개통하여 운행되었어요.
③ 경부선은 일본에 의해 1905년에 개통되었어요.

오답분석 ① 한성순보는 우리나라 최초의 근대 신문으로, 1883년부터 1884년까지 박문국에서 발행되었어요.
② 독립 협회는 1898년에 만민 공동회를 열어 러시아의 절영도 조차 요구를 저지하였고, 한·러 은행을 폐쇄하는 데 기여하였어요.
④ 동문학은 통역관 양성을 목적으로 1883년에 조선 정부가 설립한 교육 기관이에요.

정답 | ③

3 63회

밑줄 그은 '이 신문'에 대한 설명으로 옳은 것은? [2점]

① 천도교의 기관지였다.
② 박문국에서 발간하였다.
③ 한글판과 영문판으로 발행되었다.
④ 시일야방성대곡이라는 논설을 실었다.

📢 근대 신문

정답분석 독립신문은 서재필이 창간한 우리나라 최초의 민간 신문이에요. 서재필은 독립신문을 창간한 뒤 독립 협회를 창립해 자주 국권, 자유 민권, 자강 개혁 운동을 전개하였어요.
③ 독립신문은 한글판과 함께 영문판을 발행하여 외국인에게도 국내 상황을 알렸어요.

오답분석 ① 천도교는 민중 계몽을 위해 기관지로 만세보를 발간하였어요.
② 우리나라 최초의 근대 신문인 한성순보와 최초로 상업 광고를 게재한 한성주보는 박문국에서 발간하였어요.
④ 황성신문은 을사늑약의 부당함을 규탄한 장지연의 논설 〈시일야방성대곡〉을 실었어요.

정답 | ③

4 63회

(가)에 들어갈 내용으로 옳은 것은? [2점]

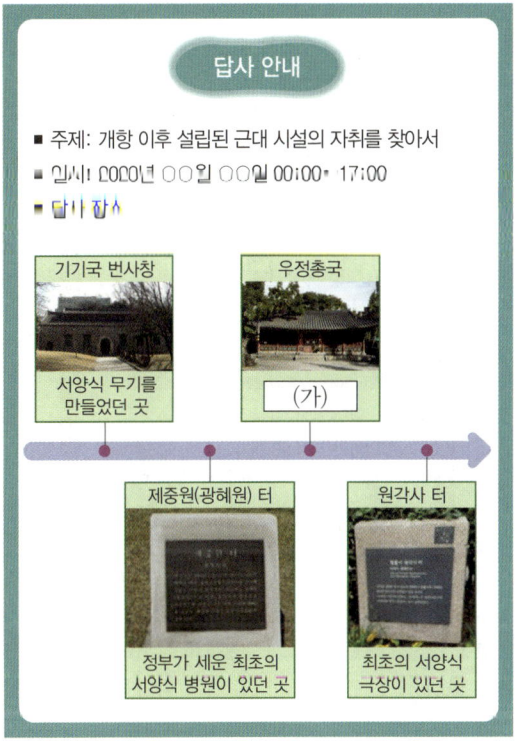

① 나운규의 아리랑이 개봉되었던 곳
② 근대적 우편 업무를 담당하였던 곳
③ 순 한문 신문인 한성순보가 발간되었던 곳
④ 헐버트를 교사로 초빙해 근대 학문을 가르쳤던 곳

📢 근대 문물

정답분석 우정총국은 '우편 행정을 총괄하는 관청'이라는 뜻이에요. 김옥균 등 급진 개화파는 우정총국 개국을 축하하는 자리에서 갑신정변을 일으켰으나 청군의 개입으로 3일 만에 실패하였어요.
② 근대적 우편 업무를 담당하였던 곳은 우정총국이에요.

오답분석 ① 나운규의 '아리랑'은 나라 잃은 민족의 슬픔을 담은 영화로, 단성사에서 개봉되었어요.
③ 개항 후 조선은 개화 정책의 일환으로 박문국을 설치해 한성순보를 발간하였어요.
④ 육영 공원은 근대식 관립 교육 기관으로, 헐버트 등 미국인 교사를 초빙하여 학생들에게 근대 학문을 가르쳤어요.

정답 | ②

5. (가)에 들어갈 근대 교육 기관으로 옳은 것? [2점]

1886년 신입생 모집

영재들이여
신학문을 가르치는 공립 학교
(가) 으로 오라!

1. 선발 인원: 35명
2. 지원 자격
   - 좌원: 7품 이하 젊은 현직 관리
   - 우원: 15~20세의 양반 자제
3. 교과목: 영어, 수학, 자연 과학 등
4. 교사: 헐버트, 길모어, 벙커 등

① 서전서숙 ② 배재 학당
③ 육영 공원 ④ 이화 학당

6. 밑줄 그은 '학교'로 옳은 것? [2점]

할머니, 이 사진은 무엇인가요?

이것은 1886년에 선교사 스크랜턴이 여성의 신학문 교육을 위해 세운 학교 사진이야. 최초의 여의사 박에스더, 3·1 운동으로 순국한 유관순 등이 이 학교에서 공부했지.

① 배재 학당 ② 오산 학교
③ 육영 공원 ④ 이화 학당

📢 근대 교육 기관

정답분석 ③ 1886년에 설립된 육영 공원은 정부가 양반층 자제에게 서양식 근대 교육을 실시하기 위해 설립한 우리나라 최초의 서양식 관립 교육 기관으로 헐버트, 길모어 등 외국인 교사를 초빙하기도 하였어요.

오답분석 ① 1910년대 북간도에는 용정촌, 명동촌 등 한인 집단촌이 형성되었고, 우리 민족은 서전서숙, 명동 학교 등을 세워 민족 교육을 실시하였어요.
② 1885년에 개신교 선교사였던 아펜젤러는 배재 학당을 세워 신학문 보급에 기여하였어요.
④ 1886년에 개신교 선교사였던 스크랜튼은 우리나라 최초의 여성 교육 기관인 이화 학당을 설립하였어요.

정답 | ③

📢 근대 교육 기관

정답분석 ④ 개신교 선교사였던 스크랜튼이 세운 이화 학당은 우리나라 최초의 여성 교육 기관이에요.

오답분석 ① 배재 학당은 개신교 선교사였던 아펜젤러가 세운 학교예요.
② 오산 학교는 신민회 소속의 이승훈이 세운 학교예요.
③ 육영 공원은 미국인 교사를 초빙해 근대 학문 교육을 실시한 관립 교육 기관이에요.

정답 | ④

언론의 발달

01 ◯◯순보는 우리나라 최초의 근대 신문으로 박문국에서 발행되었다.

02 한성◯◯는 최초로 상업 광고를 게재하였다.

03 ◯◯신문은 우리나라 최초의 민간 신문으로 영문으로도 발행되었다.

04 양기탁과 영국인 베델은 함께 ◯◯◯◯신보를 창간하였다.

근대 문물과 기술의 도입

05 알렌의 건의로 우리나라 최초의 서양식 병원인 ◯◯원(제중원)이 세워졌다.

06 1899년에 우리나라 최초로 서대문과 청량리를 오가는 전◯가 개통되었다.

07 1899년에 서울과 인천 사이를 잇는 우리나라 최초의 철도인 ◯◯선이 개통되었다.

근대 교육의 발달

08 1883년에 함경도 덕원·원산의 관민이 우리나라 최초의 근대식 학교인 ◯◯학사를 설립하였다.

09 정부가 세운 근대 교육 기관인 ◯◯공원은 헐버트, 길모어 등 외국인을 교사로 초빙하였다.

10 ◯◯◯◯조서 반포 후 소학교, 한성 사범 학교, 외국어 학교 관제가 마련되었다.

11 신민회 소속의 이승훈이 ◯산 학교, 안창호가 ◯성 학교를 세워 인재를 양성하였다.

국학과 문예, 종교의 변화

12 신◯◯는 〈독사신론〉을 발표하여 민족을 역사 서술의 중심에 두었다.

13 ◯◯교는 기관지 만세보를 발행하여 민중 계몽을 위해 노력하였다.

14 나철, 오기호 등은 단군 신앙을 바탕으로 ◯◯교를 창시하였다.

정답 01 한성 02 순보 03 독립 04 대한매일 05 광혜 06 차 07 경인 08 원산 09 육영 10 교육입국 11 오, 대 12 채호 13 천도 14 대종

일제 강점기

33강 일제 강점기(식민 통치)
34강 일제 강점기(1910년대 저항)
35강 일제 강점기(1920년대 저항)
36강 일제 강점기(1930년대 이후 저항)

1915
대한 광복회 조직

1919
대한민국 임시 정부 수립

1912
조선 태형령 제정

1919
3·1 운동

1920
청산리 전투

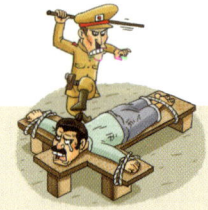

기출로 보는 키워드	3개년 평균 출제 비중
1위 신간회	
2위 헌병 경찰 제도	**8.3** 문항
3위 치안 유지법	16.6%
4위 조선 의용대	
5위 근우회	

- 1920년대 초: 물산 장려 운동, 민립 대학 설립 운동
- 1923: 국민 대표 회의
- 1926: 나석주 의거
- 1927: 신간회 창립
- 1938: 국가 총동원법 제정
- 1940: 한국광복군 창설

33강 일제 강점기 (식민 통치)

| 무단 통치 (1910~) | 3·1 운동 (1919) | '문화 통치' (1920~) | 만주 사변 (1931) | 민족 말살 통치 (1930~1945) |

〈정치·사회〉
- 조선 총독부: 총독 → 必 무관 ── 문관도 O
  - 중추원 ┬ 자문 기구
          └ 역사 왜곡 ── 조선사 편수회(식민 사관)
- 헌병 경찰 ── 보통 경찰, 태형 X
  - 즉결 처분(범죄 즉결례)   ┬ 경찰 수 ▲
  - 태형(only 한국인)   └ 치안 유지법(1925)
- 교육 차별 ┬ 1차 교육령 ── 2차 교육령
            │ └ 보통 4년   ├ 보통 6년
            └ 관리·교사 칼 착용   └ 경성 제국 대학
- 언론 탄압 ── 조선일보·동아일보 O
  - 언론·출판·집회·결사 자유 X   ├ 검열 ▲, 기사 삭제
  - 신문 X(대한매일신보, 황성신문) └ 정간

〈정치·사회〉 (민족 말살 통치)
- 황국 신민 서사 암송, 창씨개명
- 궁성 요배, 신사 참배, 내선일체
- 진단 학회(진단 학보), 백남운
- 애국반(1938)
- 조선 사상범 보호 관찰령(1936)
- 조선 사상범 예방 구금령(1941)
- 국민학교령(1941), 조선어 X
- 조선어 학회 사건(1942)
- X (1940)

〈경제〉
- 토지 조사 사업 ── 산미 증식 계획 ── 농촌 진흥 운동(~40 → X)
  - 재정 확보, 토지 수탈   ├ 일본으로 쌀 반출량 ▲   └ 조선 농지령(1934)
  - 기한부 신고제   ├ 시설 개선 ┐
    └ 미신고지, 국·공유지   ├ 품종 개량 │ 농민에게
       → 조선 총독부 소유   ├ 개간·간척 │ 비용 전가
          └ 일본인·회사에 매각   └ 결과: 쌀 중심 단작화 심화
             (동양 척식 주식회사)
  - 결과: 만주·연해주 이주 농민 ▲
- 어업령·삼림령·광업령: 자원 수탈
- 회사령: 허가제 ── X (신고제)

〈경제〉 (민족 말살 통치)

| 만주 사변(1931) |
| 중·일 전쟁(1937) |
| 태평양 전쟁(1941) |

남면북양   병참 기지화

국가 총동원법(1938)

| 人 | • 징병제, 징용령
• 여자 정신 근로령
  → 일본군 '위안부' |
| 物 | • 공출제(미곡·금속)
• 식량 배급제 |

33강 일제 강점기(식민 통치)

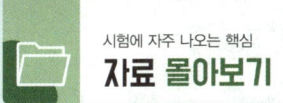
시험에 자주 나오는 핵심
자료 몰아보기

1 헌병 경찰 제도

1910년대 일제는 헌병 경찰을 앞세워 강압적인 무단 통치를 실시하였어요. 헌병이 군대뿐만 아니라 일반 경찰 업무까지 담당하였으며, 즉결 처분권을 가지고 있어서 법 절차나 재판 없이 바로 징역이나 벌금 태형 등에 처할 수 있었습니다.

2 조선 태형령

태형은 죄를 지은 사람의 엉덩이를 매로 쳐서 고통을 주는 처벌이에요. 일제는 공포 분위기를 조성하기 위하여 조선 태형령을 제정하여 이를 한국인에게만 적용하였어요.

3 회사령

일제는 우리 민족의 자본 성장을 억압하기 위해 회사를 세울 때 조선 총독의 허가를 받도록 하는 회사령을 공포하였어요. 이후 일제는 일본 기업의 한국 진출을 위하여 1920년대에 회사령을 철폐하고 신고제로 바꾸었어요.

4 토지 조사 사업

일제는 1910년대에 토지 조사 사업을 실시하여 토지를 소유한 사람이 일정 기간 안에 직접 신고한 토지만 소유권을 인정해 주었어요. 소유자가 분명하지 않거나 증명하기 힘든 토지 등은 조선 총독부가 차지하였어요. 일제는 이렇게 확보한 땅을 동양 척식 주식회사를 통해 싼값에 일본인에게 넘겼어요.

5 '문화 통치'

1919년에 우리 민족의 독립 의지를 전 세계에 알린 3·1 운동이 전국적으로 일어나자 일제는 무단 통치의 한계를 느끼고 이른바 '문화 통치'로 통치 방식을 바꾸었어요. 하지만 '문화 통치'는 친일파를 양성하기 위해 우리 민족을 분열시키는 정책에 불과하였어요.

6 치안 유지법

일제가 국가 체제를 부정하는 반정부·반체제 운동을 단속하기 위해 만든 법이에요. 주로 사회주의 사상을 탄압하는 수단으로 활용되었어요. 일제는 이 법을 한국에도 그대로 적용하여 사회주의 세력과 독립운동가를 탄압하는 데 이용하였어요.

7 산미 증식 계획

일제는 자국의 쌀 부족 문제를 해결하기 위해 한국에서 산미 증식 계획을 실시하였어요. 그 결과 쌀 생산량은 늘어났지만, 일제가 늘어난 양 이상을 일본으로 가져가면서 한국인의 식량 사정은 악화되었어요.

8 황국 신민 서사

일제는 중·일 전쟁 이후 침략 전쟁을 확대하면서 한국인의 민족의식을 말살하고 일본인으로 동화시키는 민족 말살 정책을 추진하였어요. 일제는 일본 천황의 신하와 백성임을 맹세하는 말인 황국 신민 서사를 강제로 외우게 하여 한국인의 정체성을 훼손하였어요.

9 국가 총동원법

일제는 중·일 전쟁을 일으킨 이듬해인 1938년에 국가 총동원법을 제정하였어요. 이를 통해 한국인을 강제 동원하고, 전쟁에 필요한 인적·물적 자원을 수탈하였어요.

> 제4조 정부는 전시에 국가 총동원상 필요할 때에는 칙령이 정하는 바에 따라 제국 신민을 징용하여 총동원 업무에 종사하게 할 수 있다. 단, 병역법의 적용을 방해하지 않는다.
> 제8조 정부는 전시에 국가 총동원상 필요할 때에는 칙령이 정하는 바에 따라 물자의 생산·수리·배급·양도 및 기타의 처분, 사용·소비·소지 및 이동에 관하여 필요한 명령을 내릴 수 있다.

10 인적·물적 자원 수탈

일제는 국가 총동원령을 공포한 이후 미곡과 금속 등을 공출이라는 명목으로 거두어 갔어요. 또한 지원병제, 국민 징용령 등을 공포하여 한국인을 강제 동원하였어요. 게다가 수많은 여성을 끌고 가 일본군 '위안부'로 만들어 성 노예를 강요하였어요.

33강 일제 강점기(식민 통치)

빈출키워드 TOP5
헌병 경찰 제도	1위
회사령	2위
토지 조사 사업	3위
산미 증식 계획	4위
황국 신민 서사 암송	5위

🔖 조선 총독부
1910년에 대한 제국의 국권을 강탈한 일제가 식민 통치의 최고 기구로 세운 기구로, 1945년 광복 직전까지 유지되었어요.

🔖 조선 교육령 주요 내용
· 제1차(1911): 일본어 위주의 교과목 편성, 초보적인 기술과 기능을 가르치는 실업 교육 위주로 진행
· 제2차(1922): 보통학교의 수업 연한은 6년, 사범학교와 대학 설립 가능
· 제3차(1938): 조선어를 선택 과목으로 변경, 조선인 학교의 명칭을 일본인 학교와 동일하게 통일
· 제4차(1943): 조선어 과목 삭제, 교육 기관의 수업 연한 단축

🔖 수리 시설
여러 목적으로 물을 공급하기 위해 설치한 시설로 저수지, 댐 등을 말해요.

🔖 궁성 요배
일본 천황이 있는 궁궐을 향해 고개를 숙여 절한다는 뜻이에요.

🔖 창씨개명
일제 강점기에 우리 국민의 성과 이름을 일본식으로 바꾸도록 강요한 정책이에요.

❶ 1910년대 일제의 식민지 통치 방식

무단 통치
- 조선 총독부 설치(식민 통치의 최고 기구)
  - 일본의 현역 육·해군 대장 중에서 총독 임명 → 총독이 입법·사법·행정권 및 군 통수권 장악
  - 중추원 설치: 총독의 직속 자문 기관, 친일 한국인으로 구성
- 헌병 경찰 제도 시행
  - 헌병이 일반 경찰의 업무 및 행정 업무까지 담당
  - 즉결 처분권 행사
- 조선 태형령 제정: 한국인에게만 태형 적용
- 제1차 조선 교육령: 보통 교육과 실업 교육 위주로 편성, 일본어 보급에 중점 → 식민 통치에 순응하는 한국인을 만들기 위한 목적
- 공포 분위기 조성: 일반 관리와 교사에게도 제복과 칼 착용 강요
- 언론·출판·집회·결사의 자유 박탈
- 한국인이 발행하는 신문 폐간(대한매일신보, 황성신문)

경제 침탈
- 토지 조사 사업(1910~1918)
  - 목적: 식민 통치에 필요한 재정 확보 및 토지 수탈
  - 내용: 일정 기간 안에 소유자가 직접 신고한 토지만 소유권 인정(기한부 신고제), 소유자가 분명하지 않은 토지는 조선 총독부가 차지 → 동양 척식 주식회사, 일본 회사 및 일본인에게 싼값에 넘김
  - 영향: 한국 농민의 권리 약화 → 소작농으로 전락하거나 만주·연해주 등지로 이주하는 농민 증가
- 회사령 제정(1910)
  - 회사 설립 시 조선 총독의 허가를 받도록 규정(허가제)
  - 민족 자본의 성장 저지, 한국인의 기업 설립 제한

❷ 1920년대 일제의 식민지 통치 방식

'문화 통치' (민족 분열 통치)
- 배경: 3·1 운동을 계기로 일제가 무단 통치의 한계 인식
- 본질: 친일파를 키워 한국인을 분열시키려는 정책
- 내용
  - 문관 출신도 조선 총독으로 임명 가능 → 한 번도 문관 출신이 총독으로 임명된 경우 없음
  - 보통 경찰 제도 실시(헌병 경찰 제도·태형 폐지) → 경찰력 강화(경찰 수 증가, 경찰 예산 증가), 치안 유지법 제정(1925)
  - 조선일보·동아일보 발행 허용 → 검열 강화, 기사 삭제, 신문 발행 정지 등 언론 탄압
  - 제2차 조선 교육령: 보통학교 수업 연한 연장(6년), 고등 교육 허용, 경성 제국 대학 설립(1924) → 민족 대학 설립 억제, 고등 교육 기회 제한

경제 침탈
- 회사령 폐지(1920): 회사 설립을 신고제로 변경 → 일본 기업의 한국 진출 지원
- 산미 증식 계획(1920~1934)
  - 배경: 공업화로 일본 내 쌀 부족 → 부족한 쌀을 한국에서 확보할 목적으로 실시
  - 전개: 수리 시설 개선, 품종 개량, 개간·간석 사업 추진 → 쌀 생산량 증대
  - 결과: 지주가 수리 소합비·품종 개량비를 농민에게 떠넘김 → 만주로부터 잡곡 수입이 늘어남, 국내 식량 사정 악화, 생활이 어려워진 농민들은 도시 빈민이 되거나 만주·연해주 등지로 이주함

③ 1930년대 후반 이후 일제의 식민지 통치 방식

(1) 민족 말살 통치

배경	대공황으로 경제 위기 확산 → 일제의 침략 전쟁 확대(중·일 전쟁, 태평양 전쟁 등)
목적	한국인의 민족의식을 말살하여 일본인으로 동화시킴 → 한국인을 침략 전쟁에 쉽게 동원하기 위함
내용	• 내선일체(일본과 조선이 한 몸과 같다는 주장)·일선 동조론(일본인과 조선인이 같은 조상에서 나왔다는 주장) 강조 • 황국 신민화 정책: 황국 신민 서사 암송, 궁성 요배, 신사 참배, 창씨개명(성과 이름을 일본식으로 바꾸도록 함) 강요 • 조선일보·동아일보 폐간(1940) • 소학교 → 국민학교(황국 신민 학교라는 의미)로 명칭 변경(1941), 우리말 사용 금지 • 학교 수업에서 사실상 한국어 과목 폐지 • 조선어 학회 사건 조작(1942)

(2) 경제 침탈

① **농촌 진흥 운동**: 농민층 몰락, 소작 쟁의 확산 → 소작 쟁의를 억제하고 효율적으로 농촌을 통제하기 위해 실시

② **식민지 공업화 정책**: 북부 지방에 중화학 공업을 집중 육성 → 병참 기지화 정책(전쟁에 필요한 자원 보급 목적)

③ **남면북양 정책**: 일본에서 필요한 공업 원료 생산 → 남부 지방은 면화 재배, 북부 지방은 양 사육 강요

④ **국가 총동원법 제정(1938)**: 중·일 전쟁을 계기로 제정, 물자와 인력 수탈을 본격화함

물자 수탈	• 목적: 전쟁에 필요한 물자 확보 • 미곡 공출, 금속 공출, 식량 배급제
인력 강제 동원	• 병력: 지원병제(1938), 학도 지원병제(1943), 징병제(1944) → 전쟁터에 강제 동원 • 노동력: 국민 징용령(1939) → 광산, 공장 등에 강제 동원 • 여성: 여자 정신 근로령(1944), 일본군 '위안부'로 강제 동원

🛑 일시정지! ✓ 확인하기

1. 다음에서 일제의 식민지 정책이 1910년대면 '10', 1920년대면 '20', 1930년대 후반 이후면 '30 이후'라고 쓰세요.

(1) 헌병 경찰 제도를 실시하여 강압적 통치를 하였다. ( )

(2) 조선 태형령을 제정하여 한국인에게만 적용하였다. ( )

(3) 사회주의 운동 탄압을 위해 치안 유지법이 제정되었다. ( )

(4) 공출 제도를 실시하여 금속과 쌀 등을 강제로 가져갔다. ( )

(5) 이른바 '남아 토지'나 토지 방식을 바꿔서 무농 경쟁 제도를 시행하였다. ( )

(6) 한국인을 전쟁에 쉽게 동원하기 위해 민족 말살 통치를 강화하였다. ( )

(7) 근대적 토지 소유권 확립을 명분으로 토지 조사 사업을 실시하였다. ( )

(8) 국민 징용령, 여자 정신 근로령을 실시하여 한국인 노동력을 강제로 동원하였다. ( )

2. 다음 사실들을 순서대로 나열하세요.

> (가) 회사령이 철폐되었다.
> (나) 조선 태형령이 시행되었다.
> (다) 내선일체를 강조한 황국 신민 서사 암송이 강요되었다.

( )

3. 1930년대 후반 이후의 사회 모습으로 맞으면 ○표, 틀리면 ×표 하세요.

(1) 신사 참배를 강요하는 교사 ( )

(2) 황국 신민 서사를 암송하는 어린이 ( )

(3) 헌병 경찰에게 태형을 당하는 조선인 ( )

(4) 조선어 학회 사건으로 체포되는 학자 ( )

(5) 여자 정신 근로령에 의해 강제로 끌려가는 여성 ( )

---
1. (1) 10 (2) 10 (3) 20 (4) 30 이후 (5) 20 (6) 30 이후 (7) 10 (8) 30 이후
2. (나) - (가) - (다)
3. (1) ○ (2) ○ (3) × (4) ○ (5) ○

1 67회

밑줄 그은 '이 시기'에 볼 수 있는 모습으로 적절한 것은? [2점]

이 사진을 보면 경무부와 헌병대 간판이 나란히 걸려 있네요.

그렇습니다. 이 시기 일제는 군사 경찰인 헌병이 일반 경찰 업무까지 맡는 헌병 경찰 제도를 실시하였습니다.

① 제복을 입고 칼을 찬 교사
② 한성순보를 발간하는 관리
③ 단발령 시행에 반발하는 유생
④ 경인선 철도 개통식을 구경하는 청년

📢 1910년대 일제의 식민 통치

정답분석 일제는 1910년대에 무단 통치를 실시하여 한국인을 억압하였어요. 일제는 헌병에게 일반 경찰 업무는 물론 일반 행정 업무까지 수행하게 하는 헌병 경찰 제도를 실시하였는데, 당시 헌병 경찰은 즉결 처분권을 가져 한국인들을 재판 없이 처벌할 수 있었어요. 또한 일제는 조선 태형령을 제정하여 한국인에 한해 태형 제도를 적용하기도 하였어요.
① 1910년대에 일제는 교원에게도 제복을 입고 칼을 차도록 하였는데, 이는 공포 분위기를 조성하기 위함이었어요.

오답분석 ② 1883년부터 1884년까지 박문국에서 우리나라 최초의 근대 신문인 한성순보를 발간하였어요.
③ 1895년에 을미개혁이 추진되면서 전국에 단발령을 내린 고종은 솔선하여 상투를 자르고 백성에게도 단발을 강요하였어요. 명성 황후가 시해당한 을미사변 이후 일제에 대한 적대감이 극에 달한 상태에서 단발령까지 실시되자 양반 유생층을 중심으로 을미의병이 일어났어요.
④ 1899년에 경인선의 제물포~노량진 구간이 개통되었어요.

정답 | ①

2 64회

다음 공고가 발표된 시기 일제의 정책으로 옳은 것은? [2점]

〈토지 조사 사무원 생도 모집〉
조선 총독부에서는 토지 조사 사업을 진행할 사무원 및 기술원 생도를 모집합니다.
■ 모집 인원: 150명
■ 수업 기간: 6개월 이내
■ 담당 기관: 임시 토지 조사국 사무원 양성과

① 농광 회사를 설립하였다.
② 조선 태형령을 시행하였다.
③ 산미 증식 계획을 실시하였다.
④ 화폐 정리 사업을 추진하였다.

📢 1910년대 일제의 식민 통치

정답분석 일제는 1910년대에 식민 지배에 필요한 재정 마련과 토지 약탈을 목적으로 토지 조사 사업을 실시하였어요. 일제는 임시 토지 조사국을 설치한 후 토지 조사령을 공포하여 본격적인 조사에 나섰어요. 일제는 토지 소유자가 정해진 기간 내에 토지 종류, 주소, 면적 등을 직접 신고하게 하였는데 신고 기간이 짧고 절차가 까다로워 기한 내에 신고하지 못한 농민이 많았어요. 미신고된 토지, 소유주가 불분명한 토지 등은 조선 총독부가 차지하였고, 일제는 이러한 땅을 동양 척식 주식회사를 통해 일본인에게 싼값에 넘겼어요.
② 1910년대에 일제는 조선 태형령을 시행하여 한국인에게만 태형을 가하였어요.

오답분석 ① 1904년에 황무지 개간권을 일제에 넘길 것이 아니라 한국인이 직접 회사를 세워 사업을 벌이자는 여론에 따라 일부 관료와 실업가들이 근대적 농업 회사인 농광 회사를 설립하였어요.
③ 1920년대부터 일제는 일본 내에서 부족한 식량을 한국에서 확보하기 위해 산미 증식 계획을 실시하였어요.
④ 제1차 한·일 협약 체결 후 재정 고문으로 부임한 메가타는 1905년부터 화폐 정리 사업을 추진하였어요.

정답 | ②

3 61회

밑줄 그은 '이 정책'으로 옳은 것은? [2점]

① 방곡령
② 신해통공
③ 산미 증식 계획
④ 토지 조사 사업

4 69회

밑줄 그은 '이 시기'에 일제가 추진한 정책으로 가장 적절한 것은? [2점]

① 지계를 발급하였다.
② 조선 태형령을 공포하였다.
③ 미곡 공출제를 시행하였다.
④ 헌병 경찰 제도를 실시하였다.

📢 1920년대 일제의 식민 통치

정답분석 일제는 공업화에 따른 식량 부족 문제를 해결하기 위해 1920년대부터 한국에서 산미 증식 계획을 추진하였어요. 수리 시설을 늘리고 종자를 개량하는 등의 노력으로 쌀 생산량이 이전보다 늘어났지만 일제가 늘어난 양보다 더 많은 양의 쌀을 일본으로 가져가면서 한국은 식량 사정이 악화되었어요.
③ 산미 증식 계획은 1920년대부터 일본의 쌀 부족 문제 해결을 위해 실시되었어요.

오답분석 ① 방곡령은 국내의 곡물이 부족할 때 수출을 금지하는 명령이에요.
② 신해통공은 조선 정조 때 육의전을 제외한 시전 상인들의 금난전권을 폐지한 정책이에요.
④ 토지 조사 사업은 1910년대 일제가 식민 통치에 필요한 경제적 기반을 마련하기 위해 실시한 정책이에요. 정해진 기간 내에 신고하지 않은 토지들을 조선 총독부가 차지하였어요.

정답 | ③

📢 1930년대 후반 이후 일제의 식민 통치

정답분석 일제는 중·일 전쟁 이후 태평양 전쟁을 일으키는 등 침략 전쟁을 확대하면서 우리 민족을 전쟁에 쉽게 동원하기 위해 민족 말살 정책을 본격화하였어요. 일제는 국가 총동원법을 공포하고 지원병제, 징병제, 국민 징용령 등을 실시하였어요.
③ 일제는 1930년대 후반 이후에 군인들의 식량을 확보하기 위해 식량 배급 및 미곡 공출제를 시행하였어요.

오답분석 ① 대한 제국 시기에 고종은 광무개혁을 추진하는 과정에서 양전 사업을 시행하여 근대적 토지 소유 증명서인 지계를 발급하였어요.
② 1910년대에 일제는 조선 태형령을 공포하여 한국인에게만 태형을 가하였어요.
④ 1910년대에 일제는 헌병이 일반 경찰의 업무까지 간여하도록 하는 헌병 경찰 제도를 실시하였어요.

정답 | ③

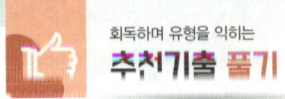

5 64회

밑줄 그은 '이 시기'에 볼 수 있는 모습으로 적절하지 <u>않은</u> 것은? [3점]

이것은 일제 강점기 학적부의 일부입니다. 중일 전쟁 이후 침략 전쟁을 확대하던 이 시기에 일제는 학생들에게도 일본식으로 성명을 바꾸게 하는 창씨개명을 강요하였습니다.

① 공출을 독려하는 애국반 반장
② 황국 신민 서사를 암송하는 학생
③ 국민 징용령에 의해 끌려가는 청년
④ 회사령을 공포하는 조선 총독부 관리

6 55회

교사의 질문에 대한 학생의 답변으로 옳은 것은? [2점]

이것은 중·일 전쟁 발발 이후 일제가 본격적인 전시 체제 구축을 위해 제정한 법령입니다. 이 법령이 시행된 시기에 있었던 사실에 대해 말해 볼까요?

제1조 본 법에서 국가 총동원이란 전시에 국방 목적 달성을 위해 국가의 전력을 가장 유효하게 발휘하도록 인적, 물적 자원을 통제 운용하는 것을 가리킨다.
　　⋮
제8조 정부는 전시에 국가 총동원상 필요한 경우에는 칙령이 정하는 바에 따라 물자의 생산, 수리, 배급, 양도 기타 처분, 사용, 소비, 소지 및 이동에 관하여 필요한 명령을 할 수 있다.

① 헌병 경찰제가 실시되었어요.
② 경성 제국 대학이 설립되었어요.
③ 국채 보상 운동이 전개되었어요.
④ 황국 신민 서사의 암송이 강요되었어요.

1930년대 후반 이후 일제의 식민 통치

정답분석 일제는 1937년에 중·일 전쟁을 일으키고 침략 전쟁을 확대하는 과정에서 한국인을 전쟁에 쉽게 동원하기 위해 내선일체, 일선 동조론 등을 내세워 민족 말살 정책을 본격화하였어요. 일왕에 대한 충성 맹세문인 황국 신민 서사를 제정하여 강제로 암송하게 하고, 신사 참배와 궁성 요배를 강요하였어요. 그뿐만 아니라 우리의 성과 이름도 일본식으로 바꾸도록 강요하였어요. 한편, 일제는 1938년에 국가 총동원법을 제정하여 전쟁에 필요한 자원을 본격적으로 수탈하였어요. 공출제와 식량 배급제 등을 통해 전쟁에 필요한 물자를 강제로 가져갔으며 지원병제, 학도 지원병제, 징병제, 국민 징용령을 실시하여 한국인들을 전쟁터와 전쟁 시설로 끌고 갔어요.
④ 1910년에 일제는 한국인의 기업 설립을 제한하기 위해 회사 설립 시 조선 총독의 허가를 받도록 하는 회사령을 공포하였어요.

오답분석 ① 1930년대 후반 이후 일제는 전쟁에 필요한 물자를 원활하게 동원하기 위해 국가 총동원법을 공포하고 미곡 공출, 금속 공출 등을 실시하였어요.
② 1930년대 후반 이후 일제는 한국인의 정체성을 말살하기 위해 황국 신민 서사 암송 강요, 신사 참배 강요 등 황국 신민화 정책을 추진하였어요.
③ 1930년대 후반 이후 일제는 한국인의 노동력을 원활하게 동원하고자 강제 징용에 관한 법령인 국민 징용령을 발표하였어요.

정답 | ④

1930년대 후반 이후 일제의 식민 통치

정답분석 일제는 1937년에 중·일 전쟁을 일으켜 침략 전쟁을 확대하면서 국가 총동원법을 제정하는 등 전시 동원 체제를 구축하였어요. 이에 따라 한국인을 침략 전쟁에 본격적으로 동원하고자 내선일체, 일선 동조론 등을 내세워 민족 말살 정책을 실시하였어요.
④ 일제는 1930년대 후반 이후 한국인의 정체성을 말살하기 위해 황국 신민 서사 암송 강요, 신사 참배 강요 등 황국 신민화 정책을 추진하였어요.

오답분석 ① 일제는 1910년대에 헌병이 일반 경찰의 업무까지 관여하도록 하는 헌병 경찰제를 실시하였어요.
② 일제는 1920년대에 우리 민족의 민립 대학 설립 운동을 탄압하고 이를 무마할 목적으로 경성 제국 대학을 설립하였어요.
③ 1907년에 국민들 사이에서 성금을 모아 나라가 진 빚을 갚자는 운동인 국채 보상 운동이 시작되었어요.

정답 | ④

1910년대 일제의 식민지 통치 방식

01 헌병이 일반 경찰의 업무까지 담당하는 ◯병 경찰 제도가 실시되었다.

02 한국인에게만 적용되는 조선 ◯형령이 제정되었다.

03 일제는 근대적 토지 소유권 확립을 명분으로 내세워 ◯◯ 조사 사업을 실시하였다.

04 일제는 회사 설립 시 총독의 허가를 받도록 하는 ◯◯령을 공포하였다.

1920년대 일제의 식민지 통치 방식

05 일제는 3·1 운동 이후 통치 방식을 무단 통치에서 이른바 '◯◯ 통치'로 바꾸었다.

06 일제는 사회주의 운동을 탄압하기 위해 ◯◯ 유지법을 제정하였다.

07 일제는 회사 설립을 허가제에서 ◯◯제로 바꾸어 일본 기업의 한국 진출을 용이하게 하였다.

08 일제는 일본 내 쌀 부족 문제의 해결과 쌀 수탈을 목적으로 ◯◯ ◯◯ 계획을 추진하였다.

1930년대 후반 이후 일제의 식민지 통치 방식

09 일제는 한국인을 전쟁에 쉽게 동원하기 위해 민족 ◯◯ 통치를 강화하였다.

10 일제는 민족 말살 정책의 일환으로 ◯◯ 신민 서사의 암송, 신사 참배, 궁성 요배를 강요하였다.

11 일제는 한국인의 성과 이름을 일본식으로 바꾸는 ◯◯ 개명을 강요하였다.

12 일제는 1938년에 전쟁 자원을 효율적으로 동원하기 위해 국가 ◯◯◯법을 제정하였다.

13 일제는 1939년에 국민 ◯◯령을 제정하여 한국인을 광산, 군수 공장 등에 강제 동원하였다.

정답 **01** 헌 **02** 태 **03** 토지 **04** 회사 **05** 문화 **06** 치안 **07** 신고 **08** 산미 증식 **09** 말살 **10** 황국 **11** 창씨 **12** 총동원 **13** 징용

일제 강점기(1910년대 저항)

국내(비밀 조직)

독립 의군부
- 임병찬(← 고종 밀명)
- 복벽주의
- 국권 반환 요구서 발송 시도

대한 광복회
- 박상진
- 공화정(근대 국가)
- 군자금 모금, 친일 부호 X

국외(무장 독립운동 기지)

간도 - 서
- 신민회(→ 1911 X)
  - 삼원보, 경학사
- 신흥 강습소 (→ 신흥 무관 학교)
- 서로 군정서

간도 - 북
- 용정촌, 명동촌
- 서전서숙(이상설)
- 명동 학교(김약연)
- 중광단(대종교)
  → 북로 군정서

연해주
- 신한촌
- 권업회(권업신문)
  └ by 최재형
- 대한 광복군 정부
  └ 이상설, 이동휘
- 대한 국민 의회

미주
- 본토: 대한인 국민회, 흥사단(안창호)
- 하와이: 대조선 국민군단 (박용만)
- 멕시코: 숭무 학교(이근영)

국외
- 파리 강화 회의
  - 민족 자결주의(윌슨)
  - 김규식(신한 청년당)
  - 독립 청원서 O
- 2·8 독립 선언(1919, 도쿄)

↓

국내
3·1 운동(1919)
- 고종 인산일
- 민족 대표 33인
- 태화관 + 탑골 공원
  └ 독립 선언서
- 제암리 학살, 유관순 순국
  ↓ 영향
- 대한민국 임시 정부
- 무단 통치 → '문화 통치'
- 중국 5·4 운동

임시정부
- 상하이
- 민주 공화정
- 삼권 분립
  - 임시 의정원
  - 국무원
  - 법원
- 초대 대통령: 이승만
  → 국제 연맹 청원
- 연통제, 교통국
- 독립 공채
- 독립신문
- 구미 위원부
- 임시 사료 편찬 위원회

〈국민 대표 회의〉
창조파(신채호)
VS
개조파(안창호)

X

- 1945: 국내 진공 작전 계획 (미 OSS + 임정)
- 1944: 주석·부주석제
  └ 김구(주), 김규식(부주)
- 1943: 한국광복군 → 인도·미얀마 전선 참여
- 1941: 건국 강령(삼균주의-조소앙)
  └ 대일 선전 포고
- 1940: 주석제(김구), 한국광복군(지청천)
- 1931: 한인 애국단(김구)
  └ 이봉창, 윤봉길(1932)
- 1927: 국무위원 집단 지도 체제
- 1925: 이승만 탄핵 → 박은식 대통령, 국무령 중심 내각 책임제(이상룡)

1919 — 1923

34강 일제 강점기(1910년대 저항)

1 1910년대 국외 독립운동

일제는 1910년에 국권을 침탈한 이후 우리 민족의 독립운동을 탄압하였어요. 이에 국내에서 독립운동을 벌이던 애국지사들은 만주나 연해주 등지로 이주하였어요. 그리고 무장 독립운동을 벌이기 위해 독립운동 기지를 건설하였어요.

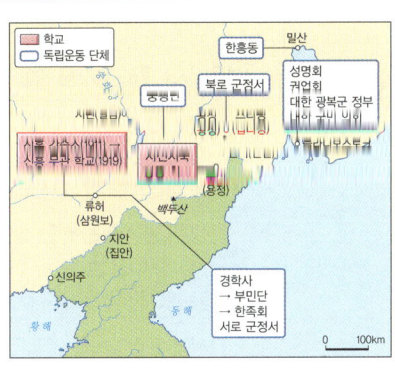

▲ 만주와 연해주의 학교와 독립운동 단체

2 2·8 독립 선언

1919년 2월 8일, 미국의 윌슨 대통령이 발표한 민족 자결주의에 영향을 받아 일본 도쿄에서 한국인 유학생들이 한국의 독립을 요구하는 2·8 독립 선언을 발표하였어요. 이 선언은 국내에서 3·1 운동이 일어나는 데 영향을 미쳤어요.

3 제암리 학살 사건

경기도 제암리(지금의 경기도 화성)에서 만세 시위가 일어나자 일본군은 제암리 주민들을 교회당에 모이게 한 후 총격을 가하고 불을 질러 학살하는 만행을 벌였어요. 이후 평화적으로 전개되던 3·1 운동은 점차 무력 투쟁 시위로 변하였어요.

4 대한민국 임시 정부의 수립

3·1 운동이 확산되는 가운데, 우리 민족은 체계적인 독립운동을 이끌기 위한 단체의 필요성을 느꼈어요. 이에 국내외에서 임시 정부 수립의 움직임이 나타났고, 여러 곳에서 수립된 임시 정부는 상하이의 대한민국 임시 정부로 통합되었어요.

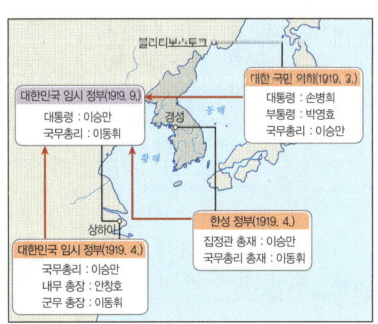

5 대한민국 임시 정부의 활동

대한민국 임시 정부는 연통제와 교통국이라는 비밀 행정 조직망을 운영하였어요. 또한 임시 사료 편찬회를 두어 《한·일 관계 사료집》을 편찬하고 독립 자금 마련을 위해 독립 공채를 발행하였어요. 또한, 미국 워싱턴에 구미 위원부를 설치하여 외교 활동도 펼쳤어요.

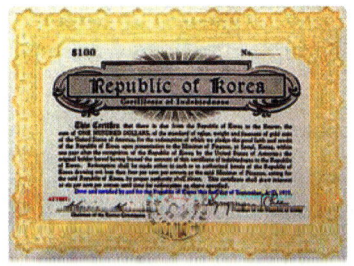

▲ 미국, 중국에서 발행한 독립 공채

▲ 구미 위원부

6 국민 대표 회의(1923)

외교 중심의 임시 정부 활동이 한계를 드러내자 대한민국 임시 정부는 새로운 독립운동의 방향을 모색하고자 국민 대표 회의를 개최하였어요. 그러나 국민 대표 회의는 임시 정부를 해체하고 새로운 정부를 수립해야 한다는 창조파와 임시 정부를 유지한 채 조직만 개편하자는 개조파의 대립으로 결렬되었어요. 이후 많은 독립운동가들이 임시 정부에서 이탈하였어요.

> 본 국민 대표 회의는 이천만 민중의 공정한 뜻에 바탕을 둔 국민적 대회합으로 최고의 권위를 지녀 …… 독립을 완성하기를 기도하고 이에 선언하노라. …… 본 대표 등은 국민이 위탁한 사명을 받들어 국민적 대단결에 힘쓰며 독립운동이 나아갈 방향을 확립하여 통일적 기관 아래에서 대업을 완성하고자 하노라.

34강 일제 강점기(1910년대 저항)

빈출키워드 TOP5

신흥 강습소	1위
파리 강화 회의	2위
연통제, 교통국	3위
독립 공채	4위
대한 광복회	5위

⌕ 서전서숙
북간도에 이상설 등이 설립한 민족 교육 기관으로, 국외 여러 지역의 민족 학교에 영향을 주었어요.

⌕ 중광단
서일 등 대종교 인사들이 중심이 되어 북간도에서 조직한 무장 독립 단체로, 이후 김좌진이 들어오면서 북로 군정서로 재편되었어요.

⌕ 민족 자결주의
어떤 민족이든 다른 민족의 지배를 받지 않고, 민족의 정치적 운명은 해당 민족 스스로 결정할 권리가 있다는 주장이에요.

⌕ 인산일
황제(왕), 황후, 황태자 부부의 장례일을 말해요.

⌕ 중국의 5·4 운동
1919년 5월 4일 베이징의 톈안먼 광장에서 수많은 학생과 시민들이 모여 일으킨 항일 시위에요.

❶ 3·1 운동 이전의 민족 운동

국내	독립 의군부 (1912)	임병찬 등이 고종의 밀명을 받고 비밀리에 조직 → 복벽주의 추구, 조선 총독과 일본 총리대신에게 국권 반환 요구서 발송 계획
	대한 광복회 (1915)	박상진 등이 주도하여 결성 → 공화 정체의 근대 국민 국가 수립 지향, 독립군 양성을 위한 군자금 모금 활동, 친일파 처단
국외	서간도 (남만주)	• 이회영 등 신민회 회원들이 이주하여 삼원보에 정착 • 자치 단체인 경학사 설치 • 신흥 강습소를 설립(→ 신흥 무관 학교로 발전)하여 독립군 양성
	북간도	• 용정촌, 명동촌 등 한인 집단촌 형성 • 서전서숙(이상설), 명동 학교를 세워 민족 교육 실시 • 대종교도 중심으로 무장 단체인 중광단 조직(→ 북로 군정서로 발전)
	연해주	• 러시아 블라디보스토크에 신한촌 건설(한인 거주지) • 자치 단체인 권업회 조직(권업신문 발간), 대한 광복군 정부 조직 • 1930년대 후반 스탈린에 의해 많은 한인들이 중앙아시아로 강제 이주
	상하이	신한 청년당 조직: 파리 강화 회의에 김규식을 대표로 파견 → 독립 청원서 제출
	미주 지역	• 미국 본토: 대한인 국민회 조직, 흥사단 조직(안창호) • 하와이: 대조선 국민군단 창설(박용만) • 멕시코: 숭무 학교 설립 → 독립군 양성

❷ 3·1 운동

전개	배경	• 미국 대통령 윌슨의 민족 자결주의 • 국외 독립 선언: 대동단결 선언(상하이), 대한 독립 선언(만주), 2·8 독립 선언(도쿄)
	준비	천도교계, 기독교계, 불교계, 학생
	전개	고종의 인산일에 맞추어 실행 계획 → 민족 대표들이 태화관에서 독립 선언서 낭독 → 학생과 시민들이 탑골 공원에서 독립 선언서 낭독 후 만세 시위를 시작함(비폭력)
	확산	• 서울, 평양 등 주요 도시에서 시위 시작 → 전국 주요 도시 및 농촌으로 확산 → 점차 일제의 탄압에 맞서 무력 투쟁 운동으로 변화 • 만주, 연해주, 미주 등 해외에서도 만세 시위 전개
	탄압	• 헌병 경찰과 군대 등을 동원하여 총과 칼로 무력 진압 • 제암리 학살 사건, 유관순 순국(천안 아우내 장터에서 만세 시위 주도)
의의· 영향	의의	• 우리 민족의 독립 의지를 전 세계에 알림 • 모든 계층이 참여한 민족 운동 • 일제 강점기 최대 규모의 민족 운동
	영향	• 일제의 통치 방식 변화: 무단 통치 → 이른바 '문화 통치' • 만주, 연해주 등 국외에서 무장 독립 투쟁이 활발해짐 • 독립운동을 주도할 통일된 지도부의 필요성 대두 → 대한민국 임시 정부 수립의 계기가 됨 • 중국의 5·4 운동 등 외국의 민족 운동에 영향

❸ 대한민국 임시 정부

(1) 대한민국 임시 정부의 수립과 활동

수립	국내외 여러 임시 정부를 통합하기 위한 노력(한성 정부의 정통성 계승, 대한 국민 의회의 조직 흡수) → 상하이에 통합된 대한민국 임시 정부 수립(1919)
조직	• 삼권 분립(임시 의정원, 국무원, 법원)에 기초한 민주 공화제 체제를 갖춤 • 대통령에 이승만, 국무총리에 이동휘 선출

활동	• 비밀 조직: 연통제(비밀 행정 조직)와 교통국(비밀 통신 기관) 설치 → 국내외 연락망 구축, 정보 수집 및 전달, 독립운동 자금 모금
	• 자금 마련: 독립(애국) 공채 발행
	• 군사: 군무부 설치, 직할 부대로 육군 주만 참의부 조직, 미국에 한인 비행 학교 설립(1920, 노백린)
	• 문화: 독립신문 간행, 임시 사료 편찬 위원회 설치《한·일 관계 사료집》발간
	• 외교
	  – 미국 워싱턴에 구미 위원부 설치 → 외교 활동 전개
	  – 파리 강화 회의에 파견된 김규식을 전권 대사로 임명

(2) 대한민국 임시 정부의 변화

① 국민 대표 회의(1923)

배경	연통제·교통국 등 비밀 조직 붕괴, 외교 중심 독립운동의 한계 → 독립운동의 방법을 둘러싼 독립운동가들의 갈등 심화, 이승만의 위임 통치 청원서 제출에 대한 비판
전개	창조파(신채호 중심, 새로운 정부 수립 주장)와 개조파(안창호 중심, 임시 정부의 체제 개편 주장)의 대립
결과	회의 결렬 → 많은 독립운동가들의 이탈로 독립운동 세력 분열 → 임시 정부의 활동 침체

② 임시 정부의 변화

1920년대 중반	국제 여맹에 위임 통치 청원서를 제출한 책임을 물어 이승만 탄핵 → 박은식이 제2대 대통령으로 선출(1925)
1930년대	침체된 임시 정부의 활성화를 위해 김구가 한인 애국단 조직(1931) → 이봉창·윤봉길 의거(1932) → 중국 국민당 정부의 적극적인 지원을 받음, 윤봉길 의거 후 임시 정부가 상하이를 떠나 이동함
1940년대	• 충칭에 정착한 후 한국광복군 창설(1940) • 삼균주의를 기초로 한 건국 강령 발표(1941) • 일본에 선전 포고(1941) • 미국과 연합해 국내 진공 작전 계획

⏸ 일시정지! ☑ 확인하기

1. 1910년대에 있었던 사실로 맞으면 ○표, 틀리면 ×표 하세요.
(1) 신간회가 결성되었다. ( )
(2) 박상진 등이 대한 광복회를 조직하였다. ( )
(3) 일제에 의해 경성 제국 대학이 설립되었다. ( )
(4) 고종의 밀지를 받아 독립 의군부가 조직되었다. ( )
(5) 윤봉길이 상하이 훙커우 공원에서 의거를 일으켰다. ( )
(6) 독립군 연합 부대가 봉오동 전투에서 일본군에 승리하였다. ( )

2. 다음 민족 운동이 일어난 지역을 골라 쓰세요.

> 서간도, 북간도, 연해주, 하와이

(1) 권업회를 조직하여 권업신문을 발행하였다. ( )
(2) 중광단을 조직하여 무장 투쟁을 전개하였다. ( )
(3) 신흥 강습소를 설립하여 독립군을 양성하였다. ( )
(4) 대조선 국민군단을 조직하여 독립군을 양성하였다. ( )
(5) 대한 광복군 정부를 세워 무장 투쟁을 준비하였다. ( )

3. 3·1 운동에 대한 설명이 맞으면 ○표, 틀리면 ×표 하세요.
(1) 대한민국 임시 정부가 수립되는 계기가 되었다. ( )
(2) 전개 과정에서 일제가 제암리 학살을 자행하였다. ( )
(3) 민족 대표 33인 명의의 독립 선언서가 발표되었다. ( )
(4) 일본, 프랑스 등의 노동 단체로부터 격려 전문을 받았다. ( )

4. 대한민국 임시 정부에 대한 설명이 맞으면 ○표, 틀리면 ×표 하세요.
(1) 교통국을 설치하였다. ( )
(2) 대성 학교와 오산 학교를 설립하였다. ( )
(3) 비밀 행정 조직으로 연통제를 실시하였다. ( )
(4) 태극 서관을 설립하여 계몽 서적을 보급하였다. ( )
(5) 만민 공동회를 개최하여 민권 신장을 추구하였다. ( )
(6) 구미 위원부를 설치하여 외교 활동을 전개하였다. ( )
(7) 광주 학생 항일 운동에 진상 조사단을 파견하였다. ( )
(8) 독립운동 자금 마련을 위해 독립 공채를 발행하였다. ( )
(9) 임시 사료 편찬 위원회를 두고 한·일 관계 사료집을 발간하였다. ( )

1. (1) × (2) ○ (3) × (4) ○ (5) × (6) ×
2. (1) 연해주 (2) 북간도 (3) 서간도 (4) 하와이 (5) 연해주
3. (1) ○ (2) ○ (3) ○ (4) ×
4. (1) ○ (2) × (3) ○ (4) × (5) × (6) ○ (7) × (8) ○ (9) ○

1 60회

(가)에 해당하는 단체로 옳은 것은? [2점]

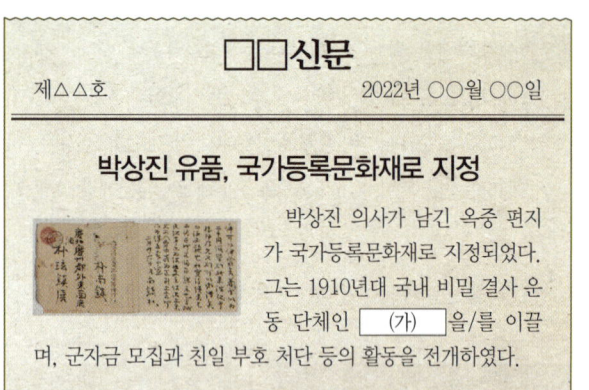

□□신문

제△△호   2022년 ○○월 ○○일

박상진 유품, 국가등록문화재로 지정

박상진 의사가 남긴 옥중 편지가 국가등록문화재로 지정되었다. 그는 1910년대 국내 비밀 결사 운동 단체인 (가) 을/를 이끌며, 군자금 모집과 친일 부호 처단 등의 활동을 전개하였다.

① 권업회
② 보안회
③ 참의부
④ 대한 광복회

2 64회

(가)에 해당하는 지역을 지도에서 옳게 찾은 것은? [2점]

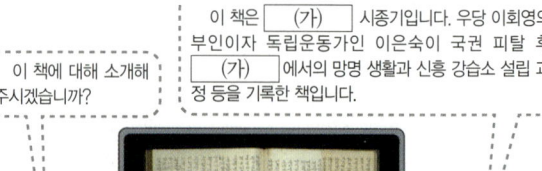

이 책에 대해 소개해 주시겠습니까?

이 책은 (가) 시종기입니다. 우당 이회영의 부인이자 독립운동가인 이은숙이 국권 피탈 후 (가) 에서의 망명 생활과 신흥 강습소 설립 과정 등을 기록한 책입니다.

① ㉠ 충칭   ② ㉡ 서간도   ③ ㉢ 하와이   ④ ㉣ 멕시코

① ㉠   ② ㉡   ③ ㉢   ④ ㉣

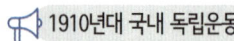

1910년대 국내 독립운동

정답분석 1910년에 일제에 국권을 빼앗긴 이후 국내에서는 많은 항일 비밀 결사가 조직되었어요. 그중 대한 광복회는 1915년에 대구에서 박상진 등이 주도하여 결성한 단체로, 공화 정체의 근대 국민 국가를 수립하고자 하였어요.

④ 대한 광복회는 군자금을 모집하여 만주에 무관 학교를 세우고자 하였으며, 친일파 처단 등의 활동을 벌였어요.

오답분석 ① 권업회는 1910년대 연해주 지역에서 활동한 조직으로, 권업신문을 발간하는 등 민족의식을 높이는 활동을 하였어요.
② 보안회는 1904년에 국내에서 조직되었으며, 일제의 황무지 개간권 요구를 저지하였어요.
③ 참의부는 1920년대 중반 만주 지역에 성립한 3부 중의 하나로, 대한민국 임시 정부의 직할 부대였어요.

정답 | ④

1910년대 국외 독립운동

정답분석 일제는 국권 침탈 후 우리 민족의 독립운동을 철저하게 탄압하였어요. 이에 국내에서 의병 전쟁과 애국 계몽 운동을 벌였던 애국지사들은 동포들이 다수 거주하는 만주나 연해주 등지로 이주하였어요. 서간도(남만주)의 삼원보 지역으로 이주한 신민회 회원들은 경학사를 조직하고 신흥 강습소(이후 신흥 무관 학교)를 설립하여 항일 무장 투쟁을 위한 준비를 하였어요.

② 1910년대 서간도의 삼원보로 이주한 이회영 등 신민회 회원들은 신흥 강습소를 세워 독립군 양성을 위해 노력하였어요.

오답분석 ① 1940년대에 충칭에 정착한 대한민국 임시 정부는 지청천을 총사령관으로 하여 정규군인 한국광복군을 창설하였어요.
③ 1910년대 하와이에서는 박용만 등이 대조선 국민군단을 창설하여 군사 훈련을 실시하였어요.
④ 1910년대 멕시코에서는 이주한 한인들이 숭무 학교를 세워 무장 투쟁을 준비하였어요.

정답 | ②

3 54회 회독 ●●●

(가) 지역에서 있었던 독립운동에 대한 설명으로 옳은 것은? [3점]

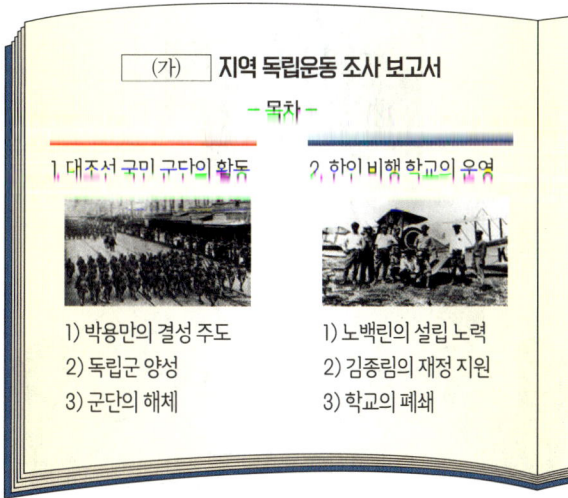

① 서전서숙이 세워졌다.
② 권업회가 조직되었다.
③ 신흥 강습소가 설립되었다.
④ 대한인 국민회가 결성되었다.

📣 1910년대 국외 독립운동

정답분석 1910년대 미주 하와이 지역에서는 항일 무장 단체인 대조선 국민군단이 결성되어 무장 투쟁을 위한 준비를 하였어요. 한편, 1920년에 대한민국 임시 정부는 미국에 독립군 비행사 양성을 위한 한인 비행 학교를 설립하였어요.
④ 안창호는 1910년 국권 피탈 이후 미국으로 건너가 대한인 국민회, 흥사단 등의 독립운동 단체를 조직하기도 하였어요.

오답분석 ① 1910년대 북간도에는 용정촌, 명동촌 등 한인 집단촌이 형성되었고 우리 민족은 서전서숙, 명동 학교 등을 세워 민족 교육을 실시하였어요.
② 1910년대 연해주 지역에서는 권업회가 조직되어 권업신문을 발행하였어요.
③ 1910년대에 서간도의 삼원보로 이주한 신민회 회원들은 신흥 강습소(이후 신흥 무관 학교)를 세워 독립군 양성을 위해 노력하였어요.

정답 | ④

4 67회 회독 ●●●

밑줄 그은 '만세 시위'에 대한 설명으로 옳은 것은? [2점]

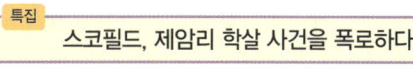

스코필드, 제암리 학살 사건을 폭로하다

"논둑길을 돌아서자 지금도 잊혀지지 않는 광경이 눈앞에 펼쳐졌다. ......"

프랭크 스코필드
(Frank W.Schofield)

1919년 발생한 삼일절의 만세 시위가 전국으로 확산하자 일제는 경찰과 군인을 동원하여 탄압하였다. 화성 제암리에서는 주민을 교회에 몰아넣은 후 총을 쏘고 불을 질렀다. 소식을 듣고 달려간 스코필드는 제암리에서 벌어진 학살을 세계에 폭로하였다.

① 순종의 인산일에 전개되었다.
② 대한매일신보의 후원을 받았다.
③ 대한민국 임시 정부 수립의 계기가 되었다.
④ 신간회에서 진상 조사단을 파견하여 지원하였다.

📣 3·1 운동

정답분석 1919년 3월 1일에 민족 대표들은 비폭력 운동의 원칙에 따라 독립 선언서를 낭독하였어요. 같은 시각 탑골 공원에 모인 학생과 시민들도 만세 시위를 전개하였고, 이후 만세 시위는 전국은 물론 해외까지 확산되었어요. 한편 제암리(지금의 경기도 화성)에서 만세 시위가 일어나자 일본군은 제암리 주민들을 교회당에 모이게 한 후, 총격을 가하고 불을 질러 학살하는 만행을 벌였어요(제암리 학살 사건). 이후 평화적으로 전개되던 3·1 운동은 점차 무력 투쟁 시위로 변하였어요. 스코필드는 3·1 운동 당시 일제가 저지른 제암리 학살 사건의 참상을 외국 언론에 알렸고, 기록을 남겼어요.
③ 1919년에 일어난 3·1 운동의 영향으로 대한민국 임시 정부가 수립되었어요.

오답분석 ① 1926년에 일어난 6·10 만세 운동은 순종의 인산일에 학생들의 주도로 전개되었어요.
② 1907년에 일어난 국채 보상 운동 당시 대한매일신보가 적극적으로 후원하여 국채 보상 운동을 확산시키는 데 기여하였어요.
④ 1929년에 한·일 학생 간의 충돌을 계기로 광주 학생 항일 운동이 일어나자 신간회는 사건의 진상을 규명하기 위해 조사단을 파견하여 지원하였어요.

정답 | ③

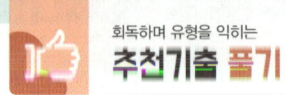

5 66회 [2점]

(가)의 활동으로 옳은 것은?

- 이것은 네 엄마를 키우면서 쓴 일기야. 네 할아버지랑 나는 3·1 운동을 계기로 상하이에 수립된 ⟨(가)⟩ 이/가 창사로 옮겼을 때 합류해서 독립운동을 했어. 김구, 이시영 선생님이 네 엄마를 참 예뻐하셨지.
- 와, 그 힘든 독립운동을 하시면서도 육아 일기를 쓰셨네요!

① 독립 공채를 발행하였다.
② 만민 공동회를 개최하였다.
③ 신흥 강습소를 설립하였다.
④ 잡지 어린이를 발간하였다.

6 58회 [3점]

밑줄 그은 '정부'의 활동으로 옳지 않은 것은?

- 할머니, 이 건물은 무엇인가요?
- 3·1 운동을 계기로 수립된 정부가 상하이에 있을 때 청사로 사용했던 건물이란다.

① 연통제를 실시하였다.
② 독립 공채를 발행하였다.
③ 구미 위원부를 설치하였다.
④ 대한국 국제를 반포하였다.

📢 **대한민국 임시 정부의 활동**

정답분석 3·1 운동을 계기로 독립운동을 체계적으로 이끌 지도부의 필요성이 높아지면서 상하이에 통합 임시 정부인 대한민국 임시 정부가 수립되었어요. 대한민국 임시 정부는 임시 의정원, 국무원, 법원의 삼권 분립에 기초한 민주 공화제 정부였어요. 연통제와 교통국을 두어 독립운동 자금을 모금하고 국내와 연락을 주고받았으며, 독립신문을 간행하여 국내외에 임시 정부의 활동과 독립운동 상황을 알렸어요. 또한, 임시 사료 편찬 위원회를 두어 《한·일 관계 사료집》을 편찬하였어요.
① 대한민국 임시 정부는 군자금 모금을 위해 독립 공채를 발행하였어요.

오답분석 ② 독립 협회는 만민 공동회를 개최하여 러시아 등 열강의 이권 침탈을 규탄하고 이를 저지하는 활동을 벌였어요.
③ 신민회 회원들은 서간도(남만주)의 삼원보 지역으로 이주한 후 경학사를 조직하고 신흥 강습소(이후 신흥 무관 학교)를 설립하였어요.
④ 방정환을 중심으로 창립된 천도교 소년회는 '어린이날'을 제정하고, 잡지 《어린이》를 발간하는 등 소년 운동을 전개하였어요.

정답 | ①

📢 **대한민국 임시 정부의 활동**

정답분석 1919년에 일어난 3·1 운동이 계기가 되어 상하이에 통합 임시 정부인 대한민국 임시 정부가 수립되었어요.
④ 고종은 1897년에 대한 제국을 수립한 후 황제권을 강조한 대한국 국제를 반포하였어요.

오답분석 ① 대한민국 임시 정부는 국내와 연락을 주고받기 위해 비밀 행정 조직으로 연통제를 실시하였어요.
② 대한민국 임시 정부는 독립운동 자금을 마련하기 위해 독립 공채를 발행하였어요.
③ 대한민국 임시 정부는 미국 워싱턴에 구미 위원부를 설치하여 외교 활동을 벌였어요.

정답 | ④

3·1 운동 이전의 민족 운동

01 고종의 밀지를 받아 임병찬 등이 주도하여 독립 ●●● 를 조직하였다.

02 대한 ●● 회는 박상진의 주도로 조직되었다.

03 서간도 지역에서 신민회가 중심이 되어 한인 자치 기관인 ●● 사를 조직하였다.

04 북간도 지역에 대종교도 중심의 ●● 단이 결성되어 항일 무장 투쟁을 전개하였다.

05 연해주 지역에서는 권업회를 토대로 한 대한 ●● 군 정부가 수립되었다.

06 미주 지역인 하와이에서는 박용만의 주도로 대조선 ●● 군단이 조직되어 군사 훈련을 실시하였다.

3·1 운동

07 민족 자결주의에 영향을 받은 일본 도쿄의 한국인 유학생들이 ● · ● 독립 선언을 발표하였다.

08 3·1 운동은 일제의 식민 통치 방식이 이른바 '●● 통치'로 바뀌는 계기가 되었다.

09 3·1 운동은 대한민국 ●● 정부가 수립되는 데 영향을 주었다.

대한민국 임시 정부

10 대한민국 임시 정부는 미국 워싱턴에 ●● 위원부를 설치하고 외교 활동을 전개하였다.

11 대한민국 임시 정부는 비밀 행정 조직으로 ●● 제를 실시하고, ●● 국을 설치하였다.

12 대한민국 임시 정부는 독립운동 자금을 마련하기 위해 독립 ●● 를 발행하였다.

13 김구는 1931년에 임시 정부 활성화를 위해 ●● 애국단을 조직하여 의거 활동을 하였다.

14 1940년에 충칭에 정착한 대한민국 임시 정부는 정규군으로 한국 ●● 군을 창설하였다.

정답 01 의군부 02 광복 03 경학 04 중광 05 광복 06 국민 07 2.8 08 문화 09 임시 10 구미 11 연통, 교통 12 공채 13 한인 14 광복

35강 일제 강점기(1920년대 저항)

<국외>

① 봉오동 전투(1920. 6.)
  └ 대한 독립군(홍범도) + α

② 훈춘 사건 조작(日)
  └ 일본군, 중국 入

③ 청산리 전투(1920. 10.)
  ├ 북로 군정서(김좌진) + α
  ├ 백운평·완루구 전투
  └ 천수평·어랑촌 전투

④ 간도 참변(1920)

⑤ 대한 독립군단(서일)
  └→ 자유시 이동

⑥ 자유시 참변(1921)

⑦ 3부 결성
  ├ 참의부(→ 임정)
  ├ 정의부
  └ 신민부

⑧ 미쓰야 협정(1925)
  └ 미쓰야(日) + 장작림(만주)

⑨ 3부 통합 운동
  ├ 북만주: 혁신 의회
  └ 남만주: 국민부

<국내>

민족주의 ─┬ 타협적 민족주의(자치론 ▲)
         └ 비타협적 민족주의

실력 양성 운동
- 물산 장려 운동
  - 회사령 X, 관세 X
  - 조만식 (평양, 물산 장려회)
  - 사회주의 세력의 비판
- 민립 대학 설립 운동
  - 2차 조선 교육령
  - 민립 대학 기성회 (by 이상재)
  - 日 방해
    └ 경성 제국 대학
- 문맹 퇴치 운동
  : 문자 보급 운동(조선일보)

조선 민흥회 → 정우회 선언

농민·노동 운동(쟁의)
- 사회주의 세력 주도
  └ 日 치안 유지법(1925)
- 암태도 소작 쟁의(1923)
- 조선 농민 총동맹(1927)
- 조선 노동 총동맹(1927)
- 원산 총파업(1929)

신간회(1927)
- 민족 유일당, 좌우 합작, 이상재
- 정치·경제적 각성, 민족 단결, 기회주의 X
- 전국 지회, 근우회(자매단체)
- 광주 학생 항일 운동 지원
  └ 진상 조사단, 민중 대회 계획
- 해소(1931)

학생 운동	• 6·10 만세 운동(1926): 순종 인산일, 민족주의 + 사회주의 • 광주 학생 항일 운동(1929): 한·일 학생 충돌, 신간회 지원
대중 운동	• 소년 운동: 천도교(방정환) → 어린이날, <어린이> • 여성 운동: 근우회(좌우 합작) → 여성 단결, <근우> • 형평 운동: 조선 형평사(진주, 1923) → 백정 차별 X

의열 투쟁	• 의열단(1919)
	  ├ 조선 혁명 선언(신채호) → 김원봉, 폭력 투쟁
	  └ 박재혁(부산서), 김익상(총독부), 김상옥(종로서), 김지섭(도쿄 궁성), 나석주(식산 은행, 동양 척식 주식회사)
	• 조선 혁명 간부 학교(1932): 독립군 양성

민족 문화 수호	• 국어: 조선어 연구회 → 가갸날, <한글>, 카프 문학(KAPF) • 역사 ┬ 신채호: <조선사연구초>(낭가), <조선상고사>(아 ≠ 비아) └ 박은식: 국혼, <한국통사>, <한국독립운동지혈사> • 예술: 나운규 '아리랑'(영화) → 단성사 개봉

35강 일제 강점기(1920년대 저항)

시험에 자주 나오는 핵심 자료 몰아보기

1 봉오동 전투와 청산리 전투

홍범도가 이끈 대한 독립군을 비롯한 독립군 연합 부대는 일본군을 상대로 봉오동에서 승리를 거두었어요. 또한 김좌진이 이끈 북로 군정서와 독립군 연합 부대는 청산리 일대에서 일본군을 크게 격퇴하였어요.

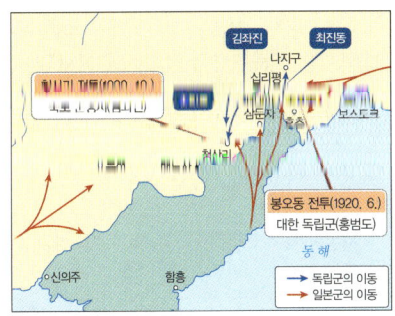

2 간도 참변과 자유시 참변

봉오동 전투와 청산리 전투에서 독립군에게 크게 패한 일본군은 이에 대한 보복으로 간도 지역의 한국인을 무차별 학살하는 간도 참변을 일으켰어요. 간도 참변 이후 만주의 독립군은 자유시로 이동하였는데, 이 과정에서 러시아 혁명군이 독립군에 무장 해제를 요구하였어요. 독립군이 이를 거부하자 독립군 부대를 공격하였고 이로 인해 많은 독립군이 희생되었어요.

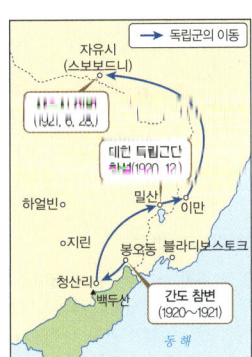

3 물산 장려 운동

일제는 1920년에 일본 자본이 쉽게 들어오게 하기 위해 회사령을 폐지하였고, 이어서 일본 상품에 대한 세금을 철폐하려고 하였어요. 이에 조만식 등은 토산품 애용을 목표로 평양에서 조선 물산 장려회를 조직하여 물산 장려 운동을 추진하였어요. 이들은 '조선 사람 조선 것' 등의 구호를 내세웠어요.

4 민립 대학 설립 운동

일제의 한국인에 대한 교육 차별에 저항하기 위해 이상재의 주도로 민립 대학 설립 운동이 전개되었어요. '한민족 1천만이 한 사람이 1원씩'을 구호로 내걸고 모금 운동을 하였으나, 일제의 방해로 실패하였어요. 이후 일제는 한국인의 불만을 잠재우기 위해 경성 제국 대학을 설립하였어요.

5 의열단

의열단은 김원봉 등이 조직한 의열 투쟁 단체로, 일제 요인 암살과 식민 통치 기관 파괴 등의 무력 투쟁을 전개하였어요. 의열단은 1920년대 후반부터 조직적인 항일 무장 투쟁으로 노선을 바꾸어 일부 단원이 황푸 군관 학교에 들어가 체계적인 군사 교육을 받았어요.

> 민중은 우리 혁명의 대본영(大本營)이다. 폭력은 우리 혁명의 유일한 무기이다. 우리는 민중 속에 가서 민중과 손을 잡아 끊임없는 폭력, 암살, 파괴, 폭동으로써 강도 일본의 통치를 타도하고 ······.

6 6·10 만세 운동(1926)

사회주의 계열과 천도교 계열, 학생들은 순종의 인산일을 기회로 만세 시위를 계획하였어요. 사회주의 계열과 천도교 계열의 계획은 사전에 발각되었지만, 학생들의 주도로 만세 시위가 진행되었어요. 이를 계기로 민족 유일당을 결성할 수 있다는 공감대가 형성되었어요.

7 신간회

조선 민흥회와 정우회 선언을 계기로 1927년에 결성된 신간회는 일제 강점기 최대 규모의 민족 운동 단체로 성장하였으며, 1929년에 일어난 광주 학생 항일 운동의 진상을 조사하기 위한 조사단을 파견하는 등 활발한 활동을 펼쳤어요.

〈신간회 강령〉
1. 우리는 정치적, 경제적, 사회적 각성을 촉진함
2. 우리는 단결을 공고히 함
3. 우리는 일체 기회주의를 부인함

8 광주 학생 항일 운동(1929)과 신간회

한·일 학생 간의 충돌이 발단이 되어 광주 학생 항일 운동이 일어났어요. 학생들은 식민지 차별 교육 철폐와 민족 차별 중지 등을 주장하며 대규모 시위를 벌였고 각 학교에서는 단체를 조직하여 활동하였어요. 신간회는 광주 학생 항일 운동에 진상 조사단을 파견하여 지원하였어요.

35강 일제 강점기(1920년대 저항)

빈출키워드 TOP5
- 조선 혁명 선언 1위
- 신간회의 진상 조사단 파견 2위
- 자유시 참변 3위
- 경성 제국 대학 설립 4위
- 청산리 전투 5위

❶ 국외 무장 독립 전쟁

봉오동 전투 (1920. 6.)	일제가 독립군의 근거지를 파괴하기 위해 봉오동 습격 → 대한 독립군(홍범도) 등 독립군 연합 부대가 봉오동에서 일본군 격퇴
청산리 전투 (1920. 10.)	일제가 만주에 대규모 군대 파견 → 북로 군정서(김좌진), 대한 독립군(홍범도) 등 독립군 연합 부대가 청산리 일대(백운평, 완루구, 천수평, 어랑촌)에서 일본군 격퇴
독립군의 시련	• 간도 참변(1920): 일본군이 봉오동 전투와 청산리 전투 패배에 대한 보복으로 간도의 한인 마을을 습격하고 무차별 학살 자행 • 독립군 부대들이 일본군을 피해 만주 국경의 밀산으로 이동 → 대한 독립군단 조직(총재: 서일) → 러시아령 자유시로 이동 • 자유시 참변(1921): 자유시에서 러시아 혁명군이 무장 해제 요구를 거부한 독립군 공격 → 수많은 독립군이 희생당함
독립군 재정비	• 3부 성립(1923~1925): 만주로 돌아온 독립군이 조직 정비 → 참의부, 정의부, 신민부라는 3개의 독립군 정부를 만들어 독립운동 전개 • 미쓰야 협정(1925): 일제가 만주 지역에서 활동하는 독립군을 탄압하기 위해 만주 지역의 중국 군벌과 체결 → 독립군 활동 위축 • 3부 통합 운동: 국민부(남만주)와 혁신 의회(북만주)로 통합

📌 **미쓰야 협정**
조선 총독부 경무국장 미쓰야와 만주 지역의 중국 군벌 장작림이 맺은 협정으로, 일제가 만주 지역에서 활동하는 독립군을 탄압하기 위해 체결하였어요.

❷ 국내 민족·사회 운동

(1) 실력 양성 운동

물산 장려 운동	배경	회사령 폐지(1920), 일본 상품에 대한 세금 철폐 움직임 → 민족 경제의 자립 추구
	전개	평양에서 조만식 등을 중심으로 조선 물산 장려회 설립 → 토산품 애용 운동('조선 사람 조선 것', '내 살림 내 것으로'), 일본 상품 배척, 금주·금연 운동 전개
	결과	일부 상인의 조작과 한국인 기업의 생산량이 수요량을 따라가지 못하면서 상품 가격 상승 → 사회주의 세력으로부터 자본가의 이익만을 위한 것이라고 비판받음
민립 대학 설립 운동	배경	식민지 교육 차별, 제2차 조선 교육령 공포(대학 설립 가능)
	전개	이상재 등이 조선 민립 대학 기성회 조직 → '한민족 1천만이 한 사람이 1원씩'이라는 구호를 내세워 모금 운동 전개
	결과	일제의 방해 등으로 실패 → 일제의 무마책: 경성 제국 대학 설립(1924)
문맹 퇴치 운동		문자 보급 운동(1929~1934): 조선일보 주도 → '아는 것이 힘, 배워야 산다'라는 구호를 내세움, 한글 교재를 보급하고 전국 순회강연을 개최함

📌 **암태도 소작 쟁의**
전라남도 신안군 암태도의 지주 문재철이 소유한 농장의 소작인들이 소작료를 지나치게 가져가는 문재철의 횡포에 저항하여 일으킨 농민 운동이에요.

(2) 농민·노동 운동

소작 쟁의	소작권 이전 반대, 소작료 인하 등 요구 → 📌 암태도 소작 쟁의(1923)
노동 쟁의	노동 조건 개선, 임금 인상 등 요구 → 📌 원산 총파업(1929)

📌 **원산 총파업**
함경남도 덕원군의 문평 라이징선 석유회사의 일본인 감독관이 한국인 노동자를 구타한 사건이 발단이 되어 시작된 노동 운동으로, 임금 인상과 노동 조건의 개선을 요구하였어요. 원산 총파업이 일어나자 일본, 프랑스 등지의 노동 단체에서 격려 전문을 보내기도 하였어요.

(3) 학생 운동

6·10 만세 운동 (1926)	순종의 인산일에 전개 → 민족주의 계열과 사회주의 계열이 연대의 공감대가 형성되는 계기
광주 학생 항일 운동 (1929)	한·일 학생 간의 충돌 계기 → 광주 지역 학생들이 대규모 시위 전개 → 신간회의 진상 조사단 파견, 전국 및 해외까지 확산(3·1 운동 이후 최대 규모의 항일 민족 운동)

📌 **카프(KAPF)**
1920년대 초 식민지 현실의 계급 모순을 비판하는 신경향파 문학이 등장하였고, 이를 바탕으로 1925년에 카프(KAPF)가 결성되었어요.

(4) 민족 유일당 운동과 신간회의 결성(1927~1931)

배경	• 민족주의 세력에서 자치론 대두 → 민족주의 세력 분열(타협적 민족주의 VS 비타협적 민족주의) • 치안 유지법이 제정되면서 사회주의 세력의 활동 위축 • 조선 민흥회 창립 → 정우회 선언(1926)
설립	• 결성: 비타협적 민족주의 세력과 사회주의 세력이 연합하여 설립(회장: 이상재, 1927) • 강령: 정치·경제적 각성 촉구, 민족의 단결 촉구, 기회주의(타협적 민족주의) 배격 • 활동: 강연회 개최, 광주 학생 항일 운동 지원(진상 조사단 파견, 민중 대회 개최 계획) • 해소: 일제의 탄압, 내부에서의 노선 갈등 → 해산(1931) • 의의: 일제 강점기 최대 규모의 민족 운동 단체, 민족주의 계열과 사회주의 계열의 민족 협동 전선

(5) 대중 운동

소년 운동	방정환 등을 중심으로 한 천도교 소년회(1921)가 주도 → '어린이날' 제정, 잡지 《어린이》 발간
여성 운동	근우회 결성(1927): 신간회의 자매단체(여성 인사들의 민족 협동 전선) → 여성의 지위 향상 도모, 기관지 《근우》 발간
형평 운동	백정들이 진주에서 조선 형평사 조직(1923) → 백정에 대한 사회적 차별 철폐 주장

❸ 의열단

(1) 활동

결성	만주에서 김원봉 등의 주도로 조직(1919) → 일제 요인 암살, 식민 통치 기관 파괴 등 무력 투쟁 전개
지침	신채호가 작성한 〈조선 혁명 선언〉을 활동 지침으로 삼음 → 민중의 직접 혁명 주장
활동	박재혁(부산 경찰서), 김익상(조선 총독부), 김상옥(종로 경찰서), 나석주(조선 식산 은행과 동양 척식 주식회사) 등의 의거
변화	1920년대 후반 조직적인 항일 무장 투쟁으로 전환 → 일부 단원이 황푸 군관 학교에 입학하여 군사 훈련을 받음 → 조선 혁명 간부 학교 설립(독립군 간부 양성, 1932), 민족 혁명당 결성에 주도적 역할을 함

❹ 1920년대 민족 문화 수호 운동

국어·문학	• 조선어 연구회: 한글 연구 및 보급 노력, '가갸날' 제정, 잡지 《한글》 발행 • 신경향파 문학: 카프(KAPF) 결성(사회주의 사상의 영향)
민족주의 사학	• 신채호: 《조선사연구초》·《조선상고사》 저술 • 박은식: 《한국통사》·《한국독립운동지혈사》 저술
영화	나운규의 '아리랑' 제작(단성사에서 개봉)

🛑 일시정지! ✅ 확인하기

1. 다음 설명에 해당하는 민족 운동을 골라 쓰세요.

> 물산 장려 운동, 민립 대학 설립 운동,
> 6·10 만세 운동, 광주 학생 항일 운동

(1) 한·일 학생 간의 충돌에서 비롯되었다. ( )
(2) 조만식 등의 주도로 평양에서 시작되었다. ( )
(3) 이상재 등이 주도하여 모금 활동을 전개하였다. ( )
(4) 민족 협동 선언인 신간회 설립에 영향을 미쳤다. ( )

2. 신간회에 대한 설명으로 맞으면 ○표, 틀리면 ×표 하세요.

(1) 민족 유일당 운동의 일환으로 창립되었다. ( )
(2) 태극 서관을 설립하여 서적을 보급하였다. ( )
(3) 일제가 조작한 105인 사건으로 와해되었다. ( )
(4) 중광단을 결성하여 항일 무장 투쟁을 전개하였다. ( )
(5) 광주 학생 항일 운동에 진상 조사단을 파견하였다. ( )

3. 의열단에 대한 설명으로 맞으면 ○표, 틀리면 ×표 하세요.

(1) 조선 혁명 선언을 활동 지침으로 삼았다. ( )
(2) 일본의 황무지 개간권 요구를 저지하였다. ( )
(3) 김익상, 김상옥 등이 단원으로 활동하였다. ( )
(4) 고종의 밀지를 받아 결성된 비밀 단체였다. ( )

1 (1) 광주 학생 항일 운동 (2) 물산 장려 운동 (3) 민립 대학 설립 운동 (4) 6·10 만세 운동
2 (1) ○ (2) × (3) × (4) × (5) ○
3 (1) ○ (2) × (3) ○ (4) ×

회독하며 유형을 익히는 주천기출 풀기

1 64회   회독 ○○○
(가)에 들어갈 전투로 옳은 것은? [1점]

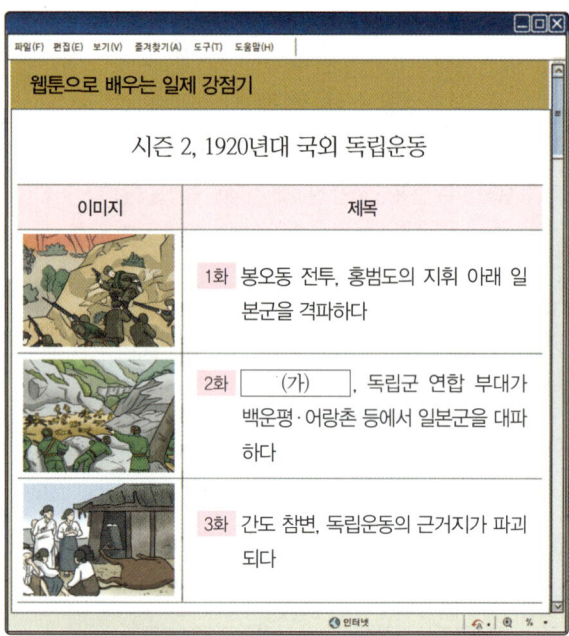

① 영릉가 전투 ② 청산리 전투
③ 흥경성 전투 ④ 대전자령 전투

2 67회   회독 ○○○
(가)에 들어갈 민족 운동으로 옳은 것은? [2점]

① 브나로드 운동
② 물산 장려 운동
③ 국채 보상 운동
④ 민립 대학 설립 운동

📢 **1920년대 국외 무장 독립 전쟁**

정답분석 1920년대 만주에서 많은 독립군 단체가 결성되어 활동하였어요. 홍범도가 이끈 대한 독립군 등 독립군 연합 부대는 봉오동에서 일본군을 상대로 승리를 거두었어요. 또한, 김좌진이 이끈 북로 군정서 등 독립군 연합 부대는 백운평, 어랑촌 등 청산리 일대에서 일본군을 크게 격퇴하였어요.
② 1920년대 김좌진이 이끈 북로 군정서는 홍범도가 이끈 대한 독립군 등 독립군 연합 부대와 함께 청산리 전투에서 일본군을 격퇴하였어요.

오답분석 ①, ③ 1930년대 초 조선 혁명군은 양세봉의 지휘 아래 남만주에서 중국군과 연합하여 영릉가 전투, 흥경성 전투에서 일본군에 승리하였어요.
④ 1930년대 초 한국 독립군은 지청천의 지휘 아래 북만주에서 중국군과 연합하여 쌍성보 전투, 대전자령 전투 등에서 일본군에 승리하였어요.

정답 | ②

📢 **1920년대 실력 양성 운동**

정답분석 일제는 1920년대에 일본 자본이 쉽게 들어오게 하기 위해 회사령을 폐지하였고, 이어서 일본 상품에 대한 세금을 철폐하려고 하였어요. 이에 조만식 등은 토산품 애용을 목표로 평양에서 조선 물산 장려회를 조직하여 물산 장려 운동을 추진하였어요. 이들은 '조선 사람 조선 것, 내 살림 내 것으로' 등의 구호를 내세웠어요.
② 1920년대에 일어난 물산 장려 운동은 학생 등이 중심이 된 단체들이 활발히 참여하면서 전국으로 확대되었어요.

오답분석 ① 1930년대에 동아일보는 '배우자 가르치자 다 함께 브나로드'를 구호로 내세우며 농촌 계몽을 위한 브나로드 운동을 전개하였어요.
③ 1907년에 국민들 사이에서 성금을 모아 나라가 진 빚을 갚자는 국채 보상 운동이 일어났어요. 이 운동은 서상돈, 김광제 등을 중심으로 대구에서 시작되었고, 이후 국채 보상 기성회가 설립되고 대한매일신보 등이 후원을 받으며 전국으로 확산되었어요.
④ 1920년대에 이상재 등은 민족 교육을 위한 민립 대학 설립 운동이 전개되었어요. 일제는 민립 대학 설립 운동을 탄압한 후 이를 무마하기 위해 경성 제국 대학을 설립하였어요.

정답 | ②

3 66회

다음 상황 이후에 일어난 사실로 옳은 것은? [2점]

① 6·10 만세 운동이 일어났다.
② 헤이그 특사가 파견되었다.
③ 토지 조사 사업이 실시되었다.
④ 제너럴셔먼호 사건이 발생하였다.

4 60회

밑줄 그은 '이 운동'에 대한 설명으로 옳은 것은? [2점]

① 순종의 인산일에 일어났다.
② 통감부의 탄압으로 실패하였다.
③ 국민 대표 회의 개최의 배경이 되었다.
④ 신간회에서 진상 조사단을 파견하였다.

📢 순종의 죽음 이후 시기의 사실

정답분석 1926년에 대한 제국의 마지막 황제인 순종이 죽음을 맞이하자 사회주의 계열과 천도교 계열, 학생들은 순종의 인산일을 기회로 만세 시위를 계획하였어요. 사회주의 계열과 천도교 계열의 계획이 사전에 발각되자 학생들의 주도로 만세 시위가 진행되었는데, 이 사건을 6·10 만세 운동이라고 해요. 이를 계기로 민족 유일당을 결성할 수 있다는 공감대가 형성되었어요.
① 1926년 순종의 인산일에 학생들의 주도로 6·10 만세 운동이 전개되었어요.

오답분석 ② 1907년에 고종은 을사늑약이 무효임을 알리기 위해 헤이그에서 열린 만국 평화 회의에 특사를 파견하였어요.
③ 1910년대에 일제는 식민 통치의 경제적 기반을 마련하기 위해 토지 조사령을 제정하여 토지 조사 사업을 실시하였어요.
④ 1866년에 대동강을 거슬러 평양에 들어온 미국 상선 제너럴셔먼호의 선원들이 행패를 부리자 박규수를 비롯한 평양 관민이 제너럴셔먼호를 불태워 침몰시켰는데 이를 제너럴셔먼호 사건이라고 해요. 이 사건을 구실로 미국은 1871년에 신미양요를 일으켰어요.

정답 | ①

📢 광주 학생 항일 운동

정답분석 1929년에 나주와 광주를 오가는 통학 열차에서 일본 남학생이 한국인 여학생을 희롱하는 사건을 계기로 광주 학생 항일 운동이 일어났어요. 학생들은 식민지 차별 교육 철폐 등을 주장하며 시위를 벌였고 시위는 전국으로 확산되었어요.
④ 광주 학생 항일 운동 당시 신간회는 사건의 진상을 규명하기 위한 조사단을 파견하였어요.

오답분석 ① 1926년에 일어난 6·10 만세 운동은 순종의 인산일에 일어났어요.
② 1907년에 대구에서 시작된 국채 보상 운동은 통감부의 탄압으로 실패한 대표적인 민족 운동이에요.
③ 1923년에 대한민국 임시 정부의 방향을 논의하기 위한 국민 대표 회의가 개최되었어요.

정답 | ④

5. 58회

(가)에 들어갈 단체로 옳은 것은? [2점]

① 신간회
② 토월회
③ 대한 광복회
④ 조선어 학회

민족 유일당 운동

정답분석 6·10 만세 운동을 계기로 비타협적 민족주의 세력과 사회주의 세력이 뜻을 모아 1927년에 신간회를 결성하였어요. 신간회는 정치·경제적 각성 촉구, 민족의 단결 추구, 기회주의 배격이라는 강령을 내세웠어요. 신간회는 전국 각지에 지회를 설립하고 강연회를 개최하는 등 계몽 운동을 전개하였어요.
① 신간회는 광주 학생 항일 운동이 일어나자 진상 조사단을 파견하여 지원하였어요.

오답분석 ② 토월회는 일본 유학생들을 중심으로 조직되었으며, 신극 운동을 전개하였어요.
③ 대한 광복회는 1910년대 비밀리에 등이 중심이 되어 조직되었으며 군자금 모금, 친일 부호 처단 등의 활동을 하였어요.
④ 조선어 학회는 한글 맞춤법 통일안을 제정하고, 《우리말 큰사전》 편찬을 시도하는 등 한글 연구 및 보급을 위해 노력하였어요.

정답 | ①

6. 58회

(가)에 들어갈 단체로 옳은 것은? [1점]

이것은 일제 경찰에서 제작한 감시 대상 인물 카드에 있는 (가) 단원들의 사진입니다. 사진에서는 단장 김원봉과 조선 총독부에 폭탄을 던진 김익상을 비롯한 총 7명의 모습을 확인할 수 있습니다.

① 의열단
② 중광단
③ 흥사단
④ 한인 애국단

의열 투쟁

정답분석 1919년에 김원봉을 중심으로 조직된 의열단은 신채호의 〈조선 혁명 선언〉을 활동 지침으로 삼았어요. 의열단은 식민 통치 기관 파괴, 일제 요인 암살 등의 활동을 전개하였어요.
① 의열단은 민중이 직접 혁명에 나서야 한다고 주장하였어요.

오답분석 ② 중광단은 1910년대 북만주에서 대종교도 중심으로 조직된 무장 단체예요.
③ 흥사단은 미국에서 안창호가 주심이 되어 설립한 단체예요.
④ 한인 애국단은 김구가 대한민국 임시 정부의 침체를 극복하기 위해 1931년에 조직한 단체로 이봉창, 윤봉길이 의거 활동을 전개하였어요.

정답 | ①

국외 무장 독립 전쟁

01 홍범도가 이끄는 대한 독립군 등 독립군 연합 부대는 ●●동 전투에서 일본군에 승리하였다.

02 김좌진이 이끄는 북로 군정서 등 독립군 연합 부대는 ●●리 전투에서 일본군을 격파하였다.

03 만주 지역의 독립군은 ●●● 참변 이후 조직을 정비하고 만주의 지역으로 이동하였다.

04 자유시 참변 이후 독립군은 만주로 돌아와 참의부, 정의부, 신민부의 ●부를 결성하였다.

05 만주 지역의 독립군은 3부 통합을 전개하여 북만주의 ●● 의회와 남만주의 ●●부로 재편되었다.

국내 민족·사회 운동

06 ●● 장려 운동은 조만식 등의 주도로 시작되어 전국으로 확산되었다.

07 1920년대 식민지 교육 차별에 저항하여 ●● 대학 설립 운동이 전개되었다.

08 1929년에 일어난 ●● 총파업은 일본, 프랑스 등지의 노동 단체로부터 격려 전문을 받았다.

09 1926년에 ●종의 인산일을 기해 일어난 6·10 만세 운동은 민족 유일당 운동의 계기가 되었다.

10 1927년에 민족 유일당 운동으로 ●●회가 결성되었다.

11 ●●회는 광주 학생 항일 운동이 일어나자 진상 조사단을 파견하여 지원하였다.

12 방정환을 중심으로 한 ●●교 소년회는 '어린이날'을 제정하는 등 소년 운동을 전개하였다.

13 백정들은 조선 ●●사를 조직하여 백정에 대한 사회적 차별 철폐 운동을 전개하였다.

의열단 / 1920년대 민족 문화 수호 운동

14 의열단은 신채호가 작성한 〈조선 ●● 선언〉을 활동 지침으로 삼았다.

15 조선어 ●●회는 '가갸날'을 제정하고 잡지 《한글》을 간행하였다.

16 박●●은 《한국통사》에서 독립 투쟁의 역사를 서술하였다.

정답 01 봉오 02 청산 03 간도 04 3 05 혁신, 국민 06 물산 07 민립 08 원산 09 순 10 신간 11 신간 12 천도 13 형평 14 혁명 15 연구 16 은식

36강 일제 강점기(1930년대 이후 저항)

<만주>

한·중 연합 작전

- 혁신 의회 (북만주)
  - 한국 독립군(당)
  - 지청천
  - 중국 호로군 연합
  - 쌍성보·사도하자·대전자령 전투

- 국민부 (남만주)
  - 조선 혁명군(당)
  - 양세봉
  - 중국 의용군 연합
  - 영릉가·흥경성 전투

- 동북 항일 연군 ─ 조국 광복회

<국내>
- 조선 건국 동맹(여운형) ────── 1944
  → 조선 건국 준비 위원회 ────── 1945

<중국 관내>

1919~ 임정(상하이, 김구)
 ↓
 국민 대표 회의(1923)
1930
 한인 애국단(1931)
  ├ 김구
  ├ 이봉창(일)
  └ 윤봉길(중)

1935 ─ 한국 국민당(1935) ─── 민족 혁명당(1935)

1940 ─
- 임정 충칭 정착
- 한국 독립당 창당
- 한국광복군(지청천) ←
  └ 충칭, 1940
- 건국 강령(1941)
  └→ 삼균주의(조소앙)

김원봉 합류(1942)

의열단(김원봉)
 ↓
황푸 군관 학교 입교
 ↓
조선 혁명 간부 학교
 ↓
민족 혁명당(1935)
 ↓
조선 민족 전선 연맹(1937)
 ↓
조선 의용대(1938)
  ├ 중국 관내 최초(우한)
  ├ 김원봉 주도
  └ 호가장 전투(1941)

→ 조선 의용군(1942)
  ├ 조선 독립 동맹
  └ 옌안, 김두봉

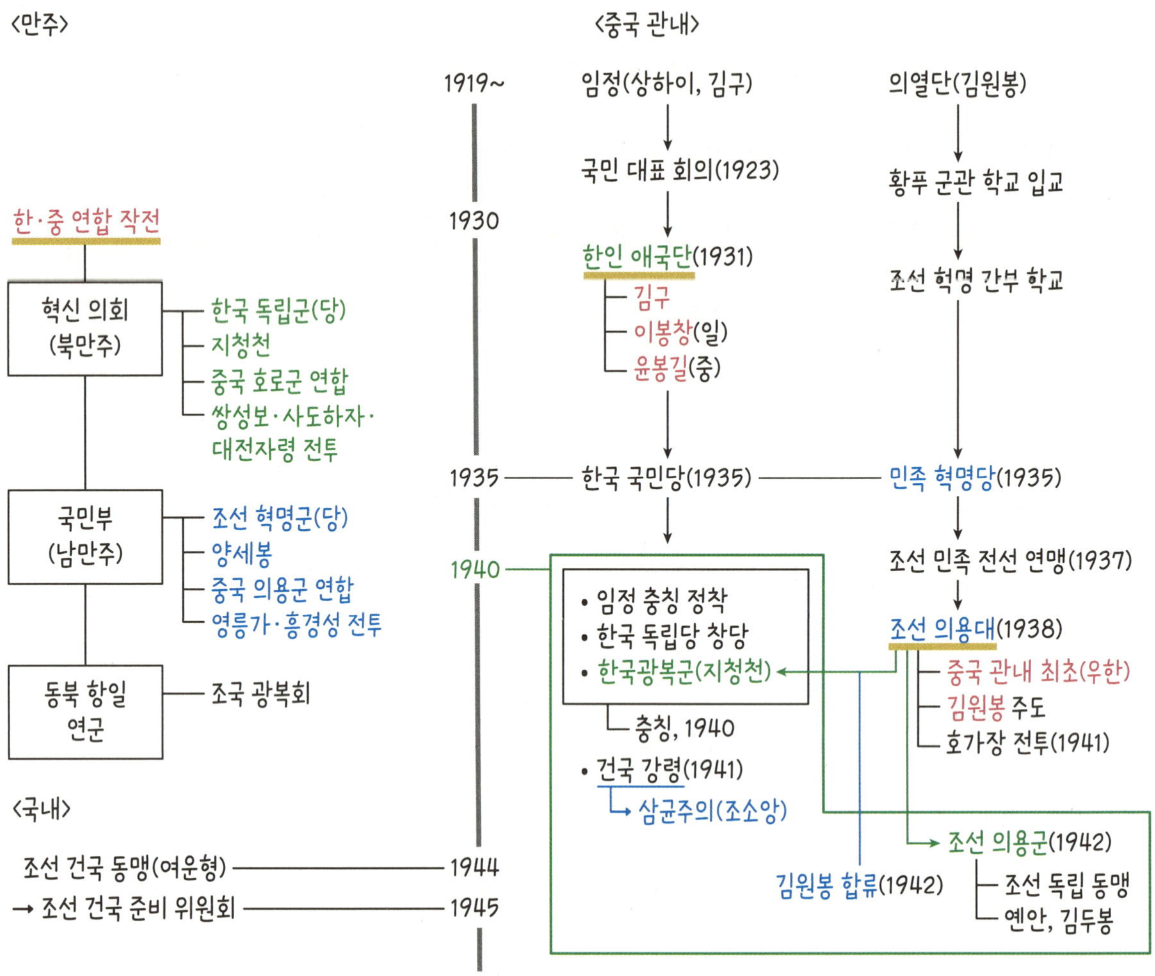

민족 문화 수호	국어	• 조선어 학회(← 조선어 연구회) ┬ 최현배, 이극로
		  ├ 한글 맞춤법 통일안·표준어 제정
		  └ <한글> 발행, <우리말 큰사전> 편찬 시도
		• 저항 문학: 이육사(광야, 절정), 윤동주(별 헤는 밤, 하늘과 바람과 별과 시)
		• 문맹 퇴치 운동: 브나로드 운동(동아일보)

	역사	• 민족주의 사학: 정인보(얼), 안재홍(심) → 조선학 운동(여유당전서) • 실증주의 사학: 진단 학회(이병도, 손진태) → 진단 학보 • 사회 경제 사학: 백남운(정체성론 비판): <조선사회경제사>, <조선봉건사회경제사>
	기타	• 노동 운동: 강주룡 을밀대 고공 농성(평양) • 일장기 말소 사건: 손기정 마라톤 우승(베를린 올림픽 대회) → 일장기 X(신문)

일제 강점기(1930년대 이후 저항)

시험에 자주 나오는 핵심
자료 몰아보기

① 1930년대 한·중 연합 작전

일제의 만주 침략으로 중국 내에서 반일 감정이 높아지면서 만주의 독립군 부대와 항일 중국군은 연합 작전을 전개하였어요. 양세봉이 이끈 조선 혁명군은 중국군과 연합하여 영릉가 전투, 흥경성 전투에서 일본군에 큰 승리를 거두었어요. 지청천이 이끈 한국 독립군은 중국군과 연합하여 쌍성보 전투, 대전자령 전투 등에서 일본군을 크게 격퇴하였어요.

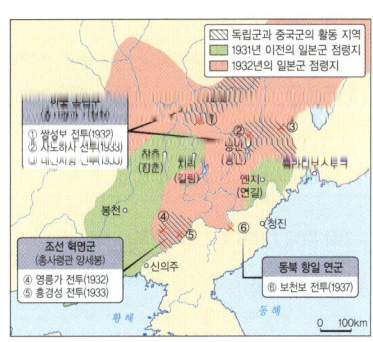

② 조선 의용대

조선 민족 전선 연맹은 중국 국민당 정부의 지원을 받아 1938년에 김원봉 등의 주도로 조선 의용대를 창설하였어요. 이는 중국 관내에서 결성된 최초의 한인 무장 부대였어요. 이후 일부 대원은 화북 지역으로 이동하여 활동하였으며, 김원봉 등 남은 세력은 한국광복군에 합류하였어요.

③ 조선어 학회

1931년에 조직된 조선어 학회는 조선어 연구회를 계승하여 우리말을 연구하였어요. 조선어 학회는 한글 맞춤법 통일안을 마련하고 잡지 《한글》을 발행하였어요. 그리고 《우리말 큰사전》 편찬 작업을 진행하였으나 일제가 조직한 조선어 학회 사건으로 강제 해산되면서 사전 편찬을 완수하지 못하였어요.

④ 사회 경제 사학

사회 경제 사학은 유물 사관의 입장에서 한국사를 이해하고자 하였어요. 백남운은 《조선사회경제사》를 저술하여 우리 역사도 세계사의 보편적 발전 법칙에 따라 발전하였다고 주장하며 일제가 내세운 식민 사관의 정체성론에 반박하였어요.

⑤ 한인 애국단

1931년에 김구가 조직한 한인 애국단은 일제의 주요 인물 암살, 식민 통치 기관 파괴 등의 의열 투쟁을 전개하였어요. 단원인 이봉창은 도쿄에서 일왕 암살을 시도하였으나 실패하였고, 윤봉길은 상하이 훙커우 공원에서 열린 일왕 생일 축하 기념 겸 전승 기념 축하식에 폭탄을 던져 일본군 장성과 고관을 처단하였어요.

⑥ 대한민국 임시 정부의 재정비

대한민국 임시 정부는 한인 애국단원 윤봉길의 의거 후 일제의 탄압이 심해져 계속 근거지를 옮겨 다녔어요. 1940년에 충칭에 정착한 임시 정부는 주석 중심의 지도 체제를 마련하고 김구를 주석으로 선출하였으며, 이후 김규식을 부주석으로 선출하였어요.

▲ 대한민국 임시 정부의 이동 경로

⑦ 한국광복군

대한민국 임시 정부는 충칭에서 한국광복군을 창설한 후 태평양 전쟁이 일어나자 일본에 선전 포고를 하고 한국광복군을 연합군의 일원으로 참전시켰어요. 한국광복군은 영국군의 요청에 따라 인도·미얀마 전선에 파견되어 선전 활동과 포로 심문 등을 담당하였으며, 미국 전략 정보국(OSS)과 협력하여 국내 진공 작전을 계획하였어요.

⑧ 국내 진공 작전

대한민국 임시 정부의 정규군인 한국광복군은 미국 전략 정보국(OSS)의 지원을 받아 국내 진공 작전을 준비하였으나, 일제의 갑작스러운 항복으로 작전을 실행에 옮기지는 못하였어요.

일제 강점기(1930년대 이후 저항)

빈출키워드 TOP5
조선 혁명군	1위
이봉창, 윤봉길	2위
한국광복군	3위
조선 의용대	4위
국내 진공 작전	5위

❶ 1930년대 무장 독립 전쟁

(1) 한·중 연합 작전

배경	일제의 만주 침략(만주 사변, 1931) → 중국 내에서 반일 감정이 심화됨	
내용	한국 독립군	• 북만주의 혁신 의회가 해체된 후 결성된 한국 독립당의 군사 조직, 총사령관 지청천 • 중국군과 연합 → 쌍성보·사도하자·대전자령 전투 등에서 일본군 격퇴
	조선 혁명군	• 남만주의 국민부가 해체된 후 결성된 조선 혁명당의 군사 조직, 총사령관 양세봉 • 중국군과 연합 → 영릉가·흥경성 전투 등에서 일본군 격퇴

(2) 중국 관내에서의 민족 운동

① 민족 혁명당(1935)

결성	조소앙, 김원봉, 지청천 등이 이끈 독립운동 세력(한국 독립당, 의열단, 조선 혁명당)이 연합하여 결성
변화	김원봉의 장악 → 조소앙 등 민족주의 계열이 이탈하면서 세력 약화 → 김원봉 중심의 조선 민족 혁명당으로 개편

② 조선 민족 전선 연맹(1937)

결성	중·일 전쟁 발발 이후 조선 민족 혁명당을 중심으로 통합에 찬성하는 단체들이 연합하여 결성	
조선 의용대	창설	• 조선 민족 전선 연맹의 군사 조직 • 중국 국민당 정부의 지원 → 김원봉의 주도로 우한에서 창설(1938)
	역할	포로 심문·정보 수집·선전 등 중국군을 지원하는 임무 수행
	변화	• 조선 의용대 일부가 적극적인 항일 투쟁을 위해 화북 지역으로 이동하여 조선 의용군으로 재편(1942) • 김원봉이 이끈 일부 세력은 한국광복군에 합류(1942)
	의의	중국 관내에서 결성된 최초의 한인 무장 부대

❷ 1930년대 이후 민족 문화 수호 운동

국어	조선어 학회	• 조선어 연구회 계승 → 한글 맞춤법 통일안과 표준어 제정, 외래어 표기법 통일안 제정, 잡지 《한글》 발행, 《우리말 큰사전》 편찬 추진 • 조선어 학회 사건(1942)으로 강제 해산
	저항 문학	이육사의 〈광야〉·〈절정〉, 윤동주의 〈별 헤는 밤〉·〈하늘과 바람과 별과 시〉 등
	문맹 퇴치 운동	• 브나로드 운동 → 1931년부터 동아일보가 주도한 농촌 계몽 운동 • 구호: '배우자, 가르치자, 다함께 브나로드'
국사	민족주의 사학	우리 역사의 자주적 발전과 우수성 강조 → 정인보('얼' 강조, 《조선사연구》), 안재홍 등이 《여유당전서》 간행 사업을 계기로 조선학 운동 전개
	실증주의 사학	• 객관적 사실에 근거하는 문헌 고증과 학술 활동 전개 • 이병도 등이 진단 학회 조직 → 《진단 학보》 발간
	사회 경제 사학	• 유물 사관을 바탕으로 우리 역사가 세계사의 보편적인 발전 법칙에 따라 발전하였음을 강조 → 일제가 주장한 식민 사관의 정체성론 비판 • 백남운이 《조선사회경제사》·《조선봉건사회경제사》 저술
기타	일장기 말소 사건	1936년 베를린 올림픽 대회 마라톤 경기에서 손기정이 금메달 획득 → 일부 신문이 일장기를 지운 선수 사진 게재 → 무기 정간, 자진 휴간 조치

✏️ **양세봉**
조선 혁명군의 총사령관으로 한·중 연합 작전을 전개하여 성공하였으며, 조선 혁명군 군관 학교를 설립하여 독립군 양성에도 힘썼어요.

✏️ **조선학 운동**
1934년에 정인보와 안재홍이 정약용에 관한 논문을 발표하고 《여유당전서》를 간행하면서 본격화된 국학 운동이에요.

✏️ **유물 사관**
역사가 발전하는 배경을 물질적·경제적 측면에 둔 역사관이에요.

✏️ **정체성론**
일제가 주장한 식민 사관으로, 한국은 왕조의 변화만 있었을 뿐 근대 사회로 역사 발전을 이루지 못하여 고대 사회에 정체되어 있다는 주장이에요.

❸ 한인 애국단

결성	국민 대표 회의 이후 침체된 대한민국 임시 정부의 위기를 극복하기 위해 김구가 조직(1931)
활동	• 이봉창 의거(1932): 도쿄에서 일왕의 마차를 향해 폭탄 투척 • 윤봉길 의거(1932): 상하이 훙커우 공원에서 열린 일본군 전승 기념식장에 폭탄 투척
영향	중국 국민당 정부가 대한민국 임시 정부를 지원하는 계기가 됨

❹ 건국 준비 활동

(1) 대한민국 임시 정부의 재정비

① 임시 정부의 이동: 윤봉길 의거 이후 일제의 탄압이 심해지면서 상하이를 떠나 이동하다가 충칭에 정착(1940)

② 정부 형태 변화
- 주석제 도입(1940): 주석에 김구 선출
- 주석·부주석제로 개편(1944): 주석에 김구, 부주석에 김규식 선출

③ 한국광복군 창설(1940)

창설	대한민국 임시 정부의 정규군, 총사령관 지청천
활동	• 대일 선전 포고(1941) → 인도·미얀마 전선에서 영국군과 연합 작전 전개 • 미국 전략 정보국(OSS)과 협력하여 국내 진공 작전 계획(→ 일본의 항복으로 실행하지 못함) • 김원봉을 중심으로 한 조선 의용대 일부 세력의 합류(1942)

④ 건국 강령 발표(1941): 조소앙의 삼균주의에 기초한 건국 강령 발표(정치·경제·교육의 균등)

(2) 조선 건국 동맹

① 국내에서 여운형을 중심으로 결성(1944)
② 광복 후 조선 건국 준비 위원회로 개편

⏸ 일시정지! ☑ 확인하기

1. 다음 설명에 해당하는 군대를 골라 쓰세요.

> 한국 독립군, 조선 혁명군, 조선 의용대, 한국광복군

(1) 영릉가 전투에서 승리하였다. ( )
(2) 대전자령 전투에서 일본군을 격퇴하였다. ( )
(3) 미국과 연계하여 국내 진공 작전을 계획하였다. ( )
(4) 중국 관내에서 조직된 최초의 한인 무장 부대였다. ( )
(5) 쌍성보 전투에서 중국군과 연합 작전을 전개하였다. ( )

2. 조선어 학회에 대한 설명이 맞으면 ○표, 틀리면 ×표 하세요.

(1) 우리말 큰사전 편찬을 시도하였다. ( )
(2) 한글 맞춤법 통일안과 표준어를 제정하였다. ( )
(3) 개벽 등의 잡지를 발행하여 민족의식을 높였다. ( )

3. 다음 설명에 해당하는 인물을 골라 쓰세요.

> 이육사, 윤동주

(1) 저항시인 광야, 절정 등을 발표하였다. ( )
(2) 하늘과 바람과 별과 시라는 유고집이 있다. ( )

4. 한인 애국단에 대한 설명이 맞으면 ○표, 틀리면 ×표 하세요.

(1) 김구의 주도로 상하이에서 조직되었다. ( )
(2) 일제가 조작한 105인 사건으로 와해되었다. ( )
(3) 윤봉길이 훙커우 공원에서 의거를 실행하였다. ( )
(4) 영국군의 요청으로 인도·미얀마 전선에 투입되었다.( )

5. 충칭에 정착한 후 대한민국 임시 정부가 전개한 활동으로 맞으면 ○표, 틀리면 ×표 하세요.

(1) 정규군으로 한국광복군을 창설하였다. ( )
(2) 국내 비밀 행정 조직으로 연통제를 두었다. ( )
(3) 미군과 연계하여 국내 진공 작전을 계획하였다. ( )
(4) 삼균주의를 기초로 하는 건국 강령을 공포하였다. ( )

---

1. (1) 조선 혁명군 (2) 한국 독립군 (3) 한국광복군 (4) 조선 의용대 (5) 한국 독립군
2. (1) ○ (2) ○ (3) ×
3. (1) 이육사 (2) 윤동주
4. (1) ○ (2) × (3) ○ (4) ×
5. (1) ○ (2) × (3) ○ (4) ○

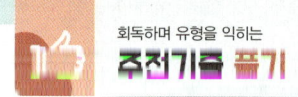

1 63회 [3점]
(가)에 들어갈 무장 투쟁 단체로 옳은 것은?

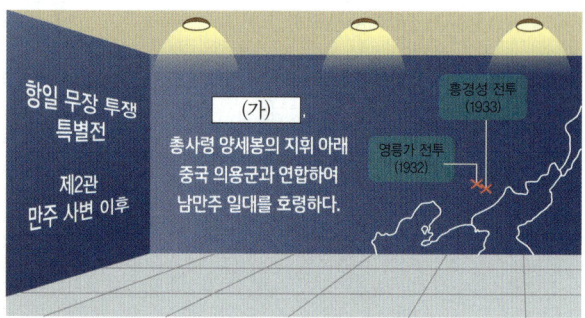

항일 무장 투쟁 특별전
제2관 만주 사변 이후

(가), 총사령 양세봉의 지휘 아래 중국 의용군과 연합하여 남만주 일대를 호령하다.

흥경성 전투 (1933)
영릉가 전투 (1932)

① 의열단   ② 북로 군정서
③ 조선 혁명군   ④ 한국광복군

📢 **1930년대 무장 독립 전쟁**

정답분석 일제가 1931년에 만주를 침략하고 만주국을 세우자 중국 내에서는 항일 감정이 높아졌어요. 이러한 가운데 만주의 독립군 부대와 항일 중국군의 연합 작전이 전개되었어요. 남만주 지역에서는 총사령 양세봉이 지휘하는 조선 혁명군과 중국 의용군이, 북만주 지역에서는 총사령 지청천이 지휘하는 한국 독립군과 중국 호로군이 한·중 연합 작전을 전개하였어요.
③ 조선 혁명군은 중국 의용군과 함께 영릉가 전투, 흥경성 전투에서 일본군에 승리를 거두었어요.

오답분석 ① 김원봉을 중심으로 조직된 의열단은 신채호가 쓴 〈조선 혁명 선언〉을 활동 지침으로 삼았으며 일제 요인 암살, 식민 통치 기관 파괴 등의 의열 투쟁을 전개하였어요.
② 북로 군정서는 중광단을 중심으로 조직된 독립군 부대로, 김좌진이 이끈 북로 군정서는 청산리 전투에서 일본군을 크게 격퇴하였어요.
④ 한국광복군은 대한민국 임시 정부의 정규군으로 창설되었어요. 태평양 전쟁 발발 후 영국군의 요청에 따라 인도·미얀마 전선에 파견되어 선전 활동, 정보 수집 등을 담당하였어요. 또한, 미국과 협력해 국내 진공 작전을 계획하였으나 일본의 갑작스러운 항복으로 실행하지 못하였어요.

정답 | ③

2 66회 [2점]
(가)에 들어갈 군사 조직으로 옳은 것은?

나는 김원봉입니다. 의열단의 단장으로 활동하고, 중국 관내 최초의 한인 무장 부대인 (가) 을/를 만들었습니다.

나는 박차정입니다. 근우회의 중앙 집행 위원으로 활동하고, (가) 의 부녀 복무 단장으로 무장 투쟁에도 참여하였습니다.

홀로그램으로 만나는 독립운동가 부부

① 대한 독립군   ② 북로 군정서
③ 조선 의용대   ④ 조선 혁명군

📢 **1930년대 무장 독립 전쟁**

정답분석 1938년에 조선 민족 전선 연맹은 김원봉 등의 주도로 중국 국민당 정부의 지원을 받아 조선 의용대를 창설하였어요. 중국 관내에서 창설된 최초의 한인 무장 부대였던 조선 의용대는 이후 일부는 화북 지역으로 이동해 조선 의용군으로 재편되었고, 김원봉 등 일부 세력은 한국광복군에 합류하였어요.
③ 조선 의용대는 포로 심문, 정보 수집 등 중국군을 지원하는 활동을 수행하였어요.

오답분석 ① 홍범도가 이끈 대한 독립군 등 독립군 연합 부대는 봉오동 전투에서 일본군을 상대로 큰 승리를 거두었어요.
② 김좌진이 이끈 북로 군정서는 홍범도가 이끈 대한 독립군 등 독립군 연합 부대와 함께 청산리 전투에서 일본군을 격퇴하였어요.
④ 양세봉이 이끈 조선 혁명군은 중국 의용군과 연합하여 영릉가 전투, 흥경성 전투 등에서 일본군과 싸워 크게 승리하였어요.

정답 | ③

3 | 61회

(가)에 해당하는 인물로 옳은 것은? [2점]

이 시는 일제 강점기 민족 저항 시인 (가) 의 대표적인 작품입니다. 그는 조선은행 대구 지점 폭파 사건에 연루되어 수감 생활을 하던 당시의 수인 번호를 따서 호를 지었습니다. 이제 그의 시를 노래로 만나 보겠습니다.

지금 눈 내리고
매화 향기 홀로 아득하니
내 여기 가난한 노래의 씨를 뿌려라

다시 천고의 뒤에
백마 타고 오는 초인이 있어
이 광야에서 목놓아 부르게 하리라

①  심훈

②  윤동주

③  이육사

④  한용운

📢 1930년대 이후 민족 문화 수호 운동

정답분석 이육사는 일제 강점기의 대표적인 저항 시인이에요. 이육사는 조선은행 대구 지점 폭파 사건에 연루되어 수감 생활을 하였는데, 당시의 수인번호인 264번을 따서 호를 '육사'라고 지었어요.
③ 이육사의 대표적인 작품으로 〈광야〉, 〈절정〉 등이 있어요.

오답분석 ① 심훈의 대표적인 작품으로 〈그날이 오면〉 등이 있어요.
② 윤동주의 대표적인 작품으로 〈서시〉, 〈별 헤는 밤〉 등이 있어요.
④ 한용운의 대표적인 작품으로 〈님의 침묵〉 등이 있어요.

정답 | ③

4 | 64회

(가)에 들어갈 내용으로 옳은 것은? [2점]

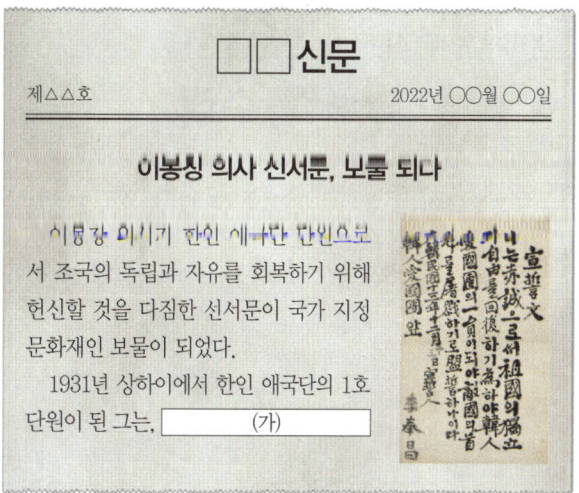

□□신문
제△△호 2022년 ○○월 ○○일

이봉창 의사 신서문, 보물 되다

이봉창 의사가 한인 애국단 단원으로서 조국의 독립과 자유를 회복하기 위해 헌신할 것을 다짐한 선서문이 국가 지정 문화재인 보물이 되었다.
1931년 상하이에서 한인 애국단의 1호 단원이 된 그는, (가)

① 도쿄에서 일왕을 향해 폭탄을 투척하였다.
② 훙커우 공원에서 일본군 장성 등을 살상하였다.
③ 명동 성당 앞에서 이완용을 습격하여 중상을 입혔다.
④ 샌프란시스코에서 친일 인사인 스티븐스를 사살하였다.

📢 이봉창의 활동

정답분석 1931년에 김구는 대한민국 임시 정부의 침체를 극복하기 위해 의열 투쟁 단체인 한인 애국단을 조직하였어요. 한인 애국단은 일제의 주요 인물 암살과 식민 통치 기관 폭파 등 의열 투쟁을 전개하였어요.
① 이봉창은 일본 도쿄에서 일왕의 행렬을 향해 폭탄을 투척하였지만 일왕을 암살하는 데는 실패하였어요.

오답분석 ② 윤봉길은 상하이 훙커우 공원에서 열린 일왕 생일 축하 기념 겸 전승 기념 축하식에 폭탄을 던져 일본군 장성과 고관을 처단하였어요.
③ 이재명은 명동 성당 앞에서 을사늑약 체결을 주도한 을사오적 중 한 명인 이완용을 습격하여 중상을 입혔어요.
④ 장인환과 전명운은 샌프란시스코에서 제1차 한·일 협약으로 대한 제국의 외교 고문이 된 친일 인사 스티븐스를 사살하였어요.

정답 | ①

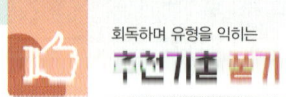

5 61회

(가) 군대에 대한 설명으로 옳은 것? [2점]

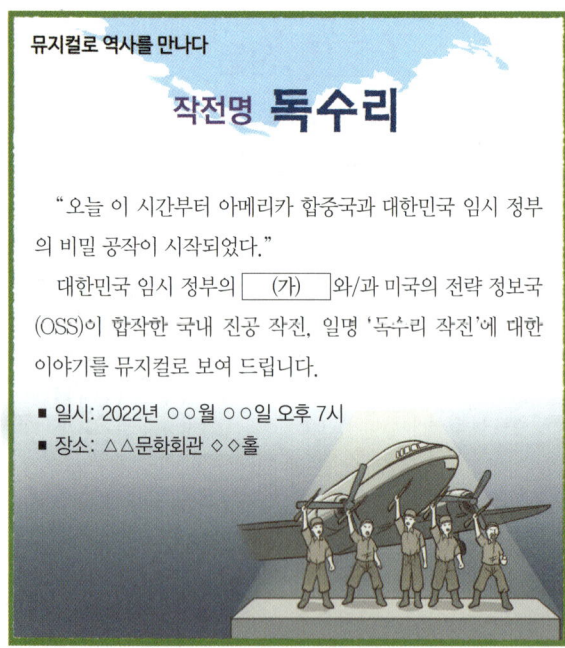

① 고종의 밀지를 받아 조직되었다.
② 조선 혁명 선언을 활동 지침으로 삼았다.
③ 지청천을 총사령관으로 하여 창설되었다.
④ 영릉가 전투에서 한중 연합 작전을 전개하였다.

한국광복군

정답분석 한국광복군은 1940년에 대한민국 임시 정부 산하의 정규군으로 창설되었어요. 이들은 인도·미얀마 전선에서 영국군과 연합 작전을 전개하였고, 미국 전략 정보국(OSS)과 협력하여 국내 진공 작전을 계획하였어요.
③ 한국광복군은 지청천을 총사령관으로 하여 대한민국 임시 정부 산하의 정규군으로 창설되었어요.

오답분석 ① 독립 의군부는 고종의 밀지를 받아 조직되었으며, 복벽주의를 내세웠어요.
② 김원봉 등이 조직한 의열단은 신채호의 〈조선 혁명 선언〉을 활동 지침으로 삼았어요.
④ 양세봉이 이끈 조선 혁명군은 중국군과 함께 영릉가 전투에서 일본군에 큰 승리를 거두었어요.

정답 | ③

6 69회

(가)~(다)를 일어난 순서대로 옳게 나열한 것? [3점]

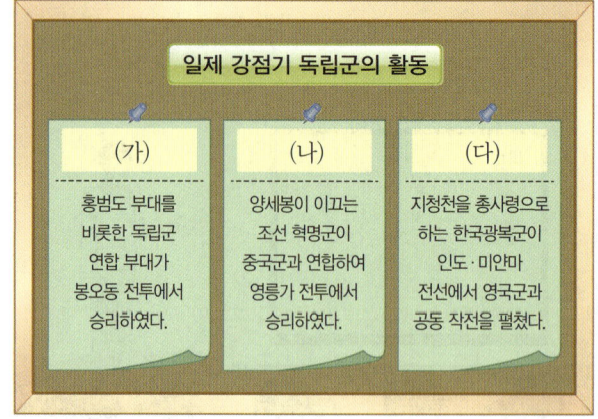

① (가) – (나) – (다)
② (가) – (다) – (나)
③ (나) – (가) – (다)
④ (다) – (나) – (가)

일제 강점기 독립군의 활동

정답분석 (가) 1920년에 홍범도 부대를 비롯한 독립군 연합 부대가 봉오동 전투에서 일본군을 상대로 큰 승리를 거두었어요.
(나) 1932년에 양세봉이 이끈 조선 혁명군은 중국군과 연합하여 영릉가 전투에서 일본군과 싸워 크게 승리하였어요.
(다) 1940년에 창설된 한국광복군은 태평양 전쟁 발발 이후인 1943년에 영국군의 요청에 따라 일부 대원이 인도·미얀마 전선에 파견되어 선전 활동, 정보 수집 등의 역할을 수행하였어요.
① (가) 봉오동 전투(1920) → (나) 영릉가 전투(1932) → (다) 한국광복군의 인도·미얀마 전선에서의 활동(1943)

정답 | ①

1930년대 무장 독립 전쟁

01 지청천이 이끄는 한국 ●● 군은 중국군과 함께 쌍성보·대전자령 전투에서 일본군을 격파하였다.

02 양세봉이 지휘한 조선 ●● 군은 중국군과 함께 영릉가·흥경성 전투에서 일본군에 승리하였다.

03 조선 ●● 대 ●● 는 중국 관내에서 결성된 최초의 한인 무장 부대였다.

1930년대 이후 민족 문화 수호 운동

04 ●●● 학회는 한글 맞춤법 통일안을 마련하고 《우리말 큰사전》 편찬 사업을 추진하였다.

05 백●● 은 《조선사회경제사》를 저술하여 일제가 주장한 식민 사관의 정체성론을 반박하였다.

한인 애국단 / 건국 준비 활동

06 한인 애국단원 이●● 은 일본 도쿄에서 일왕이 탄 마차 행렬에 폭탄을 던졌다.

07 한인 애국단원 윤●● 은 상하이 훙커우 공원에서 폭탄을 던져 일본군 장성 등을 처단하였다.

08 대한민국 임시 정부는 지청천을 총사령관으로 하는 ●● 광복군을 창설하였다.

09 대한민국 임시 정부는 조소앙의 삼균주의에 바탕을 둔 건국 ●● 을 발표하였다.

10 한국광복군은 미국 전략 정보국(OSS)의 지원을 받아 ●● 진공 작전을 계획하였다.

정답 01 독립 02 혁명 03 의용 04 조선어 05 남운 06 봉창 07 봉길 08 한국 09 강령 10 국내

현대

37강 현대(광복~통일 정부 수립 노력)
38강 현대(정부 수립~6·25 전쟁)
39강 현대(민주화 과정)
40강 현대(경제 발전과 통일 노력)

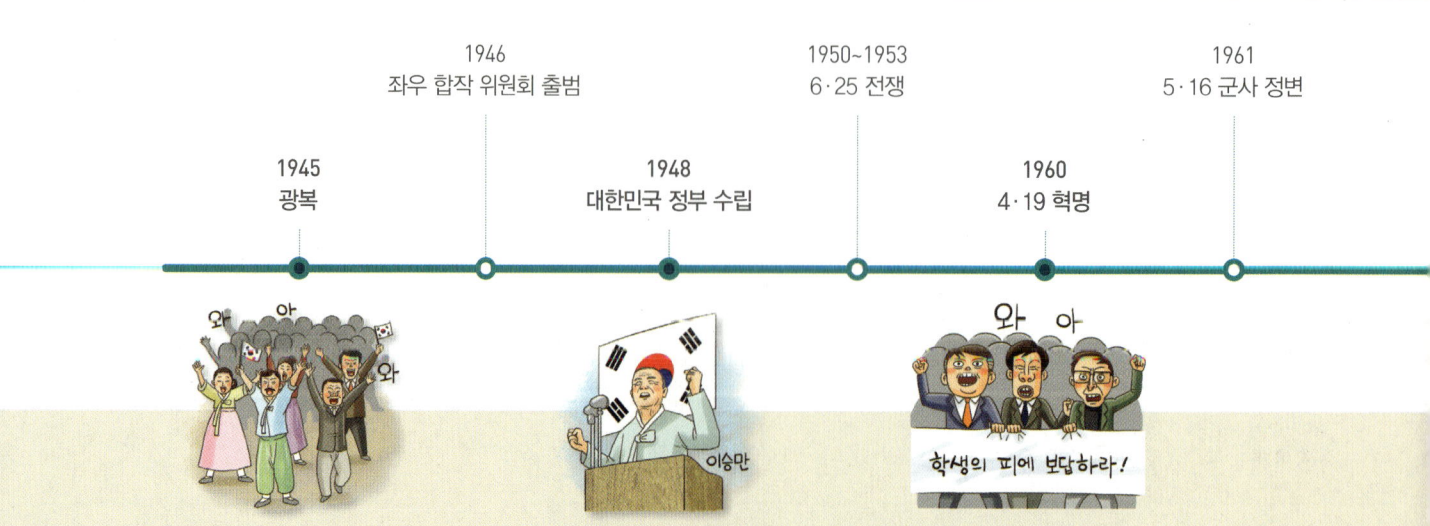

기출로 보는 키워드

1위 | 5·18 민주화 운동
2위 | 4·19 혁명
3위 | 베트남 파병
4위 | 6월 민주 항쟁
5위 | 금융 실명제

3개년 평균 출제 비중

5.7문항
11.4%

1964
베트남 파병

1980
5·18 민주화 운동

1987
6월 민주 항쟁

1997
외환 위기

2000
제1차 남북 정상 회담

2010
서울 G20 정상 회의

현대(광복~통일 정부 수립 노력)

시대 흐름을 한번에 담는
흐름판서 보기

흐름판서 강의

대내 / **대외**

- 조선 건국 동맹(여운형)
- 카이로·포츠담 회담 → 한국 독립 약속

1945. 8. 15. 8·15 광복

조선 건국 준비 위원회
- 여운형, 지부 O
- 치안대 → 치안·질서 유지

↓
조선 인민 공화국 ←―X―

분단: 남(미) | 38도선 | 북(소)

좌	우
지지(박헌영)	반대(김구, 이승만)

모스크바 3국 외상 회의(12.)
- 임시 정부 수립, 미·소 공동 위원회
- 신탁 통치(미·영·소·중)

1946

이승만 정읍 발언(1946. 6.)
남한 단독 정부 수립 주장

1차 미·소 공동 위원회(1946. 3.)
임정 참여 단체 범위
→ 미국 VS 소련 → X

<좌우 합작 운동>
- 여운형·김규식, 미군정 지원
- 좌우 합작 위원회
  └ 좌우 합작 7원칙
- 여운형 X, 미군정 X → X

1947

2차 미·소 공동 위원회(1947. 5.)
미국 VS 소련 → X

유엔 총회(11.)
인구 비례에 따른 남북 총선거

1948

유엔 한국
임시 위원단 입북 X(1.)

유엔 소총회(2.)
선거 가능 지역(남한) 총선거

제주 4·3 사건(4.)

남북 협상(김구, 김규식) → X

5·10 총선거(5.)

대한민국 정부 수립(8.)

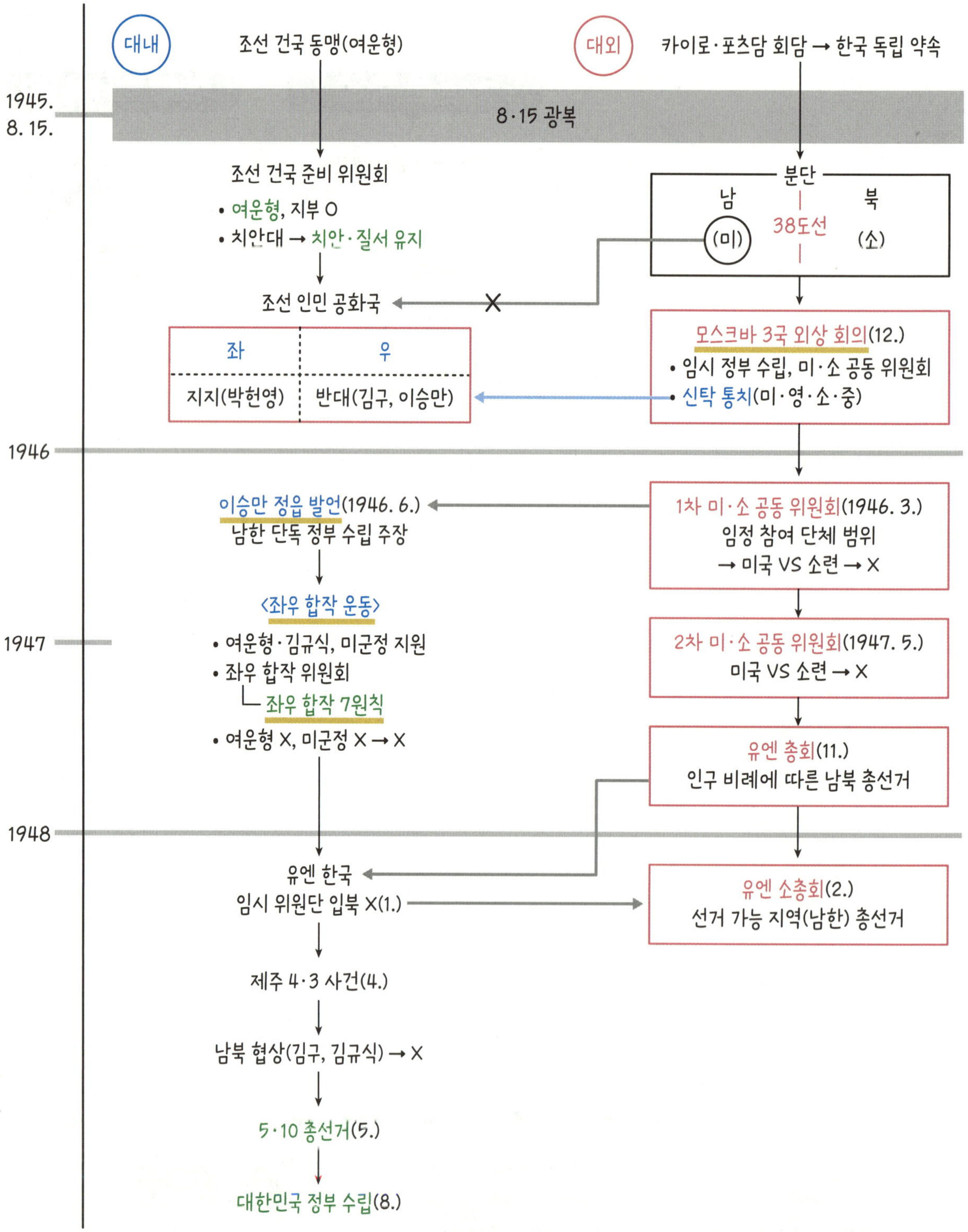

37강 현대(광복~통일 정부 수립 노력)

1 조선 건국 준비 위원회

조선 건국 동맹을 계승하여 여운형을 중심으로 조직된 조선 건국 준비 위원회(건준)는 광복 후 치안대를 조직하는 등 치안 유지와 식량 질서 유지를 위해 노력하였어요. 건준은 미군이 한반도에 머무른다는 소식이 전해지자 조선 인민 공화국을 선포하고 미군과의 협상을 추진하였으나 미군정은 이를 인정하지 않았고, 이후 우익 세력이 이탈하면서 해체되었어요.

2 모스크바 3국 외상 회의

1945년 12월에 소련의 수도 모스크바에서 미국·영국·소련의 외무장관이 모여 한반도 문제를 논의하였어요. 이 회의에서 한반도에 민주적인 임시 정부 수립, 미·영·소·중에 의한 최대 5년간의 신탁 통치 실시, 미·소 공동 위원회 개최 등이 결정되었어요.

1. 임시 조선 민주주의 정부를 수립할 것이다.
2. 미·소 공동 위원회가 설치될 것이다.
3. 미·영·소·중 4국의 신탁 통치를 지원한다.

3 신탁 통치

모스크바 3국 외상 회의에서 신탁 통치 실시 결정이 전해지자 처음에는 좌익과 우익 모두 신탁 통치 반대를 주장하였어요. 그러나 좌익이 곧 모스크바 3국 외상 회의 결정에 대한 지지(찬탁)로 입장을 바꾸면서 좌익과 우익이 격렬하게 대립하였어요.

4 이승만의 정읍 발언

제1차 미·소 공동 위원회가 무산되면서 임시 정부의 수립이 늦어지자 이승만은 1946년에 정읍에서 남한만의 단독 정부 수립을 주장하였어요.

우리는 남방만이라도 임시 정부 혹은 위원회 같은 것을 조직하여 소련이 철퇴하도록 세계 공론에 호소하여야 될 것이다.

5 미국의 한반도 문제 유엔 상정

미·소 공동 위원회가 미국과 소련의 대립으로 무산되자, 미국은 한반도 문제를 유엔으로 넘겼어요. 이후 열린 유엔 총회에서 유엔 감시하에 인구 비례에 따른 남북한 총선거 실시를 결정하였어요. 이에 유엔 한국 임시 위원단이 파견되었는데, 소련은 한반도 문제를 유엔에서 처리하는 것에 반대한다는 구실로 임시 위원단이 38도선 북쪽으로 들어오는 것을 거부하였어요. 이후 다시 열린 유엔 소총회에서 선거가 가능한 지역에서의 총선거 실시를 결정하면서 1948년에 우리나라의 첫 번째 민주 선거인 5·10 총선거가 열렸어요.

6 좌우 합작 운동

좌우의 대립이 심화되고 이승만의 정읍 발언으로 분단의 위기가 높아지자, 여운형은 김규식 등과 좌우 합작 위원회를 구성하고 통일 정부 수립을 위한 좌우 합작 운동을 펼쳤어요. 그러나 처음에 좌우 합작 운동을 지지하였던 미군정이 지지를 철회하고 여운형이 암살되면서 좌우 합작 운동은 실패하였어요.

〈좌우 합작 7원칙〉
1. 모스크바 3국 외상 회의 결정에 따라 남북을 통한 좌우 합작으로 민주주의 임시 정부를 수립할 것
2. 미·소 공동 위원회 속개를 요청하는 공동 성명을 발표할 것
3. 토지를 농민에게 무상으로 나누어 주고, 중요 산업을 국유화할 것
4. 친일파, 민족 반역자를 처리할 조례를 제안하여 입법 기구가 심리·결정하게 해 시행할 것
5. 남북 좌우익 테러적 행동을 제지하도록 노력할 것
6. 입법 기구의 기능, 구성 방법, 운영 등은 합작 위원회를 통해서 실행할 것
7. 언론, 집회, 결사, 출판, 교통, 투표 등의 자유를 보장할 것

7 남북 협상

유엔 소총회에서 남한만의 총선거가 결의되자 김구와 김규식은 통일 정부 수립을 위해 북측 지도자에게 남북 협상을 제의하였어요. 평양에 모인 남북 지도자들은 단독 정부 수립 반대를 요구하는 결의문을 채택하였지만 실질적인 효력을 발휘하지는 못하였어요.

나는 통일된 조국을 건설하려다 38도선을 베고 쓰러질지언정 일신에 구차한 안일을 취하여 단독 정부를 세우는 데는 협력하지 아니하겠다.
— 김구, 〈삼천만 동포에게 읍고함〉(1948. 2) —

37강 현대(광복~통일 정부 수립 노력)

빈출키워드 TOP5
1위 좌우 합작 운동
2위 남북 협상
3위 모스크바 3국 외상 회의
4위 미·소 공동 위원회
5위 조선 건국 준비 위원회

❶ 8·15 광복 직후의 한반도 내 동향

(1) 8·15 광복

국제 사회의 한국 독립 약속	• 카이로 회담(1943): 미국, 영국, 중국의 대표가 이집트 카이로에 모여 최초로 한국의 독립 약속 • 포츠담 회담(1945): 한국의 독립 재약속
8·15 광복	제2차 세계 대전에서 연합국의 승리, 우리 민족의 끈질긴 독립 노력 → 일본이 무조건 항복을 선언하면서 광복을 맞이함(1945. 8. 15.)
38도선 설정	일본군을 무장 해제시킨다는 이유로 38도선을 경계로 남쪽에 미군이, 북쪽에 소련군이 머무름

(2) 조선 건국 준비 위원회

조직	• 여운형 등이 주도 • 조선 건국 동맹을 기반으로 조직
활동	• 전국에 지부 설치 • 치안대를 조직하여 치안과 사회 질서 유지
해체	미군이 한반도에 들어올 것을 대비하여 조선 인민 공화국을 수립함(1945. 9.) → 미군정이 조선 인민 공화국을 정부로 인정하지 않음 → 해체

✎ **조선 인민 공화국**
광복 직후 조선 건국 준비 위원회가 정치적 주도권을 장악하기 위해 선포한 나라 이름으로, 미군정의 인정을 받지 못해 영향력이 미미하였어요.

(3) 모스크바 3국 외상 회의(1945. 12.)

개최	미국·소련·영국의 외무 장관이 모스크바에 모여 한반도 문제 논의
결정 사항	• 한반도에 임시 민주 정부 수립, 미·소 공동 위원회 설치 • 정부가 수립되기 전 미국·영국·소련·중국에 의해 최대 5년간 한반도의 신탁 통치 실시
반응	• 좌익: 처음에는 신탁 통치 반대 → 이후 모스크바 3국 외상 회의의 결정 사항에 대해 찬성으로 바뀜 • 우익: 신탁 통치 반대 운동 전개
결과	좌익과 우익 세력의 대립 격화

✎ **미·소 공동 위원회**
모스크바 3국 외상 회의의 결정에 따라 한국에 임시 정부 수립을 지원하기 위한 목적으로 설치된 공동 위원회예요. 그러나 두 차례에 걸쳐 열린 미·소 공동 위원회는 소득 없이 끝났고, 결국 미국은 한반도 문제를 유엔으로 넘겼어요.

❷ 통일 정부 수립을 위한 노력

(1) 미·소 공동 위원회

전개	임시 민주 정부의 수립을 논의하기 위해 두 차례 실시
결과	임시 정부 수립에 참여할 단체의 범위를 둘러싸고 미국과 소련이 서로 다른 입장을 보이면서 대립

(2) 이승만의 정읍 발언(1946. 6.)

배경	임시 정부 수립이 점점 늦어짐
전개	이승만이 정읍에서 남한만의 단독 정부 수립 주장

✎ **신탁 통치**
한 국가가 자체적으로 나라를 다스릴 능력을 갖출 때까지 다른 나라가 대신 다스리는 것을 말해요.

(3) 좌우 합작 운동(1946~1947)

배경	이승만의 정읍 발언 → 우익 세력의 남한만의 단독 정부 수립 움직임 대두
주도 세력	여운형과 김규식 등 중도 세력이 좌우 합작 위원회 결성
전개	좌우 합작 7원칙 발표
결과	좌우익 세력의 외면, 여운형 피살, 미군정의 지원 철회 → 좌우 합작 위원회가 해산되면서 중단됨

(4) 유엔의 결정과 남북 협상

유엔의 결정	제2차 미·소 공동 위원회 결렬되자 미국이 한반도 문제를 유엔으로 넘김 → 유엔 총회에서 인구 비례에 따른 남북한 총선거 실시 의결 → 유엔 한국 임시 위원단 파견, 소련이 유엔 한국 임시 위원단이 38도선 북쪽으로 들어오는 것을 거부 → 유엔 소총회에서 선거가 가능한 지역, 즉 남한만의 단독 총선거를 실시하기로 결정(1948)
남북 협상	• 배경: 유엔 소총회에서 남한만의 단독 총선거 실시 결정 • 전개: 김구와 김규식이 북측에 통일 정부 수립을 위한 남북 협상 제안 → 평양에서 남북 협상 회의가 진행되었으나 성과 없이 끝남(1948. 4.)

⏸ 일시정지! ☑ 확인하기

1. 다음 사실들을 순서대로 나열하세요.

(1) (   )

(가) 김규식 등이 남북 협상에 참석하였다.
(나) 모스크바 3국 외상 회의가 개최되었다.
(다) 제1차 미·소 공동 위원회가 개최되었다.

(2) (   )

(가) 5·10 총선거 준비 위원회가 조직되었다.
(나) 좌우 합작 위원회에서 좌우 합작 7원칙을 발표하였다.
(다) 남한만의 단독 정부 수립을 주장한 정읍 발언이 제기되었다.

2. 다음 설명이 맞으면 ○표, 틀리면 ×표 하세요.

(1) 광복 직후 조선 건국 준비 위원회가 결성되었다. ( )

(2) 여운형과 김규식 등은 좌우 합작 운동을 전개하였다. ( )

(3) 이승만은 정읍 발언을 통해 남한만의 단독 정부 수립을 주장하였다. ( )

(4) 모스크바 3국 외상 회의에서 한반도에 대한 신탁 통치안이 결정되었다. ( )

1. (1) (나)-(다)-(가) (2) (나)-(다)-(가)
2. (1) ○ (2) ○ (3) ○ (4) ○

38강 현대(정부 수립~6·25 전쟁)

<대내> / <대외>

1945. 8. 15. 8·15 광복

- 건준(여운형)
- 모스크바 3국 외상 회의(1945. 12.)

1946
- 이승만 정읍 발언(1946. 6.)
- 1차 미·소 공동 위원회(1946. 3.)

1947
- 좌우 합작 운동(~1947)
- 2차 미·소 공동 위원회(1947. 5.)
- 유엔 총회(11.): 남북 총선거

1948
- 제주 4·3 사건(4.) ─ 좌익 + 일부 주민
  └ 특별법 O(2000)
- 남북 협상(김구, 김규식) ⇒ X
- 5·10 총선거 ─ 최초 보통 선거
  └ 국회 의원 O(임기 2년)
- 제헌 국회: 제헌 헌법 O
  └ 대통령제, 민주 공화국
- 대한민국 정부 수립(8.) ─ 조선 민주주의 인민 공화국 수립(9.)
  - 대통령 이승만, 부통령 이시영
  - 반민법(반민특위)
    └ 국회 프락치 사건
  - 농지 개혁법(1949)
    └ 유상 매수·유상 분배
  - 귀속 재산 처리법(1949)

- 유엔 소총회(2.)
  └ 선거 가능 지역(남한) 총선거

[6·25 전쟁]
- 남침, 서울 점령(1950. 6.)
- 낙동강 방어선(수도: 부산)
- 인천 상륙 작전(장사리)
- 중국군 개입
- 흥남 철수, 1·4 후퇴
- 정전 회담 진행
- 반공 포로 석방(일부)
- 정전 협정(1953. 7.)
- 한·미 상호 방위 조약

1950 애치슨 선언(1.)

38강 현대(정부 수립~6·25 전쟁)

1 5·10 총선거

5·10 총선거는 우리나라 최초로 실시된 민주 선거예요. 21세 이상의 모든 국민에게 투표권이 주어졌으며, 보통·직접·평등·비밀 선거의 원칙에 따라 실시되었어요.

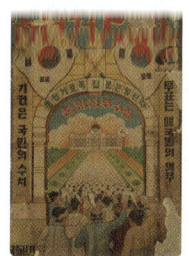

▲ 5·10 총선거 홍보물

2 대한민국 정부 수립

제헌 국회는 제헌 헌법을 공포한 후 간접 선거를 통해 대통령에 이승만, 부통령에 이시영을 선출하였어요. 1948년 8월 15일에 공식적으로 대한민국 정부 수립이 선포되었고 이후 유엔으로부터 선거가 가능하였던 한반도 내 유일한 합법 정부로 승인받았어요.

▲ 대한민국 정부 수립 선포식

3 애치슨 선언

대한민국 정부가 수립된 후 미군은 한반도에서 철수하였어요. 이후 1950년 1월에 미국 국무장관 애치슨이 미국의 태평양 방위선을 밝힌 선언을 발표하였는데, 여기에서 한국이 미국의 방위선에서 제외되었어요. 북한은 이 선언이 남한을 공격하더라도 미국이 남한에 지원을 하지 않을 것으로 판단하여 6·25 전쟁을 일으켰어요.

4 6·25 전쟁의 전개 과정

북한군의 기습 남침(1950. 6. 25.) → 서울 함락 → 유엔군 참전 → 국군과 유엔군의 낙동강 방어선 구축 → 인천 상륙 작전 성공 → 서울 수복 → 국군과 유엔군의 압록강 일대까지 진격 → 중국군 참전 → 흥남 철수 → 1·4 후퇴 → 정전 협정 체결(1953. 7. 27.)

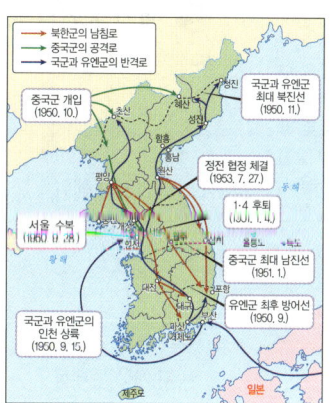

5 인천 상륙 작전

북한군은 전쟁 발발 3일 만에 서울을 함락하고 한 달여 만에 국군과 유엔군의 낙동강 방어선까지 빠르게 밀고 내려왔어요. 국군과 유엔군은 전쟁의 흐름을 바꾸기 위해 인천 상륙 작전을 전개하여 성공하였어요. 전세를 역전시킨 국군과 유엔군은 이후 압록강 일대까지 진격하였어요.

6 한·미 상호 방위 조약

1953년 7월 27일에 정전 협정이 체결된 이후 미국은 경제 원조와 함께 한국에 미군을 주둔하여 한반도에 충돌이 발생하면 협력하겠다는 한·미 상호 방위 조약을 체결하였어요.

> 제2조 당사국 중 어느 일국의 정치적 독립 또는 안전이 외부로부터의 무력 공격에 의하여 위협을 받고 있다고 어느 당사국이든지 인정할 때에는 언제든지 당사국은 서로 협의한다.

38강 현대(정부 수립~6·25 전쟁)

빈출키워드 TOP5
1위 제주 4·3 사건
2위 반민족 행위 특별 조사 위원회
3위 인천 상륙 작전
4위 5·10 총선거
5위 애치슨 선언

① 대한민국 정부 수립과 활동

(1) 정부 수립을 둘러싼 갈등

제주 4·3 사건 (1948)	전개	• 남한만의 단독 선거에 반대한 제주의 좌익 세력이 무장봉기 • 진압 과정에서 관련이 없는 수많은 제주도민이 희생됨
	결과	• 제주도 2개 선거구에서 5·10 총선거가 실시되지 못함 • 제주 4·3 사건 진상 규명 및 희생자 명예 회복에 관한 특별법 제정(2000)
여수·순천 10·19 사건 (1948)		이승만 정부가 제주 4·3 사건을 진압하기 위해 여수·순천에 주둔하고 있던 군대에 출동 명령 → 군대 내 좌익 세력이 명령을 거부하고 무장봉기하여 여수와 순천 지역 점령 → 진압

(2) 대한민국 정부 수립 과정

5·10 총선거 (1948. 5. 10.)	• 38도선 이남 지역에서만 실시, 우리나라 최초의 보통 선거 • 제헌 국회의원 선출 → 제헌 국회 구성 → 제헌 헌법 제정(국호 '대한민국', 대통령 중심제의 민주 공화국, 삼권 분립)
대한민국 정부 수립 (1948. 8. 15.)	• 제헌 국회에서 대통령 이승만, 부통령 이시영 선출 → 대한민국 정부 수립 선포 • 유엔 총회에서 대한민국 정부를 유엔 한국 임시 위원단의 선거 관리가 가능하였던 한반도 내 유일한 합법 정부로 승인 • 북한 정부 수립: 조선 민주주의 인민 공화국 수립(1948. 9.)

② 제헌 국회의 활동

친일 반민족 행위 청산 노력	반민족 행위 처벌법 제정 (1948)	• 일제 강점기 일제 식민 지배에 협력한 반민족 행위자에 대한 처벌 및 재산 몰수 등의 법규 마련 • 반민족 행위 특별 조사 위원회(반민특위) 구성
	반민특위의 활동과 정부의 방해	• 국회 프락치 사건: 이승만 정부가 반민특위에 소속된 일부 국회의원들을 공산당과 접촉하였다는 구실로 구속 • 반민특위 습격 사건: 친일 경찰들이 반민특위 기습 공격 • 법 개정으로 반민특위의 활동 기간 단축
	반민특위 해체	친일파 청산 노력 좌절
농지 개혁법 제정 (1949)		• 내용: 유상 매수·유상 분배 방식, 한 가구당 3정보로 토지 소유 제한 • 결과: 지주·소작제가 거의 사라짐, 대부분의 농민이 자기 토지를 갖게 됨
귀속 재산 처리법 제정		일제 강점기에 일본인 또는 일본 회사가 소유하였던 공장 등 귀속 재산을 처리하는 법률 제정 → 귀속 재산을 민간에 팔면서 여러 사회문제 발생

③ 6·25 전쟁

(1) 배경
① 한반도에서 미군·소련군의 철수
② 소련이 북한을 지원함
③ 미국의 애치슨 선언 발표(1950. 1.)

✏ 흥남 철수 작전
1950년 12월 중국군의 개입으로 국군과 유엔군의 상황이 불리해지자 북진하였던 국군과 유엔군이 피난민과 함께 함경남도 흥남항에서 배로 철수한 작전을 말해요.

✏ 1·4 후퇴
인천 상륙 작전으로 승기를 잡은 국군과 유엔군은 압록강 일대까지 진격하였지만, 중국군의 개입으로 후퇴하였고 1951년 1월 4일에 서울을 다시 빼앗겼어요. 이로 인해 서울 시민은 또다시 피난길에 올랐고, 많은 이산가족이 발생하였어요.

✏ 이승만 정부의 반공 포로 석방
정전 회담에서 체결된 포로 송환 협정에 따라 고향으로 돌아가고 싶은 포로는 휴전 이후 60일 내에 보내 주기로 하였어요. 그러나 한·미 상호 방위 조약 체결 전에는 휴전할 수 없다고 반대하던 이승만 대통령이 남한에 수용 중인 북한 및 남한 출신의 반공 포로를 석방하였어요.

(2) 전개

북한군의 남침	1950년 6월 25일, 북한군이 기습적으로 남침 → 북한군이 3일 만에 서울 점령
유엔군 참전	연합군으로 구성된 유엔의 참전 → 국군·유엔군의 낙동강 방어선 구축
인천 상륙 작전	국군·유엔군의 인천 상륙 작전 성공(1950. 9. 15.) → 서울 탈환 → 국군·유엔군이 38도선 돌파 후 압록강 일대까지 진격
중국군 참전· 1·4 후퇴	국군·유엔군의 북진에 따라 중국의 위기감 고조 → 중국군의 개입 · 공군 유엔군의 후퇴 총남 철수 작전(1950. 12.) 북한군과 중국군이 남하하여 서울 점령(1·4 후퇴, 1951.)
정전 협정 체결	38도선을 중심으로 전투가 지속됨 → 정전 협상 진행 → 휴전에 반대한 이승만 정부가 반공 포로 일부 석방 → 정전 협정 체결(1953. 7. 27.)

(3) 피해와 영향

피해	막대한 인명과 재산 피해 → 수많은 전쟁고아와 이산가족 발생, 농지와 산업 시설 등 파괴
영향	• 남북 간의 적대감 심화, 분단 고착화 • 한·미 상호 방위 조약 체결(1953. 10.)

일시정지! 확인하기

1. 대한민국 정부 수립 이후에 있었던 사실로 맞으면 ○표, 틀리면 ×표 하세요.
(1) 제주 4·3 사건이 일어났다. ( )
(2) 반민족 행위 특별 조사 위원회가 구성되었다. ( )
(3) 유상 매수, 유상 분배 원칙의 농지 개혁법이 제정되었다. ( )
(4) 우리나라 최초의 보통 선거인 5·10 총선거가 실시되었다. ( )

2. 6·25 전쟁 중에 있었던 사실로 맞으면 ○표, 틀리면 ×표 하세요.
(1) 제주 4·3 사건이 일어났다. ( )
(2) 애치슨 선언이 발표되었다. ( )
(3) 흥남 철수 작전이 전개되었다. ( )
(4) 한·미 상호 방위 조약이 체결되었다. ( )

3. 다음 사실들을 순서대로 나열하세요.

(가) 흥남 철수 작전이 전개되었다.
(나) 판문점에서 정전 협정이 체결되었다.
(다) 인천 상륙 작전을 전개하여 성공하였다.

( )

1. (1) × (2) ○ (3) ○ (4) ×
2. (1) × (2) × (3) ○ (4) ×
3. (다) (가) (나)

1 67회

(가)에 들어갈 단체로 옳은 것은? [2점]

1946년 7월, 미군정의 지원 아래 여운형, 김규식 등이 중심이 되어 결성한 단체입니다. 정치 세력의 대립을 넘어 민주주의 임시 정부 수립을 위해 노력한 이 단체의 이름은 무엇일까요?

① 권업회
② 대한인 국민회
③ 좌우 합작 위원회
④ 남북 조절 위원회

2 60회

다음 성명서가 발표된 이후의 사실로 옳은 것은? [2점]

김구, 삼천만 동포에게 읍고함

나는 통일된 조국을 건설하려다 38선을 베고 쓰러질지언정, 일신의 구차한 안일을 위하여 단독 정부를 세우는 데는 협력하지 않겠다.

① 한인 애국단이 결성되었다.
② 제1차 미소 공동 위원회가 열렸다.
③ 평양에서 남북 협상이 진행되었다.
④ 모스크바 3국 외상 회의가 개최되었다.

📢 광복 이후 통일 정부 수립을 위한 노력

정답분석 1945년 광복 후 열린 모스크바 3국 외상 회의로 인해 좌우익의 대립이 심화되었고, 제1차 미·소 공동 위원회가 결렬된 후 이승만의 정읍 발언으로 한반도에 분단 위기가 커졌어요. 이에 1946년 7월에 여운형은 김규식 등과 함께 좌우 합작 위원회를 구성하고 통일 정부 수립을 위한 좌우 합작 운동을 펼쳤어요. 그러나 처음에 좌우 합작 운동을 지지하였던 미군정이 지지를 철회하고 여운형이 암살되면서 좌우 합작 운동은 실패하였어요.
③ 1946년 7월에 여운형과 김규식 등은 좌우 합작 위원회를 조직하고 좌우 합작 7원칙을 발표하였어요.

오답분석 ① 1910년대 연해주에서는 권업회가 조직되어 권업신문을 발간하였어요.
② 1910년에 미국 내의 여러 독립운동 단체들이 통합된 대한인 국민회가 조직되었어요.
④ 1972년 박정희 정부 시기에 남북한은 자주·평화·민족 대단결의 3대 원칙을 포함한 7·4 남북 공동 성명을 발표하였고, 그 실천을 위해 남북 조절 위원회를 구성하였어요.

정답 | ③

📢 남북 협상

정답분석 두 차례의 미·소 공동 위원회가 결렬되자 미국은 한반도 문제를 유엔으로 넘겼어요. 유엔 총회에서 인구 비례에 따른 남북한 총선거 실시가 의결되었지만, 소련이 유엔 한국 임시 위원단이 38도선 북쪽으로 들어오는 것을 거부하였고 이에 유엔 소총회에서 선거가 가능한 지역, 즉 남한만의 총선거 실시를 결정하였어요. 이에 1948년 2월에 김구는 '삼천만 동포에게 읍고함'이라는 성명서를 발표하여 남한만의 단독 정부 수립에 반대하였어요.
③ 1948년 4월에 김구는 통일 정부 수립을 위해 김규식 등과 함께 평양에서 열린 남북 협상에 참여하였어요.

오답분석 ① 1931년에 김구는 침체된 대한민국 임시 정부에 활력을 불어넣기 위해 한인 애국단을 결성하였어요.
② 1946년에 제1차 미·소 공동 위원회가 열렸으나 미국과 소련의 입장 차이로 결렬되었어요.
④ 1945년 12월에 모스크바 3국 외상 회의가 개최되었고, 여기에서 정부가 수립되기 전 최대 5년간 한반도의 신탁 통치 실시 등이 결정되었어요.

정답 | ③

3 67회

(가)에 들어갈 사건으로 옳은 것은? [2점]

영상 속 역사

학생들이 제작한 영상의 배경이 되는 (가) 은/는 미군정기에 시작되어 이승만 정부 수립 이후까지 지속되었습니다. 당시 남한만의 단독 정부 수립에 반대하는 무장대와 토벌대 간의 무력 충돌과 그 진압 과정에서 많은 주민이 희생되었습니다.

제작: ○○ 역사 동아리

① 6·3 시위
② 제주 4·3 사건
③ 2·28 민주 운동
④ 5·16 군사 정변

정부 수립을 둘러싼 갈등

정답분석 1948년 4월 3일에 제주도에서 좌익 세력이 남한만의 단독 정부 수립에 반대하는 무장봉기를 일으켰어요. 이에 미군정이 경찰 등을 동원하여 무차별 폭력을 휘둘러 진압하였고, 이러한 상황은 정부 수립 후까지 계속되었어요. 그 과정에서 관련이 없는 수많은 제주도민이 희생되었어요.
② 1948년에 일어난 제주 4·3 사건에 대해 2000년에 제주 4·3 사건 진상 규명 및 희생자 명예 회복에 관한 특별법이 제정되었어요.

오답분석 ① 1964년 박정희 정부 시기에 굴욕적인 한·일 국교 정상화에 반대하는 6·3 시위가 전개되었어요.
③ 1960년 2월 28일에 이승만 정부가 대구 학생들이 야당 부통령 후보 장면의 선거 유세장에 가지 못하도록 일요일에도 등교할 것을 지시하자 대구 시내 고등학생들이 시위를 벌였는데, 이 사건을 2·28 민주 운동이라고 해요.
④ 1961년에 박정희 등 군인 세력은 5·16 군사 정변을 일으켜 권력을 장악하였어요.

정답 | ②

4 61회

다음 사진전에 전시될 사진으로 적절하지 않은 것은? [2점]

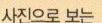

사진으로 보는 대한민국 정부 수립 과정

우리 학교 역사 동아리에서는 광복 이후 정부 수립 과정을 주제로 사진전을 개최하려 합니다. 관심 있는 학생들의 많은 관람 바랍니다.

■ 기간: 2022년 ○○월 ○○일~○○월 ○○일
■ 장소: △△ 역사 동아리실

① 5·10 총선거 실시

② 6·10 만세 운동 전개

③ 좌우 합작 위원회 활동

④ 제1차 미소 공동 위원회 개최

대한민국 정부 수립 과정

정답분석 1945년 8월 15일 광복 이후 1948년 8월 15일에 대한민국 정부가 수립되었어요.
② 6·10 만세 운동은 일제 강점기인 1926년에 전개되었어요.

오답분석 ① 5·10 총선거는 1948년 5월 10일에 실시되었어요.
③ 좌우 합작 위원회는 1946년에 결성되어 1947년까지 활동하였어요.
④ 제1차 미·소 공동 위원회는 1946년에 개최되었어요.

정답 | ②

5 66회

밑줄 그은 '국회'의 활동으로 적절하지 않은 것은? [3점]

> 이 자료는 유엔 결의에 따라 치러진 총선거로 출범한 국회의 개회식 광경을 담은 화보입니다.

① 제헌 헌법을 제정하였다.
② 반민족 행위 처벌법을 가결하였다.
③ 한·미 상호 방위 조약을 비준하였다.
④ 이승만을 초대 대통령으로 선출하였다.

📢 제헌 국회

정답분석 유엔 소총회에서 선거가 가능한 지역에서의 총선거 실시를 결의하면서 1948년에 우리나라 최초의 민주 선거인 5·10 총선거가 실시되었고, 그 결과 임기 2년의 제헌 국회의원이 선출되었어요. 이들로 구성된 우리나라 초대 국회에서 헌법을 제정·공포하였는데, 이 헌법을 제헌 헌법이라고 하고, 초대 국회를 '헌법을 제정한 국회'라는 뜻의 제헌 국회라고 해요.
③ 이승만 정부 시기인 1953년에 6·25 전쟁의 정전 협정이 체결된 이후 한·미 상호 방위 조약이 체결되었어요.

오답분석 ① 제헌 국회에서 헌법을 제정·공포하였는데, 이 헌법을 제헌 헌법이라고 해요.
② 제헌 국회는 반민족 행위 처벌법을 제정하고 반민족 행위 특별 조사 위원회(반민특위)를 실시하여 친일파 청산에 나섰어요.
④ 제헌 국회에서 초대 대통령으로 선출된 이승만은 1948년 8월 15일에 대한민국 정부의 수립을 선포하였어요.

정답 | ③

6 67회

(가) 전쟁 중에 있었던 사실로 옳지 않은 것은? [3점]

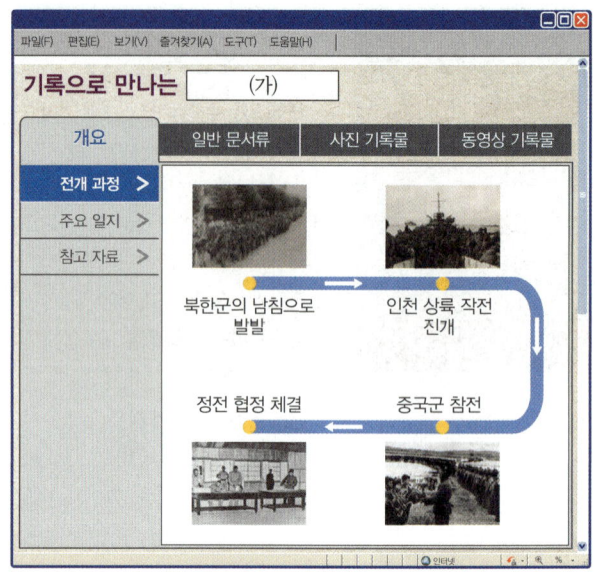

① 유엔군이 참전하였다.
② 흥남 철수 작전이 펼쳐졌다.
③ 거제도에 포로수용소가 설치되었다.
④ 13도 창의군이 서울 진공 작전을 전개하였다.

📢 6·25 전쟁

정답분석 1950년 6월 25일에 북한군은 기습적으로 남한을 침략하였어요. 전쟁이 일어난 지 3개월 만에 경상도 일부 지역을 제외한 모든 지역을 점령당하자 국군과 유엔군은 전쟁의 흐름을 바꾸기 위하여 인천 상륙 작전을 전개하여 성공하였어요. 이후 국군과 유엔군은 압록강 일대까지 진격하였지만 중국군의 참전으로 후퇴하였어요. 이후 곳곳에서 크고 작은 전투들이 계속되다가 1953년 7월 27일에 마침내 군사 분계선을 설정하고 정전 협정이 체결되었어요.
④ 1907년 정미의병 당시 각지의 의병 부대가 연합하여 이인영을 총대장으로 하는 13도 창의군이 결성되었어요. 이들은 서울을 탈환할 목적으로 서울 진공 작전을 전개하였지만 실패하였어요.

오답분석 ① 1950년 6월에 6·25 전쟁이 발발하자 연합군으로 구성된 유엔군이 참전하였어요.
② 인천 상륙 작전 성공 이후 승기를 잡은 국군과 유엔군은 압록강 일대까지 진격하였지만 중국군의 개입으로 후퇴하여 1950년 12월에 흥남 철수 작전을 전개하였어요.
③ 1950년 11월에 거제도에 포로수용소가 설치되어 국군과 유엔군이 잡은 포로가 수용되었어요.

정답 | ④

8·15 광복 직후의 한반도 내 동향 / 통일 정부 수립을 위한 노력

01 광복 직후 여운형이 중심이 되어 조선 건국 ⬤⬤ 위원회를 결성하였다.

02 모스크바 3국 외상 회의에서 한반도에 대한 최대 5년간의 ⬤⬤ 통치안이 결정되었다.

03 제1차 미·소 공동 위원회가 무기 휴회되자 이승만은 정⬤에서 남한만의 단독 정부 수립을 주장하였다.

04 여운형과 김규식은 제1차 미·소 공동 위원회가 무기한 휴회되자 좌우 ⬤⬤ 운동을 전개하였다.

05 좌우 합작 위원회는 좌우 합작 ⬤ 원칙을 발표하였다.

06 유엔 총회에서 한반도에서 인구 비례에 의한 총⬤⬤ 실시를 결의하였다.

07 남한만의 단독 정부 수립에 반대한 김⬤는 '3천만 동포에게 읍고함'을 발표하였다.

대한민국 정부 수립과 활동 / 제헌 국회의 활동 / 6·25 전쟁

08 남한만의 단독 선거 결정에 반발하여 일어난 봉기를 진압하는 과정에서 제주 ⬤·⬤ 사건이 일어났다.

09 1948년에 우리나라 최초의 보통 선거인 ⬤·⬤ 총선거가 실시되었다.

10 5·10 총선거에 따라 제⬤ 국회가 구성되었다.

11 제헌 국회의 간접 선거를 통해 초대 대통령으로 이⬤⬤이 선출되었다.

12 제헌 국회는 친일파를 청산하기 위해 ⬤⬤ 행위 처벌법을 제정하였다.

13 제헌 국회는 유상 매수·유상 분배 원칙의 ⬤⬤ 개혁법을 제정하였다.

14 1950년 1월에 미국의 태평양 방위선에서 한반도를 제외한다는 ⬤⬤슨 선언이 발표되었다.

15 국군과 유엔군은 ⬤⬤ 상륙 작전을 전개하여 서울을 수복하였다.

16 1953년 7월에 ⬤⬤ 협정을 체결하고 군사 분계선을 확정하였다.

17 정전 협정 체결 이후 한국과 미국은 한·미 상호 ⬤⬤ 조약을 체결하였다.

정답 01 준비 02 신탁 03 음 04 합작 05 7 06 선거 07 구 08 4,3 09 5,10 10 헌 11 승만 12 반민 13 농지 14 애치 15 인천 16 정전 17 방위

39강 현대(민주화 과정)

이승만 정부 (자유당)

제헌 헌법(1948)
- 대선: 간선제
- 반민특위
- 농지 개혁

1차 개헌(발췌, 1952)
- 대선: 직선제
- 6·25 전쟁 中(부산)
- 부산 정치 파동

2차 개헌(사사오입, 1954)
- 대선: 직선제, 중임 X
- 초대 대통령
  └ 중임 제한 X

독재 강화
- 진보당 사건(조봉암 X)
- 보안법 파동(1958)
- 경향신문 X(1959)

장면 정부 (민주당)

3·15 부정 선거(1960)

4·19 혁명(1960)
김주열 X(마산) → 대학교수단 시국 선언 → 이승만 하야 → 허정 과도 정부

3차 개헌(1960)
- 내각 책임제
- 양원제 국회(참·민)
- 장면 정부 출범

4차 개헌(1960)
소급 입법
(3·15 부정 선거 처벌)

박정희 정부 (공화당)

5·16 군사 정변(1961)
국가 재건 최고 회의(군정)
→ 중앙정보부 O

5차 개헌(1962)
- 대선: 직선제, 단원제
- 박정희 정부 출범

6·3 시위(1964)
한·일 국교 정상화 반대
→ 한·일 협정(1965)

베트남 파병
- 미국 파병 요청
- 브라운 각서

6차 개헌(3선, 1969)
1968: 청와대 간첩 습격 사건, 푸에블로호 나포 사건 → 3회 연임 O

7차 개헌(유신 헌법, 1972)
- 대선: 간선제(6년) ← 통일 주체 국민 회의 선출(중임 제한 X)
- 긴급 조치권, 국회 해산권, 국회 의원 1/3 추천 → 독재 구축

- 반대: 개헌 청원 100만인 서명 운동 → 3·1 민주 구국 선언(1976)
- 탄압: 민청학련·인혁당 재건위 사건
- 붕괴(1979): YH 무역 사건(김영삼 X) → 부·마 항쟁 → 10·26 사태

전두환 정부 (민정당)

12·12 사태(1979)

5·18 민주화 운동(1980)
- 광주, 계엄군 VS 시민군
- 기록물 → 세계 기록 유산

신군부(전두환)
- 전두환 정부 출범
- 국보위 → 언론 기본법

8차 개헌(1980)
대선: 간선제(7년 단임)
→ 재출범(대통령 선거인단)

- 교복·통금 X, 해외여행 O
- 중학교 의무 교육, 프로 야구·축구
- 민주화 운동·언론 통제
  └ 4·13 호헌 조치(1987)

6월 민주 항쟁(1987)
- 박종철 고문치사 사건
- 호헌 철폐, 독재 타도(이한열 X)
→ 6·29 민주화 선언(직선제 O)

9차 개헌(1987)
- 대선: 직선제(5년 단임)
  → 여·야 합의
- 노태우 정부 출범

노태우~노무현 정부

노태우 정부
- 서울 올림픽(88)
- 북방 외교(소·중)

김영삼 정부
- 지방 자치제 전면 O
- 역사 바로세우기

김대중 정부
- 국가 인권 위원회
- 한·일 월드컵(02)

노무현 정부
- 질본, 과거사 정리 위원회
- 호주제 X, 행정 특별 도시

39강 현대(민주화 과정)

1 발췌 개헌(1차 개헌)

이승만 정부는 6·25 전쟁 중인 1952년에 발췌 개헌을 단행하였어요. 정부는 개헌안을 통과시키기 위해 임시 수도인 부산에 계엄령을 선포하는 등 공포 분위기를 만들었어요. 그 결과 정부가 제시한 대통령 직선제와 양원제를 주요 내용으로 한 개헌안과 국회가 제시한 개헌안이 발췌된 개헌안이 국회에서 통과되었어요. 이때의 개헌안은 사실상 이승만 대통령의 재선을 위해 추진된 것이었어요.

2 사사오입 개헌(2차 개헌)

이승만 정부는 1954년에 장기 집권을 위해 초대 대통령에 한해 중임 제한을 없앤다는 내용의 헌법 개정을 추진하였어요. 개헌안 통과를 위해서는 국회 재적 의원 203명 중 3분의 2에 해당하는 136명의 동의가 필요하였는데, 투표 결과 1명이 부족한 135표를 얻어 부결되었어요. 그러자 자유당은 '사사오입(반올림)'의 논리를 내세워 개헌안을 통과시켰어요.

3 3·15 부정 선거

80세가 넘은 이승만은 1960년 제4대 대통령 선거에도 출마하였어요. 자유당 정부는 고령인 이승만을 우려하여 부통령 자리에 자유당의 이기붕을 앉히기 위해 유권자 협박, 투표함 바꿔치기 등의 부정행위를 저질렀어요.

4 4·19 혁명

3·15 부정 선거를 규탄하는 시위가 마산에서 발생하였어요. 시위에 참여하였다가 실종된 김주열 학생의 시신이 마산 앞바다에서 발견되자, 분노한 시민과 학생들의 시위가 전국으로 확산되었고, 대학교수단은 대통령 퇴진 등을 요구하는 시국 선언문을 발표하였어요. 결국 이승만은 대통령직에서 물러났고 이후 허정 과도 정부가 수립되었어요.

5 한·일 국교 정상화

박정희 정부는 경제 개발 자금을 확보하기 위해 일본과 국교 정상화를 추진하였어요. 이 과정에서 중앙정보부장 김종필과 일본 외무장관 오히라가 비밀리에 합의 사항을 교환하였어요. 이 소식을 들은 학생과 시민들은 일본의 사과와 배상이 없는 굴욕적 외교라며 6·3 시위를 일으켰지만 결국 1965년에 한·일 협정이 체결되었어요.

6 유신 헌법(7차 개헌)

1972년에 박정희 정부는 유신 체제를 선언하며 대통령에게 헌법을 초월하는 긴급 조치권과 국회 해산권, 국회의원 3분의 1 추천권 등 막강한 권한을 부여하는 개헌을 단행하였어요(유신 헌법). 또한, 통일 주체 국민 회의를 설치하여 대통령 선출을 위한 정치적 수단으로 이용하였어요.

7 5·18 민주화 운동

1980년 5월 18일에 광주에서 신군부 퇴진과 비상계엄 철폐를 요구하는 5·18 민주화 운동이 일어났어요. 신군부는 공수부대까지 동원하여 시위대를 무자비하게 진압하였고, 이에 일부 시민들은 시민군을 조직하여 대항하였는데, 이 과정에서 수많은 광주 시민들이 희생되었어요. 5·18 민주화 운동의 발생과 탄압에서부터 진상 조사 활동과 보상에 이르기까지의 관련 기록물은 그 의미와 가치를 인정받아 유네스코 세계 기록 유산으로 등재되었어요.

8 6월 민주 항쟁

전두환 정부 시기에 민주화에 대한 국민의 열망이 높아지고 있었음에도 정부는 이를 무시하고 4·13 호헌 조치를 발표하였어요. 이러한 상황에서 박종철 고문치사 사건의 진실이 세상에 알려졌고 시위 과정에서 대학생 이한열이 경찰이 쏜 최루탄에 피격되는 사건이 일어났어요. 분노한 국민들은 호헌 철폐와 독재 타도를 외치며 전국 각지에서 대규모 시위를 벌였어요. 결국 대통령 직선제 개헌 요구를 수용한다는 6·29 민주화 선언이 발표되었고 이후 5년 단임의 대통령 직선제를 골자로 한 9차 개헌이 단행되었어요.

9 6·29 민주화 선언

6월 민주 항쟁의 결과 당시 여당의 대통령 후보였던 노태우가 직선제를 수용한다는 6·29 민주화 선언을 발표하였어요. 이에 따라 5년 단임의 대통령 직선제 개헌이 이루어졌어요.

> 첫째, 여야 합의하에 조속히 대통령 직선제 개헌을 하고 새 헌법에 의한 대통령 선거를 통해 88년 2월 평화적 정부 이양을 실현토록 해야 하겠습니다. ……
> 둘째, 새로운 법에 따라 선거 운동, 투개표 과정 등에 있어서 최대한 공명정대한 선거 관리가 이루어져야 합니다.

10 역사 바로 세우기

김영삼 정부는 '역사 바로 세우기'를 내세우며 조선 총독부 건물을 철거하고 전두환과 노태우 두 전직 대통령을 구속하여 12·12 사태와 5·18 민주화 운동 당시 광주에서의 무력 진압, 부정부패 등의 혐의를 조사하였어요.

▲ 조선 총독부 철거 이전의 모습

▲ 조선 총독부 철거 이후의 모습

39강 현대(민주화 과정)

빈출키워드 TOP5
- 호헌 철폐, 독재 타도 1위
- 베트남 파병 2위
- 3·15 부정 선거 3위
- 신군부의 비상계엄 확대 4위
- 6·3 시위 5위

❶ 이승만 정부의 장기 집권

발췌 개헌 (1차 개헌)	• 전개: 6·25 전쟁 중에 임시 수도 부산에서 불법적인 방법으로 대통령 간선제를 직선제로 바꿈(1952) • 결과: 제2대 대통령 선거에서 이승만 당선(1952)
사사오입 개헌 (2차 개헌)	초대 대통령인 이승만에 한해 중임 제한을 없애는 내용을 담은 개헌 추진 → 자유당이 사사오입(반올림)의 논리를 내세워 개헌안 통과(1954) → 제3대 대통령 선거에서 이승만 당선(1956)
독재 체제 강화	• 진보당 사건: 이승만의 경쟁자로 등장한 조봉암이 진보당을 만듦 → 이승만 정부가 조봉암을 간첩 혐의로 사형시키고 진보당을 해산함 • 보안법 파동(1958): 신국가 보안법 제정(언론 통제) • 언론 탄압: 정부에 비판적이던 경향신문 폐간(1959)

✏️ 소급 입법
원래 법은 제정한 날 이후부터 법령을 시행하는 것이 원칙이나, 소급 입법은 법 제정 이전의 일까지 소급하여 적용하는 법을 제정하는 것을 말해요.

✏️ YH 무역 사건
1979년에 가발을 만드는 회사인 YH 무역이 일방적으로 폐업을 선언하자, YH 무역의 여성 노동자들이 부당 폐업 공고라며 반발하였어요. 이들은 신민당 당사에서 농성 투쟁을 벌였고, 경찰 진압 과정에서 여성 노동자가 사망하는 일이 벌어졌어요. 이 사건에 항의하며 박정희 정부를 비판한 신민당 총재 김영삼은 국회의원직에서 제명되었어요.

✏️ 부·마 민주 항쟁
YH 무역 사건으로 김영삼이 국회의원직에서 제명되자, 그의 정치적 연고지였던 부산과 마산 일대에서 일어난 유신 체제 타도 시위예요.

✏️ 언론 기본법
1980년에 전두환을 중심으로 한 신군부는 국민의 알 권리를 보장하고 언론의 기능을 보장한다는 명분으로 언론 기본법을 제정하였어요. 그러나 이 법이 만들어진 후 문화공보부가 매일 '보도지침'을 언론사에 뿌려 엄격하게 언론을 통제하였어요.

✏️ 삼청 교육대
1980년에 국가 보위 비상 대책 위원회에서 사회 정화를 명분으로 군부대 내에 설치한 기관이에요. 폭력범 등을 소탕한다는 명목으로 설치되었으나 실제로는 무자비한 인권 탄압이 벌어졌어요.

❷ 4·19 혁명과 장면 정부

4·19 혁명 (1960)	• 원인: 3·15 부정 선거 → 이승만 정부와 자유당이 부통령 후보인 이기붕을 당선시키기 위해 각종 부정행위를 저지름 • 전개: 마산 등지에서 부정 선거 비판 시위 발생 → 마산 앞바다에서 시위 참가자였던 김주열 학생의 시신 발견 → 전국으로 시위 확산 → 경찰의 진압으로 시민들이 다치거나 죽음(4. 19.) → 대학교수단이 시위에 참여함 • 결과: 이승만이 대통령 자리에서 물러나면서 자유당 정부 붕괴 → 허정 과도 정부 수립 → 3차 개헌(내각 책임제, 참·민의원으로 구성된 양원제 국회) → 총선거에서 민주당 승리 → 장면 내각 수립(대통령 윤보선, 국무총리 장면)
장면 정부	4차 개헌(3·15 부정 선거 처벌을 위한 소급 법 마련)

❸ 5·16 군사 정변과 박정희 정부

5·16 군사 정변 (1961)	박정희를 중심으로 일부 군인들이 정변을 일으켜 정권 장악 → 국가 재건 최고 회의 구성
박정희 정부 수립	• 5차 개헌(대통령 중심제, 단원제 국회) 후 박정희가 대통령에 당선됨(1963) • 한·일 국교 정상화(1965): 굴욕적인 한·일 수교에 반대하여 학생과 시민들이 6·3 시위 전개 → 일본의 사과와 배상 문제가 해결되지 않은 상황에서 한·일 협정이 체결됨 • 베트남 파병(1964~1973): 미국의 요청으로 베트남 전쟁에 군대를 보냄 → 브라운 각서를 통해 미국의 기술 지원과 차관 제공을 약속받음
3선 개헌 (6차 개헌)	대통령 3회 연임(3선)을 허용하는 개헌안을 편법으로 통과시킴(1969) → 박정희가 대통령에 당선됨(1971)
유신 체제 (1972~1979)	• 성립: 박정희 정부가 10월 유신 단행 → 유신 헌법 제정(대통령의 연임 횟수 제한을 없앰, 통일 주체 국민 회의에서 대통령 선출, 대통령에게 국회 해산권·긴급 조치권 등 강력한 권한을 줌) • 붕괴: YH 무역 사건과 부·마 민주 항쟁으로 유신 체제 위기 → 박정희가 피살되면서 유신 체제 붕괴(10·26 사태)

268 2주끝장 기본

❹ 5·18 민주화 운동과 전두환 정부

(1) 5·18 민주화 운동(1980)

배경	전두환을 중심으로 한 신군부가 정권 장악(12·12 사태, 1979) → '서울의 봄'(유신 헌법 철폐·신군부 퇴진 등 요구, 1980)
과정	신군부가 비상계엄을 전국으로 확대 → 전남 광주에서 민주화 시위 발생, 계엄군의 폭력적인 시위 진압(1980. 5. 18.) → 일부 광주 시민들이 시민군 조직 → 계엄군의 무력 진압으로 수많은 희생자 발생
의의	• 1980년대 이후 민주화 운동의 토대가 됨 • 5·18 민주화 운동 기록물이 유네스코 세계 기록 유산 등재

(2) 전두환 정부

신군부의 집권	국가 보위 비상 대책 위원회(국보위) 설치, 언론 기본법 제정, 언론사 통폐합, 삼청 교육대 운영 등
성립	통일 주체 국민 회의에서 전두환을 대통령으로 선출(1980) → 8차 개헌 단행(대통령 선거인단이 7년 단임의 대통령 선출) → 전두환이 다시 대통령에 선출됨(1981)
정부 정책	• 강압 정책: 민주화 운동·노동 운동 탄압, 언론 통제 강화 • 유화 정책: 중·고등학생의 두발과 교복 자율화, 야간 통행 금지 해제, 해외여행 자유화, 프로 야구·프로 축구 출범, 88 서울 올림픽 대회 유치 등

❺ 6월 민주 항쟁

배경	전두환 정부의 강압 통치, 민주화에 대한 국민의 열망 확산(국민들의 대통령 직선제로 개헌 요구)
전개	박종철 고문치사 사건(1987. 1.) → 사건 진상 규명과 개헌 요구 시위 전개 → 전두환 정부의 개헌 거부(4·13 호헌 조치) → 시위가 확산되는 가운데 대학생 이한열이 시위 도중 최루탄에 맞아 쓰러짐 → 6·10 국민 대회('호헌 철폐, 독재 타도'를 구호로 내세움) 등 전국 각지에서 대규모 시위 전개 → 여당의 차기 대통령 후보인 노태우가 6·29 민주화 선언 발표(대통령 직선제 개헌 요구 수용)
결과	9차 개헌 단행(5년 단임의 대통령 직선제) → 1987년 대통령 선거에서 노태우 당선

❻ 민주주의의 발전과 사회 변화

노태우 정부	• 88 서울 올림픽 대회 개최(1988) • 3당 합당
김영삼 정부	• 지방 자치제 전면 실시 • '역사 바로 세우기'를 내세워 전두환·노태우 두 전직 대통령 구속 및 조선 총독부 건물 철거
김대중 정부	• 선거를 통한 최초의 평화적 여야 정권 교체 • 국가 인권 위원회 설립, 중학교 의무 교육 전면 실시
노무현 정부	• 진실·화해를 위한 과거사 정리 위원회 구성 • 호주제 폐지, 가족 관계 등록부 마련

⏸ 일시정지! ☑ 확인하기

1. 다음 사건이 있었던 시기의 정부를 골라 쓰세요.

> 이승만 정부, 박정희 정부, 전두환 정부

(1) 장기 집권을 위한 3선 개헌안이 통과되었다. ( )
(2) 국회 해산 등을 담은 유신 헌법이 공포되었다. ( )
(3) 개헌 당시 대통령에 한해 중임 제한이 철폐되었다. ( )
(4) 호헌 철폐 등을 내세운 시위의 결과 6·29 민주화 선언이 발표되었다. ( )
(5) 임시 수도 부산에서 대통령 직선제를 주요 내용으로 한 발췌 개헌안이 통과되었다. ( )

2. 다음 설명에 해당하는 민주화 운동을 골라 쓰세요.

> 4·19 혁명, 5·18 민주화 운동, 6월 민주 항쟁

(1) 호헌 철폐와 독재 타도 등의 구호를 내세웠다. ( )
(2) 5년 단임의 대통령 직선제 개헌을 이끌어 냈다. ( )
(3) 전개 과정에서 시민군이 자발적으로 조직되었다. ( )
(4) 3·15 부정 선거에 항의하는 시위에서 비롯되었다. ( )
(5) 계엄군의 무력 진압으로 광주 시민들이 희생되었다. ( )
(6) 관련 기록물이 유네스코 세계 기록 유산으로 등재되었다. ( )
(7) 대통령 하야를 요구하며 대학교수단이 시위행진을 벌였다. ( )

3. 다음 사건이 있었던 시기의 정부를 골라 쓰세요.

> 노태우 정부, 김영삼 정부, 김대중 정부

(1) 국가 인권 위원회를 설립하였다. ( )
(2) 88 서울 올림픽 대회를 개최하였다. ( )
(3) 역사 바로 세우기를 내세우며 조선 총독부 건물을 철거하였다. ( )

---

1. (1) 박정희 정부 (2) 박정희 정부 (3) 이승만 정부 (4) 전두환 정부 (5) 이승만 정부
2. (1) 6월 민주 항쟁 (2) 6월 민주 항쟁 (3) 5·18 민주화 운동 (4) 4·19 혁명 (5) 5·18 민주화 운동 (6) 5·18 민주화 운동 (7) 4·19 혁명
3. (1) 김대중 정부 (2) 노태우 정부 (3) 김영삼 정부

회독하여 유형을 익히는 주전기출 풀기

1 67회   회독○○○

다음 가상 일기에 나타난 민주화 운동에 대한 설명으로 옳은 것은?   [2점]

> ○○월 ○○일 흐림
> 대학교수단이 시국 선언을 한 뒤 가두시위에 나섰다.
> '학생의 피에 보답하라'라고 적힌 현수막을 들고 행진하였다.
>
> ○○월 ○○일 맑음
> 오늘 이승만 대통령이 하야했다. 학생과 시민의 힘으로 역사가 바뀌는 순간이었다.

① 신군부의 무력 진압에 저항하였다.
② 대통령 직선제 개헌을 이끌어 냈다.
③ 유신 체제가 붕괴하는 계기가 되었다.
④ 3·15 부정 선거에 항의하여 일어났다.

2 58회   회독○○○

(가)에 들어갈 민주화 운동으로 옳은 것은?   [2점]

■ 주제: 불의와 독재에 항거한 (가) 자료집 만들기
– 수행 과제: (가) 중 인상적인 장면을 그려 설명과 함께 올려 주세요.

- 게시자: 서○○ — 3·15 부정 선거에 항의하는 학생들
- 게시자: 송○○ — 대학 교수단의 가두 시위
- 게시자: 최○○ — 하야하는 이승만 대통령
- 게시자: 강○○ — 환호하는 시민들

① 4·19 혁명   ② 6월 민주 항쟁
③ 부·마 민주 항쟁   ④ 5·18 민주화 운동

📢 4·19 혁명

정답분석 이승만 정부가 정권 유지를 위해 1960년에 3·15 부정 선거를 저지르자 이에 저항하는 시위가 일어났어요. 마산에서 경찰의 무자비한 진압으로 희생된 김주열의 시신이 마산 앞바다에서 발견되자 시위는 전국으로 확산되었어요. 4월 19일에 시위를 하는 시민들을 향해 경찰이 발포하여 사상자가 발생하였고, 이에 대학교수단도 시국 선언을 발표하고 대통령 퇴진을 요구하며 시위에 나섰어요(4·19 혁명). 결국 이승만이 대통령 자리에서 물러난다는 내용의 발표를 하고 대통령직에서 물러났어요.
④ 1960년 이승만 정부 시기에 3·15 부정 선거에 대한 항의에서 시작된 4·19 혁명으로 이승만 정부가 붕괴되었어요.

오답분석 ① 1980년에 신군부가 국민들의 민주화 요구를 억누르기 위해 비상계엄을 전국으로 확대하자, 전라남도 광주에서 5·18 민주화 운동이 일어나 신군부의 비상계엄 확대와 무력 진압에 저항하였어요.
② 1987년 전두환 정부 시기에 일어난 6월 민주 항쟁의 결과 대통령 직선제를 수용한다는 6·29 민주화 선언이 발표되었고, 이에 따라 5년 단임의 대통령 직선제 개헌이 이루어졌어요.
③ 1979년에 YH 무역 사건과 부·마 민주 항쟁이 연이어 일어났고, 10·26 사태로 박정희 대통령이 사망하면서 유신 체제는 붕괴되었어요.

정답 | ④

📢 이승만 정부 시기의 민주화 운동

정답분석 1960년 3월 15일에 치러진 대통령·부통령 선거에서 이승만 정부와 자유당은 이기붕을 부통령으로 당선시키기 위해 각종 부정행위를 저질렀어요. 이에 마산을 비롯한 전국 곳곳에서 부정 선거에 대한 비판 시위가 벌어졌고, 대학교수단도 '학생의 피에 보답하라'는 현수막을 들고 가두 시위를 전개하였어요. 이에 정부는 비상계엄을 선포하고 무력 진압하였으나 결국 이승만이 대통령직에서 물러났어요.
① 4·19 혁명의 결과 이승만 대통령이 하야하였으며, 허정 과도 정부가 수립되었어요.

오답분석 ② 6월 민주 항쟁은 1987년 전두환 정부 시기에 대통령 직선제 개헌을 요구하며 진개된 민주화 운동이에요.
③ 부·마 민주 항쟁은 1979년 박정희 정부의 유신 체제에 대한 저항으로 일어난 민주화 운동이에요.
④ 5·18 민주화 운동은 전두환 등 신군부의 권력 장악과 비상계엄 확대에 맞서 일어난 민주화 운동이에요.

정답 | ①

3 63회

밑줄 그은 '정부' 시기에 볼 수 있는 사회 모습으로 가장 적절한 것은? [2점]

> 긴급 조치 9호로 피해를 당한 국민과 그 가족에 대해 국가의 배상 책임이 있다는 대법원 판결이 나왔습니다. 긴급 조치 9호에는 정부가 선포한 유신 헌법을 부정하거나 반대 또는 비방하는 행위 등을 금지하고 위반할 경우 영장 없이 체포, 구속해 1년 이상의 징역에 처한다는 내용이 담겨 있습니다.

대법원 "긴급 조치 9호로 인한 피해, 국가가 배상해야"

① 부마 민주 항쟁에 참여하는 학생
② 서울 올림픽 대회 개막식을 관람하는 시민
③ 금융 실명제 시행 속보를 시청하는 회사원
④ 반민족 행위 특별 조사 위원회에 체포되는 친일 행위자

4 66회

(가)에 들어갈 내용으로 옳은 것은? [1점]

좋아요 66회 3일 전

수업 시간에 ㅣ (가) ㅣ 당시 시민군의 항쟁 중심지였던 옛 전남도청 모형을 만들었다. 실제 옛 도청 앞 시계탑에서는 매일 같은 시간에 '임을 위한 행진곡'이 나온다고 한다. 많은 분의 희생으로 우리나라의 민주주의가 발전하게 되었음을 깨닫게 되었다.

① 4·19 혁명
② 부·마 민주 항쟁
③ 6월 민주 항쟁
④ 5·18 민주화 운동

📢 박정희 정부 시기의 사회 모습

정답분석 박정희 정부는 긴급 조치권, 국회 해산권, 국회 의원 3분의 1 추천권 등 대통령에게 헌법을 초월하는 막강한 권한을 부여하는 개헌(유신 헌법)을 단행하였어요.
① 박정희 정부 시기인 1979년 YH 무역 사건 이후 부산과 마산 지역을 중심으로 학생과 시민들이 '독재 타도, 유신 철폐'를 외쳤는데, 이 사건을 부·마 민주 항쟁이라고 해요.

오답분석 ② 노태우 정부 시기에 88 서울 올림픽 대회가 개최되었어요.
③ 김영삼 정부 시기에 금융 거래를 실제 거래하는 사람의 이름으로만 할 수 있도록 한 금융 실명제가 실시되었어요.
④ 이승만 정부 시기에 제헌 국회에서 반민족 행위 특별 조사 위원회가 구성되었어요.

정답 | ①

📢 박정희 정부 시기 이후의 민주화 운동

정답분석 1980년 5월 18일에 광주에서 신군부 퇴진과 비상계엄 철폐를 요구하는 5·18 민주화 운동이 일어났어요. 신군부는 시위대를 폭력적으로 진압하였고, 이에 일부 시민들은 시민군을 조직하여 대항하였는데, 이 과정에서 수많은 광주 시민들이 희생되었어요.
④ 1980년에 일어난 5·18 민주화 운동과 관련된 기록물은 그 가치를 인정받아 유네스코 세계 기록 유산으로 등재되었어요.

오답분석 ① 1960년 이승만 정부 시기에 일어난 4·19 혁명으로 이승만 대통령이 하야하고 허정 과도 정부가 수립되었어요.
② 1979년 박정희 정부 시기에 YH 무역 사건과 부·마 민주 항쟁이 일어났어요.
③ 1987년에 전두환 정부는 국민들의 대통령 직선제 개헌 요구를 무시하고 기존 헌법을 바꾸지 않겠다는 4·13 호헌 조치를 발표하였고, 이후 6월 민주 항쟁이 일어났어요.

정답 | ④

5 61회

(가)에 들어갈 민주화 운동으로 옳은 것은? [1점]

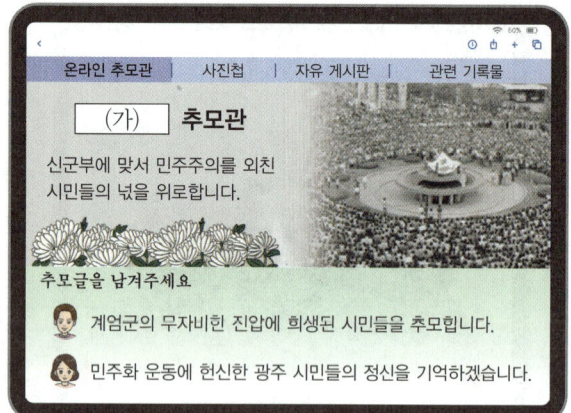

① 4·19 혁명
② 6월 민주 항쟁
③ 부마 민주 항쟁
④ 5·18 민주화 운동

박정희 정부 시기 이후의 민주화 운동

정답분석 10·26 사태 이후 국민들의 민주화 요구가 높아진 상황에서 전두환 등 신군부가 정변을 일으켜 정권을 장악하였어요. 이에 1980년 전라남도 광주에서는 비상계엄 확대에 반대하는 시위가 전개되었어요(5·18 민주화 운동). 계엄군은 시위를 폭력적으로 진압하였고, 일부 광주 시민들은 시민군을 조직해 계엄군에 맞섰으나 수많은 사상자가 발생하였어요.
④ 5·18 민주화 운동은 신군부의 계엄 확대와 시민들의 민주화 운동 탄압에 대한 저항의 과정에서 일어난 민주화 운동이에요.

오답분석 ① 4·19 혁명은 이승만 정부 시기에 3·15 부정 선거에 맞서 일어난 민주화 운동이에요.
② 6월 민주 항쟁은 전두환 정부 시기에 호헌 철폐와 독재 타도 등의 구호를 내세우며 대통령 직선제를 요구한 민주화 운동이에요.
③ 부·마 민주 항쟁은 박정희 정부 시기에 유신 체제에 맞서 일어난 민주화 운동이에요.

정답 | ④

6 60회

밑줄 그은 '민주화 운동'에 대한 설명으로 옳은 것은? [2점]

① 대통령 직선제 개헌을 이끌어 냈다.
② 3·15 부정 선거에 항의하여 일어났다.
③ 굴욕적인 한일 국교 정상화에 반대하였다.
④ 신군부의 비상계엄 확대가 원인이 되어 발생하였다.

6월 민주 항쟁

정답분석 1987년에 대학생 박종철이 경찰 고문으로 사망하였는데, 정부는 이 사실을 숨기고 조작하였어요. 이후 대통령 직선제 개헌을 요구하는 국민들의 요구에 전두환 정부는 4·13 호헌 조치를 발표하여 기존의 헌법을 바꾸지 않겠다고 발표하였어요. 이에 분노한 시민들은 박종철의 죽음에 관한 진실과 대통령 직선제 요구 등을 주장하며 6월 민주 항쟁을 전개하였어요.
① 6월 민주 항쟁의 결과 6·29 민주화 선언이 발표되었고, 5년 단임의 대통령 직선제 개헌이 이루어졌어요.

오답분석 ② 3·15 부정 선거와 이승만 정부의 장기 집권에 저항하여 4·19 혁명이 일어났어요.
③ 박정희 정부 시기에 굴욕적인 한·일 국교 정상화에 반대하며 6·3 시위가 전개되었어요.
④ 전두환 등 신군부의 비상계엄 확대 등에 저항하여 5·18 민주화 운동이 일어났어요.

정답 | ①

이승만 정부의 장기 집권 / 4·19 혁명과 장면 정부

01 이승만 정부는 6·25 전쟁 중 임시 수도 부산에서 발○ 개헌안을 통과시켰다.

02 이승만 정부 시기에 ○사○입 개헌으로 초대 대통령에 한해 중임 제한이 철폐되었다.

03 이승만 정부는 평화 통일론을 주장한 ○○당의 조봉암을 제거하였다.

5·16 군사 정변과 박정희 정부

04 박정희 정부의 굴욕적인 ○·○ 국교 정상화에 반대하여 6·3 시위가 전개되었다.

05 박정희 정부는 6차 개헌을 통해 대통령의 ○회 연임을 허용하는 개헌안을 편법으로 통과시켰다.

06 박정희 정부는 1972년에 10월 ○○을 선포하고 ○○ 헌법을 공포하였다.

5·18 민주화 운동과 전두환 정부 / 6월 민주 항쟁

07 ○·○ 민주화 운동 관련 기록물은 유네스코 세계 기록 유산으로 등재되었다.

08 전두환 정부는 대통령 직선제 개헌 요구를 거부하는 4·13 ○○ 조치를 발표하였다.

09 6월 민주 항쟁 당시 시위에 참여한 사람들은 '○○ 철폐, ○○ 타도' 등의 구호를 내세웠다.

10 6월 민주 항쟁의 결과 대통령 ○○제 개헌을 수용한다는 6·29 민주화 선언이 발표되었다.

민주주의의 발전과 사회 변화

11 노○○ 정부 때 88 서울 올림픽 대회가 개최되었다.

12 김○○ 정부 시기에 지방 자치제가 전면 실시되었다.

40강 현대(경제 발전과 통일 노력)

이승만 정부	농지 개혁 유상 매수·유상 분배 (한 가구당 3정보)	귀속 재산 처리 귀속 재산 → 민간 매각 (미군정기: 신한 공사)	원조 경제(미국) 한·미 원조 협정(1948) → 삼백 산업 ▲

박정희 정부	1·2차 경제 개발 5개년 계획 (1962~1971)
	• 경공업 ▲
	• 정부 주도 수출 중심
	• 자금 조달
	  ├ 베트남 파병
	  └ 파독 광부·간호사
		3·4차 경제 개발 5개년 계획 (1972~1981)
		• 중화학 공업 ▲
		  └ 포항 제철
		• 수출 100억 달러(1977)
		• 석유 파동(1·2차)
		  └ 1차: 중동 → 극복
			통일 정책
			• 남북 적십자 회담(1971)
			  └ by 닉슨 독트린(냉전 ▼)
			• 7·4 남북 공동 성명
			  ├ 자주·평화·민족 대단결
			  └ 남북 조절 위원회 O

	1970: 경부 고속 국도, 새마을 운동, 전태일 분신 사건		

전두환 정부	• 3저 호황(저유가·저달러·저금리)
	  └ 2차 석유 파동 극복
	• 최저 임금법(1986)
			최초 남북 이산가족 상봉
			└ 이산가족 고향 방문단·
			    예술 공연단 교환 방문

노태우 정부			• 한민족 공동체 통일 방안(1989)
			• 1991 ┬ 남북 유엔 동시 O
			        ├ 남북 기본 합의서
			        └ 한반도 비핵화 공동 선언

김영삼 정부	• 금융 실명제(대통령 긴급 명령) • 경제 협력 개발 기구(OECD) 가입 • 외환 위기(1997) → 구제 금융(IMF)		
김대중 정부	• 극복: 합병, 노사정 위원회, 금 모으기 운동 • 국민 기초 생활 보장법 • 한·칠레 FTA 서명		〈햇볕 정책〉 ① 소 떼 방북(정주영) → 금강산 해로 관광 ② 남북 정상 회담: 최초, 평양 └ 6·15 선언: 경의선, 개성 공단(합의)
노무현 정부	• 발효 • 한·미 FTA 서명 → 발효: 이명박 정부(G20 개최) • APEC 정상 회의 개최		2차 남북 정상 회담: 평양 └ 10·4 선언: 금강산 육로 관광 착공

40강 현대(경제 발전과 통일 노력)

1 경제 개발 5개년 계획

박정희 정부는 경제 개발을 위해 경제 개발 5개년 계획을 추진하였고, 이 과정에서 경부 고속 국도와 포항 제철소 등을 건설하였어요. 이에 필요한 경제 개발 자금을 마련하기 위해 일본과의 국교 정상화, 베트남 파병, 서독에 광부와 간호사 파견 등을 추진하였어요.

▲ 수출액 100억 달러 달성

▲ 포항 제철 준공식

2 새마을 운동

박정희 정부가 경제 성장을 위해 저임금 정책 등을 실시하면서 농촌과 도시의 경제·문화적 격차는 더욱 커지게 되었어요. 이에 1970년에 정부 주도 아래 농촌의 생활 환경 개선, 농업 생산성 증대 등 근면·자조·협동을 강조한 새마을 운동이 전개되었어요.

3 전태일 분신 사건

박정희 정부는 수출 경쟁력 확보를 위해 저임금 정책을 실시하며 노동자의 희생을 강요하였어요. 이러한 노동사의 저우에 저항하여 전태일은 1970년에 근무 환경 개선과 근로 기준법 준수를 요구하며 자신의 몸에 불을 붙여 분신하였어요. 이후 많은 사람이 노동 문제에 관심을 기울이면서 노동 운동이 본격화되었어요.

4 금융 실명제

김영삼 정부는 본인이 아닌 다른 사람의 이름을 이용한 금융 거래로 많은 부정부패가 일어나자, 본인의 실제 이름으로만 금융 거래를 할 수 있도록 한 금융 실명제를 실시하였어요.

5 외환 위기와 금 모으기 운동

우리나라는 1997년 말에 외환 보유액 부족으로 경제 위기를 맞게 되자 국제 통화 기금(IMF)에 긴급 자금 지원을 요청하였고, 이에 따라 IMF의 경제 간섭을 받게 되었어요. 김대중 정부 시기에 외환 위기를 극복하기 위해 국민들이 자발적으로 금 모으기 운동을 전개하였고, 이러한 국민들의 노력으로 외환 위기를 빠르게 극복할 수 있었어요.

6 7·4 남북 공동 성명

박정희 정부는 1971년에 이산가족 상봉을 위한 남북 적십자 회담을 개최하였어요. 이듬해에는 '자주, 평화, 민족 대단결'이라는 평화 통일의 3대 원칙에 합의한 7·4 남북 공동 성명을 서울과 평양에서 동시에 발표하였어요. 이에 따라 남북 조절 위원회가 설치되기도 하였지만 성과를 거두지는 못하였어요.

> 첫째, 통일은 외세에 의존하거나 외세의 간섭을 받음이 없이 자주적으로 해결하여야 한다.
> 둘째, 통일은 서로 상대방을 반대하는 무력행사에 의거하지 않고 평화적 방법으로 실현하여야 한다.
> 셋째, 사상과 이념·제도의 차이를 초월하여 우선 우리는 하나의 민족으로서 민족적 대단결을 도모하여야 한다.

7 남북 기본 합의서

노태우 정부 시기에 남북한이 유엔에 동시 가입하였으며, 화해와 불가침 및 교류·협력에 관해 합의한 '남북 기본 합의서'를 채택하였어요. 또한, 한반도 비핵화 공동 선언에도 합의하였어요.

> 제1조 남과 북은 서로 상대방의 체제를 인정하고 존중한다.
> 제9조 남과 북은 상대방에 대하여 무력을 사용하지 않으며, 상대방을 무력으로 침략하지 아니한다.
> 제15조 남과 북은 …… 자원의 공동 개발, 민족 내부 교류로서의 물자 교류, 합작 투자 등 경제 교류와 협력을 실시한다.

8 6·15 남북 공동 선언

김대중 정부는 '햇볕 정책'이라고 불리는 대북 화해 협력 정책을 추진하였어요. 2000년 6월에 최초의 남북 정상 회담이 개최되고 6·15 남북 공동 선언이 발표되었어요. 이후 개성 공단 조성이 추진되고 경의선이 복구되었으며, 이산가족 상봉과 금강산 육로 관광도 추진되었어요.

> 1. 남과 북은 나라의 통일 문제를 그 주인인 우리 민족끼리 서로 힘을 합쳐 자주적으로 해결해 나가기로 하였다.
> 2. 남과 북은 나라의 통일을 위한 남측의 연합제 안과 북측의 낮은 단계의 연방제 안이 서로 공통성이 있다고 인정하고 앞으로 이 방향에서 통일을 지향시켜 나가기로 하였다.

40강 현대 (경제 발전과 통일 노력)

빈출키워드 TOP5
1. 6·15 남북 공동 선언 — 1위
2. 금융 실명제 — 2위
3. 경제 협력 개발 기구 가입 — 3위
4. 한·미 자유 무역 협정 — 4위
5. 남북 기본 합의서 — 5위

✎ 경제 협력 개발 기구(OECD)
세계 경제의 협력을 위해 만들어진 국제기구로, '선진국 클럽'이라고도 해요. 우리나라는 김영삼 정부 시기인 1996년에 가입하였어요.

✎ 국제 통화 기금(IMF)
국제 금융질서를 확립하고 세계 무역 안정을 목적으로 설립된 국제 금융 기구예요. 우리나라는 1997년 외환 위기를 맞게 되자 국제 통화 기금에 긴급 자금 지원을 요청하였고, 이에 따라 국제 통화 기금의 경제적 간섭을 받게 되었어요.

✎ 햇볕 정책
이솝 우화에 나그네가 외투를 벗게 만드는 것은 차갑고 강한 바람이 아니라 따뜻한 햇볕이라는 내용에서 인용된 용어로, 김대중 정부의 대북 화해 협력 정책을 지칭하는 말이에요.

✎ 경의선
서울과 평안북도 신의주 사이를 잇는 철도예요. 1906년에 개통되었으나 분단 이후 운행이 중단되었어요. 현재는 서울역에서 문산역까지만 운행되고 있어요.

① 경제 정책과 사회 변화

이승만 정부	• 농지 개혁: 유상 매수·유상 분배 → 대부분의 농민들이 자기 토지를 갖게 됨 • 귀속 재산 처리: 일제 강점기 일본인이 소유하였던 공장 등 귀속 재산을 민간에 매각함 • 미국의 경제 원조: 한·미 원조 협정 체결 → 미국의 경제 원조를 기반으로 밀가루·설탕·면화를 만드는 삼백 산업 발달
박정희 정부	• 1962년부터 경제 개발 5개년 계획 실시 → 1977년에 수출액 100억 달러 달성, '한강의 기적'이라 불리는 급속한 경제 성장을 이룸 • 경제 개발에 필요한 자금 마련을 위해 한·일 국교 정상화, 베트남 파병, 서독에 광부와 간호사 파견 등을 추진함 • 경제 발전을 위한 경부 고속 국도 개통(1970), 포항 제철소 건설 등 • 새마을 운동: 도시와 농촌의 격차를 줄이고 농촌의 생활환경 개선을 위해 추진 • 전태일 분신 사건: 전태일이 근로 기준법 준수를 요구하며 자기 몸에 불을 붙여 분신함
전두환 정부	저유가·저달러·저금리의 3저 호황으로 수출 증가 → 경제 호황
노태우 정부	• 7·7 선언(1977): 북한, 중국 등 사회주의 국가에 대한 개방 정책 추진을 발표함 • 북방 외교 추진: 사회주의 국가와 적극 교류 실시 → 중국, 소련 등과 수교
김영삼 정부	• 금융 실명제 실시 • 경제 협력 개발 기구(OECD) 가입 • 외환 위기 → 국제 통화 기금(IMF)의 구제 금융 지원을 받음
김대중 정부	• 부실기업과 금융 기관의 구조 조정 실시 • 금 모으기 운동 등 정부와 기업, 국민의 노력으로 국제 통화 기금(IMF)의 지원 자금을 조기에 상환 • 생활이 어려운 국민을 위해 국민 기초 생활 보장법 제정 • 대통령 직속 자문 기구로 노사정 위원회 구성 • 2002 한·일 월드컵 축구 대회 개최 • 한·칠레 자유 무역 협정(FTA) 체결(→ 노무현 정부 때 발효)
노무현 정부	• 한·미 자유 무역 협정(FTA) 체결(→ 이명박 정부 때 발효) • 경부 고속 철도(KTX) 개통 • 아시아·태평양 경제 협력체(APEC) 정상 회의 개최 • 행정 중심 복합 도시 건설 시작

이후	• 이명박 정부: G20 서울 정상 회의 개최
	• 박근혜 정부
	  – 한·중 자유 무역 협정(FTA) 체결
	  – 헌정 역사상 처음으로 직무 중 탄핵됨

❷ 통일 정책

박정희 정부	• 남북 적십자 회담(1971): 이산가족 상봉을 위한 회담 시행 • 7·4 남북 공동 성명 발표(1972) 　- 자주, 평화, 민족 대단결의 평화 통일 3대 원칙에 합의 　- 남북 조절 위원회 설치
전두환 정부	• 이산가족 찾기 운동 추진 → KBS 특별 생방송 '이산가족을 찾습니다'를 진행함 • 남북한 이산가족 고향 방문단과 예술 공연단이 서울과 평양을 상호 방문함 → 최초의 남북 이산가족 상봉
노태우 정부	• 남북한 유엔 동시 가입(1991) • 남북 기본 합의서 채택(1991) 　- 남북한 정부 간에 이루어진 최초의 공식 합의서 　- 남북한 상호 체제 인정, 상호 불가침 합의 • 한반도 비핵화 공동 선언 발표(1991)
김영삼 정부	민족 공동체 통일 방안 제시
김대중 정부	• 대북 화해 협력 정책(햇볕 정책) 추진 → 정주영의 소 떼 방북, 금강산 해로 관광 시작 • 최초의 남북 정상 회담 개최(2000) → 6·15 남북 공동 선언 발표 　- 개성 공단 조성 합의, 이산가족 방문 추진 　- 금강산 육로 관광 사업 및 경의선 철도 연결 공사 추진
노무현 정부	• 제2차 남북 정상 회담 개최(2007) → 10·4 남북 공동 선언 발표 • 개성 공단 건설 착공(2003) → 개성 공단 운영 본격화 • 금강산 육로 관광 본격 시작
문재인 정부	판문점과 평양에서 세 차례 남북 정상 회담 개최(2018)

⏸ 일시정지! ☑ 확인하기

1. 박정희 정부 시기에 나타난 사회·경제 모습으로 맞으면 ○표, 틀리면 ×표 하세요.

(1) 경부 고속 도로가 개통되었다. (　)
(2) 연간 수출액 100억 달러가 달성되었다. (　)
(3) 제1차 경제 개발 5개년 계획이 추진되었다. (　)
(4) 농촌 근대화를 표방한 새마을 운동이 전개되었다. (　)
(5) 전태일이 근로 기준법 준수를 외치며 분신하였다. (　)
(6) 3저 호황으로 물가가 안정되고 수출이 증가하였다. (　)

2. 김대중 정부 시기에 있었던 사실로 맞으면 ○표, 틀리면 ×표 하세요.

(1) 국민 기초 생활 보장법이 제정되었다. (　)
(2) 경제 협력 개발 기구(OECD)에 가입하였다. (　)
(3) 미국과 자유 무역 협정(FTA)을 체결하였다. (　)
(4) 대통령 긴급 명령으로 금융 실명제가 실시되었다. (　)
(5) 외환 위기 극복을 위해 금 모으기 운동이 전개되었다. (　)
(6) 대통령 직속 자문 기구인 노사정 위원회가 구성되었다. (　)

3. 다음 설명에 해당하는 정부를 골라 쓰세요.

> 박정희 정부, 전두환 정부, 노태우 정부,
> 김대중 정부, 노무현 정부

(1) 남북 기본 합의서를 채택하였다. (　)
(2) 남북 조절 위원회를 구성하였다. (　)
(3) 7·4 남북 공동 성명을 발표하였다. (　)
(4) 남북한이 유엔에 동시 가입하였다. (　)
(5) 10·4 남북 공동 선언을 발표하였다. (　)
(6) 6·15 남북 공동 선언을 채택하였다. (　)
(7) 한반도 비핵화 공동 선언을 채택하였다. (　)
(8) 남북 간 이산가족 상봉을 최초로 실현하였다. (　)
(9) 남북한의 교류 협력을 위한 개성 공단 건설에 착수하였다. (　)

1. (1) ○ (2) ○ (3) ○ (4) ○ (5) ○ (6) ×
2. (1) ○ (2) × (3) × (4) × (5) ○ (6) ○
3. (1) 노태우 정부 (2) 박정희 정부 (3) 박정희 정부 (4) 노태우 정부
　 (5) 노무현 정부 (6) 김대중 정부 (7) 노태우 정부 (8) 전두환 정부
　 (9) 노무현 정부

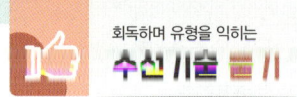

1 58회   [2점]

(가) 정부 시기에 있었던 사실로 옳은 것은?

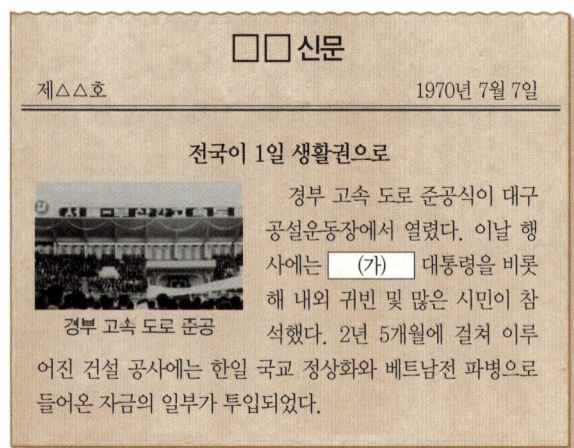

① 3저 호황으로 수출이 증가하였다.
② 제2차 경제 개발 5개년 계획이 실시되었다.
③ 경제 협력 개발 기구(OECD)에 가입하였다.
④ 미국과 자유 무역 협정(FTA)을 체결하였다.

박정희 정부 시기의 사실

정답분석 박정희 정부는 경제 발전에 필요한 자금 마련을 위해 한·일 국교 정상화를 추진하였어요. 또한 미국의 요청으로 베트남 전쟁에 군대를 보내는 조건으로 미국으로부터 경제적 지원을 받았어요. 이를 통해 1970년에 경부 고속 도로가 개통되었으며, 1977년에는 수출 100억 달러를 달성하는 등 급속한 경제 성장을 이루었어요.
② 박정희 정부 시기에 네 차례 경제 개발 5개년 계획이 추진되었는데, 제2차 경제 개발 5개년 계획은 1967~1971년에 추진되었어요.

오답분석 ① 전두환 정부 시기인 1980년대에 저달러·저금리·저유가의 3저 호황으로 수출이 증가하는 등 경제 호황을 누렸어요.
③ 김영삼 정부 시기에 경제 협력 개발 기구(OECD)에 가입하였어요.
④ 노무현 정부 시기에 미국과 자유 무역 협정(FTA)을 체결하였어요.

정답 | ②

2 63회   [2점]

(가) 정부 시기의 경제 상황으로 옳은 것은?

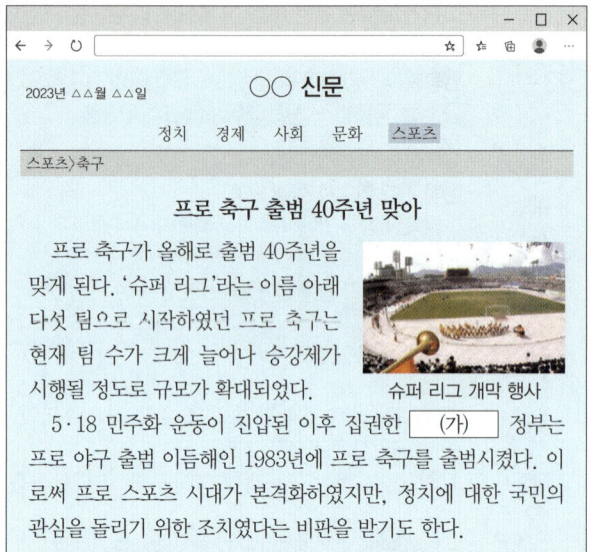

① 제1차 경제 개발 5개년 계획이 수립되었다.
② 경제 협력 개발 기구(OECD)에 가입하였다.
③ 저금리·저유가·저달러의 3저 호황이 있었다.
④ 미국과의 자유 무역 협정(FTA)이 체결되었다.

전두환 정부 시기의 경제 상황

정답분석 전두환 정부는 강압적인 정책에 대한 불만을 무마하기 위해 야간 통행금지 해제, 중·고등학생의 두발과 교복 자율화, 해외여행 자유화, 프로 야구와 프로 축구 출범 등 유화 정책을 추진하였어요.
③ 전두환 정부 시기에 3저 호황으로 물가가 안정되고 수출이 증가하였어요.

오답분석 ① 박정희 정부 시기인 1962년부터 네 차례 경제 개발 5개년 계획이 추진되었어요.
② 김영삼 정부 시기에 경제 협력 개발 기구(OECD)에 가입하였어요.
④ 노무현 정부 시기에 미국과의 자유 무역 협정(FTA)이 체결되었고, 이명박 정부 시기에 발효되었어요.

정답 | ③

3 60회

(가)에 들어갈 내용으로 옳은 것은? [2점]

① 금융 실명제를 실시했어.
② 경부 고속 도로를 준공했어.
③ 제1차 경제 개발 5개년 계획을 추진했어.
④ 미국과 자유 무역 협정(FTA)을 체결했어.

📢 **김영삼 정부 시기의 사실**

정답분석 김영삼 정부 시기에 조선 총독부 건물을 철거하는 등 '역사 바로 세우기' 운동이 이루어졌으며, 경제 협력 개발 기구(OECD)에 가입하였어요.
① 김영삼 정부 시기에 금융 거래를 실제 거래자 이름으로 하도록 한 금융 실명제가 실시되었어요.

오답분석 ② 박정희 정부 시기인 1970년에 경부 고속 국도가 준공되었어요.
③ 박정희 정부 시기에 네 차례 경제 개발 5개년 계획이 추진되었는데, 제1차 경제 개발 5개년 계획은 1962~1971년에 추진되었어요.
④ 노무현 정부 시기에 미국과 자유 무역 협정(FTA)이 체결되었고, 이명박 정부 시기에 발효되었어요.

정답 | ①

4 66회

다음 뉴스가 보도된 정부 시기의 통일 노력으로 옳은 것은? [3점]

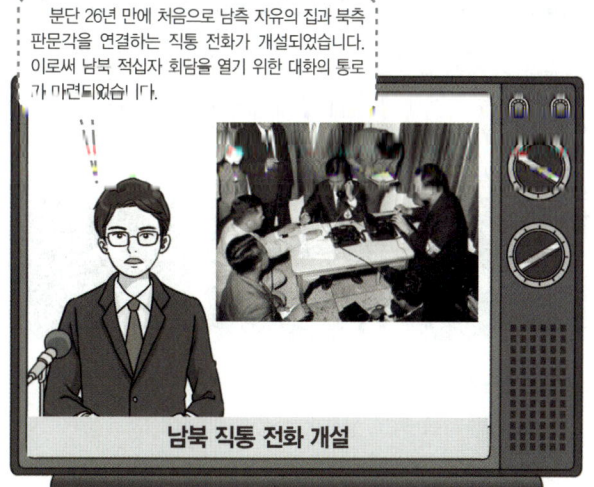

① 금강산 관광 사업을 시작하였다.
② 남북한이 유엔에 동시 가입하였다.
③ 7·4 남북 공동 성명을 발표하였다.
④ 최초로 남북 정상 회담을 개최하였다.

📢 **박정희 정부 시기의 통일 노력**

정답분석 박정희 정부는 1971년에 이산가족 상봉을 위한 남북 적십자 회담을 개최하였어요. 이듬해 남북한은 '자주, 평화, 민족 대단결'이라는 평화 통일의 3대 원칙에 합의한 7·4 남북 공동 성명을 서울과 평양에서 동시에 발표하였어요. 이에 따라 남북 조절 위원회가 설치되어 실무자 회의가 전개되기도 하였지만 성과를 거두지는 못하였어요.
③ 박정희 정부 시기에 남북한은 7·4 남북 공동 성명에 따라 남북 조절 위원회를 구성하여 통일 방안을 논의하였어요.

오답분석 ① 김대중 정부 시기에 금강산 해로 관광이 시작되었고, 금강산 육로 관광은 시범 운영되었어요. 노무현 정부 시기에 금강산 육로 관광이 정식으로 시작되었어요.
② 노태우 정부 시기에 남북한이 유엔에 동시 가입하였어요.
④ 김대중 정부 시기에 최초로 남북 정상 회담이 개최되어 6·15 남북 공동 선언이 채택되었어요.

정답 | ③

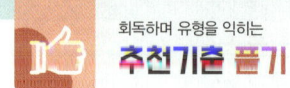

5 61회 　　　　　　　　　　　　　회독 ●●●

다음 자료에 나타난 정부 시기의 통일 노력으로 옳은 것은?

[3점]

① 남북한 유엔 동시 가입
② 남북 이산가족 최초 상봉
③ 7·4 남북 공동 성명 발표
④ 6·15 남북 공동 선언 채택

6 64회 　　　　　　　　　　　　　회독 ●●●

밑줄 그은 '정부'의 통일 노력으로 옳은 것은? [2점]

① 남북 기본 합의서를 채택하였다.
② 남북한이 유엔에 동시 가입하였다.
③ 6·15 남북 공동 선언을 발표하였다.
④ 최초로 남북 간 이산가족 상봉을 성사시켰다.

📢 **노태우 정부 시기의 통일 노력**

정답분석 노태우 정부 시기에 남북한은 상호 체제를 인정하고 상호 불가침을 합의한 남북 기본 합의서를 채택하였어요. 또한 한반도의 평화를 위해 한반도 비핵화에 관한 공동 선언을 발표하였어요.
① 노태우 정부 시기에 남북한이 유엔에 동시 가입하였어요.

오답분석 ② 전두환 정부 시기에 최초로 남북 이산가족 상봉이 이루어졌어요.
③ 박정희 정부 시기에 7·4 남북 공동 성명이 발표되었고, 이에 따라 남북 조절 위원회가 설치되었어요.
④ 김대중 정부 시기에 최초의 남북 정상 회담이 개최되었고, 6·15 남북 공동 선언이 채택되었어요.

정답 | ①

📢 **김대중 정부 시기의 통일 노력**

정답분석 김영삼 정부 시기에 우리나라는 외환 보유액 부족으로 경제 위기를 겪게 되자 국제 통화 기금(IMF)에 긴급 자금 지원을 요청하였고, 이에 따라 IMF의 경제 간섭을 받게 되었어요. 김대중 정부 시기에 외환 위기를 극복하기 위해 국민들이 자발적으로 금 모으기 운동을 전개하였고, 이러한 국민들의 노력으로 우리나라는 외환 위기를 조기에 극복할 수 있었어요. 한편, 김대중 정부 시기에 '햇볕 정책'이라고 불리는 대북 화해 협력 정책이 추진되었는데, 기업인 정주영이 소 떼를 몰고 북한을 방문하였고, 2000년에 최초의 남북 정상 회담이 개최되면서 6·15 남북 공동 선언이 발표되었어요.
③ 김대중 정부 시기에 최초의 남북 정상 회담이 개최되었고, 남북한은 6·15 남북 공동 선언을 발표하였어요.

오답분석 ① 노태우 정부 시기에 남북한은 남북 기본 합의서를 채택하였어요.
② 노태우 정부 시기에 남북한이 유엔에 동시 가입하였어요.
④ 전두환 정부 시기에 최초로 남북 간 이산가족 상봉과 예술 공연단 교환이 이루어졌어요.

정답 | ③

경제 정책과 사회 변화

01 이승만 정부 때 밀가루·설탕·면화를 만드는 ●● 산업이 발달하였다.

02 ●●● 정부는 1960년대에 제1차 경제 개발 5개년 계획을 추진하였다.

03 박정희 정부 시기인 1970년에 서울에서 부산을 잇는 ●● 고속 국도가 개통되었다.

04 박정희 정부는 농촌 근대화를 표방한 새●● 운동을 전개하였다.

05 ●●● 정부는 1970년대에 제3·4차 경제 개발 5개년 계획을 추진하여 중화학 공업을 육성하였다.

06 박정희 정부 시기인 1970년에 전●● 이 근로 기준법 준수를 요구하며 분신하였다.

07 전두환 정부 때 ●● 호황으로 물가가 안정되고 수출이 증가하였다.

08 김영삼 정부 때 대통령 긴급 명령으로 금융 ●●제가 시행되었다.

09 ●●● 정부 시기에 우리나라는 경제 협력 개발 기구(OECD)에 가입하였다.

10 김영삼 정부는 ●● 위기를 맞아 국제 통화 기금(IMF)에 구제 금융 지원을 요청하였다.

11 김대중 정부 시기에 외환 위기를 극복하기 위한 ● 모으기 운동이 전개되었다.

12 노무현 정부 때 미국과 자유 ●● 협정(FTA)을 체결하였다.

통일 정책

13 박정희 정부 때 ●·● 남북 공동 성명이 발표되었고, 이에 따라 남북 ●● 위원회가 구성되었다.

14 전두환 정부 때 최초로 남북 간 ●●●● 고향 방문과 예술 공연단 교환이 이루어졌다.

15 노태우 정부 때 남북한이 ●● 에 동시 가입하였다.

16 노태우 정부 때 남북한은 남북 ●● 합의서와 한반도 ●● 화 공동 선언을 채택하였다.

17 김대중 정부 때 최초로 남북 ●● 회담을 개최하고, ●·● 남북 공동 선언을 채택하였다.

특강

1 세시 풍속과 민속놀이
2 지역사
3 유네스코와 유산, 조선의 궁궐
4 근현대 인물

512	774	1270	1377	1610
우산국 복속	석굴암 완공	삼별초, 진도 항쟁	직지심체요절 간행	허준, 동의보감 완성

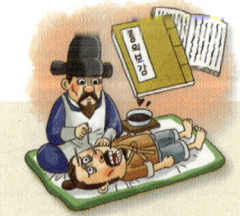

기출로 보는 키워드

- 1위 독도
- 2위 부산
- 3위 직지심체요절
- 4위 강화도
- 5위 조선왕조실록

3개년 평균 출제 비중

3문항 6%

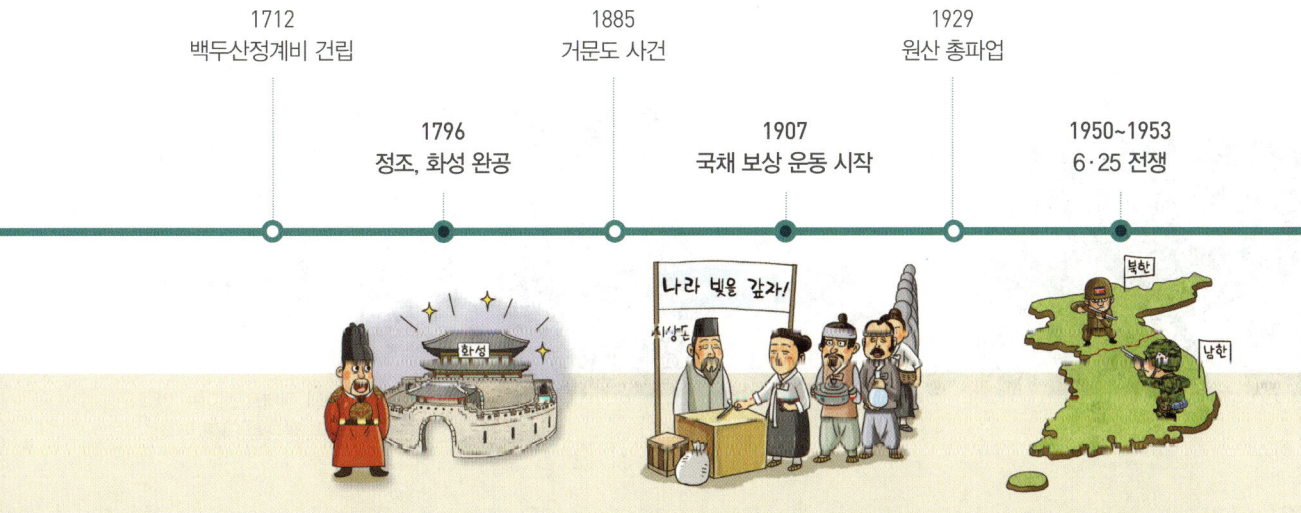

- 1712 백두산정계비 건립
- 1796 정조, 화성 완공
- 1885 거문도 사건
- 1907 국채 보상 운동 시작
- 1929 원산 총파업
- 1950~1953 6·25 전쟁

1 세시 풍속과 민속놀이

1 설날

음력 1월 1일로, 차례, 세배, 윷놀이, 널뛰기, 연날리기, 제기차기, 복조리 걸기 등의 풍속이 있었어요. 떡국, 만두, 식혜 등을 먹으며 새해 인사와 덕담을 나누었어요.

▲ 세배

▲ 널뛰기

2 정월 대보름

음력 1월(정월) 15일로, 달맞이, 달집태우기, 쥐불놀이, 지신밟기, 고싸움, 줄다리기, 밤·호두·잣 등 부럼 깨기 등의 풍속이 있었어요. 오곡밥, 부럼, 귀밝이술(마시면 귀가 잘 들리고 좋은 소식만 듣게 된다는 의미의 술), 묵은 나물 등을 먹었어요.

▲ 달집태우기

▲ 부럼

3 한식

동지에서 105일째 되는 날로, 성묘, 그네뛰기, 개사초(산소 손질) 등의 풍속이 있었어요. 이날은 불을 사용하지 않고 찬 음식을 먹었어요.

▲ 성묘

4 삼짇날

음력 3월 3일로, '강남 갔던 제비가 오는 날'이라고도 해요. 화전놀이, 머리 감기, 각시놀음, 활쏘기 등의 풍속이 있었고, 진달래 꽃전, 진달래 화채, 쑥떡 등을 먹었어요.

▲ 진달래 꽃전

5 초파일

음력 4월 8일로, 석가 탄신일·부처님 오신 날이라고도 해요. 탑돌이, 연등 행사, 만석중 놀이 등의 풍속이 있었고, 검은콩, 미나리, 느티떡 등을 먹었어요.

▲ 연등 행사

6 단오

음력 5월 5일로, 수릿날·천중절·중오절이라고도 해요. 창포물에 머리 감기, 그네뛰기, 씨름, 봉산 탈춤 등의 풍속이 있었고, 임금이 신하들에게 부채를 나누어 주기도 하였어요. 수리취떡, 쑥떡 등을 먹었어요.

▲ 그네뛰기

7 유두(流頭)

음력 6월 15일로, 동쪽으로 흐르는 맑은 물에 머리 감고 목욕하기, 탁족 놀이 등의 풍속이 있었어요. 햇밀가루로 만든 유두면이나 수단, 햇과일 등을 먹었어요.

▲ 탁족 놀이

8 칠석

음력 7월 7일로, 견우와 직녀가 만나는 날로 전해져요. 시 짓기, 칠석 놀이, 햇볕에 옷과 책 말리기 등의 풍속이 있었고, 호박전, 밀전병, 밀국수 등을 먹었어요.

▲ 견우와 직녀로 보이는 인물
(고구려 덕흥리 고분 벽화)

9 백중

음력 7월 15일로, 머슴날이라고도 한 농민들의 여름 축제예요. 씨름, 호미씻이(호미걸이, 술멕이, 질먹기, 풋굿), 들돌들기 등의 풍속을 즐기며 음식과 술을 나누어 먹었어요.

▲ 호미씻이

10 추석

음력 8월 15일로, 한가위·중추절·가배라고도 해요. 조상께 가을철 풍성한 수확에 대해 감사를 전하는 날로, 성묘, 차례, 줄다리기, 강강술래, 씨름, 가마싸움 등의 풍속이 있었어요. 송편, 시루떡, 토란국 등을 먹었어요.

▲ 송편

▲ 강강술래

11 중양절

음력 9월 9일로, 홀수 즉, 양수(陽數)가 겹친 날이라는 뜻이에요. 성묘와 차례를 지냈으며, 국화를 따서 빚은 술인 국화주와 국화 꽃잎으로 만든 국화전 등을 먹었어요.

▲ 국화주

▲ 국화전

12 입동

양력 11월 7~8일경, 음력 10월경에 해당하는 날로, '이날부터 겨울이 시작된다.'는 뜻이 담겨 있어요. 이즈음부터 겨울을 보낼 준비를 시작하는데, 김장을 담그거나 치계미를 마련하여 마을 어른들께 대접하였어요.

▲ 김장

13 동지

양력 12월 22일경으로, 일 년 중 밤의 길이가 가장 긴 날이에요. 주로 새알심을 넣은 팥죽과 동치미를 먹었는데, 팥의 붉은색이 귀신을 물리친다고 여겨 집 안 곳곳에 팥죽을 놓아두었어요.

▲ 팥죽

14 섣달그믐

음력으로 한 해의 마지막 날이며, 제야·세밑이라고도 해요. 윷놀이, 밤에 잠을 자지 않는 밤새우기(해지킴) 등의 풍속이 있었고, 만둣국과 동치미를 먹었어요.

▲ 만둣국

▲ 동치미

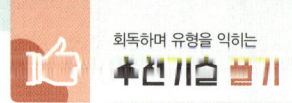

1 67회

(가)에 들어갈 내용으로 옳은 것은? [1점]

① 단오 ② 동지 ③ 칠석 ④ 한식

2 66회

밑줄 그은 '그날'에 해당하는 세시 풍속으로 옳은 것은? [1점]

① 단오 ② 동지 ③ 추석 ④ 칠석

세시 풍속

정답분석 ② 동지는 양력 12월 22일경으로, 일 년 중 밤의 길이가 가장 긴 날이에요. 주로 새알심을 넣은 팥죽과 동치미를 먹었는데, 팥의 붉은색이 귀신을 물리친다고 여겨 집 안 곳곳에 팥죽을 놓아두었어요.

오답분석 ① 단오는 음력 5월 5일로, 수릿날·천중절·중오절이라고도 해요. 창포물에 머리 감기, 그네뛰기, 씨름, 봉산 탈춤 등의 풍속이 있었고, 임금이 신하들에게 부채를 나누어 주기도 하였어요. 수리취떡, 쑥떡 등을 먹었어요.
③ 칠석은 음력 7월 7일로, 견우와 직녀가 만나는 날로 전해져요. 시 짓기, 칠석 놀이, 햇볕에 옷과 책 말리기 등의 풍속이 있었고 호박전, 밀전병, 밀국수 등을 먹었어요.
④ 한식은 동지에서 105일째 되는 날로 성묘, 그네뛰기, 개사초(산소 손질) 등의 풍속이 있었어요. 이날은 불을 사용하지 않고 찬 음식을 먹었어요.

정답 | ②

세시 풍속

정답분석 ④ 칠석은 음력 7월 7일로, 견우와 직녀가 만나는 날로 전해져요. 시 짓기, 칠석 놀이, 햇볕에 옷과 책 말리기 등의 풍속이 있었고 호박전, 밀전병, 밀국수 등을 먹었어요.

오답분석 ① 단오는 음력 5월 5일로, 수릿날·천중절·중오절이라고도 해요. 창포물에 머리 감기, 그네뛰기, 씨름, 봉산 탈춤 등의 풍속이 있었고 임금이 신하들에게 부채를 나누어 주기도 하였어요. 음식으로 수리취떡, 쑥떡 등을 먹었어요.
② 동지는 양력 12월 22일경으로, 일 년 중 밤의 길이가 가장 긴 날이에요. 주로 새알심을 넣은 팥죽과 동치미를 먹었는데, 팥의 붉은색이 귀신을 물리친다고 여겨 집 안 곳곳에 팥죽을 놓아두었어요.
③ 추석은 음력 8월 15일로, 한가위·중추절·가배라고도 해요. 조상께 가을철 풍성한 수확에 대해 감사를 전하는 날로, 성묘, 차례, 줄다리기, 강강술래, 씨름, 가마싸움 등의 풍속이 있었어요. 음식으로 송편, 시루떡, 토란국 등을 먹었어요.

정답 | ④

3 63회

(가)에 들어갈 명절로 옳은 것은? [1점]

① 단오
② 동지
③ 한식
④ 정월 대보름

4 61회

밑줄 그은 '이날'에 해당하는 세시 풍속으로 옳은 것은? [1점]

① 단오 ② 동지 ③ 추석 ④ 한식

📢 세시 풍속

정답분석 ④ 정월 대보름은 음력 1월 15일로, 부럼 깨기, 달맞이, 줄다리기, 쥐불놀이, 달집태우기 등을 하였어요. 또한 오곡밥, 귀밝이술 등을 먹었어요.

오답분석 ① 단오는 음력 5월 5일로, 수릿날이라고도 불렸어요. 이날에는 창포 삶은 물로 머리를 감고 씨름, 그네뛰기 등을 하였어요.
② 동지는 양력 12월 22일~23일경으로, 일 년 중 밤이 가장 긴 날이에요. 이날에는 팥죽을 쑤어 먹는 풍습이 있어요.
③ 한식은 동지에서 105일째 되는 날로, 불을 사용하지 않고 찬 음식을 먹는 풍습이 있어요.

📢 세시 풍속

정답분석 ① 단오는 음력 5월 5일로 천중절, 중오절, 수릿날이라고도 불리는 우리나라의 세시 풍속이에요. 창포 삶은 물로 머리 감기, 그네뛰기, 씨름 등의 풍습이 있어요.

오답분석 ② 동지는 양력 12월 22~23일경으로 일년 중 밤이 가장 긴 날이에요. 팥죽을 쑤어 먹는 풍습이 있어요.
③ 추석은 음력 8월 15일로 한가위 또는 중추절이라고도 해요. 새로 수확한 곡식이나 과일 등을 가지고 차례를 지냈으며, 송편 등을 만들어 먹는 풍습이 있어요.
④ 한식은 동지로부터 105일째 되는 날로, 불을 사용하지 않고 찬 음식을 먹는 풍습이 있어요.

2 지역사

원산
- 조선: 강화도 조약으로 개항, 원산 학사 설립
- 일제 강점기: 원산 총파업

개성
- 고려: 고려의 수도(개경), 나성 축조, 만적의 난, 선죽교에서 정몽주 피살
- 조선: 송상의 근거지
- 대한민국: 개성 공단 조성

서울
- 백제: 백제의 수도, 석촌동 고분군
- 신라: 진흥왕이 북한산 순수비 건립(김정희가 《금석과안록》에서 밝힘)
- 광복 직후: 제1차 미·소 공동 위원회 개최(덕수궁 석조전)

인천
- 조선: 강화도 조약으로 개항, 임오군란 직후 일본과 제물포 조약 체결
- 대한민국: 6·25 전쟁 중 인천 상륙 작전 성공

강화도
- 청동기 시대: 고인돌 유적(유네스코 세계 유산)
- 고려: 몽골 침입 때 임시 수도, 삼별초 항쟁
- 조선: 정묘호란 때 인조 피난, 병자호란 때 김상용 순절, 정족산 사고 설치(《조선왕조실록》 보관), 정조 때 외규장각 설치, 병인양요(프랑스군이 퇴각하면서 외규장각 도서 및 보물 약탈)·신미양요 발발(어재연이 광성보에서 활약), 운요호 사건, 강화도 조약 체결

수원
조선: 정조 때 수원 화성 건설, 장용영의 외영 설치

화성
- 통일 신라: 당항성을 통해 중국과 교류
- 일제 강점기: 3·1 운동 이후 제암리 학살 사건 발생

용인
고려: 몽골 침입 당시 김윤후가 처인성에서 전투를 벌여 몽골 장수 살리타 사살

철원
후삼국: 후고구려를 세운 궁예가 철원으로 수도를 옮김

강릉
조선: 오죽헌(이이의 탄생지)

충주
- 고구려: 충주 고구려비 건립
- 통일 신라: 5소경 중 하나
- 고려: 몽골의 5차 침입 때 김윤후가 노비를 비롯한 관민과 함께 몽골군 격퇴
- 조선: 임진왜란 때 신립의 탄금대 전투

청주
- 통일 신라: 5소경 중 하나, 서원경(신라 촌락 문서)
- 고려: 우왕 때 흥덕사에서 《직지심체요절》 인쇄

공주
- 구석기 시대: 석장리 유적
- 백제: 문주왕 때 웅진(공주) 천도, 무령왕릉
- 고려: 망이·망소이의 난 (명학소)
- 조선: 동학 농민군의 우금치 선투

부여
백제: 성왕 때 사비(부여) 천도, 정림사지 5층 석탑, 능산리 절터(백제 금동 대향로 출토)

서간도
일제 강점기: 신민회 회원들의 이주 → 삼원보 개척, 경학사 조직, 신흥 강습소 설립(→ 신흥 무관 학교), 서로 군정서 조직

북간도
- 대한 제국: 서전서숙(이상설)
- 명동 학교(김약연) 설립
- 일제 강점기: 대종교도 중심으로 무장 단체인 중광단 조직[→ 북로 군정서(김좌진)]

연해주
일제 강점기: 신한촌 건설, 권업회 조직, 권업신문 발행, 대한 광복군 정부 수립(대통령 이상설, 부통령 이동휘), 대한 국민 의회 수립, 스탈린에 의해 한인들이 중앙아시아로 강제 이주

의주
- 고려: 서희의 외교 담판으로 획득한 강동 6주 중 하나
- 조선: 임진왜란 때 선조 피난, 만상의 근거지(대청 무역)

평양
- 고구려: 장수왕 때 국내성에서 천도(안학궁), 고구려 멸망 이후 당이 안동도호부 설치
- 고려: 태조가 서경으로 삼아 중시, 묘청의 서경 천도 운동
- 조선: 제너럴셔먼호 사건
- 대한 제국: 안창호가 대성 학교 설립(신민회)
- 일제 강점기: 조만식 등을 중심으로 조선 물산 장려회 결성, 강주룡의 고공 농성(을밀대 지붕)
- 대한민국: 최초로 남북 정상 회담 개최(6·15 남북 공동 선언)

시험에 자주 나오는 핵심 자료 몰아보기

논산
- 백제: 계백의 결사대가 황산벌에서 김유신이 이끈 신라군과 전투를 벌여 패함(황산벌 전투)
- 고려: 논산 관촉사 석조 미륵보살 입상 제작
- 조선: 돈암 서원(김장생)

익산
- 백제: 무왕이 미륵사 건립(미륵사지 석탑)
- 신라: 고구려 부흥 운동을 전개하던 안승 무리를 머물게 하고 안승을 보덕국 왕으로 삼음
- 백제 역사 유적 지구에 포함(유네스코 세계 유산)

전주
- 후삼국: 견훤이 세운 후백제의 수도(완산주)
- 조선: 경기전에 태조 이성계의 어진 보관, 전라 감영 실치, 사고 설치(전주 사고), 동학 농민 운동 당시 동학 농민군과 조선 정부가 화약 체결

김제
후삼국: 견훤이 아들 신검에 의해 금산사 미륵전에 유폐됨

정읍
대한 제국: 임병찬이 무성 서원에서 의병을 일으킴

광주
- 일제 강점기: 광주 학생 항일 운동
- 대한민국: 5·18 민주화 운동

나주
- 후삼국: 후고구려의 장군이었던 왕건이 후백제를 견제하기 위해 나주 점령
- 고려: 거란의 2차 침입 때 현종 피난지
- 일제 강점기: 나주역에서 한·일 학생 간에 충돌 발생 → 광주 학생 항일 운동의 계기

신안
일제 강점기: 암태도 소작 쟁의

강진
- 고려: 만덕사에서 요세가 백련 결사 운동
- 조선: 정약용의 다산 초당(《경세유표》 저술)

진도
고려: 배중손이 지휘한 삼별초가 용장성을 쌓고 대몽 항쟁 전개

완도
통일 신라: 장보고가 청해진 설치(해상 무역 점령)

화순
조선: 기묘사화로 유배된 조광조가 사사됨

거문도
대한 제국: 영국의 거문도 불법 점령(거문도 사건)

대구
- 후삼국: 후백제와 고려의 공산 전투(후백제 승리)
- 조선: 최제우 수감·처형
- 대한 제국: 국채 보상 운동 시작(김광제, 서상돈)

울산
- 선사 시대: 울주 대곡리 반구대 바위그림
- 통일 신라: 국제 무역항으로 아라비아 상인까지 왕래

영주
- 신라: 의상의 부석사 창건
- 고려: 부석사 무량수전 건립
- 조선: 주세붕이 백운동 서원 설립(최초의 서원) → 소수 서원(최초의 사액 서원)

부산
- 조선: 왜관 설치(대일 무역 거점), 임진왜란 때 송상현 순절, 내상의 근거지(대일 무역), 강화도 조약으로 개항(최초의 개항지)
- 일제 강점기: 의열단원 박재혁이 부산 경찰서 폭탄 의거
- 대한민국: 6·25 전쟁 중 임시 수도, 부·마 민주 항쟁, 2005 아시아·태평양 경제 협력체(APEC) 정상 회의 개최

안동
- 후삼국: 후백제와 고려의 고창 전투(고려 승리)
- 고려: 홍건적의 침입으로 공민왕 피난, 안동 봉정사 극락전 건립
- 조선: 도산 서원 건립(이황 배향)

경주
신라: 신라의 수도, 불국사·석굴암·첨성대·황룡사(황룡사 9층 목탑) 건립, 경주 역사 유적 지구에 포함(유네스코 세계 유산)

고령
가야: 후기 가야 연맹을 이끌던 대가야의 중심지, 지산동 고분군

합천
조선: 해인사 장경판전을 세워 고려 시대에 만들어진 팔만대장경판 보관

김해
가야: 전기 가야 연맹을 이끌던 금관가야의 중심지, 대성동 고분군

진주
- 조선: 임진왜란 때 김시민의 진주 대첩(일본군 격퇴), 진주 농민 봉기(→ 임술 농민 봉기)
- 일제 강점기: 조선 형평사가 조직되어 형평 운동 전개

거제도
대한민국: 6·25 전쟁 때 포로 수용소 설치

울릉도와 독도
- 신라: 지증왕 때 우산국(울릉도 일대) 복속
- 조선: 안용복이 에도 막부로부터 울릉도와 독도가 우리 영토임을 확인받음
- 대한 제국: '칙령 제41호' 발표, 일본이 러·일 전쟁 중 독도를 일본 영토로 강제 불법 편입함

흑산도
조선: 정약전이 《자산어보》 저술

제주도
- 선사: 고산리 유적(신석기 시대)
- 고려: 김통정이 지휘하는 삼별초가 항파두리성에서 최후의 대몽 항쟁 전개, 원이 탐라총관부 설치
- 조선: 효종 때 하멜 일행이 표류하다 도착함, 김정희의 유배지로 세한도를 그려 제자에게 선물로 줌, 김만덕의 빈민 구제 활동
- 일제 강점기: 알뜨르 비행장 건설
- 광복 직후: 제주 4·3 사건

1 67회

(가) 지역에서 있었던 사실로 옳은 것은? [3점]

뚜벅뚜벅 역사 여행

- 주제 : (가) 에서 만나는 시간과 공간, 그리고 사람들
- 일자 : 2023년 ○○월 ○○일
- 답사 경로 : 동삼동 패총 전시관 – 초량 왜관 – 임시 수도 기념관 – 민주 공원

① 이봉창이 의거를 일으켰다.
② 망이·망소이가 봉기하였다.
③ 장보고가 청해진을 설치하였다.
④ 송상현이 동래성에서 순절하였다.

부산의 역사

정답분석 부산 동삼동 유적은 신석기 시대의 대표적인 유적으로, 빗살무늬 토기와 갈돌과 갈판, 패총 등이 출토되었어요. 조선 후기에는 초량 왜관을 통해 일본과 무역하였는데, 임진왜란 이후 부산 두모포에 왜관이 신설되었다가 숙종 때 초량으로 옮겨졌어요. 1950년 6월에 발발한 6·25 전쟁 초기에 북한군의 공세에 밀린 이승만 정부는 피란하여 부산을 임시 수도로 정하였어요.
④ 1592년에 임진왜란을 일으킨 일본군은 부산에 상륙하여 부산진성 전투와 동래성 전투에서 승리한 후 한양을 향해 빠르게 진격하였어요. 동래성 전투에서는 송상현이 일본군과 싸우다 순절하였어요.

오답분석 ① 1931년에 김구가 조직한 한인 애국단 소속의 이봉창은 일본 도쿄에서 일왕의 행렬을 향해 폭탄을 투척하였어요.
② 고려 무신 집권기인 1176년에 공주 명학소에서 망이, 망소이 등이 가혹한 수탈에 저항하여 봉기를 일으켰는데, 이 사건을 망이·망소이의 난이라고 해요.
③ 9세기 전반 신라의 장보고는 당에서 군인으로 활약하다가 귀국한 후 왕의 후원 아래 완도에 청해진을 설치하였어요. 장보고는 청해진을 거점으로 해적을 소탕하고 해상 무역을 전개하여 큰 부를 쌓았어요.

정답 | ④

2 66회

(가) 지역에 대한 탐구 활동으로 가장 적절한 것은? [2점]

저는 (가) 의 역사와 관련된 단어를 이 섬의 모양으로 표현해 보았습니다.

삼성혈, 이중섭, 관덕정, 김만덕, 탐라총관부, 해녀항쟁, 4·3사건, 이재수의난, 고산리, 알뜨르비행장, 추사유배지, 탐라국, 송악산동굴진지, 하멜

① 운요호 사건의 과정을 검색한다.
② 삼별초의 최후 항쟁지를 조사한다.
③ 고려 왕릉이 조성된 지역을 찾아본다.
④ 대한 제국 칙령 제41호의 내용을 파악한다.

제주의 역사

정답분석 제주 고산리 유적은 양양군 오산리 유적, 서울 암사동 유적과 더불어 신석기 시대의 대표적인 유적이에요. 조선 후기에 활동한 상인 김만덕은 재산을 기부하는 등 제주도에서 빈민 구제 활동을 벌였어요. 〈세한도〉는 김정희가 제주도에서 유배 생활을 할 때 자신을 잊지 않고 챙겨 준 제자 이상적에게 고마움의 표시로 그려준 그림이에요. 1948년 4월 3일에 제주도에서 남한만의 단독 정부 수립에 반대하는 무장 봉기가 일어나 미군정이 이를 탄압하는 과정에서 무고한 수많은 제주도민이 희생되는 사건이 일어났는데, 이를 제주 4·3 사건이라고 해요.
② 고려 시대에 삼별초는 제주도에서 최후의 대몽 항쟁을 전개하였는데, 항파두리 항몽 유적은 삼별초의 마지막 보루였던 곳이에요.

오답분석 ① 조선 말인 1875년에 일본의 군함 운요호가 허락 없이 강화도로 접근하여 영종도를 공격하였는데, 이를 운요호 사건이라고 해요. 이 사건을 계기로 조선은 일본과 강화도 조약(조·일 수호 조규)을 체결하였어요.
③ 고려 시대의 왕릉은 대부분 수도였던 개성 부근에 조성되어 있어요. 몽골이 침략해온 시기에는 당시 임시 수도였던 강화도에 일부 고려 왕릉이 조성되었어요.
④ 대한 제국은 칙령 제41호를 반포하여 독도를 울릉 군수의 관할 영토로 명시하였어요.

정답 | ②

3. 64회

밑줄 그은 '이 섬'에 대한 설명으로 옳은 것은? [1점]

> 우리나라 동쪽 끝에 있는 이 섬은 1900년 대한 제국 칙령 41호에서 우리 영토임을 분명히 하였습니다.

① 정약전이 자산어보를 저술한 섬이다.
② 하멜 일행이 표류하다 도착한 섬이다.
③ 이종무가 왜구를 소탕하기 위해 정벌한 섬이다.
④ 안용복이 일본에 가서 우리 영토임을 확인받은 섬이다.

독도의 역사

정답분석 독도는 울릉도에 부속된 섬으로 삼국 시대부터 우리나라의 고유 영토였어요. 대한 제국은 1900년에 칙령 제41호를 반포하여 독도를 관할 영토로 명시하였어요. 그러나 일본은 러·일 전쟁 중에 독도를 무인도로 규정하고 자국 영토인 시마네현으로 불법 편입하였어요.
④ 조선 숙종 때 일본 어민들이 독도를 무단으로 자주 침입하자, 어부였던 안용복은 일본으로 건너가 일본인들의 불법 침입에 대해 항의하며 독도가 조선의 영토임을 주장하였어요. 그리고 일본으로부터 울릉도와 독도가 조선 땅이라는 것을 공식적으로 확인받고 돌아왔어요.

오답분석 ① 조선 순조 때 정약전은 흑산도에서 유배 중 《자산어보》를 저술하였어요.
② 조선 효종 때 하멜 일행은 표류하다 제주도에 도착하였고, 이곳에서 겪었던 일을 《하멜 표류기》라는 책으로 만들었어요.
③ 조선 세종 때 이종무가 군사를 이끌고 왜구의 근거지인 쓰시마섬(대마도)을 정벌하였어요.

정답 | ④

4. 63회

학생들이 공통으로 이야기하는 지역으로 옳은 것은? [2점]

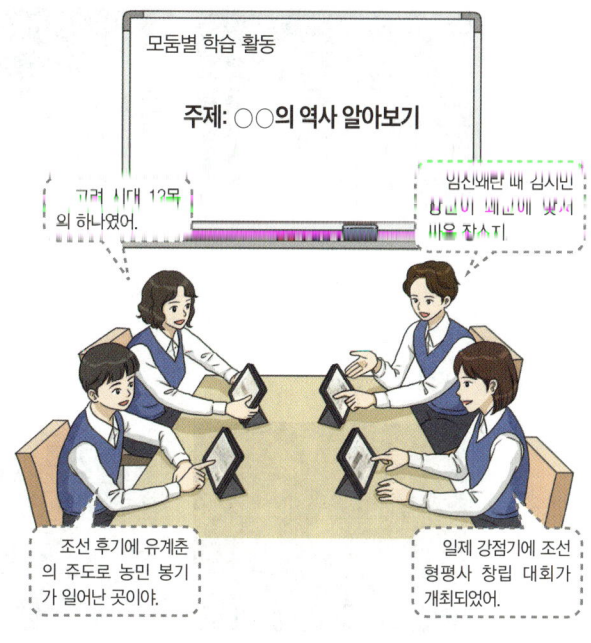

① 강릉   ② 군산   ③ 대구   ④ 진주

진주의 역사

정답분석 임진왜란 당시 김시민은 진주목사를 이끌고 진주성에서 일본군과 싸워 크게 승리하였는데, 이를 진주 대첩이라고 해요. 진주 대첩은 한산도 대첩, 행주 대첩과 함께 임진왜란의 3대 대첩으로 불려요. 1862년 진주에서 유계춘을 중심으로 경상 우병사 백낙신의 부정부패에 항의하는 농민 봉기가 일어났어요(진주 농민 봉기). 이후 농민 봉기가 전국적으로 확산되었는데 이때가 임술년이라 임술 농민 봉기라고 해요. 일제 강점기 당시 백정들은 자신들에 대한 사회적 차별을 철폐하기 위해 진주에서 조선 형평사를 조직하고 형평 운동을 전개하였어요.
④ 임진왜란 당시 김시민이 진주에서 일본군을 격퇴하였고(진주 대첩), 일제 강점기에는 진주에서 형평 운동이 전개되었어요.

오답분석 ① 강릉에는 신사임당과 율곡 이이가 태어난 집인 오죽헌이 있어요.
② 일제는 1920년대 산미 증식 계획을 추진하며 군산항 등을 통해 쌀을 일본으로 반출하였어요.
③ 대한 제국 시기 대구에서 김광제, 서상돈 등이 중심이 되어 국채 보상 운동이 시작되었어요.

정답 | ④

3 유네스코와 유산, 조선의 궁궐

❶ 해인사 장경판전(1995)

고려 시대에 만들어진 팔만대장경판을 보관하기 위해 조선 초에 만들어졌어요. 환기·온도·습도 조절 등의 기능을 자연적으로 해결할 수 있도록 과학적으로 설계되어 경판이 손상되는 것을 예방할 수 있었어요. 창건 당시의 원형이 그대로 보존되어 있어요.

❷ 종묘(1995)

유교를 사회 이념으로 삼았던 조선 시대에 역대 왕과 왕비 및 추존된 왕과 왕비의 신주를 모시고 제사를 지내던 사당으로, 종묘 제례가 열려요.

❸ 석굴암과 불국사(1995)

통일 신라 시대에 만들어진 대표적인 불교 유적이에요. 인공 석굴 사원인 석굴암 안에는 본존불이 앉아 있는데, 신라인들의 뛰어난 조형술을 보여 주는 것이에요. 불국사 내에는 불국사 3층 석탑과 다보탑이 있어요.

❹ 창덕궁(1997)

조선 왕조의 궁궐 건축과 정원 문화를 대표하는 궁궐로, 경복궁 동쪽에 위치하였어요. 태종 때 지어졌으며, 광해군~고종 때까지 정궁의 역할을 하였어요.

❺ 수원 화성(1997)

조선 정조 때 만든 성곽으로, 정약용이 만든 거중기 등을 사용하여 비용과 노동력을 절감하였어요. 축조 과정이 《화성성역의궤》에 기록되어 전해지고 있어요.

❻ 고창·화순·강화의 고인돌 유적(2000)

고인돌은 청동기 시대를 대표하는 무덤 양식이에요. 우리나라에서는 고창·화순·강화 세 지역에 집중적으로 분포되어 있으며, 다양한 유물이 출토되고 있어요. 고인돌의 밀집분포도, 형태의 다양성 등으로 고인돌의 형성과 발전 과정은 물론 당시의 사회 모습까지 짐작할 수 있는 중요한 유적이에요.

❼ 경주 역사 유적 지구(2000)

불교 유적이 있는 남산 지구, 옛 왕궁 터인 월성 지구, 고분 유적이 있는 대릉원 지구, 불교 사찰 유적인 황룡사 지구, 산성이 있는 산성 지구로 구성되어 있어요.

❽ 제주 화산섬과 용암 동굴(2007)

한라산 천연 보호 구역, 거문오름 용암 동굴계, 성산 일출봉 응회구로 구성되어 있어요. 높은 학술적 가치와 아름다운 경관 때문에 세계 자연 유산으로 등재되었어요.

❾ 조선 왕릉(2009)

조선 시대 왕과 왕비의 무덤으로, 총 40기의 무덤이 18개 지역에 흩어져 있어요. 유교의 예법과 풍수지리설 등이 반영되어 구성된 공간이에요.

⑩ 한국의 역사 마을: 하회와 양동(2010)

안동 하회 마을과 경주 양동 마을로 구성되어 있어요. 두 마을 모두 숲이 우거진 산을 뒤로 하고, 강과 탁 트인 농경지를 바라보는 마을의 입지와 배치를 가지고 있는데, 이를 통해 조선 초 유교적 양반 문화를 알 수 있어요.

⑪ 남한산성(2014)

조선 시대에 긴급한 일이 생겼을 때를 대비하여 임시 수도의 역할을 할 수 있도록 주요 시설을 갖춰 계획적으로 만든 산성 도시예요.

⑫ 백제 역사 유적 지구(2015)

충남 공주·부여, 전북 익산에 분포하는 백제와 관련된 총 8곳의 역사 유적이에요. 공주와 부여는 백제의 수도였고, 익산은 한때 무왕이 수도로 삼으려고 하였던 곳이에요.

⑬ 산사, 한국의 산지 승원(한국의 산사, 2018)

산속에 있는 한국 불교 사찰을 대표하는 7개의 절로, 한국 불교문화의 역사성과 주변 자연환경과 조화를 이루는 아름다움 등이 인정받아 세계 문화 유산으로 등재되었어요.

⑭ 한국의 서원(2019)

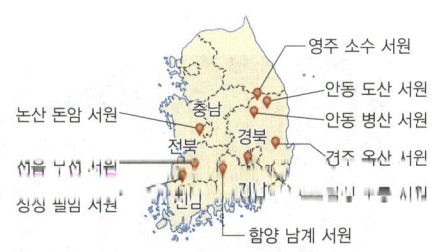

서원은 조선 시대의 대표적인 성리학 교육 시설로, 총 9개예요. 서원은 주로 사림에 의해 각 지방에 건립되어 교육과 제사의 기능을 담당하였어요.

⑮ 한국의 갯벌(2021)

충남 서천, 전북 고창, 전남 신안, 전남 보성·순천 등 4곳에 있는 갯벌을 묶은 유산으로, 세계 자연 유산으로 등재되었어요.

⑯ 훈민정음 해례본(1997)

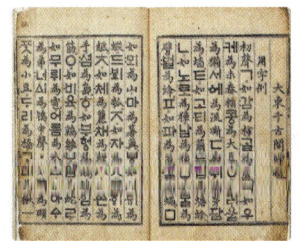

세종이 훈민정음을 만든 후 집현전 학사들에게 명하여 편찬된 책으로, 훈민정음을 만든 원리가 상세히 기록되어 있어요.

⑰ 조선왕조실록(1997)

조선 태조 때부터 철종까지의 역사를 편년체로 기록한 역사서로, 왕이 죽으면 실록청에서 사초와 시정기 등을 바탕으로 편찬 작업을 하였어요.

⑱ 불조직지심체요절 하권(2001)

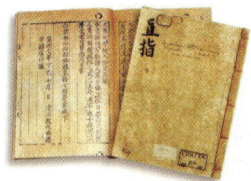

1377년에 청주 흥덕사에서 인쇄된 현존하는 세계에서 가장 오래된 금속 활자본으로, '직지'라고도 해요. 현재 프랑스 국립 도서관에 보관되어 있어요.

⑲ 승정원일기(2001)

승정원은 조선 시대 국왕의 비서 기관이자 왕명 출납을 담당하였던 기관으로, 이곳에서 매일매일 작성한 업무 일지 및 주요 사건에 대한 기록물이에요.

20 조선 왕조 의궤(2007)

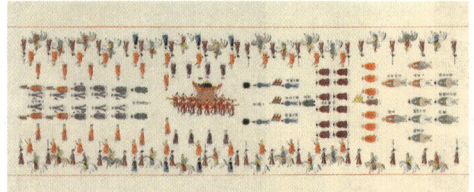

왕의 혼인, 세자 책봉 등 조선 왕실의 주요 행사를 글과 그림으로 기록한 책이에요. 병인양요 때 프랑스군이 퇴각하면서 강화도의 외규장각에 있던 의궤를 빼앗아 갔는데, 2001년에 영구 임대 형식으로 반환되었어요.

21 고려대장경판 및 제경판(2007)

고려 시대에 만들어진 팔만대장경판을 말하는 것으로, 몽골이 고려를 침입하였을 때 만들어졌어요. 조선 초부터 합천 해인사 장경판전에 보관되어 있고, 원형이 잘 보존되어 있어요.

22 동의보감(2009)

1610년 광해군 때 허준이 완성한 의학서예요. 국내외 의학 이론을 집대성한 책이에요. 의학서로는 처음으로 세계 기록 유산으로 등재되었어요.

23 일성록(2011)

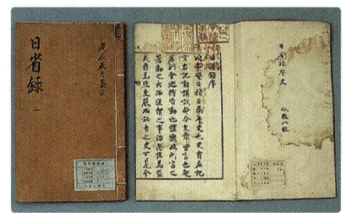

정조가 세손 시절부터 쓰기 시작한 일기에서 출발한 것으로, 왕의 동정과 국정을 기록한 일기예요. 정조 즉위 후에는 규장각에서 집필하였어요.

24 1980년 인권 기록 유산 5·18 광주 민주화 운동 기록물(2011)

5·18 민주화 운동의 발단부터 전개 과정, 시위 탄압, 진상 조사 활동, 보상에 이르기까지를 아우르는 기록물이에요.

25 난중일기: 이순신 장군의 진중일기(2013)

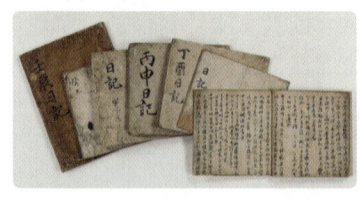

임진왜란 때 이순신이 작성한 일기로, 전투 상황 등이 상세히 기록되어 있어요.

26 새마을 운동 기록물(2013)

1970~1979년까지 전개된 새마을 운동에 대한 문서·사진·영상 등의 기록물이에요.

27 한국의 유교책판(2015)

조선 시대 유학자들의 서책 718종을 간행하기 위해 판각한 책판이에요.

28 KBS 특별생방송 '이산가족을 찾습니다' 기록물(2015)

한국방송공사(KBS)가 1983년 6월 30일부터 138일 동안 생방송으로 진행한 이산가족 찾기 운동과 관련된 기록물이에요.

29 국채 보상 운동 기록물(2017)

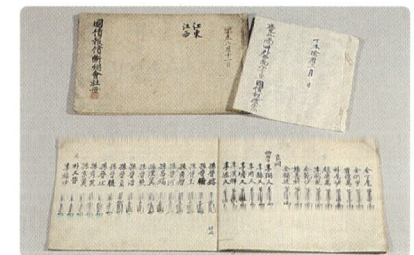

1907년에 국가가 진 빚을 국민들이 갚기 위해 벌인 국채 보상 운동과 관련된 기록물이에요.

30 조선 통신사에 관한 기록: 17~19세기 한·일 간 평화 구축과 문화 교류의 역사(2017)

왜란 이후 에도 막부의 요청으로 1607년부터 1811년까지 총 12회에 걸쳐 조선에서 일본으로 파견한 외교 사절단과 관련된 자료들이에요.

31 조선 왕실 어보와 어책(2017)

조선 왕실에서 왕의 즉위식, 세자 책봉 등 중요한 행사가 있을 때마다 만든 어보와 어책이에요. 왕실의 권위와 정통성을 상징하는 어보와 어책은 조선 건국 초부터 지속적으로 제작·봉헌되었어요.

32 경복궁

경복궁은 조선 건국 후 가장 먼저 지어진 조선의 법궁이에요. 궁궐 안에는 국왕의 정무 공간과 왕실의 생활 공간 등이 조성되어 있으며, 도성의 북쪽에 있다고 하여 '북궐'이라 부르기도 해요. 임진왜란 당시 불에 타 없어졌는데 이후 고종 때 흥선 대원군이 중건하였고, 1895년 명성 황후가 일본에 의해 시해된 을미사변이 일어났어요. 일제 강점기에 조선 총독부 건물이 세워졌으며, 조선 물산 공진회 장소로 이용되었어요.

▲ 근정전   ▲ 경회루

33 창덕궁

▲ 주합루

조선 태종이 개경에서 다시 한양으로 천도한 후 경복궁 동쪽에 세운 이궐이에요. 영조 때 세워진 주합루에 정조는 규장각을 설치하여 신하들과 함께 정책을 연구하였어요. 창덕궁은 자연경관과 조화를 이루는 정원 문화가 돋보이는 궁궐이에요.

34 덕수궁

▲ 중명전   ▲ 석조전   ▲ 정관헌

덕수궁의 처음 이름은 경운궁으로, 임진왜란 때 선조가 피난에서 돌아와 임시 거처로 삼으면서 '정릉동 행궁'이라 하였어요. 1897년 고종이 아관 파천 후 환궁하여 대한 제국의 수립을 선포하였으며, 1905년 중명전에서 고종의 동의 없이 일제가 강제적으로 을사늑약을 체결하여 대한 제국의 외교권을 빼앗았어요. 이후 1945년 광복 직후 미·소 공동 위원회가 열려 한반도 문제가 논의되었어요.

35 창경궁

조선 성종 때 창덕궁을 확장하여 지은 이궐로, 일제 강점기에 일제에 의해 동물원·식물원 등이 설치되고 창경원으로 격하되기도 하였어요.

36 경희궁

경희궁의 원래 이름은 경덕궁으로, 경복궁의 서쪽에 지은 궁궐이라 하여 '서궐'로 불렸어요. 일제 강점기에 일제가 경성중학교를 궁궐 안에 세우면서 크게 훼손되었어요.

1 64회

(가) 문화유산으로 옳은 것은? [2점]

이 실감 콘텐츠는 정조와 혜경궁이 함께 수원 화성에 행차하는 장면을 구현한 것으로, 조선 시대 왕실이나 국가의 중대한 행사를 글과 그림으로 기록한 책인 (가) 을/를 바탕으로 제작되었어요.

① 의궤
② 경국대전
③ 삼강행실도
④ 조선왕조실록

2 63회

(가)에 들어갈 문화유산으로 옳은 것은? [1점]

조사 보고서

△학년 △반 이름: ○○○

■ 주제: (가) 의 축조와 복원

(가) 은 정조의 명에 의해 축조된 성으로, 거중기 등을 이용하여 공사 기간과 경비를 줄일 수 있었다. 일제 강점기와 6·25 전쟁을 거치면서 일부 훼손되었지만, 의궤의 기록을 바탕으로 원형에 가깝게 복원되었다. 아래의 사진과 그림은 이 성의 일부인 남포루가 엄밀한 고증을 거쳐 복원되었음을 보여 준다.

훼손된 모습 / 의궤에 묘사된 포루 / 복원 후 모습

① 공산성   ② 전주성   ③ 수원 화성   ④ 한양 도성

📢 조선의 문화유산

정답분석 《의궤》는 조선 왕실의 주요 행사를 글과 그림으로 기록한 책으로, 왕의 혼인, 세자 책봉 등의 행사가 상세히 기록되어 있어요. 임진왜란을 거치면서 소실되었고, 병인양요 때는 프랑스군이 퇴각하면서 강화도의 외규장각에 있던 《의궤》를 빼앗아 갔는데, 2001년에 영구 임대 형식으로 반환되었어요.
① 《의궤》는 조선 시대 왕실이나 국가의 행사 내용을 글과 그림으로 기록한 책이에요. 2007년에 《조선왕조의궤》로 유네스코 세계 기록 유산에 등재되었어요.

오답분석 ② 《경국대전》은 세조 때 편찬하기 시작하여 성종 때 완성·반포한 조선의 기본 법전이에요.
③ 《삼강행실도》는 세종 때 우리나라와 중국의 모범이 될 만한 충신, 효자, 열녀의 행실을 모아 만든 윤리서예요. 보통 사람이 한눈에 쉽게 알아 볼 수 있도록 글 옆에 그림을 그려 넣었어요.
④ 《조선왕조실록》은 각 왕대의 역사를 편년체로 기록한 역사서로, 태조부터 철종 대까지 편찬되었어요. 왕이 죽으면 실록청을 설치하고, 실록청에서 사초와 시정기 등을 바탕으로 편찬하였어요.

정답 | ①

📢 한국의 성곽 건축물

정답분석 수원 화성은 조선 정조 때 당시의 모든 기술을 총동원해서 만든 성곽 건축물이에요. 정약용이 화성의 설계를 맡았고, 도르래의 원리를 이용해 무거운 물체를 들어올리는 기계인 거중기를 발명하여 성을 짓는 데 이용하였어요.
③ 경기도 수원에 있는 수원 화성은 조선 정조가 자신의 정치적 이상과 개혁 의지를 실현하고자 건설하였어요.

오답분석 ① 충청남도 공주에 있는 공산성은 백제가 고구려 장수왕에 밀려 한성에서 웅진으로 천도한 뒤, 수도를 방어하기 위해 축조한 산성이에요.
② 전라북도 전주에 있는 전주성은 1894년 동학 농민 운동이 일어났을 때 동학 농민군이 점령하기도 하였어요.
④ 서울에 있는 한양 도성은 조선 태조 때 한성부 도심의 경계를 표시하고 수도를 방어하기 위해 축조한 성곽이에요.

정답 | ③

3 58회

(가)에 들어갈 교육 기관으로 옳은 것은? [1점]

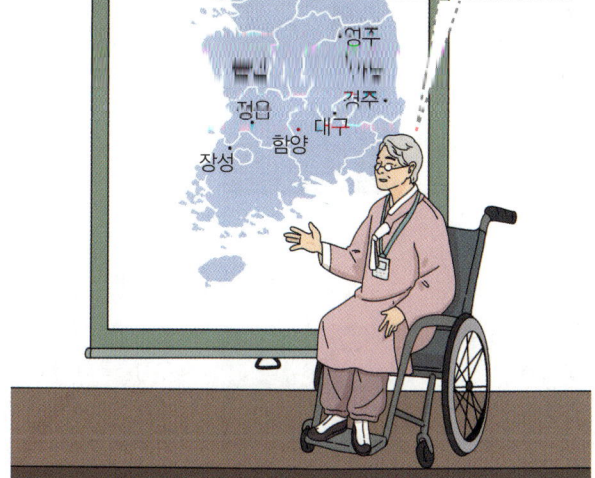

이 지도에는 유네스코 세계 유산에 등재된 '한국의 (가) ' 소재지가 표시되어 있습니다. 교육과 제사를 함께 담당하는 동아시아 성리학 교육 기관의 한 유형으로, 현재까지도 그 기능이 유지되고 있는 점이 높게 평가되어 등재되었습니다.

① 서원
② 향교
③ 성균관
④ 4부 학당

📢 조선의 교육 기관

정답분석 서원은 교육과 제사 외에 사림이 여론 형성을 주도하며 붕당의 근거지가 되기도 하였어요. 서원은 주세붕이 세운 백운동 서원을 시초로 전국 곳곳에 세워졌고, 영주의 소수 서원 등 9곳의 서원이 2019년에 유네스코 세계 유산에 등재되었어요.
① 서원은 성리학 연구와 함께 선현에 대한 제사 등을 담당한 지방 교육 기관이에요.

오답분석 ② 향교는 고려와 조선이 지방에 설치한 관립 중등 교육 기관으로, 중앙에서 교수와 훈도를 파견하였어요.
③ 성균관은 조선이 중앙에 설치한 최고 교육 기관으로, 유학 교육과 성현에 대한 제사를 담당하였어요.
④ 4부 학당은 조선이 수도 한성에 설치한 관립 중등 교육 기관이에요.

정답 | ①

4 61회

(가)에 들어갈 문화유산으로 옳은 것은? [1점]

임금께서 큰 복을 받으시라는 뜻에서 한양의 새로운 궁궐 이름을 (가) 으로 하기를 청합니다. 또한 중심이 되는 정전은 나랏일을 부지런히 해야 한다는 의미로 근정전이라 짓고자 합니다.

그 뜻이 좋구나. 그렇게 하도록 하라.

정도전 / 태조

① 경복궁 ② 경운궁 ③ 경희궁 ④ 창경궁

📢 조선의 궁궐

정답분석 경복궁은 조선 태조(이성계) 때 처음 지어진 조선의 법궁이에요. 정도전은 한양을 설계하고 사대문 및 건물의 주요 명칭을 짓는 등 조선을 건국하는 데 중요한 역할을 하였어요. 경복궁은 임진왜란 당시 불에 탔고, 이후 고종 때 흥선 대원군이 중건하였어요.
① 경복궁은 조선의 법궁으로 그 정전을 근정전이라고 불렀으며, 남쪽에 있는 정문을 광화문이라고 하였어요.

오답분석 ② 경운궁은 고종이 황제의 자리에 오른 뒤 대한 제국 수립을 선포한 곳으로, 고종의 퇴위 이후 덕수궁으로 명칭이 변경되었어요.
③ 경희궁은 광해군 때 지어진 궁궐로, 경복궁의 서쪽에 있어 '서궐'이라고 불렸어요.
④ 창경궁은 성종이 창덕궁의 동쪽에 지은 궁궐로, 일제 강점기에는 동물원과 식물원이 설치되어 창경원이라 불리기도 하였어요.

정답 | ①

4 근현대 인물

수운 최제우(최복술, 1824~1864)

- 경주의 몰락 양반 출신으로 동학 창시
- 《동경대전》(경전)과 《용담유사》(포교 가사집)를 지음
- 대구에 있는 경상 감영에서 처형됨

면암 최익현(1833~1906)

- 흥선 대원군을 비판하는 계유상소를 올림
- 왜양일체론 주장 (지부복궐척화의소)
- 단발령 반대 상소, 태인에서 의병 전개 (을사늑약 반발)
- 쓰시마섬(대마도)에서 순국

죽천 박정양(1841~1905)

- 조사 시찰단으로 일본에 파견됨
- 초대 주미 공사
- 독립 협회의 제안을 수용하여 중추원 관제 개편을 추진함

도원 김홍집(1842~1896)

- 온건 개화파
- 제2차 수신사로 일본에 파견되어 황준헌이 쓴 《조선책략》을 조선에 들여옴
- 군국기무처 총재관으로 갑오개혁 주도

월남 이상재(1850~1927)

- 서재필 등과 독립 협회 조직 → 만민 공동회 개최 주도
- 조선 교육 협회 창립
- 민립 대학 설립 운동을 주도함
- 신간회 초대 회장

고균 김옥균(1851~1894)

- 급진 개화파
- 우정총국 개국 축하연을 이용하여 갑신정변을 일으킴 → 실패 후 일본으로 망명
- 중국 상하이에서 홍종우에게 암살됨

전봉준(1855~1895)

- '녹두 장군'이라고도 불림
- 고부 지방에서 동학 농민 운동을 주도함
- 공주 우금치 전투에서 관군과 일본군에 패배 → 순창에서 체포되어 처형됨

왈우 강우규(1855~1920)

- 북간도에 한인 집단촌인 신흥동 건설
- 대한국민노인동맹단에서 활동
- 1919년 서울 남대문역에서 제3대 총독으로 부임하는 사이토 마코토를 향해 폭탄 의거

구당 유길준(1865~1914)

- 조사 시찰단으로 일본에 파견됨
- 보빙사로 미국에 파견됨
- 《서유견문》 저술
- 조선 중립화론 주장
- 을미개혁 때 단발령 주도

석주 이상룡(1858~1932)

- 서간도로 망명하여 경학사 조직, 신흥 강습소 설립
- 대한민국 임시 정부 초대 국무령
- 일제가 이상룡의 생가인 안동의 임청각을 훼손함

백암, 태백광노 박은식(1859~1925)

- 신민회 회원, 황성신문와 대한매일신보의 주필
- 유교 구신론 주장
- 《한국통사》와 《한국독립운동지혈사》 저술
- 대한민국 임시 정부의 제2대 대통령

윤희순(1860~1935)

- '안사람 의병가', '병정의 노래' 등 의병가 8편을 지어 의병들의 사기를 높임
- 중국으로 망명하여 노학당 설립
- 중국 푸순(무순)에서 조선 독립단 조직

자료 몰아보기

호머 베잘렐 헐버트(1863~1949)

- 미국인으로, 육영공원 교사로 초빙됨
- 세계지리 교과서인 《사민필지》를 한글로 간행함
- 을사늑약 체결 직후 고종의 밀서를 미국 정부에 전달함

송재 서재필(1864~1951)

- 갑신정변 참여 → 실패 후 미국으로 망명
- 미국에서 귀국하여 독립신문을 창간하고 독립 협회를 설립함

남강 이승훈(1864~1930)

- 신민회 회원 → 오산 학교 설립
- 105인 사건으로 수감됨
- 3·1 운동 민족 대표 중 기독교 대표, 물산 장려 운동·민립 대학 설립 운동 참여

우당 이회영(1867~1932)

- 신민회 회원
- 집안의 전 재산을 처분하여 독립운동 자금을 마련한 후 친지 및 가족들과 함께 서간도로 이주
- 서간도 삼원보에 경학사 조직, 신흥 강습소 설립

홍범도(1868~1943)

- 대한 독립군의 대장으로 독립군 연합 부대를 이끌고 봉오동 전투와 청산리 전투에서 일본군 격퇴
- 스탈린의 정책에 의해 중앙아시아로 강제 이주됨

우강 양기탁(1871~1938)

- 베델과 함께 대한매일신보 창간
- 국채 보상 운동 주도
- 대한민국 임시 정부 국무 위원

남자현(1872~1933)

- '독립군의 어머니'라 불리며, 서로 군정서에서 활동
- 간도에서 여자 권학회 조직→여성 운동 전개
- 국제 연맹 조사단에 '조선 독립원'이라는 혈서 전달 시도

어네스트 토마스 베델(한국명: 배설, 1872~1909)

- 영국인으로 양기탁과 함께 대한매일신보 창간
- 을사늑약의 부당함을 알리는 고종 친서
- 장인환·전명운의 항일 의병 활동을 호의적으로 보도

백범 김구(1876~1949)

- 한인 애국단 조직
- 대한민국 임시 정부 주석
- 신탁 통치 반대 운동 주도
- 김규식과 함께 남북 협상 참여

한힌샘, 백천 주시경(1876~1914)

- 국문 연구소 위원으로 국문법 정리, 체계적인 한글 연구
- 《국어문법》, 《말의 소리》 등 저술

신돌석(1878~1908)

- 평민 출신으로 을사 늑약 체결 이후 평해 일대에서 의병을 일으킴 → 평민 의병장으로 활약
- '태백산 호랑이'라고도 불림

도산 안창호(1878~1938)

- 신민회 조직 → 대성 학교 설립
- 서북 학회 조직
- 미국 샌프란시스코에서 흥사단 조직
- 대한민국 임시 정부에 참여
- 수양 동우회 사건으로 수감

도마 안중근(1879~1910)

- 연해주에서 의병 활동 전개
- 동의 단지회 조직
- 중국 하얼빈역에서 이토 히로부미 저격 → 뤼순 감옥에서 순국
- 〈동양 평화론〉 저술

단재 신채호(1880~1936)

- 〈독사신론〉 저술
- 《조선사연구초》, 《조선상고사》 저술
- 《을지문덕전》, 《이순신전》 등 위인전 편찬
- 의열단 활동 지침인 〈조선 혁명 선언〉 작성

조지 루이스 쇼(1880~1943)

- 아일랜드계 영국인
- 중국 단동에서 무역 회사인 이륭양행 설립 → 회사 안에 대한민국 임시 정부 교통국 사무소를 설치하여 자금 모금

우사 김규식(1881~1950)

- 파리 강화 회의에 민족 대표로 파견됨
- 대한민국 임시 정부 부주석 역임
- 여운형과 함께 좌우 합작 운동 주도
- 김구와 함께 남북 협상 참여

고헌 박상진(1884~1921)

- 상덕태상회를 설립하여 독립운동 지원
- 비밀 결사인 대한 광복회를 조직하여 독립운동 자금 조달, 친일 부호 처단 등의 활동 전개

몽양 여운형(1886~1947)

- 신한 청년당 결성
- 조선 건국 동맹과 조선 건국 준비 위원회 조직
- 김규식과 함께 좌우 합작 운동 주도

조소앙(본명: 조용은, 1887~1958)

- 대동단결 선언 발표
- 한국 독립당 결성, 대한민국 임시 정부 외무부장
- 삼균주의 주창(대한민국 임시 정부 건국 강령의 기초)

백산 지청천(이청천, 1888~1957)

- 한국 독립당 창당에 참여
- 한국 독립군 총사령관으로 한·중 연합 작전 전개 → 쌍성보·대전자령·사도하자 전투에서 일본군 격퇴
- 한국광복군 총사령

백야 김좌진(1889~1930)

- 신민회 가입
- 청년 학우회에서 활동, 대한 광복회 조직에 참여
- 북로 군정서를 이끌며 홍범도가 지휘한 대한 독립군 등과 함께 청산리 대첩에서 일본군 격퇴

프랭크 윌리엄 스코필드(한국명: 석호필, 1889~1970)

- 영국 태생의 캐나다 의학자이자 선교사
- 3·1 운동 당시 일제가 저지른 제암리 학살 사건의 기록을 남기고 참상을 외국 언론에 알림
- 국립 서울 현충원에 안장됨

김마리아(1892~1944)

- 일본에서 2·8 독립 선언에 참여
- 대한민국 애국 부인회 회장
- 미국에서 여성 독립운동 단체인 근화회 조직

나석주(마중달·마충대, 1892~1926)

- 대한민국 임시 정부에서 활동
- 의열단 가입
- 조선 식산 은행과 동양 척식 주식회사에 폭탄 투척

백남운(1894~1979)

- 유물 사관을 바탕으로 일제의 식민지 정체성론을 반박
- 《조선사회경제사》, 《조선봉건사회경제사》 등 저술

외솔 최현배(1894~1970)

- 주시경의 가르침을 받음
- 조선어 연구회와 조선어 학회에서 활동
- 《조선어 민족 사전》 교재들
- 《우리말본》, 《한글갈》 등 저술

약산 김원봉(1898~1958)

- 의열단 조직 주도
- 조선 혁명 간부 학교 설립
- 민족 혁명당 결성
- 조선 의용대 창설 그 뒤 의용대 일부 대원들과 함께 한국 광복군에 합류

소파 방정환(1899~1931)

- 천도교 소년회를 조직하여 소년 운동 전개
- 색동회 조직
- '어린이'라는 용어를 처음 사용
- '어린이날'을 만들고, 잡지 《어린이》 발행함

이봉창(1901~1932)

- 한인 애국단 가입
- 일본 도쿄에서 일왕의 마차를 향해 수류탄을 던졌으나 실패함

심훈(1901~1936)

- 3·1 운동 참여
- 저항시 〈그날이 오면〉 발표
- 소설 《직녀성》, 브나로드 운동을 소재로 쓴 《상록수》 등을 신문에 연재함

유관순(1902~1920)

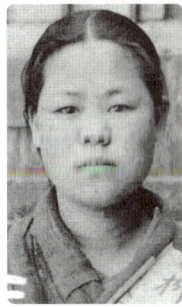

- 이화 학당 재학 시절 3·1 운동이 일어나자 만세 시위에 참여
- 고향의 천안으로 내려가 아우내 장터에서 만세 시위 주도
- 서대문 형무소에서 순국

춘사 나운규(1902~1937)

- 명동 학교 재학 중 3·1 운동 참여
- 영화 '아리랑'의 감독이자 주연 → 영화 '아리랑'을 서울 단성사에서 개봉함

이육사(본명: 이원록, 1904~1944)

- 조선은행 대구 지점 폭파 사건에 연루되어 수감되었을 때의 번호를 따 '이육사' 라는 이름을 사용함
- 저항시 〈청포도〉, 〈절정〉, 〈광야〉 등 발표

매헌 윤봉길(1908~1932)

- 한인 애국단 가입
- 중국 상하이 훙커우 공원에서 폭탄 의거를 일으켜 일본군 장성과 고관 처단

윤동주(1917~1945)

- 명동 학교 출신
- 〈서시〉, 〈자화상〉, 〈별 헤는 밤〉 등의 시 발표
- 일본 유학 중 독립 운동 혐의로 수감되어 옥사함
- 사후 시집 《하늘과 바람과 별과 시》 발간

전태일(1948~1970)

- 동료들과 함께 '바보회'라는 조직을 만들어 근로 기준법의 내용을 알림
- 1970년 노동자의 근무 환경 개선과 근로 기준법 준수를 요구하며 분신함

1 67회

(가)에 들어갈 내용으로 적절한 것은? [2점]

〈2023 기획 특강〉

한국사 속 여성, 세상 밖으로 나오다

격동의 역사 속에서 삶의 주체로 당당하게 살아온 여성들의 이야기를 들을 수 있습니다.

강의 내용
1강. 선덕 여왕, 우리나라 최초의 여왕으로 살다
2강. 허난설헌, ____(가)____
3강. 이빙허각, 가정생활을 담은 "규합총서"를 집필하다
4강. 윤희순, 안사람 의병가를 지어 의병 활동을 독려하다

- 일시 : 2023년 ○○월 ○○일 ○○시
- 장소 : □□문화원 소강당

① 시인으로 이름을 떨치다
② 여성 비행사로 활약하다
③ 임금 삭감에 저항하여 농성을 벌이다
④ 재산을 기부하여 제주도민을 구제하다

📢 여성들의 역사

정답분석 ① 허난설헌은 조선 중기의 여류시인으로, 《홍길동전》을 쓴 허균의 누이예요.

오답분석 ② 권기옥은 우리나라 최초의 여성 비행사로 일제 강점기에 항일 운동을 전개하였어요.
③ 강주룡은 평원 고무공장의 여공이었는데, 일제 강점기인 1931년에 임금 삭감에 저항하여 평양 을밀대 지붕에 올라가 농성을 벌였어요.
④ 김만덕은 조선 후기의 상인으로 재산을 기부하는 등 제주도에서 빈민 구제 활동을 벌였어요.

정답 | ①

2 66회

(가)에 해당하는 인물로 옳은 것은? [1점]

□□신문
제△△호 ○○○○년 ○○월 ○○일

____(가)____, 쓰시마섬에서 순국하다

을사늑약 체결에 저항하여 태인에서 의병을 일으켰던 ____(가)____ 이/가 오늘 절명하였다. 그는 관군이 진압하러 오자 같은 동포끼리는 서로 죽일 수 없다며 전투를 중단하고 체포되었다. 서울로 압송된 뒤 쓰시마섬에 끌려가 최후를 맞이하였다.

①
신돌석

②
최익현

③
안중근

④
홍범도

📢 근현대 인물

정답분석 최익현은 어린 고종이 성장하여 친정(親政)이 가능한 나이가 되었음에도 흥선 대원군이 계속 권력을 쥐고 있자, 흥선 대원군의 정치를 비판하며 흥선 대원군이 정치에서 물러날 것을 요구하는 내용의 상소를 올렸어요. 이를 계기로 흥선 대원군이 물러나고 고종의 친정이 이루어졌어요. 이후 최익현은 을사늑약 체결에 반대하여 태인에서 의병을 일으켰다가(을사의병) 쓰시마섬(대마도)으로 유배되어 죽음을 맞이하였어요.
② 최익현은 〈지부복궐척화의소〉를 올려 왜양일체론을 주장하며 개항에 반대하였어요.

오답분석 ① 신돌석은 을사의병 당시 평민 출신 의병장으로 활약하였어요.
③ 안중근은 하얼빈역에서 초대 통감이었던 이토 히로부미를 사살하고 감옥에서 〈동양 평화론〉을 저술하였어요.
④ 홍범도가 이끈 대한 독립군은 대한 국민회군 등과 연합하여 봉오동 전투에서 일본군을 상대로 큰 승리를 거두었어요.

정답 | ②

3 58회

(가)에 해당하는 인물로 옳은 것은? [2점]

봉오동 전투를 승리로 이끈 (가) 장군의 유해가 대한민국 특별수송기로 카자흐스탄에서 돌아오고 있습니다. 우리나라 공군 전투기 6대가 안전하게 호위하고 있습니다.

특별수송기를 호위하는 6대의 전투기

①  김좌진

②  양세봉

③  지청천

④  홍범도

📢 일제 강점기의 무장 투쟁 인물

정답분석 홍범도는 대한 독립군의 총사령관으로, 1920년 봉오동 전투를 승리로 이끌었고, 김좌진 장군이 이끄는 북로 군정서와 연합하여 청산리 대첩에서 일본군에 승리하였어요. 홍범도는 청산리 대첩 이후 소련군의 강제 이주 정책에 따라 카자흐스탄으로 강제 이주하였고, 그곳에서 생을 마감하였어요.
④ 홍범도는 대한 독립군을 이끌었으며 다른 독립군 부대와 연합하여 봉오동 전투에서 일본군에 승리하였어요.

오답분석 ① 김좌진은 북로 군정서를 이끈 인물로 홍범도와 함께 청산리 전투를 승리로 이끌었어요.
② 양세봉은 조선 혁명군을 이끈 인물로 만주 사변 이후 한·중 연합 작전을 통해 영릉가, 흥경성 전투에서 일본군에 승리하였어요.
③ 지청천은 1930년대에 한국 독립군을 이끌었고, 이후 대한민국 임시 정부 산하의 한국광복군 총사령관을 맡았어요.

정답 | ④

4 64회

(가)에 들어갈 내용으로 옳은 것은? [3점]

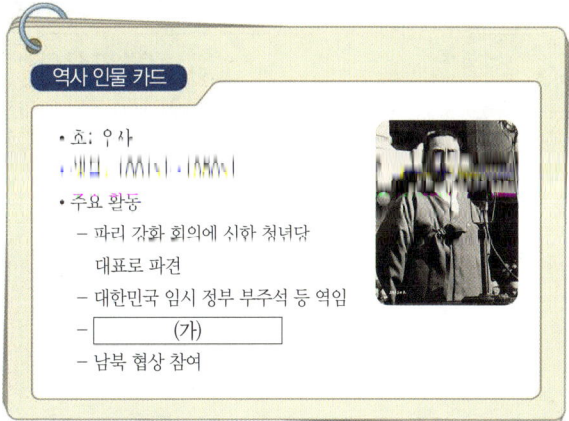

역사 인물 카드
• 호: 우사
• 생몰: 1881년~1950년
• 주요 활동
 – 파리 강화 회의에 신한 청년당 대표로 파견
 – 대한민국 임시 정부 부주석 등 역임
 – ____(가)____
 – 남북 협상 참여

① 대성 학교 설립
② 조선 혁명 선언 작성
③ 좌우 합작 위원회 결성
④ 한국독립운동지혈사 저술

📢 근현대 인물

정답분석 1918년에 상하이에서 여운형의 주도로 조직된 신한 청년당은 파리 강화 회의에 김규식을 대표로 파견하여 한국의 독립을 주장하였어요. 이후 김규식은 대한민국 임시 정부의 부주석을 역임하였으며, 1945년 광복 후 남한만의 단독 선거에 반대한 김규식, 김구 등은 통일 정부 수립을 위한 남북 협상을 추진하였으나 성과를 거두지는 못하였어요.
③ 김규식은 광복 이후 이승만이 남한만의 단독 정부 수립을 주장하자 여운형 등과 함께 좌우 합작 위원회를 세우고 통일 정부 수립 등의 내용을 담은 좌우 합작 7원칙을 발표하였어요.

오답분석 ① 안창호는 신민회 소속으로 평양에 대성 학교를 설립하여 민족 교육을 실시하였어요.
② 신채호는 의열단의 활동 지침이 된 〈조선 혁명 선언〉을 작성하였어요.
④ 박은식은 일본의 침략 과정을 담은 《한국통사》, 독립 투쟁 과정을 서술한 《한국독립운동지혈사》를 저술하였어요.

정답 | ③

여러분의 작은 소리
에듀윌은 크게 듣겠습니다.

본 교재에 대한 여러분의 목소리를 들려주세요.
공부하시면서 어려웠던 점, 궁금한 점,
칭찬하고 싶은 점, 개선할 점, 어떤 것이라도 좋습니다.

에듀윌은 여러분께서 나누어 주신 의견을
통해 끊임없이 발전하고 있습니다.

에듀윌 도서몰 book.eduwill.net
- 부가학습자료 및 정오표: 에듀윌 도서몰 → 도서자료실
- 교재 문의: 에듀윌 도서몰 → 문의하기 → 교재(내용, 출간) / 주문 및 배송

에듀윌 한국사능력검정시험 2주끝장 기본

발 행 일	2024년 9월 2일 초판
저 자	에듀윌 한국사교육연구소
펴 낸 이	양형남
개 발	정상욱, 김은진
펴 낸 곳	(주)에듀윌
등록번호	제25100-2002-000052호
주 소	08378 서울특별시 구로구 디지털로34길 55 코오롱싸이언스밸리 2차 3층

이 책의 무단 인용·전재·복제를 금합니다.

www.eduwill.net
대표전화 1600-6700